중국어문법론15강

FIFTEEN LECTURES ON CHINESE AND CHINESE RESEARCH (汉语和汉语研究十五讲)
by Lu Jianming (陆俭明), Shen Yang (沈阳)

중국어문법론15강

초판 1쇄 발행 2024년 4월 20일

지은이 루젠밍·선양
옮긴이 김기석·박정구·김현철

펴낸곳 서울대학교출판문화원
주소 08826 서울 관악구 관악로 1
도서주문 02-889-4424, 02-880-7995
홈페이지 www.snupress.com
페이스북 @snupress1947
인스타그램 @snupress
이메일 snubook@snu.ac.kr
출판등록 제15-3호

ISBN 978-89-521-3656-5 93720

中华社会科学基金赞助项目(Chinese Fund for the Humanities and Social Sciences)

중국어 문법론 15강

루젠밍·선양 지음
김기석·박정구·김현철 옮김

汉语和汉语研究十五讲

서울대학교출판문화원

역자서문

이 책의 원서는 중국의 저명학자인 루젠밍, 선양 교수의 명작으로서 이미 중국에서 학술상 및 교육상을 두루 수상할 정도로 그 가치를 인정받고 있다.

이 책은 기존의 중국어 문법 연구성과를 총괄하고 그것들을 비판적 입장에서 조망하면서 중국어 문법 연구의 다양한 방법론을 제시한다. 구조주의 이론, 생성문법 이론, 인지문법, 정보구조, 구문문법, 운율통사론 등 전통적 연구방법론부터 최신 언어학 이론까지 총괄적으로 소개하고 중국어에서의 분석 가능성과 가치, 아울러 방법론의 한계를 지적하고 있다. 특히 실제 언어현상에 대한 구체적인 예증을 중시하고 이를 바탕으로 이론적 해석의 가능성을 객관적으로 제시하고 있다.

아직 한국에서는 제반 언어학 이론을 소개하면서 중국어 문법을 개괄하고 논의하는 단행본이 출판되지 않았다. 이 책을 통해 중국어 문법 연구의 종합적인 성과를 확인할 수 있을 뿐만 아니라 주요 이론들과 그에 기반한 언어 연구방법론을 객관적으로 조망할 수 있다. 이 책은 형식문법뿐만 아니라 기능문법주의 이론과 분석법 그리고 통사론과 화용론, 의미론, 운율론까지 다양한 연구방법론을 소개하고 있다. 또한 이제까지 주요 어법 이론이 중국어에 어떻게 적용되었고 그 의미와 과제는 무엇인지 살필 수 있는 계기를 제공한다. 이를 바탕으로 한국에서의 중국언어학 연구뿐만 아니라 일반언어학 연구에 있어서도 중국어 문법 분야의 연구성과를 총체적으로 이해하고 활용하는 데 도움을 줄 것이다. 특히 중국어연구자가 중국 내의 연구성과를 구체적으로 살피고 이를 바탕으로 더 향상된 연구성과를 거두는 데 일조할 수 있기를 기대한다.

이 책에서는 번체 한자에 익숙한 한국 독자들에게는 다소 낯설 수 있으나 중국에서 공식적으로 사용되는 원서의 간체 한자 형식을 그대로 채택하였음을 일러둔다.

이 책의 출판까지 예상보다 많은 시간과 정열이 소모되었다. 번역 과정에서 많은 도움을 준 유수경 교수와 윤애경 박사에게 특별히 감사의 뜻을 전한다. 아울러 일일이 언급하지 못하지만 대학 및 기관에서 도움을 준 모든 분들께도 감사를 전한다.

2024년 3월

김기석·박정구·김현철

서문

이 책은 북경대학출판사에서 출판한《중국어와 중국어연구 15강》의 수정판(제2판)이다.

2003년에 간행된 제1판은 북경대학출판사에서 내놓은 15강 시리즈의 하나로서 대학 소양교육 교양강좌의 교재이자 2004년 명작 교양강좌 도서이기도 하다. 그러나 15강 시리즈, 교양강좌, 명작 도서 등은 형식적인 명칭일 뿐이다. 우리는 이 책이 어떻게 불리거나 어떻게 분류되는지보다 이 책의 내용과 역할을 더욱 중요시한다. 이러한 의미에서 이 책에 세 가지 키워드를 붙인다면 '당대', '이론', '중국어'라고 할 수 있겠다. 다시 말하면, 우리는 이 책을 통해 주로 '중국어연구는 당대의 의식을 반영해야 한다', '중국어연구는 이론을 견지해야 한다', '중국어연구는 중국어의 실제를 기반으로 해야 한다'는 기본 사상을 보여 주고자 한다. 어쩌면 이 세 가지 키워드가 바로 보급성 학술서적인 이 책의 과제이자 이 책이 목표로 하는 중국어연구의 또 다른 방향이기도 하다.

당대 의식을 반영해야 한다는 것은 무엇인가? 간단히 말하면, 이른바 '당대'라는 것은 연구성과가 나온 시기가 최근인 것이라고 할 수 있다. 즉 이 책의 많은 내용은 처음 발표된 것은 아니지만 모두 중국어의 통사론과 의미론 연구에서 거둔 최근의 중요한 성과들을 대표한다. 그러나 실제로 당대란 더 중요하게는 과학적 연구를 하면서도 선인(先人)을 능가하고 전통을 넘어서는 의식을 갖고 있다는 것을 가리킨다. 이러한 당대 의식은 새로운 이론과 방법에서 나타난다고 할 수 있다. 예컨대, 이 책의 연구는 생성 언어학 이론, 인지 언어학 이론, 기능 언어학 이론과 같이 대부분 가장 대표적인 당대 언어학 이론과 관련된 것인데, 이들은 흐름을 선도하는 언어학의 랜드마크다. 설령 구조주의 이론, 변환문법 이론, 결합가 이론 등이 전통적인 이론으로 여겨질 수도 있지만 그들은 오랜 전통 속에서도 여전히 가치를 발휘하고 있다. 이러한 당대 의식은 새로운 범위와 심도에서도 나타날 수 있다. 예컨대, 이 책은 대부분 중국어연구에서의 난점과 이슈들을 언급하고 있는데 '把'자문, 의문문, 연동문 및 어기사, 복합어와 같은 오랜 문법 현상이나 합병, 인상, 초점, 계량화와 같은 새로운 문법적 발견들 모두 관련된 분석과 해석에 오늘날 중국어연구의 새로운 수준을 반영하였다. 이러한 당대 의식은 새로운 사고의 방향과 경향에서 더 잘 나타날 수 있다. 예컨대, 이 책의 연구는 언어연구의 다양한 시각과 관련되는데, 동태적 관점, 주관화, 유형론, 도상성과 같은 거시적 구조뿐만 아니라 운율과 단어 구성, 문장 형식과 구조, 환유와 어법과 같은 영역 간의 분석도 포함하고 있으므로 이로부터 얻어 낸 결론은 신선한 느낌을 줄 것이다.

이론을 견지해야 한다는 것은 무엇인가? 이 책의 각 장절은 모두 이론으로 시작되는데, 이는 곧 당대 언어학의 선진적인 이론 방법으로 중국어를 연구한다는 것이다. 이론을 수립하는 것은 실제 언어 현상을 해결하는 열쇠이고 과학적 연구의 영혼이며 수많은 변화의 본질이다. 이 책은 거의 매 장절마다 채택한 당대 언어학 이론을 강조하였는데, 그중에서 크게는 앞에서 언급했던 생성 언어학 이론, 인지 언어학 이론과 작게는 이동 이론, 공범주 이론, 결속 이론, 지향 이론, 자질 이론, 제도 이론 등 중요한 이론이 있으며 이 외에 층차분석, 변환분석, 운율분석 등 중국어의 전통에 뿌리를 둔 언어학 이론도 적지 않다. 이 책은 이론에 기반해서 구체적인 논의를 진행하였고 이론에 대한 일관적인 정신을 잘 나타내고 있다. 이 책의 매 장절마다 해당 이론을 표제로 하여 그 역할을 특별히 강조한 것은 바로 '언어학도 다른 과학 연구와 마찬가지로 선진 이론을 필요로 한다.'는 기본적인 태도를 부각하기 위한 것이었다. 사람들이 많이 쓰는 말을 빌리자면, '이론은 만능은 아니지만 이론 없이는 아무것도 할 수 없다'. 이는 마치 머리가 아프면 머리를 치료하고 발이 아프면 발을 치료하는 것이 병을 고치기는 하겠지만, 이는 증상에 대한 얕은 치료에 불과하며 의술의 도를 제대로 터득해야만 실제로 병의 근원을 찾아 고칠 수 있는 것과 같다.

중국어의 실제를 기반으로 해야 한다는 것은 무엇인가? 이 또한 이 책이 단지 외국 이론을 그대로 소개하거나 답습한 다른 책들과 다른 점이라고 하겠다. 오늘날 당대 이론으로 중국어를 연구한 사람이 많을 뿐 아니라 저술이나 성과도 적지 않지만, 그럼에도 빈 수레가 요란하다는 말을 듣거나 심지어는 빛 좋은 개살구라는 비판을 받는 이유는 무엇인가? 그것은 아마도 지금 많은 사람들이 보기에 당대의 새로운 이론으로 중국어를 연구할 때 자신만의 관점과 방법을 터득하지 못했거나, 무엇을 연구하고 있으며 무엇을 연구할 수 있는지를 분명히 보여 주지 못했기 때문일 것이다. 그러나 이에 대해 분노하거나 조급해해서도 안 된다. 결국 다른 사람을 납득시키고 중국어연구에서 당대 언어학 이론을 발전시키려면 가장 좋은 방법은 실제적 문제를 해결할 수 있어야 한다. 이 책의 많은 부분에서 그 해답을 찾을 수 있을 것이다. 이 책에서 다룬 내용은 많은 이가 관심을 가지는 문제점과 이슈들로, 중국어연구의 난제를 회피하여 사람들을 오도하지 않고자 했다. 이 책에서 다룬 주제들은 사람들이 사용하는 실제 중국어 표현들로서 외국어 용례를 그대로 가져와 억지로 중국어에 맞춘 것이 아니다. 이 책에서 다룬 많은 연구성과들은 중국어연구에서 중요한 지위를 차지하고 있는데, 그 관건은 바로 이러한 내용들이 모두가 관심을 가지는 중국어연구의 실제 문제들을 과감하게 직면하고 그것을 과감하게 해결하는 데에 있다. 이런 태도 역시 우리가 말하는 중국어의 실제를 기반으로 연구해야 한다는 의미다. 만약 실제를 벗어난다면 아무리 좋은 이론이라도 사용될 수 있는 적절한 기회를 얻지 못하거나 제대로 그 역할을 발휘하지 못할 수밖에 없다.

위에서는 이 책의 내용과 관련된 것만을 언급했다. 의미 면에서 이 책의 영향력은 위에서 언급한 그 이상이다. 우리는 이 책이 당대 언어학 이론과 중국어연구가 결합한 하나의 성공적 모델이 되기를 바란다. 다시 말하면, 이러한 연구들은 중국어연구자들로 하여금 몇 가지 점에서 더 깊이 생각해 볼 수 있게 할 것이다. 즉, '중국어연구는 다른 이론을 어떻게 참고해야 할까, 중국어연구는 과학적인 방법을 어떻게 사용해야 할까, 중국어

연구에 있어서 돌파구를 어떻게 찾아야 할까' 등이다. 이 책에서 이러한 큰 문제들에 대해 전문적으로 논의하지는 않았는데 이는 말보다는 실제가 더 중요하다고 생각하기 때문이다. 따라서 우리는 많은 독자들, 특히 젊은 학생들이 이 책을 읽으면서 위에서 제시한 문제들에 대해 깊이 생각해 보길 바란다. 여기까지 말하고 나니 세 가지 명언이 생각난다. 하나는 양위중용(洋为中用, 서양 문화 중에서 유익한 것을 받아들여 중국의 발전을 위해 사용하다)이고, 다른 하나는 백화제방(百花齐放, 다양한 학문과 예술이 함께 번성하다)이며, 또 하나는 추진출신(推陈出新, 낡은 것은 버리고 새것을 창조하다)이다. 우리는 위에서 제시한 몇 개의 문제들에 대한 해답을 이 세 명언에서 찾을 수 있을 것이라 생각한다. 양위중용이라는 것은 매우 분명한 개념으로 서양의 것을 거부하지 말고 적절히 사용하되, 다른 한편으로는 어떻게 서양의 것을 잘못 사용하지 않고 올바르게 사용할지를 명확하게 하는 것이다. 백화제방은 잘 알다시피 자신을 넘어서는 것은 곧 세계를 넘어서는 것으로 자신만의 훌륭한 유산을 가지고 세계로 나아가야 하는 것이고, 과학에는 국경이 없기 때문에 다른 나라의 선진적인 사상을 이용해야 한다는 것이다. 추진출신도 마찬가지로 낡은 관념과 방법을 버려야 하고 자기 것만 고수해서는 안 되며, 다른 한편으로는 창조의 길로 나아가되 독단적이고 스스로 얽매여서도 안 된다는 것이다.

이 책의 내용과 역할에 대해 이렇게 좋게 평가하는 것은 자신을 과신하거나 잘난 체하는 것이 아니다. 사실, 이 책의 내용은 우리 스스로의 연구성과뿐 아니라 중국어학계 수많은 학자들의 새롭고 중요한 연구성과들(각 장절의 참고문헌 참조)에서 나온 것이다. 따라서 어떤 의미에서 보면 '남의 것으로 생색내는 격'이라고 할 수 있다. 그럼에도 서문에서 언급하는 이유는 다른 사람의 부탁을 받았거나 남의 성과를 이용하려는 것이 아니라 우리가 언어학 연구를 하면서 느낀 점이나 이 책을 쓰면서 체득한 것을 독자 여러분과 함께 나누고 싶기 때문이다.

마지막으로 설명하고 싶은 것은 이 책은 여전히 15강으로 되어 있지만 내용 면에서는 변화가 크다는 점이다. 여러 장절을 합치거나 일부 장절을 추가하였고, 예시들을 바꾸거나 장황한 어구들을 삭제하는 등 전체 책의 편폭도 크게 축소하였으므로 이 책은 초판의 재작성판이자 압축판이라 할 수 있다.

총론에 해당하는 제1강 중국어와 중국어연구에 관하여에 이어 제2강부터는 구조주의 이론과 층차 분석, 전환 이론과 구문 전환 분석, 자질 이론과 의미 자질 분석, 결합가 이론과 결합가 구조 분석, 공범주 이론과 공범주 분석, 이동 이론과 성분 이동 분석, 결속 이론과 결속 관계 분석, 지향 이론과 의미지향 분석, 범주 이론과 의미범주 분석, 인지 이론과 언어 인지 분석, 화용론과 언어 운용 분석, 언어 유형론과 언어 유형 분석, 운율 이론과 구조 운율 분석, 그리고 최신 이론과 관련 구조 분석 등에 관해 각각 다루었다.

이 15강은 코스로 나오는 요리와 같아 독자들은 순서대로 먹거나 골라서 먹을 수 있다. 그러나 성찬이든 소찬이든 모두가 영양가가 있고 입맛에 맞다고 느낀다면 그것이야말로 저자의 가장 큰 소망이 이루어진 것이다.

2016년 7월 10일

북경대학에서

루젠밍, 선양

차례

제5강 결합가 이론과 결합가 구조 분석

제6강 공범주 이론과 공범주 분석

제7강 이동 이론과 성분 이동 분석

제8강 결속 이론과 결속 관계 분석

제9강 지향 이론과 의미지향 분석

제10강 범주 이론과 의미범주 분석

제11강 인지 이론과 언어 인지 분석

제12강 화용론과 언어 운용 분석

제13강 언어 유형론과 언어 유형 분석

제14강 운율 이론과 구조 운율 분석

제1강

중국어와 중국어연구에 관하여

1.1 중국어란

중국어연구를 이해하려 한다면 먼저 중국어를 이해해야 한다. 또한 중국어를 논하자면 중국어만이 가진 세 가지 특징에 관해 이야기하지 않을 수 없다. 그것은 바로 유구한 역사, 다양한 구성원, 그리고 독창적인 특징이다.

1.1.1 수천 년 역사를 걸어온 중국어

일반적으로 중국어는 3천여 년의 역사를 지닌다고 보는데 이것은 은상(殷商) 시기의 갑골문(甲骨文)부터 헤아린 것이다. 언어의 출현이 문자보다 이르다는 점을 감안한다면, 언어로서의 중국어의 역사는 3천여 년을 훨씬 넘어선다. 역사적으로 고대 이집트어, 고대 바빌로니아어, 고대 페니키아어, 그리고 유명한 산스크리트어와 같이 중국어보다 더 오래된 언어가 존재했지만 이들 언어는 이미 기원전에 모두 사라졌다. 현재 사용되는 언어들은 일반적으로 그 역사가 천 년을 넘지 않으며, 대다수가 수백 년에 불과하다. 그러나 중국어는 유구한 역사를 자랑하며 오늘날까지 살아 있을 뿐 아니라, 지속적으로 생명력을 강화하고 있다. 중국어는 현재 지구상에서 사용인구가 가장 많은 언어이며 동시에 갈수록 중요한 위치를 차지하고 있다는 점에서 인류 문명사의 기적이라 할 수 있다.

상나라의 갑골문부터 주진(周秦) 시기의 중국어 전적을 거쳐 그 후 2천여 년의 시간 동안 헤아릴 수 없이 방대한 규모의 중국어 문헌이 출현했다. 이들 문자와 자료는 수천 년 역사를 지닌 중국어가 끊임없이 하나의 계통을 이루며 발전해 왔음을 보여 준다. 그렇지만 이렇게 오랜 시간 동안 전해져 왔기에 중국어는 당연히 변화가 있을 수밖에 없고 고대중국어도 현대중국어와 똑같을 수 없다. 이러한 차이에 주목하여 일반적으로 중국어의 발전 역사를 크게 고대중국어, 근대중국어, 현대중국어의 3단계로 구분한다.

고대중국어는 보통 선진양한(先秦两汉) 시기부터 수당(隋唐) 시기까지 천 년여의 시간 동안 사용된 중국어를 말한다. 고대중국어는 선사 시대의 중국어까지 거슬러 올라갈 수도 있지만 보통 하(夏) 왕조의 언어를 그 전신으로 본다. 하 왕조의 언어는 아언(雅言)이라고도 불렸는데 선진시대 황하 중류 일대의 화하(华夏)족이 사용한 언어다. 화하족은 주변의 이(夷)족, 강(羌)족, 묘(苗)족, 여(黎)족 등 다수의 부족과 끊임없이 융합하였고 진시황 시대에 이르러서는 통일된 제국을 수립하였다. 진시황은 유명한 문자 통일 정책인 서동문(书同文) 정책을 시행하였고 이 융합과 통합의 역사 속에서 고대중국어가 공식적으로 형성되었다. 고대중국어의 구어와 서면어는 대체로 일치하여 혹자는 현재 우리가 보는 문언문(文言文)이 당시 사람들이 쓰던 구어라고 주장한다. 고대중국어 어휘와 어법의 대략적인 모습은 문헌을 통해 직접 관찰되지만, 음운 체계는 시문의 압운이나 해성, 반절 체계의 분석을 통해 귀납된 간접적인 추측의 결과다. 결론적으로 보면 고대중국어는 현대중국어와 확연히 다르다. 《산해경·해외북경·과부축일(山海经·海外北经·夸父逐日)》의 한 구절을 살펴보자. '과부가 태양과 경주를 하는데 해가 질 무렵이 되자 목이 말라 물을 마시고 싶었다. 황하(黄河)와 위수(渭水)를 마셨으나 부족하여 북쪽 큰 호수의 물을 마시려 했다. 도착하기 전에 목이 말라 죽었고 그가 버린 지팡이는 큰 숲이 되었다.(夸父与日逐走。入日, 渴, 欲得饮。饮于河、渭, 河、渭不足, 北饮大泽。未至, 道渴而死。弃其杖, 化为邓林。)' 이 구절은 단어의 사용이나 문장 구조가 현대중국어와 다르고 독음은 훨씬 큰 차이를 보인다. 이것이 바로 고대중국어의 모습이다. 고대중국어는 수당 시기까지 발전하면서 음운·어휘·어법적으로 이전과 다른 체계를 이루어 갔고 이러한 변화가 쌓여 근대중국어의 틀을 이루었다.

근대중국어는 만당(晩唐) 시기부터 청초(清初)까지 천 년간의 중국어를 말하며 고대중국어와 뚜렷한 차이를 보인다. 근대중국어의 음운 체계는 복잡한 형태에서 간단하게 변했는데 특히 운모의 간소화를 두드러진 특징으로 볼 수 있다. 어휘에서는 새로운 어휘가 대량 출현하였고 단음절 위주에서 2음절 위주로 변화하였다. 어법 분야에서는 새로운 대명사, 조사, 어기사 체계와 동보식, 처치식(把자문) 등의 새로운 구조가 출현했다. 그러나 근대중국어의 서면어는 기본적으로 고대중국어 스타일을 그대로 사용하고 있어 두 개의 서로 다른 체계가 공존하게 되었다. 하나는 육조(六朝) 이후 북방 구어를 기초로 가공된 서면어, 즉 소위 말하는 고대 백화이고, 다른 하나는 선진 구어를 기초로 가공된 서면어와 이를 모델로 한 후대 작품의 언어, 즉 소위 말하는 문언문이다. 이 시대에 발표된 대량의 문헌자료는 대부분 고대중국어의 문언문 형태를 답습하였고, 일부 백화 문헌(변문, 어록, 필기, 소설, 화본, 잡극, 산곡, 시문, 민가, 회화 교재 등)만이 구어를 어느 정도 기록하고 있어 이를 통해 근대중국어 구어의 면모를 찾아볼 수 있다. 예를 들어 돈황변문(敦煌变文)《대목건련명견구모(大目乾连冥间救母)》의 한 구절을 살펴보자.

> 목련이 부친을 찾아 천궁에 도착하여 어떤 문 앞에 이르러 어르신을 만났다. "빈승의 어릴 적 이름이 나복입니다. 부모님을 여의고 불가에 귀의하여 수염과 머리카락을 자르고 대목건련이라 불리게 되었는데 신통력이 제일입니다." 어르신은 어릴 적 이름을 말하는 것을 보고 바로 아들인 줄 알아보았다. "이별한 지 오래구나. 잘 지냈는가?" 나복목련은 부친을 알아보고 합장하며 안부를 물었다. "어머니께서는 지금 어디에서 계십니까? 편안히 계시는지요?"(目连到天宫寻父, 至一门, 见长者: '贫道小时, 名字罗卜。父母亡没以后, 投佛出家, 剃除须发, 号曰大目乾连, 神通第一。' 长者见说小时名字, 即知是儿: '别久, 好在已否?' 罗卜目连认得慈父, 起居问讯已了: '慈母今在何方, 受于快乐?')

이 변문은 천 년 전의 글이지만 지금 읽기에도 그리 큰 어려움이 없다. 몇몇 단어가 현재와 다르다는 점 외에 대다수의 단어와 구조가 현대중국어와 큰 차이를 보이지 않는다. 현대중국어 표준어와 방언의 분리 역시 근대중국어 단계에서 형성되었다.

과거 중국어학계에서는 고대중국어와 근대중국어를 고대중국어라고 통칭하였다. 이는 현대중국어와 비교하여 이 시대의 중국어가 어느 정도의 통일성을 지니기 때문인데 바로 구어의 변화와 관계없이 진한(秦汉) 이래로 이어져 온 문언문을 공식 서면어로 삼고 있다는 것이다. 그러나 근대중국어가 고대중국어에 가까운지 아니면 현대중국어와 더 가까운지의 문제는 어떤 시각으로 이 문제를 보는가에 달려 있다. 서면어인 문언문 측면에서 보자면 근대중국어는 고대중국어에 더 가깝겠지만, 구어나 고대 백화의 각도에서 보면 근대중국어는 현대중국어에 훨씬 근접하다. 뤼수샹(吕叔湘)은 현대중국어가 근대중국어를 계승한 것이어서 전자는 후자의 일부분이라고 하였다.

현대중국어의 기원에 관해서는 다양한 견해가 존재하는데 그중 청나라 초기 이후의 중국어를 그 기원으로 보는 견해가 가장 유력하다. 이 경우 현대중국어는 오늘날까지 3백여 년의 역사를 지닌 것이 된다. 현대중국어 형성 초기의 모습은 건륭(乾隆) 시기 백화 장편소설《유림외사(儒林外史)》,《홍루몽(红楼梦)》의 언어에서 볼 수 있는데 그 어휘나 어법이 오늘날의 것과 거의 일치함을 알 수 있다. 왕리(王力)의《중국현대어법(中国现代语法)》은 바로《홍루몽》을 언어 자료로 삼아 저술된 책이다. 현대중국어의 신백화와 근대중국어의 고대 백화는 비교적 유사하지만 여전히 차이가 존재한다. 예를 들어《서유기(西游记)》와《유림외사》의 제1회 시작 부분을 보면 전자는 여전히 근대중국어에 속한 반면, 후자는 현대중국어에 속함을 알 수 있다. 문인들이 작품을 쓰던 시기는 선진양한 시기의 구어를 기준으로 하였는데 이른바 문장은 반드시 선진양한을 본받아야 한다는 문필진한(文必秦汉) 정신이 있었기에 문언이 줄곧 중국어 서면어의 주도적 지위를 이어 왔다. 역대 왕조와 시대마다 문학, 역사, 철학, 자연과학 분야의

문헌 자료와 정부 문서에 문언을 사용하지 않은 것이 없었다. 중화민국 초기까지도 이 두 종류의 서면어는 공존했으며 문언문의 지위는 여전히 백화문보다 높았다. 현대 백화문이 문언문을 대체하여 공용 서면어로 자리를 잡게 된 것은 5·4신문화운동, 특히 국어운동과 백화문운동 이후의 일이다. 청나라 중기부터 시작된 현대중국어는 고대중국어나 근대중국어에 비해 그 역사가 짧지만 언어 변화는 매우 크다. 특히 서학동점(西学东渐) 이후 서양 언어와 일본어의 영향을 받으면서 중국어는 음운·어휘·어법적으로 눈에 띄는 변화를 거듭해 왔다. 최근 수십 년간 인류 사회의 생활이 변화함에 따라, 특히 정보화 시대가 도래하면서 현대중국어에는 더욱 격렬한 변화가 발생했다. 바로 이러한 이유로 일부 학자들은 5·4운동을 현대중국어의 시작으로 보고, 이를 통해 중국 현대사와의 일치를 주장하기도 한다. 또 일부 학자들은 만약 청나라 초기 혹은 중기 이후의 중국어를 현대중국어라 한다면 5·4운동 이후의 중국어 혹은 신중국 성립 이후의 중국어는 당대 중국어라 불러도 무방하다고 말한다.

1.1.2 현대중국어라는 이름의 대가족

역사적인 시기 분할의 문제를 차치하고 현대중국어를 일상 용어의 각도에서 접근해 보자. 현대중국어는 문자 그대로 현대 한족이 사용하는 언어로 이해될 수 있을 것이다. 그러나 전문학술용어로서의 현대중국어는 적어도 광의와 협의의 두 가지 의미를 가진다. 협의의 현대중국어가 현대 한족의 공용어, 즉 표준어를 말한다면 광의의 현대중국어는 현대중국어의 각종 방언을 포함한다.

먼저 협의의 현대중국어, 즉 민족 공용어로서의 보통화와 현대중국어를 이야기해 보자. 민족 공용어란 서면어 형식의 공용어와 구어 형식의 공용어를 포함한다. 현 단계에서 현대중국어의 공용 서면어와 공용 구어는 거의 유사하기 때문에 그야말로 문어와 구어가 일치하고 말하는 대로 글을 쓰는 것이 가능하다. 1955년, 전국인민대표대회(全国人民代表大会)에서는 이러한 서면어와 구어가 통일된 형태의 공용어를 푸퉁화(普通话)라 명명하고 그 정의를 '베이징 음운을 표준음으로 하고 북방어를 기초방언으로 하며 전형적인 백화문 저작을 어법규범으로 한다'고 발표하였다. 그러나 역사적으로 서면어 공용어와 구어 공용어의 형성과 발전과정은 차이를 보인다. 따라서 현대 중국의 공용어는 사실상 두 가지 다른 기원을 가지며 각기 다른 발전 경로를 거쳐 최종적으로 하나로 통일된 것이라 볼 수 있다.

중국어의 서면어, 즉 문자로 기록된 최초의 중국어는 갑골문이다. 그러나 갑골문은 공용 서면어로서의 지위를 가지지는 못했다. 그보다 조금 늦은 시기의 문헌들, 예를 들어 서주(西周) 시기의《시경(诗经)》,《초사(楚辞)》와 같은 문헌들이 남방과 북방의 다른 지역적 특징과 시대적 특징을 뚜렷하게 반영하였다. 같은 시기에 낙양(洛阳: 본래 명칭은 성주(成周)) 일대의 방언을 기초로 한 공용 서면어인 아언(雅言)(혹은 하언(夏言))도 출현하기 시작했다.《논어(论语)》에 '공자가 아언을 말할 때는 시(诗), 서(书), 예(礼)를 행할 때인데 이것이 모두 아언이었다.(子所雅言, 诗书执礼, 皆雅言也)'라는 구절이 있다. 앞서 말한 바와 같이 중국어의 오랜 발전 과정 속에서 서면어가 구어를 반영한 상황은 다양하게 나타났다.《시경》의 국풍(国风)은 민간시가(诗歌)를 기록 정리한 것이고《논어》는 공자의 제자들이 공자의 어록을 기록한 것으로 당시의 구어에 매우 근접해 있다. 그러나 한위(汉魏) 시대 이후 문장가들은 주로 선진 시기의 서면어를 모방하였고 이로써 구어와 갈수록 큰 격차를 보이는 문언문이 형성되어 서면어의 주도적 지위를 차지하게 되었다. 문언문은 비록 오랜 시간 동안 공용 서면어의 특성을 유지했지만 이로 인해 소수 사람만이 이해하는 공용어로 변모하였다. 서면어 중에서 문언과 상대적인 개념이 바로 백화(白话)다. 민간에서 유행하거나 민간생활에 근접한 일부 작품에서 당대 구어에 근접한 서면어가 기록되었는데 대표적인 것이 바로 남조(南朝) 시대의 필기소설《세설신어(世说新语)》다. 이 소설은 동진(东晋) 시기의 숨은 이야기나 명사의 언행을 기록한 것으로, 당대 구어의 흔적을 적잖이 발견할 수 있다. 육조(六朝) 시기, 심지어 그보다 훨씬 이전부터 불경이 번역되었는데 불경은 대중을 설법대상으로 삼기 때문에 구어에 근접한 표현이 많이 수록되어 있다. 당(唐)나라 때와 오대(五代)에는 설창문학(说唱文学)인 변문(变文)이 사원에서 성행했으며 말하면서 노래하는 속강(俗讲) 형식으로 불교 고사와 역사, 전통을 전달하였다. 이러한 변문과 속강은 백화의 색채가 농후하다. 《선종어록(禅宗语录)》은 선사의 문답을 기록한 것인데 구전된 내용에 속하므로 당연히 구어에 가깝다. 송(宋)나라 시대에 도학(道学)이 출현했는데 당시는 학술 강연이 성행하여 더욱 통속적인 구어를 사용하였다. 《주희어록(朱熹语录)》이 바로 당시 구어에 가장 근접한 서면어 작품이다. 12-13세기 송말, 원초 시기에 백화문은 이미 성숙기에 접어들었다. 남송(南宋) 말기 민간 예술인들의 저본인 화본(话本)이 출현했는데 대다수가 전문이 백화문이다. 이후의 궁조(宫调), 남희(南戏), 잡극(杂剧), 산곡(散曲) 중에도 다량의 백화가 발견되었다. 원말, 명초에 이르러 《금병매(金瓶梅)》, 《유림외사》, 《홍루몽》 등 장편소설이 출현하였다. 비록 지역적인 색채를 지니고 있지만 모두 북방어를 기초 백화로 삼아 저술된 작품이다. 이 시기의 공용 서면어인 백화문은 이미 상당히 성숙하였다. 5·4운동 중에 천두슈(陈独秀) 등이 창간한 잡지 《신청년(新青年)》은 최초로 문언문을 폐지하고 백화문을 장려하자(废除文言文, 提倡白话文)는 구호를 외쳤다. 《신청년》은 최초로 루쉰(鲁迅)의 백화 소설 《광인일기(狂人日记)》와 후스(胡适)의 백화 시집 《상시집(尝试集)》을 발표하였는데 이것이 바로 잘 알려진 백화문운동(白话文运动)이다. 이 영향으로 교육부는 1920년 학교에서 문언문 교과서의 사용을 전면 중단하고 백화문 교과서를 사용할 것을 선포하였고 백화문은 정식 문학 언어로서의 지위를 얻게 되었다. 따라서 백화문운동은 현대중국어 공용 서면어를 만들어 낸 언어 문자 운동으로 상징된다.

중국어 공용 구어의 출현은 공용 서면어보다 늦기는 하지만, 북방어는 중국어 역사상 줄곧 실질적인 공용 구어의 지위를 유지해 왔다. 아언은 초기의 북방어를 기초로 한 공용 구어다. 춘추(春秋) 시대에는 각 지역마다 언어와 문자가 각기 달랐기에 서로 간의 언어가 통하지 않았다. 따라서 반드시 모든 지역에 통용되는 구어가 필요했다. 공자는 여러 나라를 유람하며 오늘날의 허베이(河北), 산둥(山东), 허난(河南) 등 다수의 지역을 두루 다녔기 때문에 강연 때마다 아언을 사용할 수밖에 없었다. 서한(西汉) 시대 양웅(扬雄)이 편찬한《유헌사자절대어석별국방언(輶轩使者绝代语释别国方言)》(약칭《방언(方言)》)은 각 지역의 언어를 기록했을 뿐 아니라 일종의 통용어도 기록하였는데 이는 당시 각지에 통용되는 구어 형식의 공용어가 존재했음을 보여 준다. 정치, 경제 등 다양한 원인으로 북방 구어는 줄곧 주도적 지위와 세력을 유지해 왔다. 1153년, 금(金)나라가 수도를 베이징(北京)으로 천도한 후로부터 원, 명, 청나라 시기에 이르기까지 베이징은 줄곧 중국 정치, 경제, 문화의 중심이었으며 베이징 구어는 가장 강한 영향력과 권위를 지닌 북방 구어가 되었다. 원나라 1324년, 주덕청(周德清)이 저술한 음운서《중원음운(中原音韵)》에는 '통일된 지 오래되어 위로는 관리가 치도와 국어 번역을 논하고 아래로는 송사를 처리하고 백성을 다스림에 있어 중원의 음을 사용하지 않은 적이 없다(混一日久, 上自缙绅讲论治道及国语翻译, 下至讼庭理民, 莫非中原之音)'라는 구절이 있다. 이 중에서 중원의 음이 당시 베이징 구어(大都话)를 포함한 것이며 따라서 당시 베이징 구어는 천하 통용어로 여겨졌다. 비록 명나라 이전의 중국어는 남, 북의 두 가지 관화 체계를 가졌으며 그중에서 난징(南京) 관화의 영향이 베이징 관화보다 컸지만, 명나라 이후 베이징 구어는 점차 정통 관화(官话: 전 국민의 통용어)로서의 지위를 차지하게 되었다. 명나라 관료 사회에서 베이징 관화가 통용되면서 일부 사람들은 자신의 방언을 완전히 잊어버리기도 하였다.《명사(明史)》는 이를 일컬어 고향의 소리를 하지 못하게 되었다고 하였다. 북방어가 남방 방언에 미친 영향으로는 관화의 음운이 현지 방언의 말소리와 다른 독서음을 형성한 문백이독(文白异读) 현상을 들 수 있는데 이때의 독서음이 바로 북방어의 영향을 받아 나타난 것이다. 1728년, 청나라 옹정(雍正) 황제는 모든 관원이 반드시 관화를 익히고 방언이 가장 심한 광둥(广东), 푸젠(福建)에 정음서원(正音书院)을 설립할 것을 지시하였다. 또한 거인(향시에 급제한 사람), 생원(명, 청나라 낮은 관직의 선비), 공감(하위직 관리), 동생(명청(明清) 시대에 수재(秀才) 시험을 보지 않았거나, 그 시험에 낙방한 사람), 관화에 익숙하지 않은 자는 시험 참가를 금한다고 규정하였다. 이는 북방어, 특히 베이징어가 일찍부터 공용 구어로서의 지위를 가졌음을 보여 준다. 청나라 말 국민들 사이에서 문자개혁, 구어와 서면어의 일치, 구어통일의 요구가 갈수록 높아졌다. 19세기 말부터 많은 지식인들이 관화의 자모 부호를 만들기 시작하였다. 중화민국 2년(1912)에 당시 교육부를 맡은 차이위안페이(蔡元培)는 중국어의 주음부호(注音字母)를 제정, 반포하며 중국어의 독음을 하나씩 심의 결정하였다. 또한 이후 언문일치, 독음(독서음)통일, 국어보급을 정부법령으로 삼고 국어의 표준음을 베이징음운으로 확정하였다. 이로써 역사적인 국어운동(国语运动)이 시작되었고 북방어, 특히 베이징어는 중국어 공용 구어로서의 지위를 획득하게 되었다. 따라서 국어운동은 현대중국어 공용 구어를 형성한 언어 문자 운동이라 할 수 있다.

다음으로 광의의 현대중국어, 바로 현대중국어의 방언에 대해 이야기하고자 한다. 중국어와 모든 방언은 끊임없는 발전과 변화의 과정에 있다. 언어의 발전과 변화는 두 종류의 결과를 낳는다. 하나는 변화가 생기면서 다른 언어로 분화됨으로써 해당 언어의 통합체가 완전히 사라지게 되는 것이다. 마치 대가족의 구성원들이 각각의 가정을 꾸려 분가하는 것과 같은데 현대 유럽 각국의 언어가 바로 이렇게 형성된 것이다. 다른 하나는 변화가 발생하였지만 다른 방언을 형성할 뿐 해당 언어의 통합체는 여전히 유지되는 것이다. 마치 대가족의 구성원이 계속해서 한 지붕 밑에서 하나의 가족을 이루며 살아가는 것과 같은데 중국어의 방언이 바로 이에 속한다.

중국어에 다양한 방언이 발생한 원인은 크게 다음의 세 가지로 볼 수 있다. 첫째, 사람들의 이주로 인한 결과다. 고대 중국 시기에는 자연 재해, 사회적 혼란, 전쟁, 군대 주둔이나 유배 등의 원인으로 인해 많은 주민들이 고향을 등지고 타향으로 이주하곤 했다. 이로 인해 이주민이 분산된 각 지역의 언어에 다양한 변화가 발생했다. 대표적인 예로 선진 시대 이래로 계속된 북방 이민의 증가와 북방 문화의 영향으로 인해 육조(六朝) 전후로 창장강(长江) 이남에 우(吴) 방언과 상(湘) 방언 지역이 형성된 것을 들 수 있다. 우 방언은 진시황이 영남 지역으로 50만의 주민을 이주시킨 것부터 시작되었다. 민 방언의 시작은 삼국동오(三国东吴)의 한족이 대량으로 민 방언 지역에 이주하면서 시작되었다. 동진(东晋) 시기부터 명나라 초까지 영가의 난, 안사의 난 등의 전란으로 인해 본래 중원 일대에 거주하던 한족들이 남으로 이동하는 대이동이 세 차례 이루어졌는데 이것이 바로 간(赣) 방언과 커자(客家) 방언이 형성된 주요 원인이다. 두 번째 원인으로 자연지리적 조건을 들 수 있다. 생산력 제고와 인구 증가로 인간의 거주지는 갈수록 확대되었고 타 지역과의 교류에 있어 제약을 받던 사람들의 언어 사용에도 자연스럽게 변화가 발생했다. 동시에 산과 강, 산림, 호수 등 자연 장애물은 교통과 교류를 막으면서 방언 간의 차이를 형성하는 지리적 조건이 되었다. 예를 들어, 푸젠(福建) 지역은 전체 면적의 90% 이상이 산간 지대이기 때문에 민 방언은 내부적으로 차이가 가장 큰 방언이 되었다. 저장(浙江) 남쪽 역시 산간 지대라서 남쪽 우 방언의 내부적인 차이가 북쪽 우 방언에 비해 훨씬 큰 결과를 낳았다. 큰 강이나 하천은 두 지역 사람들의 왕래를 막기도 하지만, 다른 한편으로는 강 상류와 하류 간에 배를 이용한 이동의 편의를 제공하기도 하였다. 창장강(长江)은 관화와 우 방언 등 방언을 남과 북으로 분할하였지만, 동시에 창장강 중하류 연안지역에 장화이(江淮) 방언을 형성하였고 강을 따라 상류 지역의 윈난(云南), 구이저우(贵州), 쓰촨(四川) 지역으로 구성된 시난(西南) 방언을 형성하였다. 세 번째는 언어접촉의 영향이다. 언어의 발전 과정에서 다른 언어와의 접촉은 두 언어 간의 흡수, 차용을 유발하며 방언의 형성에도 어느 정도 영향을 미쳤다. 예를 들어 다수의 동남 방언은 과거 웨족이 살던 지역에 분포해 있다. 이들 방언 중에는 중국어에서 뿌리를 찾기 어려운 성분들이 있는데 아마도 웨족 언어가 남겨 놓은 흔적일 가능성이 높다. 둥베이 지역은 만주족의 발상지라서 둥베이 언어에는 적지 않은 만주어 어휘가 남아 있다. 베이징어의 胡同(골목), 井(우물), 打(~로부터) 등도 중국어에서 그 기원을 찾을 수 없는데 아마도 여진(女真)어나 몽골(蒙古)어에서 흡수된 것으로 여겨진다. 우 방언과 웨(粤) 방언과 민 방언은 해외 지역과 접촉이 빈번하여 일부 외국어(주로 영어) 어휘를 흡수하였다. 예를 들어, 상하이(上海)어와 홍콩 마카오 지역의 웨 방언에서 발견되는 다수의 음역 외래어는 주로 영어 음역어에서 온 것이며 이러한 점은 이들 방언의 특색이다.

음운·어휘·어법적 차이에 근거하여 현대중국어는 크게 7대 방언으로 구분된다. (1) 북방방언(北方方言): 북방어, 관화방언(官话方言)이라고도 불린다. 베이징어를 대표로 하며 7대 방언 중에서 역사가 가장 오래되었고 사용 인구가 가장 많으며 가장 넓은 지역에 분포한다. 중국 민족 공용어의 기초 방언이다. 북방방언은 창장강 이북, 창장강 남쪽 연안 주장강(九江)의 동쪽, 전장강(镇江)의 서쪽 연안 지역, 후베이(湖北)(동남 지역 제외), 쓰촨, 윈난, 구이저우, 광시 서북부, 후난 서북부에 분포하는데 이는 중국어 사용지역의 3/4에 해당한다. 북방방언의 사용인구는 중국 인구의 70%가 넘는다. (2) 우 방언(吴方言): 우어(吴语)라고도 하며 상하이어와 쑤저우(苏州)어를 대표로 한다. 주로 상하이시, 저장(浙江)성과 장쑤(江苏) 남부 지역에 분포한다. 사용인구는 7천만이 넘는다. (3) 샹 방언(湘方言): 샹어(湘语)라고도 하며 창사(长沙)어를 대표로 한다. 후난(湖南)성 대부분 지역과 광시(广西) 동북부에 분포한다. 사용인구는 3천여 만 명이다. (4) 간 방언(赣方言): 간어(赣语)라고도 하며 난창(南昌)어를 대표로 한다. 장시(江西)성 중부와 북부, 그 인근의 후난 동부, 후베이 동남부, 안후이(安徽) 서부지역에 분포한다. 사용인구는 3천여 만 명이다. (5) 커자 방언(客家方言): 커자어(客家语)라고도 한다. 유일하게 지역이 아닌 사람을 기준으로 명명된 방언으로 메이현(梅县)어를 대표로 한다. 광둥(广东)성 동부와 중부, 인근 간 방언 남부, 민 방언 서부, 샹 방언 동남부 지역, 타이완 서북부 일부 지역에 분포하고 광시(广西), 쓰촨 등에도 산발적으로 분포한다. 사용인구는 대략 4천만 명이다. (6) 웨 방언(粤方言): 웨어(粤语)라고도 하며 광저우(广州)어를 대표로 한다. 주로 주장강(珠江) 삼각주, 광시 동남부, 홍콩 마카오 지역에 분포한다. 사용인구는 4천여 만 명이다. (7) 민 방언(闽方言): 민어(闽语)

라고도 하며 푸젠어와 샤먼(厦门)어를 대표로 한다. 주로 푸젠성, 하이난(海南)성, 타이완성, 광둥 차오산(潮汕) 지역과 레이저우(雷州) 반도에 분포한다. 사용인구는 5천여 만 명이다. 웨 방언, 민 방언, 커자 방언은 해외 화인 사회에서도 사용된다. 해외의 중국어 방언 사용자는 대략 2~3천만 명이며 방언 사용인구가 1백만 명을 넘는 국가로 인도네시아, 말레이시아, 태국, 싱가포르, 필리핀, 베트남, 미국 등이 있다.

1.1.3 현대중국어의 가족 유전자

중국어는 세계에서 사용 인구가 가장 많은 언어일 뿐 아니라 타 언어(예를 들면 인도유럽어)에 비해 중국어만의 독특한 특징을 다수 지니고 있다. 뤼수샹(吕叔湘)은 "중국어의 특징을 알려면 중국어가 아닌 다른 언어와 비교를 해야 한다. …… 하나의 언어를 다른 언어와 비교해 보면 세 가지 상황을 발견할 수가 있다. 두 언어가 서로 다른 경우, 한쪽 언어에서는 하나인 것이 다른 언어에서는 여러 개인 경우, 한쪽 언어에는 존재하는 것이 다른 언어에는 존재하지 않는 경우다."라고 말했다. 이렇게 보면 중국어는 음운, 어휘, 어법적으로 모두 중요한 특징을 지니고 있다.

중국어의 음운적 특징은 성조, 음소, 음절의 세 가지 측면에서 개괄할 수 있다. 먼저 성조의 특징을 보면 중국어는 모든 음절마다 의미 변별 기능을 하는 성조가 있다. 혹자는 세계 언어를 크게 두 종류로 분류한다. 중국티베트어족(한장어족)의 언어처럼 의미를 변별하는 성조는 있지만 어휘의 형태 변화는 없는 언어와 인도유럽어족의 언어처럼 어휘의 형태 변화는 있지만 성조는 없는 언어다. 여기서 성조가 있다는 것이 중국어의 매우 분명한 특징임을 알 수가 있다. 중국어의 성조(음절의 음높이 변화)는 모두 의미 변별의 기능을 지닌다. 예를 들어 현대 중국 표준어에서 '汤(탕)', '糖(설탕)', '躺(눕다)', '烫(데우다)'의 성모(声母)와 운모(韵母)는 각각 't'와 'ang'으로 모두 동일하다. 하지만 성조가 다르기 때문에 의미가 달라진다. 글을 쓸 때도 네 개의 다른 한자로 쓰인다. 유사한 예로 다음과 같은 것들이 있다. 짝사랑은 순수하고(chún, 纯), 또 미련하다(chǔn, 蠢), 이러한 말들은 당부(zhǔfù, 嘱咐)이면서 축복(zhùfú, 祝福)이다, 꼼꼼해야지(jiǎngjiū, 讲究) 그럭저럭(jiāngjiu, 将就) 해서는 안 된다. 이들은 모두 성조의 차이가 단어의 의미 차이를 가져온 것들이다.

다음으로 음소의 특징을 보면 중국어 음절에서는 모음이 우세하다. 인구어의 경우 음절이 적은 것은 자음을 포함하지 않은 것들이며 보통 음절에서 자음은 연속해서 출현한다. 예를 들어 영어 'splint(부목)'의 음절을 보면 모음은 하나뿐이지만 자음이 다섯 개다. 이에 반해 중국어의 음절은 다음과 같은 특징을 보인다. 먼저 자음은 출현하지 않을 수 있지만 모음은 반드시 있어야 한다. 자음은 독립적으로 음절을 구성할 수 없지만 모음은 독립적으로 음절을 구성할 수가 있다. 또한 자음은 하나의 음절에서 많아야 두 개뿐이며 연속해서 출현할 수 없다. 하지만 모음은 음복 하나만으로 음절을 구성할 수도 있을 뿐 아니라 음절에서 모음이 연속해서 출현하는 것도 가능하다(운복+운미, 운두+운복, 운두+운복+운미). 예를 들어 '衣[i](옷)', '屋[u](집)', '鱼[y](물고기)' 등은 하나의 모음이 단독으로 음절을 구성한 것이고, '爱[ai](사랑하다)', '蛙[ua](개구리)', '歪[uai](비뚤다)', '威[uei](위엄)', '优[iou](우수하다)', '腰[iao](허리)' 등은 여러 개의 모음이 함께 음절을 구성한 것이다. 중국어 음절에는 모음이 다수를 차지하는데 모음은 음이 맑으며 노래할 수 있는 음악 소리다. 이 또한 중국어가 뚜렷한 음악적 감정과 정취를 띠게 하는 요소다.

마지막으로 음절의 특징을 보면, 중국어의 음절은 명확하고 음절 구조는 간단하면서도 긴밀하다. 먼저 중국어에서 음과 의미의 최소 결합체는 기본적으로 단음절이다. 게다가 음절 구조는 긴밀한데 음절의 발음도 인도유럽어처럼 연결해서 발음하는 것이 아니라 모아서 발음하여 음절 간의 관계가 긴밀하며 경계가 분명하다. 예를 들어 자음과 모음 성분이 동일한 중국어의 '岁[suei]'와 영어의 'sway[suei]'는 발음이 확연히 다르다. 또한 중국어 음절에서 모음과 자음의 출현 유형과 위치는 엄격하게 제한적이다. 운두에는 고모음 i[i], u[u], ü[y]만 올 수 있고 운미에는 고모음 i[i]

와 u[u]만 출현할 수 있다. 영어에서 비음, 파열음, 마찰음, 파찰음, 설측음 등이 모두 'gate[geit](대문)', 'life[laif](생명)', 'large[laːdʒ](큰)', 'ball[bɔːl](공)'처럼 음절의 끝을 닫는 자음이 될 수 있는 반면, 현대 표준중국어(보통화)는 음절의 끝을 닫는 자음이 비음[n/ŋ]뿐이다(방언 중에는 비음 [m]과 [p/t/k]와 같은 파열음도 있다). 중국어의 자음은 음절의 맨 앞에서 성모가 되든지 음절의 맨 끝에서 운미가 된다. 만약 음절에 자음이 하나만 있다면 '拿[na](잡다)'처럼 성모이든가 아니면 '安[an](편안하다)'처럼 운미다. 만약 음절에 자음이 두 개 있다면(자음은 최대 두 개를 초과할 수 없다) '蛋[tan^{51}](알)', '南[nan^{35}](남쪽)'과 같이 필히 하나는 성모이고 다른 하나는 운미다. 이러한 특징도 중국어의 음절 구조가 긴밀한 조합성을 지니도록 만든다. 가장 낮은 층차의 운복(韵腹)+운미(韵尾)는 'ao'처럼 한 층 높은 층차의 운(韵)을 구성하고, 그다음에 운두(韵头)+운(韵)이 'iao'처럼 한층 더 높은 층차의 운모(韵母)를 구성한다. 여기서 더 나아가 성모(声母)+운모(韵母)는 'tiao'처럼 한 층 더 높은 층차의 성조 없는 음절을 구성하고, 마지막으로 성조 없는 음절+성조가 '[$t'iau^{51}$](跳: 뛰다)'처럼 최종적인 음절을 구성한다. 역으로 중국어의 음절은 음소(성모, 운두, 운복, 운미)까지 층층마다 둘씩 나눠진다고 말할 수 있다.

중국어의 어휘적 특징은 음절상의 특징과 형태소상의 특징, 이렇게 두 가지 측면에서 개괄할 수 있다. 전자는 중국어 어휘의 음률적 특징을 말하며 후자는 중국어 어휘의 구조형식상의 특징을 말한다.

중국어의 음절 수를 보면 2음절어가 우세하다. 고대중국어는 대개 단음절어, 즉 음절 하나(한자 하나)가 하나의 단어를 이루었다. 예를 들어《논어》에서는 소수의 인명과 지명을 제외하고는 모두 단음절어다. 하지만 현대중국어의 경우 2음절어가 절대 다수를 차지한다. 즉 고대중국어의 1음절어가 현대중국어에서 대부분 2음절어로 변한 것이다. 예를 들어 고대중국어의 '目, 石, 忆, 菊' 등은 현대중국어에서 '眼睛(눈), 石头(돌), 回忆(추억), 菊花(국화)' 등으로 바뀌었다. 현재 사용 빈도가 높은 현대중국어 상용어 8,000개 가운데 2음절어가 70% 이상을 차지한다(일상적인 구어 상용어 가운데에는 대량의 단음절어가 여전히 존재한다). 현대중국어에서 2음절어가 많아진 주요 원인은 동음어를 줄이고 다의어를 분화시키기 위해서이다. 예를 들어 문어에서 'yi[i55]'라는 음절의 단어는 '医, 衣, 依' 등 아주 많다. 이들을 2음절어인 '医疗(의료), 衣服(옷), 依靠(의지하다)'로 바꾸면 더 이상 동음어가 아니다. 또 문어의 '道'를 예로 들면, '道'에는 '道路(도로), 道理(도리), 道义(도의), 道学(이학), 道德(도덕)' 등 많은 의미가 있는데 이들을 2음절어로 바꾸면 이러한 의미들이 구별된다. 또한 2음절어는 음률적으로 경중 조합의 리듬감을 형성하는 효과가 있다. 예를 들어 '不宜(적당하지 않다)'의 긍정 형식은 '宜'가 아니다. 2음절인 '宜于(~에 적합하다)'라고 해야 한다. '种树(나무를 심다), 种植树木(나무를 심다)'처럼 2음절어나 2음절로 조합된 구를 '种树木, 种植树'라고 말하면 그다지 좋지 않다. 때로는 2음절이 안 되는 말이 모여 2음절이 되기도 하고 2음절보다 많은 말이 2음절로 줄여지기도 한다. 다음의 예들을 비교해 보자. '泰国(태국): 日本(일본국), 泰山(태산): 峨眉(아미산), 黄县(황셴현): 顺义(순이구), 小李(이군): 诸葛(제갈군), 航空母舰(항공모함): 航母(항공모함), 酒后驾驶(음주운전): 酒驾(음주운전), 春节联欢晚会(설맞이 특별공연): 春晚(설특별연회)'. 심지어 본래 '狐/假虎威(호가호위)', '一衣带/水(허리띠만큼 좁은 강물)'로 끊어 읽어야 하는 성어도 '狐假/虎威', '一衣/带水'로 끊어 읽는다. '三十而立(서른 살이 되면 견식이나 뜻이 확립되어 흔들리지 않고 확고히 선다)'와 '不约而同(약속하지 않아도 일치한다)'의 중간에 별 의미 없는 '而'을 붙이는 것은 적어도 2음절 혹은 2음절 조합으로 바꾸어 읽어야 읽기가 좋기 때문이다.

형태소의 수량 측면에서 보면 중국어는 복합어가 우세하다. 현대중국어는 음절, 형태소, 한자가 대체로 삼위일체를 이루기 때문이다. 즉 일반적인 상황에서 하나의 음절은 하나의 한자에 해당하고 동시에 하나의 형태소에 해당한다. 따라서 현대중국어에 2음절어나 다음절어가 많다는 것은 다수의 형태소로 구성된 복합어 또한 많다는 것을 의미한다. 세계 언어에서 복합어의 세 가지 주요 조어 방식, 즉 파생법, 중첩법, 합성법은 중국어에도 존재한다. 게다가 현대중국어에는 의성법, 음역법 등의 방식도 있다. 현대중국어의 복합어 조어 방식은 가장 다양하면서도 가장 완전하다. 의성법의 예에는 '乒乓(똑딱), 布谷(뻐꾹), 咔嚓(우지직), 叮当(땡그랑), 潺潺(졸졸), 淅淅沥沥(추적추적), 稀里哗啦(후두두둑)' 등이 있고 음역법의 예로는 '沙发(소파), 芭蕾(발레), 粉丝(팬), 黑客(해커), 俱乐部(클럽), 奥林匹克(올림픽)' 등이 있다. 중첩법의 예에는 '姐姐(언니, 누나), 星星(별), 娃娃(인형), 渐渐(점점), 骂骂咧咧(계속 욕을 퍼붓다)' 등이 있다. 인도유럽어에서 가장 많이 보이는 접사 부가 방식 또한 중국어에 존재한다. 예를 들어 '老虎(호랑이), 第一(제1), 阿姨(아주머니), 可怜(가련하다)' 등은 접두사가 부가된 형식이고, '锤子(쇠망치), 木头(나무), 花儿(꽃), 哑巴(벙어리), 热乎乎(뜨겁다), 黑咕隆咚(캄캄하다), 脏里叭嘟(지저분하다)' 등은 접미사가 부가된 형식이다. 물론 현대중국어에서 가장 빈번하며 가장 생산적인 복합어 조어 방식은 합성법이다. 복합어를 구성하는 어근 형태소는 모두 실질적인 의미를 지닌 자립형태소이거나(즉, 허사가 아니다) 실질적인 의미를 지닌 의존형태소다(즉, 접사가 아니다). 게다가 중국어의 복합어, 구, 문장, 이 세 단위의 구성 방식이 기본적으로 일치하기 때문에 복합어의 구조 형식 또한 아주 다양하다. 예를 들면 '胆怯(겁내다), 性急(성급하다), 祖传(조상 대대로 전해 내려오는), 口吃(말을 더듬거리다)'와 같은 주술식, '布鞋(헝겊신), 汉语(중국어), 狂热(열광적이다), 重视(중시하다)'와 같은 수식식, '丢脸(체면을 잃다), 悦耳(듣기 좋다), 动人(감동적이다), 缺德(부도덕하다)'와 같은 동목식, '裁缝(재봉하다), 道路(도로), 动静(동정), 教学(교학)'와 같은 병렬식, '改善(개선하다), 证实(실증하다), 打动(감동시키다), 抓紧(꽉 쥐다)'과 같은 동보식 등이 있고, '脑溢血(뇌출혈), 计算机(컴퓨터), 图书馆(도서관), 英汉词典(영한사전), 国民生产总值(국민총생산)' 등과 같은 다중 복합어도 있을 수 있다.

중국어의 어법적 특징도 다음 세 가지로 개괄할 수 있다. 첫째는 어법 수단의 특징이고, 둘째는 어법 구조의 특징이며, 셋째는 어법 성분의 특징이다.

어법 수단의 특징을 먼저 살펴보면 중국어는 형태 표지와 형태 변화가 없는데 많은 어법 현상이 이러한 기본 특징과 유관하다. 예를 들어 중국어는 술어의 형태 변화를 통해 시제, 상, 태의 어법 의미를 나타내지 않고, 시태를 나타내는 조사(了, 着, 过 등)가 있다. 《마씨문통(马氏文通)》에서는 이러한 조사를 중국어의 독특한 점이라고 여겼다. 중국어는 인도유럽어처럼 정형 동사와 비정형 동사의 구별이 없다. 중국어의 동사는 술어가 될 수 있으며 목적어와 보어를 수반할 수도 있다. 또한 주어, 목적어, 관형어도 될 수 있으며 관형어의 수식도 받을 수가 있지만 이 모든 경우에서 어떠한 형식적인 변화도 없다. 예를 들면 다음과 같다. '我们研究(우리는 연구한다)'(술어), '打算研究(연구를 할 생각이다)'(목적어), '研究结束(연구가 끝나다)'(주어), '研究语法(어법을 연구하다)'(술어: 타동사), '研究清楚(분명하게 연구하다)'(보어 수반), '研究课题(연구 과제)'(관형어), '语法研究(어법 연구)'(관형어의 수식을 받음). 중국어의 품사는 형태 표지가 없고 문장 속에 들어간 후에도 형태 변화가 없다. 곧 중국어는 접미사의 변화로 성, 수, 격, 비교급 등의 어법 의미를 나타내지 않는다. 이것이 중국어 실사의 품사와 어법 성분이 인도유럽어처럼 일대일의 대응관계(주어와 목적어는 명사, 술어는 동사, 관형어는 형용사, 부사어는 부사 등)에 있지 않고 일대다의 관계를 형성하게 하는 이유이다. 예를 들면 중국어의 형용사는 '姑娘漂亮(아가씨가 예쁘다)', '漂亮姑娘(예쁜 아가씨)', '漂亮地完成了任务(임무를 멋지게 끝내다)', '打得漂亮(멋지게 하다)'처럼 술어, 관형어, 부사어, 보어가 될 수 있을 뿐만 아니라 '爱漂亮(아름다움을 좋아하다)', '漂亮才吸引人(예뻐야 사람을 매료시킨다)'처럼 목적어, 주어 등도 될 수 있다. 따라서 중국어에서는 같은 품사라 할지라도 다른 문법 구조를 만들 수가 있다. 예를 들면 같은 '동사+동사' 구조라도 다음과 같이 다양한 문법 구조를 만드는 것이 가능하다. '研究讨论(연구 토론하다)'(병렬), '打算回家(집으로 돌아갈 생각이다)'(동목), '挖掘出来(발굴해내다)'(동보), '研究结束(연구가 끝나다)'(주술), '访问回来(방문하고 돌아오다)'(연동), '请他参加(그에게 참가할 것을 청하다)'(겸어), '拼命逃窜(필사적으로 도망치다)'(부사어-중심어), '养殖研究(양식 연구)'(관형어-중심어) 등과 같이 말이다. 심지어 동일한 어법 구조가 복잡한 의미 관계를 포함하면서도 명사의 의미 유형을 나타내는 어떠한 형식적인 표지가 없을 수도 있다. 예를 들어 같은 '동목구조'라 하더라도 동사와 명사 간의 의미 관계는 다음과 같이 매우 다를 수 있다. '吃苹果(사과를 먹다)'(동작-피행위물), '(这锅饭)吃五个人((이 솥의 밥은) 다섯 사람이 먹는다)'(동작-행위자), '吃火锅(신선로 샤브샤브를 먹다)'(동작-도구), '吃食堂(구내식당에서 먹다)'(동작-장소), '吃利息(이자로 살다)'(동작-근거), '存活期(보통예금으로 저축하다)'(동작-방식), '躲高利贷(고리대금 때문에 숨다)'(동작-원인), '排电影票(영화티켓을 사기 위해 줄을 서다)'(동작-목적) 등이 그러하다.

어법 구조 측면에서의 특징을 보면 중국어는 형태 변화가 없기 때문에 어순과 허사의 기능이 특히 두드러지고 구조상으로도 독특한 특징을 보인다. 앞에서 언급했듯이 중국어 실사는 형태 표지가 없고 어법 성분과도 일대일 대응하지 않는다. 이는 중국어가 주로 어순에 의해 구조 형식과 구조 관계를 확정함을 의미한다. 어순 변화는 구조 관계와 구조 의미의 변화를 유발한다. 예를 들어 '猫捉老鼠(고양이가 쥐를 잡다)'와 '老鼠捉猫(쥐가 고양이를 잡다)', '一会儿再说(좀 있다가 다시 이야기하자)'와 '再说一会儿(잠시만 다시 이야기하자)', '不怕辣(매운 걸 두려워하지 않는다)'와 '怕不辣(맵지 않을까 두렵다)', 그리고 '辣不怕(매운 것은 두렵지 않다)'와 같다. 이는 어순이 다르기 때문에 구조와 의미도 완전히 다르거나 혹은 완전히 같지 않은 예이다. 하나 더 예를 들면, 인도유럽어의 경우 문장과 구가 대립된다. 문장에는 정형동사 하나가 반드시 출현해야 하는 반면 구에는 정형동사가 없고, 문장은 반드시 주술관계인 반면에 구는 주술관계가 아니다. 하지만 중국어의 문장 구조 규칙과 구 구조 규칙은 기본적으로 일치한다. 대부분의 실사나 구는 어조를 붙이고 앞뒤에 휴지를 주기만 하면 다 문장이 될 수 있다. 예를 들어 '走!(가라!)', '去上海。(상하이에 가다.)', '我。(나.)'는 모두 문장이라고 할 수 있다. 인도유럽어의 단어, 구, 문장은 층층으로 이루어진 구성 관계에 있다. 곧 단어가 구를 구성하고, 구가 문장을 구성한다. 하지만 중국어에서 단어, 구, 문장은 '실현관계'에 있다. 어떠한 단어나 구도 어조를 붙이면 문장으로 '실현'될 수 있다는 뜻이다. 중국어의 문장은 구에 어조가 더해져 직접 실현된 것이기 때문에 영어의 주어, 술어, 목적어가 임의대로 생략될 수 없는 상황과는 달리 언어 환경이 허락하기만 하면 실제 중국어 문장의 많은 성분이 생략될 수 있다. 예를 들어 '你喝啤酒吗?(너 맥주 마시니?)'에 대한 대답으로 '我喝啤酒(나 맥주 마셔)'라고 말할 수도 있지만, '我喝(나 마셔)'나 '喝(마셔)'라고만 할 수도 있다. '你喝什么?(너 뭐 마실래?)'에 대한 대답으로 '我喝啤酒(나 맥주 마실래)'라고 할 수도 있고 '喝啤酒(맥주 마실래)' 혹은 '啤酒(맥주)'라고도 할 수 있다. 중국어 어법 구조 가운데 허사의 기능도 중요하다. 예를 들어, '我的弟弟(나의 남동생)', '我和弟弟(나와 남동생)', '我或弟弟(나 혹은 남동생)'와 같이 허사 하나만 바뀌도 구조와 의미가 달라진다. '说了算(한 말에 책임을 지다)', '说算了(됐다고 말하다)', '算说了(말한 셈이다)', '算了说(마음대로 정하다)'에서도 어순 외에 허사 '了'의 위치가 구조의 유형 및 의미를 결정한다.

마지막으로 어법 성분의 특징을 보면 중국어에는 중국어만이 가지는 특수한 기능 성분이 있다. 그 예로 중국어의 양사(量词)가 있다. 현대중국어에는 사물의 수량을 이야기할 때 가산명사 여부와 관계없이 '수사+명사'로 말할 수 없고 중간에 반드시 양사를 넣어야 한다. 예를 들어, 일반적으로는 '*五书, *六笔, *三狗'라고 말할 수 없고 '五本书(책 다섯 권), 六支笔(펜 여섯 자루), 三只狗(개 세 마리)'라고 해야 한다. 고대중국어에서는 '三人(사람 세 명), 五车(수레 다섯 대)'라고 말할 수 있었지만 현대중국어에서는 이러한 용법이 이미 사라졌다. 사물의 양을 나타내는 명량사(名量词) 외에도 중국어에는 동작의 양을 나타내는 동량사(动量词)와 시간의 양을 나타내는 시량사(时量词)가 있다. 동량사와 시량사의 예에는 '去一次(한 번 가다), 唱一遍(한 번 노래하다), 看一眼(한 번 보다), 打三拳(주먹으로 세 번 때리다), 学两年(2년 배우다), 等一会儿(잠시 기다리다)' 등이 있다. 동량사와 시량사는 동작행위를 설명하며 보통 동사의 뒤에 출현한다. 중국어의 양사 체계는 그 어휘 수량이 풍부할 뿐만 아니라 유형 결합도 완전하다 할 수 있다. 중국어에는 어기사도 있는데 중국어 어기사의 체계는 완전하며 '啊, 吗, 吧, 呢, 呗, 了' 등이 있다. 문장 끝에 서로 다른 어기사를 사용하면 의문, 진술, 명령, 감탄 등 각기 다른 어기 의미를 나타낼 수 있다. 예를 들면 다음과 같다. '他不愿意啊!(그가 원하지 않아!)', '他不愿意吗?(그가 원하지 않니?)', '他不愿意吧?(그가 원하지 않지?)', '他不愿意呢?(그가 원하지 않으면?)', '他不愿意呗。(그가 원하지 않는 거지.)', '他不愿意了。(그가 이제 원하지 않아.)'. 중국어의 어기사는 또 다른 기능도 한다. 영어와 같은 언어는 의문문을 만들 때 의문사(특수의문문의 의문대명사 혹은 일반의문문의 조동사)를 문장의 앞으로 전치해야 한다. 하지만 중국어의 의문문은 어떠한 성분의 이동도 필요 없다. 이는 중국어의 문장 끝에 의문 어기사가 있기 때문이다. 다시 말해서, 세계 여러 언어는 의문문을 만들 때 다음의 두 가지 방법을 사용하지 않는 것이 없다. 바로 문장의 끝에 어기사가 없으면 문장 성분의 위치를 바꾸어야 하고, 문장의 끝에 어기사가 있으면 문장 성분의 위치를 바꿀 필요가 없다.

1.2 중국어연구란

중국어연구를 이해하고 진행하기 위해서는 우선 중국어연구의 기본 상황을 이해할 필요가 있다. 이는 중국어연구의 횡적인 범위의 측면과 종적인 역사적 측면으로 구분할 수 있는데 횡적인 범위란 중국어연구의 임무와 목표를 고려하는 것이며 종적인 역사란 중국어연구의 발전 과정을 살피는 것이다.

1.2.1 중국어연구의 횡적 범위

중국어연구의 횡적 범위는 중국어연구의 임무이자 목표로 다음의 두 가지 각도에서 볼 수 있다. 하나는 분화 방향의 측면이고 다른 하나는 상호 연관성의 측면이다.

첫째, 분화 방향의 측면에서 중국어연구를 살펴보도록 하자. 중국어연구는 광범위한 내용을 포함한 학문 분야로 다양하게 분화되어 있다. 마치

하늘을 찌르는 거목처럼 뿌리 깊고 장대하게 서 있을 뿐 아니라 그 가지와 잎도 무성하다. 또한 대가족처럼 대들보가 있고 위로 조부모, 부모로부터 아래로 아들, 손자까지 있을 뿐 아니라 심지어 혈연 외의 관계로 엮어진 며느리, 사위, 고모, 이모까지 모두 포함하고 있다. 따라서 만약 중국어라는 학문을 횡적으로 나누어 본다면 우선 어떤 분화 방향으로 나눌 수 있을지를 고려해야 할 것이다.

예를 들어 음성학은 고대 음운학과 현대 음성학을 포함한다. 음운학은 상고음 연구(선진 시대 성모, 운모, 성조 및 양한 시기 음계, 더 나아가 원시 중국어의 음계), 중고음 연구(《절운(切韵)》의 음계, 시문의 압운, 반절, 산스크리트어와 중국어의 대역음), 근대음 연구(송대 음운, 원대 음운, 명청대 음운, 《중원음운(中原音韵)》의 음계, 등운) 등을 포함한다. 음성학은 실험음성 연구, 음성속성 연구(물리적·생리적·심리적·사회속성적), 중국어 병음방안 연구, 보통화 음성 체계 연구(성모, 운모, 성조체계, 자음과 모음체계, 음소체계 등), 음성변화현상 연구(儿화, 변조, 경성 등), 보통화 음성규범 연구(이독, 오독 등), 음성-리듬-운율 연구(휴지, 평측, 압운 등) 등을 포함한다.

어휘학이라 하면 고대 훈고학과 현대 어휘학을 말한다. 고대 훈고학의 기본 임무는 현재의 어휘로 고어를 해석하고 고서 독서 및 주해의 문제를 해결하는 것이다. 동시에 언어학과 문헌학 지식을 종합하여 고서의 의문점과 난제를 해결하는 것을 중요하게 여긴다. 현대 어휘학은 형태소 연구(형태소 유형과 의미), 형태론과 조어 연구(합성, 파생, 중첩, 의성, 음역 등), 의미 연구(동의어, 반의어, 다의어, 의미소 조합, 의미소 분석 등), 의미항목의 인신 연구, 어휘유형 연구(신조어, 고어, 방언어, 외래어 등), 상용어와 전용어 연구, 사전 편찬과 의미 해석의 규칙 연구, 단어의 의미장 연구, 숙어와 고정표현 연구(성어, 속담, 속어, 헐우어(歇后语), 관용어 등), 신조어 연구, 사회적 언어사용의 규범화 연구(인터넷 용어, 외래어, 은어 등) 등을 포함한다.

문자학의 경우 고문자학과 현대 한자학을 말한다. 고문자학은 주로 갑골문, 금문, 전국 문자, 도자기 문자, 도장 문자, 화폐 문자, 특히 서간 문자를 대상으로 하며 이 외에도 한자의 성질, 기원, 형태 변화, 구조 유형, 《설문(说文)》, 육서(六书) 등의 연구를 말한다. 현대 한자학은 한자 간화 연구, 한자 자형 연구(조자법, 한자구조, 편방부수, 필획순서), 한자 규범화 연구(정자법, 오자, 번체자, 은어자), 상용자와 통용자 연구, 한자 개혁 연구(수량, 형태, 음운, 획순, 빈도의 확정) 등을 들 수 있다.

어법학이라고 할 때, 광의의 어법학은 의미론, 화용론을 포함한다. 어법 연구는 어법단위 연구(형태소, 단어, 구, 문장 등), 품사 연구(동사, 명사, 형용사, 각종 허사), 구 연구(주술구, 동목구, 수식구, 동보구, 연합구 등), 품사와 문장성분의 대응관계 연구, 문장 유형과 특수구문 연구(진술문, 의문문, 명령문, 把자문, 被자문, 화제문, 존현문 등), 복문과 텍스트 연구, 어휘화와 문법화 현상 연구 등을 포함한다. 의미 연구는 어법 형식과 어법 의미의 관계 연구, 허사(조사, 어기사, 부사 등)의 의미와 기능 연구, 구문의 특수의미 연구, 동사와 명사의 논항 의미관계 연구, 수식어와 중심어의 의미관계 연구, 중의구조 연구, 인칭대명사와 재귀대명사의 의미지향 연구, 생략과 비가시적 성분의 의미지향 연구, 동사의 의미특징 연구, 명사의 의미지시 연구 등을 포함한다. 화용론에는 담화와 텍스트 연구, 문장의 전제와 함축 연구, 대화원칙 연구, 함축, 화행 연구, 언어와 사회문화현상의 관계 연구 등이 있다.

이 밖의 중국어연구에는 방언학, 수사학, 언어규범화 등의 학문이 존재한다. 방언학은 중국어 방언의 지역구분 연구, 방언과 표준어의 관계 연구, 방언의 음성특징 연구, 방언의 어휘특징 연구, 방언의 어법특징 연구, 방언의 공시적 차이와 역사적 층차 연구 등을 포함한다. 수사학은 어휘의 선택과 사용 연구, 구문과 표현 연구, 수사격(비유, 의인, 과장, 대구 등) 연구, 문체 연구, 어구의 표현색채 연구 등을 포함한다.

두 번째로 이론 및 방법론의 각도에서 중국어연구를 볼 수 있다. 일을 잘 하려면 먼저 도구를 잘 다듬어야 한다. 농사에 농기구가 필요하고 일할 때 공구가 필요하고 전쟁에 무기가 필요하듯 중국어연구 역시 도구와 무기가 있어야 한다. 이러한 도구와 무기가 바로 연구에 필요한 이론과 방법론이다. 이론과 방법 없이는 중국어를 연구할 수 없다. 문제를 해결할 수 있기만 하면 어떤 방법도 상관없다고 생각할 수도 있지만 적어도 문제를 해결하는 데 어떠한 방법이 좋은지는 알아야 한다. 따라서 중국어연구를 정확하게 직시하려면 어떤 다양한 이론적 배경과 연구 방법으로 분류되는지 알아야 할 것이다.

이러한 분류에 근거하여 현재 중국어연구에서 특히 주목할 만한 언어학 이론과 연구 방법으로 전통언어학 이론, 구조기술주의 이론, 형식주의(원리와 매개변인) 이론, 인지기능 이론 등을 들 수 있다. 좀 더 구체적으로 말하면, 상술한 각 이론에 속하는 개별 이론과 원칙이 있다. 예를 들어 층차 분석 이론, 변환 분석 이론, 논항 구조 이론, 의미 자질 이론, 의미지향과 지시 이론, 이동 이론, 지배 결속 이론, 사상과 스키마 이론, 구문 이론 등이다. 각기 다른 이론과 방법으로 바라보면 중국어연구도 다양한 시각을 포함하고 있다는 사실을 알 수 있다.

앞서 소개한 다양한 이론적 배경과 분석방법 중 어떤 한 이론이나 방법을 먼저 채택하여 중국어의 각 분화 방향에 대해 철저하고 집중적으로 연구를 진행할 수도 있다. 예를 들어 중고등학교 어문 교육에서는 언어 지식 교육의 필요를 고려하여 발음은 어떻게 분석하고 어휘는 어떤 내용을 다루며 어법 구조 분석은 중심어 분석법을 선택할지 층차 분석법을 선택할지 등을 고려해야 할 것이다. 실제로 이러한 문제는 중고등학교 어문지식이 전통언어학 이론에 기반한 것인지 아니면 구조주의 이론에 기반한 것인지와 직접적인 관련이 있다. 그러나 중국어연구에서는 다양한 이론적 배경과 분석 방법에 주의해야 하며, 더 중요한 것은 특정한 이론과 방법을 운용하여 어떤 학문방향에 존재하는 모종의 문제, 심지어 어떤 구체적인 언어 현상을 분석하고 처리할 수 있어야 한다. 이러한 상황을 고려할 때 이론과 방법에 근거하여 연구 주제를 구분하는 것이 더 용이할 수 있다. 앞서 밝힌 중국어 분화 방향 중의 구체적인 연구 제목은 사실상 이미 어떤 이론적 배경을 반영하고 있다. 예를 들어 어휘 연구에서 의미소 분석과 의미장 분석은 의미소 분석 이론과 단어의 의미장 분석 이론의 주요 내용이다. 동사와 명사의 논항 관계는 논항 구조 이론의 주요 내용이다. 인칭대명사와 재귀대명사의 지시 분석은 의미지향과 지시 이론의 주요 내용이며 把자문과 被자문 구조는 변환 분석 이론이나 이동 이론과 분리할 수 없는 관계다. 또 한편으로 중국어의 동일 현상을 다른 이론과 방법론을 통해 접근할 수도 있다. 예를 들어 앞서 말한 중국어의 음절은 성모, 운모, 성조의 조합으로 분석할 수도 있고, 음소(자음과 모음)의 조합으로 분석할 수도 있다. 이는 발음 분석의 다양한 이론적 배경과 분석 방법을 알아야 한다. 단어 의미의 해석에 있어서도 형태소 의미의 조합을 통해 분석할 수도 있고 의미 항목의 연용 능력을 사용할 수도 있으며 의미소 분석과 의미장 분석법을 활용할 수도 있다. 이는 각기 다른 분석이 어떤 이론과 방법에 근거한 것인지를 명확히 알아야만 한다. 또 예를 들어 어법의 품사 구분에 있어 형태적 기준이나 의미적 기준을 사용할 수도 있고 분포에 따라 구분할 수도 있으며 전형적인 특징이나 가족유사성(family resemblance) 기준에 따라 분류할 수도 있다. 이처럼 각기 다른 분석 기준과 분석 결과도 전통적 이론, 구조주의, 인지 이론 등 각기 다른 이론과 방법을 반영하고 있다. 예를 들어 혹자가 중국어에는 주술술어문이 존재하고 심지어 그것을 십여 종류로 세분할 수 있다고 여긴다면 이는 구조주의 이론의 분석 결과다. 그러나 혹자는 중국어 주술술어문은 모종의 기본 구조가 변환을 통해 형성된 것이며 결코 독립적인 구조 유형이 아니라고 본다면 이는 형식주의 이론의 분석결과다. 또 혹자는 이러한 구조가 통사구조 유형이 아니라 인간의 심리적 화제, 초점을 반영한 담화구조의 유형이라고 본다면 이는 인지 기능 이론의 분석 결과다.

세 번째로 학문의 상호관련성 각도에서 중국어연구를 바라보도록 하자. 어떤 학문이든 독립적으로 존재하지 않으며 모두 가깝고 먼 친척이 존재한다. 따라서 중국어연구는 우물 안 개구리 식으로 진행하거나 한계를 두고 진행해서는 안 될 것이다. 시야를 멀리, 넓게 바라볼 필요가 있다. 상황을 고려하여 다양한 학문을 서로 참고하고 보완해야 하며, 하나의 이론 안에 다른 이론이 존재할 수도 있기 때문에 여러 다양한 이론과 방법에 통달해야 한다. 따라서 만약 중국어와 관련된 어떤 연구의 단서를 네트워크로 본다면 그중 어느 부분을 떨거나 가까운 다른 부분과 연결시켜 연구할 수 있는지 살펴볼 수도 있다.

우선 중국어 내부적인 분화 방향이나 각 주제의 관계에 주의해야 한다. 언어 현상으로 볼 때 중국어의 각 분화 방향이나 연구 주제는 함께 관련 지어 연구할 수 있을 뿐 아니라 때로는 반드시 그래야 할 필요가 있다. 이는 중국어연구에서 새로운 발견과 새로운 돌파구를 찾을 수 있는 지름길이다. 앞서 제시한 표준어의 儿화, 경성 등은 음성학에 포함되지만 사실 이러한 현상은 儿화 단어, 경성 단어에서 주로 나타나기 때문에 어휘학과도 관련이 있다. 또한 어법적 측면에서 중국어의 많은 어법 현상은 다른 분화 방향과 관련성을 가진다. 어법과 음성의 관련성으로 보면 상술한 경성과 경성 단어의 대부분 현상은 주로 어법 현상이다. 예를 들어 시태조사, 구조조사, 어기사, 다수의 개사, 방위사, 보어로 기능하는 방향동사와 동사 중첩 등은 모두 어법적 층차에서 경성 성분이다. 이 밖에도 많은 음성 형식이 어법에 영향을 미친다. 예를 들어 '想起来了(생각이 났다/일어나고 싶다)'는 다른 의미를 지닌 두 가지 구조로 분석된다. 음성적으로 각각 '起来'를 경성으로 읽거나 강세를 넣어 읽는다. '你今天怎么来呢?'라는 말의 뜻은 온 방식을 물을 수도 있고 온 이유를 물을 수도 있다. 이때 '怎么'와 '来'의 경성과 강세가 각기 다르다. 어법과 어휘의 관계를 보면 단어 의미와 기능도 어법에 영향을 미친다. 예를 들어 '(这根绳子)长2米((이 줄은) 2미터 길다/(이 줄은) 2미터이다)'와 '(这根绳子)短2米((이 줄은) 2미터 짧다)'의 경우 전자는 두 개의 의미와 구조를 가진 반면, 후자는 하나의 의미와 구조만을 가진다. 그 이유는 '长, 短'이라는 두 단어에 있다. '长'은 형용사와 명사의 두 가지 품사 속성을 가지며 이로 인해 '더 길다'와 '길이'라는 두 의미를 가진다. 반면, '短'은 하나의 품사 속성과 의미만을 지닌다. 어법과 의미의 관련성으로 볼 때 어떤 어법 구조는 때로 의미만이 설명 가능하다. '鸡不吃了(닭이 안 먹는다/닭을 안 먹는다)', '反对的是少数人(반대 의견을 가진 사람이 소수다/반대의 대상이 되는 사람이 소수다)' 등의 구조는 어법 구조가 동일하고 층차 분석도 같지만 각기 다른 의미를 가진다. 해당 구조에서 명사 성분인 '鸡'와 '少数人'이 행위자와 피행위자 의미역이 되는 비가시적 현상에 주목해야 한다. 어법과 수사학의 관계에서 볼 때 수사적 필요는 때로 어법 규칙의 제약을 넘어설 수도 있다. '两个红领巾走了过来(빨간 넥타이 둘이 걸어왔다)', '花儿绽开了笑脸(꽃망울이 웃음을 터뜨렸다)'와 같이 보기에 단어 연용 규칙을 위배된 듯한 구조도 사실 환유, 의인 등의 수사적 수단의 결과물이다. '黑了他(그를 모함하다)', '很女人(여성스럽다)', '被幸福(행복해지다)' 등의 품사 활용 현상이나 새로운 형태의 어법 구조 역시 대부분 수사적으로 시작하여 어법 규칙이 되었다.

만약 상술한 중국어연구를 내부적 관계의 연구라 한다면 중국어라는 학문과 다른 관련 학문 간의 외부적 관계도 주목해야 한다. 연구 범위에 있어서 중국어연구와 기타 학문 연구의 관련성은 중국어연구의 넓은 범위라고 말할 수 있다. 중국어연구의 외부적 관계는 일종의 비교성의 관계로 중국어와 다른 언어 현상 간의 관계를 말한다. 예를 들어 중국어와 외국어의 비교 연구에서 중국어와 외국어의 차이를 전문적으로 연구할 수 있다. 중국어는 형태 변화가 없고 품사와 어법성분이 일대일 대응하지 않으며 주술구조, 수식구조 어순의 특징이나 중국어만의 독특한 조사, 어기사, 양사 체계 등을 가지고 있다. 다른 한편으로 중국어와 외국어의 공통점도 주목할 수 있다. 예를 들어 중국어와 외국어 모두 시제, 상이나 양태 형식이 존재하는지, 동일한 기초 구조 형식이 존재하고 성분 이동을 통해 다른 구조를 구성하는지, 동일한 논항 구조 체계와 논항 조합 규칙을 가지는지 등이다. 뿐만 아니라 현대중국어와 고대중국어의 비교 연구, 현대중국어 공용어와 방언의 비교 연구는 중국어의 역사적 변화에 대한 연구로 볼 수 있다. 또한 한편으로 순수한 역사적 변화의 각도에서 현대중국어의 변화를 볼 수 있는데 예를 들어 고대중국어의 '之, 乎, 者, 也' 등의 어기사가 어떻게 현대중국어의 '的, 了, 吗, 呢' 등의 어기사로 변화하였는지, 현대중국어의 '把자구'나 '동보구조'는 어떻게 형성되었는지 등의 문제다. 반면에 표준어와 방언의 공시적 차이를 통해 현대중국어의 각종 현상을 살필 수도 있다. 표준어에 존재하는 다양한 용도의 구조조사 '的'가 방언에서 어떻게 표현되는지, 중국어의 'X吗(去吗)', 'X不X(去不去)', '부사+X(阿去)'의 세 가지 의문문 형식이 표준어와 방언에서 어떻게 분포하는지 등의 문제다. 또 다른 중국어연구의 외부적 관계로 상관성의 관계를 들 수 있는데 중국어연구와 기타 관련 학문과의 관계를 말한다. 예를 들어 인간의 심리 인지적 각도에서 언어를 연구하고, 특히 아동의 중국어(모어) 습득에 대한 연구를 통해 인간 뇌 속의 언어 기제를 탐색할 수 있는데 이것은 바로 언어 인지 연구와 언어 습득 연구다. 언어 문자는 문화의 매개체이며 역으로 문화는 언어 문자에 영향을 미친다. 민족 문화와 연계하여 중국어를 연구하고 그 속의 문화적 요소를 탐색하는 것은 문화언어학 연구다. 다른 영역에서 운용되는 언어는 각각의 독특한 특징과 풍격을 형성한다. 이로써 중국어가 모종의 영역에서 가지게 되는 언어 특징을 심도 있게 연구할 수 있는데 이것이 바로 법률 언어, 신문 언어, 광고 언어, 인터넷 언어 등의 연구다. 이 분야는 중국어의 각도에서 진행되는 사회언어학, 커뮤니케이션 언어학, 단어 의미 해석과 사전학 연구를 포함한다. 이과적 배경에서 심리 언어학, 신경병리 언어학, 언어의 양적 분석과 통계 등의 다양한 분야에서 대규모의 융합 연구가 진행될 수 있다.

이뿐만이 아니다. 앞서 말한 중국어연구가 기본적으로 학문적인 연구라 한다면 더 중요한 것은 중국어연구와 중국어 응용 간의 관계를 수립하는 것이다. 연구 목적에 있어서 중국어 응용연구는 학문적 연구의 최종 검증일 뿐 아니라 중국어연구의 주요 목표가 된다. 앞서 밝힌 많은 연구 과제가 사실상 응용과 관련이 있지만 소위 말하는 중국어의 응용연구, 특히 현대중국어의 응용연구라 하면 주로 다음 두 분야의 연구 과제를 말한다. 첫째, 컴퓨터언어 정보처리와 관련된 응용연구로 중국어 정보처리 연구다. 컴퓨터의 글자처리의 각도에서 한자의 자형 구조, 상용한자 통계, 한자의 음성 식별 등의 문제를 고려할 수 있다. 단어 처리의 각도에서 중국어의 형태소와 단어의 구별, 중국어 조어 형식, 중국어 단어의 어법 분류, 중국어 단어의 연용 조합의 특징, 단어의 의미 체계, 단어의 의미 항목과 해석 등의 문제를 재분석할 수 있다. 또한 컴퓨터의 문장처리 각도에서 중국어 허사의 의미와 용법, 문장 구조의 분절과 조합 규칙, 문장의 기초 형식과 변환 형식, 특수 구문의 통사구조와 의미 이해, 동사의 논항 구조와 논항 조합 원칙 등 중국어의 어법적·의미적 문제를 보다 심도 있게 고민할 수 있다. 두 번째는 언어 교육과 관련된 응용연구로 중국어 교학연구를 들 수 있다. 그중의 하나는 현재 매우 주목을 받고 있는데 바로 대외중국어교학연구다. 이는 어떻게 하면 중국어의 연구성과를 대외중국어교육에 반영할지, 역으로 대외교학연구를 통해 과거 주목하지 못했던 언어현상을 발견할 수 있는지에 관한 것이다. 또 다른 연구로 초·중·고등학교 어문교육 연구를 들 수 있는데 이는 초·중·고등학교에서 중국어의 글자, 단어, 문장의 지식을 어떻게 가르칠 것인가 하는 교학 문제뿐 아니라 아동 및 청소년이 어떻게 하면 자신의 모어를 더 빠르고 더 잘 학습하고 습득할 수 있을지, 청소년들이 어떻게 하면 일정한 교육을 통해 자신의 언어 수준과 어문 소양을 향상시킬 수 있는지에 관한 광의적인 연구다. 심지어 초·중고등학교 어문교육에서 독해, 작문 등 구체적인 문제를 언어학적인 각도에서 새롭게 모색하는 것도 포함한다.

1.2.2 중국어연구의 종적 역사

중국어연구의 종적 역사는 다시 말하면 중국어연구의 발전 과정이다. 이 또한 두 가지 각도에서 살펴볼 수가 있는데, 하나는 중국어연구의 고대 전통이고 다른 하나는 중국어연구의 현대 사조다.

먼저 중국어연구의 고대 전통에 대해서 이야기해 보겠다. 언어학은 유구한 역사를 지닌 전통 인문과학이다. 여타의 과학 연구가 다 언어를 수단으로 하기 때문에 언어학은 또한 인류의 가장 오래된 과학이라고도 할 수 있다. 언어학의 고대 전통은 주로 세 가지 방면에서 구현된다. 첫 번째는 철학적 사고의 관점에서 언어를 연구하는 것이고, 두 번째는 어문 학습의 관점에서 언어를 연구하는 것이며, 마지막 세 번째는 역사 비교의 관점에서 언어를 연구하는 것이다. 이 세 가지 연구 방향은 중국어연구의 주된 내용인 동시에 오늘날까지도 이어져 내려온 지속적인 연구 방향이다.

고대의 철학가들은 일찍이 사람과 사람 사이에 소리나 문자를 통해 정보를 전달하고 사상과 감정을 표현하는 것은 바로 언어를 사용한 사교 활동이며, 사람들이 문제를 생각하는 것은 언어를 운용해서 객관 세계에 대해 명명 및 분류, 판단 및 추리를 하는 사유 활동이라는 것을 깨달았다. 그래서 중국이든 외국이든 모두 철학가가 언어 문제에 가장 먼저 관심을 가졌다. 철학적 각도에서 언어를 논할 때 가장 중요한 문제는 바로 언어의 형식과 의미의 관계를 탐구하는 것이다. 2천여 년 전에 그리스와 중국에서는 거의 동시에 언어의 명칭과 객관 세계의 사물이나 현상 사이에 어떠한 관계가 있는지에 대해 논쟁이 벌어졌다. 이것이 곧 철학에서 유명한 명실 논쟁이다. 전국 시대 말에 순자는 언어의 사회적 본질을 특히 강조하였는데, 명칭과 실상은 사회적으로 약속으로 정해진 관계라는 것을 정확하게 지적하였다. 〈정명편(正名篇)〉에서는 이 문제에 대해 다음과 같이 분명하게 이야기한다. '명칭은 고정된 마땅함이 없고, 약속으로써 이름 지어진 것이다. 약속으로 정하여 관례가 되면 마땅하다고 하고, 약속과 다르면 마땅하지 않다고 한다. 명칭은 고정된 실상이 없고, 약속으로서 실상에 이름을 붙인 것이다. 약속으로 정하여 관례가 된 것을 실상의 명칭이라고 한다(名无固宜, 約之以命, 約定俗成谓之宜, 異於約則谓之不宜。名无固实, 約之以命实, 約定俗成谓之实名。).' 이는 즉 본래 고정된 명칭이 없는 하나의 사물이 사회적 약속으로 인해 어떠한 명칭을 가지게 되며, 본래 고정된 대상이 없는 하나의 명칭이 또한 사회적 약속으로 인해 어떠한 대상을 가리키게 된다는 말이다. 언어 문제를 철학적 관점에서 논의하거나 언어 현상으로부터 철학적 문제를 논의하는 것은 동서고금을 막론하고 모두 오래된 전통이자 주된 방향이다. 이렇게 된 주요 원인은 고대 서양과 중국에서 철학의 지위가 줄곧 높았기 때문이다. 사람들은 철학가만을 학자나 대가로 인정하였고 언어연구를 하는 대다수는 고서 해석가나 교사뿐이었다. 서양에서는 19세기 이전에 어법을 칠예(七艺)의 하나로 분류하였는데, 이는 어법이 일종의 기예이며 철학의 부속물이라는 뜻이다. 중국은 청나라 말까지 문자, 음운, 훈고, 허사 등의 연구를 소학(小学)이라고 불렀다. 오늘날 언어학은 이미 독립적인 학문 분야이지만, 언어 현상으로부터 철학을 연구하거나 언어 현상과 철학적 사고를 연계하는 것은 지금까지도 여전히 철학 연구의 주류이며, 언어 철학은 현재 서양 철학의 주요 분파다. 서양에서는 심지어 이런 말도 있다. 대학에서 언어를 연구하려고 한다면 철학과에 들어가나 언어학과에 들어가나 사실 비슷하다. 철학과나 언어학과를 선택하는데 있어 유일하게 보는 것은 언어와 동시에 관심 있는 것이 윤리학과 같은 도덕 철학이냐 음성학과 같은 실험 학문이냐 하는 것이다.

전 세계에서 어문 학습에 중점을 두는 언어연구는 일반적으로 네 개의 전통이 있다고 여겨진다. 고대 인도 언어학 전통, 고대 그리스 로마 언어학 전통, 고대 아랍 언어학 전통, 그리고 고대 중국 언어학 전통이 그것이다. 이 네 곳은 공교롭게도 인류 문명의 발원지이며, 모두 오래된 문자와 풍부한 문헌 자료를 가지고 있다. 소위 언어학 전통이라고 하는 것은 주로 고대의 고전 문헌을 해석하기 위해 언어를 연구하는 것이며 언어의 소리와 의미, 그리고 관련 문자에 중점을 두고 연구하는 것이다. 때문에 전통적인 언어연구는 종종 어문학이라고도 불린다. 고대 중국의 언어학 연구는 유럽과 마찬가지로 고대의 고전 문헌을 읽기 위해 생겨났다. 고대 중국사회는 경학을 숭상하였고 독서는 벼슬길에 관계되었는데 이는 자연히 언어문자에 대한 연구를 야기하였다. 고대 인도, 그리스, 아랍의 언어연구가 중국의 언어연구와 다른 점은 이들은 모두 어법을 위주로 하고, 대표적인 주요 성과가 어법책이라는 것이다. 반면에 중국어는 형태 변화가 없기 때문에 고대 중국의 언어연구는 한자의 구조(형), 독음(음), 의미(의)를 연구하는 것에서 시작되었다. 또 이로부터 소학(小学)이라고 통칭되는 문자학, 음운학, 훈고학, 이 세 학문이 형성되었다. 대표적인 주요 성과는 모두 사전류의 저작이다. 중국의 이러한 언어연구는 진시황(秦始皇)이 천하를 통일하고 문자를 통일한 진한(秦汉) 시대에 시작되었고 청(清)나라 때까지 발전하여 정상의 수준에 이르렀다. 주(周)나라에서 진(秦)나라까지 많은 사람들의 손을 거친 훈고학 서적 《이아(尔雅)》는 중국 고대의 첫 번째 언어학 전문 저서로 여겨진다. 훈고학의 효시가 된 또 다른 저서는 서한(西汉) 시대 양웅(揚雄)이 지은《방언(方言)》으로 이는 중국 최초의 방언학 저작이다. 고대의 훈고학도 허사 연구를 중시하였다. 원(元)나라 시기 노이위(庐以纬)의《어조(语助)》, 청나라 시기 원인림(袁仁林)의《허자설(虚字说)》, 유기(刘淇)의《조사변략(助词辨略)》, 왕인지(王引之)의《경전석사(经传释词)》는 수사학과 훈고학의 각도에서 허사의 의미와 용법을 해석한 대표적인 저작이다. 이러한 허사 연구는 사실 중국 최초의 어법 연구이기도 하다. 문자학 방면에서는 동한(东汉) 시대의 허신(许慎)이 중국의 완전한 첫 번째 자전인《설문해자(说文解字)》를 편찬하였다. 이 책은 총 9,353개의 한자를 수록하였다. 한자에는 '一, 水, 木, 手' 등과 같은 독체자와 '字, 打, 肝, 性' 등과 같은 합체자가 있는데《설문해자》에서 문(文)은 독체, 자(字)는 합체라는 뜻이다.《설문해자》는 육서(六书)를 한자 구조의 분석 원칙으로 채택하였고 육서를 중심으로 하는 한자학 이론을 개척하였다. 이 책은 9,000여 개의 한자를 편방에 따라 540개의 부수로 귀납하였다. 주석의 기본적인 격식은 다음과 같다. 소전으로 하나의 한자를 적고 먼저 해당 한자의 자의(글자의 뜻)에 대해서 해설한 후에 자형(글자의 형태)과 자의, 자음(글자의 음) 간의 관계에 대해서 해설하였다. 하나의 형태로 많은 형태를 통괄하고 형태로 음과 뜻을 설명하는 이러한 방법은 후세의 사전 편찬에 큰 영향을 주었고, 중국 고대 문자 연구의 주요 방향이 되었다. 음운학 방면에서는 성훈(声训)[1]과 형태로 음과 뜻을 설명하는 것 등이 최초의 어음 연구였는데, 이 외에 한(汉)나라 말기 불교가 전래된 후 산스크리트 병음의 영향으로 반절(反切)이 생겨났다. 중국어 음절의 쌍성과 첩운의 원리를 이용한 반절은 한자 두 개의 음을 반씩 따서 다른 한자의 음을 풀이하는 것으로 이로부터 독자적인 음운 연구를 형성하였다. 위진(魏晋) 시기부터 시작해서 수당(隋唐) 시기에 이르기까지는 시가와 부(赋)의 창작을 위

1 역자주: 소리가 같거나 비슷한 글자로 뜻을 설명하는 것을 가리키는 훈고학 용어.

해서 문인은 운율을 깊이 이해하고, 학자는 음 분석을 중요시해야 했기에 대량의 운서가 벌떼처럼 나와 장관을 이루었다. 현존하는 최초의 운서는 수(隋)나라 육법언(陆法言) 등이 편찬한《절운(切韵)》(훼손되어 완전하지는 않음)이다. 이 책은 평상거입 4성에 따라 배열하였고, 총 193운으로 나누었다. 기본적으로 위진남북조(魏晋南北朝) 시기 중국어 공통어의 어음 체계를 반영하였다. 후대의 수정본 가운데 가장 큰 영향을 받은 것은 북송(北宋) 시기 진팽년(陈彭年) 등이 편찬한《대송중수광운(大宋重修广韵)》으로 이 책은 2만 9,000여 자를 수록하였고 206운으로 나누었다.

언어학의 역사에서는 일반적으로 19세기 유럽에서 출현한 역사 비교 언어학에서 전통 언어학이 종결되었다고 보는데, 이는 역사 비교 언어학으로부터 언어연구가 새로운 방향을 개척하였음을 의미한다. 그리고 이로 인해 언어학이 체계적이고 독립적인 하나의 학문이 되기 시작했다. 역사 비교 언어학은 비록 시간적으로 늦게 출현하기는 했지만 여전히 진정한 현대적 의미의 언어학은 아니다. 역사 비교 언어학의 가장 큰 공적은 언어연구, 특히 언어의 역사 연구에 과학적인 방법을 제공하였다는 것이다. 언어의 역사를 연구하는 과거의 전통적인 방법은 언어 재료를 시간 순서대로 배열하여 실마리를 풀고 체계를 도출하는 것이었다. 하지만 이러한 방법은 언어 재료의 한계가 존재한다. 문헌은 결국 문자로 기록된 것인데 여러 언어에서 문자는 시기별로 다르게 나타난다. 또한 언어연구는 찾을 수 있는 문자 자료로부터 착수할 수밖에 없기에 그 이전으로 더 이상 거슬러 올라갈 방법이 없다. 게다가 많은 언어가 지금까지도 문자가 없는데 이 경우 과거의 상황은 더더욱 알 길이 없다. 역사 비교 언어학은 생물학, 지질학의 방법을 참고했기 때문에 현재의 것으로 옛것을 증명하는 새로운 방법을 개척하였다. 넓은 의미에서 현재의 것으로부터 옛것을 증명하는 방법은 다음 두 가지가 있다. 하나는 기원이 같은 현재의 각종 방언과 언어를 비교하여 언어의 초기 상황을 미루어 판단하는 역사 비교법이다. 또 하나는 한 언어의 내부 성분이 규칙적이지 않은 것으로 언어의 초기 상황을 추정하는 내부 재구성법이다. 이러한 방법들은 모두 언어연구의 망원경과 같다. 중국 청나라 학자 단옥재(段玉裁)는《설문해자》에 수록된 형성자와 가차자에 근거하여 음이 같으면 반드시 부수가 같고 고대에는 거성이 없다고 이야기하였다. 또한 전대흔(錢大昕)은 고대에는 경순음과 설상음이 없다는 설을 제기하였다. 이 또한 어떠한 각도에서는 언어의 역사 비교 연구다. 20세기 이후 스웨덴의 한학자(汉学者) 칼그렌(B. Karlgren)은 중국어의 여러 방언을 비교하여 중고음의 체계를 마련하였고 중국 학자 이방계(李方桂)는 중국티베트어족을 중국어족, 타이카다이어족, 몽멘어족, 티베트버마어족 등으로 구분하였다. 이 또한 역사 비교 언어학의 방법을 직접 활용하여 얻은 연구성과다.

이제 중국어연구의 현대 사조에 대해서 이야기해 보겠다. 20세기 이래로 모든 언어학이 전대미문의 속도로 발전하고 강대해졌다. 언어학의 분야가 점점 더 세밀하게 나누어졌고, 언어학의 연구 범위는 나날이 넓어졌으며, 언어학의 응용 분야는 갈수록 광범위해졌고, 언어연구에서 새로운 이론과 방법들이 다수 등장하였다. 언어학의 이론과 방법적 측면에서 20세기까지의 언어학 사조를 살펴보면 구조 언어학, 생성 언어학, 기능·인지 언어학이 이정표로서의 의미를 지닌다.

구조주의 언어학이라고도 불리는 구조 언어학은 처음에는 스위스의 언어학자인 소쉬르가 창시한 언어학 이론을 가리켰다. 하지만 후에 미국에서 발전한 기술 언어학 이론(미국의 구조 언어학 이론)이 가장 큰 영향력을 지닌다. 소쉬르의 대표작은 1916년에 출판된《일반 언어학 강의(*Cours de linguistique générale*)》다. 이 이론의 주요 내용은 다음과 같다. 우선 그는 말을 랑그(langue)와 파롤(parole/speech)로 나누었다. 또한 언어는 기호 체계인데 언어 기호는 선형적이고 임의적이며 기표와 기의, 이 두 가지의 결합이라고 하였다. 언어 요소는 통합관계와 연합관계를 이룬다고 여겼으며 언어의 공시적 연구와 통시적 연구, 그리고 내부 언어학과 외부 언어학 등을 구별하였다. 미국의 기술 언어학을 대표하는 인물로는 블룸필드(L. Bloomfield)와 해리스(Z. S. Harris), 호켓(C. F. Hockett) 등이 있다. 이 이론은 처음부터 언어의 공시적 연구와 구어 연구에 더욱 중점을 두었고, 언어

자료의 철저한 분석을 중시하였다. 이는 유럽의 전통 언어학이 문어 연구에 치중하고, 유럽의 역사 비교 언어학이 통시적 연구를 중시한 것과 뚜렷한 대립을 이룬다. 이 이론은 주로 내향 구조와 외향 구조, 그리고 직접 성분 분석(층차 분석), 분포 분석, 변환 분석 등과 같은 중요한 언어구조 분석 방법을 제시하였다. 구조 언어학 이론, 특히 미국 기술 언어학의 분석 방법은 중국어연구에 장기간 걸쳐 큰 영향을 미쳤으며 오늘날까지도 여전히 중국어연구, 특히 어법 연구에서 주류를 이루는 이론이다. 1898년 마건충(马建忠)의 《마씨문통(马氏文通)》으로부터 1940년대 왕리(王力), 뤼수샹(吕叔湘), 가오밍카이(高名凯) 등의 저작에 이르기까지도 문장을 분석할 때 구조와 층차에 대한 의식은 있었다. 하지만 진정으로 층차 분석 등의 방법을 사용하여 중국어의 구조를 분석한 것은 미국의 기술 언어학 이론에서 비롯되었다. 중국어연구에서 미국 기술 언어학 이론의 방법으로 중국어의 어법 구조를 분석하고 기술한 최초의 학자는 중국계 미국인인 자오위안런(赵元任)이다. 그의 대표 저작은 1948년에 하버드 대학교에서 출판된 《한어 구어 교정(*Mandarin Primer: An Intensive Course in Spoken Chinese*)》이다. 이 책은 본래 중국어를 배우는 외국인을 위한 것이었지만 번역되어 중국에 소개된 후에 곧바로 어법 학계에 큰 반향을 일으키며 중국어 구조주의 어법학의 초석이 되었다. 1952년, 《중국어문(中国语文)》은 중국과학원(中国科学院) 어언연구소(语言研究所)에서 편찬한 《어법강화(语法讲话)》를 연재하였다. 이는 후에 개정되어 1961년 상무인서관(商务印书馆)에서 《현대한어어법강화(现代汉语语法讲话)》라는 이름으로 출판되었다. 이 책은 기술 언어학의 이론 방법을 사용했음을 명확히 보여 준다. 이후 저명한 중국어 언어학자인 주더시(朱德熙)가 1960년대에 북경(北京)대학에서 사용한 강의안인 《어법강의(语法讲义)》를 1982년에 출간하였다. 이 책에서는 미국의 기술 언어학 이론을 중국어 어법 연구의 각 방면에 전면적으로 적용하였다. 통사구조의 층차 분석에 대해 논했을 뿐만 아니라, 분포 이론으로 중국어의 품사를 구분하고 내향 구조, 외향 구조 이론으로 구의 유형을 수립하였으며 자립, 의존 이론으로 형태소의 유형을 만드는 등 중국어의 구조주의 어법 연구를 절정에 이르게 하였다. 이후 중국에서는 층차 분석을 둘러싸고 중국어 문장 분석 문제에 대한 대토론이 벌어졌고, 중국어 어법 연구에 대한 미국 구조주의 기술 언어학의 영향은 더욱 확대되었다. 구조주의 이론은 심지어 중국 중·고등학교 어법 교육 체계의 이론적 기초가 되기도 하였다.

1950~1960년대에는 미국의 언어학자 노암 촘스키(N. Chomsky)의 《통사구조(*Syntactic Structures*)》, 《통사 이론 개요(*Aspects of the Theory of Syntax*)》 등의 저작을 지표로 삼아 언어학계에서 변환문법 이론이 형성되기 시작했다. 이는 전통 어법 이론은 물론이고 당시에 지배적이었던 구조 이론과도 달랐다. 이것이 바로 당대 언어학사에서 촘스키 혁명이라고 불리는 것이다. 이 이론은 미국의 기술 언어학을 기초로 생겨났으며 구조 언어학과의 대립 속에서 발전하였다. 수십 년 동안 이 이론은 끊임없이 발전해 왔고 구체적인 명칭에도 변화가 있었다. 지금은 일반적으로 생성 문법 또는 생성 언어학이라고 부른다. 이 이론의 정수는 보편 문법, 통사 자립성, 원칙과 매개 변인, 이 세 가지의 개념으로 개괄할 수 있다. 보편 문법은 어떠한 측면에서는 과거에 귀납, 분석, 기술에 편중되었던 연구에서 연역, 생성, 해석을 더 중시하는 연구로 바뀐 것을 가리킨다. 한편 좀 더 근본적인 목표라는 측면에서는 과거에 개별적인 어법 현상을 기술하고 설명하는 것에 편중되었던 것에서 보편적 어법기제를 찾거나 세우는 데 더 중점을 두는 방향으로 전환된 것을 가리킨다. 통사 자립성은 언어 자체의 음성, 의미, 어법, 화용, 그리고 언어에 영향을 미치는 문자, 사회, 문화 등의 모든 요소 가운데 서로 다른 언어의 유사성을 가장 쉽게 찾을 수 있는 것이 통사 형식이라는 것이다. 인간의 타고난 언어 능력 메커니즘을 밝히기 위해서는 반드시 언어에서 결정적 작용을 하는 것과 독립적으로 작동하는 부분이 연구 대상이 되어야 하며, 형식화된 수학과 같은 정교한 처리를 할 수 있어야 한다. 언어의 각 요소들 가운데 통사 형식만이 인간 뇌의 전체적인 인지 체계로부터 하나의 독립적 체계로 추상화될 수 있다. 혹은 통사 형식만이 고찰과 추론, 유한한 수단의 중복 사용을 통해 실현될 수 있는 체계

이다. 원칙과 매개 변인은 핵 계층, 한계, 관할, 논항, 격, 결속, 통제 등 일련의 이론 원칙을 수립하는 것을 가리킨다. 이러한 원칙들은 모두 고도의 추상성과 강한 해석력을 지니며 모든 언어의 문장 구조는 이 원칙들을 위반할 수 없다. 한편 모든 언어가 이러한 보편 문법의 원칙을 위반할 수는 없지만 언어마다 각기 다른 특징과 차이가 있을 수는 있다. 언어에 따른 특징과 차이는 원칙의 매개 변인에 불과하다. 원칙은 각 언어에 보편적으로 적용되는 것이고 매개 변인은 주로 구체적인 언어의 차이를 설명하는 데 사용되기 때문에, 이러한 이론 배경의 생성 언어학을 원칙과 매개 변인 이론이라고도 부른다.

기능 언어학이나 인지 언어학은 일반적으로 통일된 언어학 이론이 아니라 일종의 학술적 사조라 여겨진다. 기능 언어학은 구조주의 언어학에서 발전한 것이지만 사실 유럽의 구조 언어학은 줄곧 기능주의적인 경향이 있었다. 다시 말해 구조 언어학은 언어를 추상적인 실체로만 여기지 않고 언어의 실제적 운용을 더욱 강조하였다. 미국의 기술 언어학은 유럽의 전통 언어학과 관계가 그리 긴밀하지 않으며 구조 형식과 언어 체계의 자주성을 더욱 강조했다. 반면에 유럽의 구조주의 언어학, 특히 프라그 학파와 런던 학파는 전통 언어학의 연속으로 볼 수 있으며 언어의 의미와 언어 사용상의 기능을 더욱 중시했다. 20세기 후반에 기능 언어학은 미국의 기술 언어학과 이후의 생성 언어학에 필적하는 당대의 또 다른 중요한 언어학파로까지 발전하였다. 기능 언어학 내부에는 사회적 의사소통의 관점에서 언어를 연구하고, 사회에서의 언어 사용 규칙을 중점적으로 연구하는 경향이 있다. 이 가운데 런던 학파인 호주 학자 마이클 알렉산더 커크우드 할리데이(M. A. K. Halliday)가 제시한 체계기능 언어학과 네덜란드 학자 사이먼 코넬리스 딕(S. Dik)이 제시한 기능 언어학이 가장 큰 영향을 미쳤다. 이러한 기능 언어학은 모두 언어의 주요 기능이 의사소통이라고 주장한다. 따라서 언어연구는 말의 의미에 대한 언어 환경의 작용을 중시해야 하고 특정한 의사소통의 목적에 따라 특정 어구를 어떻게 선택하는지를 연구해야 한다. 즉 각종 의사소통기능을 실현시키는 언어의 규칙을 연구해야 한다고 주장한다. 두 이론의 기본 관점은 같다. 할리데이는 언어에 개념 기능, 의사소통 기능, 담화 기능, 이 세 가지의 기본적인 주요 기능이 있다고 하였고, 딕은 의미 기능, 통사 기능, 화용 기능이라는 세 가지 측면의 이론을 직접 제시하였다. 이러한 의미에서 보면 이들 기능 언어학은 대체로 어휘적 어법 또는 의미 해석을 중시하는 어법이다. 이 밖에 심리 체험의 각도에서 언어를 연구하고 언어의 심리적 표현 특징을 중점적으로 연구해야 한다고 주장하는 기능 언어학의 또 다른 주요 유파가 있다. 이들 유파를 일반적으로 인지 언어학이라고 부른다. 생성 언어학 등의 형식 이론이 주로 형식화된 원칙과 규칙을 수립하여 언어구조의 내부에서 언어 현상에 대한 해석을 찾으려고 시도한다면, 인지 언어학은 주로 심리 분석의 수단으로 언어의 외부에서 언어 현상에 대한 해석을 찾으려 한다. 생성 언어학 이론은 언어학을 물리학에 비유하여 언어의 구조 규칙은 물질의 구조 규칙과 같이 물질의 외부로부터 해석을 찾을 필요가 없다고 생각한다. 반면 인지 언어학 이론은 언어학이 생물학과 더욱 유사하다고 여긴다. 그런데 생물의 구성 부분과 구성 방식은 하나같이 생물이 진화하는 과정에서 생존에 적응하기 위해 형성된 것인데 모두 일정한 기능에 대응되기 때문이다. 인지 언어학의 이론적 배경은 생성 언어학의 기본 이론과 대립되기 때문에 인지 언어학의 기본적인 가설들도 생성 언어학과의 차이 위에서 구현되었다.

상술한 언어학 연구의 현대적 사조인 구조 언어학, 생성 언어학, 기능 인지 언어학은 사실상 현재 중국어연구의 주요 이론적 추세가 되어 중국어연구, 특히 어법 연구의 새로운 발전과 새로운 돌파구를 가져왔다. 이하 이 책의 각 장에서는 중국어연구의 특정 주제들에 대해 토론하려 한다. 이러한 새로운 이론의 배경하에 중국어연구의 중요한 성과를 이해하고 동시에 심도 있는 중국어연구를 하기 위한 기초를 다지는 데 도움이 되기를 바란다.

주요참고문헌

曹定云(1997)〈殷墟甲骨文研究百年回顾与展望〉,《社会科学战线》第5期.

曹右琦(1995)〈中文信息处理研究的现状和前瞻〉,《语言文字应用》第1期.

陈建民(1992)〈汉语口语研究四十年〉,《中国语文通讯》(香港) 第7期.

陈新雄(1973)《六十年来之声韵学》, 文史哲出版社.

程发轫(1972)《六十年来之国学》, 台湾正中书局.

董连池(1994)〈十五年来《说文解字》研究述评〉,《松辽学刊》第3期.

方琰(1996)〈功能语音学在中国发展的近况〉,《国外语言学》第4期.

冯志伟(1992)《中文信息处理与汉语研究》, 商务印书馆.

冯志伟(1995)《自然语言机器翻译新论》, 语文出版社.

冯志伟(1996)《自然语言计算机处理》, 上海外语教育出版社.

符淮青(1996)《汉语词汇学史》, 安徽教育出版社.

格雷马斯(J. Greimas 1999)《结构语义学方法研究》(吴泓缈 译), 生活·读书·新知三联书店.

龚千炎(1987)《中国语法学史稿》, 语文出版社.

郭锡良(1997)《汉语史论集》, 商务印书馆.

何大安(1988)《规律与方向: 变迁中的音韵结构》, 台湾学生书局.

何耿镛(1984)《汉语方言研究小史》, 山西人民出版社.

何自然(1994)〈我国近年来的语用学研究〉,《现代外语》第4期.

贺巍(1991)〈汉语方言研究的现状与展望〉,《语文研究》第3期.

胡奇光(1987)《中国小学史》, 上海人民出版社.

胡壮麟(主编 1990)《语言系统与功能: 1989 年北京系统功能研讨会论文集》, 北京大学出版社.

黄伯荣(编 1996)《汉语方言语法类编》, 青岛出版社.

何九盈(1995a)《中国古代语言学史》, 广东教育出版社.

何九盈(1995b)《中国现代语言学史》, 广东教育出版社.

江蓝生(1994)〈试述吕叔湘先生对近代汉语研究的贡献〉,《中国语文》第1期.

蒋绍愚(1994)《近代汉语研究概况》, 北京大学出版社.

李开(1993)《汉语语言研究史》, 江苏教育出版社.

李新魁(1993)〈四十年来的汉语音韵研究〉,《中国语文》第1期.

李行健(主编 1993)《中国语言学年鉴(1992)》, 语文出版社.

李行健(主编 1994)《中国语言学年鉴(1993)》, 语文出版社.

李行健(主编 1995)《中国语言学年鉴(1994)》, 语文出版社.

李学勤(1998)〈甲骨学一百年的回顾与前瞻〉,《文物》第1期.
李运富·林定川(1992)《二十世纪汉语修辞学纵观》, 新世纪出版社.
林茂灿(1989)〈语音研究的新进展〉,《语文建设》第6期.
林玉山(1983)《汉语语法学史》, 湖南教育出版社.
林玉山(1992)《中国辞书编纂史略》, 中州古籍出版社.
林裕文(1982)〈回顾与展望〉,《中国语文》第4期.
凌德祥(1998)《语言与语言科学论》, 暨南大学出版社.
刘坚(主编 1998)《二十世纪的中国语言学》, 北京大学出版社.
刘坚·曹广顺(1989)〈甲骨以来近代汉语研究综述〉,《语文建设》第6期.
刘坚·侯精一(主编 1993)《中国语文研究四十年纪念文集》, 北京语言学院出版社.
刘开英·郭炳炎(1991)《自然语言处理》, 科学出版社.
陆俭明(1980)〈汉语口语句法里的易位现象〉,《中国语文》第1期.
陆俭明(1993)《八十年代中国语法研究》, 商务印书馆.
陆俭明(1999)〈新中国语言学50年〉,《当代语言学》第4期.
陆俭明(2000)〈汉语言文字应用面面观〉,《语言文字应用》第2期.
吕必松(1980—1981)〈现代汉语语法学史话〉,《语言教学与研究》第2·3期(1980), 第1期(1981).
吕必松(1990)《对外汉语教学发展概要》, 北京语言学院出版社.
吕叔湘(1979)《汉语语法分析问题》, 商务印书馆.
马松亭(1986)《汉语语法学史》, 安徽教育出版社.
彭聃龄(主编 1997)《汉语认知研究》, 山东教育出版社.
濮之珍(1987)《中国语言学史》, 上海古籍出版社.
钱冠连(1990)〈语用学在中国: 起步与展望〉,《现代外语》第2期.
裘锡圭(1989)〈四十年来文字学研究的回顾〉,《语文建设》第3期.
邵敬敏(1990)《汉语语法学史稿》, 上海教育出版社.
邵敬敏·方经民(1991)《中国理论语言学史》, 华东师范大学出版社.
《世界汉语教学》《语言教学与研究》杂志社编辑部(1992)《八十年代与九十年代中国现代汉语语法研究》, 北京语言学院出版社.
沈家煊(1988)〈心理语言学述评〉,《外语教学与研究》第2期.
孙玄常(1983)《汉语语法学简史》, 安徽教育出版社.
苏培成(1994)〈1992至1993年的现代汉字研究〉,《语文建设》第5期.
唐作藩·杨耐思(1989)〈四十年来的汉语音韵学〉,《语文建设》第5期.
王力(1981a)《中国音韵学史》, 山西人民出版社.
王力(1981b)《中国语言学史》, 山西教育出版社.
王力(1992)《清代古音学》, 中华书局.
王宁(1992)〈1991年的训诂学研究〉,《语文建设》第11期.
王宇信(1981)《建国以来甲骨文研究》, 中国社会科学出版社.
王蕴智(1993)〈六十年来关于汉字性质问题的讨论〉,《河南大学学报》第2期.

文炼(1989)〈我对40年来现代汉语语法研究的一些看法〉,《语文建设》第1期.
吴浩坤·潘悠(1985)《中国甲骨学史》, 上海人民出版社.
吴文虎(1992)〈汉语语音识别的现状与展望〉,《语文建设》第6期.
伍铁平(1994)〈八O年以来我国理论语言学的回顾与反思〉,《湖北大学学报》第3·4期.
徐超(1996)《中国传统语言文字学》, 山东教育出版社.
徐通锵(1991)《历史语言学》, 商务印书馆.
徐通锵·叶蜚声(1979)〈"五四"以来汉语语法研究述评〉,《中国语文》第3期.
许嘉璐·王福祥·刘润清(主编 1996)《中国语言学现状与展望》, 外语教学与研究出版社.
于根元(1996)《二十世纪的中国语言应用研究》, 书海出版社.
袁辉·宗廷虎(1990)《汉语修辞学史》, 安徽教育出版社.
曾宪通(1988)〈建国以来古文字研究概况与展望〉,《中国语文》第1期.
詹伯慧(1995)〈四十年来汉语方言研究的回顾〉,《方言、共同语、语文教学》, 澳门日报出版社.
张斌(1998)《汉语语法学》, 上海教育出版社.
张敏(1998)《认知语言学与汉语名词短语》, 中国社会科学出版社.
张普(1992)《汉语信息处理研究》, 北京语言学院出版社.
赵金铭(1997)《汉语研究与对外汉语教学》, 语文出版社.
赵贤洲·李卫民(1990)《对外汉语教材教法论》, 上海外语教育出版社.
赵振铎(1988)《训诂学史略》, 中州古籍出版社.
郑子瑜(1984)《中国修辞学史稿》, 上海教育出版社.
中国语文编辑部(1993)《中国语文四十周年纪念刊文集》, 商务印书馆.
周法高(1973)〈二十世纪的中国语言学〉,《香港中文大学学报》第1卷.
周荐(1995)《汉语词汇研究史纲》, 语文出版社.
周振甫(1991)《中国修辞学史》, 商务印书馆.
朱德熙(1982)《语法讲义》, 商务印书馆.
朱德熙(1985)《语法答问》, 商务印书馆.
朱凤瀚(1997)〈近百年来的殷墟甲骨文研究〉,《历史研究》第1期.
朱一之·王正刚(选编 1987)《现代汉语语法研究的现状和回顾》, 语文出版社.
宗廷虎·李金苓(1997)《中国修辞学通史·近现代卷》, 吉林教育出版社.

제2강

구조주의 이론과 층차 분석

2.1 통사구조의 층차성과 통사성분의 대입 및 확장

모든 규칙을 가진 구조체는 그 내부성분이 일정한 규칙에 따라 한 층차씩 더해져 구성되어 있다. 언어구조 역시 예외는 아니다. 만약 어떤 통사구조가 두 개의 단어로만 구성되었다면 아래와 같이 단 하나의 조합만이 가능할 것이다.

(1) W1 W2 (我去, 木头桌子, 吃面包, 洗干净, 来玩儿……)
1 2

그러나 만약 구조가 세 개의 단어를 포함한다면 그 내부구조는 다음의 네 가지 상황이 존재할 수 있다.

(2) a. W1 W2 W3 (养奶牛好)
1 2
3 4

b. W1 W2 W3 (他不休息)
1 2
3 4

c. W1 W2 W3 (便宜、美观、实用)
1 2 3

d. 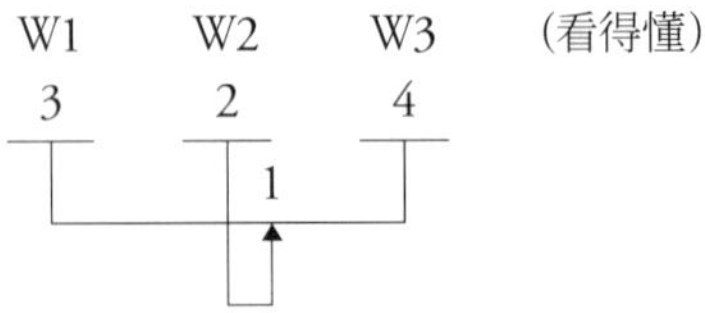

(2)의 구조들은 모두 세 개의 단어로 구성되어 있지만 그 내부 층차 구조는 각기 다르다. 통사구조란 표면적으로 볼 때 단어의 선형배열에 불과한 듯하지만 실제로 복잡한 통사구조 속에서 단어 간의 결합도가 각기 다르고 단어의 조합이 층차를 투영하고 있으며 각 구성성분은 일정한 규칙에 따라 층차를 이루며 조합되어 있는 것이지 결코 사람들이 대열을 이루어 선 것처럼 근접한 단어들이 순차적으로 관계를 이루는 형태가 아니다. 통사구조의 이러한 특성을 통사구조의 층차성 혹은 통사조합의 층차성이라고 한다.

통사구조의 층차성은 매우 중요한 언어학적 개념이다. 이 문제를 더 깊이 있게 이해하기 위해서 먼저 대입와 확장의 개념을 살펴보아야 할 것이다.

대입(substitution)은 가장 기본적인 언어학 분석법으로 어떤 언어조합 안에서 한 언어항목을 다른 언어항목으로 치환하는 과정을 말한다. 예를 들어, 'AB'라는 조합에서 'B'를 제거하고 'C'를 대입하여 'AC'가 성립되거나 'A'에 'D'를 대입하여 'DB'가 성립되는 것과 같은 제거와 보충의 과정을 대입이라고 한다.

대입 분석법은 음운학 연구에서 음소를 확정하는 가장 간단하고 효과적인 방법으로 인정받고 있다. 아래 영어와 중국어의 두 예를 보자.

(3) a. [pin] pin 핀
b. [tin] tin 주석

(4) a. [tian^{55}] diān 꼭대기(颠)
b. [t'ian^{55}] tiān 하늘(天)

대입을 통해 영어의 [p]와 [t]가 대립적이고 의미 변별 기능을 가지며 이로써 [p]와 [t]는 각기 다른 음소로 구분됨을 알 수 있다. 현대중국어의 [t]와 [t']도 대입을 통해 의미 변별 기능을 가진 두 개의 각기 다른 음소임을 확인할 수 있다.

어법연구에서 대입은 필수적인 분석법이다. 중국어에서 2음절의 분절단위(segmental)가 하나의 형태소(morpheme)로 구성되었는지, 두 개의 형태소로 구성되어 있는지는 대입을 통해 알 수 있다. 아래의 예를 보자.

(5) 白菜 啤酒 垃圾

(5)에 제시된 세 개의 2음절 단위는 모두 의미를 지닌다. '白菜'의 '白'와 '菜'에는 각기 다른 음절이 대입될 수 있으며 대입 후의 전체 2음절 단위는 여전히 의미를 지닌다. 이때 '白'의 의미와 '菜'의 의미는 변하지 않고 내부구조 역시 변함이 없다. 이는 '白菜'가 두 개의 형태소로 구성되었으며 '白'와 '菜' 모두가 형태소임을 증명한다. 아래의 예를 비교해 보자.

(6) a. 白菜 白糖 白药 ……
b. 白菜 素菜 香菜 ……

'啤酒'의 '啤'에는 다른 의미의 음절이 대입될 수 있고 대입 후의 전체 2음절 단위는 의미를 가지며 이때 '酒'의 의미는 변하지 않는다. 그러나 '酒'에는 다른 의미를 지닌 음절이 대입될 수 없다. '白菜'와 차이가 있기는 하지만 '啤酒' 역시 대입의 특성을 가진다. 바로 대입을 통해 '酒'가 형태소임을 밝힐 수 있기 때문에 '啤酒'는 두 개의 형태소를 포함하고 있다고 볼 수 있다. 단지 '啤'는 함께 결합하는 '酒'가 형태소라는 점을 증명해야만 형태소로 확정될 수 있다. '啤'와 같은 형태소를 일반적으로 잉여형태소라고 부른다.

(7) a. 啤酒　　　　白酒　　　　黄酒 ……
　　b. 啤酒　　　　啤—

'垃圾'의 상황은 또 다른데 내부의 어떤 음절도 다른 의미를 지닌 음절이 대입될 수 없다. 이는 '垃'와 '圾'가 형태소가 아니며 2음절 분절단위 전체인 '垃圾'가 형태소임을 의미한다.

(8) a. 垃圾　　　　垃—
　　b. 垃圾　　　　—圾

어법연구에서 품사 구분은 대입법을 이용한다. 예를 들어 형용사는 다음 두 가지 기준으로 확정할 수 있다. 첫째 '很__'의 틀에 출현할 수 있다. 둘째 '__목적어'의 틀에 출현할 수 없다. 표면적으로 볼 때 이것은 구조적 틀이지만 실제로는 일종의 대입인 것이다. 확정된 틀 안에서 서로 대입관계에 있는 단어가 동일 품사인 형용사다. 따라서 대입은 언어연구 과정에서 반드시 사용해야 하는 기본적인 방법론이다.

대입에는 다음의 두 가지 상황이 존재한다. 하나는 등량대입으로 대입 이후에 구조의 길이가 변하지 않는 것을 말하며 (9)가 이에 해당한다. 다른 하나는 비등량대입으로 대입 이후에 구조의 길이가 변한 경우이며 (10)을 예로 들 수 있다.

(9) 看书 → 看报/看戏

(10) a. 看电影　　→ '电影'을 '中国电影'으로 대체 → 看中国电影
　　b. 喜欢看电影 → '看电影'을 '看'으로 대체　　→ 喜欢看

상술한 (10a)와 (10b)는 완전히 동일하지는 않다. (10a)는 증량대입으로 대입할 언어성분의 길이가 교체되는 성분보다 긴 경우다(中国电影>电

影). 반면 (10b)는 감량대입으로 대입할 언어성분의 길이가 교체되는 성분의 길이보다 짧은 경우다(看〈看电影). 증량대입의 결과는 통사구조의 확장이고 감량대입은 통사구조의 축소를 가져온다. 앞서 제시한 등량대입도 증량대입에 귀납할 수 있다.

이어 확장(expand)에 관해 이야기해 보자. 어법연구에서 말하는 확장이란 하나의 통사구조가 간단한 구조에서 복잡한 구조로 변하는 과정을 말한다. 기존의 품사배열을 원형식(model)이라 부르고 확장 이후의 품사배열을 확장식(expanded form)이라고 한다면 확장은 다음 세 가지 조건에 만족해야 한다. 첫째, 확장식은 원형식보다 길어야 한다. 둘째, 확장식과 원형식은 대입관계로 동일한 언어환경에 출현할 수 있어야 한다. 셋째, 원형식에 대입된 언어성분은 확장식에 대입되는 언어성분 중에서 중심어의 지위를 가져야 한다. 예는 아래와 같다.

(11) a. 买房子 → 买木头房子
b. 我不喝 → 我不喝啤酒
c. 来得早 → 来得早极了

상술한 (11a)에서 '买木头房子'는 '买房子'보다 길이가 길기 때문에 첫 번째 조건에 부합한다.

(12) a. 买木头房子 → 买房子
b. 买木头房子合算 → 买房子合算
c. 买木头房子的人 → 买房子的人
d. 张三买木头房子 → 张三买房子
e. 买木头房子住 → 买房子住

(12a)의 '买木头房子'와 '买房子'는 동일한 언어환경에 출현할 수 있기 때문에 두 번째 규칙에도 부합한다. '买房子'에 대입된 '房子'는 '买木头房

子'에 대입된 '木头房子'의 중심어다. 따라서 세 번째 규칙에도 부합한다. 이상의 예를 통해 (11a)는 적법한 확장임을 알 수 있다. (11b/c)도 (11a)와 동일하다. 그러나 아래 (13)은 적합한 확장식이 아니다.

(13) *他爱干净 → 他爱干净的孩子

(13)의 '他爱干净的孩子'는 '他爱干净'보다 길기 때문에 첫 번째 규칙에 부합한다. 또한 '他爱干净的孩子'와 '他爱干净'은 동일한 언어환경에 출현할 수 있기 때문에 두 번째 규칙에도 부합한다. 예는 아래와 같다.

(14) a_1. 听说他爱干净的孩子。 a_2. 听说他爱干净。
b_1. 他爱干净的孩子是事实。 b_2. 他爱干净是事实。
c_1. 兴许他爱干净的孩子。 c_2. 兴许他爱干净。

그러나 (13)은 세 번째 규칙에 부합하지 않는다. '他爱干净'에 대입된 '干净'은 '他爱干净的孩子'로 확장된 후 새롭게 대입된 '干净的孩子'에서 중심어의 지위를 갖지 못한다(즉, 중심어가 아니다). 따라서 (13)은 적법한 확장식이 아니다.

이상의 예를 통해 확장은 대입을 통해 실현되지만 대입이 반드시 확장을 만들지는 못한다는 사실을 확인할 수 있다. 통사구조의 확장은 다음의 세 종류로 구분할 수 있다.

첫째로 교체식 확장(expansion by the supersession)이다. 이는 원형식의 어떤 언어성분이 해당 성분을 포함하면서 길이가 그보다 긴 새로운 언어성분에 의해 교체됨으로써 길이가 원형식보다 긴 확장식을 형성하는 것을 말한다. 예는 아래와 같다.

(15) a. 老师的衣服 → <u>我的老师</u>的衣服
b. 老师很能干 → <u>数学老师</u>很能干

c. 做作业 → 做完作业

d. 买房子 → 买木头房子

e. 他去 → 他去广州

f. 马上说 → 马上说清楚

둘째로 조합식 확장(expansion through the combination)이다. 원형식을 하나의 전체로 보고 이것이 다른 단어와의 선형배열을 통해 조합을 형성함으로써 원형식보다 긴 확장식을 형성하는 것을 말한다. 예는 아래와 같다.

(16) a. 去 → 我去

b. 书 → 新书

c. 清除了 → 不合格的会员清除了

d. 批判 → 批判康德学说

e. 吃饱 → 吃饱肚子

f. 唱红了 → 唱红了北京城

교체식 확장이 구조를 복잡하게 만드는 필수적 방법이라면 조합식 확장은 구(phrase)로 통사구조를 구성하는 데 있어 필수불가결한 조건이자 역시 복잡한 구조를 만드는 방법 중 하나다. 이 두 유형의 확장은 본질적으로 모두 대입의 결과다. 다른 점이라면 교체식 확장은 원형식과 확장식 모두가 실제 단어의 배열이라면 조합식 확장은 원형식에서 대입된 성분은 영(Ø) 형식이고 확장식에 대입된 언어성분만이 실제 배열이라는 점이다. 아래 예를 보자.

(17) a. 교체식 확장: XZ → YZ를 Z에 대입 → XYZ

(买房子 → 买木头房子)

b. 조합식 확장: XØ → Y를 Ø에 대입 → XY

(批判 → 批判康德学说)

마지막으로 삽입식 확장(expansion through the insertion)이 있는데 원형식의 중간에 단어를 삽입함으로써 원형식보다 긴 새로운 통사구조를 생성하는 것이다. 예는 아래와 같다.

(18) 看完 → '得/不'를 삽입 → 看得/不完

대입과 확장을 알면 통사구조의 층차성을 쉽게 이해할 수 있다. 아무리 복잡한 통사구조도 단순한 구조로부터 확장되어 형성된 것이기 때문이다. 아래 예를 보자.

(19) a. 吃

b. → 吃(苹果) [조합식 확장]

c. → (我)(吃(苹果)) [조합식 확장]

d. → (我)(吃((一个)苹果)) [교체식 확장]

e. → (我)(吃((一个)((红)苹果))) [교체식 확장]

f. → (我)(吃((一个)((买的)(红)苹果))) [교체식 확장]

g. → (我)(吃((一个)((((刚)买的))(红)苹果)))) [교체식 확장]

h. → (我)((吃(完))((一个)((((刚)买的)) (红)苹果))) [교체식 확장]

i. → (我)((吃＜不＞(完))((一个) (((刚)买的)) (红)苹果))) [삽입식 확장]

앞서 우리는 통사구조의 층차성을 설명하였는데 음운구조 역시 마찬가지다. 중국어 음절 구조의 예를 보자.

(20)

성조		
성모	운모	
[자음/∅]	(운두) [i, u, y]	운복/(운미) (주요모음)/[i, u/n, ŋ]

상술한 그림은 중국어 음절구조의 층차성을 보여 준다. 음절은 처음 두 부분으로 분절하면 성조가 그중 한 부분이 되고(초분절 성분) 성모와 운모가 다른 한 부분을 구성한다(분절성분). 분절성분은 다시 성모와 운모로 구분되며 운모는 다시 운두와 운복/운미의 두 부분으로 분리된다. 마지막으로 운복/운미는 다시 운복과 운미로 구분된다. 이는 언어구조의 층차성을 보여 준다.

언어구조의 층차성에 관해서 다음의 두 가지 사항에 주목해야 한다. 하나는 언어구조의 층차성은 통사구조의 기본 속성이라는 점이다. 어법구조나 음운구조를 막론하고 두 개 이상의 성분을 포함하고 있다면 구조의 층차성이 존재한다. 두 번째로 층차성은 통사구조에서 비명시적이라는 점이다. 즉 통사구조의 층차성은 표면적으로 드러나지 않는다. 아래를 보자.

(21) a_1. 发现了敌人　　　a_2. 发现过敌人
b_1. 这篇文章不很好　　　b_2. 这篇文章很不好
c_1. 发现敌人的哨兵回营房了　　　c_2. 发现敌人的哨兵回营房了

상술한 (21a)와 (21b)의 의미 차이는 명시적이다. (21a)의 의미 차이는 포함한 단어의 차이에 기인하며 (21b)의 의미 차이는 어순에 의한 것이다. 이러한 차이는 명시적으로 드러난다. 그러나 (21c)의 의미 차이는 내부 층차의 차이에 의한 것이며 이러한 차이는 비명시적이기 때문에 문장 표면에 드러나지 않고 분석을 통해서만 알 수 있다. 분석 결과는 아래 (22)와 같다.

(22) a. 发现 敌人 的 哨兵 回营房了

(의미: 적군의 상황을 알았는데 바로 병영으로 돌아온 사람이 적의 보초병이었다)

b. 发现 敌人 的 哨兵 回营房了

(의미: 우리측 보초병이 병영으로 돌아왔다. 그 보초병이 적의 상황을 알았다)

2.2 층차 분석에 관하여

층차성은 언어구조의 기본 속성 중 하나다. 따라서 복잡한 통사구조를 분석할 때 내부 층차를 무시할 수 없으며 반드시 층차 분석을 진행해야만 그 내부조합을 과학적으로 밝힐 수 있다. 언어 연구자가 아닌 일반인은 이 점을 이해하기 쉽지 않을 것이다. 앞서 제시한 예를 다시 보자. 당신이 일반인들에게 '发现敌人的哨兵回营房了'라는 문장이 어떻게 구성된 것인지를 묻는다면 언어지식이 전혀 없는 사람은 '11개 글자로 구성되어 있다'고 답할 것이다. 언어지식이 약간 있는 사람은 아마도 '이 문장은 7개의 구로 구성되어 있고 배열순서는……'이라고 답할 것이다. 이것도 틀린 답은 아니며 분석 방법 중 하나가 될 것이다. 그러나 이러한 분석은 표면적이어서 내부구조를 깊이 있게 탐구했다고 볼 수 없다. 왜냐하면 이런 분석으로는 '发现敌人的哨兵回营房了'가 왜 각기 다른 두 가지 의미를 표현할 수 있는지를 설명할 수 없기 때문이다. 만약 문장의 표면을 넘어 그 내부 층차를 투시한다면 이러한 중의를 구조적으로 분석할 수 있을 것이다. 이쯤에서 언어구조의 층차 분석에 대해 다음과 같이 정의를 내릴 수 있다. 언어구조를 분석할 때 언어구조의 층차성을 고려하고 그 구조의 층차에 따라 점진적으로 분석을 하며 분석 시에 모든 층차의 직접성분을 찾아내는 것이 구조의 층차 분석이다.

'구조의 층차 분석' 혹은 '층차 분석'은 일종의 방법론으로 여겨진다. 이러한 견해가 틀린 것은 아니지만 엄격히 말해서 층차 분석은 언어구조를 분석할 때 필수적으로 준수해야 하는 일종의 원칙이라 할 수 있다. 방법의 사용은 선택할 수 있지만 원칙은 반드시 준수해야만 하기 때문이다. 통사 분석을 할 때나 음운 분석을 할 때 반드시 그 내부의 층차 구조를 한 층, 한 층씩 분석해야 하기 때문에 이러한 측면에서 볼 때 층차 분석은 원칙이라고 보아야 한다. 그러나 다른 분석법, 예를 들어 통사 분석법의 중심어 분석법과 비교해서 층차 분석을 다른 분석법과 차별화된 새로운 분석법으로 보는 것도 무방하다. 그렇지만 우리는 마음속으로 언어구조의 층차성에 근거한 통사구조 분석이야말로 통사 분석에서 반드시 준수해야 하는 원칙임을 분명히 알고 있다.

고대 중국과 해외 어법학자들은 일찍부터 층차 분석을 자연스럽게 사용해 왔지만 층차 분석 이론을 제시하고 체계를 수립한 인물은 미국의 언어학자 브룸필드(Bloomfield)다. 그는 《언어(*Language*)》에서 다음 문장을 분석하면서 'away'를 'a-'와 'way'의 두 부분으로 분석하였다. 그는 이러한 방법을 통해서만 최종 형태소를 정확하게 분석할 수 있다(물론 실제적으로 의미도 고려할 대상이다)고 밝혔다. 예는 아래와 같다.

(23) Poor John ran away. (可怜的約翰跑开了。)

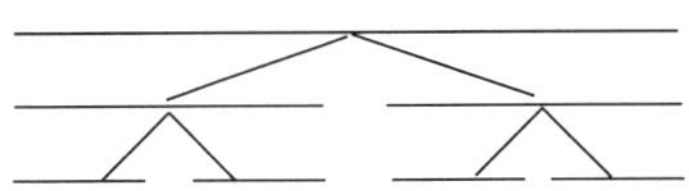

어법연구에서 층차 분석은 분절과 성질규정을 포함한다. 분절은 어법구조에서 어디까지가 직접성분인지를 결정하는 것, 즉 어디를 분절할지에 관한 문제이며 성질규정은 분절을 통해 얻은 직접성분이 어법적으로 어떤 관계인지를 확정하는 것을 말한다.

중국어연구에서 층차 분석을 이용하여 언어현상을 묘사하고 분석한 최초의 학자는 자오위안런(赵元任)이고 이 방법은 하버드 대학에서 출판한 그의 저서 《만다린 입문서, 중국어 회화 집중 코스(*Mandarin Primer, An Intensive Course in Spoken Chinese*)》에서 발견할 수 있다. 자오위안런은 본래 외국 학생들이 중국어를 배울 때 사용하기 위해 이 책을 저술했지만 결과적으로 이 책은 중국어 기술주의 언어학의 초석이 되었다. 이 책은 기술주의 언어학 이론을 이용하여 중국어 어법을 기술한 최초의 책이며 이전과 구별된 중국어 어법체계를 수립하였다. 이 책은 중국에서 바로 번역되었는데 처음에는 《국어어법강요(国语语法纲要)》라는 이름으로 1912년 잡지 《신건설(新建设)》과 《광일일보(光日日报)》 상반호에 발표되었다. 후에 《베이징국어어법(北京国语语法)》이라는 이름으로 1952년 5월 카이밍(开明) 서점에서 정식으로 출판되었다. 책은 얇은 소책자 형식이었지만 곧바로 중국 대륙 어법학자들의 큰 반향을 불러일으켰다. 1952년《중국어문(中国语文)》은 7월호부터 중국과학원 언어연구소 어법팀에서 편찬한《어법강화(语法讲话)》를 연재하였는데 후에 수정을 거쳐 1961년 상무인서관(商務印书馆)에서《현대한어어법강화(现代汉语语法讲话)》라는 이름으로 정식 출판하였다. 이 책은 중국 대륙에서 층차 분석과 기술주의 언어학 이론의 사용을 분명하게 선언한 최초의 현대중국어 어법서다.

현재 우리가 사용하는 층차 분석은 미국 기술주의 언어학에서 기원했다. 그렇다고 1989년 마건충(马建忠)의《마씨문통(马氏文通)》부터 시작하여 1940년대 왕리(王力), 뤼수샹(吕淑湘), 가오밍카이(高明凯) 등 3대 학자의 저서에서 문장 구조 분석을 할 때 층차라는 개념이 존재하지 않았던 것은 아니다. 다만 층차 분석에 관한 이론을 최초에 미국 기술주의 언어학에서 제시하였고 중국어 어법 연구에서 이 이론을 빌려 사용한 것이다. 중국어 어법 분석은 이러한 인용과정에서 중국어의 특징에 따라 층차 분석에 새로운 변화를 주었다. 미국의 기술주의 언어학에서는 층차 분석을 할 때 이분법인지 다분법인지, 어디를 분절할 것인지의 문제만 고려했다. 즉 분절만을 논하고 직접성분의 어법관계는 고려하지 않았다. 그러나 중국어의 어법분석은 분절뿐 아니라 성질규정의 문제도 고려해야만 한다. 예를 들어 층차 분석을 이용해서 'We do not need the imported facilities(우리는 수입설비가 필요 없다)'라는 영어 문장 구조를 분석할 경우 다음과 같이 분석된다(단어까지 분석).

(24) We do not need the imported facilities

그러나 이 문장의 중국어 번역문인 '我们不需要进口设备'를 층차 분석할 경우 분절만 할 수는 없으며 모든 층차의 직접성분(immediate constituents)의 성질을 규명해야 한다.

(25)	不	需要	进口	设备	
a.	1	2			(1—2 수식관계)
		3	4		(3—4 동목관계)
			5	6	(5—6 수식관계)
b.	不	需要	进口	设备	
	1	2			(1—2 수식관계)
		3	4		(3—4 동목관계)
			5	6	(5—6 동목관계)

영어는 층차 분석 시 분절만을 고려하고 성질규정을 고려하지 않는 반면 중국어 분석은 왜 이 두 가지를 모두 고려해야 하는 것일까? 이것은 영어는 품사와 문장성분이 기본적으로 일대일 대응관계를 가지기에 품사의 어순과 조합 층차가 직접성분의 어법관계를 통제할 수 있기 때문이다. 그러나 중국어에서는 품사와 문장성분이 기본적으로 일대다의 관계이기 때문에 품사의 어순과 조합 층차가 직접성분의 어법관계를 통제할 수 없다. 영어의 'imported facilities(수입 제품)'는 수식관계로만 분석되고 동목관계가 될 수 없지만 중국어의 '进口设备'는 (25a)와 같이 수식관계(관형어-중심어 수식관계)로 분석되는 동시에 (25b)와 같이 동목관계로도 분석될 수 있다.

상술한 바와 같이 층차 분석의 기본 정신은 다음과 같다. 첫째 언어구조는 층차성을 가지며 언어구조는 내부 층차에 따라 분석해야 한다. 둘째 모든 분석은 모든 층차의 직접성분을 분명히 밝힐 수 있어야 한다. 셋째 어법 분석에 대해 말하자면 분석과정에서 직접성분의 어법관계만을 관리하며 간접성분의 의미관계는 관여할 필요가 없다. 층차 분석의 기본 정신

중 하나가 바로 모든 층차의 직접성분을 찾는 것이기에 층차 분석은 직접성분분석법이라고도 부른다.

층차 분석은 기본적으로 이분법이지만 때로 다수로의 분절도 가능하다. 예를 들어 어떤 통사구조가 W1, W2, W3의 세 단어를 포함하고 있다면 W1, W2, W3은 이분법을 해야 하는가? 삼분법을 해야 하는가? 이분법 혹은 삼분법을 확정하는 원칙이 있는가? 물론 원칙이 있다. 바로 직접성분의 수량을 최소화하고 길이는 가장 길게 분절하는 것이다. 이 원칙에 부합하는 가장 좋은 방법이 바로 이분법이다. 주관적인 듯 보이지만 사실상 언어사실에 근거하여 제시된 원칙인데 이분법의 대입 비율이 다분법보다 높기 때문이다. 아래 (26)의 경우 왼쪽에서 보면 '我'의 대입비율은 A와 B가 같다. 그러나 오른쪽에서 보면 A의 대입 비율이 B보다 크다. 층차 분석은 기본적으로 이분법이기 때문에 혹자는 층차 분석을 이분법이라고 부른다.

(26) 我 吃 苹果

A. ___ ________

B. ___ ___ ___

그렇다고 모든 구조가 일률적으로 이분법이 가능한 것은 아니다. 세 개 성분으로 구성된 구조가 있는데 (27)이나 (28)과 같이 볼 이유가 없다면 삼분법을 취할 수 있다. 즉 직접성분 세 개의 병렬로도 볼 수 있다. (29)에서 '便宜、好看、耐用'의 병렬(연합)구조의 분절이 그러하다.

(27) W1 W2 W3이 W1 W2 W3보다 나음

(28) W1 W2 W3이 W1 W2 W3보다 나음

(29) 便宜 好看 耐用

1 2 3 (1—2—3 병렬(연합)관계)

2.3 층차 분석에서 주의할 점

구조 분석 시 주의해야 할 두 가지 문제에 관해 이야기해 보자.

첫째로 주의할 사항은 보편적인 문제로서 통사구조를 층차 분석할 때 자주 부딪히는 딜레마다. 바로 'ABC'와 같은 구조에서 우선적으로 'A'와 'BC'를 분절할 것인지 아니면 'AB'와 'C'를 분절할 것인지의 문제다. 이러한 상황에 부딪힐 경우 절대로 표면적인 현상에 국한되지 말고 분석 대상인 구체적 통사구조의 틀에서 벗어나 더 큰 범위, 해당 언어 전체의 통사체계에서 답을 찾아야 한다. 구체적으로 다음 두 가지 해결방안이 있다.

첫째, 해당 구조와 관련된 통사구조에서 답을 찾는 것이다. 현대중국어에는 비유의미를 표현하는 '像X似的(像木头似的)'라는 구조가 있다. 이 구조가 (30a)로 분절되는지 아니면 (30b)로 분절되는지는 표면적으로만 보면 둘 다 가능한 듯 보인다.

(30) a. 像　　木头　似的
　　　——　————————
　　　　　　——　——

b. 像　　木头　似的
　　　————————　——
　　　——　——

만약 (30a)와 같이 분절한다면 전체 구조는 동목구조이고 '木头似的'는 목적어가 된다. 그러나 (30b)처럼 분절하면 전체구조는 '似的' 조사구조로 동목구조인 '像木头'에 조사 '似的'가 결합한 것이다. 이러한 두 가지 분절방식은 보기에는 모두 문제가 없는 듯하다. 이는 (30a)와 같은 분절(현대중국어에 '似的' 조사구조가 목적어로 사용되는 예가 존재함)을 지지할 언어 사실이 존재하는 동시에, (30b)의 분절(동목구조에 '似的'를 결합하여 구성된 '似的' 조사구조의 예도 존재함)을 지지하는 언어현상도 존재하기 때문이다. 예를 들어 아래 (31a)의 '病了似的'가 '感到'의 목적어로 사용된 예와 (31b)의 동목 구조 '丢了魂儿'에 '似的'가 결합된 '丢了魂儿似的'의 조사 구조가 그 예이다.

(31) a. 今天早上一起来, 他就感到病了似的, 于是吃完早饭就先去了校医院。
b. 他这个人呀, 丢了魂儿似的。

따라서 (30a)의 형태로 분절하는 것인지 (30b)의 형태로 분절할 것인지를 '像X似的' 구조만 보고 논한다면 그야말로 겉만 보는 것이고 아무리 오랜 시간 토론한다 해도 결론이 날 수 없는 문제다. 이 문제를 해결하려면 토론 중인 '像X似的' 구조에서 벗어나 다른 측면에서 문제에 접근해야 한다. 중국어에는 '像X似的'와 관련성을 지닌 다른 구조가 있는데 바로 '跟X一样' 구조다. 잠시 '像X似的'를 내려놓고 '跟X一样' 구조를 먼저 이야기해 보자. 상당 수량의 언어자료 분석을 통해 '跟X一样'이 다음 두 가지 어법의미를 가지고 있음을 확인할 수 있다. 하나는 비교, 동등의 강조 의미로 (32)와 같다. 또 다른 의미는 비유, 유사함의 강조로 (33)이 이에 해당한다.

(32) a. 他的相貌跟张三一样, 也是大眼睛, 高鼻梁。
b. 今年的考试办法跟去年一样。
c. 我的物理分数跟数学一样, 都是92分。

(33) a. 她又高又瘦, 跟竹竿儿一样。
b. 她可狡猾了, 跟狐狸一样。
c. 你呀, 真笨, 脑袋跟木头一样。

상술한 '跟X一样'이 가지는 두 의미의 차이는 음운과 어법적 측면에도 반영된다. 음운적으로 전자의 비교 의미는 보통강세(normal stress)가 '一样' 에 오지만 후자인 비유 의미는 강세가 예외 없이 'X'에 온다.

(34) a. 跟X´一样 (비교)

b. 跟´X一样 (비유)

어법적으로 이들의 차이는 다음 몇 가지 방면에서 발견된다. 첫째 비교에서 '一样'은 때로는 (35)처럼 정도부사의 수식을 받을 수 있지만 비유 의미의 '一样'은 (36)처럼 정도부사의 수식을 받을 수 없다.

(35) a_1. 他的相貌跟张三一样, 也是大眼睛, 高鼻梁。

a_2. 他的相貌跟张三很一样, 也是大眼睛, 高鼻梁。

b_1. 今年的考试办法跟去年一样。

b_2. 今年的考试办法跟去年非常一样。

(36) a. 她又高又瘦, 跟竹竿儿一样。

(*跟竹竿儿很/非常一样。)

b. 她可狡猾了, 跟狐狸一样。

(*跟狐狸很/非常一样。)

c. 你呀, 真笨, 脑袋跟木头一样。

(*脑袋跟木头很/非常一样。)

둘째, 비교 의미는 부사어를 추가해야 할 경우 (37)과 같이 '跟'의 앞과 뒤에 모두 부가할 수 있지만 비유 의미는 (38)과 같이 부사어를 '跟'의 앞에만 부가할 수 있고 뒤에는 부가할 수 없다.

(37) a_1. 他的相貌跟张三一样, 也是大眼睛, 高鼻梁。

a_2. 他的相貌完全/确实跟张三一样, 也是大眼睛, 高鼻梁。

a_3. 他的相貌跟张三完全/确实一样, 也是大眼睛, 高鼻梁。

b_1. 今年的考试办法跟去年一样。

b_2. 今年的考试办法完全/确实跟去年一样。

b_3. 今年的考试办法跟去年完全/确实一样。

(38) a. 她又高又瘦, 跟竹竿儿一样。

(完全/确实跟竹竿儿一样。/*跟竹竿儿完全/确实一样。)

b. 她可狡猾了, 跟狐狸一样。

(完全/确实跟狐狸一样。/*跟狐狸完全/确实一样。)

c. 你呀, 真笨, 脑袋跟木头一样。

(脑袋完全/确实跟木头一样。/*脑袋跟木头完全/确实一样。)

셋째, 비교 의미는 (39)와 같이 상응하는 부정형식이 존재하는 반면 비유 의미는 (40)처럼 부정형식이 존재하지 않는다.

(39) a. 他的相貌跟张三一样, 也是大眼睛, 高鼻梁。

(他的相貌跟张三不一样, 眼睛不大, 鼻梁不高。)

b. 今年的考试办法跟去年一样。

(今年的考试办法跟去年不一样。)

c. 我的物理分数跟数学一样, 都是92分。

(我的物理分数跟数学不一样, 物理92分, 数学只有87分。)

(40) a. 她又高又瘦, 跟竹竿儿一样。

(*她又高又瘦, 但跟竹竿儿不一样。)

b. 她可狡猾了, 跟狐狸一样。

(*她不太狡猾, 跟狐狸不一样。)

c. 你呀, 真笨, 脑袋跟木头一样。

(*你虽然笨, 但脑袋跟木头不一样。)

넷째, 비교 의미에서 '一样'은 형용사로 보아야 하지만 비유 의미에서 '一样'은 형용사로 볼 수 없고 일반적으로 조사로 본다. 따라서 사실상 이 두 구조의 내부 층차는 동일하지 않다. 비교 의미의 층차 구조는 (41)과 같지만 비유 의미의 내부구조는 (42)와 같다.

(41) 跟 X ′一样

________ ________ (부사어-중심어 수식구조)

___ ___ (개사구조)

(42) 跟 ′X 一样

___ ____________ (동목구조)

____ ______ (조사구조)

'跟X一样' 구조의 고찰을 통해 비유 의미 '跟X一样'이 '像X似的'와 평행관계에 있음을 확인할 수 있다. 첫째로, 표현하는 어법의미가 모두 비유 의미이며 둘째로, 강세가 모두 'X'에 있다. 셋째로, 부사어를 추가할 경우 'X' 뒤에 삽입할 수 없고 넷째로, 상응하는 부정형식이 존재하지 않는다. 이러한 평행현상은 '像X似的' 분절에 관한 논쟁을 해결하는 데 중요한 근거가 된다.

'像X似的'와 '跟X一样'구조의 평행적인 관계는 우연이 아니다. 분명한 사실은 '像X似的'와 '跟X一样'이 대입관계에 있다는 점이다. 아래 예를 보자.

(43) a. 像′X 似的 예: 像电线杆儿似的
b. 跟′X 似的 예: 跟电线杆儿似的
c. 好像′X 似的 예: 好像电线杆儿似的
d. 像′X 一样 예: 像电线杆儿一样
e. 跟′X 一样 예: 跟电线杆儿一样
f. 好像′X 一样 예: 好像电线杆儿一样

(43)의 각 구조가 표현하는 어법의미는 동일하고 강세 위치도 같다. 우리는 '跟X一样'의 내부 층차 구조가 (42)로 분석되어야 함을 알고 있기에 '跟' X一样'과 의미, 강세, 어법적으로 평행한 '像X似的'의 내부구조 역시 (44)와 같이 분석되어야 한다고 본다.

(44) 像　　X　　似的

—— ——————— (동목구조)

———— ———— (조사구조)

이 외에도 다른 근거를 찾을 수 있다. 바로 현대중국어에 '不像X似的'의 표현이 존재하는데(他可不像木头似的, 脑筋特灵活) 전달하고자 하는 의미는 그가 나무토막을 닮지 않았다는 것이 아니라 나무토막처럼 우둔하지 않다는 것이다. 물론 '不像X似的'는 '不像/木头似的'(동목)로 분절하는 것이 적당하겠지만 '不像X似的'와 '像X似的'는 동일한 유형의 구조이며 차이점이라면 하나는 부정형식이고 다른 하나는 긍정형식이라는 점이다. 이로써 '不像X似的'는 (30a)에 따라 분절하는 것이 합리적이라고 말할 수 있다.

앞서 이야기한 딜레마의 또 다른 해결방안은 분절된 예가 속한 통사구조의 내부규칙을 보다 심도 있게 연구하여 해답을 찾는 것이다. 예를 들어 '父亲的父亲的父亲'이라는 구조를 어떻게 분절해야 할까? 아래 (45a)의 방식으로 분절해야 할까? 아니면 (45b)의 방식으로 해야 할까? 표면적으로 보면 결정이 쉽지 않다.

(45) a. 父亲的　　父亲的　　父亲

1 (父亲的 父亲的)　　2 (父亲)

b. 父亲的　　父亲的　　父亲

1 (父亲的)　　2 (父亲的 父亲)

어쩌면 혹자는 두 가지 방법이 모두 가능하다고 말할 수도 있다. 왜냐하면 (45a)의 방식으로 분절해도 의미는 조부의 부친, 즉 증조부가 되고 (45b)의 방식으로 분절해도 부친의 조부 역시 증조부가 되어 의미가 같기 때문이다. 표면적으로 논하면 '父亲的父亲的父亲' 구조의 분절에 대한 논쟁은 사라질 수 없다. '父亲的父亲的父亲'이 사람을 지시하는 세 개의 명사로 구성되었다는 점을 고려하여, 사람을 지시하는 명사의 조합으로 구성된 수식구조를 먼저 고찰한 다음 다시 '父亲的父亲的父亲'의 분절 문제를 논하는 것도 좋을 것이다.

분석 결과, 사람을 지시하는 명사로 조합된 수식구조는 내부적으로 강한 규칙성을 지님을 알 수 있다. 그 규칙은 '父亲的同事的孩子'처럼 오른쪽에서 왼쪽으로만 단어를 분절할 수 있다는 것이다. 따라서 '父亲的父亲的父亲' 구조도 (45a)로 분절하는 것이 합리적이며 (45b)로 분절하는 것은 이러한 구조의 내부 조합 규칙에 부합하지 않는다고 할 수 있다(陆俭明, 1985b). 그렇다면 왜 '父亲的父亲的父亲'은 (45a)나 (45b) 방식에서 모두 의미가 같은 것인가? 사실 이것은 순전히 우연의 일치이고 특수한 사례라 할 수 있다. 마치 수학에서 동일한 계산식에 덧셈과 뺄셈이 있고 또 곱셈과 나눗셈이 있을 때 먼저 곱셈과 나눗셈을 하고 덧셈과 뺄셈을 해야 하는데 때로 이 원칙을 지키지 않아도 정답을 얻게 되는 경우와 같다.

(46) a_1. $1 \times 7 + 3 = 7 + 3 = 10$ (정확한 계산법)
a_2. $1 \times 7 + 3 = 1 \times 10 = 10$ (잘못된 계산법)
b_1. $7 + 3 \times 1 = 7 + 3 = 10$ (정확한 계산법)
b_2. $7 + 3 \times 1 = 10 \times 1 = 10$ (잘못된 계산법)
c_1. $7 + 3 \div 1 = 7 + 3 = 10$ (정확한 계산법)
c_2. $7 + 3 \div 1 = 10 \div 1 = 10$ (잘못된 계산법)

(46)은 사실 우연의 일치다. 예를 보면 조합의 조건은 때로 계산식 중에 곱셈이 먼저 있고 덧셈이 나중에 있으며 곱하는 수가 1이거나(46a) 혹

은 덧셈이 먼저 있고 곱셈이 나중에 있으면서 곱해지는 수가 1인 경우(46b), 혹은 덧셈이 먼저 있고 나눗셈이 뒤에 있으며 나누어지는 수가 1인 경우(46c)다. '父亲的父亲的父亲'은 (45a)나 (45b)의 두 가지 분절에서 의미가 같은데 그 조건은 바로 구성성분이 모두 '父亲'이기 때문이다.

구조 분석에서 두 번째로 주의해야 할 점은 층차 분석 과정에서 결론을 얻은 후에 반드시 이러한 분석이 맞는지 그리고 언어사실에 대한 개괄성이 어떠한지의 문제를 고민해야 한다는 것이다. 예를 하나 들어 보자. '他所写的文章'은 어떻게 분절할 수 있는가? 일반적으로 (47)과 같이 분절할 것이다.

(47) 他	所	写	的	文章	
1	2				(관형어-중심어 수식구조)
	3			4	(관형어-중심어 수식구조)
	5		6		('的'자 구조)
	7	8			('所'자 구조)

그렇다면 (47)의 분절은 합리적인가? 표면적으로 보면 별 문제가 없는 듯하다. '他所写的文章'에서 문장(文章)은 당연히 그(他)의 것이다. 상술한 분절에 따르면 그는 줄곧 문장을 관할했고 모든 분석과정이 중국어 어법 규칙에 부합하는 듯 보인다. 그러나 이렇게 분절한 후에도 이 방식이 맞는지, 언어사실의 개괄성은 어떠한지 좀 더 고민해 보아야 한다. 결론을 확인하기 위해서 더 많은 언어현상을 고찰할 필요가 있다. '他所写的文章'의 품사 배열은 아래 (48)과 같다.

(48) 他　　所　　写　　的　　文章
　　명사$_1$ + 所 + 동사 + 的 + 명사$_2$

사실 '他所写的文章'은 단지 '명사$_1$ + 所 + 동사 + 的 + 명사$_2$'라는 품사

배열의 구체적인 예일 뿐이다. '명사$_1$ + 所 + 동사 + 的 + 명사$_2$'의 품사배열에 따라 더 많은 언어자료를 수집해 보자. 상술한 분석의 '他所写的文章' 구조와 최대한 일치시키기 위하여 명사$_1$은 '他'로 확정하였다. 분석결과 '명사$_1$ + 所 + 동사 + 的 + 명사$_2$'의 품사배열에 부합하는 예문은 두 종류로 귀납할 수 있다.

첫째, '他所写的文章'과 같이 명사$_1$과 명사$_2$가 소유관계인 경우다. 예를 보자.

(49) a. 他所写的信　　b. 他所盖的房子
c. 他所买的衣服　　d. 他所画的画
e. 他所治疗的病人　　f. 他所发明的机器
g. 他所制作的工艺品

둘째, '他所写的文章'과 달리 명사$_1$과 명사$_2$ 사이에 소유관계가 존재하지 않는 경우다.

(50) a. 他所看见的外国人　　b. 他所听说的事情
c. 他所批改的作文　　d. 他所审查的论文
e. 他所报告的敌情　　f. 他所参观的展览会
g. 他所传达的指示

앞서 (49)의 '명사$_1$+명사$_2$'는 '명사$_1$的명사$_2$'로 치환할 수 있으며 의미가 변하지 않는다. 예는 아래와 같다.

(51) a. 他所写的信 → 他的信
b. 他所盖的房子 → 他的房子
c. 他所买的衣服 → 他的衣服
d. 他所画的画 → 他的画

e. 他所治疗的病人 → 他的病人

f. 他所发明的机器 → 他的机器

g. 他所制作的工艺品 → 他的工艺品

반면 (50)의 '명사$_1$+명사$_2$'는 '명사$_1$的명사$_2$'로 치환할 수 없는데 '的'를 추가한 후 의미가 달라지기 때문이다. 예는 (52)와 같다.

(52) a. 他所看见的外国人 → *他的外国人

b. 他所听说的事情 → *他的事情

c. 他所批改的作文 → *他的作文

d. 他所审查的论文 → *他的论文

e. 他所报告的敌情 → *他的敌情

f. 他所参观的展览会 → *他的展览会

g. 他所传达的指示 → *他的指示

주목할 점은 2,500개의 상용동사 분석을 통해 '명사$_1$ + 所 + 동사 + 的 + 명사$_2$'의 품사배열에 들어갈 수 있는 동사가 784개뿐이며 이들 784개 동사를 '명사$_1$ + 所 + 동사 + 的 + 명사$_2$' 배열에 대응한 결과 전자인 소유관계를 나타내는 동사는 30%에 불과하고 소유관계를 가지지 않는 후자가 70%에 이른다는 사실을 확인하였다. 또한 소유관계인 30% 중에도 일부는 명사$_1$과 명사$_2$의 관계가 분명한 소유관계라고 보기 어려운 경우도 있다. 예를 들어 보자.

(53) a. 他所盖的房子 (房子는 그의 것이 아닐 수도 있다)

b. 他所做的衣服 (衣服는 그의 것이 아닐 수도 있다)

이상의 분석을 통해 앞서 제시한 (47)의 분절 결과의 합리성을 다시 한번 생각해 보지 않을 수 없다. 앞서 분석한 언어사실에 따라 전자에 속한 '他所写的文章'은 (54)의 방식에 따라 분절해도 무방하지만 후자에 속하는 '他所审查的论文'는 (55)의 방식에 따라 분절할 경우 문제가 된다. 왜냐하면 그(他)와 논문(论文) 간에는 소유관계가 존재하지 않기 때문이다.

(54) 他　所　写　的　文章

他	所	写	的	文章	
1	2				(1—2 관형어-중심어 수식구조)
	3			4	(3—4 관형어-중심어 수식구조)
	5		6		(5—6 '的'자 구조)
	7	8			(7—8 '所'자 구조)

(55) 他　所　审查　的　论文

他	所	审查	的	论文	
*1	2				(1—2 관형어-중심어 수식구조)
	3			4	(3—4 관형어-중심어 수식구조)
	5		6		(5—6 '的'자 구조)
	7	8			(7—8 '所'자 구조)

그렇다면 소유관계가 존재하지 않는 '他所审查的论文'은 어떻게 분절하는 것이 합리적인가? 여기에서 '所'가 허사이고 다른 단어의 앞에만 출현할 수 있으며 '的' 역시 허사로 다른 단어의 뒤에만 출현할 수 있다는 사실을 고려하면 '他所审查的论文'이 (56X)나 (56Y)와 같이 분절될 수 없음은 분명하다.

(56) (X) 他所　审查的文章

*관형어　중심어

(Y) 他所审查　的文章

*관형어　중심어

(56X)의 분절에 따르면 '所'는 다른 단어(他)의 뒤에 출현하기 때문에

'所'의 용법에 부합하지 않고, (56Y)는 '的'가 다른 단어(文章)의 앞에 출현하기 때문에 역시 '的'의 용법에 부합하지 않는다. 이 경우 아래의 (57) 방식으로 분절해야 한다.

(57) 他 所 审查 的 文章

1 ——— 2 (1—2 관형어-중심어 수식구조)

3 ——— 4 (3—4 '的'자 구조)

그러나 여기에서 또 다른 문제에 부딪히게 된다. '他所审查'는 어떻게 분절해야 하는가? 사실상 '他所审查'는 주술구에 구조조사 '所'가 삽입됨으로써 확장된 구조다(朱德熙, 1982a). 따라서 '他所审查的论文'은 아래 (58)과 같이 분절할 수 있다.

(58) 他 所 审查 的 文章

1 ——— 2 (1—2 관형어-중심어 수식구조)

3 ——— 4 (3—4 '的'자 구조)

(5—6 '所'자 구조)

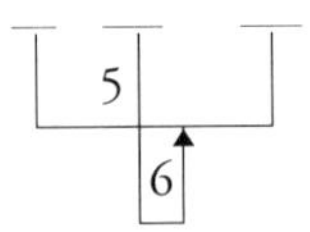

그렇다면 전자에 속한 '他所写的文章'은 어떻게 분절해야 하는가? 앞서 제시한 (47)의 방식대로 분절해야 하는가? 아니면 역시 (58)의 방식으로 분절해야 하는가? 여기에는 두 가지 방법이 있는 듯하다. 첫째, 전자의 예는 기존의 (47)의 분절을 고수하고 후자는 (58)의 방식대로 분절하는 것이다. 두 번째 방법은 '명사$_1$ + 所 + 동사 + 的 + 명사$_2$'의 품사배열에 부합하는 사례를 모두 (58)의 방식대로 분절하는 것이다.

현대중국어의 전체적인 체계로 보면 (58)의 분석법이 비교적 합리적이다. 그 이유는 전자와 후자의 예는 품사배열이 동일하고 표현하는 어법

의미 역시 동일하며 단지 내부의 의미 관계만 차이가 있기 때문이다(전자의 명사$_1$과 명사$_2$는 소유관계이고 후자의 명사$_1$과 명사$_2$는 소유관계가 아니다). 그러나 언어에서 품사배열이 같고 표현하는 어법의미가 같지만 내부 의미 관계가 다른 것은 매우 보편적인 현상이다. 예를 들어 他早早地炸了一盘花生米', '他喜滋滋地炸了一盘花生米', '他脆脆地炸了一盘花生米'의 세 문장은 품사배열이 동일하고 표현하는 어법의미도 같으며 단지 내부 의미 관계만 차이가 있다. '早早地'는 '炸'의 시간을 설명하고 '喜滋滋地'는 '他'가 땅콩을 볶을 때의 기분을 표현하며 '脆脆地'는 조리된 후의 땅콩의 상태를 설명하고 있다. 그렇다고 이들 문장이 같은 유형의 통사구조임을 부정하고 동일한 층차 분석을 하지 않을 사람은 없을 것이다. 따라서 '他所写的文章'('他'와 '文章'는 소유관계)과 '他所审查的论文'('他'와 '论文'은 비소유관계)을 동일한 구조로 분석하는 것은 충분히 가능하다. 이로써 '他所审查的论文'의 합리적인 분절은 아래 (59)와 같다.

(59) 他　所　写　的　文章

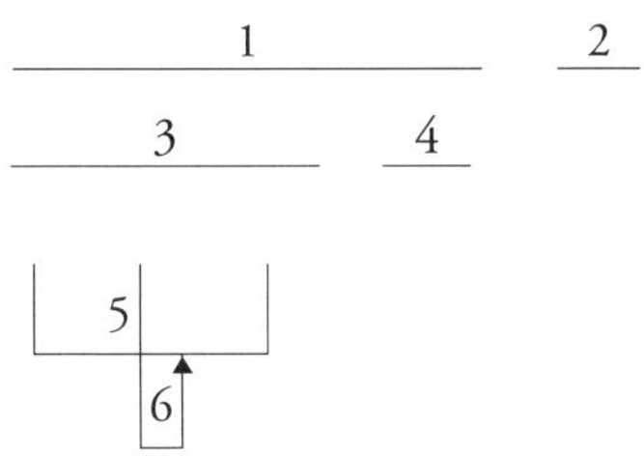

(1—2 관형어-중심어 수식구조)
(3—4 '的'자 구조)
(5—6 '所'자 구조)

2.4 층차 분석의 역할과 한계

층차 분석은 언어구조 분석에서 필수적인 요소이며 층차 분석 이론의 수립은 언어연구에서 가장 높이 평가받을 만한 성과다. 층차 분석은 활용범위가 넓어 어법 분석, 음운 분석, 텍스트 분석에도 사용된다.

예를 들어 층차 분석은 중의구조를 효과적으로 분석할 수 있다. 앞서 제시한 중의구조 '发现敌人的哨兵回营房了', '我们不需要进口设备'는 전통적인 문장성분 분석법(혹은 중심어 분석법)으로도 분화할 수 있다. '发现敌人的哨兵回营房了'를 예로 들어 보자. (60)의 의미에 따르면 주어가 생략된 문장으로 '发现'이 술어가 되고 '敌人的哨兵回营房了'가 '发现'의 목적어가 된다. 도식은 아래와 같다.

(60)

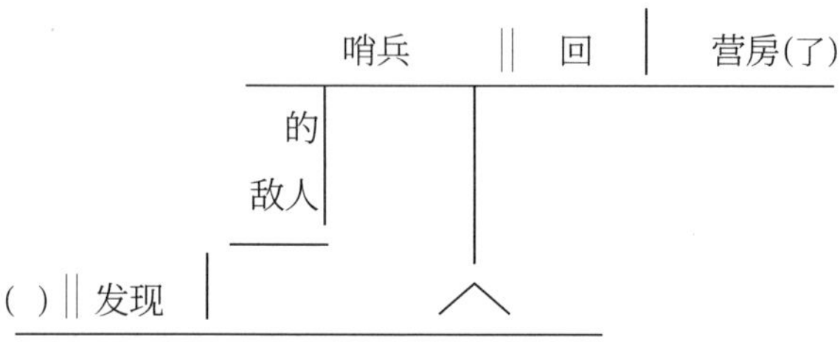

만약 (61) 의미에 따라 분석하면 주술문이 되는데 '哨兵'은 주어이고 '回'는 술어가 되며 '营房'이 목적어가 되고 '发现敌人'은 '哨兵'의 관형어가 된다. 도식은 아래와 같다.

(61)

그러나 문장성분 분석법은 '那照片放大了一点儿'과 같은 중의문에서는 효과를 볼 수 없다. 이 문장은 두 가지 의미를 가지는데, 첫째, '그 사진은 크게 뽑히지는 않았고 단지 조금 클 뿐이다(那照片放得不大, 只放大了一点儿)'라는 뜻과 두 번째로는 '그 사진은 조금 크게 뽑아졌다(那照片放得有点儿大)'라는 의미다. 어떤 의미든지 문장성분 분석법에 따르면 모두 '照片'이 주어이고 '放'이 술어이며 '那'는 '照片'의 관형어, '一点儿'과 '大了'는 모두 '放'의 보어가 된다. 도식은 아래와 같다.

(62) 照片 ‖ 放

那 | 大(了) | 一点儿

그렇지만 층차 분석을 활용하면 이 중의구조를 분석할 수 있다. 앞서 그 사진은 '크게 뽑히지 않았고 단지 조금 클 뿐이다'의 의미인 경우 (63a)의 형태로 분석될 수 있다. 반면 후자인 '그 사진은 좀 크게 뽑아졌다'의 의미인 경우는 (63b)처럼 분석될 수 있다.

(63) a. 那照片 放 大 了 一点儿

1 2 (1—2 주술구조)

3 4 (3—4 동보[동목]구조)

5 6 ( ) (5—6 동보구조)

b. 那照片 放 大 了 一点儿

1 2 (1—2 주술구조)

3 4 (3—4 동보['放得大了一点儿'의 축소형식])

5 ( ) 6 (5—6 동보[동목]구조)

층차 분석의 더 중요한 기능은 새로운 어법현상과 규칙을 발견할 수 있다는 점이다. 앞서 사람을 지시하는 명사로 조합된 수식구조가 강한 규칙성을 가진다는 사실과 그 구체적인 규칙은 '父亲的父亲的父亲' 구조의 분절 문제를 해결하면서 발견되었다. 중국어 어법서에서는 현대중국어의 동사는 의미적으로 결합이 가능할 경우 일반적으로 모두 술어로 사용된다고 말하지만 사실 이는 층차 분석의 개념으로 문장구조를 분석하지 않았을 때 얻을 수 있는 결론이다. 층차 분석을 자유롭게 활용하게 된 이래로 사람들은 현대중국어에서 동사가 단독으로 술어로 기능하는 것은 매우 제한적임을 알게 되었다. 약 50%의 동사가 단독으로 술어로 사용될 수 없다. 예를 들어 '姓, 逗, 企图, 责怪' 등 동사는 모두 단독 술어로 기능할 수 없으며 '看, 等, 吃, 参加' 등 동사는 술어로 사용될 수는 있지만 화용적 제약을 받는다. '看'의 경우 명령문이나 답변 혹은 명확한 대비 의미의 구조에서만 단독 술어로 기능한다. 예는 (64)와 같다. 이것은 중요한 어법현상이지만 층차 분석을 사용하지 않았다면 발견할 수 없었을 것이다.

(64) a. 你看!

b. ——那个电影她看不看? ——她看。

c. 那电影她看, 我不看。

모든 이론이나 방법론은 한계를 지닌다. 물론 한계를 단순히 약점으로 보아서는 안 된다. 한계란 어떤 이론이나 방법론이든지 일정한 적용범위를 가지며 범위를 초과할 경우 효력을 가지지 못함을 의미한다. 층차 분석도 예외는 아니다. 그렇다면 층차 분석의 한계는 무엇인가? 일부 사람들이 이야기하는 것처럼 이중목적어 구문을 분석하지 못한다거나 연동구조(소위 말하는 겸어문)를 분석하지 못한다 등과는 거리가 멀다. 층차 분석의 한계는 통사구조와 조합의 층차를 밝히고 직접성분의 명시적인 어법관계(어법구조관계)만을 분석할 수 있을 뿐 통사구조 내부의 비명시적 어법관계(의미관계)를 다루지 못한다는 데 있다. 이는 층차 분석이 분절과 성질규정만을 포함하기 때문이다. 예를 들어 '我写了一封信'은 층차 분석을 통해 (65)와 같이 그 내부 조합의 층차와 직접성분의 어법관계를 알 수 있다.

```
(65) 我   写   了   一   封   信
     1    _______2_________         (1—2 주술구조)
          3  ( )   ____4____        (3—4 동목구조)
                   ___5___  _6_     (5—6 관형어-중심어 수식구조)
                   _7_ _8_          (7—8 관형어-중심어 수식구조)
```

그러나 '我'와 '写'가 의미적으로 무슨 관계인지, '写'와 '信'이 어떤 의미관계를 가지는지는 층차 분석으로 밝힐 수 없거나 관여하지 않는다. 따라서 의미관계의 차이로 생긴 중의문은 층차 분석으로 분화할 수 없다. 예를 들어 '鸡不吃了'라는 중의구조('닭이 (아파서) (음식을) 못 먹게 되었다'는 의미와 '닭을 (우리는) 못 먹게 되었다. (다른 요리를 더 시켜라)')의 의미는 층차 분석으로는 구분할 수 없다. 이 문제를 해결하기 위해서는 새로운 분석방법을 찾아야 한다.

주요참고문헌

巴南(1981)〈谈谈层次分析法〉,《中国语文》第3期.

华萍(1981)〈评"暂拟汉语教学语法系统"〉,《中国语文》第2期.

陆俭明(1980)〈汉语语法研究中一个值得注意的问题〉,《中学语文教学》第11期.

陆俭明(1981)〈分析方法刍议〉,《中国语文》第3期.

陆俭明(1985a)〈由指人的名词自相组合造成的偏正结构〉,《中国语言学报》第2期.

陆俭明(1985b)〈析"像……似的"〉,《现代汉语虚词散论》, 北京大学出版社.

陆俭明(1990)〈关于"他所写的文章"的切分〉,《语言学通讯》1·2期.

陆俭明(1993)《八十年代中国语法研究》, 商务印书馆.

陆俭明(2010)《现代汉语语法研究教程》(第四版), 北京大学出版社.

吕叔湘(1979)《汉语语法分析问题》, 商务印书馆.

赵元任(1968) *A Grammar of Spoken Chinese*,《汉语口语语法》(吕叔湘 译), 商务印书馆 1979年;《中国话的文法》(丁新邦 译), 香港中文大学出版社 1980年.

朱德熙(1962)〈句法结构〉,《中国语文》8·9月号;《现代汉语语法研究》, 商务印书馆 1980年.

朱德熙(1982a)〈语法分析和语法体系〉,《中国语文》第1期.

朱德熙(1982b)《语法讲义》, 商务印书馆.

Bloomfeild, L.(布龙菲尔德 1980) *Language*,《语言论》(袁家骅·赵世开 等 译), 商务印书馆

Wels, R. S. (1947) "Immediate Constituent(直接成分)," *Language* 23,《语言学资料》1963年 第6期.

Hocket, C. F.(霍凯特 1986)《现代语言学教程(*A Coursein Modern Linguistics*)》(索振羽·叶蜚声 译), 北京大学出版社.

제3강

전환 이론과 구문 전환 분석

3.1 층차 분석의 한계와 구문 전환 분석법의 출현

어법구조이든 음성구조이든 언어구조를 분석할 때 앞서 논의한 층차 분석은 모두 빠질 수 없다. 층차 분석 이론의 수립은 언어연구에서 놀랄만한 성과이다. 이러한 분석은 언어연구를 크게 촉진시켰을 뿐 아니라 다른 학문에도 긍정적인 영향을 끼쳤다. 하지만 층차 분석에도 통사구조 내부의 실사와 실사 간 의미 구조 관계를 드러내 보일 수 없다는 한계가 있다. 예를 들면 다음과 같다.

(1) a. 不适当地教育孩子，对孩子成长不利。
b. 我们目前需要进口设备。
c. 反对的是他。

위 (1)의 세 가지 예는 모두 중의문이다. (1a)는 층차 분석의 분절을 통해 구별할 수 있고, (1b)는 층차 분석의 성질규정을 통해 구별할 수 있다. 반면에 (1c)는 층차 분석의 분절 또는 성질규정으로 분화할 수 없다.

(2) a_1. 不/适当地教育孩子…… ('不' 뒤에서 분절)
a_2. 不适当地/教育孩子…… ('不适当地' 뒤에서 분절)
b_1. 我们目前需要进口设备。 (进口设备=동목 관계)
b_2. 我们目前需要进口设备。 (进口设备=수식 관계)
c_1. 反对的/是他。 (분절과 성질규정이 서로 같다. 의미=그가 반대한다.)

c_2. 反对的/是他。 (분절과 성질규정이 서로 같다.
의미=그를 반대한다.)

층차 분석의 이러한 한계는 전환 분석 방법의 적용을 촉진하였다. 다음 두 실례를 들어 다시 구체적으로 설명해 보겠다. 아래 (3)에서 두 문장은 형식이 같고 품사의 배열 순서도 같다. ('명사L'은 장소를 나타내는 명사성 성분을 가리킨다.)

(3) a. 戏台上摆着鲜花。(명사L + 동사 + 着 + 명사성 성분)
b. 戏台上演着京戏。(명사L + 동사 + 着 + 명사성 성분)

(4) 명사L 동사 着 명사성 성분
a. 戏台上 摆 着 鲜花。
b. 戏台上 演 着 京戏。
1 2 (1—2 주술 구조)
3 4 (3—4 동목 구조)

그러나 (4a)와 (4b)가 나타내는 어법 의미가 다르다는 것은 분명히 느낄 수 있다. 존재, 정태를 나타내는 (4a)에서 '동사+着'는 의미적으로 '有(있다-존재를 나타냄)'에 상응한다. 활동, 동태를 나타내는 (4b)에서 '동사+着'는 어떤 행위나 동작이 진행 중임을 의미한다. 만약 (4a)가 나타내는 어법 의미를 A의미라 하고 (4b)가 나타내는 어법 의미를 B의미라 한다면, 사실상 상기 문장은 A의미를 나타낼 수도 있고 B의미를 나타낼 수도 있는 중의문이다. 이와 마찬가지로 아래의 (5)는 '산 위에 대포가 있다'와 같이 A의미를 나타낼 수도 있고, '산 위에서 누군가 대포를 만들고 있다'와 같이 B의미를 나타낼 수도 있다. 이것은 층차 분석으로는 구별할 수 없는 것이다.

(5) 山上架着炮。

그렇다면 (4)에서 이러한 A의미와 B의미의 차이는 어떻게 생겨났을까? 이것은 바로 통사구조 내부에서 실사와 실사 사이의 서로 다른 의미 구조 관계에서 비롯된 것이다. 구체적으로 말하면 (4a) '무대 위에 꽃이 놓여 있다'는 의미의 문장에서 공기하는 성분 간 의미 구조 관계에서는 '戏台上'(명사L)이 '鲜花'(명사성 성분)가 존재하는 장소다. 반면에 (4b) '무대 위에서 경극을 공연하고 있다'는 의미의 문장에서 공기하는 성분 간 의미 구조 관계는 '戏台上'(명사L)이 '演京戏'('동사+명사성성분')라는 동작이 진행되는 장소다. 문장 속에 숨겨진 이러한 실사와 실사 간의 의미 구조 관계를 밝히려면 새로운 분석 방법을 찾지 않을 수 없다. 구문 전환 분석 혹은 전환 분석은 바로 이러한 의미 관계 연구의 필요에 의해서 생겨났다.

아래에서는 전환 분석 방법을 사용해 '명사L+동사+着+명사성 성분'의 구문을 구별해 보았다. 여기서 A의미를 나타내는 '명사L+동사+着+명사성 성분'을 A식이라 하고, B의미를 나타내는 '명사L+동사+着+명사성 성분'을 B식이라 하겠다. A식은 '명사성 성분+동사+在+명사L' 구문(C식)과 관련되어 있음을 발견할 수 있다. 즉 A식은 C식으로 전환할 수 있다.

(6) A식: 명사L + 동사 + 着 + 명사성 성분
→ C식: 명사성 성분 + 동사 + 在 + 명사L
a_1. 台上坐着主席团 → a_2. 主席团坐在台上
b_1. 门口站着人 → b_2. 人站在门口
c_1. 前三排坐着来宾 → c_2. 来宾坐在前三排
d_1. 床上躺着病人 → d_2. 病人躺在床上
e_1. 门上贴着对联 → e_2. 对联贴在门上
f_1. 黑板上写着字 → f_2. 字写在黑板上
g_1. 墙上挂着画 → g_2. 画挂在墙上
h_1. 校徽别在左胸上 → h_2. 左胸上别着校徽
i_1. 树上钉着广告牌 → i_2. 广告牌钉在树上
……

위 (6)에서 화살표 왼쪽의 A식이 원형식이고 화살표 오른쪽의 C식이 전환식이다. A식: 台上坐着主席团 → C식: 主席团坐在台上의 전환 관계를 예로 들면, 원형식에서 '台上'은 '主席团'이 존재하는 장소이고 '主席团'과 동사 '坐'의 관계는 행위자와 동작의 관계다. 마찬가지로 전환식에서의 '台上'도 '主席团'이 존재하는 장소이고, '主席团'과 '坐'도 여전히 행위자와 동작의 관계에 있다. 다시 A식: 门上贴着对联 → C식: 对联贴在门上으로 예를 들면 원형식에서 공기하는 '贴'와 '对联' 사의의 관계는 동작과 동작의 대상 관계이고 '门上'은 '对联'이 존재하는 장소다. 전환식에서 공기하는 '贴'와 '对联', '门上'과 '对联' 사이의 의미 구조 관계도 이와 같다. 즉 두 구문 모두 전환 후의 의미 구조 관계가 전환 전의 의미 구조 관계를 그대로 유지하고 있는 것이다. 이 외에 다른 실례들의 원형식과 전환식을 보아도 공기하는 성분 간의 의미 구조 관계가 모두 예외 없이 일치한다. 이는 A식과 C식 사이에 전환 관계가 존재한다는 것을 말해주며 이를 통해 (7)과 같은 전환 공식을 만들 수 있다.

(7) A식 → C식

앞에서는 A식에 대해서 이야기하였고 이제 B식을 살펴보도록 하겠다. B식은 '명사L+正在+동사+명사성 성분(D식이라 칭함)'과 연계될 수 있는데 이 때 공기하는 성분 사이의 의미 구조 관계는 변함이 없다. 즉 B식은 다음과 같이 D식으로 전환할 수 있다.

(8) B식: 명사L + 동사 + 着 + 명사성 성분
→ D식: 명사L + 正在 + 동사 + 명사성 성분
a_1. 台上演着黄梅戏 → a_2. 台上正在演黄梅戏
b_1. 门外敲着锣鼓 → b_2. 门外正在敲锣鼓
c_1. 外面下着大雨 → c_2. 外面正在下大雨
d_1. 大厅里跳着舞 → d_2. 大厅里正在跳舞

e_1. 教室里上着课 → e_2. 教室里正在上课

f_1. 操场上放映着电影 → f_2. 操场上正在放映电影[1]

g_1. 炉子上熬着粥 → g_2. 炉子上正在熬粥

위 (8)에서 화살표 왼쪽의 B식이 원형식이고 화살표 오른쪽의 D식이 전환식이다. B식: 台上演着黄梅戏 → D식: 台上正在演黄梅戏를 예로 들면, 원형식의 '台上'은 '演黄梅戏'라는 동작이 진행되는 장소를 가리킨다. 그리고 '演'과 '黄梅戏'의 관계는 동작과 동작의 대상 관계다. 마찬가지로 전환식에서의 '台上'도 '演黄梅戏'라는 동작이 진행되는 장소이고, '演'과 '黄梅戏'도 여전히 동작과 동작의 대상 관계에 있다. 이 외에 다른 실례들의 원형식과 전환식을 봐도 공기하는 성분 간의 의미 구조 관계가 모두 예외 없이 일치한다. 이는 B식과 D식 사이에 전환 관계가 존재한다는 것을 말해 주며, 이를 통해 (9)와 같은 전환 공식을 만들 수 있다.

(9) B식 → D식

하지만 A식은 C식으로만 전환할 수 있고 D식으로는 전환할 수 없다는 것에 주의해야 한다.

(10) A식: 台上坐着主席团 → C식: 主席团坐在台上

A식: 台上坐着主席团 → D식: *主席团正在坐台上

반대로 B식은 D식으로만 전환할 수 있고, C식으로는 전환할 수 없다.

(11) B식: 戏台上演着京戏 → D식: 戏台上正在演京戏

1 역자주: 원문의 'f_2. 场上正在放映电影'에서 '场'자 앞에 '操'자가 누락된 것으로 판단되어 본 번역문에서는 '场'자 앞에 '操'자를 추가하였다.

B식: 戏台上演着京戏 → C식: *京戏演在戏台上

앞의 (5) '山上架着炮'는 중의성을 갖는다. 이 또한 전환을 통해 검증할 수 있다. (5)는 앞서 얘기한 두 가지 전환식을 모두 가질 수 있기 때문이다.

(12) A식: 山上架着炮 → C식: 炮架在山上
B식: 山上架着炮 → D식: 山上正在架炮

3.2 구문 전환 분석의 객관적 근거와 준수해야 할 원칙

먼저 구문 전환 분석은 어떠한 객관적인 근거를 가지는지 이야기해 보겠다. 층차 분석의 객관적 근거는 통사구조의 층차성이다. 그렇다면 전환 분석의 객관적 근거는 무엇일까? 전환 분석의 객관적 근거는 통사구조의 상관성이다. 이러한 상관성이 존재하는 원인은 다음 몇 가지가 있다.

첫째, 언어 표현은 세밀함과 경제성 원리가 요구되기 때문에 다른 통사구조를 사용해서 동일한 의미를 표현할 수 있다. 그리하여 언어에 대량의 동의구문이 존재하게 된다. 앞의 제1강에서 실례를 들어 이 점을 언급하였지만 여기서 예를 하나 더 들어 보겠다. '我在昨天由于不小心丢了两把办公室的钥匙'라는 기본 의미는 서로 다른 상황에서 필요에 따라 다음과 같이 다르게 표현할 수 있다.

(13) a. 我昨天不小心丢了两把办公室的钥匙。
b. 我昨天不小心把两把办公室的钥匙丢了。
c. 昨天不小心, 办公室的两把钥匙给我丢了。
d. 昨天不小心, 我把办公室的两把钥匙丢了。
e. 昨天不小心, 办公室的两把钥匙被我丢了。

f. 我不小心在昨天把办公室的两把钥匙给丢了。

g. 是我昨天不小心把办公室的两把钥匙给丢了。

h. 我昨天不小心, 办公室的钥匙给我丢了两把。

게다가 대화 중에는 언어의 경제성 원리에 따라 '我, 昨天' 등과 같은 몇몇 단어를 종종 생략할 수 있다. 예를 들면 아래와 같다.

(14) ——你昨天玩儿得怎么样?

——倒霉透了, 把办公室的两把钥匙给丢了。

둘째, 언어에서 표현해야 할 의미는 무한한 반면, 의미를 표현하는 통사구조는 제한적이다. 이렇게 제한적인 형식으로 무한한 의미를 표현해야 하기 때문에 같은 통사구조로 여러 의미를 표현하게 되었고 언어에 중의문이 대량으로 존재하게 되었다. 예를 들면 '老虎不吃鸡了。'와 '鸡不吃白菜了。'는 의미가 다른 두 개의 문장이다. 그러나 각기 다른 언어 환경에서, 그리고 언어의 경제성을 위해서 이 두 가지 의미는 같은 문장으로 표현될 수도 있다. 이에 따라 다음과 같이 중의문이 만들어진다.

(15) a. 鸡는 '吃'의 대상

a_1. 老虎不吃鸡了。 ('老虎还吃鸡吗?'에 대한 대답)

a_2. 老虎不吃了。 ('老虎还吃鸡吗?'에 대한 대답)

a_3. 老虎不吃了。 ('鸡老虎还吃吗?'에 대한 대답)

a_4. 鸡不吃了。 ('鸡老虎还吃吗?'에 대한 대답)

b. 鸡는 '吃'의 행위자

b_1. 鸡不吃白菜了。 ('鸡还吃白菜吗?'에 대한 대답)

b_2. 鸡不吃了。 ('鸡还吃白菜吗?'에 대한 대답)

b_3. 白菜鸡不吃了。 ('白菜鸡还吃吗?'에 대한 대답)

b_4. 白菜不吃了。 ('白菜鸡还吃吗?'에 대한 대답)

위의 (15)에서는 품사의 배열과 표면적 형식이 완전히 같은 두 개의 '鸡不吃了'가 등장한다. 하지만 이 두 문장의 의미는 다르다. (15a)의 '鸡不吃了'는 '老虎不吃鸡了'의 의미이고 '鸡'는 '吃'의 대상이다. (15b)의 '鸡不吃了'는 '鸡不吃白菜了'의 의미이고 '鸡'는 '吃'의 행위자다. 이렇게 해서 '鸡不吃了'는 중의문을 이루게 된다.

셋째, 의미 구조 관계가 동일하지만 통사구조가 상이한 구문 사이에는 항상 어떠한 내재적 구조 관계가 존재한다. 전환 분석은 바로 이 내재적 구조 관계를 이용해서 중의문의 여러 의미와 각각 연계되는 동의구문을 드러내 보임으로써 중의문의 의미를 구별하는 목적을 달성한다.

이어서 구문 전환 분석이 준수해야 할 원칙에 대해서 이야기해 보겠다. 강조할 필요가 있는 것은, 전환은 구문과 구문 사이의 전환이지 어떤 두 개의 구체적 문장 사이의 전환이 아니라는 것이다. 이 점을 명확하게 하는 것이 중요하다. 이러한 관점에 따라 유효한 전환이 되기 위해서는 아래의 기본적인 원칙들이 반드시 지켜져야 한다.

첫째, 유효한 전환이 되기 위해서는 반드시 전환 행렬이 형성되어야 한다. 행렬의 왼쪽이 원형식의 실례이고, 행렬의 오른쪽이 전환식의 실례다. 원형식과 전환식 사이에는 화살표가 있어 둘의 전환 관계를 나타낸다. 제1절에서 예로 들었던 전환 실례 (6)이 바로 전환 행렬이다. 그중 첫 번째 행에는 품사의 배열이 표시되어 있고, 두 번째 행부터는 구체적인 실례가 하나하나 아래로 열거되어 있다. 행렬의 왼쪽에 위치한 것이 원형식이고 행렬의 오른쪽에 위치한 것이 전환식이다. 중간의 화살표 '→'는 원형식과 전환식 간의 전환 관계를 나타낸다. 이해에 도움이 되도록 이 실례를 다시 한번 나열해 보겠다.

(16) A식: 명사L + 동사 + 着 + 명사성 성분
→ C식: 명사성 성분 + 동사 + 在 + 명사L
a_1. 台上坐着主席团 → a_2. 主席团坐在台上
b_1. 门口站着人 → b_2. 人站在门口

c_1. 前三排坐着来宾 → c_2. 来宾坐在前三排

d_1. 床上躺着病人 → d_2. 病人躺在床上

e_1. 门上贴着对联 → e_2. 对联贴在门上

f_1. 黑板上写着字 → f_2. 字写在黑板上

g_1. 墙上挂着画 → g_2. 画挂在墙上

h_1. 左胸上别着校徽 → h_2. 校徽别在左胸上

i_1. 树上钉着广告牌 → i_2. 广告牌钉在树上

둘째, 행렬에서 전환 전 문장, 즉 행렬의 왼쪽은 원형식의 실례로서 형식(품사 배열)이 반드시 동일해야 하며, 어법 의미(고층차 의미 관계라고도 함)도 반드시 일치해야 한다. 위 (16)에서 예로 든 전환으로 말하자면, 원형식 각각의 실례에서 그 품사 배열은 모두 '명사L+동사+着+명사성 성분'으로 형식이 같다. 이는 본 요구 조건에 부합한다. 그리고 각각의 실례가 나타내는 어법 의미, 즉 고층차 의미 관계도 동일하여 모두 존재, 정태를 나타내는데 이 또한 본 요구 조건에 부합한다.

셋째, 행렬에서 전환 후 문장, 즉 행렬의 오른쪽은 전환식의 실례로서 형식(품사 배열)이 반드시 같아야 하며, 어법 의미(고층차 의미 관계라고도 함)도 반드시 일치해야 한다. 다시 위 (16)의 전환 실례로 설명하자면, 전환식 각각의 실례에서 그 품사 배열은 모두 '명사성 성분+동사+在+명사성L'로 형식이 동일하다. 이는 본 요구 조건에 부합한다. 그리고 각각의 실례가 나타내는 어법 의미, 즉 고층차 의미 관계도 동일하여 모두 존재, 정태를 나타내는데 이 또한 본 요구 조건에 부합한다.

넷째, 행렬에서 각 행의 좌우 양측 문장, 즉 각 행의 원형식 실례와 전환식 실례 두 문장에서 각각 공기하는 성분 사이의 의미 구조 관계(저층차 의미 관계라고도 함)는 반드시 일치하여야 한다. 위에서 본 (16)의 전환 실례를 다시 보면 행마다 있는 원형식의 실례와 전환식의 실례에서 공기하는 성분 간의 의미 구조 관계는 변하지 않는다. 다시 두 개의 예를 들어 설명하겠다.

(17) 前三排坐着来宾 → 来宾坐在前三排

(17)의 원형식에서 '来宾'과 '坐'는 행위자와 동작의 관계이며, '前三排'는 '来宾'이 있는 위치를 나타낸다. 전환식에서도 '来宾'과 '坐'는 여전히 행위자와 동작의 관계이며, '前三排'는 '来宾'의 위치를 나타낸다. 두 문장에서 공기하는 성분 사이의 의미 구조 관계는 변하지 않는다. 예를 하나 더 보자.

(18) 墙上挂着画 → 画挂在墙上

(18)의 원형식에서 '挂'와 '画'는 동작과 대상의 관계이며, '墙上'은 '画'가 존재하는 장소를 나타낸다. 전환식에서도 '画'와 '挂'는 여전히 동작과 대상의 관계에 있으며, '墙上'은 '画'가 존재하는 장소를 나타낸다. 두 문장에서 공기하는 성분 사이의 의미 구조 관계는 변하지 않는다. 이렇게 보면 위 (16)에 열거된 각 전환의 실례가 모두 이 요건에 부합한다.

다섯째, 행렬에서 각 행의 좌우 양측 문장, 즉 각 행의 원형식 실례와 전환식 실례 두 문장 사이에 존재하는 어법 의미(고층차 의미 관계) 상의 차이는 같다. 다시 위의 (16)을 예로 들어 말해 보겠다. 비록 위의 두 번째와 세 번째 내용에서 원형식의 어법 의미는 존재, 정태를 나타내고 전환식의 어법 의미 또한 존재, 정태를 나타낸다고 하였지만, 양자 간에는 여전히 미세한 차이가 존재한다. (16)의 구체적인 실례 두 가지로 설명해 보겠다.

(19) a_1. 台上坐着主席团 → a_2. 主席团坐在台上
b_1. 门上贴着对联 → b_2. 对联贴在门上

위 (19a)의 원형식은 '台上'을 화제로 하여 '台上'에 어떠한 사물이 존재하는지를 설명한다. 반면에 전환식에서 화제는 '主席团'으로 '主席团'이 어느 곳에 존재하고 있는지를 설명한다. (19b)에서 원형식은 '门上'이 화제로 '门上'에 어떠한 사물이 존재하는지를 설명하고, 전환식은 '对联'이 화제로 '对联'이 어느 곳에 존재하는지를 설명한다. (19a)와 (19b)에서 원형식과 전환식의 어법 의미상의 차이가 명백히 일치한다. (16)의 나머지 예들도 상황이 유사하다. 이렇게 보면 위 (16)에 열거된 각 전환 실례들도 모두 이 요건에 부합한다.

이상에서 말한 원칙들을 주더시(朱德熙)는 전환 분석의 평행성 원칙이라고 하였다. 이러한 원칙은 전환의 적합성을 확보하면서 전환 행렬에 적절하지 않은 것이 출현하는 상황을 방지할 수 있다. 다음의 예를 보자.

(20) A식: NP + 在 + NPL + V + 着
→ B식: NP + V + 在 + NPL
a_1. 病人在床上躺着 → a_2. 病人躺在床上
b_1. 孩子们在门口坐着 → b_2. 孩子们坐在门口
c_1. 他在马背上跳着 → c_2. 他跳在马背上
d_1. 张三在门外站着 → d_2. 张三站在门外
e_1. 他在地上画着 → e_2. 他画在地上
f_1. 对联在门上贴着 → f_2. 对联贴在门上
g_1. 胸针在胸前别着 → g_2. 胸针别在胸前
h_1. 书在地上堆着 → h_2. 书堆在地上
i_1. 水在河里流着 → i_2. 水流在河里

(20)의 전환 행렬에는 적절하지 않은 실례가 있는데 (20c)와 (20i)가 그러하다. 어떻게 이 두 가지 예가 적절하지 않은 실례라고 말할 수 있을까? 그 이유는 이 두 실례가 앞서 말한 평행성의 원칙 가운데 두 번째에서 다섯 번째 조건에 부합하지 않기 때문이다. 평행성의 원칙 두 번째 항목에서 원형식 각 실례의 어법 의미(고층차 의미 관계라고도 함)는 반드시 일치해야 한다고 하였다. 그러나 (20c/i)가 나타내는 어법 의미는 다른 실례들의 어법 의미와 일치하지 않는다. 다른 실례들은 모두 존재, 정태를 나타내지

만 (20c/i)는 활동, 동태를 나타낸다. 평행성의 원칙 세 번째 항목에서는 전환식 각 실례의 어법 의미(고층차 의미 관계라고도 함)가 반드시 서로 일치해야 한다고 하였다. 그러나 (20c/i)가 나타내는 어법 의미는 다른 실례들과 일치하지 않는다. 다른 실례들은 모두 존재, 정태를 나타내지만 (20c/i)는 사물의 위치 이동, 동태를 나타낸다. 네 번째 항목에서는 각 행의 원형식 실례와 전환식 실례에서 공기하는 어휘 간의 의미 구조 관계(저층차 의미 관계라고도 함)가 일치해야 한다고 하였다. 그러나 (20c/i)는 이 요건에 부합하지 않는다. (20c)의 경우 원형식에서의 '马背上'은 '他跳'가 이루어지는 장소이지만 전환식에서의 '马背上'은 '他'의 위치 이동 종점이다. 원형식과 전환식에서 공기하는 성분 간의 의미 구조 관계가 확실히 일치하지 않는다. (20i)의 경우도 이와 같다. 이 두 가지 예는 앞서 말한 두 번째에서 네 번째 항목에 모두 부합하지 않으며 다섯 번째 항목은 더 말할 필요도 없이 부합하지 않는다. 분명 (20c/i)는 형식적으로는 나머지 각각의 예와 같아 보이지만 실질적으로는 결코 같지 않다. 따라서 이 둘은 본 행렬에 적합하지 않은 예라고 할 수 있다. 다른 전환 행렬의 예를 하나 더 보자.

(21) A식: 有 + 명사 + 동사
→ B식: 有 + 동사 + 的 + 명사

a_1. 有能力完成 → a_2. 有完成的能力
b_1. 有办法解决 → b_2. 有解决的办法
c_1. 有条件上大学 → c_2. 有上大学的条件
d_1. 有人骂过他 → d_2. 有骂过他的人
e_1. 有人陪他 → e_2. 有陪他的人
f_1. 有钱买新房子 → f_2. 有买新房子的钱
g_1. 有时间研究 → g_2. 有研究的时间
h_1. 有时候玩儿 → h_2. 有玩儿的时候

(21)의 전환 행렬에도 적절하지 않는 실례가 있는데 (21d)와 (21h)가 곧 그러하다. (21)의 전환 행렬에서 원형식이 나타내는 어법 의미는 어떤 일을 할 수 있는 능력이나 조건을 갖추고 있음을 말하며, 원형식에서 '有+명사'는 '能, 可以'의 의미에 해당한다. 그러나 (21d/h)는 모두 이러한 어법 의미를 나타내지 않으며 (21d/h)의 '有人'과 '有时候'도 '能, 可以'의 의미에 해당하지 않는다. 이 점으로 (21d/h)가 위의 전환에서 적절하지 않은 실례가 된다는 것을 판단할 수 있다.

3.3 구문 전환 분석의 기능과 한계

전환 분석의 가장 직접적인 기능은 중의문을 보다 효과적으로 구분할 수 있다는 것이다. 중의문을 구분하는 데 있어서는 층차 분석법이 문장 성분 분석법보다 낫지만 전환 분석법의 중의문 구분 능력은 그보다도 더 강하다. 즉 전환 분석은 층차 분석이 구분할 수 있는 중의문뿐만 아니라 층차 분석이 구분할 수 없는 중의문도 구분할 수가 있다.

현대중국어의 어법연구와 교육에서는 흔히 '咬死了猎人的狗'를 층차 구조가 달라서 생긴 중의문이라 설명한다. 이 중의문은 다음과 같이 층차 분석법을 이용해서도 구분할 수 있다.

(22) a. 咬死了/猎人的狗 (동목 구조)
b. 咬死了猎人的/狗 (수식 구조)

'咬死了猎人的狗'와 같은 중의문은 물론 전환 분석으로도 구분할 수 있다. (22a)처럼 분석되는 형식을 A식이라 하고 (22b)처럼 분석되는 형식을 B식이라고 하면, A식은 (23)처럼 C식으로 전환 가능하고 B식은 (24)처럼 D식으로 전환 가능하다.

(23) A식: 동사 + 보어(了) + 명사$_1$ + 的 + 명사$_2$

→ C식: 把 + 명사$_1$ + 的 + 명사$_2$ + 동사 + 보어(了)

a_1. 咬死了猎人的狗 → a_2. 把猎人的狗咬死了

b_1. 打碎了张三的玻璃杯 → b_2. 把张三的玻璃杯打碎了

c_1. 砸坏了张家的门 → c_2. 把张家的门砸坏了

d_1. 弄丢了研究室的钥匙 → d_2. 把研究室的钥匙弄丢了

e_1. 吓坏了小张的妈妈 → e_2. 把小张的妈妈吓坏了

f_1. 踢断了王小二的胳膊 → f_2. 把王小二的胳膊踢断了

g_1. 撕破了姐姐的衣服 → g_2. 把姐姐的衣服撕破了

……

(24) B식: 동사 + 보어(了) + 명사$_1$ + 的 + 명사$_2$

→ D식: 是 + 지시사 + 양사 + 명사$_2$ + 동사 + 보어(了) + 명사$_1$

$a_1$1. 咬死了猎人的狗 → a_2. 是那条狗咬死了猎人

b_1. 踩坏了庄稼的牛 → b_2. 是那头牛踩坏了庄稼

c_1. 打伤了孩子的人 → c_2. 是那个人打伤了孩子

d_1. 叼走了鸡的狐狸 → d_2. 是那只狐狸叼走了鸡

e_1. 打破了玻璃的孩子 → e_2. 是那个孩子打破了玻璃

f_1. 拆掉了房子的人家 → f_2. 是那户人家拆掉了房子

g_1. 输光了钱的赌徒 → g_2. 是那个赌徒输光了钱

……

주목할 점은 A식은 (25)처럼 C식으로만 전환할 수 있고 D식으로는 전환할 수 없다는 것이다. 반면 B식은 (26)처럼 D식으로만 전환할 수 있고 C식으로는 전환할 수 없다.

(25) A식: 打碎了张三的玻璃杯 → C식: 把张三的玻璃杯打碎了

A식: 打碎了张三的玻璃杯 → D식: *是那只玻璃杯打碎了张三

(26) B식: 踩坏了庄稼的牛 → D식: 是那头牛踩坏了庄稼
B식: 踩坏了庄稼的牛 → C식: *把庄稼的牛踩坏了

층차 분석이 구분할 수 있는 중의문은 전환 분석으로도 구분할 수 있다. 다만 전환 분석법으로 (22)와 같은 중의문을 구분하는 것이 층차 분석법을 이용하는 것보다 절차가 더 복잡하다. 그래서 보통 층차 분석법으로 구분할 수 있는 중의문은 되도록 층차 분석법으로 구분하고 전환 분석은 사용할 필요가 없다. 이것은 마치 물리학에서 뉴턴의 법칙으로 해결할 수 있는 문제를 굳이 아이슈타인의 상대성 이론으로 해결할 필요가 없는 것과 같다.

문제는 언어에서 많은 중의문이 층차 분석법으로 구분할 수 없다는 데 있다. 예를 들어 '反对的是他'는 두 가지 의미로 이해될 수 있다. 어떤 사람이 반대하는 사람이 그 사람이라는 뜻으로 이해될 수도 있고, 어떤 사람을 반대하거나 어떠한 일을 반대하는 사람이 그 사람이라는 뜻으로 이해될 수도 있다. 전자일 경우 '他(그)'는 '反对(반대하다)'의 대상이고 후자일 경우 '他'는 '反对'의 행위자다. 이 두 가지 의미는 층차 분석법으로는 구분할 수가 없고 전환 분석법을 이용해야 분명하게 구분할 수가 있다. '反对的是他'의 품사 배열은 (27)과 같다.

(27) 동사[타동사] + 的 + 명사성 성분

위에서 첫 번째 의미로 이해되는 '동사+的+명사성 성분'을 A식이라 하고 두 번째 의미로 이해되는 '동사+的+명사성 성분'을 B식이라 하면, A식은 아래 (28)의 형식으로 전환될 수 있고 B식은 (29)의 형식으로 전환될 수 있다.

(28) A식: 동사[타동사] + 的 + 명사성 성분
→ C식: 동사[타동사] + 명사성 성분

a_1. 反对的是他 → a_2. 反对他

b_1. 吃的是馒头 → b_2. 吃馒头

c_1. 看的是电影 → c_2. 看电影

d_1. 学的是英语 → d_2. 学英语

e_1. 惩罚的是他 → e_2. 惩罚他

……

(29) B식: 동사[타동사] + 的 + 명사성 성분

→ D식: 동사[타동사] + 실사성 성분 + 的 + 是 + 명사성 성분

a_1. 反对的是他 → a_2. 反对搬迁方案的是他

b_1. 苦练的是她 → b_2. 苦练基本功的是她

c_1. 违反的是他 → c_2. 违反纪律的是他

d_1. 吃过的是小王 → d_2. 吃过燕窝的是小王

e_1. 出席的是冯平 → e_2. 出席开幕式的是冯平

……

마찬가지로 A식은 C식으로만 전환되고 (30)처럼 D식으로는 전환될 수 없다는 데 주목해야 한다. B식은 D식으로만 전환될 수 있고 (31)과 같이 C식으로는 전환될 수 없다. 층차 분석이 구분할 수 없는 '反对的是他'와 같은 중의문은 전환 분석으로 구분할 수 있다는 것을 분명히 보여 준다.

(30) A식: 吃的是馒头 → C식: 吃馒头

A식: 吃的是馒头 → D식: *吃××的是馒头

(31) B식: 苦练的是她 → D식: 苦练基本功的是她

B식: 苦练的是她 → C식: *苦练她

전환 분석의 역할은 당연히 중의문을 구분하는 것에만 그치지 않는다.

층차 분석은 내부구조 상황의 분석 및 연구에만 초점을 맞추지만, 전환 분석은 본질적으로 통사구조와 통사구조 간의 연계에 더 중점을 둔다. 따라서 전환 분석은 어법 연구를 심화시켜 더 많은 어법 규칙을 밝히는 데 더욱 유용하다. 기존의 현대중국어 어법 연구의 성과도 이 점을 충분히 잘 말해준다.

전환 분석으로 드러난 이중목적어 구조 중 직접목적어의 특징을 예로 들어보겠다. 이중목적어 구조는 '给他一本书'와 같이 하나의 동사 뒤에 두 개의 목적어가 오는 통사구조를 가리킨다. 일반적으로 동사로부터 멀리 떨어진 목적어('给他一本书'에서 '一本书')를 직접목적어라 하고 동사와 가까이 있는 목적어('给他一本书'에서 '他')를 간접목적어라 한다. 이중목적어 구조는 줄곧 중국어 어법학계의 주목을 받아 왔다. 현대중국어 어법의 첫 번째 전문 서적인 《신저국어문법(新著国语文法)》(黎锦熙, 1924)으로부터 현대중국어 어법을 다루는 모든 전문 서적이나 교재에서 이중목적어 구조가 언급되었다. 이중목적어 구조를 주제로 하는 논문이나 이중목적어 구조를 언급한 논문도 백 편 이상 된다. 하지만 모두 이중목적어 구조에서 목적어의 특징에는 주의를 기울이지 못했다. 전혀 주목하지 않았다고 말할 수는 없지만 대부분 직접목적어는 일반적으로 물건을 가리키고 간접목적어는 일반적으로 사람을 가리킨다고 말할 뿐이었다. 사실 현대중국어에서 이중목적어 구조의 목적어는 매우 중요한 특징들을 지니고 있다. 먼저 첫 번째 특징은 직접목적어는 보통 수량구를 포함하는데 이 때 간접목적어는 인칭대명사여야 하며 그렇지 않으면 단독으로 문장이 될 수 없다는 것이다. 다음의 예를 보자.

(32) a. 还图书馆五本书。　　b. 给张老师一幅画。
c. 送隔壁奶奶两条鱼。　　d. 还他十块钱。

위의 (32)에서 수량사 '五本, 一幅, 两条, 十块'를 삭제하면 '还他钱'은 단독으로 문장이 될 수 있지만 그 밖의 '还图书馆书', '给张老师画', '送隔

壁奶奶鱼'는 단독으로 문장이 되기가 어렵다. 다음과 같이 반드시 앞이나 뒤에 다른 말이 들어가야 한다.

(33) a. 该还图书馆书了。

b. 给张老师画, 给王老师领带。

c. 送隔壁奶奶鱼吧。

더 중요한 두 번째 특징은 직접목적어가 점유나 종속을 나타내는 수식 구조면 안 된다는 것이다. 예를 들어 (34)는 되지만 (35)는 안 된다.

(34) a_1. 把我弟弟的箱子给你。

a_2. 她把爸爸的电脑送给张老师了。

b_1. 我弟弟的箱子给你。

b_2. 爸爸的电脑她送给张老师了。

(35) a. *给你我弟弟的箱子。

b. *她送给张老师爸爸的电脑。

상술한 현대중국어 이중목적어 구조의 특징은 전환 분석법으로 把자문을 고찰하고 연구하는 과정에서 발견된 것이다. '把'의 목적어가 점유나 종속을 나타내는 수식 구조이면 모두 이중목적어 구조로 전환할 수 없다.

(36) a_1. 把我的书给他。 → a_2. *给他我的书。

b_1. 把妈妈的手表送张阿姨。 → b_2. *送张阿姨妈妈的手表。

c_1. 把你的帽子卖给我。 → c_2. *卖给我你的帽子。

d_1. 把我们家的房子赔给他们。→ d_2. *赔给他们我们家的房子。

다시 현대중국어에서 피동표지가 없는 피행위자 주어문의 특징에 대한 전환 분석의 발견을 예로 들어 보겠다. 현대중국어에는 피동 표지가 없는 피행위자(피행위물) 주어문('被, 给'와 같은 어휘를 사용하지 않고 피동 의미를 나타내는 피행위자 주어문)이 있는데 일찍부터 모두의 관심을 받았다. 이러한 문장에서 일반적으로 다음의 두 가지 특징에 주목하였다. 첫째, 주어는 반드시 한정적이어야 한다. 즉 주어가 가리키는 사물이 청자가 분명히 알고 있는 것이라고 화자가 생각해야 한다. 둘째, 술어는 복잡해야 한다. 즉 술어가 동사 하나로만 이루어질 수는 없다. 사실 피행위자 주어문에는 중요한 특징이 하나 더 있다. 바로 주어가 인칭대명사일 수 없다는 것이다. 예를 들어 우리는 (37)처럼 말할 수는 있지만 (38)처럼 말할 수는 없다. (38)은 (39)와 같이 바꾸어야 적절하다.

(37) a. 那烂了的西红柿扔了。 b. 衣服卖了。
c. 书烧掉了。 d. 李教授请来了。

(38) a. *你批评了? b. *他请来了。
c. *那西红柿烂了, 它扔了。

(39) a. 你挨批评了? / 你被批评了? / 把你给批评了?
b. 把他请来了。
c. 那西红柿烂了, 把它扔了。/ 那西红柿烂了, 扔了它吧。

현대중국어에서 피동 표지가 없는 피행위자 주어문의 이러한 특징은 전환 분석법으로 把자문과 피행위자 주어문의 관계를 연구할 때 발견된 것이다. '把'의 목적어가 인칭대명사이면 모두 무표지 피행위자 주어문으로 전환할 수 없다.

(40) a_1. 把这个字擦了。 → a_2. 这个字擦了。
b_1. 把旧报纸卖了。 → b_2. 旧报纸卖了。

c_1. 把那啤酒喝了。 → c_2. 那啤酒喝了。

d_1. 把鸡窝拆了。 → d_2. 鸡窝拆了。

e_1. 把他撤了。 → e_2. *他撤了。

f_1. 把它扔了。 → f_2. *它扔了。

전환 분석은 또 정도부사 '还'와 '更'의 차이점을 밝혔다.

이전의 사전에서는 정도부사 '还'에 대해서 이야기할 때 모두 '还'가 정도부사 '更'에 해당한다고 설명하였다. 예를 들어 '他比我还高'는 '他比我更高'라는 뜻이라고 하였다. 이는 사람들이 정도부사 '还'를 모두 '更'으로 바꿔 쓸 수 있다고 착각할 수도 있게 한다. 확실히 이 두 부사는 바꿔 쓸 수 있는 경우가 많기는 하지만 마음대로 바꿔 쓸 수 없는 경우도 있다. 예를 들어 아래의 (41)에서 '比'자문의 '还'는 모두 '更'으로 대체할 수 없다. 즉 (42)와 같이 말할 수 없다.

(41) a. 她的胳臂比火柴棍儿还细。

b. 那蛇, 好家伙, 比碗口还粗。

c. —— 你孩子有多高了?

—— 我孩子? 比书架还高了。

(42) a. *她的胳臂比芦柴棍儿更细。

b. *那蛇, 好家伙, 比碗口更粗。

c. *—— 你孩子有多高了?

—— 我孩子? 比书架更高了。

좀 더 살펴보면 (41)은 '比'자문이긴 하지만 실은 모두 비교가 아니라 비유를 나타낸다는 것을 알 수 있다. 예를 들어 (41a)는 정말로 '她的胳臂'를 '火柴棍儿'과 비교하려는 것이 아니라, 단지 '火柴棍儿'으로 '她的胳臂'를 비유함으로써 그녀가 말랐다는 것을 강조하여 설명하려는 것뿐이다.

(41c)에서는 화자가 본인 아이의 키를 정말 '书架(책꽂이)'의 높이와 비교한 것이 아니라, 청자가 본인 아이의 현재 키를 잘 이해할 수 있도록 임시로 '书架'를 키를 재는 기준으로 삼은 것뿐이다.

상술한 '还'와 '更'의 이러한 차이, 즉 정도부사 '还'가 비교뿐만 아니라 비유에도 사용될 수 있는 반면에 '更'은 비교에만 사용할 수 있고 비유에는 사용할 수 없다는 것은 전환 분석법으로 '还'와 '更'을 비교 연구할 때 발견한 것이다. 예를 들어 아래의 (43)은 비교를 나타내므로 전환식으로 말할 수 있어 전환이 성립된다. 하지만 (44)는 비유를 나타내어 전환식으로 말할 수 없으므로 전환이 성립되지 않는다.

(43) a_1. 哈尔滨比这里还冷。 → a_2. 哈尔滨比这里更冷。
b_1. 我哥哥比我还有能耐。 → b_2. 我哥哥比我更有能耐。
c_1. 小张跑得比王平还快。 → c_2. 小张跑得比王平更快。

(44) a_1. 那孔儿比针眼儿还小。 → a_2. *那孔儿比针眼儿更小。
b_1. 他呀, 比狐狸还狡猾。 → b_2. *他呀, 比狐狸更狡猾。
c_1. 他们跑得比兔子还快。 → c_2. *他们跑得比兔子更快。

마지막으로 전환 분석이 총괄을 나타내는 정도부사 '都'의 적절한 어법 의미를 확정한 예를 보자.

종래의 어법서에서는 모두 부사 '都'가 총괄을 나타낸다고 하였다. 하지만 총괄의 함의를 어떻게 이해하여야 할 것인지에 관해서는 주의를 기울이지 않았다. 모국어가 중국어라면 '都'를 사용하기 위해 사전이나 자전을 찾는 사람이 한 명도 없을 것이다. 그들은 어려서부터 이러한 언어의 용법을 습득했기 때문에 생각하지 않고도 필요할 때 자유자재로 사용할 수가 있다. 하지만 중국어를 배우는 타 민족이나 외국인들은 부사 '都'를 사용할 때 사전이나 자전을 찾아봐야 한다. 그들은 흔히 총괄을 보고 앞에 복수를 나타내는 명사성 성분이 있으면 '都'를 사용할 수 있다고 이해한다. 이렇게 이해해도 제대로 사용되는 경우가 많긴 하지만 종종 다음과 같이 잘못 사용된 비문을 만들어 내기도 한다.

(45) a. *麦克生日那天, 我们三个人都给他送了一个大大的蛋糕。
 b. *佐佐木、冈本俩都是同乡, 都出生在鹿儿岛。

위에서 (45a)의 문장은 우리 세 사람(我们三个人)이 마이크에게 세 개의 큰 케이크를 선물했다는 뜻이다. 실제로 세 사람이 함께 큰 케이크 하나만 보낸 것이라면 이 문장에서 '都'는 삭제해야 한다. (45b)에서는 두 개의 '都'를 사용하였는데 뒤의 것은 바르게 사용하였으나 앞의 것은 잘못 사용하였으므로 역시 삭제해야 한다. 그렇다면 왜 (45a)에서는 '都'를 사용하면 안 되고 (45b)에서는 앞의 '都'를 빼야 하는 것일까? 부사 '都'는 일반적으로 총괄을 나타내는 것이 아니라, 그것이 의미적으로 지향하는 사물의 집합에 있는 각각의 개체가 단독으로 뒤에서 말하는 행위 동작을 예외 없이 하거나, 뒤에서 말하는 성질을 모두 예외 없이 지니거나, 뒤에서 말하는 상황에 예외 없이 속한다는 것을 강조하기 때문이다. 다음의 예를 보자.

(46) a. 爸爸、妈妈、姐姐都给我送了礼物。
 b. 小芸和小玲都天资过人。
 c. 小张和小李都是八字脚。
 d. 王先生、张先生和我都是山东人。

위의 (46a)는 爸爸, 妈妈, 姐姐가 모두 예외 없이 '我'에게 각자 선물을 주었다는 것이지 하나의 선물을 함께 주었다는 것이 아니다. (46b)는 小芸과 小玲이 모두 예외 없이 '天资过人'의 특성을 지니고 있음을 의미한다. (46c)는 小张과 小李가 모두 '八字脚'에 속한다는 말이다. (46d)는 王先生과 张先生, 그리고 我가 예외 없이 산둥 사람임을 나타낸다. '都'가 이러한 어법 의미를 나타내기 때문에 '都'를 사용한 문장은 병렬 복문으로 확장시킬 수가 있고, 복문에서 뒷 절에는 부사 '也'가 종종 와서 서로 같은 관계임을 강조한다. 따라서 위의 (46)은 모두 아래의 (47)과 같이 말할 수 있다. 부사 '都'에 대한 이러한 어법 의미의 새로운 인식은 전환 분석법으로 주어가 복수인 문장 가운데 병렬 복문으로 전환할 수 있는 것과 없는 것이 공존하는 현상을 탐구하는 과정에서 얻어진 것이다.

(47) a. 爸爸给我送了礼物, 妈妈给我送了礼物, 姐姐也给我送了礼物。
b. 小芸天资过人, 小玲也天资过人。
c. 小张是八字脚, 小李也是八字脚。
d. 王先生是山东人, 张先生是山东人, 我也是山东人。

전환 분석의 운용은 어법연구의 시야를 넓혔다. 또한 더 많은 어법 규칙을 찾는 데 도움이 되었으며 어법연구를 심화시켰다. 그러나 전환 분석에도 한계가 있다. 가령 전환 분석은 중의문을 구분할 수는 있지만 중의문이 생성된 원인을 설명하지는 못한다. 예를 들어 앞서 얘기한 현대중국어의 중의문 '명사+동사+着+명사성 성분'은 전환 분석으로 A식: 명사L+동사+着+명사성 성분(예: 戏台上摆着鲜花)과 B식: 명사L+동사+着+명사성 성분(예: 戏台上演着京戏)으로 구분할 수 있었다. 중의문을 구분하려는 목적은 달성하였지만 여기서 더 나아가서 A식과 B식의 품사 배열이 같고 내부구조의 층차와 구조 관계도 같은데 왜 어법 의미는 다른 것인지, 다시 말해서 '명사L+동사+着+명사성 성분'이 어떻게 중의문이 된 것인지 의문을 제기할 수 있다. 전환 분석의 한계는 이러한 의문에 대답할 수 없다는 데 있다. 따라서 또 다른 어법 분석법을 강구할 필요가 있다.

주요참고문헌

方经民(1989)〈哈里斯的变换理论〉,《语言学通讯》第1·2期.

方经民(1990)〈论变换分析的平行性原则〉,《湖北大学学报(社科版)》第3期.

方经民(1998)《汉语语法变换研究》, 日本白帝社.

胡明扬(1985)〈刘复《中国文法通论》读后〉,《汉语学习》第5期.

吕叔湘(1946)《中国文法要略》, 商务印书馆 1988年(重印).

陆俭明(1965)〈"还"和"更"〉,《语言学论丛》第6辑.

陆俭明(1988)〈双宾结构补议〉,《烟台大学学报》第2期.

陆俭明(1990)〈变换分析在汉语语法研究中的运用〉,《湖北大学学报(社科版)》第3期.

陆俭明(1993)《八十年代中国语法研究》, 商务印书馆.

邵敬敏(1982)〈关于"在黑板上写字"句式的分化和变换的若干问题〉,《语言教学与研究》第3期.

朱德熙(1962)〈论句法结构〉,《中国语文》8—9月号;《现代汉语语法研究》, 商务印书馆 1980年.

朱德熙(1986)〈变换分析的平行性原则〉,《中国语文》第2期;《语法丛稿》, 上海教育出版社 1989年.

Haris, Z.(1965) "Transformational Theory," 41. See Z. Harris, *Papers on Syntax*, Heary Hiz (ed.), D. Reidel Company, 1981.

Haris, Z.(1957) "Co-occurrence and Transformational in Linguistic Structure," *Language* 33(3), pp. 283-340. See Z. Harris, *Papers on Syntax*, Heary Hiz (ed.), D. Reidel Company, 1981.

Haris Z.(1952) *Discourse Analysis*. See Z. Harris, *Papers on Syntax*, Heary Hiz (ed.), D. Reidel Company, 1981.

제4강

자질 이론과 의미 자질 분석

4.1 전환 분석의 한계와 의미 자질 분석의 탄생

앞서 서술한 바와 같이 전환 분석은 중국어 어법연구의 시야를 넓혔고 더 많은 어법규칙을 발견하는 데 도움이 되었으며 어법연구의 깊이를 한층 더 심화시켰다. 그렇지만 전환 분석 역시 나름의 한계를 지니고 있다. 가장 큰 한계는 바로 중의문을 분석할 수는 있지만 그 생성원인을 설명하지 못한다는 점이다. 앞서 제시한 '명사L+동사+着+명사'의 중의문을 예로 들어 보자. 해당 구문은 전환 분석을 통해 아래 (1)과 같이 A식과 B식, 두 구문으로 분류해 낼 수 있다.

(1) A식: 명사L + 동사 + 着 + 명사성 성분 (예: 戏台上摆着鲜花)
  B식: 명사L + 동사 + 着 + 명사성 성분 (예: 戏台上演着京戏)

그러나 여기에서 더 고민해야 할 문제는 이렇게 동일한 구조의(품사배열이 같고 내부구조가 동일하며 모든 층차의 직접성분 간 어법관계가 동일한) 구문에서 왜 중의가 발생하는가이다. 분석 결과, 이 두 구문의 중의성은 동사와 관련 있다는 사실을 발견할 수 있다. 먼저 A식의 예를 살펴보자.

(2) a. 台上坐着主席团。 b. 门口站着人。
  c. 地上蹲着一个人。 d. 床上躺着病人。
  e. 门上贴着对联。 f. 桌上放着几本书。
  g. 黑板上写着字。 h. 墙上挂着画。
  i. 校徽别在左胸上。 J. 树上钉着广告牌。

(2)의 동사 '坐, 站, 蹲, 躺, 贴, 放, 写, 挂, 钉' 등은 비록 구체적인 의미는 다르지만 공통의 의미를 함축하고 있다. 바로 (어떤 물체가) (어떤 장소에) 부착되도록 만드는 의미, 즉 부착 의미인 것이다. 사전을 찾아보면 이들 단어의 해석에서 상당한 유사성을 발견할 수 있다. 그 사전적 의미는 아래와 같다.

(3) a. 坐: 엉덩이를 의자나 기타 사물 위에 놓고 신체의 체중을 지지하고 있음.
b. 站: 신체를 곧게 편 상태에서 두 발을 땅에 붙이거나 물체를 디디고 있음.
c. 蹲: 두 다리를 가능한 구부려 앉는 자세와 유사하지만 엉덩이가 바닥에 닿지 않고 있음.
d. 躺: 신체를 지면이나 기타 사물 위에 쓰러뜨려 놓고 있음.
e. 跪: 두 무릎을 굽히고 한쪽 혹은 양쪽 무릎을 바닥에 대고 있음.
f. 立: '站'과 동일함.
g. 贴: 얇은 조각 형태의 물건을 다른 물건에 붙여 놓음.
h. 放: 일정한 위치에 놓이게 함.
i. 写: 펜을 이용해서 종이나 기타 물건 위에 글자를 써 놓음.
j. 挂: 줄, 집게, 못 등을 이용해 물체를 한 지점이나 몇 개의 지점에 부착되도록 함.
k. 别: 핀으로 다른 물건을 종이, 천 등의 물체 위에 부착 혹은 고정시킴.
l. 戴: 물건을 머리, 얼굴, 가슴, 엉덩이 등의 위치에 놓음.
m. 钉: 못이나 나사 등으로 물건을 일정한 위치에 고정시킴.
n. 绣: 색실, 자수용실, 면실을 이용해서 비단, 천 등의 위에 모양, 도안, 문자를 새김.

만약 A식에 출현한 동사를 동사A라고 한다면 동사A의 의미 자질은 아래 (4a)와 같다. 상대적으로 B식에 출현하는 동사를 동사B라고 하면 동사B의 의미 자질은 (4b)와 같다.

(4) a. 동사A: [+ 부착 의미]
b. 동사B: [- 부착 의미]

그렇다면 앞서 '명사L+동사+着+명사성 성분' 구문은 동사에 따라 아래 (5)와 같이 분류할 수 있다.

(5) A식: 명사L + 동사A + 着 + 명사성 성분
B식: 명사L + 동사B + 着 + 명사성 성분

위에서 '명사L+동사+着+명사성 성분' 구문이 중의문인 이유와 A식과 B식의 두 구조로 분화될 수 있는 이유를 설명하기 위해 사용한 방법이 바로 의미 자질 분석이다. 즉 해당 구문의 주요 위치에 있는 동사가 해당 구문에서 표현하는 각기 다른 의미 자질을 통해 중의문이 출현하는 원인을 설명하는 것이 의미 자질 분석의 핵심이다.

4.2 의미 자질 분석의 방법과 원칙

이하에서는 의미 자질과 의미 자질 분석에 대해 좀 더 깊이 있게 설명하고자 한다. 의미 자질이란 개념은 어휘학에서 말하는 의미소 분석에서 차용한 것이다. 의미소 분석은 어떤 단어가 가지는 의미 자질을 말한다. 의미소 분석의 목적은 다음 두 가지다. 첫째, 같은 의미류에 속하는 단어 간의 차이를 부각하기 위함이다. 예를 들어 '火(불)'와 '光(빛)'은 볼 수 있는 자연현상이라는 동일 의미류에 속하지만 그 의미는 같지 않다. 그 차이를 구분하기 위해서 아래와 같이 두 단어가 가진 의미 자질을 묘사할 수 있다

('+'로 표시된 것은 해당 단어가 보유한 의미 자질이고 '-'는 보유하지 못한 의미 자질이다.)

(6) a. 火: [+현상, +밝기, +온도, -속도, +형상…]
  b. 光: [+현상, +밝기, +온도, +속도, -형상…]

상술한 묘사는 두 단어의 결합관계의 차이를 설명하는 데 도움이 된다. 예를 들어 왜 '빛의 속도'라는 표현은 가능하지만 '*불의 속도'는 불가능한지, 왜 '큰 불/작은 불'은 가능하지만 '*큰 빛/*작은 빛'은 불가능한지를 설명할 수 있다.

동사 '吃(먹다)'와 '喝(마시다)'의 경우도 어떤 측면에서 보면 동일 의미류(섭식류)에 속하지만 그 의미가 같은 것은 아니다. 의미 차이를 구별하기 위해서 아래와 같이 그 의미 자질을 묘사할 수 있다.

(7) a. 喝: [+동작, +액체 대상, -고체 대상, +용기 사용, +사물 소실…]
  b. 吃: [+동작, -액체 대상, +고체 대상, ±용기 사용, +사물 소실…]

상술한 묘사는 두 동사가 목적어 결합에서 보이는 차이를 설명하는 데 도움이 된다. 예를 들어 '喝水, 喝汤, 喝啤酒'는 가능하지만 '*吃水, *吃汤, *吃啤酒'는 불가능하고 '吃饭, 吃梨, 吃面包'는 가능하지만 '*喝饭, *喝梨, *喝面包'는 불가능한 이유를 설명할 수 있다.

최근 인터넷에 유행하는 말이 있다. 바로 '有钱(돈이 있다)'과 '有意思(생각이 있다)'라는 두 가지 의미 자질로 '高富帅, 土豪, 文青, 屌丝'의 의미 차이를 구분하는 것이다. 물론 재미 삼아 하는 농담이지만 실제로 의미소 분석법을 사용하였다.

(8) a. 高富帅: [+有钱(돈이 있음), +有意思(생각이 있음)]
  b. 土豪: [+有钱(돈이 있음), -有意思(생각이 없음)]

c. 文青: [-有钱(돈이 없음), +有意思(생각이 있음)]

d. 屌丝: [-有钱(돈이 없음), -有意思(생각이 없음)]

상술한 기능 외에 어휘학의 의미소 분석, 즉 의미 자질의 개념은 또 다른 기능을 가진다. 바로 겉보기에는 동의어 같지만 실제로는 다른 단어를 변별하는 것이다. 예를 들어 '看'과 '看见'은 비슷한 듯 보이지만 사실 눈을 사용한다는 점 외에는 같은 점이 없는데 의미 자질 분석을 통해 이러한 사실을 확인할 수 있다.

(9) a. 看: [+눈을 이용, -피동적 감각, +의지, +통제가능…]

b. 看见: [+눈을 이용, +피동적 감각, -의지, -통제가능…]

어법연구에서 의미 자질이라는 개념을 사용하는 목적은 다음 두 가지다. 하나는 같은 형태이면서 다른 의미의 통사구조가 생성된 원인을 설명하기 위함이고 다른 하나는 통사구조에서 동일한 품사임에도(같은 동사, 같은 형용사 혹은 같은 명사) 왜 어떤 단어는 해당 구조에 사용될 수 있고 어떤 단어는 불가능한지를 설명하기 위함이다. 따라서 어법연구에서 사용하는 의미 자질의 함의는 본래 어휘학에서 가지는 의미와 완전히 똑같지는 않다.

어법학에서 말하는 세부적으로 분류된 어떤 실사의 의미 자질이란 해당 유형의 실사가 가지는 특수하면서도 출현하는 통사구조를 제약할 수 있고 동시에 다른 유형의 실사와 구별되는 의미 요소를 말한다. 따라서 실사의 이러한 의미 자질은 구체적인 통사구조와의 결합을 통해 개괄되며 구체적인 통사구조를 벗어나 단순히 단어 의미의 분석이나 개괄을 통해서 얻을 수 있는 것이 아니다. 여기에는 두 가지 의미가 함축되어 있다.

첫째, 만약 구체적인 구문을 떠나 단순히 어휘적 각도에서 단어의 의미 자질을 개괄한다면 그것은 통사적인 가치를 지니지 못할 수도 있다. 예를 들어 어휘학에서 '粉笔(분필), 黑板(칠판), 板擦(지우개)' 등은 동일 의미류로 취급되고 [+교구]라는 의미 자질을 붙일 수 있다. 이러한 분석은 어휘학에서는 가치가 있겠지만 통사학에서는 그렇지 않을 수도 있다. 왜냐하면 이들 단어의 통사구조상의 표현은 똑같을 것이기 때문이다.

둘째, 일부 실사는 모종의 의미 자질을 지니고 있지만 이것은 구체적인 통사구조와 결합해야만 확정, 개괄할 수 있다. 예를 들어 '写(쓰다)'는 구체적인 구문을 떠나면 일반적으로 [+수여]의 의미 자질을 지니지 못한다. 오직 '명사[주어]+동사+给+명사$_1$+명사$_2$'의 구문(我写给你一封信)에서만 이러한 의미 자질이 확정된다.

어법연구에서 의미 자질 분석을 사용하는 이유는 주로 동일한 통사구조를 가진 예문 중에서 주요 위치에 있는 실사가 공유하는 의미 자질을 분석하고 개괄함으로써 해당 예문의 통사구조가 모종의 특징을 가지는 이유를 밝히고 해당 예문이 동일한 형식의 통사구조와 구분될 수 있는 원인을 설명하기 위함이다.

4.3 중국어 구문의 의미 자질 분석 사례

어법연구에서 의미 자질 분석법의 사용 역사는 그리 오래되지 않았고 아직까지 그 이론적 설명이 충분치 않은 상태다. 따라서 아래에서는 독자들이 의미 자질 분석을 이해하는 데 도움이 되고자 몇 가지 사례를 제시하고자 한다.

첫 번째 예는 '명사[주어]+동사+명사[대상]+给+명사[접수자]' 구문이다.

'명사[주어]+동사+명사[대상]+给+명사[접수자]' 구문에서 명사[주어]는 주어를 담당하고 명사[대상]과 명사[접수자]는 목적어를 담당한다. 아래 (10)의 예문은 모두 '명사[주어]+동사+명사[대상]+给+명사[접수자]' 구문에 출현할 수 있는 문장이지만 각 문장이 표현하는 의미 차이에 주의해야 한다.

(10) a. 他送了一本词典给小王。

b. 他刻了一个图章给小王。

c. 他偷了一份情报给敌人。

d. 他画了一幅山水画给小王。

e. 他卖了一件衣服给小王。

f. 他要了一些白药给小王。

g. 他还了一万元给小王。

h. 他取了一些钱给小王。

i. 他煮了一点稀饭给小王。

j. 他交了五千元给学校。

k. 他买了一辆自行车给小王。

l. 他做了一只风筝给小王。

상술한 (10)의 품사배열은 모두 동일하다. 만약 층차 분석을 진행한다면 층차 구조이든 구조 관계이든 모두 동일할 것이다.

(11)				
a. 他	送了	一本词典	给小王	
b. 他	刻了	一个图章	给小王	
c. 他	偷了	一份情报	给敌人	
1	2			(1—2 주술구조)
	3		4	(3—4 연동구조)
	5	6		(5—6 동목구조)

그러나 (10)의 예문들이 표현하는 어법 의미는 동일하지 않다는 사실을 쉽게 발견할 수 있다. 자세히 분석해 보면 이들 문장은 다음 세 가지 유형으로 분류할 수 있다. (10a), (10e), (10g), (10j)가 속한 A류, (10c), (10f), (10h), (10k)가 속한 B류, (10b), (10d), (10i), (10l)이 속한 C류이다. 세 가지 유형에 따라 예문을 다시 정리해 보면 아래와 같다.

(12) A류:

a. 他送了一本词典给小王。

e. 他卖了一件衣服给小王。

g. 他还了一万元给小王。

j. 他交了五千元给学校。

B류:

c. 他偷了一份情报给敌人。

f. 他要了一些白药给小王。

h. 他取了一些钱给小王。

k. 他买了一辆自行车给小王。

C류:

b. 他刻了一个图章给小王。

d. 他画了一幅山水画给小王。

i. 他煮了一点稀饭给小王。

l. 他做了一只风筝给小王。

A류 예문에서 두 동사가 표현하는 동작행위는 사실상 하나의 과정이다. (12a)를 예로 들면 '送小王词典(소왕이에게 사전을 보내주다)'의 과정이 바로 '给小王词典(소왕이에게 사전을 주다)'의 과정으로 '送=给'이다. B류와 C류의 경우 두 동사가 표현하는 동작행위가 두 개의 과정이라는 점에서는 동일하지만 이들 간에도 차이가 존재한다. B류 예문은 두 개의 과정이 모두 전이의 과정을 가진다. (12c)를 보면 정보가 다른 곳에서 그에 의해 훔쳐진 것이 하나의 전이 과정이고 정보가 다시 그에게서 적의 손으로 전이된 것이 또 하나의 과정이다. 즉 '偷(전이)+给(전이)'가 존재한다. C류에서 두 개의 과정은 제작과 전이이다. (12b)를 보면 도장을 새김은 제작 과정이고 도장이 그의 손에서 소왕의 손으로 전달된 것은 전이 과정이다. 즉 '刻(제작)+给(전이)' 과정이 존재한다. 상술한 차이는 전환 분석을 통해 구분될 수 있다.

(13) T_1: 명사[주어] + 동사 + 명사[대상] + 给 + 명사[접수자]

→ 명사[주어] + 동사 + 给 + 명사[대상] + 명사[접수자]

A류:

a_1. 他送了一本词典给小王 → a_2. 他送给小王一本词典

e_1. 他卖了一件衣服给小王 → e_2. 他卖给小王一件衣服

g_1. 他还了一万元给小王 → g_2. 他还给小王一万元

j_1. 他交了五千元给学校 → j_2. 他交给学校五千元

B류:

c_1. 他偷了一份情报给敌人 → c_2. *他偷给敌人一份情报

f_1. 他要了一些白药给小王 → f_2. *他要给小王一些白药

h_1. 他取了一些钱给小王 → h_2. *他取给小王一些钱

k_1. 他买了一辆自行车给小王 → k_2. *他买给小王一辆自行车

C류:

b_1. 他刻了一个图章给小王 → b_2. *他刻给小王一个图章

d_1. 他画了一幅山水画给小王 → d_2. *他画给小王一幅山水画

i_1. 他煮了一点稀饭给小王 → i_2. *他煮给小王一点稀饭

l_1. 他做了一只风筝给小王 → l_2. *他做给小王一只风筝

(14) T_2: 명사[주어] + 동사 + 명사[대상] + 给 + 명사[접수자]

→ 명사[주어] + 从… + 동사 + 명사[대상] + 给 + 명사[접수자]

B류:

c_1. 他偷了一份情报给敌人 → c_2. 他从国防部偷了一份情报给敌人

f_1. 他要了一些白药给小王 → f_2. 他从大夫那里要了些白药给小王

h_1. 他取了一些钱给小王 → h_2. 他从银行取了一些钱给小王

k_1. 他买了一辆自行车给小王→k_2. 他从商店买了一辆自行车给小王

C류:

b_1. 他刻了一个图章给小王 → b_2. *他从某处刻一个图章给小王

d_1. 他画了一幅山水画给小王 → d_2. *他从某处画一幅山水画给小王

i_1. 他煮了一点稀饭给小王 → i_2. *他从某处煮一点稀饭给小王

l_1. 他做了一只风筝给小王 → l_2. *他从某处做一只风筝给小王

전환 분석은 A류, B류, C류 문장을 구분할 수 있지만 이들 예문이 동일한 구조를 가지면서 다른 어법 의미를 표현하는 이유를 설명하지는 못한다. 이 점은 의미 자질 분석으로 설명해야 한다. 상술한 구문에서 관건은 동사다. 분석을 통해 A류, B류, C류 예문의 어법 의미 차이가 동사에 의해 결정되며 동사의 차이는 동사의 상이한 의미 자질에 의해 결정된다는 사실을 발견하였다.

그럼 A류, B류, C류 예문에 사용된 동사의 차이를 자세히 살펴보자. A류 동사는 '送, 卖, 还, 交(동사A)'로 모두 수여의 의미 자질을 지닌다. B류 동사는 '偷, 要, 取, 买(동사B)'로 취득의 의미 자질을 지닌다. C류 예문의 동사는 '刻, 画, 煮, 做(동사C)'로 제작의 의미 자질을 지닌다. 이들 동사의 의미 자질은 아래와 같이 묘사할 수 있다.

(15) 동사A: [+수여, -취득, -제작]

동사B: [-수여, +취득, -제작]

동사C: [-수여, -취득, +제작]

이상의 사실을 통해 동사의 의미 자질 차이가 A류, B류, C류 예문이 표현하는 어법 의미의 차이를 결정한다는 결론을 내릴 수 있다. 어법 의미와 동사의 의미 자질의 차이에 따라 '명사[주어]+동사+명사[대상]+给+명사[접수자]' 구문은 (16)과 같이 세 개의 구문으로 구분될 수 있다. 이처럼 의미 자질 분석은 상술한 (10)의 다양한 의미를 구별할 수 있을 뿐 아니라 이러한 차이가 생성된 근본적인 원인을 설명할 수 있다.

(16) A류 구조: 명사[주어] + 동사A + 명사[대상] + 给 + 명사[접수자]

B류 구조: 명사[주어] + 동사B + 명사[대상] + 给 + 명사[접수자]

C류 구조: 명사[주어] + 동사C + 명사[대상] + 给 + 명사[접수자]

두 번째 예는 '동사+了+시량성분+了' 구문이다. 우선 예문을 살펴보자.

(17) a. 死了三天了　　b. 等了三天了
c. 看了三天了　　d. 挂了三天了

상술한 (17)의 네 문장은 품사 배열이 모두 '동사+了+시량성분+了'로 동일하고 내부 층차 구조와 직접성분의 통사 관계도 모두 같지만 문장이 전달하는 어법 의미는 동일하지 않다. 사실상 이들 네 문장은 각기 다른 네 가지 의미를 표현한다.

(17a)의 '死了三天了'와 같은 문장(A류)은 시량성분인 '三天'이 죽는 동작행위의 완성 혹은 실현 이후의 경과된 시간을 말한다. 유사한 예는 아래 (18)과 같다.

(18) a. 伤了三天了　　b. 断了三天了
c. 熄了三天了　　d. 了(liǎo)了三天了
e. 丢(=遗失)了三天了　　f. 塌了三天了
g. 出现了三天了　　h. 出嫁了三天了
i. 娶了三天了　　j. 提拔了三天了
k. 到任了三天了　　l. 枯死了三天了

(17b)의 '等了三天了'와 같은 문장(B류)에서 시량성분 '三天'은 기다리는 동작행위가 지속된 시간을 표현한다. 유사한 예는 아래 (19)와 같다.

(19) a. 盼了三天了　　b. 哭了三天了
c. 追了三天了　　d. 养了三天了
e. 玩儿了三天了　　f. 忍了三天了

g. 病了三天了　　h. 想了三天了
i. 考虑了三天了　　j. 琢磨了三天了

(17c)의 '看了三天了'와 같은 문장(C류)에서 시량성분 '三天'은 동작행위의 완성 혹은 실현 이후의 경과된 시간을 나타낼 수 있고('那小说我早看完了, 看了三天了'), 동작행위의 지속시간을 나타낼 수도 있다('那小说我都看了三天了, 还没有看完'). 유사한 예는 아래 (20)과 같다.

(20) a. 听了三天了　　b. 讲了三天了
c. 学了三天了　　d. 教了三天了
e. 擦了三天了　　f. 浇了三天了
g. 剪了三天了　　h. 广播了三天了
i. 研究了三天了　　j. 商量了三天了

끝으로 (17d)의 '挂了三天了'와 같은 문장(D류)에서 시량성분 '三天'은 '걸다'라는 동작행위의 완성 혹은 실현 이후 경과된 시간을 나타내기도 하고(灯笼早挂上了, 都挂了三天了), 동작행위의 지속시간을 나타낼 수도 있으며(那灯笼太大, 不好挂, 我们挂了三天了, 还没有挂上), 동작행위로 조성된 사물의 존재 상태의 지속시간을 나타낼 수도 있다(彩灯一直在大门上挂着, 都挂了三天了). 유사한 예는 아래 (21)과 같다.

(21) a. 插了三天了　　b. 贴了三天了
c. 穿了三天了　　d. 系(jì)了三天了
f. 摆了三天了　　g. 戴了三天了
h. 吊了三天了　　i. 钉了三天了

상술한 어법 의미의 차이는 아래 (22)의 표로 설명할 수 있다.

(22)

	동작 완성 후 경과시간	동작 자체의 지속시간	동작으로 조성된 상태의 지속시간
A류	+	-	-
B류	-	+	-
C류	+	+	-
D류	+	+	+

그렇다면 상술한 네 종류의 구문에서 왜 이러한 차이가 발생하는 것일까? 그 원인은 동사에 있다. A류, B류, C류, D류의 동사를 각각 동사A, 동사B, 동사C, 동사D라 하고 각 유형별로 해당하는 동사를 나열해 보면 아래와 같다.

(23) 동사A: 死, 伤, 断, 熄, 了(liǎo), 丢(=遗失), 塌, 出现, 出嫁, 娶, 提拔, 到任, 枯死…

동사B: 等, 盼, 哭, 追, 养, 玩儿, 忍, 病, 想, 考虑, 琢磨…

동사C: 看, 听,讲, 学, 教, 擦, 浇, 剪, 广播, 研究, 商量…

동사D: 挂, 插, 贴, 穿, 系(jì), 摆, 戴, 吊, 钉…

고찰을 통해 각 유형별로 동사의 의미 자질이 상이하다는 사실을 발견할 수 있다. 동사A는 동작행위가 순간적으로 완성되거나 실현되지만 지속되지는 않아 해당 사물이 존재 상태로 지속될 수 없는 유형이다. 동사B가 표현하는 동작행위는 순간적으로 완성 혹은 실현될 수 없으며 이들 동작 자체는 지속 가능하지만, 행위의 결과로 사물을 존재 상태로 만들어 그 상태를 지속시킬 수는 없다. 동사C의 동작행위는 순간에 완성되거나 실현될 수 있을 뿐 아니라 지속될 수도 있다. 그러나 사물을 존재 상태로 만들어 해당 상태를 지속시킬 수는 없다. 동사D의 동작행위는 순간에 완성되거나 실현될 수 있으며 지속 가능할 뿐 아니라 행위의 결과로 해당 사물이 존재하는 상태를 형성한 채 지속될 수도 있다. 이상의 네 종류 동사가 가지는 의미 자질을 개괄하면 아래 (24)와 같다.

(24) 동사A: [+ 완성, - 지속, - 상태]
동사B: [- 완성, + 지속, - 상태]
동사C: [+ 완성, + 지속, - 상태]
동사D: [+ 완성, + 지속, + 상태]

각 구조에서 주요 위치에 있는 동사의 의미 자질 분석을 통해 앞서 (17)의 네 유형의 예문, A류, B류, C류, D류의 문장이 엄격한 의미에서 동일구조가 아님을 확인할 수 있다. 즉 이들 네 종류의 문장은 아래 (25)와 같이 구별된다.

(25) A류: 동사A + 了 + 시량성분 + 了 (死了三天了)
B류: 동사B + 了 + 시량성분 + 了 (等了三天了)
C류: 동사C + 了 + 시량성분 + 了 (看了三天了)
D류: 동사D + 了 + 시량성분 + 了 (挂了三天了)

세 번째 예로 '형용사+(一)点儿!' 명령문을 살펴보자. 앞서 분석한 문장은 모두 동사 구문인데 반해 이 구문은 형용사 구문이다. 현대중국어에는 형용사가 '一点儿'을 수반하는 구조의 명령문이 존재하는데 이를 '형용사+(一)点儿!' 구문이라고 부를 수 있다. 예는 아래 (26), (27)과 같다.

(26) a. 谦虚点儿! b. 客气点儿!
c. 大方点儿! d. 灵活点儿!
e. 坚强点儿! f. 主动点儿!
g. 耐心点儿! h. 小心点儿!
i. 虚心点儿! j. 积极点儿!

(27) a. 远一点儿!　　b. 近一点儿!
c. 高一点儿!　　d. 大一点儿!
e. 低一点儿!　　f. 小一点儿!
g. 粗一点儿!　　h. 细一点儿!
i. 浓一点儿!　　j. 淡一点儿!

주목할 점은 모든 형용사가 '형용사+(一)点儿!' 명령문에 출현할 수 있는 것은 아니라는 점이다. 아래 (28)의 예문은 모두 불가능하다.

(28) a. *滑头点儿　　b. *骄傲点儿!
c. *自满点儿!　　d. *冒失点儿!
e. *胆小点儿!　　f. *粗心点儿!
g. *散漫点儿!　　h. *悲观点儿!
i. *啰唆点儿!　　j. *疲沓点儿!
k. *嘈杂点儿!　　l. *小气点儿!
m. *笨一点儿!　　n. *呆一点儿!
o. *倔一点儿!　　p. *蠢一点儿!

그렇다면 왜 이런 현상이 일어나는 것인가? 이 문제는 형용사의 의미 자질과 관련이 있기 때문에 형용사의 의미 자질 분석을 통해서만 만족스러운 해답을 얻을 수 있다.

분석을 통해 우리는 '형용사+(一)点儿!' 명령문에서 형용사 선택에 제약이 존재함을 알 수 있다. 이러한 선택은 형용사의 의미 자질에 의해 결정된다. 물론 어떤 의미 자질을 지닌 형용사만이 이 구문에 출현할 수 있는지, 어떤 의미 자질을 지닌 형용사는 출현할 수 없는지는 전면적인 고찰과 진지한 분석이 필요하다. 그렇다면 왜 전면적인 고찰과 진지한 분석이 필요한 것인가? 만약 대략적으로 이해한 언어 사실에 근거해 결론을 내린다면 일부분으로 전체를 개괄하는 오류에 빠지기 쉽기 때문이다. 예를 들어 상술한 예문을 근거로 (26)의 형용사는 긍정의미의 형용사이고 (27)은 중성의미의 형용사라서 긍정의미와 중성의미의 형용사는 모두 이 구문에 출현할 수 있는 반면, (28)은 부정의미의 형용사이므로 부정의미의 형용사는 출현할 수 없다는 식으로 단정지을 수는 없다. 만약 언어 현상을 좀 더 살펴본다면, 특히 형용사를 하나 하나 점검해 본다면 일부 긍정의미의 형용사도 이러한 명령문에 출현할 수 없다는 사실을 발견할 수 있다. 아래의 예를 보자.

(29) a. *聪明一点儿! b. *高尚一点儿!
c. *健康一点儿! d. *可爱一点儿!
e. *平凡一点儿! f. *伟大一点儿!
g. *崇高一点儿! h. *出色一点儿!
i. *优秀一点儿!

(29)의 예문은 이 연구를 더 어렵게 만든 듯 보이지만 동시에 연구에 대한 흥미를 높인다. '형용사+(一)点儿!' 명령문의 규칙은 무엇이며 조건은 무엇인가? 만약 앞서 (26)을 A류라 하고 (27)을 B류, (28)을 C류, (29)를 D류라 한다면, 우선적으로 A류와 D류 형용사를 비교해 보는 것이 좋을 것이다. 이 두 유형은 모두 긍정의미의 형용사인데 그 차이는 어디에 있는 것인가? 구어와 서면어라는 언어 색채의 차이인가? 판단컨대 그것은 아닌 듯하다. 왜냐하면 A류 안에 구어식 형용사(小心)가 있는가 하면 서면어식 형용사(坚强)도 있고, D류에도 구어식 형용사(聪明)가 있는가 하면 서면어식 형용사(高尚)도 있기 때문이다. 그렇다면 어떤 요인이 A류와 D류의 차이를 결정짓는 것인가? 그것은 바로 형용사가 긍정과 부정의 의미 자질 외에 다른 측면에서 차이가 존재하는 것이다.

분석을 통해 A류 형용사와 D류 형용사 간에는 통제가능과 통제불가라는 차이가 존재함을 발견할 수 있다. 즉 A류 형용사는 통제가능의 의미 자질을 지닌 반면, D류 형용사는 통제가능의 의미 자질을 가지지 못한다. 통제가능이란 형용사가 표현하는 성질과 상태를 사람이 통제할 수 있음을 말하고, 통제불가란 형용사가 표현하는 성질, 상태를 사람이 통제할 수 없음을 의미한다. 예를 들어 A류 형용사 중에서 '谦虚, 大方' 등이 표현하는 성질은 사람이 어느 정도 통제할 수 있다. 사람은 스스로를 겸손하게 하거나 대범하게 만들 수 있다. 그러나 D류 형용사 중에서 '聪明, 高尚'이 표현하는 성질은 사람이 통제할 수 없다. 어떤 사람이 총명하고 고상한 것은 다른 사람에 의해 평가받는 것이지 자신이 총명하고 싶다고 해서 총명하거나, 고상하고 싶다고 해서 고상해지는 것이 아니기 때문이다. '형용사+(一)点儿!'은 명령문이고 화자는 이 구문을 통해 청자로 하여금 문장의 형용사가 표현하는 성질을 갖도록 만들고자 한다. 이는 왜 통제가능의 의미 자질을 지닌 긍정의미의 형용사가 이 구문에 사용되고 통제가능의 특징을 지니지 못한 긍정의미의 형용사가 이 구문에 사용될 수 없는지를 설명한다.

세 가지로 의미 자질을 정리하면 첫째는 [±긍정], 둘째는 [±부정], 셋째는 [±통제가능]이다. 앞서 각 유형의 형용사를 각각 형용사A, 형용사B, 형용사C, 형용사D라고 하면 각각의 의미 자질은 아래와 같다.

(30) 형용사A: [+긍정, -부정, +통제가능]
형용사B: [-긍정, -부정, +통제가능]
형용사C: [-긍정, +부정, ±통제가능]
형용사D: [+긍정, -부정, -통제가능]

각 유형별 형용사의 의미 자질을 이해하면 어떤 형용사가 '형용사+(一)点儿!' 명령문에 사용될 수 있는지를 파악할 수 있다. 이를 정리하면 아래 (31)과 같다.

(31)	형용사+(一)点儿!
형용사A: [+긍정, -부정, +통제가능]	+
형용사B: [-긍정, -부정, +통제가능]	+

형용사C: [-긍정, +부정, ±통제가능] -

형용사D: [+긍정, -부정, -통제가능] -

(31)의 의미 자질 차이를 통해 '형용사+(一)点儿!' 명령문에 사용될 수 있는 형용사는 형용사A와 형용사B뿐임을 알 수 있다. 이 두 유형의 형용사의 의미 자질은 (32)와 같이 개괄할 수 있다.

(32) 형용사: [+통제가능, -부정]

네 번째 예는 '명사성 성분+了' 구문이다.

아래에서는 명사성 단어의 의미 자질에 관한 예를 소개하고자 한다. 현대중국어 구어에는 명사성 성분 뒤에 '了'를 부가하는 형식이 있다. 이러한 구문은 '명사성 성분+了'로 묘사할 수 있는데 통상적으로 술어로 사용되며 단독으로 문장을 구성할 수 있고 앞에 부사의 수식을 받을 수도 있다. 다음의 예를 보자.

(33) a. 你们老夫老妻了, 还闹什么别扭啊。

b. 他呀, 部长了, 可还是那样平易近人。

c. 哟, 几年不见, 你都大姑娘了。

e. 你大学生了, 还那么不讲文明!

f. ——他哪一年入的党?

——老党员了, 具体哪一年入的党我也记不清了。

g. 冬天了, 得穿毛衣毛裤了。

h. ——今天星期几了?

——星期四了。

물론 모든 명사가 이 구문에 사용될 수 있는 것은 아니다. 아래 (34)는 이 구문에 사용될 수 없다.

(34) a. *桌子了　　b. *港币了
c. *饭碗了　　d. *肥皂了
e. *香烟了　　f. *黑板了
g. *足球了　　h. *苹果了

그렇다면 어떤 명사가 이 구문에 사용될 수 있으며 여기에는 어떤 규칙이 존재하는가? 이 문제는 의미 자질 분석을 사용해야만 해답을 찾을 수 있을 듯하다.

우선 명사가 표현하는 사물(특히 시간성분)이 순서성을 가지고 반복해서 순환적으로 출현한다면 '명사성 성분+了' 구문에 사용될 수 있다.

(35) a. 春天了　夏天了　秋天了　冬天了
b. 正月了　二月了　…　十二月了
c. 星期一了　星期二了　…　星期天了
d. 初一了　初二了　…　初十了

다음으로 명사가 표현하는 사물이 순서성을 가지면서 동시에 시간 흐름의 속성을 표현한다면 '명사성 성분+了' 구문에 출현할 수 있다.

(36) a. 小学生了　中学生了　大学生了　研究生了
b. 科长了　处长了　局长了　部长了
c. 讲师了　副教授了　教授了　博导了　院士了
d. 大姑娘了　新娘子了　妈妈了　奶奶了　老太太了

그러나 여기에도 주의할 점이 두 가지 있다.

첫째 상술한 후자에 해당하는 비순환적 순서명사에서 명사가 표현하는 사물이 순서의 시작점에 있다면 이 명사는 해당 구문에 사용될 수 없다. 예를 들어, '小学生(초등학생), 大姑娘(처녀)'은 서열의 시작점인 듯하지만 사실 서열의 시작점은 '婴儿(영아), 儿童(아동)'이다. 따라서 '*婴儿了(*영아가 되었다), *儿童了(*아동이 되었다)'는 표현은 불가능하다. 또한 '科长(과장), 处长(처장), 局长(국장), 部长(부장)'의 서열에서 시작점인 '办事员/科员(사원)'은 일반적으로 '*他科员了(*그가 사원이 되었다)'라고 사용되지 않는다. 예외적인 경우로 사원이 또 다른 순서와 시간 흐름의 서열에서 학생, 취업준비생 등 일이 없는 사람의 뒤에 출현하는 후속 서열의 하나로 사용될 경우는 가능하다. 이와 관련된 가장 전형적인 예가 바로 기차역의 순서이다. 기차가 베이징에서 상하이로 간다면 그 사이에 있는 정차역은 순서성을 가진 동시에 시간의 흐름을 지닌 서열을 형성한다. 따라서 그 중간의 모든 정차역이나 종점은 '명사성 성분+了' 구문에 출현할 수 있다. 예를 들어 '天津了(톈진에 도착했다), 南京了(난징에 도착했다), 上海了(상하이에 도착했다)'는 가능하지만 출발역인 '베이징(北京)'은 해당 서열의 시작점이기 때문에 '*北京了(베이징에 도착했다)'라고는 말할 수 없다. 베이징이 또 다른 기차역 순서 중에서 정차역이거나 종점인 경우만 가능하다.

둘째로 후자에 해당하는 비순환적 순서명사에서 순서성과 시간 흐름의 특성을 지닌 명사는 동일한 사람이나 사물을 지시해야만 한다. 일정한 순서와 서열관계를 가진 듯하지만 각기 다른 사람이나 사물을 지시하는 경우 이 구문에 사용될 수 없다. 앞서 (36)에서 '小学生了(초등학생이 되었다), 中学生了(중학생이 되었다), 大学生了(대학생이 되었다)'는 동일인을 지시한 것이지 각기 다른 사람을 지시한 것이 아니다. 앞서 말한 기차역의 서열도 동일 열차의 정차역을 말하는 것이지 다른 기차의 역을 말한 것이 아니다. 만약 겉으로 보기에 일부 명사가 순서나 상호 서열을 구성할 수 있는 것처럼 보이지만 실제로 다른 사람들 간의 관계를 지시하고 있다면, 예를 들어 '四弟(넷째 동생), 三弟(셋째 동생), 二弟(둘째 동생), 我(나), 三哥(셋째 형), 二哥(둘째 형), 大哥(첫째 형)'과 같은 서열의 명사는 당연히 '명사성 성분+了' 구문에 들어갈 수 없다. 예외적인 경우로 어떤 사람이 원래 동생이 없었는데 나중에 동생이 생겼을 경우에 '你都哥哥了(너 형이 되었구나)'와 같이 말할 수 있고, 본래 동생이 한 명이었는데 나중에 한 명 더 생졌을 경우 어쩌면 '你都大哥了(너 큰 형이 되었구나), 你也二哥了(너도 둘째형이 되었구나)' 등과 같이 말할 수는 있을 것이다. 그러나 이러한 표현은 매우 드물 뿐 아니라 동일인의 선후 신분 변화에 대한 이야기이지 다른 사람의 다른 신분에 대한 이야기가 아니다.

앞서 제시한 '명사성 성분+了' 구문에 출현할 수 있는 명사어의 상황을 정확히 파악하면 해당 구문에 사용가능한 명사성 성분의 의미 자질을 알 수 있다. 그것은 바로 서열변화성이다. 이로써 해당 구문에 출현하는 명사성 성분을 아래 (37)과 같이 표기할 수 있다.

(37) '명사성 성분 + 了'(명사성 성분: [+ 서열변화성])

다섯 번째 예는 'VA了' 형식으로 예상을 빗나간 결과의미를 표현하는 동보구조다.

루젠밍(陆俭明, 1990)은 'VA了'의 동보구조가 아래 (38)의 예문처럼 예상했던 결과의 실현의미(이하 결과실현의미로 약칭)와 예상을 빗나간 결과의미(이하 결과일탈의미로 약칭)의 두 가지 상황을 각각 혹은 모두 나타낸다는 사실을 발견하였다.

(38) a. 晾干了　煮熟了　放平了　洗白了　(결과실현의미)
　　b. 挖浅了　剪长了　切厚了　挂低了　(결과일탈의미)
　　c. 挖深了　剪短了　切薄了　挂高了　(결과실현의미/결과일탈의미)

그렇다면 결과일탈의미 'VA了' 구문은 어떤 조건에서, 왜 생성된 것인가? 그 생성 조건은 첫째, A의 의미 자질 차이 때문이고, 둘째, V의 의미 자질 차이(A에 대한 V의 제약 차이) 때문이다.

결과일탈의미의 'VA了'에서 A의 의미 자질을 어떻게 정의해야 할까? 표면적으로 보면 형용사 A의 긍정 혹은 부정 속성이 'VA了' 의미에 영향을 미친 듯하다. 사실 부정의미 A로 구성된 'VA了' 구문이 결과일탈의미의

'VA了' 구문을 만든다는 오해가 존재하는 것도 사실이다. 예를 들어 '洗干净了'는 결과실현의미이고 '洗脏了'는 결과일탈의미라는 것이다. 그러나 사실 부정적 A로 구성된 'VA了' 구문도 비이상적인 결과의 실현일 뿐 역시 예상결과의 실현의미다. 결과일탈의미의 'VA了'도 '挖深了'와 같이 예상했던 결과보다 더 깊이 팠다는 의미도 있고 '挖浅了'처럼 예상했던 결과처럼 깊이 파지 못했다와 같은 의미도 있다. 비이상적인 결과의 실현의미와 예상했던 결과를 벗어난 결과의미(결과일탈의미)를 구분하는 방법은 대략 다음의 두 가지가 있다. 첫째 'VA了'가 표현하는 의미 자체로 구분하는 것이다. 비이상적 결과의 실현의미는 본래 어떤 동작행위가 이상적인 모종의 결과를 가져야 하지만 그 결과를 얻지 못하고 도리어 상반된 다른 결과를 얻은 경우를 말한다. 예를 들어 '洗衣服(옷을 세탁하다)'의 결과는 당연히 '干净(깨끗해짐)'일 것이다. 그러나 때로는 깨끗하게 세탁되지 못할 뿐 아니라 오히려 빨수록 더러워질 수도 있다. 따라서 '(衣服)洗脏了((옷)이 세탁 후 더럽게 되었다)'는 여전히 '洗(세탁하다)'라는 행위에 대한 예상결과의 실현지만 일종의 비이상적 결과의 실현의미인 것이다. 두 번째로 다른 구문과의 의미 차이로부터 구별해 내는 방법이다. '(衣服)洗脏了((옷)이 더럽게 세탁되었다)'의 의미와 '(衣服)洗得太脏了(옷이 세탁된 상태가 매우 더럽다)'의 의미는 다르다. 후자가 바로 '洗得过于/太脏了'라는 결과일탈의미다. 그러나 '(毛衣)织大了((스웨터)가 크게 짜여졌다)'와 '(毛衣)织得过于/太大了((스웨터)가 짜여진 상태가 너무 크다)'의 의미는 기본적으로 같고 모두 화자가 예상한 결과를 벗어났음을 표현한다. 즉 '织大(크게 짜여졌다)'는 '织(옷을 짜다)'라는 사건이 있고 그 결과로 '毛衣太大了(스웨터가 너무 큰 것)'을 표현한다. 바로 동작의 결과가 예상보다 크다는 것을 나타낸다. 이러한 'VA了' 구문은 문자적으로 볼 때 '太, 过于'가 존재하지 않지만 이처럼 기대치에 부합하지 않음을 표현한다. 이에 근거한 비교적 간단한 방법은 결과일탈의미 'VA了'에서 긍정의미와 부정의미를 지닌 A 구조를 배제하는 것이다. 다시 말해서 모든 긍정·부정의미 A로 구성된 'VA了'는 결과실현의미만을 나타낼 수 있다. 즉 '洗干净了/脏了'이든지 '摆齐了/乱了'든지 형용사가 긍정이나 부정의미를 지닌다면 예상했던 결과를 벗어난 결과일탈의미 'VA了' 구문이 아닌 것이다. 단 'V得过于/太A了'의 형식은 예외다.

긍정의미와 부정의미 형용사가 결과일탈의미 'VA了' 구문을 구성할 수는 없다 할지라도(이러한 A를 제외하더라도) 계속되는 질문이 생길 수 있다. 도대체 어떤 A가 예상했던 결과를 벗어난 이러한 'VA了' 구문을 구성할 수 있는 것이고, 이러한 A의 성질과 특징은 무엇인가? 루젠밍(陆俭明, 1990)과 마전·루젠밍(马真·陆俭明, 1997)은 결과일탈의미 'VA了' 구문의 A를 고찰하면서 결과실현의미 'VA了' 구문을 구성하는 A를 A_1라 하고 결과일탈의미 'VA了' 구문을 구성할 수 있는 A를 A_2라고 하였다. A_2는 다음 몇 가지 유형으로 제한되는데 도량형 형용사(大, 小, 长, 短 등), 색깔 형용사(白, 红, 黑 등), 미각 형용사(甜, 酸, 咸, 辣 등), 기타 형용사(胖, 瘦, 亮, 暗 등)가 이에 해당한다. 왕훙치(王红旗, 1996)는 결과일탈의미의 동보구조를 평가보어라고 부르고 중성의미 형용사만이 이러한 평가를 표현할 수 있다고 밝혔다. 중성의미 형용사라는 개념이 여기에서 중요한 역할을 한다. 이는 'VA了' 구문의 최소대립쌍을 비교해 보면 분명하게 알 수 있다. '墙角挖掉了', '古董挖坏了', '坑挖浅'의 세 문장의 경우 동사는 동일하지만 보어는 각기 다르다. 그렇지만 이 중에서 '挖浅'만 결과일탈의미를 표현하고 '挖掉'나 '挖坏'는 이러한 의미를 가지지 않는다. 여기에서 '掉'는 동사이고 '坏'는 부정의미 형용사, '浅'은 중성의미 형용사다.

어째서 중성의미 형용사가 보어로 사용될 경우 예상결과를 벗어난 결과일탈의미를 나타내는지 이전 연구에서는 명확한 답을 제시하지 못했다. 중성의미의 형용사와 긍정/부정의미의 형용사 모두 형용사 감정 색채의 분류이며 이전 연구에서는 어법적이나 의미적인 각도에서 이러한 'VA了' 구문을 설명하지 않았다. 선양·펑궈전(沈阳·彭国珍, 2010)은 '长, 短, 大, 小, 深, 浅'류 형용사와 '干净, 空, 破, 碎, 坏' 등 형용사가 의미적으로 큰 차이가 있음을 발견했는데 바로 후자는 내재적 기준을 가진다는 사실이다. '杯子碎了'의 기준은 컵이 이미 하나의 완전체가 아니라는 것이고, '衣服干净'의 기준은 옷에 묻었던 오염이 보이지 않는 것이다. 반면 '大, 小'와 같은 형용사는 내재적 기준이 존재하지 않는데 바로 무엇이 '大'이고 무엇이 '小'인지 직접적으로 확정할 수 없음을 의미한다. Wechsler(2005)의 형용사 분류에 따르면 '碎'류 형용사는 폐쇄등급형 형용사이고 '大'류 형용사는 개방등급형 형용사다. 개방등급형 형용사는 내재된 기준이 없기 때문에 외부 맥락에 의지해야만 일정한 기준을 얻을 수 있다. 이러한 기준이 화자의 기대치와 만날 경우 예상 기대를 벗어난 결과일탈의미가 나타날 수 있다. '毛衣织大了'와 '坑挖浅了'의 '大'와 '浅'은 바로 화자의 기대치에 비해 크고, 얕음을 의미한다. 이상의 분석을 통해 다음의 결론을 얻을 수 있다. 예상 기대를 벗어난 결과일탈의미 'VA了' 구문의 A는 개방등급형 형용사이며 이는 해당 'VA了' 구문의 A가 보유한 진정한 성질이자 특징이다. 따라서 결과일탈의미 'VA了' 구문 중에서 A의 의미 자질은 아래 (39)와 같이 표기할 수 있다.

(39) A(형용사): [+개방, -폐쇄]

'VA了' 구문에서 A의 의미 자질을 확정하였으면, 이어서 다양한 'VA了' 구문에서 V가 A에 대해 가지는 제약을 살펴보아야 한다. 루젠밍(1990)은 결과일탈의미 'VA了' 구문을 V가 A에 대해 가지는 제약에 따라 다음 세 가지 유형으로 분류하였다. 첫째 V가 A에 어떠한 제약도 주지 않는 유형이다. 예를 들어 '买'와 같은 동작은 구매하는 물건의 크기, 길이, 색깔 등을 제약하지 못한다. 둘째 V가 A를 제약하는 유형이다. 그러나 이러한 제약은 단일방향성을 가지는데 순방향이거나 혹은 역방향이다. 예를 들어 '挖'라는 동작은 파는 구덩이의 크기, 깊이에 영향을 준다. 그러나 이치적으로 보면 파면 팔수록 구멍은 더 커지고 깊어지는 순방향적 제약을 가질 뿐 팔수록 구멍이 작아지거나 얕아지는 역방향적 영향은 주지 못한다. 끝으로 V가 A를 제약하지만 이 제약의 방향이 쌍방향인 동시에 순방향인 경우이다. '写(쓰다)' 동사는 써낸 글자의 크기를 제약한다. 그러나 크게 쓸 수도 있고 작게 쓸 수도 있으며, 글씨가 크든 작든 모두 순방향적이다. 이렇게 동사 유형을 분류한 뒤, 루젠밍은 첫 번째 유형의 동사와 A가 결합된 'VA了' 구문은 틀림없이 예상기대를 벗어난 결과일탈의미를 나타낸다고 보았다(买大了, 买小了). 두 번째 유형의 동사와 A의 결합으로 구성된 'VA了' 구문은 역방향인 경우 반드시 결과일탈의미를 가지지만(挖浅了, 剪长了) 순방향인 경우 결과실현의미와 결과일탈의미를 모두 표현할 수 있다(挖深了, 剪短了). 세 번째 유형의 동사와 A가 결합된 'VA了'는 결과실현의미와 결과일탈의미를 모두 표현할 수 있다(写大了, 挂高了).

다른 각도에서 이 문제를 바라볼 수도 있다. 바로 모든 동사가 개방등급형 형용사를 수반했다고 해서 결과일탈의미 'VA了' 구문을 구성하는 것은 아니라는 점이다. 모든 상황에서 개방등급형 형용사의 참조기준이 화자의 기대치인 것은 아니며, 개방등급형 형용사가 구성하는 'VA了' 구문 모두가 예상 기대를 벗어난 결과의미를 나타내는 것도 아니기 때문이다.

(40) a_1. 这画挂高了(결과일탈의미)　　a_2. 张三长高了(X)
　　b_1. 纸条裁宽了(결과일탈의미)　　b_2. 马路变宽了(X)

상술한 예에서 보어는 개방등급형 형용사인 '高, 宽'이다. 그러나 '挂高, 裁宽'만이 결과일탈의미를 나타내고 '长高, 变宽'는 그렇지 않다. 혹자는 '挂, 裁'가 타동사이고 '长, 变'이 자동사이기 때문에 타동사와 개방등급형 형용사로 구성된 'VA了' 구문만이 결과일탈의미를 나타낸다고 이야기할 수도 있다. 그러나 '洗' 역시 타동사이지만 '衣服洗小了'는 그렇지 않은 것으로 보아 동사의 타동성은 실질적인 문제가 아닌 듯하다. 여기에서 동사의 의미 자질에 관한 또 다른 개념을 도입할 수 있는데 바로 제작류(effective) 동사와 영향류(affective) 동사의 개념이다(Levin, 1993). 제작류 동사의 결과는 새로운 사물의 생산(결과류 목적어를 수반하는 동사)으로 '织、盖, 做, 炒, 写, 画' 등이 이에 해당하고 동작의 결과는 각각 '毛衣, 房子, 衣服, 菜, 字, 画'가 된다. 영향류 동사는 새로운 사물을 생산하지 못하고(결과류 목적어를 수반하지 못하는 동사) 기존의 사물에 영향을 미쳐 사물의 상태에 변화를 준다. '洗, 打, 擦' 등 동사는 '衣服干净, 花瓶破, 桌子干'과 같은 상태를 만들 수 있다. 제작류 동사는 영향류 동사에 비해 더 쉽게 개방등급형 형용사와 결합하는데 오직 제작류 동사만이 '织大, 织小, 做肥, 做瘦'와 같은 결과일탈의미 'VA了' 구문을 구성할 수 있고, 영향류 동사는 '洗小, 长高, 变宽' 등과 같이 결과일탈의미 'VA了' 구문을 구성할 수 없다. 일부 동사는 특정 맥락에서 제작류 동사로 취급될 수 있는데 '切, 剪, 裁, 炒' 등이 그러하다. 예를 들어 '白菜丝切长/短了', '纸条裁宽/窄了', '头发剪短/长了', '菜炒咸/淡了' 등은 예상기대를 벗어난 결과일탈의미를 표현할 수 있다.

또한 '买'와 '挂'와 같은 소수 동사들도 결과일탈의미 'VA了' 구문을 구성할 수 있는데 '衣服买大了', '画挂高了' 등이 그러하다. 표면적으로 볼 때 이들 동사는 제작류 동사도 영향류 동사도 아니지만 실제로는 제작류 동사에 가깝다. Basilico(1998)은 영어에서 '사다'라는 뜻의 단어와 제작류 동사의 통사적 실현이 거의 유사하다고 밝혔는데 바로 어떤 새로운 사물을 텍스트에 소개하는 것이다. 다만 하나는 제작과정을 통해 얻는 것이라면 다른 하나는 모종의 방법(구매)을 통해 다른 장소에서 취했다는 점이 다르다. 따라서 '买, 挂'와 같은 동사가 중국어에서 결과일탈의미 'VA了' 구문을 구성하는 것은 특이한 일도 아니다. 아래 (41)은 다른 유형의 동사와 형용사로 구성된 'VA了' 구문의 비교를 통해 제작류 동사와 개방등급형 형용사로 구성된 'VA了' 구문만이 예상기대를 벗어난 결과일탈의미를 표현할 수 있다는 사실을 보여 준다.

(41) 다른 의미 자질의 동사, 형용사로 구성된 'VA了' 구문 비교

	A: [+개방]	A: [+폐쇄]
V: [+제작]	결과일탈의미 'VA了'	결과실현의미 'VA了'
V: [+영향]	결과실현의미 'VA了'	결과실현의미 'VA了'

주요참고문헌

李斌玉(1999)〈"VA了"述补结构再考察〉,《山西大学学报(哲社版)》第三期.

陆俭明(1989)〈"V来了"试析〉,《中国语文》第3期.

陆俭明(1990)〈"VA了"动补结构语义分析〉,《汉语学习》第1期.

陆俭明(1991)〈语义特征分析在汉语语法研究中的运用〉,《汉语学习》第1期.

陆俭明(1993)《八十年代中国语法研究》, 商务印书馆.

彭国珍(2006)〈偏离类"VA了"的句法特性〉,《华中科技大学学报(社会科学版)》第4期.

沈阳·彭国珍(2010)〈结果偏离义"VA了"结构的句法和语义分析〉,《汉语学习》第5期.

司马翎·沈阳(2006)〈结果补语小句和小句的内部结构〉,《华中科技大学学报(社会科学版)》第4期.

马庆株(1981)〈时量宾语和动词的类〉,《中国语文》第2期.

马真·陆俭明(1997)〈形容词做补语情况考察(1-3)〉,《汉语学习》第1·4·6期.

王红旗(1996)〈"VA了"述补结构的语义是什么〉,《汉语学习》第1期.

邢福义(1984)〈说"NP了"句式〉,《语文研究》第3期.

袁毓林(1993)《现代汉语祈使句研究》, 北京大学出版社.

朱德熙(1979)〈与动词"给"相关的句法问题〉,《方言》第2期.

朱德熙(1990)〈"在黑板上写字"及相关句式〉,《语法丛稿》, 上海教育出版社.

Basilico, David (1998) "Object Position and Predication Forms," *Natural Language and Linguistic Theory,* 16(3), 541-595.

Hoekstra, Teun (1988) "Small Clause Results," *Lingua* 74(2), 101-139.

Levin, B. (1993) *English Verb Classes and Alternations: A Preliminary*, Investigation. University of Chicago Press, Chicago.

Sybesma, Rint (1999) *The Mandarin VP*, Dordrecht: Kluwer Academic Publisher.

Wechsler, Stephen (2005) "Weighing in on Scales: A Reply to Goldberg and Jackendoff," *Language* 81(2), 465-473.

제5강

결합가 이론과 결합가 구조 분석

5.1 '동사성 성분+的' 구조의 문제와 어법 연구에서의 결합가 개념

'동사성 성분+的' 구조에서 '동사성 성분'은 사실상 동사성 구라고 할 수 있다. 이러한 동사성 구는 모두 '的'와 함께 '동사성 성분+的' 구조를 이룰 수 있다. 서술의 편의를 위해 '동사성 구+的'로 형성된 '的자 구조'를 모두 '동사성 성분+的'로 표기하기로 한다.

(1) a. 认真打扫的　　('부사어 + 동사' 수식구 + 的)
　　b. 打扫房间的　　('동사 + 목적어' 동목구 + 的)
　　c. 打扫干净的　　('동사 + 보어' 동보구 + 的)
　　d. 学生打扫的　　('주어 + 동사' 주술구 + 的)
　　e. 打扫的　　(단일 동사 + 的)

위 (1)과 같은 '동사성 성분+的'의 '的자 구조'에서 몇몇 현상은 주목할 만하다. 예를 들면 어떠한 '동사성 성분+的'('他买的', '吃羊肉的')는 단독으로 주어나 목적어가 될 수 있고 단독으로 사람이나 사물을 지시할 수 있다. 하지만 어떠한 '동사성 성분+的'('他游泳的', '他参观展览会的')는 단독으로 주어나 목적어가 될 수도 없고, 단독으로 사람이나 사물을 지시할 수도 없다. 이것은 무엇 때문인가? 여기에는 어떠한 규칙이 있을까? 또 어떤 '동사성 성분+的'('参观展览会的')는 사람이나 사물을 가리킬 때 어떠한 중의성도 없지만, 어떠한 '동사성 성분+的'('吃的')는 중의성을 지닌다(두 가지, 혹은 두 가지 이상의 뜻으로 이해될 수 있다). 이것은 또 왜 그러할까? 여기에 어떤 규칙이 있을까? 마지막으로 '동사성 성분+的'가 명사를 수식하는 관형어가 될 때 어떠한 '동사성 성분+的'가 수식하는 중심어('开车的司机'의 '司机')는 앞뒤 문장에서 생략이 가능하다. 가령 '开车的司机都吃饭去了'는 '开车的都吃饭去了'라고 말할 수도 있다. 하지만 어떠한 '동사성 성분+的'가 수식하는 중심어('开车的技术'의 '技术')는 대부분의 경우에 생략할 수가 없다. '那位司机啊, 开车的技术可好了'라고 해야지 '*那位司机啊, 开车的可好了'라고 할 수 없다. 이것은 또 왜 그럴까? 여기에는 어떠한 규칙이 있는 것일까?

위에서 언급한 이러한 문제들은 중심어 분석법, 층차 분석법, 구문 전환 분석법, 의미 자질 분석법 등과 같은 과거(이 책의 앞에서 언급했던 것들을 포함)의 어법 분석 방법들로 쉽게 해결되지 않았다. 하지만 중국어 어법 분석에서 최근 해외(특히 프랑스와 독일)에서 만들어진 결합가 이론 및 방법을 도입한 이후 위의 문제들이 바로 해결되었다.

위에서 말한 '동사성 성분+的' 구조에 관한 문제를 논의하기 전에 우선 결합가가 무엇이며 어법 분석에서는 결합가가 무엇을 의미하는지를 이야기해야 한다. 여러분들은 모두 중고등학교에서 화학을 배웠고, 화학 수업에서 원소에 대해 이야기할 때 원자가(영어의 valence, 프랑스어의 valence, 독일어의 valenz)의 개념도 들었을 것이다. 어법 연구에서의 결합가는 사실 화학의 원자가 개념을 차용한 것이다.

화학에서 원자가(화합가라고도 함)라는 개념은 분자 구조에서 각 원소의 원자 수 간의 비례 관계를 설명하기 위한 것이다. 일반적으로 수소 원자를 1가라 하고 어떤 원소의 원자 하나가 몇 개의 수소 원자와 결합할 수 있는지, 혹은 몇 개의 수소 원자와 치환될 수 있는지에 따라 해당 원소의 원자가를 매긴다. 예를 들어 물 분자식(H_2O)에서 하나의 산소 원자는 언제나 두 개의 수소 원자와 화학적으로 결합하며 따라서 산소의 원자가는 2가다.

화학에서 원자가의 개념을 어법 연구에 최초로 도입한 사람은 프랑스의 언어학자 루시앙 테니에르(Lucien Tesnière)이다. 당초에 어법학에 '가(价)'라는 개념을 도입한 것은 하나의 동사가 의미역이 다른 명사성 성분을 얼마나 지배할 수 있는가를 설명하기 위해서였다. 동사의 '가'는 동사가 지배하는 명사성 성분 가운데 의미역이 다른 것의 개수를 결정한다. 동사는 마치 갈고리가 달린 원자와도 같다고 할 수 있는데, 의미역이 다른 명사성 성분을 몇 가지 걸 수 있는지(지배할 수 있는지)에 따라 동사의 가(价)가 결정된다. 어떠한 명사성 성분도 지배할 수 없는 동사는 0가 동사이고, 하나의 명사성 성분을 지배할 수 있는 동사는 1가 동사다. 의미역이 다른 두 개의 명사성 성분을 지배할 수 있는 동사는 2가 동사이고, 의미역이 다른 세 개의 명사성 성분을 지배할 수 있는 동사는 3가 동사다.

이러한 견해에 따르면 중국어의 동사 또한 '가'로 분류될 수 있다. 예를 들어 현대중국어의 동사는 상술한 결합가 이론에 따라 다음과 같이 크게 네 가지 유형으로 나누어진다.

A류 동사

어떠한 명사성 성분과도 관련될 것을 강제적으로 요구하지 않는 동사이며 0가 동사라고 하고 '동^{0}'으로 기재한다. 0가 동사는 대부분 자연 현상을 반영한 동사다. 예를 들면 '地震, 刮风, 下雨, 下雪' 등이 있다.

B류 동사

하나의 명사성 성분과 관련될 것을 강제적으로 요구하는 동사이며 1가 동사라고 하고 '동^{1}'로 기재한다. 1가 동사는 일반적으로 자동사를 말한다. 예를 들면 '病, 醉, 休息, 咳嗽, 游泳' 등이 있다.

C류 동사

의미역이 다른 두 개의 명사성 성분과 관련될 것을 강제적으로 요구하는 동사이며 2가 동사라고 하고 '동^{2}'로 기재한다. 2가 동사는 일반적으로 타동사를 말한다. 예를 들면 '爱, 采, 参观, 讨论, 改良' 등이 있다.

D류 동사

의미역이 다른 세 개의 명사성 성분과 관련될 것을 강제적으로 요구하는 동사이며 3가 동사라고 하고 '동[3]'으로 기재한다. 3가 동사는 일반적으로 이중목적어 동사를 말한다. 예를 들면 '给, 送, 告诉, 退还, 赔偿' 등이 있다.

누군가는 위에서 말한 영가 동사 '地震, 下雨' 역시 아래와 같이 늘 어떠한 명사와 함께 출현하기 때문에 이들이 명사성 성분과 관련이 없는 단어가 아니라고 할지도 모른다.

(2) a. 唐山地震了。 b. 昨天地震了。
c. 北京终于下雨了。 d. 今天下雨了。

그렇다면 어떻게 (2)의 동사들을 영가 동사라고 할 수 있을까? 이는 '地震, 下雨' 등과 같은 동사와 함께 출현할 수 있는 명사는 단지 장소나 시간을 나타내는 명사에 한정되기 때문이다. 어떠한 행위 또는 동작의 발생이나 진행은 항상 어떠한 시간과 장소를 수반한다. 시간과 장소를 나타내는 명사성 성분들은 1가 동사, 2가 동사, 3가 동사와도 함께 출현할 수 있다. 그러므로 행위나 동작이 일어나는 시간과 장소를 나타내는 모든 명사성 성분은 일반적으로 동사의 가 계산에 포함되지 않는다. 인도유럽어족에서는 이렇게 시간과 장소를 나타내는 명사는 주어 명사와 동일한 형태 변화를 보이지 않는다. 이 또한 이러한 명사들이 동사와 직접적으로 관련된 성분이 아니라는 것을 증명한다.

루시앙 테니에르는 어떻게 화학의 화합가 개념을 차용할 생각을 했을까? 그는 통사라고 하는 것이 문장의 구조를 연구하는 데 목적이 있다고 생각했다. 또한 문장은 조직적인 전체이며, 그것의 구성 성분은 표면적으로 보이는 개개의 단어에 그치는 것이 아니라 단어와 단어 사이의 관련성(프랑스어로 conexion, 영어로 conjunction)이 더 중요하다고 생각했다. 그는 한 권의 책에서 이러한 예를 들기도 했다.

(3) Alfred parle. (阿尔弗雷德说话。)

루시앙 테니에르는 먼저 이 문장에 'Alfred(阿尔弗雷德)'와 'parle(说话)'라는 단어 외에 표면적으로는 볼 수 없지만 더 중요한 성분이 있다고 하였다. 'Alfred'와 'parle' 사이의 통사적 관련성이 바로 그것이다. 관련성은 문장의 표현에 있어 필수적이며 그것은 문장에 유기성과 생명력을 부여한다. 관련성은 문장의 생명선이라고도 할 수 있다. 문장에 내포된 이러한 관련성은 화학에서의 화합과 같은 작용을 한다. 화학에서 수소와 산소의 화합물인 물의 성질은 수소와도 다르고 산소와도 다르다. 물이 수소와 산소, 모두와 다른 이유는 무엇일까? 여기에는 화합이 결정적인 영향을 미친다. 언어에서 'Alfred parle'의 뜻은 'Alfred'와도 다르고 'parle'와도 다르다. 화학에서 화합에 해당하는 관련성이 결정적인 영향을 미쳤기 때문이다.

이어서 루시앙 테니에르는 이러한 통사적 관련성이 단어와 단어 사이의 종속 관계를 수립한다고 하였다. 이러한 종속 관계는 지배어(regissant)와 종속어(subordonne)가 연결되어 만들어진다. 가령 위에서 예로 든 문장 'Alfred parle' 가운데 'parle(说话)'는 지배어이고 'Alfred(阿尔弗雷德)'는 종속어로 'parle'는 'Alfred'를 지배한다.

마지막으로 루시앙 테니에르는 동사는 한 문장의 중심이며 문장 속에서 다른 성분을 지배하고 동사 자체는 다른 어떠한 성분의 지배도 받지 않는다고 하였다. 직접적으로 동사의 지배를 받는 것으로는 명사구와 부사구가 있는데, 이 중 명사구는 논항(actant)을 이루고 부사구는 상황사(circonstants)를 이룬다. 이론적으로 문장에서 상황사는 무한정 많을 수 있는 반면에 동사 하나당 논항은 세 개를 초과해서는 안 된다. 이 세 개의 논항이 주어, 목적어$_1$, 목적어$_2$이다. 동사의 '가'는 동사가 지배하는 논항의 수로 결정된다. 이것이 바로 동사를 1가 동사, 2가 동사, 3가 동사로 나눌 수 있는 이유다.

동사에는 결합가가 있는데 후에 언어학자들은 연구를 통해 형용사, 명사 등도 결합가가 있다는 사실을 발견하였다. 동사와 의미역이 다른 명사 간, 형용사와 의미역이 다른 명사 간, 술어 명사와 의미역이 다른 명사 간의 결합가로 어법 현상들을 연구하고 해석하였는데 이러한 연구와 분석의 수단을 결합가 분석이라고 하며, 이렇게 형성된 어법 이론을 결합가 이론이라고 한다. 중국에서 가장 먼저 결합가 이론과 방법을 이용해서 상술한 문제를 해결한 사람은 저명한 언어학자 주더시(朱德熙)다. 주더시의 연구는 중국어에서 '동사성 성분+的' 구조의 각종 문제를 발견하고 해결하는 것에서 시작되었다.

5.2 '동사성 성분+的' 구조의 문제를 어떻게 분석하고 해결할 것인가?

앞 절에서는 '동사성 성분+的'로 이루어진 '的자 구조'의 형식과 의미 자질에 대해 일련의 문제를 제기하였다. 이들 문제에 대답하기 전에 먼저 중국어의 '的자 구조', 특히 '동사성 성분+的'로 이루어진 '的자 구조'에 대해 설명을 약간 할 필요가 있다.

중국어의 '的자 구조'는 실사 성분에 구조조사 '的'가 더해져 만들어진 명사성 구조다. 보충 설명을 하자면 '的자 구조'는 어법상 명사성 성분에 해당하지만 용법상으로 보면 대명사 같기도 하다. 예를 들어 '红的'는 특정한 사물을 지시하는 데 사용될 뿐만 아니라 붉은 색의 옷, 치마, 볼펜, 연필, 모자, 꽃 등 어떠한 사물도 지시할 수 있다. 그러나 대명사와 완전히 같지는 않다. 대명사는 하나의 사물을 가리킬 때 단순히 그것만을 가리키지만 '的자 구조'는 사물을 가리킬 때 언제나 그 사물의 모종의 특징을 동시에 밝혀 준다. 가령 '红的'가 가리키는 사물은 반드시 붉은색의 특징을 지니고 있다. '红的'는 '형용사+的'로 이루어진 '的자 구조'인데 '동사성 성분+的'로 구성된 '的자 구조'도 마찬가지다. 예를 들어 '开车的'의 '的자 구조'는 어떠한 사람이나 어떠한 부류의 사람을 가리킬 수 있다. 하지만 사람만을 가리키는 것이 아니라 그 사람, 혹은 그러한 부류의 사람이 지닌 어떠한 특징을 또한 동시에 보여 준다. 곧 그는 운전을 한다든지 운전을 하는 특징을 지닌 사람이라는 것이다.

이제 '동사성 성분+的'로 구성된 '的자 구조'가 야기하는 문제를 분석해 보겠다. 앞서 말했듯이 '동사성 성분+的'의 '的자 구조'가 야기하는 문제는 층차 분석, 전환 분석, 의미 자질 분석 등으로는 해답을 찾을 수가 없다. 이에 대한 해석은 결합가 분석만이 할 수가 있는데 이것은 왜 그럴까?

'동사성 성분+的'로 이루어진 '的자 구조'가 주어나 목적어로 쓰여서 사람이나 사물을 지시할 수 있는지, 중의성을 야기하는지, 관형어로 쓰였을 때 그것이 수식하는 중심어가 생략될 수 있는지 등의 문제는 모두 동사의 결합가와 유관하다. 구체적으로 말하면 이들 문제는 다음 두 가지로 결정된다.

1) 동사성 성분에서 동사의 결합가 수, 즉 동사가 몇 가 동사에 속하는가
2) 동사성 성분에 출현하는 동사의 결합가 성분(이하 논항이라고 함)의 수

'동사성 성분+的'로 이루어진 '的자 구조'가 주어나 목적어가 되어 사람이나 사물을 지시할 수 있는지의 여부에 대해서는 구체적으로 다음과 같이 말할 수 있다.

첫째, '地震的', '下雨的' 등과 같이 0가 동사로 구성된 '동사성 성분+的'의 '的자 구조'는 절대 단독으로 주어나 목적어가 되어 사람이나 사물을 지시할 수 없다.

둘째, 1가 동사로 구성된 '동사성 성분+的'의 '的자 구조'에서 만일 1가 동사의 논항(실제 단 하나의 성분)이 '동사성 성분' 안에 출현하지 않으면 이 '的자 구조'는 단독으로 주어나 목적어가 되어 사람이나 사물을 지시할 수 있으며 그것이 지시하는 것은 1가 동사의 논항, 즉 1가 동사와 관련된 명사성 성분, 혹은 1가 동사의 행위자나 주체다.

(4) a_1. 游泳的要注意安全。 a_2. 正在游泳的是我弟弟。
b_1. 蔫了的就快扔掉吧。 b_2. 已经蔫了的是蔷薇花。

(4a)에서 '游泳的', '正在游泳的'의 '的자 구조'는 모두 주어로 쓰였으며 1가 동사 '游泳'의 행위자인 어떤 사람들 또는 내 남동생을 지시한다. (4b)에서 '蔫了的', '已经蔫了的'의 '的자 구조'도 문장에서 주어로 쓰였으며 1가 동사 '蔫'의 주체인 어떤 꽃들 또는 장미를 지시한다. 만일 1가 동사의 논항이 '的자 구조'의 동사성 성분 안에 출현한다면 이 '的자 구조'는 단독으로 주어이자 목적어가 되어 사람이나 사물을 지시할 수 없다. 예를 들어 '弟弟游泳的', '那朵玫瑰花蔫了的'는 단독으로 주어나 목적어가 되어 사람이나 사물을 지시할 수 없다.

셋째, 2가 동사로 구성된 '동사성 성분+的'의 '的자 구조'에서 만일 2가 동사의 두 논항이 모두 '동사성 성분' 안에 출현하면, 이 '的자 구조'는 주어나 목적어가 되어 사람이나 사물을 지시할 수 없다. 예를 들어 '小王戴帽子的'는 주어나 목적어가 되어 사람이나 사물을 지시할 수 없다. 만약 '동사성 성분'에 두 개의 논항이 모두 출현하지 않거나 그중 하나만 출현한다면, 이러한 '的자 구조'는 주어나 목적어가 되어 사람이나 사물을 지시할 수 있다. 예를 들면 '参观'은 2가 동사이고 이것과 관련된 의미역이 다른 두 가지 명사성 성분 가운데 하나는 어떠한 사람과 같은 '参观'의 행위자이고, 다른 하나는 어떠한 사물과 같은 '参观'의 대상이다. '今天参观的', '今天参观展览会的', '张三今天参观的' 등과 같은 '的자 구조'는 주어나 목적어가 되어 사람이나 사물을 지시할 수 있다.

(5) a. 今天参观的到左边排队。
('今天参观的'가 주어로 쓰여 '参观'의 행위자를 지시)
b. 今天参观的是工业展览会。
('今天参观的'가 주어로 쓰여 '参观'의 대상을 지시)
c. 今天参观展览会的是北大学生。
('今天参观展览会的'가 주어로 쓰여 '参观'의 행위자를 지시)
d. 张三今天参观的是工业展览会。
('张三今天参观的'가 주어로 쓰여 '参观'의 대상을 지시)

하지만 만일 2가 동사의 논항 두 개가 모두 '的자 구조'의 '동사성 성분'에 출현했다면 이 '的자 구조'는 단독으로 주어나 목적어가 되어 사람이나 사물을 지시할 수 없다. '大家参观展览会的', '运动员创造成绩的', '工人制造机器的' 등은 단독으로 주어나 목적어가 되어 사람이나 사물을 가리킬 수 없다.

넷째, 3가 동사로 구성된 '동사성 성분+的'의 '的자 구조'가 단독으로 주어나 목적어가 되어 사람이나 사물을 지시하는 것에 대한 특징은 위에서 언급한 상황들로 유추할 수 있다.

지금까지는 '동사성 성분+的'의 '的자 구조'가 단독으로 주어나 목적어가 되어 사람이나 사물을 지시할 수 있는지에 대해 이야기하였다. 그렇다면 '동사성 성분+的'로 이루어진 '的자 구조'의 중의성은 어떻게 야기되었을까? 만약 2가 동사의 '동사성 성분'으로 이루어진 '的자 구조'에서 동사의 논항 두 개가 모두 '동사성 성분'에 출현하지 않으면, 이러한 '的자 구조'는 중의성을 갖게 된다. 예를 들어 위에서 예로 든 '今天参观的'의 '的자 구조'는 위의 (5a)와 같이 '参观'의 행위자를 지시할 수도 있고 (5b)와 같이 '参观'의 대상을 지시할 수도 있다.

마찬가지로 3가 동사의 '동사성 성분'으로 구성된 '的자 구조'에서 동사의 논항 세 개가 모두 '동사성 성분'에 출현하지 않거나 그중 하나만 출현하고 나머지 두 개의 논항은 출현하지 않으면, 이러한 '的자 구조'는 중의성을 갖게 된다. 예를 들어 '给'는 3가 동사로 세 개의 논항과 관련된다. '不给的'의 '的자 구조'에서는 세 개의 논항이 모두 '동사성 성분'에 출현하지 않았다. 이러한 '的자 구조'는 중의성을 가지며 지시하는 바가 다른 세 가지 의미를 가지게 된다.

(6) a. 不给的举手。 (주어로 쓰여 행위자를 지시)
b. 张经理我是不给的。(목적어로 쓰여 접수자 '张经理'를 지시)
c. 不给的是英汉词典。(주어로 쓰여 대상 '英汉词典'을 지시)

3가 동사 '给'를 다시 예로 들면 '我给的'의 '的자 구조'에서는 '给'의 논항 가운데 행위자 성분인 '我'만 '동사성 성분'에 출현하였고, 다른 두 개의 논항은 출현하지 않았다. 이 '的자 구조'는 중의성을 가지며 (7)과 같이 두 개의 서로 다른 지시 의미를 지니게 된다. '给学校的'의 '的자 구조'에서는 '给'의 논항 가운데 접수자 성분인 '学校'만 '동사성 성분'에 출현하였고, 다른 두 개의 논항은 출현하지 않았다. 이 '的자 구조'도 중의성을 가지며 (8)과 같이 두 개의 서로 다른 지시 의미를 지니게 된다. '给鸡蛋的'를 예로 들면 이 '的자 구조'에서는 '给'의 논항 가운데 대상 성분인 '鸡蛋'만 '동사성 성분'에 출현하였고, 다른 두 논항은 출현하지 않았다. 이러한 '的자 구조' 또한 중의성을 가지며 (9)와 같이 두 개의 서로 다른 지시 의미를 지닐 수 있다.

(7) a. 我给的是张经理。 (주어로 쓰여 접수자 '张经理'를 지시)
b. 我给的是些衣服。 (주어로 쓰여 대상 '衣服'를 지시)

(8) a. 给学校的只有周敏一个人。 (주어로 쓰여 행위자 '周敏'을 지시)
b. 给学校的我已经准备好了。 (주어로 쓰여 대상을 지시)

(9) a. 给鸡蛋的请马上来把鸡蛋领走。(주어로 쓰여 접수자를 지시)
b. 给鸡蛋的不是我。 (주어로 쓰여 행위자를 지시)

'동사성 성분+的'로 이루어진 '的자 구조'가 단독으로 주어나 목적어가 되어 사람이나 사물을 지시할 수 있는지, 중의성을 가지는지의 여부에 강한 규칙성이 있음을 위의 예를 통해 어렵지 않게 알 수 있다. 주더시(朱德熙, 1978)는 위의 상황들에 근거하여 '동사성 성분+的'로 이루어진 '的자 구조'의 중의지수공식을 만들었다. 이 중의지수공식은 'P=n-m'으로 이 가운데 'P'는 '동사성 성분+的'로 이루어진 '的자 구조'의 중의지수를 나타낸다. 'n'은 동사의 결합가 수를 나타내고, 'm'은 '동사성 성분'에 출현하는 동사의 논항 수를 나타낸다. P가 0일 때 이러한 '동사성 성분+的' 구조는 단독으로 주어나 목적어가 되어 사람이나 사물을 지시할 수 없다. P가 1일 경우에 '동사성 성분+的' 구조는 단독으로 주어나 목적어가 되어 사람이나 사물을 지시할 수 있으며 중의성을 가지지 않는다. P가 2나 3이면 '동사성 성분+的' 구조는 단독으로 주어나 목적어가 되어 사람이나 사물을 지시할 수 있지만 동시에 반드시 중의성을 가지게 된다.

지금까지는 '동사성 성분+的'로 구성된 '的자 구조'가 주어나 목적어의 위치에서 사람이나 사물을 지시할 수 있는지 여부의 문제와 이러한 구조가 중의성을 가지는지 여부에 대해 이야기하였다. 그렇다면 '동사성 성분+的'가 관형어일 때 그것이 수식하는 중심어가 어떤 것은 생략이 가능하고 어떤 것은 생략이 불가능한 이유는 무엇일까? 가령 앞서 이야기했듯이 '开车的司机'는 '开车的'라고 말할 수 있지만 '开车的技术'는 '开车的'라고 말할 수 없다. 그 이유는 무엇일까? 이러한 상황 역시 동사의 결합가와 관련이 있으며 결합가 이론으로 해석해야만 분명하게 설명할 수 있다.

'开车的司机'나 '开车的技术'와 같은 수식 구조는 '동사성 성분+的+명사성 성분(중심어)'으로 표기할 수 있다. 여기서 만약 '명사성 성분(중심어)'이 '동사성 성분' 속 동사의 논항 중 하나이고 이 성분이 '동사성 성분+的' 구조에 출현하지 않는다면, 중심어로서의 명사성 성분은 생략할 수 있다. 만약 '명사성 성분(중심어)'이 '동사성 성분' 속 동사의 논항이 아니라면 중심어로서의 명사성 성분은 생략할 수 없다. 아래의 예를 비교해 보자. ('='는 '동사성 성분+的'가 수식하는 중심어가 생략된 형식과 생략되지 않은 형식이 모두 성립함을 나타내고, '≠'는 '동사성 성분+的'가 수식하는 중심어가 생략된 형식이 성립되지 않음을 나타낸다.)

(10) a. 开车的人 = 开车的
('人'은 '开'의 논항인 행위자다.)
b. 开车的技术 ≠ 开车的
('技术'는 '开'의 논항이 아니다.)

(11) a. 扩大招生名额的学校 = 扩大招生名额的

('学校'는 '扩大'의 논항인 행위자다.)

b. 扩大招生名额的问题 ≠ 扩大招生名额的

('问题'는 '扩大'의 논항이 아니다.)

(12) a. 群众拥护的干部 = 群众拥护的

('干部'는 '拥护'의 논항인 대상이다.)

b. 群众拥护的原因 ≠ 群众拥护的

('原因'은 '拥护'의 논항이 아니다.)

(13) a. 他吃的苹果 = 他吃的

('苹果'는 '吃'의 논항인 피행위물이다.)

b. 他吃的时候 ≠ 他吃的

('时候'는 '吃'의 논항이 아니다.)

위의 예 (10-13)a에서 '동사성 성분+的'가 수식하는 중심어인 명사성 성분은 모두 앞의 '동사성 성분' 속 동사의 논항이다. 예를 들어 (10), (11)에서 '人'과 '学校'는 각각 동사 '开'와 '扩大'의 행위자이고, (12), (13)의 '干部'와 '苹果'는 각각 동사 '拥护'와 '吃'의 대상과 피행위물이다. 이들 논항은 '동사성 성분+的' 안에는 출현하지 않고 '的자 구조'에서 '동사성 성분+的'가 수식하는 중심어를 담당하고 있다. 이러한 중심어는 일정한 문맥 속에서 생략이 가능하다. 다시 말해 이들 예에서 '동사성 성분+的'는 중심어인 명사성 성분을 가리킬 수 있다. 반대로 (10-13)의 b의 예에서 '동사성 성분+的'가 수식하는 중심어인 '技术, 问题, 原因, 时候'는 모두 앞의 '동사성 성분' 속 동사 '开, 扩大, 拥护, 吃'의 논항이 아니다. 그러므로 이러한 명사성 성분은 어떠한 문맥 속에서도 생략할 수가 없다. 다시 말해 이들 예에서 '동사성 성분+的'는 중심어인 명사성 성분을 가리킬 수 없다.

5.3 형용사와 명사의 결합가 분석 문제

결합가 분석은 동사의 분석이나 '동사성 성분+的'와 같은 '的자 구조'의 지시 특징에 대한 분석에만 국한되지 않는다. 형용사와 명사도 결합가 이론을 적용해서 분석해야 한다.

형용사에 대한 결합가 구조 분석을 먼저 보도록 하겠다.

동사성 구조는 결합가 분석을 할 수 있는데 그렇다면 형용사나 형용사 구조에는 결합가 문제가 존재할까? 형용사나 형용사 구조도 결합가 분석을 할 수 있을까? 먼저 언어 현상을 살펴보자. 중국어에서 개사 구조 '对……'는 때로 형용사나 형용사성 구조(이하 형용사로 약칭)도 수식할 수 있다. 예를 들면 다음과 같다.

(14) a. 对顾客很热情　　b. 对学生很严格
c. 对这一带很熟(=熟悉)　　d. 对工作很负责

모든 형용사가 개사 구조 '对……'의 수식을 받을 수 있을까? 언어 사실을 통해 우리는 모든 형용사가 개사 구조 '对……'의 수식을 받는 것은 아님을 알 수 있다. '(很)大, (很)漂亮, (很)聪明, (很)伟大' 등은 모두 개사 구조 '对……'의 수식을 받을 수 없다. 예를 들면 아래 (15)의 예와 같이 말할 수는 없다.

(15) a. *对这个苹果大　　b. *对这件衣服很漂亮
c. *他对计算机很聪明　　d. *他对这个人很伟大

그렇다면 현대중국어에서 어떠한 형용사가 개사 구조 '对……'의 수식을 받을 수 있을까? 개사 구조 '对……'의 수식을 받을 수 있는 형용사들은 어떠한 특징을 가지는가? 반대로 현대중국어에서 어떠한 형용사가 개사 구조 '对……'의 수식을 받을 수 없을까? 개사 구조 '对……'의 수식을 받을 수 없는 형용사들은 어떠한 특징을 가지는가? 이 문제는 결합가 이론을 도입하면 비교적 잘 해결할 수 있다.

앞에서 결합가는 원래 하나의 동사가 의미역이 다른 명사성 성분 몇 개와 관계를 맺을 수 있는지를 설명하는 데 사용된다고 언급하였다. 사실 형용사에도 이와 마찬가지로 명사성 성분과의 관계에 관한 문제, 즉 결합가 문제가 존재한다. 만약 어떠한 유형의 형용사가 한 가지 성질을 갖는 명사성 성분과 관계를 맺어야 한다면 이러한 형용사는 1가 형용사라고 할 수 있고, 형^{1}로 표기한다. 만약 어떠한 유형의 형용사가 두 가지 성질을 갖는 명사성 성분과 관계를 맺어야 한다면 이러한 형용사는 2가 형용사라고 할 수 있고, 형^{2}로 표기한다. 현대중국어에서 일반적인 형용사는 모두 1가 형용사로 1가 동사(자동사)와 거의 유사하다. 위에서 예로 든 '大, 漂亮, 聪明, 伟大' 등이 1가 형용사다. 반면에 위에서 열거한 '热情, 严, 熟(=熟悉), 负责' 등과 같이 개사 구조 '对……'의 수식을 받을 수 있는 것은 2가 형용사다.

중국어에서 1가 형용사의 의미 배치식은 2가 형용사의 것과는 다르다. 형용사의 의미 배치는 형용사가 의미적으로 몇 개의 명사성 성분과 관계되는지를 가리킨다. 1가 형용사의 의미 배치식은 (16)이나 (17)과 같이 나타낼 수 있다. 즉, 1가 형용사는 하나의 명사성 성분하고만 관계를 맺는다.

(16) 형^1
|
명사성 성분

(17) 형^1 [명사성 성분]

2가 형용사의 의미 배치식은 (18)이나 (19)와 같이 나타낼 수 있다. 2가 형용사는 두 개의 명사성 성분과 관계를 맺어야 한다.

(18)

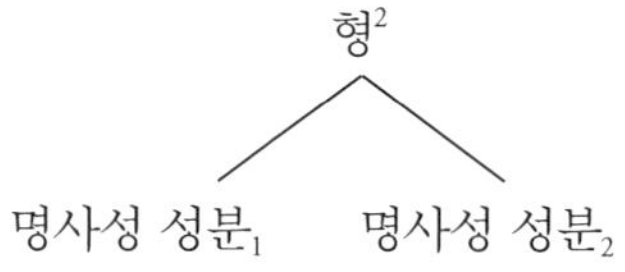

(19) 형^2 [명사성 성분$_1$, 명사성 성분$_2$]

2가 형용사에서 명사성 성분$_1$은 주체이고 명사성 성분$_2$는 대상이다. 따라서 2가 형용사('热情'을 예로 들면)의 의미 배치식을 문자로 나타내면 아래의 (20)과 같다.

(20) 某人对某人/某事热情

현대중국어에서 개사 구조 '对……'가 수식할 수 있는 형용사는 2가 형용사로만 제한된다는 것을 발견할 수 있다. 연구에 따르면 현대중국어에서 2가 형용사 형^{2}는 구체적인 의미에 따라 다음처럼 크게 세 가지 유형으로 나눌 수 있다.

A류 감정태도류: 好, 严, 气愤, 恐惧, 麻木, 生气, 友好, 热情, 友善, 热心, 冷淡, 客气 ……
B류 경험인지류: 内行, 在行, 精, 精通, 熟, 熟悉 ……
C류 유용무익류: 有用, 有害, 有利, 有益, 无用, 无益 ……

(21) a. 大家对腐败现象很气愤。 b. 他对什么事情都很麻木。
c. 日本人民对我们很友好。 d. 张三对人很热情。
e. 那狼狗对她特别友善。 f. 老板对他很客气。

(22) a. 他对炒股票很内行。 b. 张三对修摩托车最在行了。
c. 他对电视机很精(通)。 d. 李老头对这条山路很熟(悉)。

(23) a. 这个人对我们有用。　　b. 抽烟对身体有害。
　c. 形势对我们有利。

중국어의 형용사 가운데 어떠한 것은 여러 가지 의미를 나타낼 수 있다. 이러한 형용사의 결합가는 의미에 따라 달라질 수 있다. 예를 들면 형용사 '熟'는 최소한 세 가지의 의미를 갖는다.

(24) 熟(의미항 분석):
　a. 식물의 열매 등이 완전히 익음. 예: 西瓜已经熟了。
　b. 음식물을 먹을 수 있는 상태까지 익힘. 예: 饭熟了。
　c. 자주 보고 자주 사용해서 잘 알고 있음. 예: 这条路我很熟。

의미항 (24a/b)의 '熟'는 의미적으로 한 가지 성질의 명사성 성분과만 관련되므로 모두 1가 형용사에 속한다. 반면에 의미항 (24c)의 '熟'는 의미적으로 두 가지 성질의 명사성 성분과 관련되어야 하므로 2가 형용사인데, 다음과 같이 개사 구조 '对……'의 수식을 받을 수 있기 때문이다.

(25) a. 他对这一带地形很熟。
　b. 他对这条山路很熟。

이제 명사의 결합가 구조 분석에 대해 살펴보겠다.

위에서 동사와 형용사에 모두 결합가 문제가 있다고 하였다. 그렇다면 명사에도 결합가 문제가 있고 결합가 분석을 해야 할까? 이에 대해서도 마찬가지로 언어 현상을 먼저 보는 것이 좋겠다. 일반적으로 현대중국어 어법책에서는 중국어의 개사 구조에 대해 다음과 같이 이야기한다. 중국어의 개사 구조는 주로 부사어가 되지만 '对, 对于, 关于' 등 소수의 개사로 구성된 개사 구조는 구조 조사 '的'와 함께 명사의 관형어가 될 수 있다. 예를 들어 아래의 (26)은 개사 '对(于)'로 구성된 개사 구조가 '的'와 함께 명사의 관형어가 된 예이다.

(26) a. 对(于)考试的意见
b. 对(于)身体的害处
c. 对(于)祖国的感情

그렇다면 모든 명사가 개사 구조 '对……'의 수식을 받을 수 있을까? 그렇지 않다. 어떠한 명사가 개사 구조 '对……'의 수식을 받을 수 있는 것일까? 중국어를 배우는 외국 학생들은 종종 이러한 문제를 제기한다. 이 문제에 관해서는 이전에 외국인을 위한 중국어 교육에 종사하였던 교수자들이 연구를 한 적이 있다.

우선 구체적인 사물을 나타내는 명사는 모두 '对……'라는 개사 구조의 수식을 받을 수 없다. 아래 (27a)의 경우 '论文'의 내용이《红楼梦》에 대한 논술일 수는 있지만 '论文'이 구체적인 명사이므로 '对(于) ……'라는 개사 구조의 수식을 받을 수는 없다. 따라서 (27a)를 개사 구조가 관형어로 기능하는 수식 구조로 분석할 수 없다. 만약 수식 구조로 분석한다면 중국어의 어법에 맞지 않는다.

(27) a. 对(于)《红楼梦》的论文
b. 对(于)农村情况的影片

그렇다면 추상적인 사물을 나타내는 명사는 모두 개사 구조 '对(于) ……'의 수식을 받을 수 있을까? 이 또한 아니다. 추상적인 사물을 나타내는 1음절 명사는 개사 구조 '对(于) ……'의 수식을 받을 수 없다는 사실을 발견할 수 있다. 예를 들어 운문(시가 등)이 아니라면 아래의 (28)과 같이 말할 수는 없다. 일반적으로 (28a)는 '对(于)黑社会的仇恨'이라고 해야 하고 (28b)는 '对(于)家乡的感情'이라고 해야 한다.

(28) a. *对(于)黑社会的仇

b. *对(于)家乡的情

위의 두 가지 견해는 어떠한 명사가 개사 구조 '对(于) ……'의 수식을 받을 수 있는지를 설명하는 데에 유용하지만 아주 효과적이지는 않다. '话题, 原则, 问题'와 같은 2음절 추상 명사가 다음과 같이 '对(于) ……'의 수식을 받을 수 없는 이유를 설명할 수가 없기 때문이다.

(29) a. *大家谈论了一些对(于)家庭的话题。

b. *他向大家介绍了对(于)外交工作的原则。

c. *她还提出了对(于)住房的问题。

위의 (29) 세 예문에서 '对(于)'는 모두 '关于'로 바꾸어야 한다. 이것은 또 왜 그럴까? 과거에 어법 교육에서는 '여기에서는 의미적으로 관련 관계를 강조하는 것이지 대응 관계를 강조하는 것이 아니므로 '关于'를 사용해야지 '对(于)'를 사용해서는 안 된다'고 설명하는 경우가 많았다. 그러나 이러한 해석은 외국 학생들이 이해하기도 어렵고 파악하기도 힘들다. 사실 이 문제를 분명하게 설명하려면 결합가 이론을 적용해야 한다. 이 현상을 결합가 이론의 관점에서 살펴보면 문제는 간단명료해진다.

본래 동사와 형용사에만 결합가 문제가 존재하는 것이 아니라 명사에도 결합가 문제가 존재한다. 명사의 결합가는 어떠한 명사가 다른 명사와 의미적으로 반드시 의존 관계를 맺어야 하는 것으로 나타난다. 예를 들어 '弟弟'라는 명사는 반드시 '哥哥'나 '姐姐'라는 명사와 대립되거나 '某人(的)弟弟'를 나타내는데 양자는 분리될 수 없는 의존관계를 갖는다. 의존 관계라는 것은 양자 모두 상대를 자신의 존재를 위한 선결 조건으로 삼는 것을 의미한다. '弟弟'와 같은 유형은 유가 명사(有价名词)로 의존 조건이 되는 또 다른 명사가 필요하며, 실제로 그 자체가 다른 명사와 일종의 술어성 결합가 관계를 갖는다. 즉 '弟弟'와 같은 유가 명사의 결합가 관계는 '某人(有)弟弟'이다. 다시 '意见'이라는 명사를 예로 들어 보면 이것은 반드시 '某个人'과 '(对)某个问题', 이 두 명사와 상호 의존적인 관계를 형성하며 대립된다. '意见'과 같은 유형의 유가 명사는 의존 조건이 되는 또 다른 명사가 두 개가 필요하며, 실제로 그 자체가 이 두 개의 명사와 일종의 술어성 결합가 관계를 갖는데 그 결합가 관계는 '某人(对)某个问题(有)意见'이다. 이렇게 되면 명사의 이러한 결합가 관계는 앞에서 말한 동사와 형용사의 결합가 관계와 일치하게 된다.

이와 같이 앞에서 말한 동사와 형용사의 경우와 유사하게 어떠한 명사가 다른 명사와 의미적으로 의존 관계를 맺지 않거나 다른 하나의 명사 혹은 여러 개의 명사와 술어성 결합가 관계를 가지지 않으면, 영가 명사라 부르고 명^{0}으로 표기한다. '大海, 天空, 空气' 등과 같은 보통 명사가 바로 이러한 명사에 속한다.

만약 하나의 명사가 한 가지 성질의 명사와만 의미적으로 의존 관계를 맺거나 다른 성질의 명사와 술어성 결합가 관계를 함축한다면, 1가 명사라고 부르고 명^{1}로 표기한다. 이러한 명사에는 '哥哥, 弟弟, 叔叔, 爸爸, 爷爷, 姑父'와 같은 친족 호칭류 명사, '质量, 脾气, 价格'와 같은 속성류 명사, '脚, 手, 锅盖, 抽屉'와 같은 부분류 명사 등이 있다. 이러한 명사는 모두 종속 관계를 지닌 명사성 성분의 중심어로 종속 명사다.

만일 하나의 명사가 두 가지 성질의 명사와 의미적으로 의존 관계를 맺거나 다른 두 가지 성질의 명사와 술어성 결합가 관계를 함축한다면, 이러한 명사를 2가 명사라고 부르고 명^{2}라고 표기한다. 2가 명사는 모두 '意见, 兴趣, 态度, 害处' 등과 같은 추상명사다.

위에서 예를 들어 설명했듯이 '对(于) ……的'의 수식을 받을 수 있는 명사는 바로 2가 명사다. 일부 학자들(袁毓林, 1992)의 고찰에 따르면 현대 중국어의 2가 명사는 주로 다음 네 가지의 의미 유형으로 나뉜다.

A류 감정, 태도류

이 유형의 2가 명사는 모두 사람이나 감정이 있는 동물이 사람이나 사물에 대해 갖는 감정과 태도를 나타낸다. 이러한 2가 명사의 두 가지 논항은 각각 감정, 태도의 소유자와 감정, 태도의 대상이다. 개사 구조 '对(于)……'가 이러한 명사를 수식할 때, '对(于)'는 감정, 태도의 대상을 이끌어 내고 감정, 태도의 소유자는 항상 개사 '对(于)'의 앞에 출현한다. 아래의 예와 같다.

(30) a. (他们)对(于)祖国的感情
b. (人们)对(于)旅游的兴趣
c. (人们)对(于)弱者的同情心
d. (他)对(于)艺术的灵感
e. (大家)对(于)这件事的反应
f. (人们)对(于)陌生人的戒心
g. (村长)对(于)他的敌意
h. (他)对(于)工作的热情
i. (泰国人民)对(于)中国的好感
j. (同学们)对(于)考试的态度

B류 견해, 논점류

이 유형의 2가 명사는 모두 사람이나 사물에 대한 사람의 견해, 의견, 인상을 나타낸다. 이러한 2가 명사의 두 가지 논항은 각각 견해, 논점의 소유자와 견해, 논점의 대상이다. 개사 구조 '对(于) ……'가 이러한 명사를 수식할 때, '对(于)'는 견해, 논점의 대상을 이끌어 내고 견해, 논점의 소유자는 항상 개사 '对(于)'의 앞에 온다. 아래의 예와 같다.

(31) a. (他)对(于)这件事情的看法
b. (他)对(于)这个问题的见解
c. (他)对(于)妇女的偏见
d. (他)对(于)这个问题的结论

e. (他)对(于)新加坡的印象

f. (他)对(于)考试的意见

g. (他)对(于)这部影片的感想

h. (他)对(于)校长辞职的说法

C류 영향, 의미류

이 유형의 2가 명사는 모두 어떠한 사람이나 사물이 다른 사람이나 사물에 주는 영향이나 의미를 나타낸다. 이러한 2가 명사의 두 가지 논항은 각각 영향을 미치는 자와 영향을 받는 자이다. 개사 구조 '对(于) ……'가 이러한 명사를 수식할 때, '对(于)'는 영향을 받는 자를 이끌고 영향을 미치는 자는 항상 개사 '对(于)'의 앞에 출현한다. 아래의 예와 같다.

(32) a. (市场)对(于)经济发展的作用

b. (这种药)对(于)感冒的治疗效果

c. (阳光)对(于)生命的意义

d. (这篇文章)对(于)读者的吸引力

e. (这种理论)对(于)歧义现象的解释力

f. (他)对(于)当前形势的洞察力

g. (运动)对(于)健康的好处

h. (吸烟)对(于)健康的害处

i. (青蛙)对(于)农业的益处

D류 방침, 정책류

이 유형의 2가 명사는 모두 사람들이 어떠한 방면에서 채택하는 업무 방침이나 정책을 나타낸다. 이러한 2가 명사의 두 가지 논항은 각각 방침, 정책의 제정자와 방침, 정책의 대상이다. 개사 구조 '对(于) ……'가 이러한 명사를 수식할 때, '对(于)'는 방침, 정책의 대상을 이끌고 방침, 정책의 제정자는 항상 개사 '对(于)'의 앞에 온다. 아래의 예와 같다.

(33) a. (政府)对(于)农村工作的方针

b. (政府)对(于)农民的优惠政策

개사 구조 '对(于) ……'는 '的'를 달고 2가인 추상 명사만을 수식할 수 있을 뿐만 아니라 음성적인 제약도 받는다. 1음절 추상 명사는 2가 명사라 할지라도 '对(于) ……'의 수식을 받을 수가 없다. 이는 위의 (28), (29)가 비문인 이유를 설명해 준다.

좀 더 보충해야 할 것은 앞에서 말한 '对(于)《红楼梦》的论文'은 개사 구조로 분석될 수밖에 없다는 것이다. 즉 개사 '对(于)'는 '论文'까지 걸리며 전체는 하나의 개사구일 뿐이다. 반면에 '对(于)祖国的感情'은 '개사 구조+명사'로만 분석될 수 있다. 이때의 개사 '对(于)'는 '祖国'까지만 걸리고 '对(于)祖国'가 관형어로 중심어인 '感情'을 수식하며, '对(于)祖国的感情' 전체는 하나의 수식구다. 그러나 다른 경우도 존재하는데 '개사+명사+的+명사' 구조가 중의성을 가지는 경우다. 예를 들어 '对校长的意见'과 같은 구조는 두 가지의 의미를 지니며 층차 구조도 다음과 같이 두 가지로 분석할 수 있다.

(34) a. 对　校长的意见

1　2　(1—2 개사 구조)

b. 对校长的　意见

1　2　(1—2 수식 구조)

그렇다면 왜 '对校长的意见'과 같은 구조는 중의성을 지닐까? 이 또한 결합가 이론으로 설명해야만 비교적 분명해지고 핵심을 논할 수 있다. 리샤오룽(李小荣, 2000)의 연구에 따르면 개사 '对(于)'의 목적어 성분('对(于)' 뒤의 명사)이 만약 의미적으로 '的'자 뒤에 있는 2가 명사의 어떠한 논항으로 이해될 수 있다면 그 전체 구조는 중의성을 갖게 된다.

(35) a. 对(于)儿子的感情　　　　　b. 对(于)这篇文章的看法
c. 对(于)这部电影的吸引力　　d. 对(于)美国的政策

위 (35)의 예들이 모두 중의성을 갖는 이유는 이러하다. (35a)에서 '感情(감정)'은 감정, 태도류 명사에 속하는데 '儿子'는 감정의 소유자로 볼 수도 있고 감정의 대상으로 볼 수도 있다. 전자로 이해되면 (34a)처럼 분석되고 후자로 이해되면 (34b)처럼 분석된다. (35b)에서의 '看法(견해)'는 견해, 논점류 명사에 속하는데 '这篇文章'은 견해의 소유자로 볼 수도 있고 견해의 대상으로 볼 수도 있다. 전자로 이해되면 (34a)처럼 분석되고 후자로 이해되면 (34b)처럼 분석된다. (35c)에서의 '吸引力(흡인력)'는 감정, 태도류 명사에 속하는데 '这部电影'은 흡인력의 소유자로 볼 수도 있고 흡인력의 대상으로 볼 수도 있다. 전자로 이해되면 (34a)처럼 분석되고 후자로 이해되면 (34b)처럼 분석된다. (35d)에서의 '政策(정책)'는 방침, 정책류 명사에 속하는데 '美国'는 정책의 제정자로 볼 수도 있고 정책의 대상으로 볼 수도 있다. 전자로 이해되면 (34a)처럼 분석되고 후자로 이해되면 (34b)처럼 분석된다.

현대중국어에서 개사 구조 '对(于) ……'의 수식을 받을 수 있는 것은 2음절 2가 추상 명사, 즉 명^2(추상)에 한정된다고 명확하고 분명하게 말할 수 있다.

주요참고문헌

奥田宽(1982)〈论现代汉语形容词的强制性联系和非强制性联系〉,《南开学报》第3期.

冯志伟(1983)〈特思尼耶尔的从属关系语法〉,《国外语言学》第1期.

李洁(1987)〈德国配价理论的发展及成就〉,《外语教学与研究》第1期.

李小荣(2000)〈从配价角度考察介词结构"对于……"作定语的情况〉,《配价理论与汉语语法研究》, 语文出版社.

刘丹青(1987)〈形名同现及形容词的向〉,《南京师大学报》第3期.

陆俭明(1997)〈配价语法理论和对外汉语教学〉,《世界汉语教学》第1期.

吕叔湘(1946)〈从主语宾语的分别谈国语句子的分析〉,《汉语语法论文集》, 科学出版社 1956年.

沈阳(主编 2000)《配价理论与汉语语法研究》, 语文出版社.

沈阳·郑定欧(主编 1995)《现代汉语配价语法研究》, 北京大学出版社.

文炼(1982)〈词语之间的搭配关系〉,《中国语文》第1期.

文炼·袁杰(1990)〈谈谈动词的"向"〉,《汉语论丛》, 华东师范大学出版社.

吴为章(1982)〈单向动词及其句型〉,《中国语文》第5期.

吴为章(1993)〈动词的"向"札记〉,《中国语文》第3期.

袁毓林(1992)〈现代汉语名词的配价研究〉,《中国社会科学》第3期.

袁毓林(1994)〈一价名词的认知研究〉,《中国语文》第4期.

袁毓林(1998)《汉语动词的配价研究》, 江西教育出版社.

袁毓林·郭锐(1998)《现代汉语配价语法研究》(第二辑), 北京大学出版社.

詹卫东(1999)〈一个汉语语义知识表达框架: 广义配价模式〉,《计算语言学文集》, 清华大学出版社.

张国宪(1994)〈有关汉语配价的几个理论问题〉,《汉语学习》第4期.

周国光(1995)〈现代汉语形容词配价研究述评〉,《汉语学习》第2期.

朱德熙(1978)〈"的"字结构和判断句〉,《中国语文》第1—2期.

朱德熙(1983)〈自指和转指〉,《方言》第1期.

朱小雪(1989)〈Gerhard Helbig的价语法理论及其实用语法模式〉,《国外语言学》第1期.

Tesniere, L. (1959)〈Elements de Syntaxe Structurale(结构句法基础)〉(方德义 选译),《西方语言学名著选读》, 中国人民大学出版社 1988年.

제6강

공범주 이론과 공범주 분석

6.1 어법구조 모델의 변화와 공범주 개념의 도입

공범주 개념의 제시는 20세기 중후반기 이래 현대 언어학 이론의 발전, 특히 생성언어학 이론이 어떻게 어법구조 모델과 의미 문제를 해결할 것인지에 관한 논의와 밀접한 관계가 있다. 의미 처리의 관점에서 어법구조 모델은 크게 아래와 같이 몇 가지 변화로 요약할 수 있다.

최초 단계에서 어법구조 모델의 기본 경향은 어법 연구는 의미를 고려하지 않는다는 것이었다.

미국에서 1940년대에 구조언어학 이론이 발전하기 시작한 때부터 1960년대 전, 후에 생성언어학 이론이 출현하기까지 줄곧 의미는 중시되지 않거나 심지어 언어 분석에서 아예 배제되기도 했다. 구조언어학 이론은 아메리카 대륙의 토착 인디언 언어와 같이 완전히 생소한 언어를 연구하면서 발전했기 때문에 당연히 의미 연구를 하기는 어려웠다. 그러나 생성문법 이론도 마찬가지로 의미 문제를 고려하지 않았는데 이는 인류언어의 생성 기제를 밝히는 것이 그 기본 목표였기 때문이다. 언어의 각 부분 중에서 어법구조 형식만이 사람 뇌의 전체 인지체계에서 추상화되어 독립적 체계로 연구가 가능하며 언어의 나머지 부분, 특히 의미는 사람들의 세계에 대한 인지, 즉 소위 백과사전식 지식과 얽혀 있으므로 분리할 수 없다고 보았다. 다시 말해 통사 구조 형식은 철저한 유도와 유한한 방식을 반복 사용함으로써 실현할 수 있는 독립적인 연산체계지만, 의미 지식은 개방적이고 다른 지식과 경계선이 불분명한 체계이므로 의미는 독립적인 체계(의미는 필히 어법구조에 종속된 것)가 아니며 전면적인 연구도 불가능(최대한이라 해도 일부분의 연구만 가능)하다는 것이다. 생성문법 이론의 이런 연구 원칙은 구체적으로 통사론의 자율성(autonomy of syntax)이라 부른다.

이런 관념 속에서 생성문법 이론이 최초로 만든 어법구조 모델(A모델로 표기)에는 아래 (1)의 몇 가지만 포함되는데, 이 중 의미 부분은 없다.

(1) A모델: 어휘부 — 기저부분 PSR

(심층구조 DS)

변형부분 TR

(표층구조 SS)

간단히 말해서 위의 A모델은 기저부분과 변형부분 두 개의 어법규칙 모듈만 포함하며, 별도로 어휘부를 더했다. 기저부분은 주로 구구조규칙(PSR)을 사용해 심층구조(deep structure)를 생성한다. 그리고 다시 변형부분의 변형규칙(TR)을 사용하여 최종적으로 표층구조(surface structure)를 생성한다. 간단한 예문 몇 가지를 통해 어법구조 모듈이 어떻게 완성되는지 볼 수 있다. 예를 들어 아래 (2)의 세 가지 구구조규칙이 있다고 가정해 보자(화살표는 좌측부호가 우측부호로 분해될 수 있거나 우측부호로 구성됨을 나타낸다).

(2) 구구조규칙

1. SP(문장구조) → NP(명사구)+ VP(동사구)

2. NP(명사구) → Det(한정사)+ N(명사)

3. VP(동사구) → V(동사)+ NP(명사구)

이 세 가지 구구조규칙에 근거하여 이 규칙 가운데 말단기호(즉 N, V, Det와 같은 최소 성분 위치)의 요구에 부합하는 단어를 어휘부에서 사용함으로써 (3)과 같은 추상적인 심층 통사 구조 형식을 얻을 수 있다.

(3) a. 심층구조(어휘 전 구조):

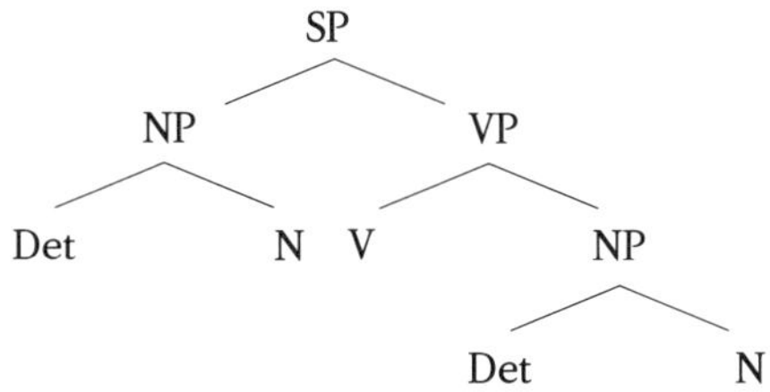

b. 심층구조(어휘 후 구조):

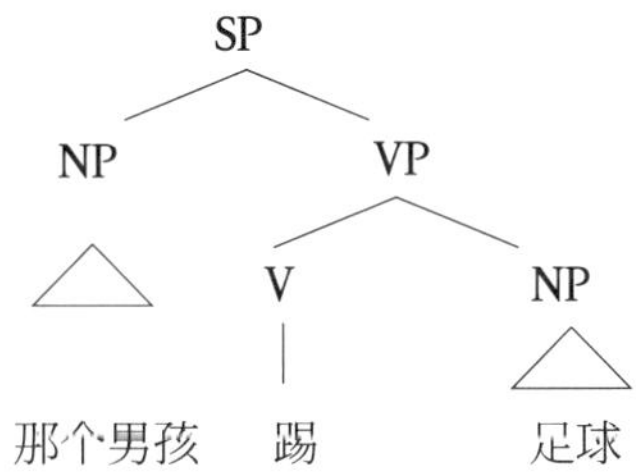

그런데 단지 (3)과 같은 분석 절차라면 생성문법과 구조문법은 별 차이가 없을 뿐 아니라 문장을 생성하는 능력도 너무 약하다. 만약 (3)과 다른 구조, 예를 들어 피동문, 화제문 등을 만나면 끊임없이 새로운 규칙을 세워야만 처리가 가능하다. 그러므로 A모델은 심층구조 이후에 변형부분과 변형규칙(TR)을 만들어 이 문제를 해결했다. 변형규칙은 구구조규칙과 다르다. 구구조규칙은 실제로 'X→YZ'와 같은 분리규칙으로, 쉽게 말하면 좌측의 대부호가 우측의 소부호로 변하거나 좌측의 부호를 우측의 단어로 변형시키는 것이다. 즉, 화살표 좌측의 부호는 우측에 다시 출현하지 않는 것으로 일종의 진화 과정이다. 그러나 변형규칙은 'XY→YX'와 같은 이동규칙으로 화살표 좌측의 부호가 우측에도 필히 남아 있어야 하며(적어도 일부라도 보류), 단지 원래의 부호가 그 위치를 바꿨을 뿐이다. 이는 일종의 변화 과정이다. 게다가 이런 변형규칙 후에도 여전히 직접 (4a)에서 (4b1)과 같은 표층구조를 내보낼 뿐만 아니라, (4a)에서 쉽게 구조 변형을 통해 (4b2)와 같은 표층구조를 형성할 수도 있다. 예를 들면 아래와 같다.

(4) 심층구조 → 표층구조

a. 那个男孩踢足球 (구구조규칙 사용: 심층구조 형성)

b_1. 那个男孩踢足球 (변형규칙 사용: 표층구조 형성)

b_2. 足球那个男孩踢 (변형규칙 사용: 표층구조 형성)

주의할 점은 A모델의 구구조규칙과 변형규칙은 모두 단지 엄격한 통사 규칙일 뿐 의미와 의미해석 규칙은 전혀 없다는 것이다. (3)~(4)의 예문은 모두 의미적으로 적합한 구조이긴 하지만, 구구조규칙(2)에 따르면 '那个男孩踢足球'와 마찬가지로 '足球踢那个男孩' 역시 적합한 구조다. 후자의 오류는 단어 간의 의미 결합 문제에 속하는 것이며, 이 점은 구구조규칙이나 변형규칙이 관여하지 않기 때문이다. 바로 이런 문제 때문에 당시 언어학계에서 '언어학-어법학=의미학'이라는 명언이 나왔는데, 그 뜻은 의미 문제를 어법규칙 안에 두지 말아야 한다는 것이다. 어떤 사람은 아래의 (5~6)을 예로 들면서, (5~6)은 비록 의미상 통하지 않지만 (5a), (6a)는 적어도 어법적으로 합격이고 (5b), (6b)는 기본 규칙에 부합하지 않아 어법상 불합격이라고 했다.

(5) a. Colorless green ideas sleep furiously.

(무색의 녹색의 생각은 미친듯이 잔다.)

b. *Furiously sleep ideas green colorless.

(미친듯이 잠자고 생각은 녹색의 무색이다.)

(6) a_1. 吃三角形 (동사 + 명사)

(삼각형을 먹는다.)

a_2. 石头得了糖尿病 (명사+동사+명사)

(돌이 당뇨병에 걸렸다.)

b_1. *看见们 (동사+명사 접미어)

(들이 보인다)

b_2. *又星 (부사+명사)

(또 별)

다음 단계에서는 어법구조 모델이 크게 수정되었는데, 바로 심층구조에서의 의미 해석이 진행된 것이다. 위에서 언급한 어법구조 모델이 의미를 고려하지 않는 것이 어느 정도 타당하다고 하더라도, 만약 구구조규칙과 변형규칙만 사용한다면 '축구가 남자아이를 한다'와 같은 어법에는 부합하지만 의미가 통하지 않는 문장의 생성을 피하기는 어렵다. 이런 문제를 해결하려면 반드시 문장구조에 의미적 제약을 두어야 한다. 생성문법 이론의 창시자인 미국 언어학자 촘스키는 일찍이 "통사개념은 의미에서 출발하면 안 되지만 통사 연구는 의미적 사실에 부합할 수 있는 것이 가장 좋다. 또한 의미를 서술하는 데 유리할수록 어법에 대한 평가도 높아진다"고 말했다. 그는 어법규칙은 적어도 (7)과 같은 문제를 설명할 수 있어야 한다고 했다.

(7) a. Sincerity may frighten the boy.

(진실함은 이 남자 아이를 놀라게 할 것이다.)

b. *The boy may frighten sincerity.

(이 남자 아이는 진실함을 놀라게 할 것이다.)

이를 위해 생성문법에서는 어법구조 모델을 수정하자는 의견이 제시되었는데, 이는 심층구조가 의미 해석을 결정한다는 D구조가설로 요약할 수 있다. 생성문법 이론은 이 가설에 근거하여 새로운 어법구조 모델인 B모델을 수립하였는데 의미규칙을 더하고 음성규칙도 추가한 것이다. 이는 통사, 의미, 음성으로 삼분된 언어 요소의 틀을 형성하였고 이 틀은 후에 큰 영향력을 행사했다. B모델은 아래 (8)로 나타낼 수 있다.

(8) B모델:

B모델은 A모델과 비교하면 음성부분이 더해진 것 외에도 의미규칙 모듈이 늘어난 것이 주요한 점이다. 게다가 이에 근거해 의미구조를 생성한다. 의미규칙이 주로 심층구조에서 역할을 하기 때문에 심층구조에 표시한다. 의미규칙은 크게 두 부분을 포함하는데, 첫째는 구구조규칙에 따라 어휘부에서 심층구조의 말단 부호 위치에 있는 어휘에 대해 선택제한(selection restriction)을 하는 것이다. 둘째는 구구조규칙이 생성한 심층구조 자체에 대해 의미투사제약(projection rule)을 하는 것이다.

어휘선택제한은 앞서 제4강에서 논의한 의미특징 분석과 유사한 부분이 많다. 예를 들어 '足球踢男孩' 또는 'The boy may frighten sincerity'와 같은 문장의 어휘 연결 문제를 해결하려면 우선 어휘부에서 이런 어휘들에 의미특징 표지를 부가할 방법을 찾아야 한다. 예를 들면 아래와 같다.

(9) N(명사): boy(소년)[+ N, + 가산, + 사람, + 남자, + 미성년……]
N(명사): football(축구)[+ N, + 가산, - 생물, - 추상, + 물체……]
V(동사): play(차다)[+ 동작, + 발로 객체에 닿다, + 사람 주어, + 사물 목적어……]
V(동사): frighten(놀라게 하다)[+ 행위, + 간접적으로 객체에 닿다, + 사람 주어, + 사람 목적어……]

어휘부에서 추출한 어휘를 심층구조에 진입시키기 전에 의미적으로 거른다고 가정해 보자. 예를 들어 먼저 어떤 동사를 선택하고 동사의 의미특징에 따라 요구에 부합하는 관련 명사를 선택하거나 우선적으로 어떤 명사를 선택하고 해당 명사의 의미특징에 따라 요구에 부합하는 관련 동사를 선택하면, 의미특징 선택 제한에 부합하는 각종 어휘들만 최종적으로 구조 수형도의 중간, 말단 부호에 들어가는 것을 보장할 수 있을 것이다. 예를 들어 '男孩踢足球'만 생성하지, '足球踢男孩'는 생성하지 않게 된다.

다음 단계에서 어법구조 모델은 또 심층구조와 표층구조가 공동으로 의미 해석한다는 것으로 변화되었다.

사실 의미 처리의 더 큰 문제는 D구조가설 자체에서 기인한다. 이 가설에 의하면 의미 해석은 심층구조에서만 진행되고, 통사적 변형은 의미에 영향을 미치지 않는다. 따라서 능동문-피동문 등의 구문은 전환된 이후 문장의 의미는 기본적으로 같다. 이 말은 어느 정도의 일리는 있다. 아래의 예를 보자.

(10) a_1. John is easy to please.
→ a_2. It is easy to please John.
b_1. 我吃了点心。
→ b_2. 点心我吃了。
→ b_3. 点心被我吃了。
→ b_4. 我把点心吃了。

위의 예문 (10)의 전환을 거친 문장은 의미에 변화가 있는가? 이 중 어떠한 의미는 확실히 변화가 없다. 예를 들어 '讨好某人(어떤 사람을 기쁘게 한다)' 또는 '某人吃某物(어떤 사람이 어떤 것을 먹는다)'는 앞서 제5강에서 언급한 동사 결합가 관계이며, 후에 논항구조 관계라 부르기도 했다. 즉 '행위자+동작', '동작+객체', '동작+대상' 등의 관계를 말한다. 이런 동사와 명사 간의 의미관계는 구조 변형 후에도 당연히 변하지 않는다. 예를 들어 먹다의 행위자(동작행위자)는 변형하기 전후 시종 행위자이며, 먹다의 대상(먹힌 물체)은 변형 전후로 계속 대상이다. 그러나 만약 이런 의미관계가 단지 모든 의미 중에 하나일 뿐이라면, 변형 전후에 다른 의미 변화가 발생하지 않으리란 법은 없다. 왜냐하면 사실상 변형 형식에 합당하다 해도 의미가 바뀌지 않는 것은 아니기 때문이다. 아래는 변형으로 의미가 변한 것으로 생각되는 예문들이다. 비교해 보자.

(11) a. Einstein has visited Princeton.

b. Princeton has been visited by Einstein.

(12) a. 乡亲们在水灾后又盖起来了新房子。

b. 水灾后新房子又被乡亲们盖起来了。

(13) a. Not many arrows hit the target.

b. Many arrows did not hit the target.

c. The target was not hit by many arrows.

(14) a. Everyone in this room knows two languages.

b. Two languages was known by everyone in this room.

(15) a. The sonata is easy to play on this violin.

b. This violin is easy to play the sonata on.

(16) a. 李大夫用中草药给这位病人治好了胃病。

b. 这种中草药李大夫用它给病人治好了胃病。

c. 这位病人李大夫用中草药给他治好了胃病。

d. 这种胃病李大夫用中草药给病人治好了。

위의 (11~12)에서 능동문과 피동문이 변형된 후, 동사와 명사의 논항 간 의미관계에 변화는 없지만, (11a)는 틀린 문장이다. 그 원인은 '아인슈

타인'은 이미 죽어서 현재 완성의 능동구문을 사용할 수 없기 때문이다. (12)의 능동문과 피동문은 비록 합격이지만, (12a)의 '새 집'은 '모든 집'이 아닐 수 있는 반면에 (12b)에서는 '모든 집'을 가리킨다. (13)의 세 문장의 경우 어휘에는 변화가 없지만 부정사의 출현 위치에 따라 전체 의미가 변할 수 있다. (13a)는 '과녁을 맞춘 화살이 많지 않다'는 의미이고, (13b)는 '많은 화살이 과녁을 맞추었다'를 부정하는 것은 아니며 (13c)는 형식상 (13b)의 피동문이지만 의미는 오히려 (13a)와 비슷하다. (14)는 영어 양사의 위치 및 어순 변화로 의미에 영향을 준 예문이다. (14a)는 '방 안의 사람들이 모두 두 종류의 언어를 이해한다'라는 의미지만, '두 종류의 언어'가 같은 언어를 지칭하는 것은 아닐 수 있다. 예를 들면, 장산은 영어와 중국어를 알고, 리쓰는 중국어와 일어를 아는 등이다. 그런데 (14b)는 '두 종류의 언어는 방 안의 사람들이 모두 이해한다'고 했는데, 여기서 말하는 두 종류의 언어는 동일한 두 종류의 언어를 지칭한다. (15~16)은 영어와 중국어의 화제문 예문으로, 구조 안의 어떤 성분이 화제를 담당하며 문두에 출현해도 해당 명사와 동사의 논항 관계는 변화시키지는 않는다. 예를 들어 어떤 위치에 나타난다 해도 (15)는 모두 (어떤 사람이) 바이올린으로 곡을 연주하는 것이며, (16)의 경우 병을 치료하는 사람은 모두 의사 이씨이고 치료 대상은 모두 환자다. 치료할 병은 모두 위병이며, 치료에 쓰는 것은 모두 한방약이다. 그러나 명사가 문두에 위치하는 데는 적어도 한 가지 기능이 있는데, 바로 해당 단어들이 각기 화제가 되는 것이다. 이런 의미에서 보면 변형된 후의 의미 역시 모두 변한 것이라 할 수 있다.

분명한 점은 이러한 의미 차이를 모두 다 문장의 의미 문제로 본다면, 변형 전후의(심층구조와 표층구조) 의미가 완전히 같은 구조라는 것을 찾기 어렵다. 게다가 만약 심층구조에서 모든 의미문제를 해결하려면 의미규칙 중 포함할 것이 너무 많다. 그리하여 후에 어법구조 모델에서 D구조가설을 포기하고, 심층구조와 표층구조가 함께 의미해석을 진행하는 것으로 변경했다. 가령 위의 (10) 예문 중에서 동사와 명사의 논항 의미 관계를 심층구조에서 처리하는 것 외에 나머지 의미 문제는 모두 표층구조에서 처리한다는 것이다. 이런 의견에 따라 수정한 어법구조 모델(C모델로 표기)은 아래 (17)과 같이 나타낼 수 있다.

(17) C모델: [어휘부] [기저부분]

(D구조) —— [의미규칙]

[변형부분] (의미표현식)

(S구조) —— [의미규칙]

(의미표현식)

마지막으로 어법구조 모델은 다시 필수적인 의미 문제만 논리형태로 해결하고, 나머지 의미 문제는 포기하는 것으로 수정되었는데, 바로 공범주의 의미 해석 기능을 제시한 것이다.

(17)의 C모델은 의미 문제를 두 가지로 나누어 처리했다. 그러면 한 가지 방법으로 의미 문제를 처리할 수는 없을까? 이 문제를 해결하기 위한 유일한 방법은 심층구조의 의미규칙을 모두 표층구조로 옮겨 처리하는 것이다. 바로 이런 관점에서 생각하게 된 것은 심층구조에서 동사와 명사의 논항 간 의미관계만을 처리할 바에는 변형 후의 표층구조에 심층구조 형식을 남길 수 있다면 심층구조에서 의미문제를 해결할 필요가 없다는 것이다. 그래서 표층구조에 흔적(trace)의 개념을 수립할 수 있다고 제시하였다. 흔적은 바로 명사가 이동 후 원래의 위치에 남긴 흔적을 말한다. 심층구조가 완성된 후에 실질적으로 동사 그리고 관련된 명사의 위치가 확정되고 동사와 명사 간의 논항 의미관계, 즉 '행위자-동작', '동작-대상' 등의 관계가 확정되기 때문이다. 변형 후의 표층구조는 이런 명사(NP)가 원래의 위치에서 벗어나거나 이동(movement)을 통해 형성된 것이다. 만약 이동 후 원래 위치에 흔적이 남으면 당연히 표층구조를 통해 심층구조의 형식을 보거나 보유할 수 있다. 흔적은 바로 가장 먼저 제시된 일종의 엄격한 의미의 공범주 개념이다. 아래의 예를 보자(부호 't'는 '흔적', 'i'는 '흔적'과

이동성분의 공지시 관계 표시).

(18) 심층구조:

a_1. [s他看过这本书]

a_2.

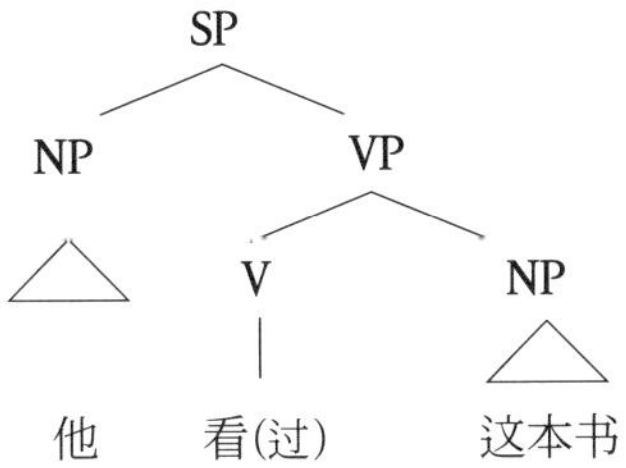

표층구조:

b_1. (这本书$_i$)[s他看(过)t_i]

b_2.

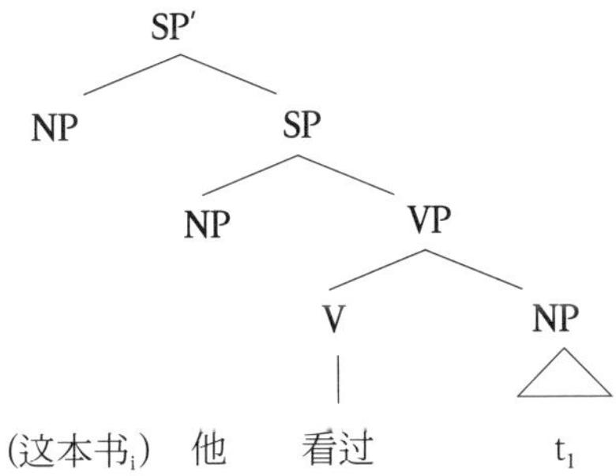

(18b)가 비록 표층구조이지만, '흔적'을 남겼기 때문에 (18a)의 심층구조 형식([ ]안의 구조)뿐만 아니라 심층구조가 결정한 동사와 명사의 논항 간 의미관계도 당연히 표층구조에 두고 처리할 수 있다. 이런 생각은 D구조가설과 비교해 S구조가설이라 부를 수 있다. 흔적을 제시한 것은 S구조가설의 가장 큰 공헌이라 해야 할 것이다. 심층구조의 구조형식을 변화시키지 않고 심층구조의 동사와 명사 간 논항 의미관계를 해석한 것이 바로 S구조가설이 세운 흔적과 같은 공범주의 가장 중요한 기능이다.

이런 기초 위에 어법구조 모델은 일부 조정되었다. 가장 중요한 것은 논리형태(logical form) 부분을 별도로 세운 것인데, 이는 통사구조에서 동사와 명사의 논항 의미관계를 전문적으로 처리하는 데 쓰인다. 논항구조에 대해 충분한 의미 해석을 하려면 구조 내의 각 NP 성분이 부족하지 않아야 하는데, 이 때문에 NP 위치에 단어가 출현하지 않는 공범주의 역할을 반드시 고려해야 한다. 그러면 동사와 명사(내용범주NP와 공범주NP 포함)의 의미관계는 어법구조 모델이 처리해야 할 주요 의미 문제가 된다. 기타 모든 의미 문제는 핵심 형식 밖에 둘 수 있다. 예를 들면 완전한 의미규칙 부분을 세웠지만 핵심 모델에는 관여하지 않는 것이다. 이 어법구조 모델(D모델로 표기)은 아래 (19)와 같이 나타낼 수 있다.

(19) D모델:

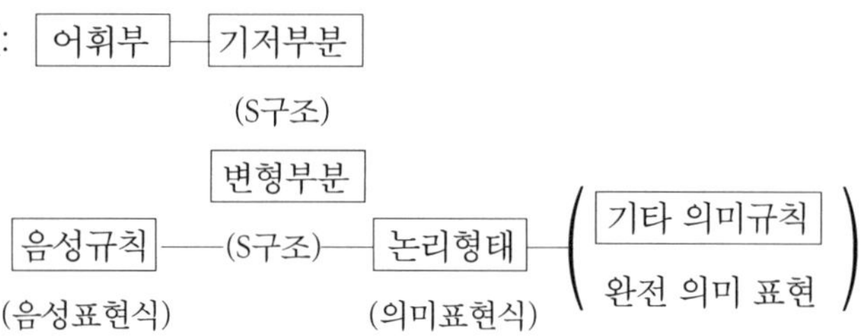

D모델(모델이 거꾸로 쓴 T자를 닮아 T모델이라 칭함)이 바로 후에 널리 알려진 언어 생성 기제를 반영한 어법구조 모델이다. 그림 (19)의 중간 부분(통사, 논리, 음성 세 부분)은 핵심부분으로 연산체계로 부르기도 한다. 옆에 괄호를 추가한 부분(즉, 어휘부, 완전의미)은 모델의 외형부분으로 조절체계로 부르기도 한다. 공범주 연구는 바로 이 모델의 기초에서 발전한 것이다.

6.2 공범주와 공범주의 통사·의미적 특성은 존재하는가?

앞서 언급한 흔적 등 공범주를 만든 목표는 주로 기본 통사 구조 형식을 유지함으로써 심층구조와 표층구조를 모두 변화시키지 않고 동사와 명사의 논항 의미관계에 대해 충분한 의미해석을 하는 것이다. 그러나 다시 말하면 공범주는 단지 사람들이 생각해 낸 일종의 관찰을 통해 통사구조의 개별 성분 위치를 추상화한 방법일 뿐이다. 그렇다면 공범주는 빈자리에 근거해 생각해 낸 개념인가 아니면 객관적인 언어구조에서 확실히 존재하는 것인가? 이는 더욱 논의해야 할 문제다.

공범주의 존재여부는 언어구조에서 어떻게 증명할 것인가? 공범주의 특징은 바로 공(empty)이라는 것이다. 비어 있다면 당연히 원래 없는 것이라고 말할 수 있다. 예를 들어 '나는 먹었다', '사과 두 개를 먹었다'는 그중 무엇이 부족하거나 어떤 위치가 비었다고 말할 수 있으면서 그중 무엇도 부족하지 않고 빈 위치도 없다고 말할 수도 있다. 이 두 문장은 보충하거나 어휘를 더할 수 있다 하더라도 단지 보충하거나 더한 것일 뿐이다. 왜냐하면 보충하거나 더하려면 보충하거나 더해야 할 것이 상당히 많을 것이고 만약 모두 공범주라면 그 문장 안의 공범주는 너무 많아 경계가 없을 것이기 때문이다. 더욱이 앞서 말한 구조주의 어법이론은 언어의 의미 연구를 중시하지 않으며, 언어구조 성분은 음성형식만 있고 의미내용은 없다고 말하고 있다. 현재 생성문법 이론이 제시한 공범주는 음성형식도 없다고 하니 물리적으로 존재하지 않는데 어떻게 존재를 증명할 수 있겠는가?

여기에서 핵심 문제는 바로 공범주의 공(空)을 어떻게 볼 것인가이다. 수학에서의 '0'처럼 자연수로 보면 '공'도 완전히 객관적인 현실성을 가지지 않는다고 말하기 힘들다. 이는 중국어 표준어 발음 구조에서의 영성모 현상과 비교할 수 있다. 영성모에서 '영'의 의미는 '공'이다. 그러나 실제 체계적으로 봤을 때 중국어의 모든 발음은 성모를 포함한다 생각할 수 있으므로 '영' 역시 일종의 성모라는 사실 외에 실제 더욱 직접적인 증거를 찾을 수 있다. 음성 실험에서 중국어의 모든 영성모 음절 시작 부분에 경미한 마찰의 반모음 또는 후색음이 존재하며 또한 연속 음절 중 이 부위의 음성성분에도 전형적인 성모 음절 간의 역할이 있음을 증명했다. 이것으로 영성모가 실제 객관적으로 존재하며 진정한 '영'이 아니라는 것을 증명할 수 있다.

언어학자들은 공범주의 객관적인 존재를 몇몇 방법으로 증명하려 했다. 예를 들면 영어의 'wanna'실험으로 공범주가 통사 성분으로 존재함을 증명했는데, 아래의 예를 비교해 보자.

(20) a_1. Who do you want to see?

a_2. Who do you wanna see?

b_1. Who do you want to see Bill?

b_2. *Who do you wanna see Bill?

위의 (20a)와 (20b)는 모두 동사구 'want to'가 포함되어 있지만 재미있는 것은 ($20a_2$)의 'want to'는 연속해서 'wanna'가 되는데 ($20b_2$)는 안 된다. 이것은 무슨 이유일까? 자세히 분석해 보면 (20a)의 'who(누구)'는 'see(보다)'의 대상이다. 다시 말해 'see'의 목적어 위치가 문두로 옮겨 간 것이다. 그런데 (20b)의 'who'는 오히려 'want'의 객체로, 'want'의 목적어 위치에서 문두로 이동한 것이다. 이는 'who'가 만약 문미에서 이동해 오면 'want to'의 연속 사용에 영향을 미치지 않지만, 문장 가운데서 이동하면 'want to'의 연속 사용에 영향을 미친다는 것으로 결론지어진다. 다시 말해 비록 (20)에서 'want'와 'to' 중간에 어떤 성분이 보이지는 않지만, 사람들은 (20a)와 같은 문장을 보면 심리적으로 'want'와 'to' 중간에 원래 성분이 존재하지 않는다고 생각하고 연속 사용해서 합성할 수 있다. 그러나 (20b)와 같은 문장은 사람들이 심리적으로 'want'와 'to' 중간에 원래 성분이 있다고 생각하므로 'want'와 'to'의 연속사용을 막는 것이다. 언어구조에 이런 보이지 않지만 객관적으로는 존재하는(심리적 존재)하는 성분이 있으니 이는 바로 흔적 t가 존재함을 증명하는 것이다. (20)의 상황은 (21)로 표시할 수 있다. ('t'는 흔적 공범주)

(21) a. Who do you want to see (t_i)?

b. Who do you want (t_i) to see Bill?

위의 설명은 통사적으로 언어구조에 공범주가 있음을 증명한 것이고, 아래의 예는 공범주가 의미해석상에도 중요한 역할을 하므로 의미성분으로 존재하고 있음을 증명하고 있다. 비교해 보자.

(22) a. John is too stubborn to talk to.

b. John is too stubborn to talk to him.

위의 (22) 두 예문의 구조형식은 차이가 별로 없고 단지 뒤에 'him'이 더 있을 뿐이다. 그러나 이 두 문장의 의미가 다르기 때문에 이것은 생략으로 볼 수 없다. (22a)는 '존은 너무 고집이 세서 아무도 그와 얘기하고 싶어하지 않을 정도다.'라는 뜻이고, (22b)는 '존은 너무 고집이 세서 다른 사람과 얘기하고 싶어하지 않을 정도다.'라는 뜻이다. 이 두 문장이 이런 차이를 가지는 원인은 분명하다. 왜냐하면 (22a)의 'John'은 문미(talk to 뒤)에서 이동한 것이라 'talk to' 뒤에는 틀림없이 흔적 t가 있다. 그러나 (22b)의 'John'은 'talk to' 뒤에 'him'이 따로 있기 때문에 문미에서 이동한 것이 아니다. 바로 그런 이유로 (22a)의 'talk to'의 대상은 흔적 t으로 대표되는 이동 성분 'John'이고, (22b)의 'talk to' 대상은 원래 위치의 'him'이다. 만약 (22) 두 문장의 'talk to' 뒤에 모두 성분이 있고 그 두 성분이 다름(그중 하나는 흔적 t)을 인정하지 않는다면 이 두 문장의 담화대상 차이를 설명할 수 없다. 의미적으로 적어도 흔적과 같은 공범주가 틀림없이 존재함이 증명되는 것이다.

(23) a. John_i is too stubborn to talk to (t_i).

b. John_i is too stubborn to talk to him_j.

더 나아가 사실 (22), (23)은 흔적 t의 객관적 존재를 증명했을 뿐만 아니라 공범주가 실제 서로 다른 모델임을 증명했다. 위 두 문장의 'talk to' 뒤에 말하는 대상이 있고 그중 하나는 흔적 t로 대표되는 'John'과 다른 하나는 'him'이다. 그렇다면 'talk to' 앞의 어휘는 출현하지 않지만 의미적으로 당연히 말하는 화자가 있음을 추론할 수 있다. 그런데 흥미로운 것은 이 두 문장들의 'talk to' 화자도 다르다는 것이다. 즉 (22b), (23b)에서는 존이며, (22a), (23a)에서는 다른 사람이다. 이는 바로 두 문장의 'talk to' 앞에 공범주 성분이 있을 뿐만 아니라 의미적으로 각각 지시하는 바가 있음을 보여 준다. 물론 이런 공범주는 'talk to' 뒤의 이동성분이 만든 흔적 t와 다르며 본래 그곳에 있던 것이다. 이런 원래 위치에 존재하는 공범주는 비가시적 공범주('P'로 표시)라 한다. 비가시적 공범주가 왜 서로 다른 사람을 표시할 수 있는가의 문제에 있어서 일반적으로 비가시적 공범주는 늘 문장 내에 나타나기 때문에 의미상의 지시는 문장 내 비이동 대주어 명사의 제약을 받아야 한다. 예를 들면 (22b), (23b) 중의 화자는 대주어 John의 제약을 받아서 John이다. (22a), (23a)의 경우 비록 문두에 대주어 'John'이 있지만 'talk to' 뒤에서 옮겨 왔기 때문에 흔적 t와 공지시하며 따라서 비가시적 P를 다시 제약할 수 없다. 이런 제약을 벗어난 비가시적 P는 다른 사람을 지칭할 수 있을 뿐만 아니라 임의지시이므로 아무나 지칭할 수 있다. 이것도 왜 두 문장의 화자가 하나는 존, 하나는 다른 임의의 사람인지를 설명한다. (22), (23)의 이런 차이는 나아가 (24)로 표기할 수 있다. 비교해 보자.

(24) a. $John_i$ is too stubborn (P_k) to talk to (t_i).

b. $John_i$ is too stubborn (P_i) to talk to him_j.

중국어의 언어구조에도 모종의 공범주가 존재하는 예를 찾을 수 있다. 예를 들어 아래의 (25)에서 두 개의 구가 보기에는 같지만(적어도 읽기에 같음) 실제 다른 의미를 가질 수 있다. 이런 현상에 대한 유일한 해석은 바로 구조에 공범주가 존재하고 심지어 서로 다른 공범주가 존재한다는 것이다. 비교해 보자.

(25) a. 买菜的篮子 = 他买菜的篮子/(e)买菜的篮子

b. 买菜的篮子 = 买菜的人的篮子/(t_i)买菜的(e_i)(的)篮子

위의 몇 가지 예들은 언어구조에 존재하는 공범주의 전형적인 예를 증명하는 것이다. 이 예문들의 흔적 t와 비가시적 P를 포함한 공범주는 모두 음운형식이 없고 보이지 않는다 해도 객관적으로 존재함을 부인하기 어렵다. 한 걸음 물러서 말하면 적어도 이 예문들은 우리에게 공범주가 있고 나아가 다양한 모델의 공범주가 있으며, 공범주가 통사구조와 의미표현상의 차이를 더욱 잘 설명해 주거나 혹은 이 구조들과 의미의 차이는 사실 공범주가 결정하는 것임을 알려 준다.

위에서는 언어구조에 공범주가 존재할 뿐만 아니라 다양한 공범주가 있다고 말했다. 그렇다면 어떻게 공범주임을 확정하고, 다른 공범주와 어떻게 구별할 수 있을까? 영어 등 형태가 풍부한 인구어의 경우 공범주를 확정하는 것은 그래도 비교적 간단하다. 위에서 언급한 예들을 보면 소위 공범주라는 것은 동사 전후에 출현하지 않은 명사 주어와 명사 목적어라는 인상을 준다. 인구어에서 이런 위치의 확정은 간단하다. 왜냐하면 형태가 풍부한 언어는 대개 주술 일치(N-V agreement) 관계와 동목 의존(V-N bounded) 관계가 존재하기 때문이다. 영어와 같은 언어의 주어, 목적어는 쉽게 확정되니 당연히 공범주도 쉽게 확정된다. 즉 주어, 목적어 위치에 어휘가 나타나지 않을 때 이 위치가 바로 공범주다. 영어에서의 공범주는 주로 위에서 말한 두 부류다. 하나는 이동으로 생긴 흔적 t로, 비유하자면 사람이 외출하고 남은 빈집이라고 할 수 있겠다. 다른 하나는 함축적으로 생긴 비가시적 P(정식명칭은 PRO)인데, 비유하자면 호구 등록은 되어 있지만 아무도 살지 않는 빈집이라 할 수 있다.

영어에서 이동이 만든 흔적 t는 주로 동사 뒤의 목적어 위치를 가리키며, 모두 명사 목적어가 앞으로 이동하여 형성된 것이므로 일종의 목적어 공범주이다. 당연히 영어의 이동에는 두 가지 상황이 있다. 하나는 문장의 가장 앞쪽으로 이동하는 것으로, 예를 들면 의문문 이동, 화제문 이동과 같은 것이다. 이런 이동이 남긴 흔적은 또 WH 흔적이라 부른다. 그리고 다른 하나는 문장의 주어 위치로 이동하는 것으로 예를 들면 피동문 이동이다. 이렇게 남겨진 흔적은 NP 흔적이라 부른다.

(26) a. Who_i did you see t_i? —WH 흔적

b. The $house_i$ was sold t_i. —NP 흔적

영어에서 비가시적 P는 일종의 주어 공범주다. 영어의 한정동사 주어는 생략이 불가능하며, 비정형동사(부정사) 앞에는 오히려 명사 주어가 출현할 수 없다. 그래서 비가시적 P는 주로 비정형 동사 앞의 주어 위치다. 비가시적 P에도 두 종류의 상황이 있다. 하나는 지시하는 바가 주절 주어의 통제를 받는 것으로 제약적 P라 부른다. 다른 하나는 지시하는 바가 주절 성분의 통제를 받지 않는 것으로, 비제약적(임의지시) P라 부른다. 예를 들면 다음과 같다.

(27) a. I_i try P_i to learn Japanese. — 제약적 P

b. P_j to learn Japanese is difficult. — 비제약적 P

6.3 어떻게 기저 논항 구조를 세우고 다양한 공범주를 확정할 것인가?

위에서 말한 영어의 확정적인 공범주와 비교하면 중국어와 같은 언어에서 공범주를 확정하는 것은 비교적 복잡할 것이다. 왜냐하면 공범주를 어휘가 나타나지 않는 주어와 목적어 위치로 본다면 우선 중국어에서 무엇이 주어이고 무엇이 목적어인지 확정하기 어렵기 때문이다. 중국어의 어법구조는 영어처럼 주술 일치 관계와 동목 의존 관계가 없고 목적어는 자주 생략되어 언급되지 않을 수 있다. 또한 술어 동사 앞에 출현하는 명사가 때

로 바뀌기도 하고 때로는 무더기로 있을 수도 있으며, 모든 명사가 때로는 개사류와 같은 표지가 없을 수도 있기 때문이다. 이렇게 되다 보니 어느 것이 진정한 주어이고 목적어인지, 또는 주어 위치와 목적어 위치가 몇 개 있다고 해야 하는지 당연히 확정하기 어렵다. 아래 예를 보면 대체 어느 단어가 주어인지 또는 몇 개의 주어가 있는지 아마 의견이 다를 것이다.

(28) a_1. 弟弟吃了。

a_2. 苹果吃了。

a_3. 苹果 弟弟吃了。

b. 这件事 我 现在 脑子里 一点印象 也没有了。

그래서 중국어의 공범주를 확정하려면 우선 중국어의 주어와 목적어를 확정해야 한다. 다시 말해 반드시 중국어 동사의 기본구조 형식을 세워야 한다. 즉 논항구조 형식은 기본구조에 근거해야만 그중 어느 위치가 주어인지 어느 위치가 목적어인지 알 수 있으며 이로써 공범주의 위치를 확정하는 것이다. 어떤 학자(沈阳, 1994)는 아래 (29)의 원칙을 채택하여 기본구조를 세웠다.

(29) 동사 기본구조의 분석 순서: 낱개 동사(V)의 기본구조 형식은 동사와 아래 수량 및 위치조건 제약에 부합하는 명사(NP)로 구성

1. 예비 선정 NP원칙: 구조에 출현하는 명사성 성분은 모두 예비 선정 NP
2. V 앞 NP원칙: 모든 예비 선정 NP는 동사 앞에 무표지(unmarked)로 출현할 수 있으며, 이는 V 앞 NP(주어)이다.
3. V 뒤 NP원칙: 모든 예비 선정 NP는 동사 뒤에 출현할 위치(occupied)가 있으며, 이는 V 뒤 NP(목적어)이다.

예비 선정 NP원칙의 경우 낱개 동사 구조에 들어올 수 있는 NP는 우

선 의미유형의 제약을 받지 않으며, 개사에 관계없이 하나 또는 최대 가능한 수량을 고려할 수 있다. 예를 들어 아래 낱개 동사 '洗'로 구성된 구조에서 (30a)에는 명사가 하나도 출현하지 않는 반면 (30b)에는 오히려 5개의 명사가 있다. 그렇다면 후자의 명사 5개는 모두 예비 선정NP(즉 주어 혹은 목적어 충당) 자격으로 여길 수 있다.

(30) a. 洗了。

b. 昨天 他 在家里 用洗衣机 洗 衣服。

V 앞 NP원칙의 의미는 같은 구조에 들어오는 최대 수량의 예비 선정NP 중 반드시 하나의 V 앞 NP를 찾는 것으로, 이것이 바로 주어다. V 앞 NP의 특징은 동사 앞에 출현할 수 있으며 개사(피동 표지 '被, 给'제외)는 올 수 없는 것으로 정의할 수 있다. 아래의 예문 중 동사 앞에는 모두 명사 하나만 출현하지만, (31a)의 '他'만 V 앞 NP조건에 부합(즉 개사를 부가할 수 없음)한다. 따라서 주어로 확정할 수 있다. 나머지 (31b-g)의 명사는 개사가 이미 있거나 개사가 올 수 있기 때문에 모두 주어가 아니다. 그러나 이들은 주어가 아닐 뿐이지 이것이 이들 구조에 주어가 없다는 것을 의미하지는 않는다. 왜냐하면 이런 구조에서 실제 모두 (31a)의 '他'와 유사한 성분을 더할 수 있기 때문이다. 이는 이 구조들이 틀림없이 V 앞 NP의 위치가 하나 있음을 설명한다.

(31) a. 他洗了那几件衣服。

b_1. 在车站碰到了朋友。

b_2. 我(在车站)碰到了朋友。

c_1. 跟老李商量那件事。

c_2. 我(跟老李)商量那件事。

d_1. (在)昨晚看了一个电影。

d_2. 他(昨晚)看了一个电影。

e_1. (对)那事已没什么印象。

e_2. 我(对那事)已没什么印象。

f_1. (把)信寄走了。

f_2. 我(把信)寄走了。

g_1. (关于)那起事故已写了报告。

g_2. (关于那起事故)我们已经写了报告。

물론 (31)의 확정된 주어가 모두 인칭명사이기 때문에 중국어에는 인칭 행위자 명사만이 주어를 담당할 수 있다고 생각해서는 안 된다. 아래 (32)의 동사 앞 명사는 의미적으로 시간, 장소, 관계 대상을 나타내지만 마찬가지로 V 앞 NP의 조건에 부합하므로 주어다.

(32) a. 三年过去了。

b. 北京在中国的北方。

c. 那衣服值不少钱。

V 뒤 NP원칙은 두 가지 의미를 포함한다. 하나는 어떤 의미류의 명사가 V 뒤 NP 위치에 들어갈 수 있을 것인가로, 즉 몇 종류의 목적어가 있을 수 있는지를 말한다. 둘째는 동사 뒤에 몇 개의 명사가 동시에 놓일 수 있을 것인가로, 몇 개의 목적어 위치가 있을 것인가를 말한다.

어느 것이 들어갈 수 있는가는 이미 확정된 주어 명사를 배제한 후, 모든 예비 선정 NP 중 동사 뒤에 출현할 수 있기만 하면 어느 의미유형이든지 모두 V 뒤 NP에 속하는 목적어다. 아래 예문에서 각 의미유형의 명사는 모두 동사 뒤에 진입할 수 있으므로 모두 V 뒤 NP 목적어로 볼 수 있다.

(33) a. 受事宾语: 吃面条 / 洗衣服

피행위물 목적어: 국수를 먹다/옷을 세탁하다

b. 工具宾语: 吃火锅 / 写毛笔

도구 목적어: 샤브샤브를 먹다/붓글씨를 쓰다

c. 结果宾语: 包饺子 / 写文章

결과 목적어: 만두를 빚다/글을 쓰다

d. 目的宾语: 考博士 / 排车票

목적 목적어: 박사에 응시하다/차표를 사려고 기다리다

e. 对象宾语: 教孩子 / 送学校

대상 목적어: 아이를 가르치다/학교에 보내다

f. 方式宾语: 吃快餐 / 存活期

방식 목적어: 패스트푸드를 먹다/보통예금을 하다

g. 处所宾语: 去上海 / 放桌上

장소 목적어: 상하이에 가다/책상 위에 놓다

동시에 몇 개의 목적어가 올 수 있느냐는 몇 개의 의미류 명사들이 동사 뒤에 올 수 있는가를 고려하면서, 동사 뒤 목적어 위치에 몇 개가 동시에 올 수 있는가를 봐야 한다. 왜 이렇게 해야 하는가? 일반적으로 중국어에서 동사 뒤에 올 수 있는 명사 개수와 동사 뒤에 놓일 수 있는 목적어 위치의 수가 일치하기 때문이다. 예를 들어 어떤 동사는 뒤에 명사가 하나도 오지 못한다. 이 경우 물론 목적어 위치도 없다. 이것이 바로 자동사(V^1로 표기)다. 어떤 동사는 뒤에 명사 하나가 올 수 있으며 물론 목적어 위치도 하나만 갖는다. 이것이 바로 단일목적어 동사(V^2로 표기)다. 그리고 어떤 동사는 두 개의 명사가 올 수 있으며 목적어 위치도 두 개이므로 이중목적어 동사(V^3으로 표기)라 한다. 각기 예는 (34), (35), (36)과 같다.

(34) V^1구조;

a. 孩子们在游泳。

b. 爸爸又咳嗽了。

c. 这些人醒悟了。

(35) V^2구조:

a. 他洗了那几件衣服。

b. 他创造了新的纪录。

c. 工厂又扩充了设备。

(36) V^3구조:

a. 他泼了小张 一身水。

b. 爸爸挂墙上 一幅画。

c. 老师送了我 一本书。

그러나 때로 중국어에는 같은 동사 구조에서 V 뒤에 들어올 수 있는 여러 의미류의 명사 개수가 동사 뒤 목적어의 위치 개수보다 많을 수 있다. 즉 어떤 것이 올 수 있는가 원칙에 근거해 찾아낸 명사가 많고 동시에 몇 개가 올 수 있는가 원칙에 근거해 얻는 위치는 적은 경우다. 이런 상황은 중국어 동사 구조의 특수한 현상이다. 즉 목적어 위치는 하나인데 목적어로 사용될 명사의 의미유형이 하나보다 많다고 할 수 있다. 바꿔 말하자면 여러 개의 목적어 위치가 있는데, 외현적인 목적어 위치가 하나일 뿐이고 나머지는 내현적 목적어 위치인 것이다. 바로 이런 이유 때문에 목적어 위치보다 많은 목적어 명사가 만약 하나의 구조에 동시에 나타난다면 목적어 위치 수에 부합하는 명사는 외현적 목적어 위치에 올 수 있고, 나머지 명사는 들어갈 수 없게 된다(반드시 동사 앞에 놓여야 한다). 이런 구조는 하나의 목적어 위치에 다양한 의미역이 출현하는 동사구조라 한다. 예를 들면 아래와 같다.

(37) a. 我浇了花(피행위물 목적어)/ 我浇了水(재료 목적어)/ 水浇了花 / 花浇了水

b. 我吃午饭(피행위물 목적어)/ 我吃食堂(장소 목적어)/ 午饭吃食堂 / 食堂吃午饭

왜냐하면 위에서 말한 하나의 목적어 위치에 다양한 의미역이 출현하는 구조는 구조 중의 목적어 수에 대해 영향을 미칠 뿐 구조의 목적어 위치(외현적 목적어 위치)에는 영향을 주지 않는다. 따라서 위의 세 원칙에 따라 중국어의 기본동사구조 형식을 수립할 수 있는데 바로 동사와 명사(주어, 목적어) 조합으로 구성된 최소단위의 추상적인 구조 형식이다. (38)처럼 표시할 수 있다.

(38) 중국어 기본동사 구조 형식

SP_1(자동사 구조): [NP_1 V^1]

SP_2(단일목적어 구조): [NP_1 V^2 NP_2]

SP_3(이중목적어 구조): [NP_1 V^3 NP_2 NP_3]

(38)과 같은 중국어의 추상적인 동사구조 형식이 생기면서 비교적 엄격하게 중국어 동사 구조의 공범주를 확정할 수 있게 되었다. 중국어의 공범주는 동사의 추상적인 구조가 규정한 NP위치(즉 주어 또는 목적어 위치)에 구가 출현하지 않는 상황이라 말할 수 있기 때문이다. 구조에서 통사성분에 상관없이 동사가 있음이 보이기만 한다면 동사의 추상적인 구조 형식에 근거해 이 동사구조에 상응하는 NP위치가 존재함을 인정할 수 있다. 만약 이 위치에 앞에 언급한 V 앞 NP 또는 V 뒤 NP조건에 부합하는 구가 출현하지 않는다면 공범주로 표현된 것이다.

예를 들어 동사의 추상적 구조에 근거하면 이미 알고 있는 동사 '洗'는 V^2로 앞뒤에 각각 하나의 NP위치가 있다. 그렇다면 아래 (39) [ ] 안에 표시한 구조의 NP위치에 구가 나타나지 않은 것은 공범주가 존재하는 것으로 인정할 수 있게 된다. (모든 공범주 위치를 'e'로 임시 표시)

(39) a. [s 他洗了e]

b. [s e 洗了e]

c. [s (那几件衣服)他洗了e]

d. [s 他(把那几件衣服)洗了e]

e. (他打算) [s e 洗那几件衣服]

f. (父母嘱咐他) [s e 洗那几件衣服]

중국어의 공범주는 물론 여러 유형이 있을 것이다. 그러나 중국어는 영어와 같이 주술 일치 관계와 동빈 의존 관계에 따라 공범주를 확정할 수 없기 때문에 중국어 공범주의 분류도 반드시 다른 기준이 있어야 한다. 예를 들어 (39)의 공범주는 비록 모두 비어 있지만 그 특징은 같지 않거나 비어 있는 원인이 다르다. 그중 (39a—b)는 동사 앞뒤의 NP위치인 주어, 목적어 위치에 부분 또는 전체 구가 임시적으로 나타나지 않는다. (39c—d)의 V 뒤 NP위치인 목적어 위치에도 역시 구가 나타나지 않지만 이는 구조의 다른 위치로 이동한 것이다. (39e—f)의 경우 V 앞 NP위치인 주어 위치에 구가 없는데 이는 임시적으로 출현 안 한 것도 아니고 다른 곳으로 이동한 것도 아니다. 아예 근본적으로 출현할 수 없는 것이다.(더 큰 구조 내의 의미 공지시 성분은 다른 동사의 NP로 최소 구조 내 '洗'의 V 앞 NP와 무관하다.) 이와 같은 다양한 특징으로 중국어의 공범주를 크게 세 부류로 나눌 수 있다.

(39a—b)의 공범주는 생략형 공범주라 부를 수 있으며, 공범주 e로 표시한다. 그 특징은 다음과 같다. 첫째, V 앞 NP 또는 V 뒤 NP가 주어, 목적어 위치에 출현하지 않으며 구조 내의 다른 위치에도 출현하지 않는 것이다. 둘째, 관련된 구가 빈 자리에 들어가 보충할 수 있다. 그래서 공범주 e는 통사적으로 자유로운 공범주다. (39c—d)에서의 공범주는 이동형 공범주라 부를 수 있으며, 흔적 t로 표시한다. 첫 번째 특징은 V 앞 NP 또는 V 뒤 NP를 충당할 수 있는 구가 구조 내 다른 위치로 이동하여 주어, 목적어 위치에 출현하지 않는다는 것이다. 둘째는 이 구의 원래 위치에는 절대 같은 형태의 구를 보충할 수 없다. 흔적 t는 통사적으로 자유롭기도 하고(원래 위치로 이동 가능) 제약받기도 한다. (39e—f) 내의 공범주는 비가시적 공범주로 부를 수 있으며, 비가시적 P로 표시한다. 그 첫 번째 특징은 V 앞

NP 또는 V 뒤 NP를 충당할 수 있는 구가 주어, 목적어 위치에 출현하지 않으며 다른 위치에도 출현하지 않는다. 둘째, 이 구의 원래 위치에는 절대 같은 형태의 구를 보충할 수 없다. 그중 첫 번째 특징은 공범주 e와 유사하며 흔적 t와는 구별된다. 두 번째는 흔적 t와 유사하며 공범주 e와는 구별된다. 비가시적 P는 구조 내의 어떤 성분과도 통사적인 연계가 없으므로 통사적인 강제성에 따르는 것이다. 이렇게 위의 (39)는 아래 (40)과 같이 새롭게 표시할 수 있다.(아래 표시는 의미지칭만 나타낸다.)

(40) a. [s 他$_i$ 洗了e$_j$]
b. [s E$_i$ 洗了e$_j$]
c. [s (那几件衣服$_j$)他$_i$ 洗了t$_j$]
d. [s 他$_i$(把那几件衣服$_j$)洗了t$_j$]
e. (他$_i$打算)[s P$_i$ 洗那几件衣服$_j$]
f. (父母$_i$嘱咐他$_j$)[s P$_j$ 洗那几件衣服$_k$]

중국어의 공범주를 위에서 말한 세 부류로 나누었는데 영어 등 인구어의 공범주와 일치하는 부분도 있고 일치하지 않는 부분도 있다. 예를 들어 이동으로 인한 흔적 t와 함축적으로 만들어진 비가시적 P가 모두 있다는 것은 인구어와 같다. 그러나 다른 점도 있다. 중국어의 비가시적 P는 비정형동사에 근거해 확정한 것이 아니다. 그 이유는 중국어가 근본적으로 정형과 비정형동사의 구분이 없기 때문이다. 따라서 절대로 구를 보충할 수 없는 것과 같은 변칙적인 기준을 채택할 수밖에 없다. 그리고 중국어에 공범주 e를 추가한 것은 중국어의 특징을 고려해서이다. 영어와 같은 언어의 주어, 목적어는 모두 생략이 불가능하다. 하지만 중국어의 경우 주어와 목적어가 자주 출현하지 않기도 한다. 확정된 주어나 목적어의 위치에 구가 출현하지 않는 것이 공범주의 성질이므로 당연히 생략형을 포함시키지 않을 수 없다.

6.4 공범주 및 어법적 동일구조 분석과 성분 추출 분석

앞에서는 중국어의 공범주를 세우고 다양한 유형의 공범주를 구별하였다. 이어서 논의할 문제는 바로 공범주는 도대체 중국어 어법연구에서 어떤 쓸모가 있는가이다. 공범주의 이동, 비가시적 공범주 등은 본 책 뒷부분에 별도로 논의의 장이 있기 때문에 이 절에서는 공범주가 갖고 있는 보편적 역할의 예를 몇 가지만 들어 논하고자 한다.

먼저 공범주와 어법적 동일구조 분석에 대한 문제를 말해 보자.

앞에서 공범주를 확정하는 기본적인 역할은 두 가지가 있다고 언급했다. 하나는 최대한 통사구조의 일치성을 보장하는 것이다. 즉 공범주를 통해 동일한 동사는 모두 같은 심층구조 형식을 갖도록 보장하는 것이다. 둘째는 최대한 의미해석의 일치성을 보장하는 것이다. 즉 공범주를 통해 구조 내의 모든 NP위치에 언제나 어법성분이 있음을 보장하고 이로써 논항 간의 의미관계를 해석하는 것이다. 이 두 가지는 중국어의 어법적 동일구조 분석에서 드러난다.

소위 말하는 어법적 동일구조 문제란 두 구조의 통사형식이 같은지, 기본 의미관계가 같은지를 어떻게 판단할 것인가이다. 즉 어법적 동일구조는 서로 다른 층차의 기준이 있다. 예를 들어 '빵을 먹는다'와 '옷을 입는다'는 같은 구조로 모두들 쉽게 이해할 것이다. 그러나 '빨리 가다'와 '좋은 책'은 같은 구조이지만, 쉽게 이해하지 못할 것이다. 사실 이 두 구조는 같은 구조로 볼 수 있지만 그 채택한 기준이 다르다. 앞의 두 구조는 모두 '동목'이고 동사와 명사의 의미관계가 일치하므로 협의의 동일구조다. 그러나 뒤의 두 구조는 수식관계이므로 동일구조이지만 내부적으로는 각각 부사어 수식과 관형어 수식으로 다르며 의미관계도 공통점이 없으므로 광의의 동일구조로만 볼 수 있다.

공범주 분석을 통해 더욱 엄격하고 체계적인 동일구조 개념을 세울 수 있다. 예를 들어 구조주의 어법의 층차 분석에 따라 보면 아래 (41)의 각 예들은 동일구조다. 동사가 같고 모두 주술구조이기 때문이다. 그런데

(42)의 각 예들은 상이한 구조다. 동사는 같지만 보기에 어떤 것은 주술구조이고, 어떤 것은 동목구조, 주술술어구조 혹은 이중목적어구조인 것처럼 보인다. 비교해 보자.

(41) a. 小李去过了。
b. 去年去过了。
c. 北京去过了。

(42) a. 客人来了。 b. 来客人了。
c. 客人来家里了。 d. 家里来客人了。
e. 家里客人来了。 f. 来家里位客人。

사실 위의 문장을 동일구조 또는 상이한 구조라고 말하는 것은 층차적인 동일구조 측면에서의 분석일 뿐 엄격한 의미의 동일구조나 다른 구조 분석은 아니다. 실제로 (41)의 예문들을 직감적으로 동일구조라 보는 것이지 사실 이들 예문은 엄격한 기준에서의 동일구조가 아니며 기본 의미(논항 간의 의미관계)는 차이가 매우 크다. 또한 (42)는 상이한 구조로 보는데 사실 이 구조들은 밀접한 관계가 있으며 기본 의미(논항 간의 의미관계)에서도 큰 차이가 없다. 만약 동일구조 분석에서 이런 상이하고 동일한 부분이 모두 드러나야 한다면 반드시 공범주 개념을 도입해야 한다.

예를 들어 공범주로 동일구조 확장 분석을 할 수 있다. 왜냐하면 이미 '来(오다), 去(가다)'가 모두 V^2(단일목적어 동사)로 그 기본구조 형식과 동사, 명사의 의미관계가 '[s $NP_{1주체}$ V^2(来/去) $NP_{2장소}$]'임을 안다면 (41)은 이런 기본구조 형식과 기본 의미관계가 동일구조가 아님이 분명하다. 왜냐하면 기본구조가 규정한 V 앞 또는 V 뒤 NP위치 조건에 부합하는 구가 나타나지 않았기 때문이다. 만약 (41)이 그래도 동일구조라고 한다면 기본구조 형식의 확장된 동일구조로만 말할 수 있겠다. 확장된 동일구조는 구가 나타나지 않는 NP위치가 있을 수 있다는 것과 출현한 구가 꼭 NP위치 성분이 아닐 수도 있음을 인정한다. 확장된 동일구조는 바로 공범주(주로는 생략형e)를 넣은 동일구조다. (41)의 층차적 동일구조와 아래 (43)의 확장된 동일구조를 비교해 보자.

(43) a_1. 小李去过了 ← a_2. [s 小李 去过了 e]
b_1. 去年去过了 ← b_2. [s (去年)e 去过了 e]
c_1. 北京去过了 ← c_2. [s (北京)e 去过了 t]

또 다른 상황은 공범주로 동일구조 변형 분석을 하는 것이다. 마찬가지로 '来(오다), 去(가다)'가 모두 V^2(단일 목적어 동사)로 그 기본구조 형식과 동사, 명사의 의미관계가 '[s $NP_{1주체}$ V^2(来/去) $NP_{2장소}$]'임을 안다면 (42)는 단순히 상이한 구조로 말할 수 없음이 분명하다. 왜냐하면 기본구조가 규정한 NP위치의 어떤 구가 다른 위치로 간 것일 뿐이기 때문이다. 당연히 (42)는 여전히 동일구조라 말할 수 있고 기본구조 형식의 기초 위에서 변형된 동일구조일 뿐이다. 다시 말하면 어떤 NP가 이동했음을 인정하는 것이다. 변형된 동일구조는 바로 공범주(주로는 이동t)를 넣은 동일구조다. (42)의 층차적 상이구조와 (44)의 변형된 동일구조를 비교해 보자.

(44) a_1. 客人来了 ← a_2. [s 客人 来 e了]
b_1. 来客人了 ← b_2. [s t来(客人) e了]
c_1. 客人来家里了 ← c_2. [s 客人来家里了]
d_1. 家里来客人了 ← d_2. [s(家里)t 来(客人) t 了]
e_1. 家里客人来了 ← e_2. [s(家里)客人来 t 了]
f_1. 来家里位客人 ← f_2. [s t来家里(位客人)]

이어서 공범주와 성분추출 분석 문제를 논해 보자.

제5강에서 중국어의 '的자 구조'에 대해 논의했다. 만약 변수 부호 'X'로 '的'자 앞에 출현하게 되는 모든 성분을 나타내면 'X的구'라 부를 수 있다. 'X的'는 관형어로서 자주 다른 명사를 수식할 수 있지만 때로는 직접 주어나 목적어로서 독립적으로 사용되며, 기능과 의미상 명사성 성분에 해당한다. 아래의 동사성 'X'로 구성된 'X的'의 예문을 비교해 보자.

(45) a_1. 他开的车出过事故。 a_2. 他开的(=车)出过事故。
b_1. 开车的人今天休息。 b_2. 开车的(=人)今天休息。
c_1. 看的人比开的人还多。 c_2. 看的人比开的(=人)还多。

그러나 때로 'X的'는 관형어로서 다른 명사 하나만을 수식할 수 있으며 독립적으로 쓰이지 못하기도 한다. 아래 예를 보자.

(46) a_1. 他开车的技术数一数二。 a_2. *他开车的(=技术)数一数二。
b_1. 他开车的路线比较灵活。 b_2. *他开车的(=路线)比较灵活。
c_1. 他开车的支出一般不高。 c_2. *他开车的(=支出)一般不高。

그렇다면 (45)와 (46)의 'X的'용법에 차이가 발생하는 이유는 무엇인가? 왜 때로는 'X的'가 명사처럼 독립적으로 사용될 수 있고 때로는 안 되는가? 앞서 제5강에서 이미 언급했지만 위 예문 중 X는 본래 '他开车'라는 하나의 기본구조다. 만약 관형어의 X 중 명사성분이 하나 부족하다면, 즉 주어나 목적어의 위치가 비어 있으면, 'X的'는 이 빈 위치를 수식할 수 있을 뿐 아니라 독립적으로 사용할 수도 있고 이 빈 자리의 성분을 지칭할 수도 있다. 반대로 만약 X 중 그 어떤 명사성분도 부족하지 않다면, 즉 주어나 목적어의 위치에 모두 빈자리가 없다면, 'X的'는 다른 명사만 수식할 수 있고 독립적으로 사용하거나 명사를 지칭하는 역할을 할 수 없다. 어법적으로 대개 독립적으로 사용되고 지시 기능을 하는 'X的'를 '전환지시 X的'라 부른다. 독립적으로 사용되지 못하고 지시 기능이 없는 것은 '자체지시 X的'라 부른다. 이 중 '전환지시 X的' 구조의 형성 시 먼저 X에 빈 자리가 출현하고 다시 'X的'가 원래 이 빈 위치의 명사를 수식하거나 지칭하는 어법적 조작과정을 성분 추출(extraction)이라 부른다. 용어로 표현하면 성분 추출은 X(VP)에서 공범주 NP를 가진 X(VP)′를 추출하는 것이다. 그리고 X(VP)′와 X(VP)의 차이는 바로 X(VP)′가 적어도 X(VP)보다 NP 하나를 더 포함하도록 하는 데 있다.

지금까지의 내용으로 이미 분명해졌다. 소위 성분추출이라는 것은 '전환지시 X的'의 X 중에서 주어나 목적어 명사를 추출하고 하나의 명사 빈자리를 만드는 것이며 이 빈 자리가 바로 공범주다. 이렇게 해서 X에서 추출이 발생하고, 공범주가 생기고, '전환지시 X的'가 만들어진다. 물론 어떤 측면에서 보면 만약 X 중 추출한 빈 자리가 하나를 초과하면 즉, 공범주가 한 개보다 많으면 'X的'가 여러 개의 전환지시(중의 생성)가 될 가능성이 생긴다. 또 다른 측면에서 보면 만약 X 중에서 추출이 이루어지지 않았다면 공범주도 없으며 수식 역할만 할 뿐 독립적으로 지시 기능을 하지 못한다. 이에 따라 (45~46)은 더욱 엄격하게 아래 (47~48)의 형식으로 표기할 수 있다.

(47) a_1. [s 他开__(的)]车	a_2. [s 他开__(的)](=车)
b_1. [s __开车(的)]人	b_2. [s __开车(的)](=人)
c_1. [s __开__(的)]人	c_2. [s __开__(的)](=人/车)

(48) a_1. [s 他开车(的)]技术	a_2. [s 他开车(的)](≠技术)
b_1. [s 他开车(的)]路线	b_2. [s 他开车(的)](≠路线)
c_1. [s 他开车(的)]支出	c_2. [s 他开车(的)](≠支出)

그러나 중국어의 전환지시 '的자 구조' 또는 성분추출에는 비교적 특수한 현상이 나타나기도 한다. 어떤 때는 보기에 'X的'의 X 중 주어, 목적어 가 모두 있고 X에 빈자리가 보이지 않아도 전체 'X的'는 여전히 독립적으로 사용할 수 있고 명사를 지칭할 수 있다. 예를 들면 아래와 같다.

(49) a. 你先搬他捆了绳子的(箱子)。
b. 我没浇过水的(花儿)都死了。
c. 孩子考上大学的(家长们)留下。
d. 自己开火做饭的(年轻人)挺多。

(49)의 밑줄 친 'X的'의 X는 모두 주어와 목적어를 갖춘 주술구조로, 보기에도 X에서 성분추출이나 공범주는 없다. 앞의 분석에 따르면 이런 'X的'는 원래 '자체지시 X的'로 독립적으로 사용하지 못하고 명사를 지칭할 수 없다. 그러나 (49)는 오히려 'X的'의 전환지시 용법이다. 이것은 무슨 이치인가? 이런 경우 바로 앞에서 언급한 중국어의 확정 공범주 정의를 사용해야 한다. 왜냐하면 중국어의 공범주는 외현적인 주어와 목적어에 근거해 확정되는 것이 아니라 중국어의 기본동사 구조 3개 원칙에 의해 확정되는 것으로, 구조 내에 외현적인 주어, 목적어 위치에 모두 구가 있다 하더라도 여전히 NP위치가 존재하기 때문이다. 예를 들어 (49a/b)의 X는 바로 앞에서 말한 하나의 목적어 위치에 다양한 의미역이 출현하는 동사구조다. 즉 이런 동사구조에는 아마도 목적어 위치를 차지하는 명사류가 동사 뒤의 목적어 위치보다 많거나 동사 뒤에 하나의 외현성 목적어가 출현한다 하더라도 여전히 내현적 목적어 위치가 있을 수 있다.

이 점은 증명하기 쉽다. 왜냐하면 '捆箱子(V + 대상)/ 捆绳子(V + 도구)', '浇花(V + 대상)/ 浇水(V + 재료)'와 같은 용법이 존재하기 때문이다. 이러면 물론 이런 구조가 'X的' 중의 X를 충당한다고 말할 수 있으며 설사 주어와 목적어가 다 있어도 여전히 내현적인 다중목적어를 추출할 수 있으므로 여전히 공범주가 존재한다는 것이다. (49c/d)는 또 다른 상황에 속한다. 구조 내의 동사가 다중목적어가 아니라 해도 반드시 하나의 명사는 조합명사이다. 예를 들어 '孩子', '自己' 같은 명사는 의미적으로 반드시 하나의 관련 성분이 필요하며 통사적으로도 관련 성분을 지배해야 한다. (이는 앞서 제5강에서 언급한 명사의 결합가이다.) '孩子'는 반드시 다른 소유명사와 소유성 조합명사(某人的孩子)를 구성할 수 있고, '自己'는 반드시 동위명사와 조응하는 명사쌍(某人自己)을 구성할 수 있다. 그렇다면 이런 구조가 'X的'의 'X'를 충당한다고 볼 수도 있을 것이며 주어, 목적어가 모두 있다 해도 여전히 조합명사의 일부분을 추출할 수도 있고 특수한 공범주가 존재할 수도 있다. 따라서 (49)의 예들은 X 중의 성분추출과 공범주가 존재하는 반례가 아니라 '전환지시 X的' 구조에 분명히 성분추출이 발생하며 모두 공범주가 반드시 존재함을 증명하는 것이 된다. 단지 NP추출과 공범주 존재 상황이 비교적 특수한 경우일 뿐이다.

주요참고문헌

范继淹(1979)〈"的"字短语代替名词的语义规则〉,《中国语文通讯》第3期.

范晓(1991)〈动词的价分类〉,《语法研究与探索(5)》, 语文出版社.

方立(1993)《美国理论语言学研究》, 北京语言文化大学出版社.

古川裕(1989)〈"的S"及其所修饰的名词〉,《语言教学与研究》第1期.

顾阳(1994)〈论元结构理论介绍〉,《国外语言学》第1期.

郭锐(1999)〈表述功能的转化的"的"字的作用〉,《当代语言学》第1期.

黄衍(1992)〈汉语的空范畴〉,《中国语文》第5期.

李临定(1988)《汉语比较变换语法》, 中国社会科学出版社.

李临定(1990)《现代汉语动词》, 中国社会科学出版社.

廖秋忠(1984)〈现代汉语中动词的支配成分的省略〉,《中国语文》第4期.

陆俭明(1983)〈"的"字结构和"所"字结构〉,《语法研究和探索(1)》, 北京大学出版社.

陆俭明(1991a)〈现代汉语不及物动词之管见〉,《语法研究和探索(5)》, 语文出版社.

陆俭明(1991b)〈现代汉语句法里的事物化指代现象〉,《语言研究》第1期.

陆俭明(1993)《现代汉语句法论》, 商务印书馆.

陆俭明(1994)《80年代中国语法研究》, 商务印书馆.

吕叔湘(1979)《汉语语法分析问题》, 商务印书馆.

吕叔湘(1986)〈汉语句法的灵活性〉,《中国语文》第1期.

马庆株(1983)〈现代汉语的双宾语构造〉,《语言学论丛》第10辑, 商务印书馆.

沈家煊(1999)〈转指和转喻〉,《当代语言学》第1期.

沈阳(1994a)《现代汉语空语类研究》, 山东教育出版社.

沈阳(1994b)〈动词的句位和句位变体结构中的空语类〉,《中国语文》第2期.

沈阳(1996)〈汉语句法结构中名词短语部分成分移位现象初探〉,《语言教学与研究》第1期.

沈阳(1997)〈动词的题元结构与动词短语的同构分析〉,《世界汉语教学》第4期.

沈阳(主编 2000)《配价理论与汉语语法研究》, 语文出版社.

沈阳·何元建·顾阳(2001)《生成语法理论与汉语语法研究》, 黑龙江教育出版社.

石定栩(1998)〈从"的"字结构看句法同语境和语用的關系〉,《语法研究与探索(10)》, 商务印书馆.

石定栩(2002)《乔姆斯基的形式句法》, 北京语言文化大学出版社.

宋国明(1997)《句法理论概要》, 中国社会科学出版社.

吴为章(1982)〈单向动词及其句型〉,《中国语文》第5期.

吴为章(1993)〈动词的"向"札记〉,《中国语文》第3期.

邢福义(1995)〈小句中枢说〉,《中国语文》第6期.

徐烈炯(1988)《生成语法理论》, 上海外语教育出版社.

徐烈炯(1990/1995)《语义学》, 语文出版社.

徐烈炯(1991)〈汉语宾语从句中的空位主语〉,《中国语言文学研究的现代思考》, 复旦大学出版社.

徐烈炯(1992)〈汉语语义研究的空白地带〉,《中国语文》第5期.

徐烈炯(1994)〈与空语类有關的一些汉语语法现象〉,《中国语文》第5期.

徐烈炯(主编 1999)《共性与个性: 汉语语言学中的争议》, 北京语言文化大学出版社.

徐烈炯·沈阳(1998)〈题元理论与汉语配价问题〉,《当代语言学》第3期.

徐杰(2001)《普遍语法原则与汉语语法现象》, 北京大学出版社.

袁毓林(1995)〈谓词隐含及其句法后果〉,《中国语文》第4期.

袁毓林(1999)〈句法空位和成分提取〉,《语法研究入门》(吕叔湘 等 著), 商务印书馆.

赵世开(1986)〈语言结构中的虚范畴〉,《中国语文》第1期.

周国光(1997)〈工具格在汉语句法结构中的地位〉,《中国语文》第3期.

中国社会科学院语言研究所(1987)《句型和动词》, 语文出版社.

朱德熙(1962)〈论句法结构〉,《中国语文》8·9月号.

朱德熙(1978)〈"的"字结构和判断句〉,《中国语文》第1—2期.

朱德熙(1980)《现代汉语语法研究》, 商务印书馆.

朱德熙(1982)《语法讲义》, 商务印书馆.

朱德熙(1983)〈自指和转指: 汉语名词化标记"的, 者, 所, 之"的语法功能和语义功能〉,《方言》第1期.

朱德熙(1985)《语法答问》, 商务印书馆.

朱德熙(1990)《语法丛稿》, 上海教育出版社.

Chomsky, N. (邢公畹 等 译 1979)《句法结构》, 中国社会科学出版社.

Chomsky, N. (黄长著 等 译 1986)《句法理论的若干问题》, 中国社会科学出版社.

Chomsky, N. (周流溪 等 译 1993)《支配和约束论集》, 中国社会科学出版社.

Fillmore, C. J. (胡明扬 译 1968)〈"格"辨〉,《语言学译丛》第2辑.

제7강

이동 이론과 성분 이동 분석

7.1 이동과 변위, 도치의 구분

앞서 제6강에서 공범주(흔적 t)란 통사적 성분의 이동에 의해 생겨난 것이라고 하였는데, 이것은 이동도 하나의 중요한 어법적 수단이라는 사실을 의미한다. 어법 성분의 이동(movement)이 있다는 것은 말 그대로 원형구조의 어떤 성분의 최초 위치와 상대적인 것으로, 원형구조의 최초 위치가 없다면 이동도 없을 것이다. 예를 들어 '我吃过晚饭了'와 '晚饭我吃过了'를 두 개의 서로 다른 구조(층차 분석이 이러하다)로 본다면 어느 성분에 이동이 있었는지 확인할 수 없다. 오직 '我吃过晚饭了'와 '晚饭我吃过了' 중 어느 하나를 원형구조로 인정해야만 비로소 다른 하나가 어떤 성분에 이동이 있었다고 할 수 있다.

그렇다면 원형구조란 무엇인가? 앞서 제6강에서 논한 바와 같이 여러 종류의 동사는 모두 한 가지 기본적인 구조형식을 구성할 수 있다. 예를 들어 중국어 동사 기본구조 구성의 3대 원칙에 따르면 중국어 동사의 세 가지 기본구조를 얻을 수 있다. 이러한 기본적인 구조형식을 중국어 동사의 원형구조로 볼 수 있다. 예를 들면 다음과 같다.

(1) a. 那只羊跑了。 SP_1(목적어가 없는 구조): [s NP_1 V^1]
b. 邻居杀了一只羊。 SP_2(목적어가 하나인 구조): [s NP_1 V^2 NP_2]
c. 老乡送了我一只羊。 SP_3(목적어가 두 개인 구조): [s NP_1 V^3 NP_2 NP_3]

이렇게 마땅히 원형구조의 어떤 위치에 출현해야 하는 성분(논항 명사성 성분을 가리킨다)이 본래의 위치를 떠나 다른 위치로 이동한 것을 이동이라고 할 수 있다. 아래 (2)는 (1)의 일부 성분이 이동을 한 구조형식으로 볼 수 있다. 만약에 해당 성분의 본래 위치를 남겨진 흔적(‘t’로 표기)으로 보고, 괄호로 이동성분(어법에서 선행사(antecedent)로 부른다)을 나타내고 아래 표기부호 ‘$_{i/j/k}$’로 ‘흔적 t’와 이동성분의 지시관계를 나타낸다면 (2)의 이동변화는 다음과 같이 나타낼 수 있다.

(2) a. 跑了一只羊。 $[s\ t_i\ V^1\ (NP_{1i})]$
b. 那只羊被邻居杀了。 $[s\ (NP_{2i})\ NP_1\ V^2\ t_i]$
c. 老乡把那只羊送我了。 $[s\ NP_1\ (NP_{3i})\ V^3\ NP_2\ t_i]$

(1)과 (2)를 비교했을 때 명사구 ‘那只羊/一只羊’는 구조적으로 이동이 발생하였다. (2a)는 본래 동사 앞의 주어 위치에서 동사 뒤의 목적어 위치로 이동하였고, (2b)는 본래 동사 뒤의 목적어 위치에서 동사 앞의 주어 위치로 이동하였으며, (2c)는 동사 뒤의 직접목적어 위치에서 동사 앞, 주어 뒤의 부사어 위치로 이동하였다. (명사구가 이동하기 전과 후에 ‘那只羊’과 ‘一只羊’의 차이가 생기는 것은 명사성분이 의미 지시에 있어서 한정과 비한정의 차이가 있기 때문인데, 이런 변화는 이 명사성분이 원형구조 성분이 되는 것에 영향이 없으며 여전히 이동이 발생할 수 있다.)

이렇게 봤을 때 이동은 일부 어법책에서 말하는 변위, 도치와 비슷해 보인다. 어법 분석을 배워 본 적이 없는 사람들은 이러한 서로 다른 견해를 모두 같은 것으로 간주할 것이다. 실제로 이동과 변위, 도치는 비슷한 점이 있지만, 본질이 다른 개념이다.

이동과 변위의 주요 차이점은 변위된 성분은 더는 이 구조의 성분으로 분석할 수 없으므로 이것은 일종의 담화상의 성분이동일 뿐이다. 이동한 성분은 반드시 이 구조의 통사적 성분으로 되기 때문에 이것은 일종의 통사적인 성분이동이다. 예를 들면 (2)가 각각 동목문, 被자문, 把자문을 구성한 것과 같다. 아래 (3)의 왼쪽 예문은 전형적인 변위문으로 이 구조들은 모두 일반적인 구조처럼 층차분석할 수 없는데(변위성분은 주어, 목적어, 부사어, 보어 등 문장 성분으로 분석할 수 없고 이 구조들은 특정 문장형식이라고도 할 수 없다), 그것은 이런 변위가 담화에 임시로 추가 혹은 보충한 것이기 때문이다. (3)을 다음과 같이 비교해 보자.

(3) a_1. 太美了, 这地方! ← a_2. 这地方太美了!
b_1. 到家了吧, 他大概? ← b_2. 他大概到家了吧。
c_1. 我们先去上海, 打算。 ← c_2. 我们打算先去上海。
d_1. 肚子都疼了, 大伙儿笑得。 ← d_2. 大伙儿笑得肚子都疼了。

이동과 도치의 주요 차이점은 도치도 일종의 이동이지만 도치는 반드시 하나의 외현적인 원위치가 있어야 하는데 쉽게 말하면 돌아갈 수 있어야 한다. 그런 의미에서 (2)도 사실 하나의 도치구조이고, 도치도 이동의 일종 즉, 자유이동이라고 해도 무방하다. 그러나 이동은 돌아갈 수 있는 것에 제한되지 않고 돌아갈 수 없는 경우도 있다. 다시 말해 원위치가 외현위치인 것도 있고 내포위치인 것도 있는데 후자는 강제이동이라고도 한다. 결국 도치는 표층구조와 표층구조 사이 성분 위치의 변화일 뿐이므로 원위치를 볼 수 있는 반면 이동은 심층구조와 표층구조 사이 성분 위치의 변화로 이동성분의 원위치가 보이지 않을 수도 있다. 그러나 이동성분의 원위치 즉, 동사 기본구조에 따라 확정된 해당 성분의 위치는 항상 존재한다. 그러므로 아래 예문(4)는 도치가 아니고 이동이며 그중 어떤 명사(밑줄 그은 성분)는 구조의 제한을 받아 강제이동한 것이다. 예문 (4)를 다음과 같이 비교해 보자.

(4) a_1. 绳子我捆了箱子了。 [s (绳子)我捆 t (S)]
(← a_2. 我捆绳子 + (我)捆箱子)
b_1. 我把衣服洗干净了。 [s 我(衣服)洗 t (S)]
(← b_2. 我洗衣服 + (衣服)干净了)

c_1. 道理你说得不清楚。 [s (道理)你说 t (S)]

(← c_2. 你说道理 + (道理)不清楚)

앞서 제6강에서 이동이 실제로 흔적 t 공범주와 대응된다고 하였다. 흔적 t는 주로 원형구조의 논항 NP성분(주어, 목적어)의 위치를 가리키고 이동은 당연히 이 성분들의 이동을 가리킨다. 변위 혹은 도치도 명사 성분의 위치 변화일 수 있지만, 비명사 성분(예를 들면 부사어, 보어 등 성분)의 위치 변화일 가능성이 크고 논항 NP성분에 제한되지 않는 점이 이동과 다르다.

7.2 전환 규칙, 이동 규칙과 이동 제한 규칙

앞서 제6강에서 논한 바와 같이 당대 생성문법 이론의 어법구조 모델에는 전환 부분과 전환 규칙(TR)이 있다. 전환 규칙을 활용하는 목적은 기저 부분에서 생성된 심층구조의 기초 위에서 각종 표층구조 즉, 구체적으로 쓰는 구문을 형성하기 위함이다. 이동은 전환 규칙의 일종이다. 이동 규칙의 연구도 이론적 인식과 구체적 실행의 전환과정을 거쳤는데, 하나는 전환 규칙에서 이동 규칙으로의 전환이고, 다른 하나는 이동 규칙에서 이동 제한규칙으로의 전환이다.

먼저 전환 규칙에서 이동 규칙으로의 전환을 살펴보자.

최초의 전환 규칙은 당연히 이동이라는 한 가지 형식에만 제한되지 않는데, 이는 모든 표층구조를 구성하는 과정에서 필요한 실행 방식을 전환 규칙이라고 할 수 있기 때문이다. 아래 (5)가 바로 전환 규칙의 주요 형식이다.

(5) 전환 규칙의 주요형식:

a. XY → YX 전환　　b. XY → X 전환

c. X → XY 전환　　d. X → X´ 전환

(5a) 'XY → YX 전환'은 성분의 이동형식이다. 중국어 화제문(주술술어문이라고도 부른다)은 모두 주술구조에서 어떤 성분이 문두 위치로 이동해서 구성된 것으로, 예를 들면 '我认识这个人 → 这个人我认识'(목적어가 앞으로 이동), '我们一定能克服这个困难 → 这个困难我们一定能克服它'(목적어가 앞으로 이동하고 대명사로 재지시), '我在这间屋子堆东西 → 这间屋子我堆东西'(장소 부사어에서 개사의 목적어가 앞으로 이동)와 같다. 영어 의문문은 반드시 주술구조에서 어떤 성분을 의문사로 바꿔 문두로 이동해야 하는데, 예를 들면 'I know this person → Who do you know'와 같다. 이들은 모두 성분의 이동으로 구성된 것이다. (5b) 'XY → X 전환'은 성분의 생략형식이다. 여러 언어에서 청원문은 주어가 있을 필요가 없는데, 예를 들면 영어의 'sit down', 중국어의 '进来', '休息休息'가 모두 성분 생략으로 구성된 것이다. (5c) 'X → XY 전환'은 성분의 첨가형식이다. 영어에서 의문문을 구성할 때 본래의 구조 앞에 하나의 조동사를 더 첨가해야 한다. 예를 들면 'Who do you know'의 'do', 영어에서 구문 앞에 'there be'를 추가해서 구성하는 'There be X' 존재문과 같다. 중국어 의문문은 종종 주술문 뒤에 어기사를 추가해야 하는데, 예를 들면 '你去上海 → 你去上海吗/谁去上海呢'와 같다. 이들은 모두 성분 추가로 구성된 것이다. (5d) 'X → X' 전환'은 성분 대체형식이다. 영어와 중국어 의문문은 모두 묻고자 하는 성분을 의문사로 바꿔야 하는데, 예를 들면 'this person → who', '你→谁'와 같다. 중국어 의문문 '你去上海 → 你去不去上海'에서 '去 → 去不去'는 모두 성분 대체로 구성된 것이다.

다른 각도에서 보자면 상술한 전환 규칙에서 이동은 가장 중요한 전환형식이고 더욱이 모든 전환 규칙의 핵심 규칙이라고 할 수 있다. 예를 들면 상술한 중국어와 영어의 화제문, 피동문, 존재문 그리고 영어의 의문문과 중국어의 把자문 등은 모두 통사적 성분의 이동과 관련된다. 기타 첨가, 생략 등은 이동 과정에서 부가적으로 사용하는 일부 부속 규칙이다. 그러므로 나중에 생성문법 이론은 어법모델 중의 전환 규칙을 이동 규칙으로 칭하거나 전환 부분에서 오로지 이동 규칙밖에 필요하지 않다고 한다.

다음은 이동 규칙에서 이동 제한 규칙으로의 전환을 살펴보자.

언어성분의 순서가 바뀔 수 있고 어법성분의 위치가 이동할 수 있다는 것은 하나의 상식이다. 영어와 중국어의 의지구문을 비의지구문으로 바꾸려면 본래의 대상 목적어를 문두로 이동하고 본래의 행위자 주어를 주어 위치에서 개사(영어의 'by', 중국어의 '被')의 뒤로 이동하여 부사어로 쓰면 된다는 것을 초등학생도 알고 있다. 그러나 하나의 엄격한 규칙으로 어법성분이 구체적으로 어떻게 이동해야 하는지를 자세하게 설명한다는 것은 어법모델에서 엄격하고 체계적인 이동 규칙을 세워야 한다는 것인데, 그것은 절대 쉽지 않다. 이동 규칙이 너무 많고 잡다한 것도 있지만, 더 중요한 것은 어떻게 이동하는 것인가에 근거하여 만든 이동 규칙이 쓸모 없을 수도 있고 심지어 정확하지 않을 수도 있기 때문이다.

간단한 예를 하나 들자면 대부분의 영어 어법책과 영어 교사들은 영어에서 의문문을 만드는 것은 묻고자 하는 단어를 의문사로 바꾸고 의문사를 문두로 옮기는 것이라고 할 것이다. 그러나 실제로 이런 가장 기본적인 규칙이 반드시 정확한 것은 아니다. 다음은 이러한 규칙에 따라 만든 의문문이 성립하지 않는 예이다.

(6) a. He can read the book which criticizes John. (他能读得懂批评约翰的书.)
→ b. *Who can he read the book which criticizes? (他能读得懂批评谁的书?)

(6b)는 상술한 규칙대로 (6a)의 명사 'John'을 문두로 이동해 'who'(여기서 'John'이 '누구'인지를 묻는 것으로 가정)로 바꿨지만, 이렇게 만든 의문문은 비문이다. 영어 선생님 혹은 어법책의 연습문제는 당연히 이런 문장을 일부러 피하거나 어차피 이렇게 말하는 사람이 없을 것이므로 언급하지 않는다. 그러나 이러한 현상이 있다는 것은 지금 이 규칙에 빈틈이 있다는 것이다.

그렇다면 어떻게 이 규칙의 빈틈을 막을 것인가? 만약에 왜 이 문장의 이동이 잘못됐냐고 추궁한다면 다음의 몇 가지 답변을 들을 수 있다. 첫째는 사람들이 모두 이렇게 쓰지 않기로 약속했기 때문이고, 둘째는 뜻이 통하지 않기 때문이며, 셋째는 구조가 복잡해서 이동이 제한받기 때문이고, 넷째는 관형어 성분은 질문할 수 없기 때문이다. 첫 번째 답변은 유사문장이 무궁무진하므로 설득력을 잃는다. 두 번째 답변도 이유가 충분하지 않다. 이 문장은 뜻이 분명하고 중국어로 번역해도 뜻이 통하므로 문제가 문장의 뜻에 있는 것이 아니라 통사형식에 있음을 알 수 있다. 세 번째 답변도 설득력이 없는데, 구조가 더 복잡하더라도 이동으로 의문문을 구성할 수 있기 때문이다. 예를 들면 아래 예문처럼 3층 종속절 구조를 포함하고 있더라도 이동을 통해 의문문을 구성할 수 있다.

(7) a. I remember she said she could read <u>this book</u>. (我记得她说过她能读懂这本书。)

→ b. <u>Which book</u> do you remember she said she could read? (你记得她说过她能读懂哪本书?)

아마도 네 번째 답변만이 일리가 있어 보이겠지만, 문제는 관형어 종속절에만 이동 제한이 있는 것이 아니라 다른 구조에도 이와 같은 제한이 있다는 것이다. 지금까지의 어법 연구에서 세운 이동 규칙은 상술한 네 번째 답변이 가리키는 부류의 제한조건에 많이 주목하지 않았기 때문에 어법학자들은 많은 힘을 들여 그런 복잡하고 잡다한 것, 심지어 반드시 효력이 있는 것도 아닌 이동 규칙을 연구하는 것보다 이동 제한규칙을 더 많이 연구하는 것이 낫다고 인식하게 되었다. 다시 말해 이동에 관한 연구의 초점이 어떻게 이동할 것인가에서 어째서 이동할 수 없는가로 옮겨 갔다는 것이다. 여기서 가장 중요한 것은 WH이동(명사가 문두로 이동)의 제한조건을 더욱 명확하게 제기한 것이다.

그중 하나는 복합명사구제약(Complex NP Constraint)으로서 하나의 문장구조가 명사의 관형어 혹은 동격어가 될 때, 이 문장구조의 어떤 성분도 이동할 수 없다는 것이다. 아래 (8)과 (9)는 영어와 중국어의 관계화 이동이다. (8)에서 'that man'은 관형어 종속절 내의 성분으로 이동하면 구조가 맞지 않다. (9)는 중국어 관형어 종속절 내의 성분은 주제화 이동도 할 수 없다는 것을 설명하고 있다. 이에 근거하여 복합명사구의 이동 제한규칙을 세울 수 있는데, 그림으로 나타내면 (10)과 같다.

(8) a. I read a book [which was about that man]. (我读过关于那个男人的一本书。)

→ b. *The man who I read a book which was about t (is sick).

(9) a. 小王把[他常常用来写文章的]笔(送给了我)。

→ b. *文章小王把[他常常用来写t的]笔(送给了我)。

(10) 아래 위치의 성분은 그 어떤 상황에서도 이동할 수 없다.

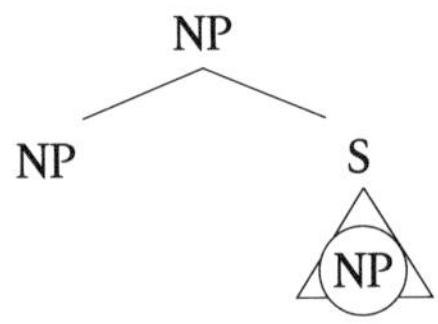

다른 하나는 등위구조제약(coordinate structure constraint)이다. 이것은 등위구조 내의 성분이 단독으로 이동할 수 없다는 것인데, 영어와 중국어가 동일하게 적용된다. 예를 들면 아래 (11)과 같다. 등위구조의 이동 제한은 (12)와 같이 나타낼 수 있다.

(11) a. I bought a book and a pen. (我买了一本书和一支笔。)

→ b. *A book I boughttand a pen. (*一本书我买了和一支笔。)

(12) 아래 위치의 성분은 그 어떤 상황에서도 이동할 수 없다.

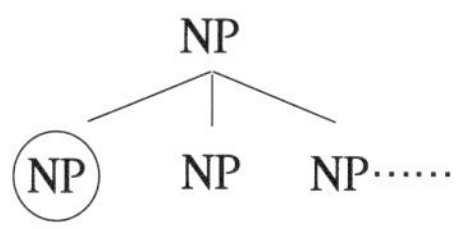

또 하나는 좌분지구조제약(left branch structure constraint)이다. 이것은 여러 개 명사가 연속으로 수식어로 쓰이는 명사구조(주로 종속성 명사구를 가리킨다)에서 한 성분이 더 큰 성분의 왼쪽에 있을 때 이동할 수 없다는 것인데, 영어와 중국어가 모두 적용된다. 예를 들면 아래 (13)과 같다. 좌분지명사구조의 이동 제한은 (14)와 같이 나타낼 수 있다.

(13) a. 他娶了张局长的爱人的妹妹的同学。

→ b. *张局长他娶了爱人的妹妹的同学。

→ c. *张局长的爱人他娶了妹妹的同学。

→ d. *张局长的爱人的妹妹他娶了同学。

(14) 아래 위치의 성분은 그 어떤 상황에서도 이동할 수 없다.

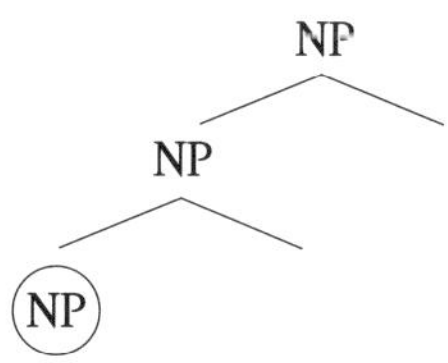

또 다른 하나는 절주어 제약(sentential subject constraint)이다. 이것은 하나의 문장구조가 주어로 쓰일 때 이 구조의 어떤 성분도 이동할 수 없다는 것이다. 예를 들면 아래 (15)와 같다. 절주어구조의 이동 제약은 (16)과 같이 나타낼 수 있다.

(15) a. That you said this suggestion is unsuitable. (你提这个建议不合适。)

→ b. *The suggestion that you saidtis unsuitable.

(16) 아래 위치의 성분은 그 어떤 상황에서도 이동할 수 없다.

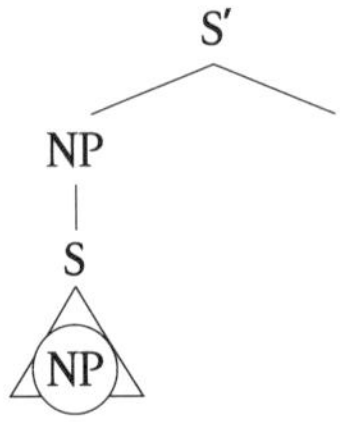

상술한 조건은 모두 어떤 구조가 그 성분의 이동에 하나의 봉쇄구역을 형성한 것으로 마치 어떤 사람이 고도(island)에 갇혀 나올 수 없는 것과 같다. 이에 따라 WH이동(문두화 이동)과 관련된 유사한 제한조건을 모두 고도 제약(Island Conditions)이라고 부른다. 고도 제약의 기초에서 어법학자들은 또 더욱 개괄적인 WH이동의 제한적 규칙을 제시하였다. 공식으로 나타내면 (17)과 같다.

(17) 아래 구조에서 Y는 X의 위치로 이동할 수 없다.

a. $\cdots X \cdots\ [_{NP} \cdots\ [_{NP} \cdots Y \cdots\ ]\ \cdots]$

b. $\cdots X \cdots\ [_{NP} \cdots\ [_{SP} \cdots Y \cdots\ ]\ \cdots]$

c. $\cdots X \cdots\ [_{SP} \cdots\ [_{SP} \cdots Y \cdots]\ \cdots]$

(17a)는 등위구조와 좌분지구조의 이동 제약 상황을 가리키고, (17b)는 복합명사 구조와 절주어 구조의 이동 제약 상황을 가리키며, (17c)는 주로 아래의 일부 특수 절목적어 구조의 성분이동 제한상황을 가리킨다. (17)을 하나의 조건으로 귀납하면 구조식 $[\cdots X \cdots [_{\alpha} \cdots [_{\beta} \cdots Y \cdots] \cdots]]$에서 α와 β가 NP(명사구 구조) 혹은 SP(종속절 구조)일 때 Y는 X로 이동할 수 없다. 이 조건을 하위인접조건(subjacency condition) 혹은 경계원칙(boundary principle)이라고 하는데, 이것도 생성문법 이론의 가장 개괄적인 이동 제한규칙이다.

상술한 하위인접조건도 완전히 문제가 없는 것은 아니다. 예를 들면 어떤 사람들은 복합명사구조 제약과 등위구조 제약이 성분의 이동에는 보편적으로 적용되지만 다른 제한조건에는 반드시 적용되는 것이 아니라고 말한다. 좌분지구조와 절주어 구조가 단계적으로 이동할 수 있는 것 외에 절목적어 구조 성분의 이동가능 여부에도 많은 예외사항이 있다. 그러나 생성문법 이론에서는 하위인접조건 외에 이동에 관해 또 다른 여러 가지 상당히 개괄적인 제한조건이 있는데 이 조건들은 상호 제약적이다. 또한, 이러한 제약조건 자체도 일종의 주석 규칙을 통해 보충할 수 있는데, 예를 들면 영어의 목적절구조 이동제한에 관해 목적절의 명사성분은 일반적으로 이동할 수 없지만, 주절의 동사가 say, remember와 같은 교량동사(bridge verb)인 경우 목적절의 성분은 주절과 목적절의 연결점(that이 있는 곳)을 통해 구역을 나누어 문두(COMP to COMP 이동이라고도 부른다)로 이동할 수 있다. 어떤 사람들은 연구를 통해 중국어는 통행동사가 상당히 많으므로 목적절의 성분이동이 제한받는 경우가 상대적으로 적은 편이라고 결론지었다. 그렇다면 상술한 인접조건은 여전히 신뢰할 수 있다.

상술한 토론을 통해 이동을 제한하는 규칙이 이동을 허락하는 규칙보다 더 효과적이고 더 엄격하며, 만약에 상대적으로 개괄적인 이동 제한규칙을 세운다면 더는 이동 규칙을 연구할 필요가 없음을 알 수 있다. 이로써 생성문법 이론은 앞에서 제기한 전환 부분에 이동 규칙만 남기고 현재는 아예 이동 규칙에 한 가지 조건, 즉 이동α(move α)이면 충분하다는 의견을 형성하게 되었다. 다시 말해 어떠한 α이든 다 이동할 수 있는데, 조건은 구조가 필요하며 이동 제한규칙을 위반하지 않아야 한다는 것이다.

7.3 명사구 이동, 동사구 이동과 좌향 이동, 우향 이동

통사구조에는 성분 이동의 구체적인 실행과 관련된 문제가 매우 많다. 앞서 제시한 예문에서 이동은 모두 명사 이동이면서 좌향 이동이다. 그렇다면 명사성분만 이동할 수 있고 이동 방향은 꼭 앞으로만 향해야 하는가? 실제상황은 이렇게 간단하지 않다.

(18) a_1. 他父亲死了。　　a_2. 他死了父亲。
　　b_1. 他眼睛瞎了。　　b_2. 他瞎了(只)眼睛。
　　c_1. 工厂围墙塌了。　　c_2. 工厂塌了一堵围墙。

(19) a_1. 一只小鸟落树上了。
　　a_2. 落树上一只小鸟。
　　a_3. 树上落了一只小鸟。
　　b_1. 一辆汽车停院里了。
　　b_2. 停院里一辆汽车。
　　b_3. 院里停了一辆汽车。
　　c_1. 两个卫兵站门口了。
　　c_2. 站门口两个卫兵。
　　c_3. 门口站了两个卫兵。

(18)의 구조에 관해 여러 가지 쟁점이 있다. 그중 한 가지 의견은 성분의 이동과 무관한데, 예를 들면 (18a_1)의 '死'와 (18a_2)의 '死'는 뜻이 다르고 전자는 '死亡'을 나타내고 후자는 '失去'를 나타내므로 이들은 서로 다른 두 개의 구조다. 그러나 이런 의견에는 문제가 있다. 같은 종류의 구조가 상당히 많은데, 예를 들면 (18b/c)의 동사는 그렇지 않으므로, 이런 구조를 모두 서로 다른 뜻을 나타내는 동사로 구성된 서로 다른 구조로 해석하기 힘들다. 만약에 이런 의견을 배제한다면 (18)에 이동이 있었다고 인

정할 수밖에 없다. 그러나 이동 방향과 이동 성분은 또 서로 다른 처리방법이 있을 수 있는데, 대체적으로 다음 세 가지로 정리할 수 있다. 첫 번째는 ($18a_1$)가 원형구조이고 ($18a_2$)에서 동사 앞의 명사 '父亲'이 동사 뒤로 이동한 것이다. 두 번째는 ($18a_2$)가 원형구조이고 ($18a_1$)은 동사 뒤의 명사 '父亲'이 동사 앞으로 이동한 것이다. 세 번째는 ($18a_1$)이 원형구조이고 ($18a_2$)는 명사가 뒤로 이동한 것이 아니고 동사가 앞으로 이동하여 동사 앞 명사구 '他父亲'의 중간 위치로 이동한 것이다. (18)의 다른 두 종류의 상황도 유사하다.

(19)는 모두 성분의 이동이 있지만, 서로 다르게 처리하고 있다. 상술한 첫 번째 의견에 따르면 ($19a_1$)이 원형구조이고 ($19a_2/a_3$)은 명사 '小鸟'와 '树上'이 동사 뒤 혹은 동사 앞으로 이동한 것이다. 상술한 두 번째 의견에 따르면 ($19a_2$)가 원형구조이고 ($19a_1/a_3$)은 명사 '小鸟'와 '树上'이 동사 앞으로 이동한 것이다. 상술한 세 번째 의견에 따르면 ($19a_1$)이 원형구조이고 ($19a_2/a_3$)은 명사 '树上'과 동사 '落(树上)'가 각각 혹은 동시에 앞으로 이동한 것이다. (19)의 다른 두 종류의 상황도 유사하다.

(18~19)에 대한 분석 의견을 종합해 보면 첫째는 명사의 좌향 이동, 둘째는 동사의 좌향 이동, 셋째는 명사의 이동(명사 좌향 이동과 명사 후치 이동)이다. 한층 더 종합해 보면 한 가지 의견은 명사의 좌향 이동이든 동사의 좌향 이동이든 관계없이 좌향 이동만을 인정하는 것이다. 다른 한 가지 의견은 좌향 이동이든 우향 이동이든 관계없이 명사의 이동만 인정하는 것이다. 어떤 의견을 막론하고 우선 확신할 수 있는 것은 어법구조에서 성분의 이동 현상은 일반적으로 상상한 것보다 복잡하며 어떤 방법으로 분석하고 설명하든 이동의 형식과 유형은 단일하지 않고 다양하여 분석에 있어 어떤 분석방법을 선택하느냐에 달렸다는 것이다.

먼저 명사좌향 이동을 보자면, 이것은 대다수 언어에 다 객관적으로 존재하는 이동 현상이다. 예를 들면 영어와 중국어의 피동문, 화제문과 영어 의문문 등이 모두 이러하다. 영어에도 중국어(18~19)와 유사한 구조가 있는데 일반적으로 비대격동사(unaccusative verb) 구조라고 부른다. 그중의 명사는 주어로서 동사 앞에 출현할 수 있고 목적어로서 동사 뒤에 출현할 수도 있다. 영어의 이런 문장은 오로지 명사의 좌향 이동으로만 처리할 수 있는데 예를 들면 아래 예문은 앞 예문의 목적어 명사를 주어의 위치로 이동해서 구성한 것이다.

(20) a_1. John melted the ice. (约翰融化了那块冰。)
a_2. The ice melted. (那块冰融化了。)
b_1. John broke the window. (约翰打碎了窗户。)
b_2. The window broke. (窗户打碎了。)
c_1. John opened the door. (约翰开了门。)
c_2. The door opened. (门开了。)

자세히 살펴보면 영어 (20)과 중국어 (18~19)도 큰 차이가 있다. 중국어에는 이런 동사가 영어보다 훨씬 많다(예를 들면 (18~19)에서 영어 동사로 바꾸면 이렇게 이동할 수 없다). 그리고 영어의 이런 구조는 또 다음의 두 가지 특징이 있는데, 하나는 위치를 이동할 수 있는 명사가 동사 뒤에서 목적어로 쓰일 때 동사 앞에 반드시 하나의 행위자를 나타내는 명사가 주어로 있어야 한다. 예를 들면 ($20a_1$) '约翰融化了冰'의 '约翰(John)'과 같다. 반대로 이 명사가 동사 앞에서 주어로 쓰일 때 구조에는 더 이상 행위자 주어 명사가 올 수 없거나 본래의 주어를 교체해야 한다. 예를 들면 ($20a_2$) '冰融化了'와 같다. 다른 하나는 (20a)와 같이 위치를 이동할 수 있는 명사가 동사 뒤에서 목적어로 있고 동사 앞에 또 다른 행위자를 나타내는 명사가 주어로 있는 경우, 두 명사 사이에는 종속관계가 존재하지 않는다. 예를 들면 '约翰融化了冰'에는 '约翰的冰'의 뜻이 없다. 그러나 중국어는 그렇지 않다. 예를 들면 다음과 같다.

(21) a_1. 他父亲死了。 → a_2. 他死了父亲。
b_1. 一只小鸟落树上了。 → b_2. (刚才)落树上了一只小鸟。

(21)은 상술한 두 가지 특징에서 영어와 명확한 차이가 있다. 하나는 (21a)와 같은 류의 중국어 구조에서 위치를 이동할 수 있는 명사가 동사 뒤에서 목적어가 되고 동사 앞에 또 다른 주어 명사가 있을 때, 이 주어 명사는 반드시 행위자가 되는 것은 아니다. 예를 들면 '他死了父亲'의 뜻은 '他(死了)'가 아니고 '父亲(死了)'이며 앞뒤 두 명사 사이는 종속관계가 있어 '他死了父亲'은 반드시 '他(的)父亲'일 것이다. 그러므로 위치를 이동할 수 있는 명사가 동사 앞에 있을 때, 주어 명사는 교체될 필요가 없어, '他父亲死了'의 경우 '他'는 남겨 두어야 한다. 다른 하나는 (21b)와 같은 류의 중국어 구조에서 위치를 이동할 수 있는 명사가 동사 뒤에서 목적어가 될 때, 동사 앞에는 그 어떤 주어 명사도 없을 수 있으며 오로지 시간을 나타내는 부사어 성분만 있을 뿐이다. 예를 들면 '刚才'와 같다.

다시 동사 좌향 이동을 보자. 영어와 중국어는 다 이렇게 분석할 수 있는데 영어의 예를 들면 (22a)와 같고, 중국어의 예를 들면 (22b/c)와 같다. 이로써 본래의 주어는 끝까지 주어이고 동사가 앞으로 이동하였다고 말할 수 있다. 예는 다음과 같다.

(22) a_1. The ice melted. → a_2. (John)melted the ice t(V).
b_1. 他父亲死了。 → b_2. 他死了父亲 t(V)。
c_1. 一只小鸟落树上了。 → c_2. (刚才)落树上了一只小鸟t(VP)。

만약에 동사좌향 이동에 따라 분석하면 동사가 주어인 두 명사(종속명사구) 사이로 이동하여 (22b)와 같은 경우가 되고, 동사와 목적어가 같이 명사의 앞으로 이동하여 (22c)와 같은 경우가 되기도 하는데, 이처럼 일치하지 않은 두 가지 경우가 이런 분석의 문제점이 된다. 그리고 (22b/c)의 예문에 약간의 변화를 줘도 이런 분석은 속수무책이 된다(전혀 이동할 수 없다).

(23) a_1. 他兄弟死了两个。 ← a_2. 他的两个兄弟死了。
b_1. 小鸟落树上一只。 ← b_2. 一只小鸟落树上了。

이렇게 보면 중국어의 이 예문들은 다시 명사 이동 분석으로 돌아가는 것이 좋을 것 같다. 그러나 명사성분이 때로는 좌향 이동할 수 있고 때로는 우향 이동할 수 있다는 것을 인정해야 한다. 이런 분석이 명사 이동에서 일치함을 유지할 뿐 아니라 다음의 두 가지 장점이 있는데, 하나는 언어 보편성의 시각에서 중국어의 일부 어법구조 현상을 분석하는 것이고, 다른 하나는 전통분석의 시각에서 중국어의 일부 어법구조 현상을 분석하는 것이다.

언어 보편성의 시각에서 살펴볼 때 어떤 사람들은 아래 (24~25)가 중국어의 두 가지 사역구조로서 명사 우향 이동으로 처리해야만 비로소 형용사의 원형구조와 명사가 우향 이동 후에 나타나는 사역용법이 일치함을 증명하였다.

(24) a_1. 土地很平整。　　a_2. (农民)平整了土地。(=使土地平整了)
b_1. 队伍很纯洁。　　b_2. (我们)纯洁了队伍。(=使队伍纯洁了)
c_1. 思想很活跃。　　c_2. (大家)活跃了思想。(=使思想活跃了)

(25) a_1. 韩国队败了。　　a_2. (中国队)大败韩国队。(=使韩国队败了)
b_1. 眼睛哭肿了。　　b_2. (小姑娘)哭肿了眼睛。(=使眼睛肿了)
c_1. 队伍排齐了。　　c_2. (战士们)排齐了队伍。(=使队伍齐了)

전통분석의 시각에서 살펴볼 때 중국어는 최근 몇 년 사이에 '동목동사+목적어' 구조가 생겨났는데, 예를 들면 '登陆中国('在中国登陆'와 비교)', '进军好莱坞('向好莱坞进军'과 비교)', '约会女朋友('跟女朋友约会'와 비교)' 등과 같다. 이런 구조를 '동목동사'가 명사 앞으로 이동한 것으로 처리할 수 있는데, 즉 여유분의 목적어는 '동목동사'의 좌향 이동으로 생긴 것이라고 할 수 있다. 그러나 사실 명사 우향 이동(즉 동목 확대화)으로 처리해도 안 되는 것은 아니다(적어도 표현하기에는 더 편하다).

(26) a_1. (跨国公司)在中国登陆了。 → a_2. (跨国公司)登陆了中国。
b_1. (中国电影)向好莱坞进军。 → b_2. (中国电影)进军好莱坞。
c_1. (他第一次)跟女朋友约会。 → c_2. (他第一次)约会女朋友。

위의 예문은 서로 다른 이동 분석으로 처리할 수 있을 것이다. 그러나 실제로 중국어의 많은 현상이 명사 이동(명사 우향 이동 포함)으로 처리해야만 더 편리하다. 아래 예문을 살펴보자.

(27) 주어-목적어 상호교환 구조:
a_1. 十个人吃了一锅饭。 a_2. 一锅饭吃了十个人。
b_1. 三个人坐一条板凳。 b_2. 一条板凳坐三个人。

(28) '得 '자문 구조:
a_1. 小姑娘疼得直流眼泪。 a_2. 疼得小姑娘直流眼泪。
b_1. 小姑娘哭得眼睛都肿了。 b_2. 哭得小姑娘眼睛都肿了。

(29) 가짜 이중목적어 구조
a_1. 我沾了一手油。 a_2. (修车时)沾了我一手油。
b_1. 我省了一笔钱。 b_2. (这下子)省了我一笔钱。

(30) 방위장소 부사어 구조:
a_1. 台上挂着标语牌。 a_2. 标语牌挂台上了。
b_1. 台上演着梆子戏。 b_2. *梆子戏演台上了。

위의 (27~30)은 모두 중국어에서 상당히 자주 보이는 문장형식의 실제 예문이다. (27)은 '주어-목적어 상호교환문'으로 어떻게 분석하든 (그 중 어떤 구문을 원형구조로 봐야 하는지를 막론하고) 모두 명사 우향 이동이 있음을 인정해야 한다. 그것은 상호교환 자체가 적어도 하나의 명사성분이 뒤로 이동할 필요가 있기 때문이다. (28)은 '得'자문으로 두 개의 병합된 동사구조를 포함하고 있고, 게다가 '得' 앞 구조와 '得' 뒤 구조에서 모두 출현할 수 있는 명사 '小姑娘'이 있다. (28a)에서 '小姑娘'을 두 동사구조의 어느 한 구조의 주어(小姑娘疼/小姑娘直流眼泪)로 볼 수 있지만, 이 명사가 먼저 보어종속절의 주어 ($28a_2$)에서 주절 주어 위치로 다시 이동한 것이 ($28a_1$)이라고 말하는 것은 설득력이 없다. 더구나 (28b)와 비교할 필요도 없다. (28b)는 오로지 '小姑娘哭'와 '眼睛肿'으로 분석할 수밖에 없는데, 여기서 '小姑娘'은 주절구조의 주어밖에 될 수 없기 때문이다. 종합적으로 본다면 ($28a_2/b_2$)가 모두 명사 우향 이동을 통해 구성된 것으로 볼 수 있다. (29)와 같은 이런 구조는 앞서 분석했던 사역구조와 유사한 점이 있는데, 구조의 사역의미가 실제로 명사 우향 이동에 의해 생겼다는 것 외에 더 큰 문제가 있다. 만약에 이런 구조에서 '我'의 본래 위치가 동사 뒤($29a_2/b_2$)라고 하면 원형구조에 주어가 없는 것으로 이것은 일반적인 구조구성 원칙을 위반한 것이다. 예문(30)에 관해서 이야기하면, ($30a_1/b_1$)을 보기에 그 구조형식이 완전히 같은 문장형식 같지만 사실 방위처소사가 나타내는 장소의미는 절대 같지 않다. 예를 들면 전자의 '台上'은 물체가 존재하는 장소(플래카드가 존재하는 장소)를 나타내고, 후자의 '台上'은 사건 발생 장소(방자극을 하는 장소)를 나타내는데, 이런 분석의 근거는 (30a)의 처소사는 동사 뒤로 이동할 수 있고(동사 앞에 올 수도 있고 동사 뒤에 올 수도 있다), (30b)의 처소사는 동사 뒤로 이동할 수 없다는 데 있다(동사 앞에만 올 수 있다). 이런 장소의미의 차이는 명사우향 이동으로 분석을 하지 않으면 드러나지 않는다(앞서 제3강에서 전환분석을 논의할 때 이런 상황을 설명한 적 있다).

물론 명사좌향 이동 분석과 명사우향 이동 분석이 중국어 언어현실에 대해 일정한 해석력이 있는 것은 인정한다. 그러나 이것은 결코 언어구조에서 이동 현상과 이동 분석이 이렇게밖에 되지 않음을 의미하지는 않는다. 사실 어떤 분석방법을 선택하는 것은 단지 일종의 전략적 선택이거나 통속적이고 편리함을 위한 것이다. 언어사실이 명확해지면 어떤 이동 분석이든 부차적인 것이 된다. 예를 하나 더 들자면 沈阳(1997)은 把자문과 동사복사문의 성분 이동을 통해 아래 중의문 (31)을 분화할 것을 주장하였다. 把자문은 보어동사의 지향, 즉 '谁喘气'를 확정하고 동사복사문은 술어동사의 지향, 즉 '谁追谁'를 확정한다. 그리고 把자문에서 '把' 뒤의 명사는 보어동사의 주어일 수밖에 없고, 동사복사문의 기능은 술어동사의 행위자(주체)와 대상(객체)을 확인하는 역할을 한다. 여기서 성분의 이동 형식은 복잡하지만 이동이 발생한 것은 분명하다.

(31) a. 这孩子追得我直喘气。	(谁追谁? 谁喘气?)
→ b. 这孩子把我追得直喘气。	(我喘气)
→ c. 我把这孩子追得直喘气。	(孩子喘气)
→ d. 我追这孩子, 把这孩子追得直喘气。	(我追孩子, 孩子喘气)
→ e. 我追这孩子, 把我追得直喘气。	(我追孩子, 我喘气)
→ f. 这孩子追我, 把我追得直喘气。	(孩子追我, 我喘气)

7.4 변환 분석, 성분 이동부터 인상 병합과 복사 삭제까지

어법 연구의 심화에 따라, 통사 이론 학계에서는 점차 이동 분석의 번쇄함(경제적이지 않다)을 인식하게 되었고 이로 인해 이동 분석을 대체하는 통사분석방법이 나타났다. 그중에서 가장 중요한 것은 중심어 인상 병합과 부가어 복사 삭제 등의 통사적 방법이다.

중심어 인상 병합 분석은 동사외곽구조(VP Shell) 분석(Larson, 1988)과 경동사(light verb) 분석(Chomsky, 1995)에서 발전된 것이다. 기본적인 개념은 모든 동사구조가 두 층의 동사구조로 구성되었다는 것이다. 상위 층은 경동사층(vP)이고 하위 층은 대동사층(VP)이다. 이런 분석방법으로는 비교적 쉽게 중국어의 사역문, 把자문 등 구조를 처리할 수 있다. 이런 구조의 술어동사 위에 경동사층(vP)이 포함되고 그중 경동사 'v'의 위치에 '使, 以

(为), 把'와 같은 어법기능만을 가진 성분이 온다고 가정한다. 만약에 경동사 위치에 이런 기능성분이 온다면 외현적 이중동사구조가 되고, 대동사가 경동사 위치에 들어가면 사역구조 혹은 把자구조가 된다. 후자의 통사적 처리가 중심어의 인상과 병합(raising and merge)이다. 아래 (32)의 두 가지 구조의 대응형식에서 '(v)V'는 'V-to-v'의 인상 병합 과정을 나타낸다.

(32) A. 사역구조

a_1. 这个故事使(v)大家感动(V)。

→ a_2. 这个故事感动((v)V)了大家。

B. 把자구조

b_1. 他把(v)那只花瓶打碎(V)了。

→ b_2. 他打碎((v)V)了那只花瓶。

인상 병합 분석과 이동 분석의 최대 차이점은 다음 두 가지가 있다. 하나는 인상의 성분은 구조의 피지배성분(예를 들면 논항 명사성분)이 아니고 구조의 핵심성분(예를 들면 동사성분)이므로 중심어이동(head movement)이라고도 한다. 다른 하나는 인상 전후의 구조형식이 반드시 외현구조인 것은 아니며('이동' 전후에 실제 존재하는 구조가 아니라 추상구조), 내현적 저층구조일 수 있으므로 이론적으로 이런 저층구조가 있다는 것을 가정해야 한다.

그러므로 상술한 把자문 예문에서 술어동사(예를 들면 '打碎')가 경동사 '把'로의 이동 현상이 인상과 병합이라는 것을 비교적 쉽게 이해할 수 있다면, 沈阳 · 司马翎(2010)가 제기한 보어절 이론은 동결식 분석도 인상 병합 분석이 필요하다는 것을 증명한다. 다시 말해 술어동사가 경동사층으로 인상 병합하기 전 또 한 번의 인상 병합 과정이 필요하다. 이런 분석의 요점은 동결식의 '동사+결과보어(煮糊/笑疼)'는 보어절의 동사(糊/疼)가 술어동사(煮/笑)로 인상 병합하여 실현된 것이다. 이런 보어절 이론의 가설을 사용하면 각종 동결식 구조 분석의 최대 일치성을 유지할 수 있다. 예를 들면 '米饭煮糊了'와 '肚子笑疼了'의 내부구조는 두 가지 저층구조에서 온 것이 아니다. 즉, 명사 '米饭, 肚子'와 술어동사는 직접적인 통사 및 의미관계가 없으며, 보어절동사 '糊, 疼'의 주어와 동결식 '煮糊, 笑疼'은 모두 보어절동사가 술어동사로 인상 병합되어 구성된 것이다. 예를 들면 다음 (33), (34)와 같다.

(33) 동결식과 把자문

A. (妈妈把)米饭煮糊了

[$_{VP}$ 煮 [$_{SC}$ 米饭糊了]]

→ [$_{IP}$米饭$_i$ [$_{VP}$煮 [$_{SC}$ t_i糊了]]]

→ [$_{IP}$米饭$_i$ [$_{VP}$**煮糊**$_j$了 [$_{SC}$ t_i t_j]]]

→ ([$_{IP}$妈妈$_K$ [$_{vP}$ 把) [$_{VP}$米饭$_i$ [$_{V^0}$**煮糊**$_j$了 [$_{SC}$ t_i t_j]]]]]

B. (妈妈把)肚子笑疼了

[$_{VP}$ 笑 [$_{SC}$ 肚子疼了]]

→ [$_{IP}$肚子$_i$ [$_{VP}$笑 [$_{SC}$ t_i疼了]]]

→ [$_{IP}$肚子$_i$ [$_{VP}$**笑疼**$_j$了 [$_{SC}$ t_i t_j]]]

→([$_{IP}$妈妈$_K$ [$_{vP}$ 把) [$_{VP}$肚子$_i$ [$_{V^0}$**笑疼**$_j$了 [$_{SC}$ t_i t_j]]]]]

(34)

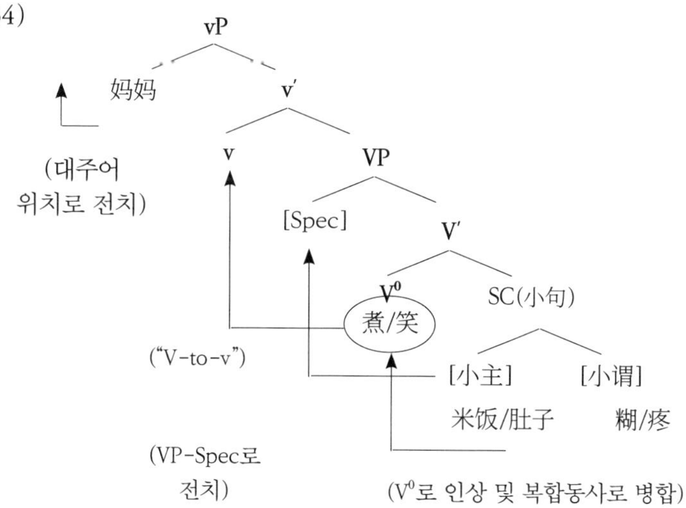

이동 분석의 간단하고 엄격한 분석방법은 소위 부가어 복사 삭제 분석이다. 이런 분석의 가장 전형적인 예증은 영어와 중국어 의문사의문문의 서로 다른 구조에 대한 분석에서 온다. 영어 의문사의문문 중의 의문사는 문두(WH forward)로 이동하지만, 중국어 의문사의문문의 의문사는 여전히 문장 속(WH in-situ)에 남아 있다. 이런 현상에 대해 줄곧 서로 다른 해석이 있는데, 그것은 이동(외현적 이동과 논리적 이동 포함)의 방법을 채택할 필요성이 있는지의 여부와 관련된다. 만약에 복사 삭제 분석을 한다면 영어와 중국어 의문사의문문의 의문사는 저층구조에서 문장의 문두와 문중에 동시에 출현한다고 가정할 수 있는데 이것이 복사생성이다. 그러나 실제 문장에서는 의문사(음성과 의미는 군더더기임)의 중복 출현을 허락하지 않기 때문에 반드시 그중 하나를 삭제해야 하는데 이것을 상보적 삭제라고 한다. 그렇다면 왜 영어는 반드시 원 위치의 의문사를 삭제해야 하는데 중국어는 문두의 의문사를 삭제해야 하는가? 중국어는 문미 어기사(sentence-final particle)로 의문문을 표기하므로 원 위치의 의문사를 삭제해 의문문을 표기할 필요가 없지만, 영어의 의문사의문문은 문미 표기가 없으므로 반드시 원 위치의 의문사를 삭제하고 문두 의문사를 보류하는 것으로 의문문을 표기할 필요가 있다. 이런 분석은 영중 의문사의문문의 구조적 차이를 합리적으로 해석할 수 있다. 예를 들면 다음과 같다.

(35) A. 영어 의문사의문문

a_1. 저층: What did you buy what? → a_2. What did you buy (what)?

B. 중국어 의문사의문문

b_1. 저층: 什么你买了什么? → b_2. (什么)你买了什么?

복사 삭제 분석과 이동 분석의 차이는 다음 두 가지가 있다. 하나는 실제로 복사 삭제로 이동을 대체하는 것이다. 이치는 아주 간단하다. 본래 성분이동이 필요한 위치에 성분을 옮겨 넣을 필요가 없다는 것은 본래 그곳에 복사가 존재한다는 것이다. 본래 성분이 옮겨 간 위치에 흔적을 남길 필요가 없다는 것은 이 위치의 성분을 삭제하기만 하면 된다는 것이다. 다른 하나는 성분 삭제 전후의 복사 형식도 외현적 구조가 아니고 내현적 저층구조일 가능성이 있으므로 이론적으로 이런 저층구조의 존재를 가정할 필요가 있다는 것이다.

沈阳(2009)은 이런 복사 삭제 분석으로 장소의미PP의 네 가지 구조 (36)에서 통사적 성분이 같은 把자구조, 화제구조, 연속술어구조와 이중목적어구조의 통사구조형식을 해석하였고, 그 과정에 인상 병합과 복사삭제 분석을 채택하였다. 이것은 서로 다른 이동 분석으로 네 가지 구조의 구조형식을 처리한 것보다 훨씬 간단하고 효과적이다. 예를 들면 (37), (38)과 같다.

(36) a. 把书放在了桌子上 (把자문)
b. 那本书放在桌子上 (화제문)
c. 放一本书在桌子上 (연속술어문)
d. 放在桌子上一本书 (이중목적어문)

(37) 한정명사를 포함한 把자문과 화제문 구조 및 그 파생과정(인상 병합 분석을 채택):

저층: [放[$_{SC_1}$那本书在桌子上]]

A. 把자구조

→ a_1. (把)那本书$_i$ [$_{VP}$放[$_{SC_1}$ t_i在桌子上]]

→ a_2. (把)那本书$_i$ [$_{VP}$**放在**[$_{SC_1}$ t_i t桌子上]]

B. 화제구조

→ b_1. 那本书$_i$ [$_{VP}$放[$_{SC_1}$ t_i在桌子上]]

→ b_2. 那本书$_i$ [$_{VP}$**放在**[$_{SC_1}$ t_i t桌子上]]

(38) 비한정명사를 포함한 연속술어문과 이중목적어문의 구조 및 그 파생과정(복사삭제분석을 채택)

저층: 放[$_{SC_2}$在桌子上(有t)一本书在桌子上]

A. 연속술어 구조

→ a_1. 放(有)[SC(在桌子上)(有Vt)一本书在桌子上]

→ a_2. 放(有)[SC(有Vt)一本书在桌子上]

B. 이중목적어 구조

→ b_1. 放(有)[SC在桌子上(有Vt)一本书(在桌子上)]

→ b_2. 放(有)[SC在桌子上(有Vt)一本书]

마지막으로 지배식 자동복합동사가 목적어와 같이 쓰이는 예문을 하나 더 살펴보자. 현대중국어의 '结婚, 见面, 约会, 帮忙' 등은 전형적인 지배식 자동사다. 이런 동사구조의 공통점은 기저구조 혹은 핵심의미에 반드시 대상을 나타내는 명사가 있어야 한다는 것이다. 예를 들면 '跟女朋友结婚', '跟女朋友见面', '跟女朋友约会', '为女朋友帮忙'과 같다. 그러나 이런 구조는 최근에 다음 세 가지 변화가 생겼다. 하나는 동목구조에 명사를 삽입하는 것(동사 중간에 명사 추가)으로 예를 들면 '见面—见过女朋友的面'과 같다. 다른 하나는 동목구조에 명사를 추가하는 것(동사 뒤에 명사 추가)으로 예를 들면 '约会—约会过女朋友'와 같다. 또 다른 하나는 동목구조에 명사를 삽입하거나 혹은 동목구조에 명사를 추가하는 것으로 예를 들면 '帮忙—帮过女朋友的忙/帮忙过女朋友'와 같다. 이 세 가지를 지배식 자동사의 목적어 수반 현상으로 통칭할 수 있는데, (39)와 같다. 특히 주의해야 할 점은 세 번째 상황의 실제 예문도 적지 않은데, 예는 (40)과 같다.

(39) a. 结婚: 跟女朋友结婚(结过三次婚) → *结过女朋友的婚/ *结婚过女朋友

b. 见面: 跟女朋友见面(见过三次面) → 见过女朋友的面/ *见面过女朋友

c. 约会: 跟女朋友约会(约过三次会) → *约过女朋友的会/ 约会过女朋友

d. 帮忙: 为女朋友帮忙(帮过三次忙) → 帮过女朋友的忙/帮忙过女朋友

(40) a. 请安: 给老太太请安 → 请老太太的安/请安老太太
b. 操心: 为孩子们操心 → 操孩子们的心/操心孩子们
c. 投资: 向房地产投资 → 投房地产的资/投资房地产
d. 牵手: 跟心动女生牵手 → 牵心动女生的手/牵手心动女生

과거 혹자는 상술한 세 가지 변화형식을 오류문장으로 처리하였는데, 이것은 두 가지 해석해야 할 문제점이 존재한다. 하나는 이런 새로운 변화가 어떻게 형성되었고 이런 다양한 변화가 어떻게 실현되었는가인데 이것은 기술적 수단의 분석이다. 다른 하나는 왜 이런 새로운 변화가 발생하였고 변화가 발생한 뒤 의미가 변하지 않았으며 왜 다양한 변화가 필요하였는가인데 이것은 형성원인의 분석이다.

'어떻게'에 관해 (39~40)을 보면, 표면적으로는 이동으로 인해 조성된 것 같지만 이런 해석은 현상에 대한 답변일 뿐 근본적인 해석이 아니다. 만약에 동사분리가 동사와 목적어 사이에 명사 삽입을 초래했다면 왜 동목에 목적어가 추가되었는지를 해석할 수 없고, 만약에 동사압축이 '동목+목적어'구조를 초래했다고 하면 왜 동목에 명사를 삽입했는지를 해석할 수 없다. 왜 일부 구조의 대상명사는 동시에 두 위치에 들어갈 수 있는지도 해석해야 하는데 하나의 지배식 복합동사가 분리됐다가 다시 압축될 수 없는 것은 말할 필요도 없다.

이에 관해 우리는 이렇게 분석하였다. '见面'류 구조에서 '见面'이 전체적으로 대동사(VP중심어) 위치에서 경동사(vP'跟') 위치로 이동한 다음, 원 위치에 동형동사의 복사형식'[$_{vP(跟)}$见面(了)女朋友[$_{VP}$见面]]'이 남겨졌고, 이후에 부분 삭제(앞의 '见面'은 동사 중심형태소 '见'을 보류하고 비중심형태소 '面'을 삭제, 뒤의 '见面'은 명사 중심형태소 '面'을 보류하고 비중심형태소 '见'을 삭제)를 통해 이온화된 '见___(了)___面'을 형성하였다. 이것은 동형복사와 부분삭제다. VP층 '见面'이 부분 삭제된 다음, 해당 위치를 이온화된 '(见)面'이 차지하였으므로 동사 뒤에 대상명사 '你/女朋友'는 '面' 앞에 추가할 수밖에 없어 '见了你/女朋友(的)面' 즉, 동목에 명사를 삽입하는 형식(또는 목적어 전치 삽입)을 형성하였다. '约会'류 구조에서 '约会'도 전체적으로 대동사(VP중심어) 위치에서 경동사(vP'跟')의 위치로 이동한 뒤 원 위치에 동형동사의 복사형식 '[$_{vP(跟)}$约会(了)女朋友[$_{VP}$约会]]'이 남겨졌고 다음은 삭제(앞의 '约会'를 보류하고, 뒤의 '约会'를 삭제한다)를 통해 어휘화의 '约会(了)____'를 형성하였다. 이것은 동형복사와 선택삭제이다. VP층의 복사성분 '约会'가 다 삭제된 뒤 원 위치는 빈자리가 남겨졌고 따라서 동사 뒤에 대상명사 '她/女朋友'를 넣은 다음 '约会' 뒤에 채워 넣음으로써 '约会了她/女朋友'를 형성하였는데, 이것이 동목구조에 목적어를 추가한 것(또는 목적어 후치 삽입)이다. '帮忙'류 구조는 동목구조에 목적어 삽입과 목적어 추가, 이 두 가지 실행을 동시에 허가한 것이다.

(41) a. 见面: 跟女朋友见面

→ [$_{vP(跟)}$见面(了)女朋友[$_{VP}$见面]] (동형복사)

→ [$_{vP(跟)}$见__(了)女朋友[$_{VP}$__面]] (부분삭제)

→ ____见了女朋友(的)面 (명사우향이동/동목구조에 목적어 삽입)

b. 约会 : 跟女朋友约会

→ [$_{vP(跟)}$约会(了)女朋友[$_{VP}$约会]] (동형복사)

→ [$_{vP(跟)}$约会(了)女朋友[$_{VP}$____]] (부분삭제)

→ ____约会了女朋友 (명사우향이동/동목구조에 목적어 삽입)

c. 帮忙: 为女朋友帮忙

→ [$_{vP(为)}$帮忙(了)女朋友[$_{VP}$帮忙]] (동형복사)

→ [$_{vP(为)}$帮__(了)女朋友[$_{VP}$__忙]] (부분삭제)→ ____帮了女朋友忙(동목구조에 목적어 삽입)

→ [$_{vP(为)}$帮忙(了)女朋友[$_{VP}$____]] (부분삭제)→____帮忙了女朋友(동목구조에 목적어 삽입)

왜라는 문제는 현재까지 그다지 명확하지 않다. 하나는 이런 류의 지배식 자동사 구조가 반드시 대상명사의 위치 변화를 요구한다면 왜 같은 부류의 많은 구조는 이렇게 변하지 않았는가(예를 들면 '结婚'류 구조). 다른 하나는 만약에 이런 류의 구조에서 대상명사의 후치 변화가 발생한다면, 왜 동목구조에 목적어를 삽입하는 것(예를 들면 '见面'류 구조)과 동목에 목적어를 추가하는 것(예를 들면 '约会'류 구조)의 방식이 서로 다르며, 왜 어떤 동사구조는 이 두 가지 목적어 삽입 방식(예를 들면 '帮忙, 牵手, 请安'류 구조)을 동시에 선택하는가라는 문제에 관해서는 더 깊이 연구할 필요가 있다.

주요참고문헌

崔希亮(1995)〈"把"字句的若干句法语义问题〉,《世界汉语教学》第3期.

范晓(1989)〈"施事宾语"句〉,《世界汉语教学》第1期.

范晓(1991)〈动词的价分类〉,《语法研究与探索(5)》, 语文出版社.

顾阳(1994)〈论元结构理论介绍〉,《国外语言学》第1期.

顾阳(1996)〈生成语法及词库中动词的一些特性〉,《国外语言学》第3期.

顾阳(1998)〈关于存现结构的理论探讨〉,《共性与个性: 汉语语言学中的争议》, 北京语言文化大学出版社.

顾阳·沈阳(2001)〈汉语合成复合词的构造过程〉,《中国语文》第2期.

郭继懋(1990)〈领主属宾句〉,《中国语文》第1期.

黄正德·李艳惠·李亚非(2013)《汉语句法学》(张和友 译), 世界图书出版公司.

李临定(1984)〈动词的宾语和结构的宾语〉,《语言教学与研究》第3期.

李临定(1986)《现代汉语句型》, 商务印书馆.

李临定(1988)《汉语比较变换语法》, 中国社会科学出版社.

李临定(1990)《现代汉语动词》, 中国社会科学出版社.

李亚非(2000)〈核心移位的本质及其条件〉,《当代语言学》第1期.

李宇明(1987)〈存现结构中主宾互易现象研究〉,《语言研究》第2期.

陆俭明(1980)〈汉语口语句法里的易位现象〉,《中国语文》第1期.

陆俭明(1990)〈述补结构的复杂性〉,《语言教学与研究》第1期.

陆俭明(1993)《现代汉语句法论》, 商务印书馆.

陆俭明(1994)《80年代中国语法研究》, 商务印书馆.

陆俭明(2013)《现代汉语语法研究教程》(第四版), 北京大学出版社.

陆俭明·马真(1985)〈"把"字句补议〉,《现代汉语虚词散论》(陆俭明·马真), 北京大学出版社.

吕叔湘(1955)〈"把"字用法的研究〉,《汉语语法论文集》, 科学出版社.

吕叔湘(1987)〈说"胜"和"败"〉,《中国语文》第1期.

吕叔湘(1979)《汉语语法分析问题》, 商务印书馆.

吕叔湘(1986)〈汉语句法的灵活性〉,《中国语文》第1期.

马庆株(1983)〈现代汉语的双宾语构造〉,《语言学论丛》第10辑, 商务印书馆.

聂文龙(1989)〈存在和存在句的分类〉,《中国语文》第2期.

邵敬敏(1982)〈关于"在黑板上写字"句式分化和变换的若干问题〉,《语言教学与研究》第3期.

沈阳(1994)《现代汉语空语类研究》, 山东教育出版社.

沈阳(1996)〈现代汉语句法结构中名词短语部分成分移位现象初探〉,《语言教学与研究》第1期.

沈阳(1997)〈名词短语的多重移位形式及把字句的构造过程与语义解释〉,《中国语文》第6期.
沈阳(1999)〈名词短语后向移位的句法形式和语义作用〉,《语法研究与探索(10)》, 商务印书馆.
沈阳(2001)〈名词短语分裂移位与非直接论元句首成分〉,《语言研究》第3期.
沈阳(2015)〈现代汉语"V+到/在NP"结构的句法构造和相關问题〉,《中国语文》第2期.
沈阳·司马翎(2006)〈结果补语小句分析和小句的内部结构〉,《华中科技大学学报(社科版)》第4期.
沈阳·司马翎(2010)〈句法结构标记"给"和动词结构的衍生關系〉,《中国语文》第3期.
沈阳·司马翎(2011)〈结果补语小句分析和小句的内部构造(日文版)〉,《日中理论语言学的新展望 第一卷 词组构造》(影山太郎 编), 日本Kurosio出版社.
沈阳(主编2000)《配价理论与汉语语法研究》, 语文出版社.
沈阳·何元建·顾阳(2001)《生成语法理论与汉语语法研究》, 黑龙江教育出版社.
石定栩(1998)〈话题句研究〉,《共性与个性: 汉语语言学中的争议》, 北京语言文化大学出版社.
石定栩(1999)〈把字句和被字句研究〉,《共性与个性: 汉语语言学中的争议》, 北京语言文化大学出版社.
石定栩(2002)《乔姆斯基的形式句法: 历史进程与最新理论》, 北京语言文化大学出版社.
宋国明(1997)《句法理论概要》, 中国社会科学出版社.
汤廷池(1990)《国语变形语法研究》第一集《移位变形》, 台湾学生书局.
吴为章(1982)〈单向动词及其句型〉,《中国语文》第5期.
吴为章(1993)〈动词的"向"札记〉,《中国语文》第3期.
徐烈炯(1988)《生成语法理论》, 上海外语教育出版社.
徐烈炯(1990/1995)《语义学》, 语文出版社.
徐烈炯(主编1999)《共性与个性: 汉语语言学中的争议》, 北京语言文化大学出版社.
徐烈炯·刘丹青(1998)《话题的结构与功能》, 上海教育出版社.
徐杰(1999)〈"打碎了他四个杯子"与约束理论〉,《中国语文》第3期.
徐杰(1999)〈两种保留宾语句式及相關句法理论问题〉,《当代语言学》第1期.
徐杰(2001)《普遍语法原则与汉语语法现象》, 北京大学出版社.
徐通锵(1998)〈自动和使动〉,《世界汉语教学》第1期.
薛凤生(1994)〈"把"字句与"被"字句的结构意义〉,《功能主义与汉语语法》, 北京语言学院出版社.
杨素英(1999)〈从非宾格动词现象看语义与句法结构之间的關系〉,《当代语言学》第1期.
袁毓林(1996)〈话题化及相關的语法过程〉,《中国语文》第1期.
袁毓林(1998)《汉语动词的配价研究》, 江西教育出版社.
朱德熙(1980)《现代汉语语法研究》, 商务印书馆.
朱德熙(1982)《语法讲义》, 商务印书馆.
朱德熙(1985)《语法答问》, 商务印书馆.
朱德熙(1990a)《语法丛稿》, 上海教育出版社.
朱德熙(1990b)〈"在黑板上写字"及相關句式〉,《语法丛稿》, 上海教育出版社.
Chomsky, N. (邢公畹 等 译 1979)《句法结构》, 中国社会科学出版社.
Chomsky, N. (黄长著 等 译 1986)《句法理论的若干问题》, 中国社会科学出版社.
Chomsky, N. (周流溪 等 译 1993)《支配和约束论集》, 中国社会科学出版社.

Chomsky, N. (1957) *Syntactic Structures*, The Hague: Mouton.

Chomsky, N. (1981) *Lectures on Government and Binding*, Dordrecht: Foris Publications.

Chomsky, N. (1995) *The Minimalist Program*, Cambridge, Mass: MIT Press.

Harris, Z. (1957) "Co-occurrence and Transformational in Linguistic Structure," *Language* 33.

Harris, Z. (1965) "Transformational Theory," 41. See Z. Harris, *Papers on Syntax*, Heary Hiz (ed.), D. Reidel Company.

Larson, R. K. (1988) "On the Double Object Construction," *Linguistics Inquiry* 3.

Sybesma, R. (1999) *The Mandarin VP*, Dordrecht: Kluwer.

제8강

결속 이론과 결속 관계 분석

8.1 대명사와 공범주의 결속

본 장에서는 결속 이론과 결속 관계에 대해 살펴보고자 한다. 결속 관계란 문장에 출현한 성분이 무엇을 지시하는지를 말한다. 그러나 결속에는 또 다른 두 가지 의미가 있다.

결속의 첫 번째 의미는 문장의 단어나 구와 외부 객관세계의 어떤 구체적인 사람 혹은 구체적 사물의 상관관계다. 예를 들어 '王老师买了一本新书'라는 문장에서 '王老师'은 구체적으로 어떤 사람이며, '一本新书'는 구체적인 어떤 책 한 권을 지시하느냐이다. 이런 경우 지시의 문제는 언어 환경 및 객관 세계와 관련되는 문제이지 통사구조형식이나 구조 내의 기타성분과는 무관하다. 그러므로 이는 넓은 의미에서의 의미 지시의 문제라 할 수 있다.

결속의 또 다른 의미는 문장 내의 어떤 성분과 또 다른 성분이 가리키는 대상이 동일한 사람이거나 사물인 경우를 말한다. 물론, 한 문장 구조 내에서 성분 A와 성분 B의 지시 대상이 동일한가의 문제이지만 A와 B가 동일한 언어성분일 가능성은 매우 적다. 일반적으로 A가 대명사(인칭대명사 혹은 재귀대명사) 혹은 공범주(공주어 혹은 공목적어)인 경우에만 성분 B의 지시와 동일한지 아닌지의 문제를 언급할 수 있게 된다. 다음 예를 보자.

(1) a. 小李知道小王喜欢她。　　b. 我认为小王喜欢自己。
　　c. 这姑娘小李喜欢(t)。　　d. 小李打算(P)追这姑娘。

(1a)는 인칭대명사와 구조 중 어떠한 단어가 공지시하는가의 문제로,

‘她’가 지시하는 것이 구조에 출현하는 ‘小李’인지 ‘小王’인지 아니면 두 사람 모두 아닌지에 대한 것이다. (1b)는 재귀대명사와 구조 내 어떠한 단어 간의 공지시 문제로, ‘自己’가 지시하는 것이 구조 내에 출현하는 ‘我’인지 ‘小王’인지 아니면 두 사람 모두가 아닌지에 대한 언급이다. (1c)는 공목적어와 구조 내 어떤 단어의 공지시 문제로, 즉 공범주 t가 지시하는 것이 구조 내 출현하는 ‘这姑娘’인지 ‘小李’인지 아니면 두 사람 모두 아닌지에 대한 언급이다. (1d)는 공주어와 구조 내 어떤 단어의 공지시 문제로, 공범주 P가 지시하는 것이 ‘小李’인지 아니면 다른 사람인지에 대한 언급이다. 이 역시 통사구조 및 구조 내 성분과 관련된 지시 문제로 좁은 의미에서의 의미 지시 문제라 할 수 있다.

언어학에서는 넓은 의미의 지시 문제를 연구할 수도 있고, 전문적이며 좁은 의미에서의 지시 문제를 다룰 수도 있다. 본 장에서 논의하는 지시는 후자에 속한다. 다시 말해, 대명사와 공범주의 공지시(co-reference)문제를 다루고 있다. 그러나 이러한 설명 역시 개괄적인 설명에 지나지 않으므로, 우리는 의미 지시가 결정적으로 어떠한 문제들을 해결할 수 있는지 명확히 할 필요가 있다.

첫째로 인칭대명사의 지시 문제다.

인칭대명사는 세 가지로 나눌 수 있다. 그중 1인칭과 2인칭(예를 들어 ‘我, 我们, 你, 你们’)은 일반적으로 면대면의 대화에서 화자와 청자를 지시할 때 상용된다. 반면, 3인칭(예를 들어 ‘他/她, 他们/她们’ 혹은 ‘它’)은 화·청자 이외의 또 다른 사람(혹은 사물)을 지시할 때 사용된다. 3인칭대명사의 지시 용법은 다음 두 가지 상황을 구별해야 할 필요가 있다. 하나는 직시적 공지시와 대용적 공지시이고, 다른 하나는 구조 외 공지시와 구조 내 공지시다.

3인칭 대명사의 직시적 공지시와 대용적 공지시의 구별에 대해서는 다음 예문으로 설명할 수 있다.

(2) a. 你可以走了, <u>他</u>留下。

b. ——那是一只犀牛。—— 一只什么, 把它写下来。

c. 把工资给妻子的人比把它给情妇的人聪明。

d. 小王说他病了。

(2a)의 '他'는 사실 면대면 용법에 상응하는 것으로 환경직시라고 말할 수 있다. (2b)의 '它'는 앞 절에서 언급한 명사 '犀牛'로, 문자직시라 할 수 있다. (2c)의 '它'는 겉보기에는 구조 내의 '工资'를 지시하는 것 같지만 사실상 결코 같은 돈을 지시하는 것이 아니기 때문에 엄격하게 말해서 둘은 공지시 관계라 볼 수 없고, 혹자는 이를 생략대명사라 부른다. 이 세 종류가 3인칭 대명사의 직시적 공지시다. (2d)의 '他'는 3인칭 대명사와 명사의 지시 관계를 언급하고 있다. 이는 '他'가 구조 내에 출현한 '小王'을 지시할 수도 있고, 문장에 드러나지 않은 또 다른 사람을 지시할 수도 있기 때문이다. 직시와의 구별을 위해서 이러한 3인칭 대명사와 명사의 지시 관계를 대명사의 대용 관계라 부르기도 한다.

3인칭 대명사의 구조 외 공지시와 구조 내 공지시의 구별을 위해 다음 몇 가지 예문을 살펴보자.

(3) a. 我认识老王。他走了。 b. 小李说老王认识他。

c. 小李说他认识老王。 d. 小李认识他。

(3a)의 '他'는 비록 대용적 공지시이지만 '他'가 공지시하는 단어는 본 구조 밖(즉 앞 문장)에 출현하며, 이런 경우를 구조 외 공지시라 한다. 구조 외 공지시는 일반적으로 담화와 텍스트 연구의 범위에 속하기 때문에 담화 대용공지시라고 부른다. 그러나 이어서 나오는 세 가지 예문에서 대명사는 구조 내의 명사와 관련이 있기 때문에 구조 내 공지시로 볼 수 있다. 물론 이 세 가지 예문의 상황 역시 조금의 차이는 있다. (3b/c)의 '他'는 구조 내의 '小李'를 지시할 수도 있고 '小李'를 지시하지 않을 수도 있다. 비록 구조 내, 외의 지시가 교차된다 하더라도 '他'는 최소한 구조 내의 성

분과 관련이 있다. 반면 (3d)의 '他'는 구조 외 또 다른 사람만을 공지시할 수 있고 중의가 발생하지 않는데 왜 지시 문제라고 말하는 것일까? 그것은 이 구조에 하나의 대명사와 하나의 명사가 출현하기 때문에, 만일 지시를 확정하려면 대명사와 구조 내 어떤 명사가 공지시인지 혹은 공지시가 아닌지의 문제를 확정해야 하므로 (3d) 역시 대명사의 지시문제로 볼 수 있다.

정리해 보면, 인칭대명사의 지시문제는 상술한 (2d)와 (3b/c/d)에서 언급한 3인칭 대명사와 구조 내 명사가 공지시하느냐의 문제로 요약된다.

둘째로 재귀대명사의 지시 문제이다.

중국어의 재귀대명사는 일반적으로 '自己'가 있다. 그러나 '自己'는 일종의 부사적 용법으로 '亲自, 独自'의 의미를 나타낸다. 또 다른 용법은 재귀대명사의 용법으로 구조 내 모종의 명사와 공지시하는 것이다. 다음 예문을 보자.

(4) a. 老王喜欢自己修理汽车。　　b. 老王常常自己待在家里。
　　c. 老王知道自己喜欢小李。　　d. 老王认为小李喜欢自己。

앞의 예문 (4a/b)에서 '自己'는 태도부사로 '亲自, 独立'의 의미를 나타낸다. (4c/d)의 '自己'야말로 (어떤 사람) 본인의 의미이다. 이는 재귀대명사의 용법으로 재귀대명사와 명사의 지시 관계를 보여 준다. 뒤의 두 예문의 상황 역시 조금의 차이가 존재한다. 일반적으로 (4c)의 '自己'는 분명히 주절의 주어 '老王'을 지시하나, (4d)의 '自己'는 주절의 주어 '老王'을 지시할 수도 있고, 종속절의 주어 '小李'를 지시할 수도 있다. 이렇듯 재귀대명사 '自己'는 구조 내 어떤 명사와 공지시하거나 공지시하지 않을 수 있다는 문제가 존재한다. 재귀대명사와 명사의 이러한 의미 지시 관계를 또 달리 일컬어 조응관계라고도 한다.

재귀대명사의 조응용법은 세부적으로 구별할 필요가 있는데 바로 선행사가 없는 공지시와 선행사가 있는 공지시다. 재귀대명사는 일반적으로 재귀, 즉 구조 내 출현하는 어떠한 단어 혹은 구와의 공지시를 요구하는데 이를 선행사가 있는 공지시라고 한다. 그러나 때로 재귀대명사가 구조 내 어떠한 단어와의 공지시를 요구하지 않기도 하는데, 범지(泛指)인 경우만 이에 해당하며 이를 선행사가 없는 공지시라 한다. 다음 예를 보자.

(5) a. 自己做错了事情自己负责。　b. 能够批评自己是一种美德。
　c. 老王知道自己做错了事情。　d. 老师要求学生多批评自己。

상술한 (5a/b)의 '自己'는 사실 구체적으로 어떤 사람을 지시하지 않으며 모든 사람을 총괄지시 하고 있다. 이런 경우를 선행사가 없는 공지시라고 한다. 반면 (5c/d)의 '自己'는 '老师' 아니면 '学生'을 지시하는데, 이 경우가 바로 선행사가 있는 공지시다. 예를 들어 (5c)의 '自己'가 구조 내에 출현한 '老王'을 지시하는지, (5d)의 '自己'가 '老师'를 지시하는지 아니면 '学生'을 지시하는지는 선행사가 있는 공지시의 예이다. 재귀대명사의 지시 문제는 주로 이러한 선행사가 있는 공지시의 상황을 다룬다.

위의 내용을 정리하면, 재귀대명사의 지시문제는 상술한 (4c/d)와 (5c/d)에서 언급한 재귀대명사와 구조 내 명사가 공지시하느냐의 문제로 귀결될 수 있다.

셋째로 공범주(공목적어와 공주어)의 의미 지시 문제다.

제6강에서 증명했듯, 공범주는 통사적 작용이면서 의미적 작용이다. 다시 말해 공범주 역시 의미 지시의 문제라 할 수 있다. 다음 예문(6)은 앞서 언급했던 영어 예문이다. 두 문장의 의미가 매우 다른데 그 원인은 문장 내의 공범주 흔적 t와 비가시적 P의 지시가 같지 않기 때문이다.

(6) a. $John_i$ is too stubborn (P_k) to talk to (t_i). (约翰太固执, 以至于没人愿意跟他谈。)
　b. $John_i$ is too stubborn (P_i) to talk to him_j. (约翰太固执, 以至于不愿意跟他谈。)

먼저 (6a)의 'John'은 'talk to' 뒤에서 문두로 이동해 온 것으로, 이동 후 남은 흔적 t가 반드시 이동 성분과 공지시하게 된다. 이를 통해 흔적 t의 의미 지시 관계는 인칭대명사의 대용 관계나 재귀대명사의 조응관계와 유사함을 알 수 있다. 다른 한편으로 (6b)의 'to talk' 앞에는 비가시적 P가 있다. 비가시적 P 역시 다른 의미를 지시하는데, 예를 들어 (6b)의 비가시적 P는 'John'이지만 (6a)의 비가시적 P는 'John'을 지시하지 않는다. 공범주와 명사의 이러한 의미 지시 관계를 통제관계라고 한다.

공주어와 공목적어의 의미 지시 관계는 상황에 따라 다음 두 가지로 구분할 수 있는데, 첫째는 구문 외 공지시와 구문 내 공지시이고, 둘째는 분포적 공지시와 어휘적 공지시다.

공범주의 구문 외 공지시와 구문 내 공지시의 구별은 다음 몇 가지 예문으로 구별할 수 있다.

(7) a. 他生了个女儿, (e)很高兴。 b. 他生了个女儿, 我见过(e)。
c. 老王说小李不认识(e)。 d. 老王说(e)不认识小李。

(7a/b)는 생략된 e 공범주가 존재하지만 이 공범주가 공지시하는 단어는 '他' 혹은 '女儿'로 해당 구조 밖(선행문)에 출현하기 때문에 이를 구문 외 공지시라고 한다. (7c/d)의 공주어와 공목적어는 모두 구조 내의 명사와 관련된다. 이것이 구문 내 공지시다. 곰곰이 생각해 보면, 공주어 혹은 공목적어가 단어를 보충하기 전에 무엇을 지시했는가에는 다양한 가능성이 존재한다. (7c)의 '不认识'의 공목적어와 (7d)의 '不认识'의 공주어는 모두 '老王'일 수도 있고, '老王'이 아닐 수도 있다. 그러나 두 예문에서 '老王'을 공지시할 가능성의 비율은 다르다.

공범주의 분포적 공지시와 어휘적 공지시의 구분은 중국어의 같은 구조 형식에서 동일한 공범주의 지시 관계라고 말할 수 있다. 이는 명확한 것 일 수도 있고, 불명확한 것일 수도 있다. 다음 예를 보자.

(8) a. 老王打算(　)出国。　b. 老王希望(　)出国。
　　c. 老王同意(　)出国。　d. 老王鼓励(　)出国。

상술한 예문(8)은 모두 비슷한 구조다. 그러나 (8a)의 공주어(비가시적 P)의 지시는('谁出国') 오직 주절의 주어 '老王'일 수밖에 없다. 특정한 동사 구조의 공주어(비가시적 P) 위치는 그것이 반드시 통제어와 공지시일 것을 요구한다. 이를 일컬어 분포적 공지시라 한다. 그러나 (8b/c/d)의 공주어는 '老王'일 수도 있고 '老王'이 아닐 수도 있다. 게다가 세 문장 중 공주어와 '老王'이 동일한 것을 지시할 가능성은 예시 순서에 따라 줄어든다. 이 점에서 뒤 세 문장은 첫 문장과는 다르다. (8a)의 공주어는 단어를 보충할 수 없는 비가시적 P이다. 그러나 (8b/c/d)의 공주어는 다른 단어나 구를 보충할 수 있으므로 공범주 e라 할 수 있다. 이러한 불확정적인 공범주의 지시 관계는 다른 단어나 구의 보충으로 확인할 수 있기 때문에 이를 일컬어 어휘적 공지시라 한다.

정리해 보면, 공범주의 지시 문제는 (7c/d)와 (8)에서 언급한 공주어와 공목적어 그리고 구조 내 명사가 공지시 하는가의 문제로 요약할 수 있다.

8.2 의미 해석 이론과 결속 현상

앞 절에서 우리는 인칭대명사, 재귀대명사와 공범주의 결속 문제에 대해 살펴보았다. 이 문제들은 전통 어법 연구에서 주목받지 못했기 때문에 어떠한 교재나 어법서에서도 심도 있게 다루지 않았다. 그렇다면 왜 당대 형식어법이론은 이러한 문제의 연구 가치를 등한시했는가? 우리는 이론적 배경과 언어현상, 두 가지 측면에서 출발하여 결속 연구의 필요성을 살펴봐야 할 것이다.

먼저 이론적 배경의 관점에서 결속 문제의 연구 가치를 살펴보자.

제6강과 제7강에서 우리는 당대 형식어법이론이 수립한 어법구조 모델에 대해 살펴보았다. 이 모델의 의미 해석을 담당하는 논리형식부분이란 명칭에서 알 수 있듯, 의미 해석은 기본적인 구조(즉 논항구조)의 각 위치가 요구하는 성분을 모두 찾아내는 것이다. 논항구조 이론의 용어로 말하자면 통사구조 내 모든 NP 위치는 반드시 하나의 NP구를 필요로 하고, 모든 NP구는 반드시 하나의 NP 위치를 필요로 한다. 다음을 보자.

(9) a. 기저구조형식: SP_2: [NP_1 V^2 NP_2]
b. 어휘대입형식: SP_2: [老王$_{NP1}$写了$_{V2}$ 一本书$_{NP2}$]
c. 논리의미해석: V^2(写)结构: NP_1=老王(施事), NP_2=一本书(受事)

그러나 사실상 구체적으로 발화되는 모든 문장, 즉 표층구조에서 기본구조가 규정하는 NP 위치에 출현하는 단어나 구가 있는지 여부는 각기 다르다. 어떤 경우 NP 위치상 구체적인 의미의 단어나 구가 출현하기도 하고(예(9b)), 또 어떤 경우는 기본 구조가 규정한 어떠한 NP 위치에도 구체적인 단어나 구가 출현하지 않기도 한다. 만일 구조에서 대명사를 사용하거나 혹은 이동, 함축 등 원인으로 공범주가 존재하는 경우, 이러한 구조에 대한 의미 해석을 시도한다면 당연히 이 위치를 점하는 대명사 혹은 공범주와 의미 관계가 있는 단어나 구를 찾아야 한다. 다시 말해서, 기본 구조 NP 위치에 출현하는 대명사와 공범주는 오직 변량부호에 상응하며, 그 의미는 구조의 다른 구체적인 단어나 구를 통해 확인된다. 이로써 알 수 있듯 대명사와 공범주의 의미 공지시를 연구하는 것은 어법구조 모형이 의미해석에 대한 요구를 만족시키기 위한 것으로 볼 수 있다.

물론, 원래 위치에서 대명사 혹은 공범주의 의미값을 확인하기 위해서는 다음 두 가지를 설명해야 한다.

첫째, 대명사와 공범주의 지시를 확인하기 위해서는 의미 해석의 각도에서 서로 같거나 다른 단어나 구를 찾으면 되고, 모든 대명사 혹은 공범주에 공지시 되는 단어나 구를 찾을 필요는 없다. 다음 예를 보자.

(10) a. 小王$_i$批评了自己$_i$。
b. 小王$_i$批评了他$_j$。
c. 小王$_i$批评过了(t $_i$/e $_j$)。

(10a)에서 재귀대명사 '自己'와 '小王'은 명확한 공지시이고, (10b)에서 인칭대명사 '他'와 '小王'은 공지시가 아니며, (10c)의 공목적어는 '小王'과 공지시(다른 사람이 小王을 야단치다)일 수도 있다. 명확하게 공지시이든 아니든 혹은 공지시일 가능성이 있든 없든 주어진 상황 하에 있을 수 있는 가능성을 확인해야 한다. 이것이 모두 대명사와 공범주의 공지시를 확인하는 것이다. 아래첨자 '$_{i/j/k}$'는 사실상 대명사 혹은 공범주가 어떤 단어와 공지시인지 아닌지를 나타내 준다.

둘째, 대명사와 공범주의 공지시를 확인하기 위해서는 대명사 혹은 공범주와 의미 상관 관계가 있는 단어나 구를 찾아야 한다 어떤 것은 형식상, 의미상으로 모두 관계 있고, 어떤 경우는 오직 의미상에서만 관련되고 형식상으로는 관계가 없는 경우도 있다. 다음을 보자.

(11) a. 那个小偷$_i$被警察抓住了(t$_i$)。
b. 警察$_i$试图(P$_i$)抓住那个小偷。
c. 那个小偷$_i$说自己$_i$没偷过东西。
d. 那个小偷$_i$说他$_{i/j}$没有偷过东西。

(11a)의 공목적어 (t)는 '那个小偷'를 지시한다. '那个小偷'는 의미상 공목적어와 공지시일 뿐만 아니라 본래 목적어 위치에서 앞으로 이동한 것으로, '那个小偷'는 의미와 형식상에서 모두 공목적어와 관련된다고 할 수 있다. (11b)의 공주어 (P)는 주절의 주어 '警察'와 공지시다. 그러나 주절의 '警察'는 공주어 위치에서 이동해 온 것이 아니라 본래 주절의 주어 위치에 있었던 것으로, '警察'는 오직 의미상으로만 공주어와 동일하며 형식상으로는 관계가 없다. (11c)의 재귀대명사 '自己'와 주절 주어 '那个小

偷' 역시 의미상으로만 공지시이며 형식상으로는 관계가 없다. 그 둘은 모두 각각의 위치에 있을 뿐이다. (11d)의 인칭대명사 '他'는 더욱이 의미상으로만 '那个小偷'와 공지시(공지시가 아닐 수도 있음)이며, 당연히 주절의 주어와는 형식상의 관계가 없다. 이렇게 대명사(인칭대명사와 재귀대명사)혹은 공범주(공주어와 공목적어) 모두 의미상 공지시 문제가 있고, 모두 공지시를 '$_{i/j/k}$'로 어떠한 단어와 공지시인지 혹은 공지시가 아닌지를 표현하지만 그들의 의미 지시의 성질은 상이하다.

이제 언어현상의 관점에서 왜 의미 지시 문제를 연구해야 하는지 살펴보자.

그동안 인칭대명사와 재귀대명사 용법의 해석은 그리 엄격하게 다루어지지 않았다. 인칭대명사를 예로 들어 보자. 전통적인 어법 해석에서 대명사는 오직 앞선 어떤 명사를 가리킬 때만 사용한다지만 사실상 이러한 해석은 매우 모호하며 꼭 맞다고 할 수 없다. 다음을 보자.

(12) a. If he is here, John will do it. (如果他在这儿, 约翰一定会这么做。)
　　b. 想讨好她父亲的人争先恐后地向小芳献殷勤。

(12a)의 중국어 번역은 딱히 좋다고 할 수는 없지만 영어 문장 자체에는 문제가 없다. 이는 영어의 인칭대명사 'he'가 대용되는 명사 'John'(다른 절에 출현하는 것까지 포함)의 앞에 출현할 수 있음을 말해 준다. (12b)의 중국어 예문은 더욱 그러한데 인칭대명사 '她'가 뒤에 출현한 명사 '小芳'을 공지시할 수도 있다.

다시 재귀대명사를 보자. 전통적인 어법해석으로는 재귀대명사는 오직 선행사의 인칭, 수와 일치해야만 공지시 할 수 있으며, 혹은 재귀대명사는 근거리에 위치한 명사와 공지시한다. 그러나 이러한 해석이 영어와 중국어에서 모두 정확하게 맞다고 할 수는 없다.

(13) a. John asked Miss Wang to criticize *himself/herself.

b. 李经理要求王小姐严格要求 *他自己/她自己。

(14) a. Miss Wang never talked to us about *ourselves/herself.

b. 王小姐从未对我们说起过 *我们自己/她自己。

(13a)의 재귀대명사 앞에는 두 개의 사람을 지시하는 명사가 있다. 그러나 결코 아무렇게나 그중 하나의 재귀대명사를 선택해도 되는 것은 아니다. 사실상 이 문장에서는 오직 'herself/她自己'와 'Miss Wang/王小姐'만 공지시이며, 'himself/他自己'와 'John/李经理'는 공지시라 할 수 없는데 만일 인칭과 성을 바꾼다면 통하지 않는 문장이 되기 때문이다. 만일 (13)에서 재귀대명사가 'Miss Wang/王小姐'에 비교적 가깝고, 'John/李经理'에는 좀 멀다고 말한다면, (14)처럼 때로는 구조 내 두 개의 명사가 있는 상황에서 거리가 가까운 명사, 예를 들어 'us/我们'이 재귀대명사와 조응되지 못하고, 거리가 먼 'Miss Wang/王小姐'가 재귀대명사와 조응하는 경우도 있다. 이로써 알 수 있듯 거리의 원근 역시 재귀대명사 지시의 조건이 될 수 없다.

인칭대명사, 재귀대명사와 공범주의 의미 지시 역시 아직 많은 현상들이 해결되지 못한 채 남아 있다. 예를 들어 아래의 영어와 중국어는 언뜻 보기엔 비슷한 문장으로 보이지만, 두 문장의 인칭대명사와 재귀대명사의 대용 혹은 조응상황은 결코 동일하지 않다. 아래 두 문장의 뜻을 비교하여 이해해 보자.

(15) a_1. Nobody said he was right. / *Nobody said himself was right.

a_2. 没有人说他对。/没有人说自己对。

b_1. Everybody said he was right. / *Everybody said himself was right.

b_2. 所有人都说他对。/所有人都说自己对。

c_1. Somebody said he was right. / *Somebody said himself was right.

c_2. 有些人说他对。/有些人说自己对。

(15)는 영어와 중국어를 단어별로 대역한 것이다. 그러나 영어를 공부한 사람이라면 알 수 있듯 영어 문장의 인칭대명사 'he'는 논리적 양사를 수반하는 명사를 대용할 수 있는데 여기에는 'everybody(所有人)/somebody(有些人)' 심지어 'nobody(没有人)'까지 포함된다. 동시에 이 문장의 'he'는 다른 어떤 사람을 대용할 수도 있다. 그러나 중국어에서 인칭대명사 '他'는 오직 구조 밖의 어떤 사람을 가리킬 때 사용되며, 양화사를 대용할 수 없고 '所有人', '有些人', '没有人'에 관계없이 모두 '他'를 사용해 지시할 수 없다. 만일 구조 내의 양화사를 가리키고자 한다면 가장 좋은 방법은 재귀대명사 '自己'를 사용하는 것이다. 그러나 동일한 영어 문장에서 재귀대명사를 사용하면 비문이 된다. 이러한 예문은 영어와 중국어 문장이 동일하다 하더라도 인칭대명사 'he/他'의 용법이 다를 수 있고, 중국어 재귀대명사 '自己'가 영어의 인칭대명사 'he'의 용법을 가질 수 있으며 반대로 영어의 인칭대명사 'he'가 중국어 재귀대명사의 용법을 가질 수 있음을 말해 준다.

과거 중국어 어법연구에서는 일반적으로 목적어 도치만을 이야기할 뿐, 공목적어 문제에 대해서 논하지 않았다. 목적어가 문두로 도치되려면, 주어는 사람이고 목적어는 사물일 경우에만 문제가 없다. 만일 주어와 목적어 모두 사람을 가리키는 명사이면 목적어는 도치될 수 없다. 다음의 예를 보자.

(16) a_1. 老王抓住了绳子。　　a_2. 绳子老王抓住了。

a_3. 老王绳子抓住了。　　a_4. 绳子抓住了。

a_5. ?老王抓住了。

b_1. 警察抓住了小偷。　　b_2. 小偷警察抓住了。

b_3. 警察小偷抓住了。　　b_4. 小偷抓住了。

b_5. *警察抓住了。

c_1. 老王抓住了小李。 c_2. *小李老王抓住了。

c_3. *老王小李抓住了。 c_4. *小李抓住了。

c_5. *老王抓住了。

사실 위의 설명은 정확하지 않다. (16b)의 주어와 목적어 모두 사람(警察/小偷)을 지시하지만, 목적어 도치의 제약은 그리 크지 않다. 사실 (16)의 세 가지 예문은 크게 다르지 않다. 목적어가 모두 도치될 수 있고 모두 공목적어의 의미 지시 문제라고 할 수 있다. 그러나 이러한 현상에서 해결해야 하는 문제는 무엇을 따라야 도치 이후 공목적어의 의미 공지시를 알 수 있는가이다. (16a)의 경우 비교적 명확하고, (16b)는 조금 불명확하며, (16c)에서는 더욱 불명확하다.

앞의 (8)에서 거론한 바와 같이 이는 공주어의 의미 지시 예인데 서로 다른 동사구조는 종속절의 공주어와 주절 주어의 공지시 여부에 영향을 미칠 수 있다. 사실상 이 문제는 더 복잡한 상황을 수반하기도 한다. 아래 예문을 보자.

(17) a_1. 老王要求( )提职。 (=老王提职)

a_2. 老王要求( )陪床。 (=老王/别人陪床)

a_3. 老王要求( )赔偿。 (=别人赔偿)

b_1. 局长决定( )星期六去。 (=局长去)

b_2. 局长通知( )星期六去。 (≠局长去)

c_1. (问问局长小李什么时候去), 局长决定( )星期六去。(≠局长去)

c_2. (局长说过什么时候去了吗), 局长通知( )星期六去。(=局长去)

(17a)의 주절은 동일한 동사 '要求'를 가진다. ($17a_1$) 종속절 동사 '提职'의 공주어와 주절 주어 '老王'은 공지시 가능성이 비교적 크다. 반면 ($17a_3$)의 종속절 동사 '赔偿'의 공주어와 주절 주어 '老王'은 공지시일 가

능성이 적다. (17a2)의 종속절의 동사 '陪床'은 양자 사이에 있다. 이는 종속절 술어동사의 차이가 종속절 공주어의 지시에 영향을 준다는 사실을 설명한다. 한 걸음 더 나아가 ($17b_1$)의 주절 동사 '决定'은 종속절 술어 '星期六去'의 공주어에 영향을 주어, 주절 주어 '局长'과 공지시인 경향이 있다. 이는 앞서 (8)에서 언급했듯이 서로 다른 동사구조가 종속절 주어의 지시에 영향을 준 것이다. 그러나 (17c)에서 보여 주듯이, 만일 선행절이 다르면 (17b)의 종속절 주어의 공지시는 완전히 상반된다. 이는 주절 동사와 종속절 동사 모두 변하지 않는다 하더라도 다른 요소가 종속절 공주어의 지시에 영향을 미친다는 사실을 보여 준다.

8.3 결속 이론과 인칭대명사, 재귀대명사의 결속 분석

인칭대명사와 재귀대명사의 공지시 문제에 대해 현재 공인된 가장 영향력 있는 해석은 결속(binding)이론이다. 결속은 논리학술용어로서 본래 의미는 논리양사와 변항의 관계를 가리킨다. 결속의 명칭으로 대명사와 명사의 지시 관계를 해석한다는 것은 두 성분이 만약 결속이라면 반드시 공지시이고, 만일 비결속(자유)이라면 공지시가 아님을 의미한다. 결속을 정의하기 위해서는 영역(domain)의 개념을 언급해야 한다. 영역이란 완전한 중심성분과 보충성분의 기능적 복합체를 포함하며, 혹은 광의적 의미에서 주어 명사와 하나의 보충 명사를 포함한 S(문장) 혹은 NP(명사구)로 정의된다. 예를 들어 '老王买了本书' 혹은 '老王的书'처럼 두 개의 명사성 성분 '老王'과 '书' 모두를 포함하고 있으면 곧 하나의 영역이라 할 수 있다.

상술한 기본 개념을 바탕으로 인칭대명사와 재귀대명사의 몇 가지 예를 살펴보자.

(18) a. [小王$_i$喜欢自己$_i$]。

b. [小王$_i$喜欢他$_j$]。

c. [小王$_i$喜欢那姑娘$_j$]。

(19) a. 小王$_i$知道[小李$_i$喜欢自己$_I$]。

b. 小王$_i$知道[小李$_j$喜欢他$_{i/k}$]。

c. 小王$_i$知道[小李$_j$喜欢那姑娘$_k$]。

(20) a. [小王$_i$喜欢自己$_i$的照片]。

b. [小王$_i$喜欢他$_j$的照片]。

c. [小王$_i$喜欢那姑娘$_j$的照片]。

(21) a. 小王$_i$知道[小李$_j$对自己$_j$的批评]。

b. 小王$_i$知道[小李$_j$对他$_{i/k}$的批评]。

c. 小王$_i$知道[小李$_j$对那姑娘$_k$的批评]。

상술한 문장 중 의미 지시 관계에 대한 결속이론의 해석은 다음과 같다. 먼저 모든 사람을 가리키는 명사성 성분은 다음 세 가지로 나뉜다. 첫째는 조응어(anaphor)라 불리는 재귀대명사로, 예를 들어 '自己/himself' 등이다. 둘째는 대명사(pronominal)라 불리는 3인칭 대명사로, 예를 들어 '他/he/him' 등이다. 셋째는 지시표현(referential expression)으로, 예를 들어 '小王/那姑娘/John'과 같이 사람을 가리키는 명사가 포함된다. 이러한 기초 위에 의미 지시 관계의 결속 3원칙을 세울 수 있다. 다음 (22)를 보자.

(22) 의미 지시의 결속 원칙

A: 조응사는 관할영역 내에서 결속 받는다(영역 내 사람을 지시하는 명사와 공지시할 수 있다).

B: 대명사는 관할영역 내에서 자유롭다(영역 내 명사와 공지시 할 수 없지만 영역외 명사와 공시지할 수 있다).

C: 지시표현은 영원히 자유롭다(영역 내 사람을 지시하는 명사이든

영역 외의 사람을 지시하는 명사이든 모두 공지시 할 수 없다).

(22)의 결속원칙을 이용하여 (18~21)에 나타나는 각종 지시 관계를 해석함으로써 비교적 개괄적이며 통일된 결론을 낼 수 있다. 모든 조응어(재귀대명사)는 오직 영역 내(괄호 안)의 사람을 지시하는 명사와 공지시하며, 영역 외(괄호 밖)의 사람을 지시하는 명사와는 공지시하지 않는다. 이것이 결속원칙 A이다. 모든 대명사(3인칭 대명사)는 모두 영역 내(괄호 안)의 사람을 지시하는 명사와 공지시할 수 없고, 오히려 영역 외(괄호 밖)의 사람을 가키는 명사와 공지시하는데 이것이 결속원칙 B이다. 모든 지시표현(인명지시)은 영원히 구조 내, 외(괄호 내, 외)에서 모든 사람을 지시하는 명사와 공지시할 수 없다. 이것이 결속원칙 C이다.

결속원칙의 핵심은 대명사의 의미 지시 관계를 해석하는 이론 원칙이다. 그러나 이 원칙 역시 완벽한 것은 아니며, 특히 중국어연구에서는 더 많은 문제가 발견된다. 이러한 문제를 어떻게 해결할 것인가에 대해서도 의견이 분분하다.

먼저 대명사의 지시 현상과 결속원칙의 이론 정의와 관계된 몇 가지 사항에 대해 논해 보자.

이 분야의 논의에서 주로 언급해야 하는 문제는 인칭대명사와 재귀대명사의 대응과 교차를 어떻게 합리적으로 해석할 것인가이다. 결속원칙A에 따르면 조응어(재귀대명사)는 영역 내에서 필수적으로 결속되지만, 결속원칙B에 따르면 대명사(인칭대명사)는 영역 내에서 결속되지 않기 때문이다. 이렇게 이론상으로 추론해 보면 하나의 결론을 얻을 수 있다. 바로 모든 조응어의 자리는 대명사로 대체될 수 없으며, 대명사의 자리 역시 조응어가 올 수 없다는 것이다. 즉, 양자는 상보적 분포다. 그러나 중국어의 경우 반드시 그런 것은 아니다. 다음 예를 보자.

(23) a. 老王$_i$看到了自己$_i$的照片。

b. 老王$_i$看到了他$_{i/j}$的照片。

이론적으로 (23)의 두 문장은 모두 동일한 영역으로 그중에서 재귀대명사와 인칭명사는 다른 지시 관계를 가져야 하는데 '自己'와 '他'는 모두 '老王'과 공지시한다. (23)의 이러한 문제는 적잖은 논쟁의 여지가 있는데 그중 가장 핵심적인 해결방법으로는 아래의 두 가지 의견이 있다.

첫째 의견은 결속원칙은 수정할 수 없지만 중국어 특수성에 따라 영역은 수정할 수 있다는 것이다. 이는 재귀대명사 '自己'와 인칭대명사 '他'의 영역이 같지 않음을 정의하는 것이다. 예를 들어 재귀대명사 영역 내에는 반드시 하나의 사람을 지칭하는 주어가 있어야 넓은 영역(S)을 취하지만, 인칭대명사 영역 내에는 사람을 지칭하는 주어가 반드시 있지 않아도 좁은 영역(NP)을 취할 수 있다. 그러므로 (23a)의 영역은 '老王'을 포함한 전체 문장(老王看到了自己的照片)까지 확대되어야 하고, (23b)의 영역은 오직 '他'만을 포함한 명사구(他的照片)로 제한된다. 이렇게 하면 (23)의 상황은 대부분 해석되는 듯하다. 이는 결속원칙A에 따라, 재귀대명사는 영역 내의 명사와 공지시이고 결속원칙B에 따라 인칭대명사 '他'는 곧 본래 영역 외 성분과 공지시가 될 수 있기 때문이다.

그러나 이렇게 처리한다 하더라도 문제는 여전히 존재한다. (23b)의 인칭대명사 '他'가 영역 외 명사와 공지시일 뿐만 아니라, 사실 재귀대명사 '自己' 역시 영역 외 명사와 공지시일 수 있다. 예를 들어 아래 (24)의 '自己'는 넓은 영역 밖의 '老王'과 공지시일 수도 있는데 이 경우 두 대명사의 지시 상황은 또 동일해진다. 아래 예를 비교해 보자.

(24) a. 老王$_i$说[小李$_j$知道自己$_{i/j}$下午没空]。
 b. 老王$_i$ 说小李$_j$知道[他$_{i/j/k}$下午没空]。

두 번째 의견은 지배범주(governing category)를 수정하지 않고, 아예 중국어의 특성에 따라 결속원칙을 수정하는 것이다. 다시 말하자면, 중국어의 재귀대명사 '自己'와 인칭대명사 '他'의 의미 지시의 교차 현상을 고려하여 세 가지 결속원칙 외에 한 가지 원칙을 더해 보는 것이다. 영어의 조응어(재귀대명사), 대명사(인칭대명사)와 지시표현은 사실상 의미 지시 관계의 성질에 따라 [±조응어성(±결속원칙A)]와 [±대명사성(±결속원칙B)]의 두 가지 매개변인으로 각각 정의할 수 있다. 즉, 영어의 조응어는 [+조응/-대명사]로 정의하고, 영어의 대명사는 [-조응/+대명사]로 정의한다. 영어의 지시표현은 [-조응/-대명사]로 정의한다. 그러나 중국어는 한 가지 조건을 추가할 수 있는데, 중국어는 상술한 세 가지 성분 외에도 [+조응/+대명사]로 정의되는 '自己'가 있다. 다시 말해서, 중국어의 복합형식 재귀대명사 '他自己'가 바로 전형적인 조응어이며, 단순형식 재귀대명사 '自己'는 조응어와 대명사 사이에 존재하는 동시에 조응어와 대명사의 성질을 모두 구비하고 있다는 것이다. 이래야만 (25)의 '自己'가 영역 외 명사와 공지시할 수 있으며, '他自己'로 전환되었을 때 영역 외를 지시할 수 없게 됨을 설명할 수 있다. 예는 다음과 같다.

(25) a. 老王$_i$说[小李$_j$知道自己$_{i/j}$下午没空]。

b. 老王$_i$说[小李$_j$知道他自己$_j$下午没空]。

다음으로 인칭대명사의 지시 현상이 결속이론에서 가지는 해석상의 문제에 대해 이야기해 보자.

일반적으로 인칭대명사의 지시는 모두 결속원칙B에 부합한다. (18~21)에서 보여 주듯이, 인칭대명사와 구조 내 기타 단어 혹은 구는 영역 내에서는 공지시하지 않고 영역 외에서 공지시(혹은 공지시가 아닐 수 있음)한다. 중국어 인칭대명사는 영역 외 명사와의 지시 관계에 있어서 규칙이 존재하는가? 이는 결속원칙B의 기초 위에서 다시 한 번 깊이 있는 연구를 해야 할 문제다. 아래의 예문들을 살펴보자.

(26) a. [小王$_i$喜欢他$_{*i/j}$]。

b. 小王$_i$喜欢[他$_{i/j}$的老师]。

c. [小王$_i$ 的老师$_j$喜欢他$_{i/*j/k}$]。

d. 小王$_i$的老师$_j$喜欢[他$_{*i/j/k}$的学生]。

(26a/b)는 모두 결속원칙B에 부합하는 것처럼 보인다. 그러나 (26c)의 '他'는 영역 내(괄호 안)의 '小王'과 공지시이고, (26d)의 '小王'도 영역 외(괄호 밖)에 존재하며 '他'와 '小王'은 공지시가 아니다. 이로써 알 수 있듯이 인칭대명사가 영역 외 명사와 공지시인지 아닌지에 대해, 오직 결속원칙B만으로 공지시의 여부를 논하자면 충분하지 않다. (26)의 '喜欢' 양쪽에 출현한 성분은 두 종류의 형식으로 각각 단일명사 혹은 관형어를 수반한 명사구다. 여기에서 나타나는 지시의 차이에 대해 살펴보자. 예를 들어 '他'와 명사가 모두 단일 명사이거나 모두 명사구의 중심어이거나 명사구의 관형어이면 이 둘은 공지시일 수 없다. 오직 '他'와 명사가 관형어 혹은 중심어로 다르게 기능할 때(서로 중심어와 관형어의 관계일 때) 비로소 공지시가 된다. 이로써 단문(단순문) 내의 인칭대명사 조응규칙이 수립된다. (27)을 보자.

(27) 단문 내의 인칭대명사의 조응규칙

문장(S)에서 NP_1이 NP_2를 통제하는 경우, NP_2 내부의 '他'가 중심어이면 NP_1의 중심어는 이와 공지시할 수 없다. 만약 NP_2 내부의 '他'가 수식어이면 NP_1의 수식어는 이와 공지시할 수 없다.

마지막으로 재귀대명사 지시현상이 결속이론 해석상에서 나타나는 문제에 대해 논해 보자.

앞서 언급한 바와 같이 결속원칙을 이용한 이러한 형식화 규칙에서 가장 처리하기 어려운 것은 중국어의 재귀대명사다. 왜냐하면 결속원칙A에 따르면 조응어(재귀대명사)는 오직 지배범주 내에서만 결속되며, 이는 곧 영역 내 명사와 공지시할 수 있기 때문이다. 영어의 경우 확실히 그러하다. 그러나 중국어의 재귀대명사, 더욱이 '自己'는 자주 영역 외 명사와 공지시인 경우도 있다. 예는 다음과 같다.

(28) a. [老王$_i$说[小李$_j$知道[自己$_{i/j}$喜欢小张$_k$]]]。

비교: J said [that B$_i$ liked himself$_i$].

b. [老王$_i$说[小李$_j$知道[小张$_k$喜欢自己$_{i/j/k}$]]]。

비교: J said that B knew [that F$_i$ liked himself$_i$].

(28)의 중국어 예문을 자세히 보면, 그중의 '自己'가 영역 외의 '老王'과 공지시일 뿐만 아니라 공지시일 가능성이 영역 내 '小李' 혹은 '小张'('他自己'로 바꾸어야만 영역 외까지 지시함)보다 더 크다는 것을 명확히 알 수 있다. 이러한 현상을 어떻게 해석할지는 많은 논쟁을 불러일으켰다. 이에 대해 현재 두 가지 해결책이 제시되었다.

한 가지는 형식규칙으로 해석하는 것이다. 예를 들어 장거리결속설과 주어경향설의 제시다. 장거리결속설은 중국어는 영어와 달라서 영어의 재귀대명사는 오직 영역 내에서만 결속되고 영역 내 명사와만 공지시하지만, 중국어의 재귀대명사는 영역 외의 거리가 먼 명사와 결속될 뿐만 아니라 공지시될 수 있다는 것이다. 주어경향설의 의미는 중국어 재귀대명사 '自己'는 우선 주절의 대주어와 공지시하거나 혹은 더 앞쪽의 대주어일수록 더 쉽게 공지시하는 경향이 있다는 것이다. 아래 (29)는 더욱 각종 구조와 각종 위치의 '自己'가 모두 장거리 결속이나 혹은 주절의 대주어를 우선적으로 선택하여 공지시하는 것처럼 보인다.

(29) a. 老王说小李知道自己下午没空。 (목적어절)

b. 老王告诉小李自己要来。 (이중목적어구조)

c. 老王送给小李一本自己的书。 (이중목적어구조)

d. 老王不愿意跟小李说自己。 (상황어-중심어구조)

e. 老王因为小李批评了自己而不高兴。 (연속술어구조)

f. 老王为自己工作。 (개사구조)

g. 老王不喜欢批评自己的人。 (관형어-중심어구조)

(29)의 각 구조에서 '自己'가 출현하는 위치는 서로 다르다. 그러나 구조의 어떤 위치에 출현하는지, 구조 중 몇 개의 명사와 거리가 멀고 가까운지에 관계없이, 이들 '自己'는 확실히 모두 주절의 대주어 '老王'과 공지시라는 것을 어감으로 느낄 수 있다. 이로써 마치 중국어 '自己'가 모든 노드의 사람을 가리키는 명사와 공지시(즉 결속됨)한다고 여길 수 있다. 그러나 공지시 관계는 외부에서 내부로의 선택순서를 지닌다. 만일 앞쪽에 사람을 지칭하는 명사가 주어도 있고 비주어도 있다면, '自己'는 우선적으로 주어명사와 공지시한다. 만약 앞에 사람을 지시하는 명사가 모두 주어라면 '自己'는 우선적으로 가장 밖의 대주어와 공지시한다. 어떤 사람은 심지어 재귀대명사의 지배범주는 언어에 따라 동일하지 않고, 아마 중국어의 지배범주가 가장 넓어 주절까지 확대되어 중국어의 '自己'가 종종 가장 밖의 주어명사를 지시하는 것이라고 말하기도 한다. 유사한 언어로 일본어의 재귀대명사 '自本(じぼん, zibun)'과 한국어의 재귀대명사 '자기(自己, caki)'가 있는데 이들 모두 대주어를 공지시하는 경향을 지닌다. 그러나 다른 언어에서는(예를 들어 영어) 그 영역이 비교적 좁을 뿐 아니라 내층 문장으로 제한되어 있다. 따라서 'oneself'는 가장 내층의 주어명사만 공지시할 수 있다. 이에 근거하여 언어에 따른 재귀대명사 지배범주의 매개변인화 특징을 규정할 수 있다. 일부는 영역의 결속을 받지만 일부는 주어의 결속을 받는다.

그러나 상술한 내용을 받아들이려면 반드시 중국어의 모든 문장이 그렇다는 것을 증명해야 한다. 혹자는 중국어에서 장거리결속설과 주어경향설도 절대적인 것이 아니며 본질적인 것은 더더욱 아니라고 반박한다. 예로 (30a~d)의 '自己'가 대주어와 공지시라고 말하기 어렵고, (30e)는 심지어 주어가 없으며, (30f)의 '自己'는 뒤의 목적어와 공지시다. 예문을 보자.

(30) a. 老王一直被我们当作自己的榜样。 (被자문)

b. 老王把小李關在了自己的房间里。 (把자문)

c. 我曾问过他们好几遍自己的名字。 (이중목적어문)

d. 人们给他的评价比自己意料的好。 (比자문)

e. 使他常引以为豪的是自己的战功。 (使자문)

f. 为了自己的利益谁也阻挡不了他。 (상황어-중심어문)

또 다른 의견으로 결속원칙 범위 내에서 혹은 결속원칙을 수정 보완하는 방법 모두 중국어의 재귀대명사 '自己'의 지시 관계를 해석하기 어렵다는 것이다. 그래서 많은 학자들이 결속원칙을 버리고 비통사적 해석을 찾으려고 시도한다. 그중 해석력이 가장 강한 것이 논항위계효과설이다.

어떤 학자들은 많은 언어 상황을 연구하면서 구조의 술어성과 명사의 논항역이 중국어 재귀대명사 '自己'의 지시에 미치는 영향력이 크다는 사실을 발견했다. 우리가 소위 술어성이라고 하는 것은 하나의 언어 단위(구 포함)가 동작행위의 함의를 가지고 있는 것을 말한다. 소위 논항역이라는 것은 명사가 구조에서 나타내는 행위자, 피행위자, 도구, 장소, 대상 등의 의미성질을 일컫는다. 이를 통해서 구조에서 '自己'가 선행사('自己'와 공지시하는 명사를 말함)를 선택함에 있어서 행위자>경험자>대상>객체>피행위자의 논항역 선택의 위계순서를 지닌다고 가설을 세웠다. 통사적으로 다른 조건이 동일한 경우, 논항역 등급이 높은 주어명사가 '自己'의 선행사가 될 우선권을 가지게 된다는 사실을 발견할 수 있다. 앞서 논한 모든 예문에서 '自己'의 주어경향성은 사실 이러한 원인에서 비롯된 것으로 볼 수 있다. 다음 예문을 비교해 보자.

(31) a. 老王告诉小李自己以前的想法错了。

b. 这件事告诉小李自己以前的想法错了。

(31a)의 '自己'는 주절의 '老王'과 공지시이지만, 같은 구조의 문장 (31b)의 '自己'는 오직 이중목적어 중 가까운 목적어 '小李'와만 공지시한다. 이치에 따르면 '小李'는 주어도 아니다. 그런데 왜 '自己'와 공지시 되

는가? 이는 (31a)의 '老王'과 '小李'가 각각 동사 '告诉'의 행위자와 대상이며, 행위자의 논항등급이 대상의 논항등급보다 높기 때문에 '自己'가 '老王'과 공지시 되는 것으로 선택된 것이다. 그러나 (31b)의 명사 '这件事(객체)'와 '小李(대상)'에서는 대상의 논항등급이 객체보다 높으므로 '自己'는 '小李'와 공지시를 선택할 수밖에 없는 것이다. 아래 더 다양한 예문을 살펴보자.

(32) a. 小李的老板的阴谋害了自己。
b. 小李的老板的钱害了自己。

(33) 王朔的书里有关于自己童年的描写。

(34) 老王把小李关在了自己的房间里。

먼저 (32)를 보자. (32a)의 '小李'와 '老板' 모두 사람을 지시하는 명사가 관형어로 사용되었다. 그러나 '自己'는 '老板'을 지시하지 '小李'를 지시하지 않는다. 왜일까? 이는 두 명사와 '阴谋'의 관계를 봐야 한다. '阴谋'는 '老板'의 것이지 '小李'의 것이 아니며, '老板的阴谋'는 곧 '老板制造了阴谋'를 의미한다. 이는 하나의 술어성 구조를 내포하는 것이며, '老板' 역시 행위자성을 지니고, 행위자 논항등급이 가장 높아 '自己'가 '老板'을 지시하게 되는 것이다. 그렇다면 왜 같은 구조인 (32b)에서 '自己'는 '老板'을 지시할 수도 있고, '小李'를 지시할 수도 있는가? 이는 '小李'와 '老板', '老板'과 '钱'이 모두 소유관계에 있기 때문에 '小李有老板'이든 '老板有钱'이든에 관계없이 '小李'와 '老板'의 논항등급이 같으므로 '自己'는 두 명사와 모두와 공지시될 수 있다.

다시 (33)을 보자. 이 문장은 겉보기엔 문제가 없어 보이고, '自己'는 '王朔'을 지시하는 것 같다. 그러나 사실 이 문장이 가진 하나의 전제는 이 책이 반드시 王朔가 '쓴 것'이지 王朔가 '소유한 것'이 아니라는 것이다.

왜냐하면 전자의 의미(王朔写书)에서만 王朔가 행위자성을 가지며 이 경우 논항등급이 높아서 '自己'와 공지시될 수 있기 때문이다. 후자의 의미(王朔有书)에서 王朔는 오직 소유성만을 가지며, 이 경우 논항등급이 비교적 낮아서 '自己'가 공지시 될 수 없을 뿐 아니라 이러한 의미의 문장은 통하지도 않는다.

(34)의 경우 만일 把자문의 특징을 따른다면 '自己'는 응당 '小李'와 공지시어야 하고, 주어경향설의 특징을 따른다면 '自己'는 '老王'과 공지시여야 한다. 이렇게 두 명사 모두 공지시일 수 있는 상황에는 다음과 같이 분석해야 한다. 이 문장이 포함하고 있는 두 개의 술어구조는 '老王关小李'와 '小李在屋里'이다. 이렇게 보면 '老王'과 '小李'의 논항등급이 거의 비슷하기 때문에 '自己' 역시 '老王'을 지시할 수도 있고, '小李'를 지시할 수도 있다.

또 다른 분석으로는 화용기능으로 생각하는 것이다. 재귀대명사의 의미 지시 역시 화용조건의 제약을 받는데, 다음 예문들로 몇 가지 규칙을 추려 볼 수 있다.

(35) a. 小李对小芳说起过自己。
b. ?一个人对小芳说起过自己。
c. ??一些人对小芳说起过自己。
d. ???一些人对我说起过自己。

결속원칙을 따른다면, (35)의 '小李, 一个人, 一些人'은 모두 영역 내에 존재한다. 이치에 따르면 '自己'는 모두와 공지시일 수 있지만 사실 이 문장의 수용도는 점점 더 낮아진다. 그 가운데 존재하는 원리를 화용기능분석의 각도에서 본다면, 재귀대명사의 의미 지시는 해석상 다음 몇 가지 요건을 찾을 수 있다. 첫째, 재귀대명사는 주어와 공지시하는 경향이 있다. 둘째, 재귀대명사는 한정명사와 공지시인 경향이 있다. 셋째, 재귀대명사는 화자와 공지시인 경향이 있다. 만일 이 세 가지 조건에 모두 부합한다면 재귀대명사의 공지시성은 강한 것이며, 만일 이중에서 어떤 조건 혹은 모든 조건에 부합하지 않는다면, 재귀대명사의 지시성은 낮거나, 심지어 문장은 비문이 된다. (35a)의 경우 가장 많은 조건이 부합한다. '小李'는 주어이자 한정명사이며 '自己'가 '小李'를 지칭하는 것으로 가장 자연스럽다. (35b)의 '一个人'은 주어이지만 한정명사는 아니라서 '自己'와 공지시성이 떨어진다. (35c)의 주어는 더욱 불확정적인 '一些人'이라서 '自己'와 공지시이기 어렵다. (35d)의 주어는 비록 '一些人'이지만 가운데 또 '我'가 출현한다. 이 경우 '自己'는 먼저 '我'를 찾게 된다. 그러나 '我'는 주어가 아니기 때문에 첫번째 조건을 충족시키지 못하므로 문장의 적합성이 가장 낮다고 하겠다.

8.4 결속 이론과 공주어, 공목적어의 결속 분석

앞서 언급했듯이, 결속원칙 A와 결속원칙 B는 대립되는 원칙이다. 그러므로 조응사(재귀대명사)와 대명사(인칭대명사)의 지시관계의 서로 다른 성질에 따라 [±조응사성(±결속원칙 A)]과 [±대명사성(±결속원칙 B)]의 매개변수로써 각각의 사람을 지시하는 명사성분을 정의한다. 이 두 매개변수는 사실 서로 다른 유형의 공범주를 정의하는 데 사용하며, 이러한 결속원칙은 공범주의 의미 지시 관계를 처리하는 데 사용할 수 있다. 아래는 실사 범주와 공범주의 결속성의 특징을 보여 준다.

(36) 실사류와 공범주류의 대응결속특징

결속특징:	a. 실사류	b. 공범주류
[+조응(A)/-대명사(B)]	= 조응어	= NP-t(NP공목적어)
[-조응(A)/+대명사(B)]	= 대명사	= WH-t(WH공주어)
[-조응(A)/-대명사(B)]	= 지시사	= pro(생략 공주어)
[+ 조응(A)/+대명사(B)]		= PRO(비가시적 공주어)

(36a)는 결속원칙에 따른 사람을 지시하는 명사의 분류 결과이고, 상응되는 (36b)는 '결속원칙'에 따른 공범주의 분류 결과다. 일반적으로 한 종류의 사람을 지시하는 명사가 결속원칙 A와 결속원칙 B에 모두 부합하는 경우는 있을 수 없다. 다시 말해 영역 내에서 결속을 받기도 하고, 받지 않기도(간혹 어떤 이는 중국어의 '自己'는 단독의 다른 한 부류로 생각해야 한다는 의견이 있긴 하다) 할 수는 없기 때문에 사람을 지시하는 명사는 오직 세 가지 부류이다. 그러나 공범주의 비가시적 P는 [+ 조응(A)/ + 대명사(B)]와 같은 결속특징을 지니고, 이는 곧 비가시적 P가 최소한 의미 지시 관계에서 보자면 조응사와도 비슷하고 대명사와도 비슷하다고 볼 수 있다. 이렇듯 우리는 (36)을 통해 서로 대응되는 세 부류의 실사범주와 네 부류의 공범주가 있음을 알 수 있다.

앞서 언급했듯이, 중국어에서 공범주류는 대체로 크게 두 부류로 나뉜다. 주어 위치의 공범주(공주어)와 목적어 위치의 공범주(공목적어)다. 이미 조응사(재귀대명사), 대명사(인칭대명사)와 지시표현의 의미 지시가 결속원칙에 따라 해석되었듯이, 서로 대응되는 공범주(이동 공목적어와 함축 공주어 포함) 역시 결속원칙에 따라 각자의 의미 지시를 확정지을 수 있다. 그러나 사실 중국어 공주어 혹은 공목적어의 의미 지시 관계는 기타 언어(예를 들어 영어)의 공범주 의미 지시 관계보다 복잡하다.

그 원인 중 하나는 영어 같은 언어의 공주어와 공목적어는 통상적으로 문장구조(주절과 종속절 포함)에 출현하지만, 중국어의 경우 공주어와 공목적어는 문장구조뿐만 아니라 동사성 병합 구조(예를 들어 동보구조, '得'자구조)에도 출현하기 때문이다. 후자는 공범주의 의미 지시 관계가 당연히 복잡할 수밖에 없다. 예를 들어 (37)의 두 종류의 동보구조는 모두 두 개의 동사구조다. 이런 구조는 응당 공주어 혹은 공목적어를 내포하고 있다. 그러나 사실 어떤 위치에 공주어 혹은 공목적어가 있을 수 있는지 확정지을 수 없기 때문에 당연히 공주어 혹은 공목적어의 의미 지시를 명확히 말하기가 더욱 어렵다. 다음 예문을 보자.

(37) a. 猴子摔倒了大象。　　　　　(猴子和大象：谁摔谁, 谁倒了)
b. 这孩子追得他直喘气。　　　　(孩子和他：谁追谁, 谁喘气)

또 다른 원인은 영어와 같은 언어의 공주어는 함축으로 형성된 비가시적 P이며, 공목적어는 이동으로 형성된 흔적 t이다. 다시 말해 함축되지 않은 공주어와 이동하지 않은 공목적어는 출현할 수 없다. 그러나 중국어는 비가시적 P와 흔적 t가 출현할 수 있을 뿐만 아니라, 주절과 종속절에 상관없이, 주어 위치든 목적어 위치든 모두 생략으로 인한 공범주 e가 출현할 수 있다. 이렇게 보면 중국어 공범주의 의미 지시 관계는 매우 복잡하다 할 수 있다. 예를 들어 아래 (38)은 같은 공주어이지만 함축으로 만들어진 것일 수도 있고, 생략으로 생성된 것일 수도 있다. 동일한 공목적어도 이동으로 만들어진 것일 수도 있고 생략으로 이루어진 것일 수 있다. 이 두 가지 상황이 교차되어 있을 때 공주어 혹은 공목적어의 의미 지시를 명확하게 말하기는 더 어렵다.

(38) a_1. 晚饭我吃过了t 。(t=晚饭)　　　a_2. 我吃过了e。(e=?)
b_1. 他打算P出发。(P=他)　　　b_2. 他同意e出发。(e=?)

그렇기 때문에, 중국어 공주어와 공목적어의 의미 지시 관계는 영어와 같이 오직 결속원칙만으로 해결하기엔 무리가 있다. 그중 몇 가지 문제들은 본 장의 앞 두 절에서 이미 기초적인 논의를 했다. 다음은 중국어 공목적어(흔적 t)의 의미 지시 관계 연구의 예를 들어 이 분야의 몇 가지 문제에 대한 논의를 살펴보자.

공목적어는 영어에서 목적어의 이동으로 형성된 흔적 t를 가리킨다. 영어의 목적어 이동은 두 가지 경우가 존재하는데, 첫째는 NP 이동으로 원래의 목적어가 문장구조의 주어 자리로 이동함으로써(뒷부분은 술어구조) 피동구문을 구성하는 경우로 여기에서 공목적어는 NP의 흔적이다. 둘째는 WH-의문사 이동으로 원래 목적어가 문장의 문두 위치(뒷부분은 문장구조)에 오게 되어 주제구조와 의문구조를 형성하는 경우로 여기에서 공목적어는 WH-의문사의 흔적이다. 다음 예를 보자.

(39) a. [The man was killed t]. (那个人被杀了。) (피동구조: NP移位, t = the man)

b$_1$. The man [John knows t]. (那个人约翰认识。) (화제구조: WH移位, t = the man)

b$_2$. Who did [John know t]? (哪个人约翰认识?) (의문구조: WH移位, t = who)

(36)의 결속대응 특징에 따르면 영어 예문(39a)에서 조응어(재귀대명사)의 공목적어인 NP 흔적이 지시하는 바는 결속원칙A를 준수하여 영역 내(괄호 내) 성분(the man)과 공지시다. 영어 예문(39b)의 대명사(인칭대명사)의 공목적인어 WH-의문사 흔적이 지시하는 바는 결속원칙B를 준수하며 영역 내(괄호 내) 성분(John)과 공지시일 수 없다. 그러나 영역 외(괄호 밖) 성분(the man/who)과는 공지시일 수 있다.

중국어는 의문사의 이동이 없는 것을 제외하고(의문사절을 구성할 때 의문사의 문두이동을 필수적으로 요하지 않는다), 상술한 두 가지 공목적어는 모두 있다고 말할 수 있다. 게다가 표면상으로 볼 때, 중국어 공목적어의 의미 지시 관계는 영어와 큰 차이가 없는데 바로 NP 흔적 t가 지시하는 바는 결속원칙A를 준수하고, WH-의문사 흔적 t가 지시하는 바는 결속원칙B를 준수한다는 것이다.

(40) a. [那个人被杀死了t]。 (피동구조: NP移位, t = 那个人)

b. 那个人[老王认识t]。 (화제구조: WH移位, t = 那个人, ≠老王)

사실 적어도 WH-의문사 이동으로 형성된 공목적어로 말하자면 중국어 공목적어는 영어 공목적어의 조건보다 더 느슨하다. 다시 말해서 영어의 목적어 명사는 만일 문두로 이동하지 못한다면 공목적어가 있을 수 없다. 그러나 중국어의 경우 앞으로 이동한 성분을 찾지 못하더라도 공목적어는 있을 수 있다. 다음의 예를 보자.

(41) a. That man John knows(t). (那个人约翰认识。)
b. *John knows(t). (约翰认识。)
c. John knows him. (约翰认识他。)

(42) a. 那个人张三认识(t)。
b. 张三认识(?)。
c. 张三认识他。

위 예문은 다음과 같은 문제를 제기한다. 만일 영어 예문(41a)와 중국어 예문(42a) 모두 WH-의문사 이동이 발생하였고 공목적어가 존재한다고 했을 때, 상응하는 예문(41b/42b)에도 공목적어(왜 예문(41b)가 성립하지 않는지를 포함하여)가 존재하는가? 만일 모두 공목적어가 있다면, 이러한 공목적어는 어느 공범주에 속하는가? 이러한 공범주의 의미 지시 관계는 또한 어떻게 결속원칙을 통해 설명할 수 있는가? 언어학자들은 이 문제에 관해 한바탕 재미있는 논쟁을 벌였다.

어떤 학자는 (41/42)의 현상을 결속원칙B로 해석할 수 있다고 주장했다. 해결 방법은 중국어 예문(42b)를 하나의 WH-의문사 이동으로 보고 문두로 이동한 명사성 성분이 화제를 담당한다고 하며, 동사 뒤에 흔적 t가 존재한다고 보는 것이다. 그러나 동시에 이렇게 문두로 이동한 성분의 위치가 또 비어 있게 되어 공화제가 존재한다. 이렇게 해석할 수 있는 근거는 중국어가 일종의 화제중심언어라는 것으로 공화제가 존재할 수 있다는 것이다. 반면 영어는 주어중심언어로서 공화제가 있을 수 없다. 만일 이런 해석이 용인된다면 중국어의 공목적어도 영어의 공목적어(WH-의문사 이동으로 생성된 흔적 t)와 같은 것이 된다. 다음 예를 보자.

(43) a_1. (那个人$_i$)张三$_j$认识 t_i。 (공화제구조)

= a_2. 那个人$_i$张三$_j$认识 t_i。 (명사화제구조)

= b. That man$_i$ John knows t_i. (명사화제구조)

그 밖에도 이 의견은 비슷한 현상이 동일하게 목적어를 수반한 종속절의 복합구조에 출현하기도 하는데 아래 (44)의 공목적어(t)는 마치 오직 주절과 종속절의 주어 이외의 공화제(괄호 안 성분)와만 공지시하며, 이로써 WH-의문사 이동이 동일하게 발생한 뒤 다시 공화제가 되었다는 것을 알 수 있다.

(44) (某个人$_i$)[张三$_j$说[李四不认识 t_i]]。(공화제구조 : t=某个人)

그러나 어떤 학자는 결속원칙 내에서는 이러한 문제를 해결할 수 없다고 주장한다. 설령 상술한 의견을 따라 처리한다 하더라고 중국어와 영어는 완전히 같을 수 없다. 공화제라는 방법이 보편적으로 효과가 있다고 한다면 어째서 예문 (41b)의 '*John knows'는 동일한 방법으로 구제할 수 없는 것인가? 더 중요한 것은 만일 이 같은 방법으로 처리한다면 원래 주어 앞에 공화제가 있었다는 것인데, 그럼 반드시 공화제를 가지는 문장의 흔적 t가 절대적으로 주어명사와 동일한 공지시가 아니라는 것을 증명해야 한다. 그렇지 않다면 결속원칙B에 저촉된다. 그러나 중국어에는 이러한 공목적어와 공주어의 공지시가 존재하는데, 아래 (45a)가 이를 설명한다. 어떤 언어환경에서 공목적어는 주어 지시와 동일할 수 있다. (45b/c)에서는 특정 동사도 단문과 복문의 공목적어와 주어의 지시가 동일하게 나타날 수 있음을 보여 준다. 다음 예를 보자.

(45) a. 人人都认识自己, 张三$_i$认识 t_i, 李四$_i$也认识 t_i。 (t=张三/李四)

b. 张三$_i$常常吹嘘 t_i 。 (t=张三)

c. 小偷$_i$以为没人看见 t_i 。 (t=小偷)

(45)와 같은 상황에 대해, 앞서 말한 학자는 (45a)와 같은 언어환경 제약의 원인을 제거하면, (45b/c)에서 사실상 흔적 t는 결코 명사성 주어(张三/小偷)와 같을 수 없으며 동사성 성분 '(某人)做某事'와 같아서, 전체 문장의 의미는 '(张三)吹嘘自己怎么样'(t=某人怎么样)과 '(小偷)以为没人看见'他偷东西'(t=某人偷东西)'의 의미라고 반박했다. 따라서 이러한 예문은 일반적으로 공목적어가 출현하는 구조에서 명사성 공화제가 존재할 수 있다는 사실을 결코 부정할 수 없으며, 더군다나 (43~44)와 같은 대부분의 문장은 이런 경우에 해당하지 않기 때문에 대부분의 공목적어 역시 공화제와 동일시되지 주어와 동일시되지 않는다는 것이다.

그러나 이후의 다른 학자는 한 걸음 더 나아가 중국어에서 (45b/c)와 같은 예문은 매우 많을 뿐만 아니라 어떤 예문들은 아마 근본적으로 공목적어를 '某人做某事'로 해석할 수 없으며, 오직 주어명사로만 이해될 수 있다고 말한다. 즉 어떤 공목적어는 (46a/b/c)와 같이 여전히 주어와 공지시한다고 논증했다. 설령 (44)와 같이 종속절 구조에 공화제가 출현하는 예외가 있는데 바로 복잡한 구조에서 공목적어와 공주어와 공지시인 예를 찾아볼 수 있기 때문이다. 다음 (46d)를 보자.

(46) a. 孩子$_i$怕老师打t_i。 (t=孩子)
b. 张三$_i$喜欢别人奉承t_i。 (t=张三)
c. 弟弟$_i$总是要妈妈抱t_i。 (t=弟弟)
d. [小偷$_i$以为[没人看见t_i]]。 (t=小偷)

그렇다면 왜 앞선 (44) '张三说李四不认识t'의 흔적 t가 주절 주어인 '张三' 혹은 종속절 주어인 '李四'를 지시할 가능성이 적은가? 한 학자는 이는 앞 뒤 문맥이 없는 상황에서 이러한 문장의 공목적어 흔적 t는 사실상 누구든 가리킬 수 있고, 모든 사람을 가리킬 확률은 작기 때문이라고 해석했다. 예를 들어 이 문장의 공목적어가 '张三'일 가능성은 '奥巴马'일 가능성보다 훨씬 작지 않고, 단지 '张三'과 다른 모든 지시 가능성을 비교했을 때 당연히 '张三'일 가능성이 작을 것이라는 점이다. 그는 구체적으로 중국어의 공목적어가 도대체 무엇을 가리키는지, 특별히 주어와 공지시할 수 있는지 없는지에 대해 세 가지 요소의 영향이 있다고 주장했다.

첫째는 화용적 요소의 영향이다. 아래 (47)에서 왜 공목적어는 주어 '张三'일 가능성이 큰가? 이는 사실상 李四는 아마 어떤 사람이든 도와주지 않을 가능성이 있기 때문이다. 다른 사람들이 张三과 아무런 연고도 없을 때 李四가 다른 사람을 도와주지 않은 것을 张三은 원망할 수는 없을 것이다. 그러나 李四만이 张三을 도와주지 않은 것이라면 张三이 비로소 李四를 원망할 수 있으므로 공목적어(t)가 '张三'을 지시할 가능성이 높아지는 것이다.

(47) [张三$_i$责怪[李四不肯帮助t$_i$]]。 (t=张三)

둘째는 동사의미의 영향이다. (48)의 공목적어는 왜 주절의 주어 '皇帝'인가? 이는 대신이 조현할 대상이 황제밖에 없고, 모든 국가의 대신들은 역시 본국의 황제를 조현하며 한 국가의 황제는 오직 한 사람이기 때문에 공목적어(t)가 황제를 지시할 수밖에 없다.

(48) [皇帝$_i$要[大臣朝见t$_i$]]。 (t=皇帝)

셋째로 명사의미의 영향이다. (49a)에서 앞뒤 문맥 없이 공목적어(t)가 주어 '我'를 지시하기란 쉽지 않으며 일반적으로 다른 사람을 지시한다. (49b)의 경우 공목적어(t)가 주어 '我'일 가능성은 조금 더 커진다. (49c)의 공목적어(t)가 주어 '罪犯'일 가능성은 상당히 커지는데, 이는 '警察'와 '小偷'가 어휘 의미상 체포하는 자와 체포되는 자의 관계에 있기 때문이다. 다음 예를 비교해 보자.

(49) a. 我$_i$说你逮捕了t$_j$。 (t=别人)

b. 我$_i$要求你逮捕$t_{i/j}$。 (t=我/别人)

c. 罪犯$_i$主动要求警察逮捕t_i。 (t=罪犯)

상술한 이유를 바탕으로 후자의 견해를 정리하면 중국어는 완전하게 WH-의문사 흔적에 대등하는 공목적어가 없으며, 소위 공화제라는 것도 존재하지 않는다. 영어의 엄격한 WH-의문사 흔적과 비교했을 때, 중국어 공목적어의 의미 지시는 다양한 요소의 제약을 받기 때문에 결속원칙을 완벽하게 준수할 수 없으며 이로 인해 자유 공목적어라 말할 수 있다.

이후 또 다른 학자는 한 걸음 더 나아가 다음 예문을 들어 자유 공목적어 의견을 지지했는데, 중국어의 공목적어는 엄격한 결속원칙이 없으며, 오직 여러가지 화용적 조건만이 있을 뿐이라고 주장했다. 그가 제시한 예문 역시 매우 재미있다.

(50) 小刘担心厂长会从重处分t。

a. 小赵$_i$小刘担心厂长会从重处分t_j。 (t=小赵)

b. 小刘$_i$担心厂长会从重处分t_i。 (t=小刘)

c. 小刘担心厂长$_i$会(被)从重处分t_i。 (t=厂长)

(50)에서 알 수 있듯 동일한 구조형식에서 공목적어(t)를 함축하고 있는데, (50a)는 구조 이외의 문두 성분(小赵), (50b)는 외층구조(주절)의 주어(小刘), (50c)는 내층구조(종속절)의 주어(厂长)다. 여기에서 이들이 어떤 종류의 공목적어인지 확정짓기란 매우 어렵다.

물론 많은 학자들이 계속해서 결속원칙을 지지하고 있기 때문에, 이론에는 약간의 수정만이 있었다. 예를 들어 먼저 중국어의 공목적어는 NP 흔적 t와 WH-의문사 흔적 t의 두 가지로 나눌 수 있다는 것이다. 그중 NP 흔적 t인 공목적어는, 예를 들어 '那个人被杀了t'는 당연히 결속원칙A를 준수하게 된다. WH-의문사 흔적 t인 공목적어는 다시 두 부류로 나눌 수 있는데, 하나는 '那个人张三认识t'와 같이 구조 가장 앞에 이동성분이 있는 것으로, 이런 공목적어는 결속원칙B를 준수한다. 다른 하나는 구조 가장 앞에 이동성분이 없는 것으로, '张三认识t'에서 공목적어를 말하며(소위 공범주 e) 이는 결속원칙을 따를 필요가 없는 경우다.

주요참고문헌

陈平(1987)〈汉语零形回指的话语分析〉,《中国语文》第5期.

程工(1994)〈生成语法对汉语"自己"一词的研究〉,《国外语言学》第1期.

程工(1999)《语言共性论》, 上海外语教育出版社.

韩景泉(1997)〈空语类理论与汉语空位宾语〉,《国外语言学》第4期.

胡建华(1998)〈汉语长距离反身代词化的句法研究〉,《当代语言学》第3期.

胡建华·潘海华(2000)〈NP显著性的计算与汉语反身代词"自己"的指称〉,《当代语言学》第1期.

黄衍(1992)〈汉语的空范畴〉,《中国语文》第5期.

蒋严·潘海华(1998)《形式语义学引论》, 中国社会科学出版社.

吕叔湘(1979)《汉语语法分析问题》, 商务印书馆.

吕叔湘(1986)〈汉语句法的灵活性〉,《中国语文》第1期.

沈阳(1993)〈现代汉语中的隐含型空语类〉,《语法研究与应用》, 北京语言学院出版社.

沈阳(1994a)《现代汉语空语类研究》, 山东教育出版社.

沈阳(1994b)〈动词的句位和句位变体结构中的空语类〉,《中国语文》第2期.

沈阳(1994c)〈句法结构中隐含成分的语义所指关系〉,《语言研究》第2期.

沈阳(1997)〈名词空位的控制性同指、照应性同指与词汇性同指〉,《语言工程》, 清华大学出版社.

沈阳(1998)〈复指代词与照应代词的特殊价语形式〉,《配价理论与汉语语法研究》, 语文出版社.

沈阳(2000)《配价理论与汉语语法研究》, 语文出版社.

沈阳·何元建·顾阳(2001)《生成语法理论与汉语语法研究》, 黑龙江教育出版社.

石定栩(2002)《乔姆斯基的形式句法—历史进程与最新理论》, 北京语言文化大学出版社.

宋国明(1997)《句法理论概要》, 中国社会科学出版社.

徐丹(1990c)〈统治概念与照应关系〉,《国外语言学》第3期.

徐杰(1999)〈"打碎了他四个杯子"与约束理论〉,《中国语文》第3期.

徐烈炯(1988)《生成语法理论》, 上海外语教育出版社.

徐烈炯(1990/1995)《语义学》, 语文出版社.

徐烈炯(1991)〈汉语宾语从句中的空位主语〉,《中国语言文学研究的现代思考》, 复旦大学出版社.

徐烈炯(1992)〈汉语语义研究的空白地带〉,《中国语文》第5期.

徐烈炯(1994)〈与空语类有关的一些汉语语法现象〉,《中国语文》第5期.

徐烈炯(1999a)〈反身代词的所指对象〉,《共性与个性: 汉语语言学中的争议》, 北京语言文化大学出版社.

徐烈炯(1999b)〈从句中的空位主语〉,《共性与个性: 汉语语言学中的争议》, 北京语言文化大学出版社.

徐烈炯(主编 1999c)《共性与个性: 汉语语言学中的争议》, 北京语言文化大学出版社.

徐烈炯·刘丹青(1998)《话题的结构与功能》, 上海教育出版社.

徐烈炯·沈阳(1998)〈题元理论与汉语配价问题〉,《当代语言学》第3期.

Chomsky, N. (邢公畹 等 译 1979)《句法结构》, 中国社会科学出版社.

Chomsky, N. (黄长著 等 译 1986)《句法理论的若干问题》, 中国社会科学出版社.

Chomsky, N. (周流溪 等 译 1993)《支配和约束论集》, 中国社会科学出版社.

제9강

지향 이론과 의미지향 분석

9.1 통사성분의 상이한 의미관계와 의미지향 현상

제8강에서 논의한 의미 지시, 즉 지시대명사(인칭대명사와 재귀대명사)와 공범주(공주어와 공목적어)가 다른 많은 성분 중의 어떤 성분과 가지는 공지시 관계는 대명사 혹은 공범주가 구조 안에 출현하거나 출현하지 않는 어떤 명사에 해당하는지를 확정하였다. 그리고 이 강에서(제9강에서) 논의하고자 하는 의미지향(semantic orientation)이란 명사성 성분의 의미관계에 국한되지 않고, 각종 실사(동사, 형용사, 부사 등 포함)의 의미관계까지 포함하는 동시에, 또 한편으로 하나의 성분이 다른 여러 성분 중 하나와 가지는 상관관계를 명확히 지시하는 것이다. 즉 어떤 단어나 구가 구조 내에 출현하거나 또는 출현하지 않을 수도 있는 어떤 단어 혹은 구와 서로 관련이 있음을 확정하는 것이다. 아래의 예를 보자.

(1) a_1. 老王吃<u>饱</u>了。 (=(老王吃东西)老王饱了)
a_2. 老王吃<u>光</u>了。 (=(老王吃东西)东西光了)
a_3. 老王吃<u>慢</u>了。 (=(老王吃东西)吃得慢了)
b_1. 老王<u>喜滋滋地</u>炸了盘花生。(=(老王炸花生)老王喜滋滋的/喜滋滋的老王)
b_2. 老王<u>脆脆地</u>炸了盘花生。 (=(老王炸花生)花生脆脆的/脆脆的花生)
b_3. 老王<u>早早地</u>炸了盘花生。 (=(老王炸花生)炸得早早的/早早地炸)

예(1a)의 구조는 완전히 같다. 술어는 모두 동보구조이고 보어는 모두 형용사이다. 그러나 보어가 구조 안에서 명사와 가지는 관계는 각기 다르다. '饱'는 주어명사(NP_1) '老王'과 연관되어 老王이 배가 부르다는 의미이고, '光'은 출현하지 않은 목적어(NP_2)인 먹은 음식과 연관되어 먹은 음식이 하나도 남지 않았다는 의미가 되며, '慢'은 술어동사(V) '吃'와 연관되어 '吃'라는 이 동작을 천천히 한다는 의미가 된다. 예(1b)의 구조 역시 완전히 같아 술어는 모두 상황어-중심어 구조이고 상황어는 모두 상태형용사인데 상황어가 구조 안의 어떤 성분과 관계를 가지는지는 역시 차이가 있다. '喜滋滋地'는 주어명사(NP_1) '老王'과 연관되어 '老王'이 빙그레 웃는 의미가 되고, '脆脆地'는 목적어 명사(NP_2) 땅콩과 연관되어 땅콩이 바삭바삭하다는 의미가 된다. '早早地'는 술어동사(V) 볶다와 연관되어 일찌감치 땅콩을 볶았다는 의미가 된다. 이러한 예들이 반영하는 것은 구조 안에서 같은 위치에 있는 성분들이 다른 위치에 있는 여러 성분 중 어느 하나와 관련된다는 것으로, 이것이 바로 의미지향이다.

(1)의 현상은 중국어의 통사구조 관계와 의미구조 관계가 때로 일치하지 않으며 혹은 동일한 구조에서 어떤 성분이 다른 여러 성분과 의미관계를 가질 수도 있음을 보여 준다. 의미지향 분석은 바로 구조 안에서 실제로 발생하는 의미관계를 확정하거나 혹은 몇 개가 동일한 하나를 선택하는(N이 하나를 선택하는) 문제를 분석하는 것이라고 할 수 있다.

하나의 동사로 이루어진 간단한 문장 구조에서 N이 하나의 지향을 선택하는 의미지향 문제가 있을 수 있다. 비교하면 다음과 같다.

(2) a. 这药你快吃了它。　　b. 水我都浇了花了。
c. 小李刚死了父亲。　　d. 文章我写了开头。

위의 (2)는 표면상으로 보자면 모두 어떤 성분(동사)이 다른 두 개 명사(밑줄 친 성분)와 관련된다는 문제를 가지고 있다. 그러나 여기에는 또 다른 두 개의 중요한 상황이 있다. 앞의 두 예가 첫 번째 상황인데 (2a)에서 '这药'와 '它'는 실제로 동일한 물건이다. 그러므로 '吃药'와 '吃它'는 의미

지향 문제가 존재하지 않는다. (2b)에서 동사 '浇'와 관련되는 명사는 '水'일 수도 있고 '花'일 수도 있으며 의미관계도 다르다. '浇水'는 '동작+재료'이고 '浇花'는 '동작+대상'이다. 그러나 이 구조에서 동사는 실제로 동시에 이 두 개 명사와 연관되어, '浇水'도 되고 '浇花'도 되므로 이 역시 의미지향 문제가 존재하지 않는다. 그러나 뒤의 두 예는 상황이 다르다. (2c)에는 두 사람을 가리키는 명사가 출현하는데 모두 '死'와 관련되어 보인다. 예컨대 샤오리가 죽거나(小李死) 혹은 아버지가 돌아가신 것(父亲死)이 되므로 도대체 누가 죽은 것인지 확정해야 할 필요가 있다. (2d)에 동사 '写'와 연관될 수 있는 두 개의 명사가 출현하는데 각각 글을 쓰다(写文章)와 첫머리를 쓰다(写开头)이다. 이 예가 앞에서 말한 예(2b)와 다른 것은 '文章'과 '开头'가 동사 '写'와 가지는 의미관계는 모두 '동작+대상(결과)'이라는 것이다. 하나의 동사는 하나의 구조에서 실제로 하나의 대상(결과)명사 만을 지배할 수 있는데, 이렇게 되면 역시 이 두 개의 대상 명사 중에서 '写了文章'이 되는 것인지 아니면 '写了开头'가 되는 것인지 확정해야 할 필요가 있다. 그러므로 뒤의 두 예에서는 의미지향 문제가 존재한다.

간단한 구조와 비교하면 여러 개의 술어성 성분을 포함한 복잡한 구조의 의미구조 관계는 물론 더 복잡하다. 그러므로 N이 하나의 지향을 선택해야 하는 의미지향 문제가 생길 가능성이 더 크다. 예를 들면 다음과 같다.

(3) a. 他圆圆地画了个圈。　b. 猴子摔倒了大象。
　　c. 他在火车上写标语。　d. 反对的是少数人。

위 (3)의 각 예는 모두 두 개의 술어성 성분을 가지고 있다. 의미구조에서 보이는 특징은 바로 술어가 단위가 되어 술어가 하나 증가할 때마다 의미구조도 하나씩 증가한다는 것이다. 의미구조가 많으면 당연히 관련되는 성분도 많아지고, 게다가 어떤 성분들은 함축되거나 생략된 것들도 있어 이 경우 성분과 성분 간의 의미관계는 더욱 복잡해진다. (3a)의 서술어성 성분 '圆圆地'는 여기서 상황어로 쓰이는데 의미상 주어 '他', 목적어 '圈', 그리고 동사 '画'를 수식할 수 있는 세 가지 가능성이 있다. (3b)에는 두 개 술어 '摔'와 '倒'가 있는데 두 개의 의미구조가 세 개의 명사, 즉 '摔'의 행위자, '摔'하는 대상자(객체)와 '倒'의 주체와 연관되어야 한다. 이 역시 결국 누가 누구를 넘어뜨린 것인지(원숭이가 코끼리를 넘어뜨리다/코끼리가 원숭이를 넘어뜨리다)와 누가 넘어진 것인지(원숭이가 넘어지다/코끼리가 넘어지다)를 확정해야 할 필요가 있다. (3c)에는 두 개의 술어 '在'와 '写'가 있는데 그가 표어를 썼다는 사실은 명확하다. 그런데 문제는 그가 기차 위에서 쓴 것인지(표어가 기차 위에 있는 것이 아니다), 아니면 표어를 기차 위에다 쓴 것인지(그는 기차 위에 있지 않다), 심지어 그가 기차 위에서 쓰고, 표어도 기차 위에다 쓴 것인지에 있다. (3d)는 판단문인데 판단동사 '是' 앞의 '反对的'는 또 동사 '反对'를 포함하는 구조가 되어 '反对'가 '少数人'과 의미관계를 가진다는 사실은 명확하지만 문제는 '少数人'은 행위자로서 '反对'와 관련되는 것인지(소수인이 반대한다), 아니면 대상으로서 '反对'와 관련되는 것인지(소수인을 반대한다)에 있다. 이런 것들은 당연히 모두 의미지향 분석과 관련이 있다.

이상의 예들을 세심하게 보면, 앞의 예에서 말하는 의미지향을 발견할 수 있을 것이다. 어떤 예들은((1)-(2)) 어떤 성분이 서로 연관되는지 쉽게 이해할 수 있고, 전체 구조의 의미도 분명하며 중의도 없는데 이것은 단일의미지향관계다. 반면, 어떤 예들은((3c/d)) 의미지향 현상과 관련될 뿐만 아니라, 이런 현상으로 인해 전체 구조의 의미가 정확하지도 않고 중의도 생기게 되는데, 이것이 바로 중의의미지향관계다. 후자의 예를 다시 들면 다음과 같다.

(4) a. 老王答应我再写一篇。

((老王答应我)老王再写一篇? / (老王答应)我再写一篇?)

b. 这些书他们都看过了。

(他们都(看过了)? / 这些书都(看过了)?)

c. 这孩子追得我直喘气。

(这孩子追我? / 我追这孩子? / 这孩子喘气? / 我喘气?)

d. 砍坏了。

(桌子(피행위물)砍坏了? / 斧子(도구)砍坏了?)

물론 단일의미지향관계가 보기에 더 간단해 보여 어감에 의존해 판단해 낼 수 있지만 문장의 생성과 이해의 각도에서 보자면, 예컨대 컴퓨터 중국어처리나 외국인이 중국어를 공부하는 경우에는 일정한 해석상의 규칙을 제공해 줄 필요가 있다. 그리고 중의의미지향관계는 비록 전체적으로 수량이 많지는 않지만 모국어 화자가 이해하기에도 어렵기 때문에 당연히 더욱 의미지향연구의 중점인 동시에 난점이 된다.

9.2 중국어의 복합의미구조관계에 대한 의미지향의 해석 작용

의미지향 분석의 목적은 주로 통사구조와 의미구조의 불일치성을 밝히기 위한 것으로, 통사성분 간의 의미상의 각종 상이한 관계를 드러내기 위한 것이다. 구체적으로 말하자면 의미지향 분석의 역할은 아래 몇 가지 각도에서 이야기할 수 있다.

첫째, 다른 방법으로 구분해 낼 수 없는 중의 구문을 해석할 수 있다. 앞에서 말한 의미지향 중의 한 종류인 중의의미지향관계는 바꾸어 말하면 의미지향에서 생겨난 중의를 말한다. 이런 중의는 때로 다른 방법을 사용하여 구분해 낼 수 없고 반드시 구조 성분의 상이한 의미지향 관계를 통하여만 해석할 수밖에 없다. 이것이 바로 의미지향 분석의 역할 중 하나다. 예를 들면 다음과 같다.

(5) a. 老王有一个女儿, 很满足。

b. 老王有一个女儿, 很漂亮。

c. 老王有一个女儿, 很骄傲。

(6) a. 老王在抽屉里逮住了蟑螂。

b. 老王在飞机上看到了大海。

c. 老王在房顶上发现了敌人。

위의 (5)와 (6) 구조의 층차와 관계는 모두 같다. 그리고 표면상으로 볼 때 각각 앞의 두 문장 즉 (5a/b)(6a/b)는 중의가 없다. (5a)는 라오왕이 만족스러운 것이지, 딸이 만족스러운 것이 아니고, (5b)는 딸이 예쁜 것이지, 라오왕이 예쁜 것이 아니다. (6a)는 분명히 바퀴벌레가 서랍 안에 있었던 것이지, 라오왕이 서랍 안에 있었던 것이 아니다. (6b)는 분명히 라오왕이 비행기에 있었던 것이지, 바다가 비행기에 있었던 것이 아니다. 그러나 마지막 문장, 즉 (5c), (6c)에서 통사성분의 의미지향은 불확실하다. (5c)는 라오왕이 자부심이 있는 것일 수도 있고, 딸이 자부심이 있는 것일 수도 있다. (6c)는 라오왕이 지붕 위에(적은 지붕 위에 있지 않다) 있었을 수도 있고, 적이 지붕 위에 있었을 수도 있으며(라오왕은 지붕 위에 있지 않다), 심지어는 라오왕과 적이 모두 지붕 위에 있었을 수도 있다. 이런 각도에서 다시 앞의 두 문장을 보면, 실제로 (5), (6)의 모든 예문에는 중의가 있다. 단지 마지막 문장의 중의가 비교적 명확하게 드러난 것뿐이다. 따라서 반드시 의미지향 분석을 통해 (5c), (6c)의 상이한 의미를 가려내야 할 뿐만 아니라, 의미지향 분석을 통해 어째서 (5a/b), (6a/b)는 중의를 느끼지 않는지, 혹은 어째서 앞의 두 문장의 의미지향은 비교적 명확한지 설명할 수 있음을 말해 준다. 사실 의미지향이 명확하건 명확하지 않건 간에 모두 의미지향 분석을 통해서만 구분과 해석이 가능하다.

둘째, 일련의 통사구조의 어법 의미를 해석할 수 있다. 중국어에서 어떤 구조들은 표면상으로 이해하자면 아무 문제가 없지만 그중 특정한 의미는 의미지향 분석을 빌어 해석을 해야 하는 경우가 있다. 이것이 의미지향 분석의 또 다른 역할 중 하나다. 예를 들면 다음과 같다.

(7) a. 礼物我收到了不少。/ 香烟我只抽万宝路。
b. 自行车我换了链条。/ 这本书我撕了封面。
c. 电器我只买进口的。/ 穿的我最在意衬衣。
d. 大城市我喜欢上海。/ 歌星我最迷谢霆锋。

위의 (7)은 이해하기에 아무 문제가 없지만, 자세히 생각해 보면 또 그리 간단하지만은 않다. (7)의 각 동사 앞 뒤에는 모두 동사의 지배를 받을 수 있는 명사가 있다. 즉 (7a)의 '收到礼物/收到不少', '抽香烟/抽万宝路', (7b)의 '换自行车/换链条', '撕书/撕封面', (7c)의 '买电器/买进口的', '在意穿的/在意衬衣', (7d)의 '喜欢大城市/喜欢上海', '迷歌星/迷谢霆锋'과 같다. 이 두 명사성분은 사실 하나의 명사구가 분열되어 똑같이 명사성 성분으로 나뉜 것으로, 단지 분열 후에 어떤 반쪽 성분이 앞에 위치할지 혹은 뒤에 위치할지가 확정적이지 않을 뿐이다. (7a)의 '不少礼物', '万宝路香烟'은 중심어가 앞에, 수식어가 뒤에 있고, (7b)의 '自行车链条', '这本书封面'은 수식어가 앞에 중심어가 뒤에 있다. (7c)의 '进口的电器', '穿的衬衣'에서는 '的자구'와 중심어가 모두 앞에 올 수도 있고, 뒤에 올 수도 있다. (7d)의 '大城市上海', '歌星谢霆锋'에서는 동격 성분 역시 반은 앞에 있고 반은 뒤에 있다. 이 두 명사가 모두 동사의 지배를 받을 수 있다면, 어째서 동사 앞뒤의 명사성분이 어떤 것은 원래 명사구의 중심어이고 또 어떤 것은 원래 명사구의 수식어인 것일까? 그 원인은 분열하여 동사 앞뒤에 출현하는 명사는 논항역에 있어서 모두 동사의 대상(객체)(그러므로 모두 동사의 지배를 받을 수 있다)이며, 동사는 반드시 의미가 가리키는 범위가 작은 반쪽을 지향하게 되어 있다는 데에 있다. (7a)는 '수량/성질+전체' 명사구 분열로 의미가 가리키는 범위가 작은 것이 수식어이기 때문에 동사는 수식어를 지향한다. (7b)는 '전체+부분'의 명사구 분열로 의미가 가리키는 바가 작은 것이 중심어이므로 동사는 중심어를 지향한다. 바꾸어 보자면 만약 논항 의미가 같은 두 명사가 각각 동사 앞뒤에 출현하고 의미가 가리키는 범위가 작은 반쪽이 동사 뒤에 위치하고 의미가 가리키는 범위가 큰 반쪽이 동사의 앞에 위치할 수밖에 없다면, 동사는 영원히 동사 뒤에 위치하는 성분만을 지향하게 된다. 이것으로 (7c/d)의 경우도 해석할 수 있다. (7c)의 '的자구'와 (7d)의 동격구 역시 확실히 동사 뒤쪽에 출현하는 성분의 의미 범위가 좀 더 작게 변한다. 이것이 동사가 서로 같은 종류의 의미를 가진 명사성분의 지향에 대해 가지는 한정(제한)작용으로, (7)과 같은 문장에서 동사와 어떤 명사 성분이 더욱 엄격한 지배관계가 있는지를 두드러지게 해 준다.

셋째, 어떤 통사 구조 형식의 변환조건을 해석할 수 있다. 중국어에서 일부 구조는 형식 변환의 성립과 제한조건을 의미지향을 통해 해석해야 한다. 이것이 의미지향 분석의 또 다른 역할 중 하나다. 예를 들면 다음과 같다.

(8) a_1. 老王喝光了酒。
→ a_2. 老王把酒喝光了。
→ a_3. *这瓶酒就把老王喝光了。
b_1. 老王喝醉了酒。
→ b_2. *老王把酒喝醉了。
→ b_3. 这点酒就把老王喝醉了。

(9) a_1. 小姑娘唱红了。
→ a_2. 这首歌唱红了小姑娘。
→ a_3. 这首歌把小姑娘唱红了。
b_1. 这首歌唱红了。
→ b_2. 小姑娘唱红了这首歌。
→ b_3. 小姑娘把这首歌唱红了。

위의 (8)과 (9)는 보기에는 비슷한 구조지만 구조의 변환 상황은 다르다. ($8a_1$)과 ($8b_1$)의 구조형식은 완전히 같다. 즉, 모두 (주어)+동보구조

+목적어이다. 일반적인 설명에 따르면 把자문은 목적어를 동사 앞으로 이동시키고 '把'를 써 주면 된다. 그러나 위의 예들로 설명하자면 실제로 ($8a_1$)만이 목적어 '酒'를 '把' 뒤로 옮겨 가서 ($8a_2$)를 만들 수 있고, ($8b_2$)는 그렇게 할 수 없다. 반대로 ($8b_1$)은 오히려 주어 '老王'을 '把' 뒤로 옮겨 ($8b_3$)를 만들 수 있고 ($8a_3$)은 그렇게 할 수 없다. 사실 이 이치는 말하자면 간단하다. 어떤 성분이 '把' 뒤에 위치하여 把자문을 만들 수 있는가는 보어형용사와 주어 혹은 목적어와의 의미지향 관계에 따라 결정되는데, 보어가 관련된 성분만이 '把' 뒤에 위치하여 把자문을 만들 수 있다. 즉 (8a)에서 술은 하나도 남지 않을 수 있으나 라오왕이 하나도 남지 않을 수는 없으므로 '把酒喝光'만 가능하다. (8b)에서는 라오왕이 취할 수는 있지만 (사람이 술에 취하는 것이지) 술이 취하는 것은 아니므로 '把老王喝醉'만 가능하다. 그렇다면 또 어째서 (9)의 두 문장은 어떻게 변화하던 간에($9a_2/b_2$)에 목적어 '小姑娘' 또는 '这首歌'를 더하건, 혹은 ($9a_3/b_3$)에서처럼 목적어 '小姑娘' 혹은 '这首歌'를 '把' 뒤로 이동시켜 把자문을 만들건, 혹은 심지어 직접 ($9a_1/b_1$) 중의 주어 '小姑娘' 혹은 '这首歌'를 '把' 뒤로 이동시켜 把자문을 만들건 간에 모두 문장이 성립할 수 있는 것인가? 그 원인은 여전히 보어가 어떤 성분과 서로 연관되고, 그 연관되는 성분이 '把' 뒤로 이동하여 把자문을 만들 수 있는가에 있다. 즉, '小姑娘红'이 가능하기 때문에 '把小姑娘唱红'도 가능하며, '这首歌红'도 가능하기 때문에 '把这首歌唱红'도 가능하다. 위와 같은 의미지향 분석을 통해 얻은 결론은 과거에 사용되었던 소위 把자문은 목적어가 앞으로 이동하여 이루어진 구조라는 설명이 명확하지 않음을 증명해 줄 뿐만 아니라, 의미지향 분석을 통해 把자문 연구의 이러한 곤혹스러운 난제를 해결하였다.

9.3 동사와 명사 간 의미지향 관계의 유형과 특징

의미지향 현상은 통사성분의 성질로 말하자면 크게 두 종류로 나뉜다. 그중 하나가 바로 동사와 명사의 의미지향 관계다. 여기에는 다시 아래와 같은 세 가지 경우가 있다.

첫째, 하나의 동사와 하나의 복합명사구 사이의 초점성 지향관계다. 일반적으로 '동사+명사'는 특정 결합을 이룰 때 의미유형 관계가 언제나 단일한데, 예를 들면 '동작객체', '동작도구'와 같다. 그러나 만약 동사가 지배하는 성분이 두 개의 명사로 이루어진 명사구라면 그중 동사와 명사의 의미관계는 언제나처럼 단일하지 않고, 심지어 각종 복잡한 현상이 출현할 수도 있다. 예를 들면 다음과 같다.

(10) a. 找二楼老王。 (=找老王, ≠找二楼)
b. 贪污了厂里一笔巨款。 (=贪污巨款, ≠贪污厂里)

(11) a. 编柳条筐(=编柳条+编筐) → 把柳条编了筐
b. 切萝卜丝(=切萝卜+切丝) → 把萝卜切了丝

일반적인 어법 분석은 모두 모호하게 (10), (11)에서 동사가 지배하는 것은 전체 명사구라고 말할 것이다. 즉, 찾는 것은 2층 라오왕(二楼老王)이고, 횡령한 것은 공장 거금(厂里巨款)이며, 짠 것은 버드나무 광주리(柳条筐)이고 자른 것은 무채(萝卜丝)다. 그러나 만약 목적어명사구를 분해하여 분석한다면 (10)의 동사는 명사구 중 뒤에 위치한 명사(중심어)만을 지배한다는 사실을 발견할 수 있다. 즉, (10a)의 경우 '找老王'이지 결코 '找二楼'가 아니고, (10b)의 경우 '贪污巨款'이지 결코 '贪污厂里'가 아니다. 따라서 (10)의 동사는 하나의 지향초점만을 가지고 있으며 이것은 동사-명사간 단일초점지향이다. 그러나 (11)의 동사는 명사구 중 뒤에 위치하는 명사를 지배할 수도 있고, 앞에 위치하는 명사를 지배할 수도 있다. 즉, (11a)는 광주리를 짜다(编筐(동사+결과))일 수도 있고, 버들가지를 짜다(编柳条(동사+재료))일 수도 있다. (11b)는 채를 썰다(切丝(동사+결과))일 수도 있고, '무를 썰다(切萝卜(동사+대상))일 수도 있다. 이렇게 (11)의 동사는 두 개의 지향초점을 가지고 있다. 또는 이 구조가 동시에 두 가지 동사-명사 간 의미관계를 가지고 있다고도 할 수 있으니 이것이 바로 동사-명사간 복합초점지향이다. 이런 사실은 (11)에서 명사구의 수식어가 '把' 뒤쪽으로 이동하여 把자문으로 변환되어도 여전히 이 구조가 원래 가지고 있던 동사-명사 간 의미관계가 기본적으로 변하지 않는다는 사실로 증명할 수 있다.

한 걸음 더 나아가 보면, 만약 동사가 지배하는 명사구가 모두 동사의 지배를 받을 수 있는 두 개의 동일한 의미류 명사로 이루어져 있다면, 동사는 지향의 초점을 가지고 있을 뿐만 아니라 언제나 유일한 초점을 가지고 있음을 관찰할 수 있다. 비교해 보면 다음과 같다.

(12) a. (东西没吃什么,)只吃了一个面包。(=吃了面包, ≠吃了一个)
b. (面包吃得不多,)只吃了一个面包。(=吃了一个, ≠吃了面包)

(13) a_1. 女朋友最喜欢玫瑰花。 a_2. 花女朋友最喜欢玫瑰。
a_3. *玫瑰女朋友最喜欢花。
b_1. 我刚换了自行车链条。 b_2. *链条我刚换了自行车。
b_3. 自行车我刚换了链条。
c_1. 我吃了妈妈买的面包。 c_2. 面包我吃了妈妈买的。
c_3. 妈妈买的我吃了面包。

위 (12)에서 동사 '吃' 뒤에는 모두 같은 명사구 '一个面包'가 있다. 그러나 실제로 예(12a)에서 동사 '吃'가 지배하는 의미초점성분은 '面包'이고, (12b)에서 동사 '吃'가 지배하는 의미초점성분은 '一个'이다. 이런 사실은 두 명사구의 강세 성분이 다르다는 점에서도 구분해 낼 수 있다. 즉, (12a)에서 강세는 '面包'에 있고, (12b)에서 강세는 '一个'에 있다. 이것은 동사가 두 개의 동일한 의미류 명사구로 이루어진 구를 지배하는 경우, 동사 앞(앞 문장 포함)의 목적어명사구에 동일의미류의 명사('东西/面包/一个'

는 모두 대상이다)가 출현할 때, 동사가 지배하는 목적어의 의미초점은 동사 앞에 이미 출현한 동일의미류 명사의 의미 범위보다 작은 성분일 수밖에 없으므로, 의미가 가리키는 범위가 같은 성분(즉 동사 앞에 이미 출현했던 같은 성분)을 다시 지배할 수는 없다는 사실을 설명해 준다.

(13)의 경우는 설사 문장 구조 이외에 같은 의미류의 명사가 출현하여 구조 내 동사의 명사구에 대한 초점지향 관계에 영향을 미칠지 여부를 고려하지 않는다 하더라도, 두 개의 동일의미류 명사로 구성된 명사구가 하나의 구조 내에서 상이한 위치에 분리되어 출현하는 경우 동사는 역시 지향초점을 갖는다는 사실을 더욱 잘 설명해 준다. ($13a_1$/b_1/c_1)의 동사 뒤 목적어는 모두 두 개의 동일의미류 명사(명사에 해당되는 的자 구조 포함)로 구성된 명사구다. 이들이 각각 문장 앞쪽으로 옮겨감에 따라 각 문장의 동사-명사 간 의미관계가 달라지는 것을 어렵지 않게 발견할 수 있다. 즉, 하나의 명사구에 있던 두 개의 동일의미류 명사(모두 대상)가 구조 내에서 분리되어 공기할 경우, 그중 의미 범위가 작은 성분이 동사 뒤에 위치할 수밖에 없다. 즉, (13a)의 장미(玫瑰(꽃의 일종))와 (13b)의 체인(链条(자전거의 일부분)) 같은 것이 그러하다. (13c)에서 동사 뒤 명사구의 두 구성 성분이 모두 분리되어 앞으로 이동할 수 있는데, 이것은 'X的'와 피수식 명사의 의미지향 범위가 본래 같은 것이기(즉, 빵=엄마가 사온 것) 때문이다. 이럴 경우 물론 그중 어떤 성분이라도 분리되어 동사 뒤에 남겨질 수 있는데, 단지 이때 앞으로 이동한 성분의 의미 범위가 남겨진 성분과 같을 수는 없으며, 반드시 후자보다 커야 한다.(즉, ($13c_1$)이 여러 가지 많은 빵 중에서 나는 엄마가 사온 그 종류 혹은 바로 그것을 먹었다는 의미로 변하는 것과 같다.) 이러한 사실은 한 걸음 더 나아가, 동사가 동일의미류의 명사로 구성된 명사구를 지배할 때 반드시 지향초점이 있을 뿐만 아니라, 두 개의 서로 같은 의미류 명사 중 동사 뒤에만 출현하는 것이 의미지시범위가 작은 지배 초점이 되고, 동사의 앞에 출현하는 것은 의미지시범위가 큰 피지배초점이 됨을 증명한다. 두 개의 동일의미류 성분에는 또 범위와 중심, 소유와 종속, 전체와 부분 등 하위분류가 있다. 이러한 동사-명사 간 초점 의미지향

관계는 다른 구조에도 존재하는데, 아래와 같이 동일의미류 명사가 각각 동사 앞뒤로 출현하거나 혹은 동사 앞에 출현하는 동사-명사 간 의미지향 관계도 이에 속한다. 예는 다음과 같다.

(14) a. 三个犯人跑了两个。

(=跑了两个/两个跑了, ≠三个犯人跑了)

b. 这月工资, 300元捐了灾区。

(=300元捐了灾区/捐了灾区300元, ≠这月工资捐了灾区)

두 번째는 여러 동사와 여러 명사 사이의 선택성 지향관계이다. 만약 구조에 여러 개의 동사와 여러 개 명사(아직 출현하지 않은 함의명사 포함)가 있다면 동사와 명사의 선택까지 다뤄야 한다. 즉, 여러 개 동사와 구조에 이미 출현했거나 혹은 아직 출현하지 않은 명사 간의 상관관계를 각각 확정해야 한다.

동사와 명사의 선택적 의미지향관계에서 한 가지 경우는 동사 유형에 의해 만들어진다. 예를 들면 다음과 같다.

(15) a. 我们进行$_{v1}$了企业职工考察$_{v2}$。 (考察职工/*考察我们)

b. 我们得到$_{v1}$了企业职工拥护$_{v2}$。 (*拥护职工/拥护我们)

(16) a. 老王告诉$_{v1}$小李如何编程序$_{v2}$。 (小李编程序)

b. 老王请教$_{v1}$小李如何编程序$_{v2}$。 (老王编程序)

위 (15)는 형식동사가 명동사 목적어를 가진 복합동사구조로, 두 문장이 각각 두 개의 동사와 두 개의 명사를 가지고 있다. 두 문장의 동사와 명사의 배열 순서와 층차는 같은데, 모두 [명사$_1$+[동사$_1$+[명사$_2$+동사$_2$]]]이다. 그러나 (15a)에서 명사$_1$은 행위자이고, 명사$_2$는 대상이며, (15b)에서 명사$_1$은 대상이고, 명사$_2$는 행위자다. 즉, 두 개의 같은 구조에서 동사와 명사의 의미지향 선택이 완전히 정반대라는 것을 어렵지 않게 발견할 수 있다. 이것이 바로 进行류 동사(유사한 것으로는 '作/加以' 등이 있다)와 得到류 동사(유사한 것으로는 '受到/接受/遭受' 등이 있다)의 차이에 의해 각 구조에서 동사$_2$가 지향하는 명사의 위치가 다르게 결정된 예이다. (16) 역시 구조 층차가 같은 복합동사구조로 모두 [명사$_1$+[동사$_1$+명사$_2$+[동사$_2$]]]의 구조다. 그러나 동사$_2$ '编(程序)'은 어째서 (16a)에서는 목적어 '小李'를 지향하고, (16b)에서는 주어 '老王'을 지향하는가? 이것은 동사$_1$ '告诉'와 '请教'의 차이에 의해, 명사 '老王'과 '小李'가 두 문장에서 행위자와 대상으로 그 역할이 정반대가 되도록 결정되었기 때문이다. 즉, 이러한 동사 구조에서 대상을 나타내는 명사만이 동사$_2$와 선택적 지향관계가 발생한다는 것을 알 수 있다.

동사-명사 간 선택적 의미지향관계의 또 다른 경우는 구조의 형식에 의해 생겨난다. 비교해 보면 다음과 같다.

(17) a. 孩子哭肿了眼睛。 (眼睛肿/*孩子肿)
b. 孩子砸碎了玻璃。 (玻璃碎/*孩子碎)
c. 孩子听烦了说教。 (*说教烦/孩子烦)

(18) a. 这个课听得我直打瞌睡。 (我听/*别人听)
b. 这句话夸得我不好意思。 (*我夸/别人夸)
c. 这首歌唱得我泪流满面。 (我唱/别人唱)

위 두 쌍은 모두 두 개 동사를 포함한 술보구조다. (17)의 'VV술보구조' 세 문장은 동사와 명사의 배열 순서와 구조 층차가 완전히 같다. (18) 'V得V술보구조'의 세 문장도 동사와 명사의 배열순서와 구조 층차가 역시 완전히 같다. 그러나 각 쌍의 동사와 명사의 선택적 의미지향관계는 다르다. (17) 'VV술보구조'에서 만약 존재 가능한 동사-명사 간 의미관계에 근거하여 '명사$_1$+동사$_1$(孩子哭)'를 甲조라고 하고, '명사$_2$+동사$_2$(眼睛肿)'를 乙

조라고 하며, '동사$_1$+명사$_2$(砸玻璃)'를 丙조라고 하고, '명사$_1$+동사$_2$(孩子烦)'를 丁조라고 한다면, (17a)의 丙조와 丁조는 성립하지 않으며(*哭眼睛 / *孩子肿), (17b)의 丁조도 성립되지 않고(*孩子碎), (17c)의 乙조도 성립하지 않는다(*说教烦). (18)의 'V得V술보구조'도 비록 '得' 뒤의 보어 성분이 모두 '我'를 지향한다 하더라도 술어동사 '听, 夸, 唱'의 의미지향은 또 다르다. (18a)는 내가 (이 수업을) 듣는 것이지 다른 사람이 듣는 것이 아니고, (18b)는 남이 (이런 말로) 칭찬을 한 것이지 내가 칭찬을 한 것이 아니며, (18c)는 내가 (이 노래를) 불렀을 수도 있고 다른 사람이 (이 노래를) 불렀을 수도 있다. 이러한 예들은 모두 구조 안에서 동사와 명사의 의미지향 관계의 차이를 설명해 준다.

구조에서 동사와 명사가 모두 많으면 동사와 명사의 선택적 의미지향 관계로 분석하기에 어려움이 있다. 구조에 동사가 많고 명사가 적으면 더욱 처리하기가 어려워지는데, (명사의 빈자리에 근거하여) 동사가 어떤 명사와 의미관계가 발생하고 또 어떤 의미관계가 발생하는지를 판단해야 하기 때문이다. 앞에서 제기했던 몇 개의 예로 비교해 보면 다음과 같다.

(19) a. 砍光了　　　b. 砍累了
c. 砍钝了　　　d. 砍坏了

(19) 역시 모두 'VV술보구조'인데 구조에 동사만 출현하고 주어나 목적어로 쓰이는 명사가 출현하지 않는다. 동사는 직접 명사를 선택할 수 없고 단지 어떤 의미류의 명사와 관련된 의미인지만을 함축할 수 있다. (19a)의 보어동사는 술어 동사의 대상을 지향하니, '나무가 다 베어진 것(树砍光了)'이고, (19b)의 보어동사는 술어 동사의 행위자를 지향하니 '내가 베다가 지친 것(我砍累了)'이 된다. (19c)의 보어동사는 술어 동사의 도구를 지향하니 '도끼가 베어서 무뎌진 것(刀砍钝了)'이고, (19d)의 보어동사는 술어 동사의 대상 및 도구를 지향하니 '책상이 베다가 망가진 것(桌子砍坏了)'이거나 혹은 '도끼가 베다가 망가진 것(斧子砍坏了)'이다. 이처럼, 함축적인

동사와 명사의 선택적 의미지향 관계를 확정하려면 '보충성분'이 있어야 한다. 예컨대 '이 나무들을 다 베었다(砍光这些树)'라고는 할 수 있으니, 보어동사 '光'이 술어동사의 대상인 '树'를 선택 지향하고, '내가 베다가 지쳤다(我砍累了)'고 할 수 있으니, 보어동사 '累'는 술어동사의 행위자인 '我'를 선택지향하는 것이다. 이 외에도 일반적으로 '把' 뒤의 위치에 들어갈 수 있는 명사는 보어동사가 선택지향하는 의미류의 명사라고 할 수 있다. 예컨대 '나무를 다 베었다(把树砍光了)'라고 할 수 있으니 보어동사는 술어 동사의 대상인 '树'를 지향하고, '도끼를 베다가 무디게 만들었다(把斧子砍钝了)'라고 할 수 있으니 보어동사는 술어동사의 도구 '斧子'를 지향한다.

세 번째 경우는 동사와 명사 사이에 존재하는 특징적 지향관계다. 일반적으로 말하면 하나의 동사와 하나의 명사의 관계는 다른 의미지향이 있을 수 없다. 그러나 때때로 명사 혹은 동사의 상이한 분포 혹은 조합으로 인해 상이한 의미특징을 나타내는 경우가 있는데, 이런 경우를 의미지향 관계의 한 종류로 볼 수 있다.

예를 들면 아래 쌍의 예들은 모두 동사가 의미가 대체로 비슷한 명사들과 조합을 이룬 것이다. 그러나 명사의 이동 형식을 통해 실제로 동사와 장소명사의 의미관계가 일치하지 않음을 발견할 수 있다. 비교해 보면 다음과 같다.

(20) a_1. (在)汽车上看书　　　a_2. *书看(在)汽车上
b_1. *(在)靶子上射箭　　　b_2. 箭射(在)靶子上
c_1. (在)黑板上写字　　　c_2. 字写(在)黑板上

위 (20)에서 세 쌍의 예문은 모두 한 개의 동사(看/射/写), 그리고 두 개의 명사를 가지고 있다. 그중 하나는 객체(대상)를 나타내는 명사(书/箭/字)이고, 또 다른 하나는 장소를 나타내는 명사(汽车上/靶子上/黑板上)다. 이들의 다른 점은 명사가 동사 앞과 뒤에 위치한다는 점뿐이다. 일반적으로 이해하자면 이 세 성분이 조합할 때 명사가 동사 앞에 출현하건 혹은 뒤에 출현하건 당연히 모두 성립가능하고, 또 의미도 모두 어떤 장소에서 어떤 일을 하다가 된다. 그러나 실제로 (20)에서 어떤 구조는 결코 성립되지 않는데, ($20a_2/b_1$)이 그러하다. 그 원인은 바로 세 구조에서 각각 동사와 명사 의미관계의 차범주 유형이 차이가 있다는 데 있다. 다시 말하면, 이런 문장에서 방위사구가 나타내는 장소는 한 가지 의미만 가지고 있지 않다는 뜻이다. 실제로 중국어 방위사구가 나타내는 장소 의미에는 세 가지 특징적 의미가 있다. 어떤 것은 사건발생장소(甲의 의미, ($20a_1$))를 나타내고, 어떤 것은 운동종점(乙의 의미, ($20b_2$))을 나타내며, 또 어떤 것은 사물존재장소(丙의 의미, ($20c_1/c_2$))를 나타낸다. 이렇게 (20)의 구조의 차이는 바로 동사마다 각각 다른 의미특징을 가진 장소명사를 선택해야 하는 데 있다. 예컨대 '看'과 같은 동사는 장소를 나타내는 단어가 甲의 의미를 갖는 것만 허락하는데, 방위사구에서 동사 앞에 출현해야만 이런 의미를 가질 수 있다. '射'와 같은 동사는 장소를 나타내는 단어가 乙의 의미특징을 갖는 것만을 허락하는데, 방위사구가 동사 뒤에 출현해야만 이런 의미를 가질 수 있다. 또 '写'와 같은 동사는 장소를 나타내는 단어가 丙의 의미특징을 가지는 것만을 허락하는데, 방위사구가 동사 앞 뒤로 출현해도 모두 丙의 특징의미에는 변함이 없으며, 동사 앞 뒤로 출현하는 것 모두 동사와 같은 의미관계를 갖는다고도 말할 수 있다. 단지 丙의 의미를 가진 방위사구만이 동사 앞뒤로 출현하기 때문에, 동사 앞에 위치할 때는 甲의 특징의미와 교차할 수 있고, 동사 뒤에 위치할 때는 乙의 특징의미와 교차할 수 있는데, 이것이 바로 写류 동사로 이루어진 문장이 중의(즉 '甲+丙' 혹은 '乙+丙' 두 가지 장소 의미가 동시에 존재)를 가질 수밖에 없는 원인이 된다. 그러므로 동사와 명사 사이의 의미지향은 반드시 동사와 명사의 특징적 의미관계를 포함해야 하며, 이렇게 해야만 전체 구조의 동사와 명사의 의미관계에 대해 더욱 정확한 해석을 할 수 있다.

마지막으로 'V着A'의 예를 들어 동사와 명사의 의미지향 현상에 대해 다시 한 번 설명하고자 한다. 'V(동사)+着(조사)+A(형용사)' 구조란 '坐着好', '躺着不舒服', '瞧着干着急', '闻着臭, 吃着香'과 같은 구 구조를 말한다. 자세히 관찰해 보면 이러한 구의 구조형식과 의미성질은 세 가지 경우로 나눌 수 있다. 비교해 보면 다음과 같다.

(21) a. 坐着就挺好, 不必站起来。
b. 走路去肯定来不及, 怎么着也是跑着更快。
c.老这么躺着可不行, 得经常起来活动活动。(《报刊资料合集》)

(22) a. 他自己决不去参加婚禮 — 看着伤心。(老舍《离婚》)
b. 孙小姐心软了, 低头不看, 可是又觉得坐着不安。(钱锺书《围城》)
c. 我也不念了, 下面那词儿我看着都害臊。(王朔《千万别把我当人》)

(23) a. 雪白发光, 看着便可爱。(老舍《青蓉略记》)
b. 搁上一把草, 撒上一层料, 有菜有饭的, 吃着真香。(汪曾祺《王全》)
c. 可你穿着不合适, 袖子也短。(王朔《顽主》)

위의 'V着A' 구조들은 (21)에서는 주술구조로 볼 수 있고, (22)에서는 상황어-중심어구조로 볼 수 있으며 (23)은 연속술어구조로 볼 수 있다. 이들의 구문 의미는 확실히 다르고 어떻게 보든지 간에 모두 절대로 같은 구조가 아니다. 사실 이 세 종류의 'V着A' 구조는 의미지향에 있어 매우 큰 차이를 가지고 있다.

주술류 'V着A' 구조에는 어떤 문제도 없다. 왜냐하면 'V着'와 A 사이에 어기사를 넣을 수도 있고, '是不是' 등도 넣을 수 있으니, 이것은 모두 주술구조의 특징이기 때문이다. 그리고 만약 'V着' 앞에 명사를 추가한다 해도 A는 여전히 'V着'를 진술한다.(즉 A는 'V着'를 지향한다.) 비교해 보면 다음과 같다.

(24) a. 坐着是不是就挺好 / 你坐着就挺好 / *你挺好
b. 活着是不是特没劲 / 我活着真没劲 / ?我没劲

상황어-중심어류와 연속술어류의 'V着A'가 하나의 구조인지 아니면 두 개의 구조인지는 확정하기 어려운 부분이 있다. 그러나 분명한 점은 이 구조들은 모두 주술류와는 확실히 다른데, 'V着' 앞에 또 다른 명사가 출현하고 이 명사가 A와 주술구조를 구성할 수 있는데, 그래도 원래 A의 의미는 달라지지 않는다는 것이다. 비교해 보면 다음과 같다.

(25) a. 我听着特难过 / 我难过

b. 我想着就害怕 / 我害怕

(26) a. 这衣服(你)穿着不合适 / 这衣服不合适

b. 这些菜(我)尝着咸了点 / 这些菜咸了点

또 다른 측면에서 보자면, 위의 (22), (25) 상황어-중심어류 예에서 '着'는 어떤 경우에는 '(了)以后'류의 구로 대체할 수 있고, (23), (26) 연속술어류의 '着'는 어떤 경우에는 '起来/上去'류 구로 대체할 수 있다. 이런 사실은 이 두 종류의 'V着A'는 주술류와 구별될 뿐만 아니라 그 자체로서도 차이가 있다는 것을 설명해 준다. 한 걸음 더 나아가 고찰해 보면, 이 두 종류의 예문 중에서 A는 실제로 모두 'V着' 앞의 어떤 특정명사와만 연관될 수 있고(즉 어떤 특정 명사를 지향한다), 출현할 가능성이 있는 또 다른 명사와는 서로 연관될 수 없다는 것을 알 수 있다. 그러므로 이 두 가지도 다시 구분해 볼 필요가 있다. 비교해 보면 다음과 같다.

(27) a. 这房子(我)住着挺满意的 / 我住了以后(*上去)挺满意的 / 我满意 / *这房子满意

b. 这些话(我)听着怪难受的 / 我听了以后(*上去)怪难受的 /我难受 / *这些话难受

(28) a. 这房子(我)看着蛮宽敞的 / 这房子看上去(*了以后)蛮宽敞的 /房

子宽敞 / *我宽敞

b. 这些话(我)听着非常刺耳 / 这些话听起来(*了以后)非常刺耳 / 话刺耳 / *我刺耳

그러나 상세히 연구하여 보면, 모두가 위에서 말한 이러한 구조의 차이를 가지고 있는 것은 아니다. 아래의 예들을 다시 비교해 보자.

(29) a.看着挺着急的(看着着急) / 他看着(了以后/上去)挺着急的 / 这状况(他) 看着(了以后/*上去)挺着急的 / 他着急 / *这状况着急

b. 听着怪别扭的(听着别扭) / 我听着(了以后/*上去)怪别扭的 / 这些话(我)听着(了以后/上去)怪别扭的 / 我别扭 / 这些话别扭

(29)의 'V着A'만 보면, 한편으로는 마치 상황어-중심어류의 형식과 모두 부합하는 것 같고(모두 '주체N+A'의 주술구조(他着急/我别扭)를 구성할 수 있다) 또 한편으로는 모두 연속술어류 형식에 부합하는 것 같다(모두 'V上去/起来+A'의 구조(看上去挺着急的/听上去怪别扭的)로 대체할 수 있다). 그러나 사실 기타 예들과 비교하여 보면, 이 두 예의 'V着A'는 모두 중의를 가지고 있거나 혹은 두 가지 구조를 겸할 가능성이 있다는 사실을 발견할 수 있다. 자세히 관찰하여 보면 그 안에 다시 또 두 가지 상황이 있다.

첫 번째 경우는 (29a)와 같다. 여기서 'A(着急)'한 것은 물론 모두 '他'이고, '这状况'일 수 없다. 그러나 문제는 여기서 'V(看)'는 두 가지 지향이 있다는 데 있다. '他'는 V의 주체일 수도 있고(他看), V의 객체(他被看)일 수도 있다. 전자의 경우에는 상황어-중심어류 'V着A'의 구조형식만 성립될 수 있고, 후자의 경우에는 연속술어류 'V着A'의 구조형식만 성립될 수 있으니 이렇게 두 구조의 차이가 정확히 대응된다. 아래에서 (30a)와 (30b)를 비교해 보자.

(30) a. (他看到这家工厂状况很糟糕) — 他看着挺着急的。/ 他看了以后

(*上去)挺着急的 / 他(看到这种状况)挺着急的 / 他着急

b. (我们发现这人成天愁眉不展) — 他看着挺着急的。/ 他看上去(*了以后)挺着急的 / 他(在我们看起来)挺着急的 / 他着急

두 번째 경우는 (29b)와 같다. 여기서 'V(听)'는 매우 명확하다, 바로 듣는 것은(听) '我'이고 들리는 것은(被听) '这些话'이다. 그러나 여기서 'A(别扭)'는 오히려 다른 것을 지향할 수 있는데 V의 주체(我别扭)일 수도 있고, V의 객체(这些话别扭)일 수도 있다. 이처럼 V 앞에 주체가 출현할 때 상황어-중심어류를 형성하는 경향이 있고, V앞에 객체가 출현할 때 연속술어류를 형성하는 경향이 있다. 만약 'V(听)'의 주체와 객체가 모두 V 앞에 출현한다면 틀림없이 두 가지 의미를 모두 가지거나 또는 두 가지 구조를 겸하게 된다. '着'를 '(了)以后' 또는 '上去/起来'로 고쳐야만 이 두 구조의 차이를 구별할 수 있다. 비교해 보면 다음과 같다.

(31) a. 我听着(了以后 / ?上去)怪别扭的 / 我别扭

b. 这些话听着(上去 / ?了以后)怪别扭的 / 这些话别扭

c. 这些话我听着怪别扭的 / 我别扭 / 这些话别扭

상술한 상황은 'V着A'가 결국 어떤 구조에 속하는지를 결정하는 구별 조건은 결코 'V着A' 구조 자체에 있는 것이 아니라, 이 구조에서 V와 A가 어떤 통사 성분(이 성분의 출현여부와 무관하게)과 외현 혹은 내포적 의미관계를 가지는지에 달려 있음을 분명하게 보여 준다. 다시 말하자면 상이한 구조의 'V着A'는 모두 실제로 V와 A의 상이한 의미지향으로 구현된다.

9.4 수식어와 중심어 간 의미지향 관계의 유형과 특징

통사성분의 성질 측면에서 의미지향 현상의 또 다른 큰 부류가 있는데,

바로 수식어와 중심어(상황어와 중심어, 관형어와 중심어 등)의 의미지향 관계다.

수식어와 중심어 간 의미지향 관계의 한 가지 현상은 바로 수식어가 복합지향일 수 있다는 것인데, 그 의미지향 관계는 비교적 명확하다. 이것은 다른 위치의 수식어는 상이한 의미지향관계를 가지고 같은 위치의 수식어라도 다른 의미지향 관계를 가지는 것으로 수식어의 지향관계는 확정적이다.

다른 위치의 수식어는 물론 다른 의미지향을 가지는데, 이러한 의미지향 관계는 그래도 비교적 확정하기가 쉽다. 예를 들면 다음과 같다.

(32) a_1. 不很好　　a_2. 很不好
　　b_1. 一直没生病　　b_2. 没一直生病
　　c_1. 情况不完全一样　　c_2. 情况完全不一样
　　d_1. 他们不抓住重点　　d_2. 他们抓不住重点

이 외에 영어에도 'it X that Y' 분열강조구문이 있는데 역시 'Y(문장구조)' 중의 'X(어떤 성분)'를 강조하고자 하는 것으로, 강조되는 성분을 'it X that Y'의 X 위치에 놓는다. 예를 들면 다음과 같다.

(33) China invented printing.　　(중국이 인쇄술을 발명했다.)
　　a. It is China that invented printing.(인쇄술을 발명한 것은 중국이다.)
　　b. It is printing that China invented.(중국이 발명한 것은 인쇄술이다.)

중국어에도 유사한 강조 수식 구문이 있다. (33)의 중국어 번역문에서 사용한 'X的是Y' 구문이 그러하다. 이 외에 중국어에서도 문장구조의 다른 위치에 어떤 수식성분을 삽입하여 이러한 구문으로 나타낼 수 있다. 예컨대 중국어에서 강조수식 작용을 하는 부사 '只'와 '是'는 일반적으로 수식받는 초점을 필요로 하는데, 이런 초점을 확정하는 가장 일반적인 방식이 바로 '只'와 '是' 같은 수식성분을 수식을 받는 초점성분과 밀착되게 배치하는 것이다. 예를 들면 다음과 같다.

(34) a_1. 只他昨晚写了一封信。　　a_2. 他只昨晚写了一封信。
　　a_3. 他昨晚只写了一封信。　　a_4. 他昨晚写了只一封信。
　　b_1. 是他明天要访问北大。　　b_2. 他是明天要访问北大。
　　b_3. 他明天是要访问北大。　　b_4. 他明天要访问是北大。

같은 위치에 출현하는 수식어라도 다른 의미지향 관계를 가질 수 있다. 앞에서 말한 바와 같이 중국어 부사의 통사 기능은 비교적 단순하여 상황어로만 쓰이거나 혹은 상황어 위치에만 출현 가능하다. 그러나 문장 구조 안에서 부사의 지향관계는 오히려 다를 수 있다. 아래 (35)에서의 부사와 같이, 어떤 것은 뒤의 용언성 성분(술어성 성분)만을 지향할 수 있고, 또 어떤 것은 앞의 명사성 성분만을 지향할 수 있다. 이런 지향관계는 어떤 부사들의 경우에는 그래도 쉽게 확정할 수 있다. 예를 들면 다음과 같다.

(35) a. 我刚看完这篇论文。　('刚'은 술어 '看完这篇论'을 지향한다)
　　b. 队伍悄悄地进了村。　('悄悄'는 술어 '进了村'을 지향한다)
　　c. 天色渐渐暗了下来。　('渐渐'은 술어 '暗了下来'를 지향한다)
　　d. 我们应该互相帮助。　('互相'은 주어 '我们'을 지향한다)
　　e. 这些文件一律作废。　('一律'는 주어 '这些文件'을 지향한다)

물론 수식어가 구조에서 어떤 성분을 지향하는 것도 임의적인 것은 아니다. 수식어가 모종의 중심어 성분을 지향할 때에도 사용상의 조건과 특수한 요구가 있다. 아래의 예를 비교하여 보자.

(36) a. 总共招收五个学生。('总共'은 '五个'를 지향한다) /*总共招收学生。
　　b. 一共来了三位客人。('一共'은 '三位'를 지향한다) /*一共来了客人。

(37) a. 他究竟去吗? b. 他究竟去哪儿了?
c. 他究竟去不去? d. 他究竟去广州还是去上海?
e. *他究竟去?

(38) a_1. 到底我去哪里好呢? a_2. 我到底去哪里好呢?
b_1. 到底谁去北京好呢? b_2. *谁到底去北京好呢?

(36)의 '总共, 一共'과 같은 부사는 수량성분만 지향할 수 있으니, 이는 구조에 수량성분이 없을 때는 이러한 부사를 사용할 수 없다는 것이다. (37)은 모두 의문문인데, (37e)는 문장이 성립하지 않는다. 이는 부사 '究竟'이 지향하는 성분은 반드시 유형의 의문형식을 포함하고 있어야 하기 때문이다. 예를 들어 (37a/b)의 의문어기사 '吗' 혹은 의문대명사 '哪里', (37c/d)의 반복의문문형식 '去不去' 혹은 선택의문문 형식 '去广州还是去上海' 등과 같은 것이다. 그러나 (37e)는 유형의 의문 형식을 포함하지 않기 때문에 부사 '究竟'의 수식을 받을 수 없다. (38)은 모두 특지의문문인데(문장 안에 의문사 '哪里' 또는 '谁'가 포함됨), ($38a_1/a_2$)의 '到底'는 주어 '我' 앞 뒤로 모두 출현할 수 있으나, ($38b_2$)의 '到底'는 주어 '谁' 뒤에 출현하면 문장이 성립될 수 없다. 이것은 '到底'는 반드시 하나의 유형 의문성분을 지향해야 할 뿐만 아니라 뒤에 오는 성분만 지향할 수 있고 앞에 오는 성분은 지향할 수 없음을 설명해 준다.

이러한 의미지향 관계의 또 다른 현상은 바로 수식어의 복합지향이며, 의미지향 관계 역시 확정적이지 않은 경우다. 이것은 주로 같은 위치에 분포하는 성분의 중의적 의미지향관계를 가리킨다. 즉, 앞에서 언급한 수식어의 위치가 같고, 단어도 같은데 다른 지향관계가 존재하는 경우를 말한다. 예컨대 (39a~c)는 모두 중의가 있다. 이러한 중의는 확실히 아래 몇 개 부사가 다른 지향을 갖는 것과 관련이 있다. 설령 모어를 중국어로 하는 사람이라도 이런 상이한 지향관계는 때때로 확실히 구분해 내기가 쉽지 않다. 비교해 보면 다음과 같다.

(39) a. 这些点心他们几个都吃了。
b. 老王一早上就写了三封信。
c. 他背着总经理和副总经理偷偷地把公司的巨款分别存进了两家银行。

(39a)의 '都'는 '这些点心'(이 간식을 모두 먹었다)을 지향할 수도 있고, '他们几个'(그들 몇 명이 모두 먹었다)를 지향할 수도 있다. (39b)의 '就'는 '一早上'(아침 일찍)을 지향할 수도 있고, '三封信'(바로 세 통의 편지)을 지향할 수도 있다. 그리고 (39c)는 도대체 그가 사장과 부사장(두 사람)을 속인 것인지 아니면 그가 사장(한 사람)을 속인 것인지 의미가 달라지는 이외에도, 설령 한 가지 의미를 나타낸다고 하더라도 '分别'는 그와 부사장을 각각(그들 두 사람이 각각 따로따로 입금을 하다) 지향할 수도 있고, 또 두 개 은행(각각 두 개의 다른 은행에 입금하다)을 각각 지향할 수도 있다.

물론 이러한 수식어의 중의적 의미지향 관계는 때때로 입말 강세나 맥락에 의해 해결할 수도 있다. 앞의 (34)에서는 다른 위치의 '只, 是'를 사용해서 다른 강조수식 관계를 나타냈는데, 실제로 해당되는 피수식 성분에 강세가 주어져야 한다. (39a/b)도 어떤 성분에 강세를 줌으로써 수식어의 지향초점을 확정할 수 있는데, (40a/b)와 같이 읽을 수 있다. 예는 다음과 같다('X'는 어떤 구 X의 강세를 나타낸다).

(40) a_1. ′这些点心他们几个都吃了。 (=这些点心都)
a_2. 这些点心′他们几个都吃了。 (=他们几个都)
b_1. 老王′一早上就写了三封信。 (=就一早上)
b_2. 老王一早上就写了′三封信。 (=就三封信)

중의구조에서 가장 주의할 만한 것으로는 부사의 지향 문제, 개사(구조)의 지향 문제, 그리고 부정 성분의 지향 문제다. 아래에서 각각 예를 보고자 한다.

부사의 지향 중의는 주로 부사 '就, 都'류 부사들이 상황어를 담당하면서 생기는 중의다. 이러한 부사들은 흔히 자체로서도 다른 의미를 많이 가지고 있으며, 심지어 동일한 구조 안에서도 다른 의미를 나타낼 수도 있다. 같은 부사가 상이한 의미를 나타내는 경우에는 사실 해당 부사가 의미상으로 다른 지향 관계를 나타내는 것으로 보아도 무방하다. 예를 들면 다음과 같다.

(41) a. 阵地上就我一个人了。('就'는 범위 '就我一个人'을 나타낸다)
b. 我们这就上去支援你。('就'는 시간 '就这会儿'을 나타낸다)
c. 敌人再来我就跟他拼。('就'는 조건 '如果……就……'를 나타낸다)
d. 我就不信守不住阵地。('就'는 어기를 나타낸다)
e. 我就来。 ('就'는 시간과 어기를 나타낸다)

(42) a. 连这么简单的题都错。('都'는 점층 '甚至'의 의미를 나타낸다)
b. 都十二点了还不吃饭。('都'는 시간 '已经'의 의미를 나타낸다)
c. 产品都已通过了检验。('都'는 총괄 '全部'의 의미를 나타낸다)
d. 汤都凉了。 ('都'는 '甚至, 已经, 全部'의 의미를 나타낸다)

그러나 설령 이러한 부사들의 어떤 한 의미항목을 고려한다 하더라도 여전히 중의는 있을 수 있다. 예컨대 '都'는 일반적으로 가장 중요한 의미항목이 총괄(문장에서 언급한 것을 모두 더함)이다. 그러나 구체적으로 말하자면 '都'의 총괄 작용에는 또 다른 상황이 존재한다. 먼저 '都'는 앞에 출현한 성분에 대해 총괄일 수도 있고, 뒤에 출현한 성분에 대한 총괄일 수도 있다. 이것이 바로 '都'의 총괄 의미가 가질 수 있는 의미지향 관계다. 예를 들면 다음과 같다.

(43) a. <u>我和他</u>都看见了。('都'는 앞쪽의 병렬구 '我和他'를 총괄한다)
b. 小王都看见<u>谁</u>了。('都'는 뒤쪽의 의문사 '谁[哪些人]'를 총괄한다)

다음으로, '都'가 앞에 출현한 성분을 총괄한다는 것에 대해서만 보더라도, 이러한 성분들도 또 각기 다른 의미유형을 가지고 있다. 이러한 각도에서 보자면 상이한 총괄 의미 역시 '都'의 다른 의미지향 관계로 볼 수 있다. 예를 들면 다음과 같다.

(44) a. 全体同学都要参加。 ('都'는 총괄성 성분을 총괄한다)
b. 每位同学都要参加。 ('都'는 개별성 성분을 총괄한다)
c. 任何人都不准请假。 ('都'는 임의지시 성분을 총괄한다)

그다음으로, 설령 모두 총괄(전부)지칭이라 하더라도 이러한 총괄지칭 성분들은 또 다른 구조를 가질 수 있다. 이것이 바로 또 '都'의 다른 의미지향 가능성을 만들어 낸다. 예를 들면 다음과 같다.

(45) a. 各民族公民都享有选举权。 (총괄성분은 보통명사구다)
b. 每逢节假日领导都来慰问。 (총괄성분은 시간구다)
c. 公路两旁都是成片的白杨。 (총괄성분은 처소구다)
d. 要求定得过高过低都不行。 (총괄성분은 술어구다)
e. 该国一直都保持中立立场。 (총괄성분은 부사어구다)

위의 분석에 따르면, '都'의 총괄의미는 앞의 성분을 지향할 수도 있고 뒤의 성분을 지향할 수도 있으며, 명사성 성분도 지향할 수 있고, 용언성(술어성) 성분도 지향할 수 있다. 또 일반명사도 지향할 수 있고, 시간, 처소 성분도 지향할 수 있다. 따라서 상술한 성분이 하나의 구조에 함께 출현하는 경우에 '都'는 동시에 여러 개의 지향을 가질 수 있음을 미루어 알 수 있다. 바로 아래 예(46), 혹은 지향 중의가 존재하는 예(47)과 같다. 비교하면 다음과 같다.

(46) a. 每逢春节各级领导都要到基层慰问群众。

('都'는 '每逢春节'와 '各级领导'를 동시에 지칭할 수 있다)

b. 近些年各级公路上都不断出现收费站点。

('都'는 '近些年'과 '每条公路上'을 동시에 지칭할 수 있다)

c. 连着几个晚上大家都没有睡觉。

('都'는 '连着几个晚上'과 '大家'를 동시에 지칭할 수 있다)

(47) a. 这几部获奖电影我们一直都想看。

('都'는 '这几部电影'을 지향하거나, '我们'을 지향하거나 '一直'를 지향한다)

b. 里里外外你们几个都再检查一次。

('都'는 '里里外外'를 지향하거나 '你们几个'를 지향한다)

c. 他们都看见了谁。

('都'는 '他们'을 지향하거나 '谁'를 지향한다)

개사구조가 상황어로 쓰일 때의 지향 문제는 주로 '在자 구조'가 상황어로 쓰일 때 '在(처소사)'의 의미지향 문제 같은 것이 있다. 이 경우는 앞의 예(6)에서 이미 한 세트의 예를 제시했다. 다시 예를 들면 다음과 같다.

(48) a. 老王在抽屉里逮住了蟑螂。

b. 老王在飞机上看到了大海。

c. 老王在房顶上发现了敌人。

표면상으로 보자면 예(48)의 앞의 두 문장에는 중의가 없다. 다만 마지막 문장의 '在(장소)'만이 중의가 있다. 예(48c)의 의미는 라오왕이 지붕 위에 있다(적은 지붕 위에 있지 않다)는 것도 가능하고, 적이 지붕 위에 있다(라오왕은 지붕 위에 있지 않다)는 것도 가능하며, 심지어 라오왕과 적이 모두 지붕 위에 있다는 것도 가능하다. 그러나 사실 앞의 두 문장에 중의가 없는 이유는 전적으로 백과사전식 지식에 따라 이해하고 판단한 것으로 바퀴벌레만이 서랍에 들어갈 수 있고 사람은 들어갈 수 없으며, 바다는 비행기 안에 있을 수 없으나 승객은 확실히 비행기 안에 있을 수 있기 때문이다. 그러나 전체로 보자면 이런 구조는 모두 언제나 중의적 지향이 존재할 수 있다고 말할 수 있고, 그중의 지향 관계는 세밀히 따지자면 예(48)과 같은 중의에 그치지 않는다. 예컨대 아래 예(49)와 같은 6가지 상황이 있을 수도 있다. 이러한 지향 관계는 구조 형식을 통해 엄격히 구별하기가 매우 어렵다. 비교해 보자면 다음과 같다.

(49) a. 他在食堂里吃饭。('그'도 '식당'에 있고 '밥'도 '식당'에 있다.)
b. 他在飞机上看海。('그'는 '비행기 안'에 있고 '바다'는 '비행기 안'에 있지 않다.)
c. 他在砂锅里煮肉。('그'는 '뚝배기 안'에 있지 않고 '고기'는 '뚝배기 안'에 있다.)
d. 他在树上摘果子。('그'는 '나무 위'에 있을 수도 있고 있지 않을 수도 있는데 '열매'는 '나무 위'에 있다.)
e. 他在路边上看热闹。('그'는 '길가'에 있고 '구경거리'는 '길가'에 있을 수도 있고 있지 않을 수도 있다.)
f. 他在车厢上贴标语。('그'는 '차량'에 있을 수도 있고 있지 않을 수도 있고, '표어'도 '차량 안'에 있을 수도 있고 있지 않을 수도 있다.)

부정 성분의 지향 문제는 더욱 복잡하다. 예컨대 아래 예 (50)은 반드시 상하문 문맥의 대비구조(본 문장과 다음 문장(괄호 안의 문장)의 어떤 성분에 모두 강세가 있다)를 통해 수식어의 상이한 지향 초점을 확정해 내야 한다.

(50) a. 我今天不看′电影(我今天看′球赛) (=본 것이 영화가 아니다.)
b. 我今天不′看电影(我今天′去爬山) (=한 일이 영화를 본 것이 아니다.)
c. 我′今天不看电影(我′明天看电影) (=영화를 본 날이 오늘은 아니다.)

d. ′我今天不看电影(′他今天看电影)　(=영화를 본 사람은 내가 아니다.)

이 외에도 부정의 의미지향 유형 중 주의를 기울일 만한 것이 또 있다. 예를 들면 아래 몇 세트의 예들은 모두 부정 구조에는 거의 모두 부정의 중의문제가 있을 수 있다는 점을 설명해 준다. 비교해 보면 다음과 같다.

(51) 他不是父亲。

a. =他是爷爷。('아버지'의 외연 관계 '상대되는 어떤 사람과 관련하여'를 부정한다.)

b. =他没有孩子。('아버지'가 내포하고 있는 특징 '아이가 있다'는 사실을 부정한다.)

c. =他只是孩子。('아버지'가 내포하고 있는 특징 '성인'을 부정한다.)

(52) 小王不是学生干部。(샤오왕은 학생 간부가 아니다.)

a. =他是食堂工人。(명사구 중 두 개 항을 부정한다.)

b. =他是普通学生。(명사구 중 '간부'를 부정한다.)

c. =他是机关干部。(명사구 중 '학생'을 부정한다.)

(53) 孩子没瞒着父母玩游戏机。

a. ='孩子'又没 '瞒着父母', 又没'玩游戏机'。(연속술어구조 두 개 항을 모두 부정한다.)

b. ='孩子'没'瞒着父母', 但'玩游戏机'。(연속술어구조 중 앞 성분을 부정한다.)

c. ='孩子'是'瞒着父母', 但没'玩游戏机'。(연속술어구조 중 뒷 성분을 부정한다.)

(51)에서 부정사 뒤는 명사 '父亲'인데, 여기서 부정은 이 단어의 외연 의미를 부정할 수도 있고, 이 단어의 다른 특징적 의미를 부정할 수도 있

다. (52)에서 부정사 뒤는 관형어-중심어구인데, 부정사는 관형어와 중심어 전부를 부정할 수도 있고, 그중의 한 가지만을 따로 따로 부정할 수도 있다. (53)의 부정사 뒤는 연속술어구조인데 마찬가지로 동사성 구조 두 개를 전부 부정할 수도 있고, 그중의 한 개 구조를 따로 따로 부정할 수도 있다. 재미있는 것은 위의 세 문장을 만약 긍정문으로 말한다면 중의가 없다는 것이다. 즉, 언제나 동시에 한 개 명사의 모든 의미특징도 긍정하고, 연속으로 출현하는 각 성분의 의미도 역시 긍정한다. 그런데 부정문은 동사 유형 혹은 일반(생활) 상식의 제약으로 의미 이해에 있어 우선적으로 선택될 수 있는 부분에 차이가 있기는 하지만, 모두 중의를 가질 가능성이 있다.

마지막으로 다시 'V好N'의 예를 들어 수식어와 중심어의 의미지향 현상을 살펴보고자 한다. 최근 신문매체에서 자주 '开好局, 起好步(국면을 타개하고 훌륭한 스타트를 하다)'와 같은 표현을 접하곤 한다. '开局, 起步(시작하다)'는 합성어로, 사이에 어떤 성분이 삽입될 수 있는지의 여부에 대해 상세히 논의하는 것은 우선 차치하더라도, 유사한 '开车(운전하다), 洗衣服(옷을 세탁하다)'와 같은 술목구로 예를 들어 보면 중간에 '好'가 삽입되는 것은 모두 적절한 용법이 아닌 것 같다. 그 원인은 현대중국어에서 'V好N' 구조, 예컨대 '开好车, 洗好衣服'와 같은 것은 실제로 모두 중의를 가질 수 있는데, 이들의 상이한 의미는 바로 '好'가 가지는 상이한 의미 그리고 상이한 지향 관계와 관련이 있다. 비교해 보면 다음과 같다.

(54) a_1. 开好车(给加上点儿油)。
a_2. 洗好衣服(就睡吧)。
b_1. (认真工作)开好车。
b_2. (我是洗衣工)洗好衣服是我的职责。
c_1. (我不愿意开旧车)喜欢开好车。
c_2. (这家洗衣店不收低档服装)只洗好衣服。

(54)의 'V好N'구는 적어도 세 가지 의미를 나타낸다. (54a)를 분해하면 'V好/N'과 같이 되니, '$好_1$'은 완성의 의미를 나타내는 접미사로, 의미상 술어 동사를 지향하며 '어떤 일을 다 하고 나서'라는 의미를 나타낸다. 유사한 예를 들자면 '写好信(就寄走吧)(편지 다 썼으면 부치러 가자)', '做好功课(再出去玩)(공부 다 하고 나서 나가 놀다)'와 같다. (54b)를 분해하면 역시 'V好/N'과 같이 되는데, '$好_2$'는 여기서 결과를 나타내는 보어로, 의미상으로 동사를 지향하며 어떤 일을 원만하게 처리하다는 뜻을 가진다. 유사한 예를 들어 보면 '(我们一定为祖国)守好大门((우리는 반드시 조국을 위해) 문호를 잘 지킬 것이다)', '(教师要)上好课, 教好学生((교사는) 수업을 잘 해야 하고 학생들을 잘 가르쳐야 한다)'과 같다. (54c)가 'V/好N'과 같이 될 경우, '$好_3$'은 사물의 성질을 나타내는 관형어로, 의미상 목적어 명사를 지향한다. 유사한 예를 들어 보면 '(孩子从小)就要看好书, 学好样子((아이는 어려서부터) 좋은 책을 읽고 좋은 본보기를 배워야 한다)', '(学雷锋)做好事((레이펑을 배워) 훌륭한 일을 하다)'와 같다. 비록 실제 대화에서 모든 'V好N'이 언제나 동시에 이런 세 가지 의미를 모두 가지고 있을 것이라고 할 수는 없으나, 문장으로 쓰는 경우에는 중의를 배제할 수 없다. 특히 이중의 두 번째 의미, 즉 '$好_2$'가 결과보어를 담당하는 경우, 더욱 어떤 어구와도 조합이 가능하고 약하게 발음하든 강세를 두어 발음하든 어느 경우라도 모두 여러 가지 의미로 이해될 수 있으므로, '开好车, 洗好衣服, 上好课, 教好学生'의 의미는 시종일관 모두 불확정적이다. 물론 이런 구조의 중의도 구분해 낼 방법이 없는 것은 아니다. '做好事, 表演好节目'를 예로 들자면, 한 가지 방법은 성분을 삽입하는 것이다. 예컨대 'V好'와 N을 떼어 '做好了事, 表演好了节目(일을 다 했고 프로그램 공연도 다 했다)'와 같이 말한다면 '好'가 더 이상 목적어를 지향하지 않도록 할 수 있다. 또 예컨대 V와 '好N'과 같이 분리하거나 또는 '好'와 'N'을 연결하여 '做了好事, 表演好的节目(좋은 일을 하고 좋은 프로그램을 공연했다)'와 같이 말한다면 '好'가 목적어를 지향하게 할 수 있다. 또 다른 방법은 '성분의 위치를 이동하는 것'이다. 예컨대 N을 앞으로 옮겨 '把事做好, 节目要表演好(일을 다 하고 프로그램을 잘 공연해야 한다)'

와 같이 말한다면 '好'가 동사를 지향하게 할 수 있다. 또 예컨대 '好N'을 앞으로 옮겨 '好事做(坏事不做), 好节目(要多)表演(좋은 일은 하고(나쁜 일은 하지 않고), 좋은 프로그램을 많이 공연해야 한다)'과 같이 말한다면 역시 '好'가 명사를 지향하게 할 수 있다. 이 외에 또 한 가지 방법이 있는데 바로 담화 맥락 제약으로, 이는 앞에서 이미 예를 들어 설명하였다. 결론적으로 이런 몇 가지 방법을 종합적으로 사용하여야만 'V好N' 구문에서의 '好'의 의미 지향을 확정하거나 배제할 수 있고, 이 구조 자체가 본래 나타내고자 하는 의미를 정확하게 구현해 낼 수 있다.

주요참고문헌

白梅丽(1987)〈现代汉语中"就"和"才"的语义分析〉,《中国语文》第5期.

陈平(1985)〈英汉否定结构对比研究〉,《现代语言学研究》, 重庆出版社.

程工(1995)〈评《题元原型角色与论元选择》,《国外语言学》第3期.

戴耀晶(2000)〈试论现代汉语的否定范畴〉,《语言教学与研究》第3期.

渡边丽玲(1991)〈副词的修饰域与语义指向〉, 北京大学硕士学位论文.

范继淹(1982)〈论介词短语"在+处所"〉,《语言研究》第1期.

方梅(1995)〈汉语对比焦点的句法表现手段〉,《中国语文》第4期.

顾阳(1994)〈论元结构理论介绍〉,《国外语言学》第1期.

顾阳(1996)〈生成语法及词库中动词的一些特性〉,《国外语言学》第3期.

郭锐(1995)〈述结式的配价结构与成分的整合〉,《现代汉语配价语法研究》, 北京大学出版社.

胡树鲜(1985)〈试论某些副词的多项作用点〉,《河北师院学报》第1期.

李小荣(1994)〈对述结式带宾语功能的考察〉,《汉语学习》第5期.

刘宁生(1984)〈句首介词结构"在……"的语义指向〉,《汉语学习》第2期.

陆俭明(1989)〈十年来现代汉语语法研究的理论与方法管见〉,《国外语言学》第2期.

陆俭明(1990a)〈述补结构的复杂性〉,《语言教学与研究》第1期.

陆俭明(1990b)〈"VA了"述补结构语义分析〉,《汉语学习》第1期.

陆俭明(1993)《现代汉语句法论》, 商务印书馆.

陆俭明(1994)《80年代中国语法研究》, 商务印书馆.

陆俭明(1997)〈关于语义指向分析〉,《中国语言学论丛》第1辑, 北京语言文化大学出版社.

陆俭明(2013)《现代汉语语法研究教程》(第四版), 商务印书馆.

陆俭明·马真(1985)《现代汉语虚词散论》, 北京大学出版社.

鲁晓琨(1999)〈多指副词"也"在多项状语中的句法位置〉,《面临新世纪挑战的现代汉语语法研究》, 山东教育出版社.

吕叔湘(1979)《汉语语法分析问题》, 商务印书馆.

吕叔湘(1980)《现代汉语八百词》, 商务印书馆.

吕叔湘(1985)〈肯定·否定·疑问〉,《中国语文》第4期.

马真(1982)〈说"也"〉,《中国语文》第4期.

马真(1983)〈关于"都/全"所总括的对象的位置〉,《汉语学习》第1期.

钱敏汝(1990)〈否定载体"不"的语义—语法考察〉,《中国语文》第1期.

邵敬敏(1987)〈80年代副词研究的新突破〉,《语文导报》第2-3期.

邵敬敏(1990)〈副词在句法结构中的语义指向初探〉,《汉语论丛》, 华东师范大学出版社.
邵敬敏(1991)〈歧义分化方法探讨〉,《语言教学与研究》第1期.
沈家煊(1993)〈"语用否定"考察〉,《中国语文》第5期.
沈家煊(1999)〈"在"字句和"给"字句〉,《中国语文》第2期.
沈阳(1994)《现代汉语空语类研究》, 山东教育出版社.
沈阳(1996)〈汉语句法结构中名词短语部分成分移位现象初探〉,《语言教学与研究》第1期.
沈阳(1997)〈名词短语的多重移位形式及把字句的构造过程与语义解释〉,《中国语文》第6期.
沈阳(1998)〈带方位处所宾语的动词及相關句式〉,《语言学论丛》第20辑, 商务印书馆.
沈阳(1999)〈信息处理中汉语动名语义關系分析的几个层次〉,《语言文字应用》第1期.
沈阳(2001)〈名词短语分裂移位与非直接论元句首成分〉,《语言研究》第3期.
沈阳(2015)〈现代汉语"V+到/在NP"结构的句法构造和相關问题〉,《中国语文》第2期.
沈阳(主编2000)《配价理论与汉语语法研究》, 语文出版社.
沈阳·何元建·顾阳(2001)《生成语法理论与汉语语法研究》, 黑龙江教育出版社.
石毓智(1992)《肯定与否定的对称与不对称现象》, 台北学生书局.
王立弟·顾阳(1999)〈"宾语指向"状语修饰语〉,《面临新世纪挑战的现代汉语语法研究》, 山东教育出版社.
徐杰·李英哲(1993)〈焦点和两个非线性语法范畴: "否定""疑问"〉,《中国语文》第2期.
袁毓林(2000)〈否定式偏正结构的跨维度考察〉,《语法研究和探索(10)》, 商务印书馆.
袁毓林(2002)〈多项副词共现的语序原则及其认知解释〉,《语言学论丛》第26辑, 商务印书馆.
詹卫东(2002)〈范围副词"都"的语义指向分析〉, 第二届肯特岗汉语语言学圆桌会议论文, 新加坡国立大学.
周烈婷(1998)〈现代汉语状态补语的语义指向〉,《语文建设通讯》(香港) 第56期.
周小兵(1991)〈表示限定的"只"和"就"〉,《第3届国际汉语教学讨论会文选》, 北京语言学院出版社.
周小兵(1997)〈表示处所的"在"字结构〉,《中国语言学报》第8期, 北京语言文化大学出版社.
朱德熙(1978)〈"的"字结构和判断句〉,《中国语文》第1-2期.
朱德熙(1980)〈汉语句法中的歧义现象〉,《中国语文》第2期.
朱德熙(1982)《语法讲义》, 商务印书馆.
朱德熙(1990)《语法丛稿》, 上海教育出版社.

제10강

범주 이론과 의미범주 분석

10.1 통사구조 형식이 구현하는 어법의미 유형

의사소통을 위한 도구로서 언어는 반드시 의미를 나타내야 한다. 그런데 언어가 나타내는 의미란 것은 여러 가지 경로로 생성된다. 예컨대 어휘 자체가 가지고 있는 의미(어휘의미)가 있고, 담화맥락이 제공하는 의미(담화의미)가 있고, 추론을 통해 생성되는 의미(추론의미)도 있다. 그리고 언어에서 매우 중요한 또 하나의 의미가 있는데 바로 어법의미다. 어법의미란 일반적으로 어법형식에 의해 생성되는 의미를 가리킨다. 어법의미 중에서도 단어의 형태 변화로부터 나타나는 어법의미를 '단어범주'라고 하며, 구조의 변형으로부터 나타나는 어법의미를 '구범주'라고 한다. 그리고 어법의미를 개괄하여 형성된 주요 유형들을 '어법범주' 또는 '의미범주'라고 한다.

의미범주 가운데 '단어범주'는 주로 형태변화가 있는 언어의 어법의미 유형들을 가리킨다. 예를 들어 체언류와 관련된 범주인 성, 수, 격, 한정, 비한정 등과 용언류와 관련된 범주인 시제, 상, 양태, 인칭 등을 말한다. 중국어는 형태변화가 결여된 언어이므로 단어범주와 관련된 의미가 존재하지 않는 것으로 보인다. 예를 들어 중국어에는 동사와 명사의 인칭 변화와 성 범주가 없다. 그러나 또 다른 상황은 여타 언어에서 단어범주에 속하는 의미가 중국어에서는 단어의 형태 변화를 통해 나타나지 않는 것일 뿐이다. 중국어에는 단어의 형태변화로 나타나는 명사의 격 범주가 없지만, 이와 유사한 행위자주어, 대상목적어, 종속관형어 등의 의미가 주로 허사와 어순 등의 통사형식으로 정해진다. 중국어 용언의 시제, 상, 양태 역시 단어의 형태변화를 통해 드러나는 것이 아니라 동사 뒤에 조사와 방향동사 등을 부가함으로써 나타나는 것이다. 단어범주와 달리 어떠한 통사구조형식으로 생성된 어법의미를 구범주라고 한다. 다른 언어(단어의 형태변화가 있는 언어까지 포함)들 역시 통사구조형식을 통해 생성되는 구범주 의미가 있지만, 다른 언어에서는 단어범주에 속하는 의미가 중국어에서 구범주의 의미로 나타나는 경우가 많다. 그렇기 때문에 의미범주는 중국어에서 매우 중요한 개념이다.

여기에서는 중국어의 의미범주를 다루고자 한다. 주로 구범주에 대해 이야기하고자 하는데, 다른 언어에서는 단어범주에 속하지만 중국어에서는 구범주에 속하는 어법의미들까지 함께 다루고자 한다. 중국어에서 이미 중요한 연구성과를 얻은 의미범주에는 시간범주, 공간범주, 수량범주, 종속범주, 의지범주, 동태범주, 순서범주, 지속범주, 방향범주, 지시범주, 정태범주, 상범주, 정도범주 등이 있다. 아래에서는 우선 의지범주와 순서범주의 예를 통해 무엇이 중국어의 의미범주이며, 의미범주 분석이 언어 연구에서 어떤 역할을 하는지를 살펴보자.

의지는 중국어에서 의식적인 동작행위와 무의식적인 동작행위의 차이를 구별하는 데 사용하는 의미범주다. 예를 들어 아래 예문들은 동일한 동사구조이지만, 어떤 것은 자연스럽고, 어떤 것은 성립하지 않는다. 비교해 보면 다음과 같다.

(1) a_1. 看/我看/看报　　　　a_2. *塌/*房子塌/*塌房子
　　b_1. 看吧/看吗/谁看呢　　　b_2. *塌吧/*塌吗/*哪个塌呢
　　c_1. 马上看/别看/看着　　　c_2. *马上塌/*别塌/*塌着
　　d_1. 看了/我看了/看了份报　　d_2. 塌了/房子塌了/塌了所房子

(1)에서 왼쪽과 오른쪽 동사구의 성립 여부에 차이가 있다는 사실은 중국어의 동사가 어떤 대립적인 어법의미를 지니고 있음을 말해 준다. 이 대립적인 어법의미는 바로 의지(volitional)와 비의지(no-volitional)인데, (1)을 통해 우리는 중국어의 동사가 의지와 비의지라는 두 가지 큰 유형으

로 구분된다는 것을 알 수 있다. (1)의 왼쪽에 쓰인 '看'이나 '听, 说, 写'와 같은 유형의 동사들은 의지동사에 속하는데, 이들은 행위자가 의식적으로 일으키는 동작행위다. 어법적으로 보면, 동작자는 반드시 행위자이고 서술어는 동작행위를 나타내기 때문에 (1)과 같은 문장형식(특히 청유문)에 쓰일 수 있다. 이와 달리 (1)의 오른쪽에 쓰인 '塌'나 '病, 长, 醒'과 같은 유형의 동사들은 비의지동사에 속한다. 이들은 행위자가 의식적으로 일으키는 동작행위가 아니다. 어법적으로 보면, 동작자는 행위자가 아니라 주체이고 서술어도 동작행위가 아니라 변화나 속성에 더 가깝기 때문에 (1a)~(1c)와 같은 문장형식에서는 쓰일 수 없는 것이다. 또한 의지동사와 비의지동사는 모두 (1d)와 같은 구조를 구성할 수는 있지만, ($1d_1$)은 동작행위를 나타내고, ($1d_2$)는 변화를 나타낸다.

의지범주를 이용하면 몇몇 통사구조가 가진 차이점을 분석하는 것도 가능하다. 예를 들어 중국어의 사역구조는 모두 비슷한 의미를 나타내는 것 같지만, 결코 완전히 동일한 의미를 나타내지는 않는다. 사역구조의 사역동사가 의지동사인 경우도 있고, 비의지동사인 경우도 있기 때문이다. 그러므로 이러한 구분에 따른다면, 중국어의 사역구조 역시 의지동사로 구성된 적극적 사역구조와 비의지동사로 구성된 소극적 사역구조로 구분되어야 한다. 적극적 사역구조는 의지동사가 쓰였으므로 주어가 사역행위를 일으키는 행위자 성분이고, 소극적 사역구조는 비의지동사가 쓰였으므로 주어가 사역작용을 야기하는 사물, 즉 원인 성분이다. 비교해 보면 다음과 같다.

(2) a. 发汗/灭火/出车/紧鞋带/端正态度/暖着他 (적극적 사역구조)
b. 腻人/馋人/急人/破财免灾/(潮气)能锈刀子 (소극적 사역구조)

또 다른 예로는 중국어의 동보구조가 있다. 의지동사가 동보구조를 구성하여 나타내는 어법의미를 살펴보면, 같은 유형의 동사가 동일한 구조를 구성해서 나타내는 어법의미이더라도 차이가 있다. 예를 들어 '搬开'

는 동작을 나타내지만, '考上'은 변화를 나타낸다. 이러한 현상이 나타나는 원인은 다음과 같다. 어떤 동사가 원래 의지동사이면, 여기에 방향의미를 나타내는 보어 성분 '开', 시간연속의미를 나타내는 보어 성분 '下去'를 붙여 동보구조를 구성하더라도 전체 구조는 여전히 의지적이다. 반면 어떤 동사가 원래 의지동사라서 동작행위를 나타내지만, 목표에 도달했음을 나타내는 보어 성분 '上', 동작의 결과를 얻었음을 나타내는 보어 성분 '到, 着(zháo)'를 부가할 경우 전체 구조가 비의지적, 즉 변화를 나타내는 것으로 바뀔 수 있다. 비교해 보면 다음과 같다.

(3) a. 拿开/打开/揭开/放开/走开/躲开 (의지동보구조)
b. 说下去/看下去/等下去/住下去/学下去 (의지동보구조)
c. 考大学/看电视/念书/找对象 (의지동보구조)
d. 考上大学了/看上电视了/念上书了/找上对象了 (비의지동보구조)
e. 接到/找到/买到/看到/听到/遇到 (비의지동보구조)
f. 买着/钓着/猜着/抢着/碰着/睡着 (비의지동보구조)

순서 역시 중국어에서 매우 중요한 의미범주다. 중국어에는 명사술어문이라는 것이 있는데, 이는 명사성 성분이 술어로 쓰인 문장이다(부사의 수식을 받을 수 있고 조사 '了'를 부가할 수 있다는 것까지 포함한다). 예를 들면 다음과 같다.

(4) a. 今天都星期六了。 b. 现在已经春天了。
c. 小丽都大姑娘了。 d. 儿子也大学生了。

그러나 중국어의 모든 명사성 성분이 술어로 쓰일 수 있는 것은 아니다. 연구 결과에 따르면 술어로 쓰일 수 있는 명사는 반드시 어떤 과정이나 주기를 나타내는 순서의미를 지녀야 한다. '星期六'를 예로 들면, 한 주는 7일이고 언제나 월요일부터 일요일까지다. '星期六'는 이러한 주기적 순서 안에서의 하루다. '春天'을 살펴보면, 매 해는 사계절이 있고, 이는 늘 봄에서 여름, 여름에서 가을, 가을에서 겨울, 겨울에서 다시 봄이 된다. 그러므로 '春天' 역시 이러한 주기적 순서 안에서의 한 계절이다. '大姑娘'은 어린 소녀에서 점차 성장한 사람이므로 어떤 과정 속에 놓여 있다. '大学生' 또한 먼저 초등학생과 중·고등학생 단계를 거쳐야 하고, 그 후에 대학원생이 될 수도 있으니, 마찬가지로 어떤 과정 내에서의 순서의미를 지니고 있다. 연구자들은 이러한 분석을 통해 순서의미를 지닌 명사만이 직접적으로 술어가 될 수 있다는 규칙을 도출해 낼 수 있었다.

순서에 대한 또 다른 예로는 중국어에서 여러 개의 명사가 조합될 때 일정한 순서에 따라 명사가 배열된다는 것이다. 아래 (5)는 모두 사람을 지칭하는 명사의 조합형식이며, (6)은 처소사나 방위사의 조합형식이다. 왼쪽 예문은 자연스럽지만, 오른쪽 괄호 안의 순서를 바꾼 예문은 성립하지 않는다. 비교해 보면 다음과 같다.

(5) a. 木工刘海 (*刘海木工)　　b. 诗人杜甫 (*杜甫诗人)
　　c. 主席先生 (*先生主席)　　d. 中校团长 (*团长中校)

(6) a. 省会太原 (*太原省会)
　　b. 母校北京大学 (*北京大学母校)
　　c. 北京海淀区中关村 (*中关村海淀区北京)
　　d. 东西南北 (*北南西东, *北西南东, *南西北东)

위 예문에 나타난 명사의 배열순서는 마음대로 정해진 것이 아니다. (5a), (5b)는 직업과 전문분야를 나타내는 명사가 반드시 고유명사 앞에 쓰여야 함을 말해 준다. (5c), (5d)는 지위계급명사가 호칭명사와 직위명사 앞에 있어야 함을 말해 준다. 그리고 (6a), (6b)는 일반장소명사가 고유장소명사 앞에 있어야 하고, (6c)는 범위가 큰 장소를 나타내는 명사가 범위가 작은 장소를 나타내는 명사 앞에 있어야 함을 말해 준다. 가장 흥미로운 경우는 (6d)이다. 생각해 보면 '东西南北' 네 개 방위사 사이에는 앞서 말한 일반과 고유, 큰 범위와 작은 범위라는 차이가 없다. 그럼에도 불구하고 왜 '东西南北, 东南西北, 东西, 南北, 东北, 西北, 东南, 西南'이라고만 말하고, '*北南西东, *北西南东, *北东, *北西, *南东, *南西, *西西, *北北'라고는 말하지 않을까? 이는 사실 东 > 西 > 南 > 北('>'는 순서의 우선을 나타냄)라는 것이 중국어 네 개 방위사가 서로 조합될 때의 배열 순서이기 때문이다. 그리고 이를 통해 알 수 있는 점은 서열이 앞선 방위사가 서열이 뒤인 방위사에 결합할 수는 있지만, 서열이 뒤인 방위사가 서열이 앞선 방위사에 결합할 수는 없다는 것이다.

순서에 관한 또 다른 예로는 관형어-중심어 수식구조가 있다. 관형어-중심어 수식구조에서 여러 개의 관형어가 연이어 쓰일 때에도 일정한 순서가 필요하다. 아래 (7)에서 관형어로 쓰인 것들은 모두 형용사이거나 명사(중간에 '的'가 없음)이다. 그러나 왼쪽 예문처럼 관형어가 일정 순서로 배열된 것들은 자연스럽고, 순서가 뒤바뀐 괄호 안의 예문들은 성립하지 않는다. 비교해 보면 다음과 같다.

(7) a. 大黄狗 (*黄大狗)
b. 旧小木盆 (*小木旧盆)
c. 中等师范学校 (*师范中等学校)
d. 古代哲学思想 (*哲学古代思想)
e. 新版袖珍英汉词典 (*英汉袖珍新版词典)
f. 大号塑料防风雨衣 (*防风塑料大号雨衣)

연구자들은 위와 같이 관형어가 연이어 사용될 때 시간 > 공간 > 색깔 > 재료의 순서에 따라 배열된다는 사실을 발견했다. 그리고 이러한 관형어의 배열 규칙을 보다 더 간단한 규칙으로 정리할 수도 있다는 사실을 알아냈는데, 바로 관형어가 나열될 때 일반적으로 대립항이 적은 관형어가 대립항이 많은 관형어의 앞에 놓인다는 규칙이다. (7a)~(7c)를 예로 들면, 시간의 모임을 나타내는 '新, 旧'는 두 개 항의 대립이고, 공간의 형체를 나타내는 '大, 中, 小'는 세 개 항의 대립이고, 색깔을 나타내는 '红, 黄, 白, 黑, 蓝, 绿……'의 대립항은 열 개 정도이고, 재료나 원료를 나타내는 '木, 铁, 铝, 铜, 塑料, 玻璃, 水泥……'의 대립항은 훨씬 더 많다. 그러므로 위와 같은 순서에 따라 관형어를 배열해야 한다는 것이다.

실사가 연이어 쓰일 때 일정한 순서가 필요한 것처럼 어기사와 같은 허사가 연이어 쓰일 때에도 일정한 순서가 있어야 한다. 연구자들은 중국어의 어기사가 세 그룹으로 나누어질 수 있다는 것을 알아냈는데, A그룹은 '了, 呢$_1$, 来着'와 같이 시태를 나타내는 어기사이고, B그룹은 '呢$_2$, 吗, 吧$_1$, 吧$_2$'와 같이 의문이나 청원을 나타내는 어기사이고, C그룹은 '啊, 呕, 呢$_3$' 등과 같이 말하는 이의 태도나 감정을 나타내는 어기사다. 이 세 그룹의 어기사는 문장에 출현할 때의 순서가 A > B > C로 고정되어 있다. 예를 들면 다음과 같다.

(8) a$_1$. 下雨了吗? / a$_2$. 轮到你了吧$_1$? (A>B)
b$_1$. 不早啦(=了 + 啊)! / b$_2$. 还小哪(=呢$_1$ + 啊) ! (A>C)
c$_1$. 走啵(=吧$_2$ + 呕)! / c$_2$. 好好说呗(=吧$_1$ + 哎) ! (B>C)
d. 已经有了婆家了呗(=吧$_1$ + 哎)! (A>B>C)

어기사가 연이어 쓰이는 순서는 의미근접의 순서로 해석할 수 있다. A그룹 어기사는 시태를 나타내는데, 이는 동사구와 밀접하게 관련되어 있다. 그러므로 동사구 바로 뒤쪽에 위치한다. B그룹 어기사는 의문과 청원을 나타내는데, 의문문과 청원문은 모두 진술문에서 전환되어 나온 것으로 볼 수 있다. 그러므로 의문과 청원을 나타내는 어기사는 문장의 보다 바깥 층위에 위치하며, 당연히 시태를 나타내는 어기사보다 뒤쪽에 위치해야 한다. C그룹 어기사는 말하는 이의 태도나 감정을 나타내는데, 태도와 감정은 모두 진술문 및 진술문에서 전환되어 나온 의문문과 청원문 위에 부가되는 것이다. 이는 B그룹보다 더 바깥에 속하는 성분이므로 C그룹 어기사가 가장 뒤에 위치해야 한다.

지금까지 간단한 예를 통해 의미범주가 무엇인지를 알아보았다. 다음으로는 중국어에서 가장 중요한 의미범주인 시간범주, 공간(장소)범주, 수량범주, 종속범주에 대해 잠시 이야기해 보자.

10.2 중국어의 시간범주 및 그 어법적 분석

여기서 말하는 시간이란 상당히 넓은 어법의미로서 어법형식상 시간명사('现在'), 시간부사('马上'), 시태조사('了'), 시태어기사('着呢'), 시간양사('一会儿'), 단어의 중첩('天天, 说说, 锻炼锻炼') 등과 관계가 있다. 그리고 당연한 이야기지만 현실에서는 모든 동작행위는 일정한 시간 속에서 발생하므로 어떠한 문장(특히 진술문)이라도 반드시 일정한 시간의미를 나타내야 한다. 따라서 시간의미는 술어동사 및 전체 문장과 한층 더 긴밀한 관계를 맺고 있다. 시간범주에는 크게 두 가지 유형이 있다. 첫째는 명사(객관적인 존재로서의 시간)와 관계된 시간의미이고, 둘째는 동사(동작행위가 발생하는 시간)와 관계된 시간의미다.

우선 명사와 관계된 시간의미를 살펴보자. 언어에서 시간을 표현하는 가장 직접적인 수단은 시간명사(명사성 구 포함)를 사용하는 것이다. 이를 간단하게 시간사라고도 한다. 시간사는 시점(시각) 시간사와 시구간(시간의 길이) 시간사로 나눌 수 있다. 시점 시간사는 고정적이고 구체적인 시간을 나타낸다. 시구간 시간사는 경과가 있고 어떤 흐름이나 과정이 있는 시간을 나타낸다. 예를 들면 다음과 같다.

(9) a_1. 两点钟 → 三点钟 → 四点钟 　a_2. 刚才, 这会儿 (시점/시각)
　　b_1. 两小时 〈 三小时 〈 四点钟 　b_2. 片刻, 一会儿 (시구간/시간의 길이)

시점(시각)과 시구간(시간의 길이)을 구별할 때는 반드시 주의해야 할 재미있는 현상들이 있다. 예를 들면 다음과 같다.

(10) a_1. 讨论了三个晚上　　a_2. 讨论到第三个晚上
b_1. 临睡前吃一片药　　b_2. 解放前他生活很苦
c_1. 从二月到三月　　c_2. 从读书到工作

(11) a. 上星期休息了两天　　b. 下午只工作了两小时
c. 去年病了五个月　　d. 刚才睡了一刻钟

(10a)에는 모두 '三个晚上'이 포함되어 있다. 그러나 왼쪽은 시구간(시간의 길이)를 나타내고, 오른쪽은 시점(시각)을 나타낸다. (10b)는 모두 'X前' 형식이지만, 왼쪽은 시점(시각)을 나타내고, 오른쪽은 시구간(시간이 길이)을 나타낸다. (10c)는 모두 '从X到Y' 구문인데, 'X'와 'Y'성분은 시간사일 수도 있고, 시간사가 아닐 수도 있다. 그러나 전체 명사구는 모두 시구간(시간의 길이)을 나타낸다. (11)의 경우, 주어는 모두 시점(시각) 시간사이고, 목적어는 모두 시구간(시간의 길이) 시간사다. 그런데 여기서 목적어의 시간 길이는 주어의 시간 길이보다 짧아야 한다. 이 말은 시점이 가리키는 시간은 (범위가) 클 수도 있고 작을 수도 있으며, 클 때는 비교적 긴 시간 단계를 가리킬 수도 있고, 작을 때는 한순간을 가리킬 수도 있다는 뜻이다. 그러니 비록 (11)의 목적어가 시구간 시간사이더라도 그 길이는 주어인 시점시간사보다 짧거나 같아야 하며, 만약 시점 시간사보다 길어지면 문장이 의미적으로 성립하지 못한다.

시간사의 분류에 대해서는 또 하나의 흥미로운 관점이 있다. 예를 들면, 똑같이 시간사와 시간사가 조합되었는데 오히려 서로 다른 구조 관계를 형성하기도 한다. 비교해 보면 다음과 같다.

(12) a. 今天星期一。/ 现在六点钟。　　(주술구조)

b. 明天中秋节。/ 后天星期三。 (동격구조)

c. 今年春节 / 明天上午10点 (수식구조)

d. 昨天、今天和明天 / 星期一、星期二 (연합구조)

시간사가 연이어 쓰이는 규칙을 분석할 때 어떤 현상의 경우에는 시간사(주로 시점 시간사)에 대한 또 다른 분류 방식을 생각해 볼 필요가 있다. 다시 말해 위의 경우 시간사가 배열되는 순서에 주의하여 이에 맞는 분류 방식을 생각해 보고, 이를 다시 현상에 적용하여 분석해야 한다는 것이다. 다음 (13)을 살펴보자.

(13)

- 상대시간사
- 절대시간사 (순환적)
  - 주기가 비연속적인 시간사
  - 주기가 연속적인 시간사
    - 구성요소가 비연속적인 시간사
    - 구성요소가 연속적인 시간사

(13)의 상대시간사는 고정적이지 않고 변동이 있으며 시간의 추이에 따라 바뀌는 시간을 가리키는 시간사이다. 예컨대 '今天'의 경우, 1월 1일에는 1월 1일을 가리키고, 1월 12일에는 1월 12일을 가리킨다. 상대시간사에 속하는 시간사로는 '过去, 现在, 将来, 古代, 当代, 去年, 今年, 明年, 前天, 昨天, 今天, 明天, 后天' 등이 있다. 절대시간사는 고정적인 것을 가리키는 시간사이며 순환적 계열을 구성한다. 예를 들어 '1月'는 올해에도 '1月'가 있고, 한 해가 지나도 '1月'가 있으며, 또 한 해가 지나도 여전히 '1月'가 있다. 절대시간사는 순환 주기가 연속적인지 아닌지에 따라 다시 주기가 비연속적인 것과 주기가 연속적인 것으로 나누어진다. 주기가

비연속적인 시간사에는 '初伏, 中伏, 末伏', '一九, 二九, 三九, 四九……', '一更, 二更, 三更……' 등이 있는데, 이들은 하나의 주기가 끝나면 곧장 또 하나의 주기로 진입하지 않고 중간에 일정한 시간을 두고 나서야 다시 새로운 주기를 시작하기 때문이다. 주기가 연속적인 시간사는 각 구성요소가 연속적인지 아닌지에 따라 다시 구성요소가 비연속적인 것과 구성요소가 연속적인 것으로 나누어진다. 구성요소가 비연속적인 시간사에는 '元旦, 春节, 端午节, 中秋节, 圣诞节, 立春, 雨水, 冬至, 生日' 등이 있으며, 구성요소가 연속적인 시간사에는 '春天, 夏天, 秋天, 冬天', '1月, 2月, 3月……12月', '上旬, 中旬, 下旬', '星期一, 星期二……星期天', '早晨, 上午, 中午, 下午, 晚上', '0点, 1点, 2点……24点' 등이 있다.

상술한 분류를 이용하면 (12a)처럼 시간사가 연이어 쓰여 주술구조를 구성할 때와 (12b)처럼 시간사가 연이어 쓰여 동격구조를 구성할 때 다음과 같은 규칙이 있음을 파악할 수 있다. ①상대시간사와 절대시간사가 있으면, 상대시간사를 앞에 놓아야 한다. ②모두 절대시간사이면, 주기가 연속적인 시간사가 앞에 온다. ③모두 주기가 연속적인 시간사이면, 기본적으로 서로 앞뒤 위치가 자유롭지만, 그중에서도 구성요소가 연속적인 시간사가 앞에 오는 경우가 많다. (12c)처럼 시간사가 수식구조를 구성할 때와 (12d)처럼 연합구조를 구성할 때의 규칙은 비교적 간단하다. 수식구조는 언제나 시간의 범위가 큰 것이 앞에 오고, 시간의 범위가 작은 것이 뒤에 위치한다. 즉, 앞쪽 시간이 뒤쪽 시간을 포함해야 하며, 그렇기 때문에 두 시간사 사이에는 '的'를 추가할 수 있다. 연합구조는 이를 구성하는 시간사가 반드시 동일한 계열에 속해야 하며, 시간이 흐르는 순서에 따라 배열된다. 그러므로 연합구조를 구성하는 시간사 사이에는 '和(或, 还是)' 등을 추가할 수도 있다.

다음으로 동사와 관계 있는 시간의미를 살펴보자. 동사와 관계된 시간의미에는 우선 동작 시간에 발생하는 선후순서의미가 있다. 예를 들어 중국어 동사성 구조에서는 두 개 이상의 동작 행위가 포함되면 전체 구조의 어순이 시간순서원칙에 따라 정해진다. 즉, 시간상 먼저 발생한 동작행위가 앞에 오고, 후에 발생한 동작행위는 뒤에 위치한다. 예를 들면 다음과 같다.

(14) a. 上街买菜/笑着说/来玩儿 (연속술어구조)
b. 请他来/命令部队转移 (겸어구조)
c. 看懂/打断/走进来/拉上去 (동보구조)
d. 满意地点点头/警惕地看着他 (상황어-중심어 수식구조)
e. 游泳增大了肺活量/抽烟有害身体 (주술구조)
f. 研究决定/调查研究/贯彻执行 (연합구조)

중국어 동사구조에서 동작이 발생하는 시간 순서를 자세히 살펴보면 엇비슷해 보이는 구조 간의 어법적·의미적 차이를 해석하는 것도 가능하다. 아래 (15a)의 두 문장은 서로 의미가 다른데 이러한 차이는 동작이 발생하는 시간과 직접적으로 관련 있다. 앞 문장은 새끼 원숭이가 먼저 '뛰고(跳)'나서야 '말 등 위에(在马背上)'에 위치한 것이고, 뒤 문장은 먼저 '말 등 위에(在马背上)' 있고 나서 '뛴(跳)' 것이다. (15b)의 둘은 자연스러운 경우와 성립하지 않는 경우가 반대로 되어 있는데, 그 원인은 바로 각 동작이 발생하는 시간과 사물이 존재하는 시간의 선후관계가 다르다는 데 있다. '글자(字)'라는 것은 '쓰는(写)' 동작 후에야 칠판 위에 존재하고, 반대로 '지우는(擦)' 동작 전에 원래부터 칠판 위에 존재하고 있다. 비교해 보면 다음과 같다.

(15) a_1. 小猴子跳在马背上。
a_2. 小猴子在马背上跳。
b_1. 在黑板上写字/*在黑板上擦字
b_2. *把黑板上的字写了/把黑板上的字擦了

동사의 시간에 관련된 또 다른 의미로는 술어동사의 시상, 다시 말해 동작의 시작, 진행, 완성 등에 관한 시간상의 의미가 있다. 더 자세히 살펴보면 현대중국어에서 시상을 나타내는 전형적인 표지는 '了, 着, 过'이며, 이들은 각각 완정상, 진행상, 경험상을 표시한다. '起来'와 '下去' 역시 상 표지로 보기도 하는데, 각각 시작상과 지속상을 표시한다. 그 밖에 '来着'와 특정한 조건하에 사용된 '的'도 실현상(已然体)을 표시할 수 있다. 예를 들면 다음과 같다.

(16) a. (已经)谈了 / (正在)谈着 / (曾经)谈过 (완성, 진행, 경험)
b. (开始)谈起来 / (继续)谈下去 (시작, 지속)
c. 你刚刚说什么来着 / 他什么时候进的城 (실현)

동사와 관계된 시간 의미에서 더 중요한 것은 동사 자체가 나타내는 시간적 특징이다. 앞서 제4강에서도 설명했는데, 아래 (17)의 세 문장은 모두 동사 뒤에 시구간(시간의 길이)을 나타내는 시량사 '三天'이 붙어 있지만 의미는 모두 다르다. 그 이유는 동사 자체가 가지고 있는 시간의미의 특징이 다르기 때문이다. 예를 들면 다음과 같다.

(17) a. 死了三天了。(죽고 나서 사흘이 경과했다: [+완성]/[-지속])
b. 等了三天了。(기다리는 동작이 사흘간 지속되었다: [+지속]/[-완성])
c. 看了三天了。(본 후에 사흘이 지났다: [+완성],
또는 보는 동작이 사흘간 지속되었다: [+지속])

어떤 어법 연구자들은 동작이 시간축에서 나타내는 시간 과정의 성질에 근거하여 동사를 시간 특징으로 분류할 수 있다고 보았다. 즉, 어떤 동작이 시간축 상에서 시작점, 지속구간, 종결점 가운데 무엇을 나타내고 무엇을 포함하는지에 따라 해당 동작을 나타내는 동사를 분류할 수 있다는 것이다. 예를 들어 '病了'는 시작을 나타내므로 시간축상의 시작점이 있고 지속구간도 있다. 그리고 '到了'는 종결을 나타내므로 종결점만 있다. '吃

了'는 시작을 나타낼 수도 있고, 종결을 나타낼 수도 있다. 그러므로 시작점과 지속구간이 있고 종결점이 있다. 아래 (18)은 동사 뒤에 '了'를 붙인 예문을 통해 동사의 시간특성 차이를 살펴본 표이다. 비교해 보면 다음과 같다.

(18) 동사의 시간특성 ('V+了'에서 I는 시작점 있음을 나타내고, F는 종결점 있음을 나타냄)

동사 분류	시간특성 (시간축)	도식	V+了	동사의 예	동사 성질
Va	무한(无限)	→	-	是, 等于, 以为, 作为	상태
Vb	전방한계(前限)	→	+ (I)	认识, 知道, 熟悉, 当心	↓
Vc	양방한계(双限)	• → •	+ (I, F)	坐, 住, 爱, 病, 醉, 依靠	변화
Vd	후방한계(后限)	→ •	+ (F)	离开, 灭亡, 消除, 实现	↓
Ve	점, 순간(点, 瞬间)	•	+	来, 忘, 看见, 收到, 开始	동작

(18)에 따르면, 동사의 시간 과정 특징으로부터 전체 동사를 시작점과 종결점이 없는 동사, 시작점이 있고 종결점이 없는 동사, 시작점과 종결점이 있는 동사, 시작점이 없고 종결점이 있는 동사, 점 동사라는 다섯 가지 유형으로 나눌 수 있다. Va 유형의 무한동사는 '是, 等于, 以为' 등과 같은 동사인데, 일반적으로 뒤쪽에 '了'를 붙일 수 없다(예: 我是(*了)大学生). 그밖에 다른 유형의 동사들은 모두 뒤쪽에 '了'를 붙일 수 있지만, 각각의 시간 특징은 서로 다르다. Vb 유형의 전방한계동사는 '认识, 知道' 등과 같은 동사이며(예: 认识了错误), 이러한 유형의 동사는 시간상 시작점이 있고 종결점이 없는 동사에 속한다. Vc 유형의 양방한계동사는 '病, 等, 吃' 등의 동사이며(예: 病了, 醉了), 이러한 동사는 시작점이 있고 지속구간이 있으며 종결점도 있는 동사에 속한다. Vd 유형의 후방한계동사는 '产生, 灭亡' 등의 동사이며(예: 反动政权灭亡了), 이러한 동사는 시작점이 없고 종결점만

있는 동사에 속한다. Ve 유형의 점동사 또는 순간동사는 '忘, 看见' 등과 같은 동사이며(예: 我忘了), 이러한 유형은 동사의 시작점이 곧 종결점이기도 하다. 그리고 이러한 분류로부터 또 하나의 사실을 알 수 있는데, (18)과 같이 Va~Ve 유형이 각각 상태의미를 나타내는 동사, 변화의미를 나타내는 동사, 동작의미를 나타내는 동사인 이유는 바로 동사의 시간 과정 특징이 다르기 때문이라는 것이다. 상태의미를 나타내는 동사-변화의미를 나타내는 동사-동작의미를 나타내는 동사는 동사의 시간과정 특징과 마찬가지로 연속적인 특징을 보이며, 동사 시간과정 특징의 연속성과 정비례를 이루고 있다.

동사의 시간과정 특징을 살펴보고 분류 체계를 세웠으니 이를 이용해 (17)의 세 문장 간의 차이를 해석할 수도 있다. '死了三天了'는 '死'라는 동사가 Ve 유형인 점(순간) 동사에 속하는 것과 관련이 있고, '等了三天了'는 '等'이 Vc 유형인 시작점과 종결점이 있는 양방한계동사에 속하는 것과 관련이 있다. 그리고 '看了三天了'가 두 가지 의미를 지니는 것은 '看'이 Ve 유형인 점(순간)동사에 속할 뿐만 아니라 Vc 유형인 양방한계동사에도 속하기 때문이다.

이 밖에 또 다른 예를 살펴보면, 중국어의 몇몇 동사구조는 현실에서 발생하는 상황을 나타내려할 때 '了, 着, 过, 正在, 呢' 등 시간을 나타내는 성분을 붙여야 한다. 만약 이러한 성분을 첨가하지 않으면 아래 (19)처럼 비현실 상황밖에 나타낼 수 없다(청원, 바람, 계획, 습관, 법칙 등). 그러나 어떤 구조들은 (20)과 같이 반드시 시간을 나타내는 성분을 첨가하지 않아도 현실 상황을 나타낼 수 있고, 또 어떤 구조들은 (21)처럼 시간을 나타내는 성분을 붙이든 안 붙이든지에 관계없이 모두 현실 상황을 나타낼 수가 있다. 비교해 보면 다음과 같다.

(19) a_1. 他抽着烟呢。　　a_2. 他抽烟。　(습관을 나타냄)
b_1. 他看电视呢。　　b_2. 他看电视。(바람 또는 계획을 나타냄)
c_1. 我去过上海。　　c_2. 我去上海。(바람 또는 계획을 나타냄)

d_1. 猫在吃老鼠。　　　　d_2. 猫吃老鼠。(법칙을 나타냄)

(20) a. 他姓王。　　　　b. 小刘是大学生。
c. 我认识他。　　　　d. 他喜欢猫。

(21) a_1. 他看见一个人。　　　　a_2. 他看见了一个人。
b_1. 代表团昨天到达北京。　　b_2. 代表团昨天到达了北京。

이러한 현상을 해석할 때에도 마찬가지로 동사의 시간과정 특징을 따져보아야 한다. 다시 표(18)을 보면, '了'를 붙여 동작의 종료를 나타낼 수 있는지에 따라 다시 동사를 두 가지 큰 유형으로 구분할 수 있다. 첫 번째 유형은 정태동사다. 정태동사에는 무한동사(Va)와 전방한계동사(Vb)가 포함된다. 이러한 유형의 동사는 '了'를 못 붙이든지, 아니면 '了'를 붙여 동작, 상태의 시작만을 나타낼 수 있든지 둘 중 하나다. 두 번째 유형은 동태동사다. 동태동사에는 양방한계동사(Vc), 후방한계동사(Vd), 점동사(Ve)가 포함된다. 이 유형의 동사는 '了'를 붙이면 동작의 종료를 나타낼 수 있다. 이제 다시 (19)~(21)을 살펴보면 다음과 같은 사실을 발견할 수 있다. (19)의 술어동사는 동태동사이므로 반드시 시간성분을 첨가해야 현실 상황을 나타낼 수 있다. 만약 이러한 시간성분을 첨가하지 않으면 비현실 상황만을 나타낸다. (20)은 정태동사이므로 시간성분을 첨가하든지 첨가하지 않든지 모두 현실 상황을 나타낼 수 있다. (21)은 술어동사가 동태적임에도 시간성분을 첨가하든지 않든지 모두 현실 상황을 나타낼 수 있는데, 이는 (21)에 쓰인 동태동사가 현실 상황만 나타낼 수 있는 종류이기 때문이다.

10.3 중국어의 장소범주 및 그 어법적 분석

공간(장소)은 의지나 시간과 마찬가지로 중국어에서 중요한 어법의미다. 공간(장소)범주는 어법형식상으로 방위장소명사(桌子上)와 시작점, 종결점, 고정점을 나타내는 개사(从, 到, 在) 등의 어법성분과 밀접한 관련성을 지니고 있다. 동시에 현실 속 어떠한 동작행위라도 모두 일정한 공간이나 장소 안에서 발생하기 때문에 모든 문장(특히 진술문)은 반드시 사건이 발생한 지점, 인물과 사물이 존재하는 지점, 운동의 시작점과 종결점 등을 비롯한 각종 장소의미를 나타내야 하거나 또는 이러한 장소의미를 나타낼 수 있다. 그러므로 공간(장소)의미는 술어동사 및 전체 문장과 한층 더 긴밀한 관계를 지니고 있다. 공간(장소)범주는 주요 분류상 두 가지로 나눌 수 있는데, 첫째는 명사(장소 자체로서의 공간)와 관련된 공간장소의미이고, 둘째는 동사(동작과 관련된 공간)와 관련된 공간장소의미다.

먼저 명사와 관계 있는 공간(장소)의미를 살펴보자. 공간장소의미를 나타내기 위해서는 당연히 공간장소의미를 나타내는 명사가 필요한데, 이러한 명사는 처소사라고 불린다. 처소사는 이름 그대로 장소를 나타내는 단어나 구다. 그러나 중국어의 처소사 가운데 어떤 처소사들은 항상 장소만을 전문적으로 나타내지는 않는 반면 어떤 처소사들은 오로지 장소만을 전문적으로 나타낸다. 비교해 보면 다음과 같다.

(22) a. 来中国/去公园/进坑道/出国境/上楼梯/下基层/回家乡
b. 逛商店/挤汽车/跑江湖/吃馆子/翻箱子/洗盆塘/看大门
c. 走进教室(*走教室)/逃出牢房(*逃牢房)/跳上窗台(*跳窗台)/拉下水(*拉水)/拿回宿舍(*拿宿舍)

(23) 躺床上(*躺床)/蹲路边(*蹲路)/翻沟里(*翻沟)/掉地上(*掉地)/戴头上(*戴头)/咽肚子里(*咽肚子)/放桌子上(*放桌子)/扔筐里(*扔筐)

두 그룹의 예문 가운데 (22a)는 방향동사가 장소명사목적어를 가지는 경우이고, (22b)는 동작동사가 장소명사목적어를 가지는 경우이며, (22c)는 동작동사에 방향동사를 더해 구성한 동보구가 장소명사목적어를 가진 경우다(술어동사가 직접적으로 장소명사목적어를 가질 수 없다). 그런데 (22a)~(22c)에서 장소를 나타내는 목적어는 의미상 본래 전문적으로 장소를 나타내는 것들이 아니다. (22a)~(22c)와 같은 예문 안에서만(즉 특정 동사 뒤에서만) 장소의미를 갖기 때문에 이들은 넓은 의미의 처소사다. 반면 (23)의 경우는 (22)와 다른데, 첫째로 동사의 지배관계에서 볼 때 이들은 일반적인 장소명사목적어를 가질 수 없다. 둘째로 목적어를 살펴보면 (23)의 목적어는 일반적으로 방위사를 뺄 수 없다. 즉, 반드시 방위사구를 구성해야만 목적어가 될 수 있다. 셋째로 (23)에서 목적어를 담당하는 방위사구는 의미상 오직 장소만 나타낼 수 있는 명사성 성분이다. 그러므로 이런 유형의 장소목적어로 쓰인 방위사구는 좁은 의미의 처소사다.

처소사 자체가 도대체 어느 장소를 나타내는지는 꽤나 생각해 볼 만한 문제다. '屋子里'가 '屋子的里面(방 안)'을 가리키고, '床下'가 '床的下面(침대 밑)'을 가리키는 것처럼 표면적으로 볼 때 처소사가 가리키는 바는 매우 단순하다. 그러나 때로는 처소사가 어디를 가리키는지 정확히 이해하기 어려운 경우가 있다. 예를 들어 '火车上'은 '车厢里(차량 안)'로 이해될 수도 있고, '车顶上(열차 지붕 위)'으로 이해될 수도 있다. 그리고 '城墙上(插着红旗)'은 성벽 꼭대기를 가리키는데, '城墙上(贴着标语)'은 성벽의 벽면을 가리키며, '城墙上(悬挂着气球)'은 성벽 상공을 가리킨다. 또한 똑같은 축구장에서 축구 경기를 한다고 할 때 '球场里(怎么样)'라고 할 수도 있고, '球场上(怎么样)'이라고 할 수도 있다. 이처럼 중국어에서 처소사가 나타내는 공간은 형상과 방향이라는 두 가지 측면에서 살펴볼 수 있다.

형상은 어떤 물체가 점유하고 있는 공간의 형태로부터 드러나는 공간의 특징을 가리킨다. 이러한 공간은 주로 방위사구(NP+F)에서 방위사 F를 확인값으로 삼아 명사 NP가 지닌 공간적 성질을 확정하는데, 간단히 말해 F를 통해 NP를 확인하는 것이다.

어떤 관점에서 보면 물체가 점유하는 공간범위의 형상은 기하학의 도형과 마찬가지로 점, 선, 면, 입체의 구분이 있다. 비록 중국어의 방위사는 물체의 형상을 확인할 때 그 역할이 엄격하게 구분되어 있지는 않지만, 다시 말해 어떤 한 방위사가 정확히 어떤 한 가지 모습을 나타내는 등 방위사와 형태 간의 완전한 일대일 대응관계는 존재하지 않지만, 물체의 이러한 공간범위 형상이란 것은 어찌 되었든 여러 방위사 F(그리고 관련 동사)의 성질을 빌려 확정되어야 한다. 예를 들면 다음과 같다.

(24) a_1. 城墙上插着一面红旗。 a_2. 院子里有一棵大槐树。 (점 형상)
b_1. 端线边树立着广告牌。 b_2. 小河岸边种满了杨柳。 (선 형상)
c_1. 地板上铺着羊毛地毯。 c_2. 黑板上写着一行大字。 (면 형상)
d_1. 箱子里边装的是衣服。 d_2. 房间里头摆满了家具。 (입체 형상)

또 다른 관점에서는 다음과 같이 볼 수도 있다. '内, 里, 中' 등의 방위사는 주로 물체가 어떤 공간범위의 안에 있음을 나타므로 이러한 방위사로 나타내는 형상은 '내형상'이라고 한다. 그리고 '上, 下' 등의 방위사는 주로 물체가 어떤 공간범위의 겉면에 있음을 나타내므로 이러한 형상은 '상형상'이라고 한다. 또한 '前, 后, 左, 右, 东, 西, 南, 北, 外' 등의 방위사는 주로 물체가 어떤 공간범위의 바깥에 있음을 나타내기 때문에 이러한 형상은 '외형상'이라고 한다. 예를 들면 다음과 같다.

(25) a_1. 箱子里边装的是衣服。 a_2. 瓶子中装的是杀虫剂。 (내형상)
b_1. 桌子上放了不少杂物。 b_2. 床底下塞满了旧杂志。 (상형상)
c_1. 屋子旁边有一棵枣树。 c_2. 大楼前边有一个花坛。 (외형상)

방향은 어떤 물체가 마주하는 방향에서 드러나는 공간의 특징을 가리킨다. 이러한 공간은 주로 방위사구(NP+F)에서 명사 NP를 참조점 삼아 방위사 F가 나타내는 공간적 성질을 확정한다. 간단히 말해 NP를 통해 F를 확인하는 것이다. 중국어 방위사구에는 일반적으로 구체적인 물체 또는 환경을 나타내는 명사가 출현해야 하는데, 이 명사가 바로 방향을 확정하는 참조점인 것이다. 만약 이러한 명사가 출현하지 않고 방위사만 말할 경우 화자나 청자 자체를 방향을 확정하기 위한 참조점으로 삼거나, 말하는 환경을 참조점으로 삼는다. 아래 (26)은 구체적인 참조점이 주어짐으로써 방향을 확인한 예문이고, (27)은 화자나 청자 또는 발화 시의 구체적인 환경을 참조점 삼아 방향을 확인한 예문이다. 비교해 보면 다음과 같다.

(26) a_1. 房子东边有棵树　　a_2. 电影院在邮局的南边。
b_1. 往屋子里面走。　　b_2. 向公路旁边散开。
c_1. 请你坐到小王的前边。　　c_2. 把书放在桌子上。

(27) a_1. 东边有棵大槐树。　　a_2. 大光明电影院在南边。
b_1. 往里面走。　　b_2. 往两边让让。
c_1. 向前走再往左拐。　　c_2. 同志们, 向前冲啊！

위 예문에서는 참조점과 방향이 모두 분명히 드러나므로 적어도 오해가 발생하지는 않을 것이다. 그런데 사실 위 예문에 쓰인 방향 가운데 '前, 后, 左, 右'는 몇 가지 문제를 안고 있다. 첫째로 참조점으로 쓰이는 물체 가운데 어떤 물체는 그 자체에 명확한 전후좌우 방향이 없다는 것이다. 둘째로 어떤 경우에는 몇몇 참조점의 전후좌우 방향이 화자의 시선에서 볼 때 일치하지 않을 수 있다는 것이다. 먼저 첫 번째 경우를 살펴보면, '축구공(足球), 백지(白纸), 원탁(圆桌), 유리잔(玻璃杯)' 등과 같은 물체는 명확한 전후좌우의 방향이 없으며, 특히 다른 방향은 차치하더라도 좌우 방향을 구별할 방도가 없다. '足球前, 杯子左边'만 보아도 대개는 어느 방향을 가리키는지를 알 수 없다. 두 번째를 살펴보면, 설령 어떤 물체가 방향을 가진다고 하더라도 사람들이 전후좌우라고 말하며 가리키는 방향이 항상 서로 일치하지는 않는다. 예를 들어 누군가 리모컨을 들고 텔레비전을 조작하는 상황을 가정해 보자. 그가 '리모컨 앞(遥控器前)'이라고 말하면 이는 일반적으로 사람의 신체가 향하는 방향을 가리키는 것이다(리모컨을 손에 들고 있기 때문). 그러나 '텔레비전 앞(电视机前)'이라고 말하면 이는 사람의 신체와 마주보는 방향을 가리키는 것이다. 그리고 이처럼 둘의 전후 방향이 반대이면, 좌우 방향 역시 서로 반대가 될 것이다. 그러면 사람은 어떻게 물체의 전후좌우를 인식할까? 연구 결과, 인간이 물체의 전후좌우를 인식하는 데에는 두 가지 결정 요소가 있음을 발견했다. 하나는 인간과 물체가 전형적인 위치에서 상호작용하는 패턴이다. 예를 들어, 사람과 의자의 전형적인 위치는 '사람이 의자 위에 앉은 것(人坐在椅子上)'이고, 사람과 거울의 전형적인 위치는 '매끄럽고 비치는 쪽을 마주보는 방향(面对光滑可鉴的一面)'이다. 이렇듯 인간은 점차 자신의 전후좌우 방위를 전형적인 위치에서 상호작용하는 물체 위에 투사함으로써 물체의 전후좌우에 대한 인식을 형성한다. 여기서 상호작용의 패턴에도 종류가 있는데, 순방향 상호작용 패턴은 사람이 자신의 전후좌우 방위를 순방향으로 물체 위에 투사하고, 이로써 인간 자신의 방향과 물체의 방향이 완전히 일치하게 하는 것이다. '상의(上衣), 바지(裤子), 소파(沙发)' 등은 사람이 이들 물체의 내부 공간에 들어가 해당 물체의 전후좌우 방향을 확정하게 되고, '리모컨(遥控器), 카메라(照相机), 자동소총(冲锋枪)' 등은 사람이 이들 물체를 가지고 있을 때 가리키는 방향에 따라 해당 물체의 전후좌우 방향을 확정하게 된다. 대면 상호작용 패턴은 사람이 자신의 전후좌우 방위를 물체에 투사할 때 자신과 마주보는 방향으로 투사하며, 그 결과 자신의 방향과 물체의 방향이 완전히 반대가 되는 경우를 말한다. '책상(写字台), 거울(镜子), 라디오(收音机), 묘비(墓碑)' 등은 바로 이러한 방식으로 전후좌우 방향이 정해진 것이다. 인간이 물체의 전후좌우를 인식하는 데 있어서 또 하나의 결정 요소는 바로 물체 자신의 특성이다. 몇몇 물체의 전후좌우 방향은 인간과의 상호작용 관계가 없으며 주로 물체 자신의 특성에 따라 결정된다. 이러한 물체 가운데 '곰(狗熊), 인형(玩具娃娃)'처럼 생명이 있는 물체나 인간과 형체가 닮은 물체들은 일반적으로 주요 감각기관(눈, 코, 입 등)이 집중되어 있는 쪽을 앞이라 하고, 반대 방향을 뒤라고 한다. 그리고 '자동차(汽车), 자전거(自行车), 탄환(子弹), 강(河流)' 등과 같이 무생물이지만 운동 상태에 있는 물체들은 일반적으로 움직임이 나아가는 방향을 앞이라고 하고, 반대 방향을 뒤라고 한다.

명사와 관계 있는 공간(장소)의미를 살펴보았으니, 이제 동사와 관계 있는 공간(장소)의미를 살펴보자. 문장에서 장소의미를 나타내는 것은 언제나 주로 처소사(방위사구)와 관계 있다. 처소사를 포함하는 구조에 대해서는 제3강과 제10강에서 이미 어느 정도 설명을 했다. 우리는 여기서 다시 한 번 처소사를 포함하는 이동-종점(motion-end) 구조의 예문을 살펴보고자 한다. 아래 (28)에는 네 가지 동일 형식의 구조가 있는데, 이들 'V+PP(到/在NP)' 구조들 간에는 서로 다른 구조적 변화와 장소의미의 차이가 존재한다. 비교해 보면 다음과 같다.

(28) a_1. 请大家回到/*在座位上 (방향)
a_2. 把货物搬到/*在仓库里 (방향)
b_1. 小猴子跳到/在马背上 (방향)
b_2. 她把水泼到/在院子里 (방향)
c_1. 这些钱应该存到银行里 (방향)
c_2. 这些钱一直存在银行里 (존재)
c_3. 孩子被父母關到屋子里 (방향)
c_4. 孩子被父母關在屋子里 (존재)
d_1. 你不能总呆*到/在家里 (존재)
d_2. 你们可别病*到/在路上 (존재)

(28)처럼 같은 'V+처소PP' 구조라도 개사 '到, 在' 중 어느 것을 쓰는지에 따라 차이가 있고(어떤 것은 반드시 '到'를 쓰거나 혹은 반드시 '在'를 써야 하고 어떤 것은 '到'나 '在'를 섞어 쓸 수 있다), 나타내는 의미에도 차이가 있다(어떤 것은 방향만 나타내거나 존재만 나타낼 수 있고 어떤 것은 방향이나 존재를 함

께 나타낸다). 과거에는 줄곧 이런 현상을 명확하게 해석할 수 없었다. 그러나 이후 연구를 거쳐 술어동사 뒤에 위치한 '到/在NP'에 사실은 상하 두 계층이 있다는 점을 발견했다. 하위층은 개사구 층위(PP)인데, 개사구 층위의 중심어(핵어) P^0는 '在'이고 '在'는 존재만을 나타낸다. 그리고 상위층은 기능 층위(FP/pP)인데, 기능 층위의 중심어(핵어) F^0는 '到'이고 '到'는 방향을 나타낸다. '$P_{在}$'는 서로 다른 이동 특징을 가진 술어동사의 유도 하에 신분의 전환을 실현하는데, 이로써 동사와 동사 뒤 '到NP/在NP'의 여러 가지 통사조합이 형성된다. 다시 말하면, 개사구 층위의 '$P^0_{在}$'는 술어동사의 유도 하에 위로 인상되어 기능 층위의 '$F^0_{到}$'에 병합되고 나서야 비로소 방향을 나타낸다. 하지만 이는 영어의 하위층 전치사 'in, on'이 인상 및 병합되어 복합전치사 'into, onto'를 구성하는 것과는 다르다. 중국어 개사의 이러한 인상 및 병합은 결코 외현적이지 않다(겉으로 드러나게 복합개사를 구성하지 않는다). 즉 '在'가 인상하여 병합된 후에는 '到'라는 음으로만 발음하거나 '在'라는 음으로만 발음하거나 모두 항상 방향을 나타낸다. 그리고 만약 술어동사의 이동 특징이 이러한 인상 및 병합을 유도하기에 부족할 경우에는 동사 뒤에서 상위층의 '到NP'를 선택하면 방향만을 나타내고, 하위층의 '在NP'를 선택하면 존재만을 나타내게 된다. 한마디로 이는 둘 중 한 항이 의미대립이나 음운잉여로 인해 점검을 거쳐 삭제되는 것일 뿐이다. 즉, '到(NP)'로 읽는 음이 남으면 방향을 나타내고, '在(NP)'로 읽는 음이 남으면 존재를 나타내는 것이다. 이러한 상하층[FP(pP)-PP] 관계와 그 안에서 이루어지는 개사 '到, 在'의 인상 및 병합 상황은 그림 (29)에 나타난 바와 같다.

아래 (30)은 더욱 복잡한 경우를 보여 준다. 방향, 존재를 나타내는 장소개사구 PP 가운데 어떤 것은 동사 앞에 출현해 방향을 나타내는 것만 할 수 있고, 어떤 것은 동사 뒤에 출현해 방향을 나타내는 것만 할 수 있다. 그리고 또 어떤 PP는 동사 앞에 출현할 수도 있고 뒤에 출현할 수도 있는데, 어디에 출현하든 존재를 나타내는 의미는 변하지 않는다. 예를 들면 다음과 같다.

(29)

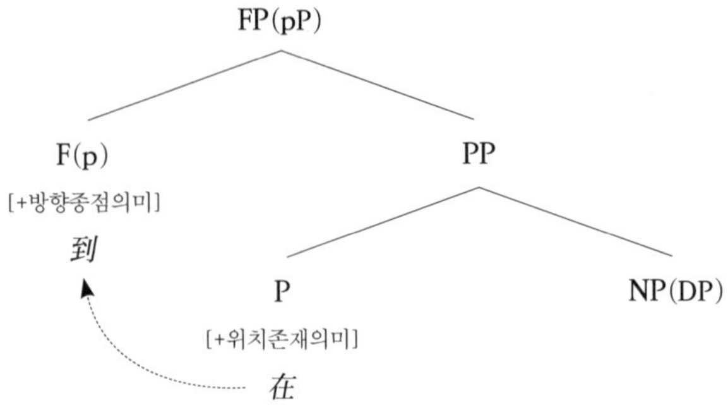

(30) a_1. 往/*在屋里搬东西 (방향) a_2. 东西搬到/*在屋里 (방향)
b_1. 往/*在地上泼脏水 (방향) b_2. 脏水泼到/在地上 (방향)
c_1. 在日本东京住 (존재) c_2. 住在日本东京 (존재)
d_1. 在黑板上写字 (존재) d_2. 字写在黑板上 (존재)

과거에는 'PP-V'와 'V-PP' 두 구조의 (모두 성립하는지 여부를 포함하여) 통사구조 및 관계에 대해 도치 및 잔류와 앞은 상황어 뒤는 보어라는 두 가지 방법으로 설명했다. 도치 및 잔류설은 역사적인 언어 자료(통시적 언어 자료)에 집중한 해석인데, 동사 앞의 장소 PP는 모두 역사적으로 뒤에서 앞쪽으로의 이동을 거쳐 형성된 것이라고 가정한다. 그러나 이러한 방식으로는 동사 뒤에 있는 일부 개사구 PP가 여전히 앞으로 이동하지 않고 그대로 남아 있을 수 있는 이유를 설명하지 못한다. 앞은 상황어이고 뒤는 보어라는 설은 공시적 분석에 집중한 해석인데, 동사 앞뒤의 장소 PP가 각각 독립적으로 생성되었다고 가정한다. 그러나 이 역시 일부 동사 앞뒤 장소 PP의 의미가 완전히 일치할 수 있는 이유를 설명하지 못한다. 요즘 제기된 가설에서는 방향, 장소를 나타내는 장소 PP의 원래 기저 위치가 술어동사 양 옆에 동시에 있을 것이라고 보는 것인데, 즉 이동-종점 구조의 기저형식은 사실 'PP(往/在NP)V-PP(到/在NP)'라고 보아야 한다는 것이다. 그리고 여기서 동사 앞뒤의 장소 PP는 의미 및 음운상 잉여성이 있으므로 실제 문장에서는 점검을 거쳐 그중 하나를 삭제해야 한다는 것이다. 이 가

(31)

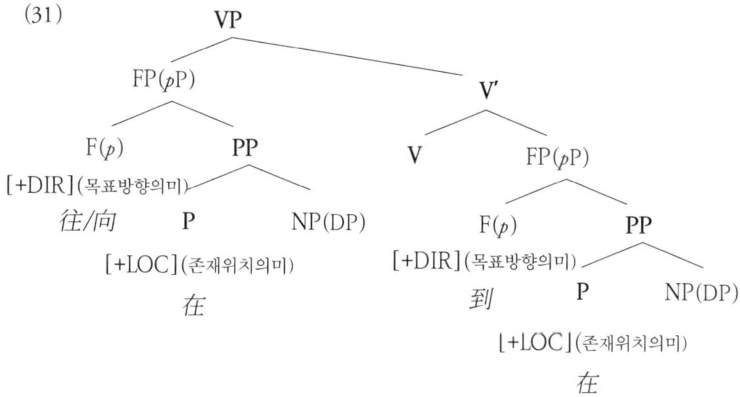

설의 기본 구조형식은 그림 (31)에 나타난 바와 같다.

그러나 실제 발화하는 문장에서 동사 앞뒤의 복사된 장소 PP에 상보적 삭제 조작을 가할 때는 두 개 층차로부터 제한을 받는다. 첫 번째 층차는 구조의 제한이다. 구조의 제한은 주로 동사 앞의 '往(向)/在NP'를 삭제할 것인지, 동사 뒤의 '到/在NP'를 삭제할 것인지를 결정한다. 구조적으로 동사 뒤쪽에 장소 PP의 위치를 제공해야만(즉 동목구조나 동보구조가 아니어야만), 동사 뒤의 장소 PP를 선택할(동사 앞의 장소 PP를 삭제할) 가능성이 있고, 반대의 경우에는 동사 앞의 장소 PP를 선택할(동사 뒤의 장소 PP를 삭제할) 수밖에 없다. 두 번째 층차는 동사의 제한이다. 동사의 제한은 주로 동사 앞뒤의 장소 PP에서 어떤 개사를 선택할 것인지를 결정한다. 동사 앞뒤 모두 방향을 나타내는 FP(pP)층과 존재를 나타내는 PP층이 존재하기 때문에 어떤 개사를 선택하는지는 동사가 가진 이동 특징의 제한을 받게 된다. 예를 들어 이동 특징이 비교적 약한 동사라면 FP층의 개사(往, 向, 到)를 선택하지 못할 것이며, 반대의 경우도 그러할 것이다.

10.4 중국어의 수량범주 및 그 어법적 분석

수량 역시 중국어에서 중요한 의미범주다. 중국어의 수량의미는 당연하게도 대부분 수량사를 통해 나타나며, 많은 어법현상들 역시 수량사와 관계가 있다. 예를 들어 중국어의 한정과 비한정이 수량사로 구현되는 경우가 있는데, '(我买了)一本书'에서 명사 '书'의 비한정 지칭의미가 '一本书'라는 수량사로부터 나타나는 것과 같다. 그리고 앞서 설명한 시간범주에는 수량과 관련된 의미가 많은데, 예를 들어 '三天, 一小时' 등은 바로 시간의 수량을 나타내는 것들이다. 수량범주의 작용에 대해서는 두 가지 측면에서 이야기해 볼 수 있다. 첫째는 중국어의 수량사구 및 중국어에서 수량사와 관계 있는 어법현상이고, 둘째는 통사구조 및 의미표현에 대한 수량사구의 제약 작용이다.

먼저 중국어의 수량사구 및 수량사와 관계있는 어법현상을 살펴보자. 수량사끼리의 조합 역시 시간사와 마찬가지로 여러 가지 구조를 만들어 낼 수 있다. (33a)와 같이 결합관계를 구성하고 있는 수량사들은 반드시 동일한 계열이어야 하며, 큰 수량을 나타내는 수량사가 앞에 오고, 작은 수량을 나타내는 수량사가 뒤로 간다. 이때 두 수량사 사이에 '加/零'을 넣을 수도 있다. (33b)와 같은 수식관계의 수량사들도 반드시 동일한 계열이어야 하며, 마찬가지로 더 큰 수량사가 앞에 오고, 더 작은 수량사가 뒤로 가야 한다. 이때는 두 수량사 사이에 '的'를 넣을 수 있다. (33c)와 같이 주술관계의 수량사들은 서수사가 앞에 있고 기수사가 뒤에 있거나 전부 서수사인데, 두 수량사의 위치를 바꾸어도 문제가 없고 사이에 '是'를 넣을 수 있다. (33d)의 연합관계 수량사들은 반드시 양사가 동일해야 하며, 중간에 '和'를 넣을 수 있다. 비교해 보면 다음과 같다.

(33) a. 42公里195米/9斤3两/5岁3个月 (결합관계)
b. 20世纪80年代/8连1排3班/16排2座 (수식관계)
c. 二班一等(奖)/(衣服)5元1件/一桌8个人 (주술관계)
d. 87年89年/A类B类/甲班丙班/一卷四卷 (연합관계)

수량사는 명확한 수량의미, 특정적 수량의미와 객관적 수량의미를 나타낼 수 있으며, 동시에 내포된 수량의미, 불특정적 수량의미와 주관적 수량의미가 존재한다.

내포된 수량의미란 어법구조에서 객관적인 수량의미가 없는 어떤 수량사를 사용해 나타내는 특수한 수량의미를 말한다. 예컨대 아래 (34)의 중첩형식과 (35)의 동사 앞에 있는 '一+양사(명사)' 형식은 모두 '所有, 每一'라는 총칭수량의미를 나타내고, (36)의 '一+명사(차용양사)' 형식은 모두 '满'이라는 수량의미를 나타낸다.

(34) a. 家家户户都张灯结彩。 b. 天天都会下一阵小雨。
c. 回回去找他都不在家。 d. 次次约会他都要迟到。

(35) a. 一本(书)也没看。 b. 一次(书)也没看。
c. 一天(书)也没看。

(36) a. 一桌子(的)菜 b. 一肚子(的)话
c. 一屋子(的)书 d. 一身(的)泥水

불특정적 수량의미란 어법구조 내에 어떤 수량사가 있긴 하지만, 해당 수량사가 나타내는 수량이 (37)처럼 일부러 과장한 허수이거나 (38)처럼 모호하게 나타낸 약수인 것을 말한다. 이러한 수량의미는 주로 표현상의 필요로 인해 나타난다. 비교해 보면 다음과 같다.

(37) a. 这篇文章我看了半天才看懂。
b. 那辆车子眨眼之间就没影了。
c. 离破纪录还差十万八千里呢。
d. 我的一生三言两语就能说完。

(38) a. 这个故事已经传说了千百年。

b. 大家三五成群地走进了会场。

c. 她每一天都要换好几套衣服。

d. 在全国恐怕也是数一数二的。

주관적 수량의미는 수량에 대해 표현할 때 수량의미에 대한 주관적인 평가를 띠는 것을 말한다. 즉, 수량사가 때로는 (화자가 생각하기에) 많은 수량을 나타낼 수도 있고, 때로는 (화자가 생각하기에) 적은 수량을 나타낼 수도 있다는 것이다. 아래 (39)에서는 똑같이 '两个苹果, 十八岁, 一早上/三封信'이라고 말했지만 수량에 대한 화자의 주관적 평가는 완전히 상반된다. 비교해 보면 다음과 같다.

(39) a_1. 他只吃了两个苹果。 (수량이 적음)

a_2. 他竟吃了两个苹果。 (수량이 많음)

b_1. 才十八岁就结婚了。 (수량이 적음)

b_2. 十八岁了才结婚。 (수량이 많음)

c_1. 一早上就写了三封信。 (수량이 많음/수량이 적음)

c_2. 一早上就写了三封信。 (수량이 적음/수량이 많음)

주관적 수량의미에는 여러 가지 표현 형식이 있다. 그중 하나는 여러 정도부사를 사용해 주관적 수량의미를 나타내는 것이다. 예를 들어 (39a)에서는 '只'를 사용해 주관적 소량을 나타내었고, '竟'을 사용해 주관적 대량을 나타내었다. 다른 하나는 동일한 부사가 서로 다른 위치에 출현하여 주관적 수량의미를 나타내는 것이다. 예를 들어 (39b)에서는 모두 부사 '才'를 사용했지만, '才'가 수량사 앞에 있으면 주관적 소량을 나타내고, 수량사 뒤에 있으면 주관적 대량을 나타낸다. 그리고 또 다른 하나는 수량구를 발음할 때 강세를 줌으로써 주관적 수량의미를 나타내는 것이다. 즉, 어느 수량구를 강하게 발음하느냐에 따라 나타내는 주관적 수량의미가 달라진다. 예를 들어 (39c)는 문장의 부사어구와 그 출현 위치가 모두 동일하다. 그럼에도 불구하고 주관적 대량과 주관적 소량이라는 두 개의 상반된 의미를 나타낼 수 있는데, 이는 문장의 수량어구 '一早上'과 '三封信' 중 어느 것을 강하게 발음하는지에 따라 구별할 수 있다.

주관적 수량의미에는 이 밖에도 또 하나의 특수한 표현 형식이 있다. 예를 들어 중국어의 '一会儿, 几天' 같은 시간사는 모두 극히 짧은 시간을 나타낸다. 그런데 여기서 흥미로운 점이 있는데, 어떤 경우에는 (40)처럼 이러한 시간사들의 긍정형식과 부정형식의 의미가 달라 둘을 바꿀 수 없을 때가 있고, 또 어떤 경우에는 (41)처럼 긍정형식과 부정형식의 의미가 그다지 다르지 않아서 둘을 바꾸어도 될 때가 있다는 것이다. 비교해 보면 다음과 같다.

(40) a. 急什么, 再坐一会儿(*不一会儿)吧。
b. 等了一会儿(*不一会儿)饭才做好了。

(41) a_1. 一会儿饭就做好了。	a_2. 不一会儿饭就做好了。
b_1. 过几天就会回来的。	b_2. 过不了几天就会回来的。
c_1. 过些日子就会厌烦的。	c_2. 过不些日子就会厌烦的。

일반적으로 '一会儿'과 '不一会儿' 모두 시간이 매우 짧음을 나타내기 때문에 말을 할 때 정도의 차이는 문제가 되지 않는 것처럼 느껴진다. 그러나 심리적인 시각의 차이 때문에, 청자의 기대라는 측면에서 보면 '一会儿'은 '0'(극히 적은 양)에 비해 잠깐이라고 말하는 것일 수도 있고(1초보다는 잠깐 더……), 비교적 큰 양에 비해 잠깐이라고 말하는 것일 수도 있다(10시간보다는 잠깐인……). (40)은 '0'에 비해 잠깐 더 라고 말하는 상황이다. 예를 들어 (40a)의 청자는 원래 이제 가야 하고, (40b)의 청자는 밥이 이미 다 되었을 것이라 생각했기 때문에 청자가 기대한 떠나는 것과 밥을 다 한 것의 내부적 시간은 '0'이다. (41a)는 반대로 큰 양에 비해 잠깐이라 말하는 상황이므로 청자가 밥이 다 만들어질 것이라 기대한 시간이 '一会儿'

보다 커야 한다. 어법 형식상으로 보면 대체로 '才'를 쓸 때는 '0'에 견주어 말하는 것이며, 비교적 큰 양에 견주어 말할 때는 일반적으로 '才'를 쓸 수 없고 '就'를 붙일 수 있다. 구체적으로 말하면 '一会儿'은 '0'을 상대로 쓸 수도 있고 비교적 큰 양을 상대로 쓸 수도 있다. 그러나 '不一会儿'은 오로지 비교적 큰 양의 상대로만 쓸 수 있다. 그러므로 큰 양에 견주어 말할 때는 '一会儿'과 '不一会儿' 모두 쓸 수 있고 의미 역시 큰 차이가 없지만, '0'에 견주어 말할 때는 '一会儿'만 쓸 수 있고 '不一会儿'은 쓸 수 없다.

다음으로 통사구조 및 의미표현에 대한 수량사구의 제약 작용을 살펴보자. 예를 들면 수량사를 포함하는지 여부가 어떤 통사구조의 성립에 제약이 될 수도 있다. 몇몇 통사 조합은 수량사가 없으면 그 자체가 성립될 수 없는데, 한마디로 말하면 해당 구조는 반드시 수량사가 있어야 한다는 것이다. 아래 (42)의 이중목적어 구조는 수량사를 없애면 구조가 성립하지 않는다. 비교해 보면 다음과 같다.

(42) a_1. 盛碗里两条鱼。(*盛碗里鱼)
a_2. 扔河里一块石头。(*扔河里石头)
b_1. 来这儿两个人。(*来这儿人)
b_2. 住楼上几个学生。(*住楼上学生)
c_1. 捂孩子一身痱子。(*捂孩子痱子)
c_2. 叮了他一个大包。(*FW]b了他大包)

또 다른 예로 관형어-중심어 수식구조의 수식어는 일반적으로 상태형용사(형용사의 중첩형식)나 '정도부사+형용사' 형식만으로 존재할 수 없고, 반드시 뒤에 '的'가 있어야 한다. 그러나 만약 중심어 명사 앞에 수량사가 있다면, 이러한 성분들도 '的' 없이 직접적으로 관형어가 될 수 있다. 예를 들면 다음과 같다.

(43) a. 滚烫的开水(*滚烫开水)/滚烫一壶开水

b. 恶狠狠的脸(*恶狠狠脸)/恶狠狠一张脸

c. 花里胡哨的衣服(*花里胡哨衣服)/花里胡哨一件衣服

d. 挺干净的房间(*挺干净房间)/挺干净一个房间

e. 好好儿的裙子(*好好儿裙子)/好好儿一条裙子

f. 高高儿的山(*高高儿山)/高高儿的一座山

반대로 어떤 통사 조합은 수량사가 있으면 성립하지 못하는데, 이는 해당 구조가 수량사를 배척한다는 것이다. 예를 들어 '山上架着炮'는 중의성이 있어서 정태적인 존재를 가리켜 '山上有炮(산 위에 대포가 있다)'라는 의미를 나타낼 수도 있고, 동태적인 행위를 가리켜 '山上正在架炮(산 위에 대포를 놓고 있다)'라는 의미를 나타낼 수도 있다. 그러나 '炮' 앞에 수량사를 덧붙여 '山上架着两门炮(산 위에 대포 두 문이 놓여 있다)'라고 하면, '山上有炮(산 위에 대포가 있다)'라는 의미만 나타내고 중의 현상이 생기지 않는다. 이는 동태적 행위를 나타내는 '처소사 주어+동사(着)+대상목적어' 구조에서는 목적어 성분이 수량사를 배척한다는 것을 의미한다.

또 다른 예로 '再'를 살펴보자. 부사 '再'는 중복을 나타내는 의미를 가지고 있다. '再'가 나타내는 중복에는 두 가지가 있는데, 하나는 (44a)와 같은 기발생의 중복(이미 발생한 동작행위의 중복)이고, 다른 하나는 (44b)와 같은 미발생의 중복(원래 하려고 계획했거나 진행될 것임을 혹은 발생할 것임을 예상했지만 어떠한 원인으로 인해 진행되지 못했거나 발생하지 않은 동작행위의 중복)이다. 비교해 보면 다음과 같다.

(44) a. 小王, 你<u>再去看看</u>, 信来了没有。('再看看'=기발생 행위의 중복)

b. 没买着电影票没关系, 我们明天<u>再看</u>好了。('再看'=미발생 행위의 중복)

'再'의 두 가지 중복 의미는 통사상으로 반영된 모습에서도 약간의 차이가 있다. 이미 발생한 동작행위의 중복을 나타낼 때는 '再' 뒤에 수량사가 있어도 되고 없어도 된다. 그러나 발생하지 않은 동작행위의 중복을 나타낼 때는 '再'의 수식을 받는 성분이 수량사를 배척한다. 예를 들면 다음과 같다.

(45) a. 看来末班车已经过了，你明天再回去吧。

(*看来末班车已经过了，你明天再回去一次吧。)

b. ——妈，我要吃冰激凌。

——这么晚了到哪儿去买啊，明天再吃吧。

(*这么晚了到哪儿去买啊，明天再吃两杯吧。)

수량사는 명사구의 (위치)이동형식도 제약할 수 있다. 여기에서는 중국어의 구조 가운데 수량사를 지닌 명사구('수사+양사+명사' 구조)를 예로 들어 보자. 만약 이러한 명사구에서 분열이동(명사구 내의 일부분이 이동)이 일어나게 된다면, (46)처럼 우향분열이동성분은 명사여서는 안 되고 수량사여야 하며, 명사는 반드시 원래 위치에 머물러 있어야 한다. 그러나 반대로 (47)처럼 좌향분열이동성분은 수량사가 아니라 명사여야 하며, 수량사는 반드시 원래 위치에 머물러 있어야 한다. 비교해 보면 다음과 같다.

(46) a_1. 一只苍蝇飞了。 → a_2. 苍蝇飞了一只。(*一只飞了苍蝇)

b_1. 半筐苹果烂了。 → a_2. 苹果烂了半筐。(*半筐烂了苹果)

(47) a_1. 吃了一个苹果。 → a_2. 苹果吃了一个。(*一个吃了苹果)

b_1. 送朋友了不少东西。 → b_2. 东西送朋友了不少。(*不少送朋友了东西)

10.5 중국어의 종속범주 및 그 어법적 분석

종속은 마치 순수한 의미 문제인 것 같아 보인다. 물론 사실상 중국어의 종속관계가 종속성 명사구를 통해 드러나기는 하지만, 거꾸로 종속관계를 나타내는 종속성 명사구가 통사구조의 구성과 변화에 영향을 미칠 수도 있다.

종속구에 대해 엄격한 정의를 내리거나 또는 분류를 진행하는 것은 상당히 어려운 일이다. 이를테면 아래 (48)의 각종 명사구 형식이 모두 종속구라고 할 때 이들 내부의 '领Nx'와 '属Ny' 사이에 존재하는 의미관계가 상당히 다르기 때문이다. 비교해 보면 다음과 같다(두 명사 사이 '的'의 유무는 종속구를 구성하는 데 영향을 미치지 않는다).

(48) a. 호칭: 他的父亲/我的学生/经理的秘书/百万富翁的女儿
b. 소유: 人家的报纸/图书馆的书/弟弟的汽车/岳父的存款
c. 기관: 姑娘的眼睛/狐狸的尾巴/商人的头脑/松树的叶子
d. 구성물: 这本书的封面/衣服的领子/自行车的链条/橘子皮
e. 재료: 车身的钢板/衣服的布料/桌子的木头/窗户的玻璃
f. 속성: 菜的味道/孩子的性格/会议的影响/导弹的破坏力
g. 특징: 姑娘的穿着/模特的身材/衣服的颜色/青年的形象
h. 관념: 百姓的心态/读者的意见/群众的牢骚/大家的顾虑
i. 구성원: 大学的教授/公司的高层/支部的委员/部队的官兵
j. 변형: 土豆丝/萝卜块/羊肉片/大米粥/苹果酱/红薯干
k. 성과: 王朔的小说/黎明的专辑/学生的作品/爱情的结晶
l. 제품: 四川的榨菜/青岛的啤酒/中国的卫星/东芝的电脑
m. 상황: 老王的病/个人的前途/农民的命运/股市的行情
n. 사업: 公司的计划/小李的工作/教师的追求/专家的研究
o. 장소: 小王的身后/我的面前/学校的操场上/大厅的墙上

지금은 일반적으로 좁은 의미의 종속구를 정의할 때 주로 종속의 의미특징 기준을 근거로 삼아야 한다고 본다. 이때 근거로 삼는 의미특징 기준을 살펴보면, 하나는 종속관계가 필연적이거나 고유한 것, 즉 [+필연/+고유]의 의미특징을 지닌 것이고, 또 하나는 주된 것과 그에 따르는 것의 관계가 양도되거나 분리될 수 없는 것, 즉 [-양도/-분리]의 의미특징을 지닌 것이다. 바꾸어서 생각해 보면 결국 좁은 의미의 종속구가 나타내는 종속관계는 반드시 필연적이고 유일한 것이어야 한다. 그러므로 이러한 종속구는 경우에 따라 특정한 동사나 형용사와 함께 쓰일 때, (49)처럼 주된 것을 말하면서 동시에 그에 따르는 것까지 나타낼 수도 있고(즉, 그에 따르는 것은 내포되어 있다), (50)처럼 그에 따르는 것을 말하면서도 주된 것의 존재까지 드러낼 수가 있다(즉, 주된 것은 전제되어 있다). 비교해 보면 다음과 같다.

(49) a. 衣服(的价格)真贵。　　b. 树叶(的颜色)黄了。
　　c. 音乐(的旋律)很优美。　　d. 奶奶(的眼睛)瞎了。

(50) a. (某人的)妻子出国访问了。　　b. (某人的)孩子考上大学了。
　　c. (某厂的)产品通过鉴定了。　　d. (汽车的)离合器已失灵了。

종속구가 통사구조의 구성과 변화에 미치는 영향(혹은 통사구조에 가하는 제약)은 아래와 같은 세 가지 측면에서 살펴볼 수 있다.

첫째, 종속구가 통사구조의 성질 변화를 야기한다. 예를 들어 일부 주술술어문의 문두 성분은 동사의 논항이 아니지만, 그렇다고 '把, 被, 用, 在' 등의 개사를 붙여 상황어(도구, 장소, 방식 등을 나타내는 상황어)로 만들 수도 없다. 왜냐하면 사실 이러한 명사는 모두 구조 내 주어나 목적어와 종속구를 구성할 수 있기 때문이다. 즉, 이러한 명사는 진주어나 진목적어 명사의 일부다. 이는 중국어에서 특수한 비논항 성분 또는 느슨한 주어의 문두 성분이 가지는 특징이다. 예를 들면 다음과 같다.

(51) a. 他心眼儿不坏。　　　　　　b. 老王心脏病又犯了。
c. 这台机器一颗螺丝活动了。　d. 动物园一只狗熊跑了。

(52) a. 他死了父亲。　　　　　　　b. 我简直瞎了眼。
c. 老王掉了不少头发了。　　　d. 这家公司(今年)坠毁了两架飞机。

(53) a. 一群鸟落树上两只。　　　b. 六个犯人逃走了一半。
c. 上海代表住二楼五位。　　　d. 三架飞机才降落了一架。

(54) a. 橘子我刚剥了皮。　　　　b. 文章我才写了开头。
c. 这衣服你还没钉扣子呢。　　d. 金庸小说我看过一部分。
e. 一年四季我最喜欢秋天。　　f. 这个问题我们还没有得出结论。

둘째, 종속구가 통사구조의 복잡한 변화를 야기한다. 예를 들어 (55)의 '得'자문을 보면 명사의 위치가 매우 특별하다. 우선 '得' 앞의 명사와 '得' 뒤의 명사는 각자 독립적인 위치를 차지하고 있는데, 자세히 살펴보면 '得' 앞의 명사는 '得' 앞쪽 동사의 주어나 목적어이고, '得' 뒤의 명사는 '得' 뒤쪽 동사의 주어다. 예컨대 '她哭得眼睛都肿了'는 '她哭(그녀가 운다)'이지 '*眼睛哭(눈이 운다)'가 아니며, '眼睛肿(눈이 붓다)'이지 '*她肿(그녀가 붓다)'이 아니다. 그런데 이렇게 서로 다른 위치의 두 명사는 종속관계를 지니고 있기 때문에 각자 상대의 위치로 이동할 수도 있고, 얼핏 보면 마치 둘이 합쳐져서 하나의 완전한 명사를 이룬 것처럼 보이기도 한다. 이를테면 각각 '她眼睛哭得都肿了'와 '哭得她眼睛都肿了'라는 문장을 구성할 수도 있다. 이런 유형의 '得'자문이 위와 같은 특징을 갖는 이유는 종속관계를 지니고 있으며 서로 다른 위치를 차지하고 있는 두 명사가 구조 내에 존재하기 때문이다. 예를 들면 다음과 같다.

(55) a_1. 他忙得手脚不停。

→ a_2. 忙得他手脚不停。

b_1. 他把几个孩子吓得脸都白了。

→ b_2. 他吓得几个孩子脸都白了。

c_1. 他搬家具搬得满头是汗。

→ c_2. 搬家具搬得他满头是汗。

종속구가 통사구조의 복잡한 변화를 야기하는 또 다른 예를 살펴보자. 중국어에서 복문의 명사는 종종 생략되기도 하는데, 그중 앞이나 뒤를 이어받아 생략되는 위치는 오로지 주어나 목적어뿐이지만 이러한 생략된 명사가 동지시하는 성분의 위치는 앞뒤 문장의 상응하는 주어나 목적어 외에도 앞뒤 문장의 주어나 목적어의 관형어일 수도 있다. 다만 이러한 관형어는 반드시 그가 수식하는 중심어 명사와 종속관계를 이루어야 하며, 만약 종속구가 아닐 경우에는 위와 같은 생략이 불가능하다. 예를 들면 다음과 같다(e는 생략 성분).

(56) a. 反动派的样子是可怕的, e实际上并没有什么了不起的力量。 (e=反动派)

b. e被冷风一吹, 他的脑子有点儿清醒了。 (e=他)

c. 你要想知道梨子的滋味, 你就得亲口尝一尝e。 (e=梨子)

d. 你不去一趟e, 怎么能了解到那里的情况？ (e=那里)

셋째, 종속구가 통사구조의 특수한 변화를 야기한다. 예를 들면, 일반적으로 중국어의 명사술어문에서 술어로 쓰일 수 있는 명사성 성분은 시간, 본적, 직업, 수량을 나타내는 명사구나 전환지시(转指)를 나타내는 '的'자 구조뿐이며, 이때는 주어와 서술어 사이에 '是'를 끼워 넣을 수 있다. 그러나 형용사나 상태형용사구가 관형어로 쓰인 수식구조가 명사술어문의 술어가 될 때도 있는데, 이때는 중간에 '是'를 추가할 수 없다. 이러한 수식구조가 명사술어문의 술어가 되는 조건은 해당 수식구조의 중심어가 문장의 주어와 반드시 종속관계를 구성할 수 있어야 한다. 즉, 술어가 되는 수식구조의 중심어가 사실상 주어의 '属NP'인 것이다(수식구조의 중심어가 주어에 속하는 어떤 것이다). 비교해 보면 다음과 같다.

(57) a_1. 她黄头发(她的头发黄)

a_2. *他黄裤子

b_1. 她圆脸、大眼睛(她脸圆、(她)眼睛大)

b_2. *她新鞋、旧书包

c_1. 小伙子挺高的个子(小伙子的个子挺高的)

c_2. ?小伙子挺好的成绩

종속구가 통사구조의 특수한 변화를 야기하는 또 다른 예를 살펴보자. 중국어의 'VP的NP'는 전환지시(转指) 구조다. 일반적으로 말해 'VP的'에는 추출된 명사 외에 다른 명사가 필요하지는 않다. 또한 추출된 명사가 'VP的'의 수식을 받는 중심어가 될 때는 (58)처럼 해당 'VP的NP' 구조에 중의가 발생하지 않는다. 그러나 (59)처럼 중의가 발생하는 경우가 있는데, 언뜻 보면 층차구조가 달라서 중의가 발생하는 것처럼 보인다. 그러나 보다 더 주요한 원인은 'VP的' 내 동사의 목적어가 추출되어 'VP的'가 수식하는 중심어 명사와 원래는 종속관계가 아닌데 강제적으로 종속관계를 형성했기 때문이다. 이러한 경우에는 'VP的NP'의 구조와 의미가 달라지게 된다. 예를 들면 다음과 같다(P는 명사성분을 추출한 위치, e는 생략 성분).

(58) a. P卖菜的农民　　b. P反对这个意见的人

(59) a_1. P拉住孩子的手　　a_2. e拉住孩子的手

b_1. P咬死了猎人的狗　　b_2. e咬死了猎人的狗

주요참고문헌

陈平(1988)〈论现代汉语时间系统的三元结构〉,《中国语文》第6期.

崔希亮(2001a)《语言理解与认知》, 北京语言文化大学出版社.

崔希亮(2001b)〈汉语空间方位场景与论元的凸显〉,《世界汉语教学》第4期.

戴浩一(1984)〈现代汉语处所状语的两种功能〉,《语言研究译丛》第1辑, 南开大学出版社.

戴浩一(1988)〈时间顺序和汉语的语序〉,《国外语言学》第1期.

戴耀晶(1997)《现代汉语时体系统研究》, 浙江教育出版社.

范方莲(1982)〈存在句〉,《中国语文》第5期.

范继淹(1986)〈论介词短语"在+处所"〉,《范继淹语言学论文集》, 语文出版社.

方经民(1999)〈论汉语空间方位参照认知过程中的基本策略〉,《中国语文》第1期.

郭锐(1993)〈汉语动词的过程结构〉,《中国语文》第6期.

郭锐(1997a)〈过程和非过程—汉语谓词性成分的两种外在时间类型〉,《中国语文》第3期.

郭锐(1997b)〈论表述功能的类型及其相關问题〉,《语言学论丛》第19辑, 商务印书馆.

胡明扬(1994)〈语义语法范畴〉,《汉语学习》第1期.

李临定(1988)〈"在"格的类型、比较及变换〉,《汉语比较变换语法》, 中国社会科学出版社.

李宇明(1996)〈领属關系与双宾句分析〉,《语言教学与研究》第3期.

廖秋忠(1983)〈现代汉语篇章中空间和时间的参考点〉,《中国语文》第4期.

廖秋忠(1992)〈现代汉语并列名词性成分的顺序〉,《中国语文》第3期.

刘宁生(1983)〈汉语怎样表达物体的空间关系〉,《中国语文》第3期.

刘叔新(1996)〈谈汉语语法范畴的研究〉,《语法学探微》, 南开大学出版社.

陆俭明(1984)〈由指人名词自相组合造成的偏正的结构〉,《中国语言学报》第2期.

陆俭明(1988)〈现代汉语中数量词的作用〉,《语法研究和探索(4)》, 北京大学出版社.

陆俭明(1993)《八十年代中国语法研究》, 商务印书馆.

吕叔湘(1965)〈方位词使用情况的初步考察〉,《汉语语法论文集》, 商务印书馆.

马庆株(1988)〈自主动词和非自主动词〉,《中国语言学报》第3期.

马庆株(1998)《汉语语义语法范畴问题》, 北京语言文化大学出版社.

马真(1986)〈"比"字句内比较项Y的替换规律试探〉,《中国语文》第2期.

孟庆海(1986)〈动词+处所宾语〉,《中国语文》第4期.

齐沪扬(1994)〈"N+在+处所+V"句式语义特征分析〉,《汉语学习》第6期.

齐沪扬(1998)《现代汉语空间问题研究》, 学林出版社.

聂文龙(1989)〈存在和存在句的分类〉,《中国语文》第2期.

邵敬敏(1990)〈"比"字句替换规律刍议〉,《中国语文》第6期.

邵敬敏(1993)〈量词的语义分析及其与名词的双向选择〉,《中国语文》第3期.

沈家煊(1998)《不对称和标记论》, 江西教育出版社.

沈家煊(1999)〈认知心理和语法研究〉,《语法研究入门》(吕叔湘 等 著), 商务印书馆.

沈阳(1995a)〈数量词在名词短语移位结构中的作用与特点〉,《世界汉语教学》第1期.

沈阳(1995b)〈领属范畴及领属性名词短语的句法作用〉,《北京大学学报》第5期.

沈阳(1998)〈带方位处所宾语的动词及相关句式, 语言学论丛》第20辑, 商务印书馆.

沈阳(2015)〈现代汉语"V+到/在NP"结构的句法构造及相关问题〉,《中国语文》第2期.

文贞惠(1998)〈表属性范畴的"N1+(的)+N2"结构的语义分析〉,《世界汉语教学》第1期.

邢福义·李向农·储泽祥(1999)〈时间方所〉,《语法研究入门》(吕叔湘 等 著), 商务印书馆.

俞咏梅(1999)〈论"在+处所"的语义功能和语序制约原则〉,《中国语文》第1期.

袁毓林(1992)〈现代汉语名词的配价研究〉,《中国社会科学》第1期.

袁毓林(1999)〈定语顺序的认知理解及其理论蕴含〉,《中国社会科学》第2期.

张伯江(1994)〈领属结构的语义构成〉,《语言教学与研究》第2期.

张德鑫(1999)《数里乾坤》, 北京大学出版社.

张敏(1998)《认知语言学与汉语名词词组》, 中国社会科学出版社.

赵元任(1968) *A Grammar of Spoken Chinese*, 중역본《汉语口语语法》(吕叔湘 译), 商务印书馆 1979年;《中国话的文法》(丁邦新 译), 香港中文大学出版社 1980年.

朱德熙(1982)《语法讲义》, 商务印书馆.

제11강

인지 이론과 언어 인지 분석

11.1 '差一点儿'과 '大星期天'부터 시작하기

이번 강에서는 인지 이론과 언어 인지 분석에 관해 이야기하고자 한다. 인지라는 개념은 심오하게 접근하면 이해가 쉽지 않고 심지어 전문가들조차 각기 다른 견해를 가지고 있지만, 가볍게 이야기하자면 손쉽게 이해할 수 있다. 왜냐하면 광의로 보면 언어의 인지적 분석이란 주로 인간의 심리감각의 각도에서 언어현상을 분석한 것이기 때문이다. 직접적으로 표현하면 화자가 발화할 때 어떤 심리 때문에 다른 형식이 아닌 이런 형식의 발화를 만들어 냈으며, 청자가 발화를 들을 때 어떤 심리로 인해 다르게 이해하지 않고 이렇게 이해했는지를 말하는 것이다. 우선 비교적 단순한 예를 두 가지 들어 보자.

첫번째 예는 중국어의 '差一点儿(怎么样 / 没怎么样)'의 구문이다. '差一点儿(怎么样)'이나 '差一点儿(没怎么样)'은 상용 구조지만 표현하는 의미가 모두 같지는 않다. 예를 들어 '差一点儿摔倒了'와 '差一点儿没摔倒'는 같은 의미로 모두 넘어지지 않았음을 표현한다. 그러나 '差一点儿考上了'와 '差一点儿没考上'은 의미가 다른데 전자는 시험에 합격하지 않았음을 표현하고 후자는 합격했음을 표현한다. 정리해 보면 '差一点儿摔倒了'와 '差一点儿没摔倒'는 형식적으로 하나는 긍정이고 하나는 부정이지만, 의미는 모두 부정이다. 반면 '差一点儿考上了'와 '差一点儿没考上'은 형식적으로 역시 하나는 긍정이고 하나는 부정이지만, 의미적으로는 상이해서 긍정형식은 부정의미를, 부정형식은 긍정의미를 표현한다. 실제 언어자료에서 이러한 예는 아주 많다. 아래를 보자.

(1) a. 差一点儿打破了(깨지지 않음) = 差一点儿没打破(깨지지 않음)
b. 差一点儿离婚了(이혼하지 않음)= 差一点儿没离婚(이혼하지 않음)
c. 差一点儿打败了(패배하지 않음)= 差一点儿没打败(패배하지 않음)
d. 差一点儿淹死了(익사하지 않음)= 差一点儿没淹死(익사하지 않음)

(2) a. 差一点儿及格了(합격하지 않음) ≠ 差一点儿没及格(합격함)
b. 差一点儿中奖了(당첨되지 않음) ≠ 差一点儿没中奖(당첨됨)
c. 差一点儿赶上了(제 시간에 맞추지 못함) ≠ 差一点儿没赶上(제 시간에 맞춤)
d. 差一点儿买着了(사지 못함) ≠ 差一点儿没买着(사게 됨)

그렇다면 사람들이 '差一点儿怎么样/没怎么样'의 문장을 사용할 때 왜 이렇게 다른 두 가지 의미가 표현되는 것일까? 이것은 모종의 심리인지와 관련된다. (1)에 출현한 '摔倒, 打破, 离婚, 打败, 淹死' 등은 일반적으로 화자가 발생을 기대하지 않는 사건들이고, (2)의 '考上, 及格, 中奖, 赶上, 买着' 등은 일반적으로 화자가 발생을 기대하는 사건들이다. '差一点儿怎么样'과 '差一点儿没怎么样'의 두 구조가 어떤 의미를 표현하는지는 화자가 발화하는 사건에 대해 가지는 태도에 달려 있다. 발생을 희망하지 않는 모든 사건은 두 구조에서 모두 의미가 같지만, 발생하기를 기대하는 사건은 두 구조에서 의미가 달라진다.

그러면 다른 예로 '大+시간명사(怎么样/别怎么样)'를 살펴보자. 중국어 구어에는 '大过年的……', '大星期天的……'와 같은 구조가 상용된다. 혹자는 이런 구조가 주로 수식하는 시간의 중요성이나 특수성을 강조하는 것이라고 보고 이 시간에 하는 행위 역시 비교적 중요하거나 특수하다고 보았다. 그렇다면 이러한 구조는 어떤 의미를 표현하고 사람들은 어떠한 상황에서 이 구조를 사용하는 것일까?

우선 어떤 시간명사가 이 구조에 출현할 수 있는지 보도록 하자. 시간명사는 크게 네 종류로 구분할 수 있다. 첫 번째는 명절을 표현하는 시간명사이다. 이 중에서 중국 전통명절과 공휴일에 속하거나, '元旦, 春节'에 해당하는 '过年, 过节' 등은 일반적으로 이 구조에 출현할 수 있다. 그러나 중국 전통명절이나 공휴일이 아닌 경우, 이 구조에 사용될 수 없거나 잘 사용되지 않는다. 예는 아래 (3)과 같다. 두 번째는 연, 월, 일, 주일을 표현하는 시간명사로 그중에서 순서를 표시하는 '今年, 下个月, 前天' 등은 이 구조에 출현할 수 없다. 기수를 표현하는 '月, 日, 星期' 중 일부는 가능하지만 일부는 불가능하다. 예는 아래 (4)와 같다. 세 번째는 절기, 기후를 표현하는 시간명사다. 이 중 일부는 가능하고 일부는 불가능한데, 예는 아래 (5)와 같다. 네 번째로 하루 중의 어느 시점이나 시간의 구간을 표현하는 시간명사다. 시점을 표현하는 시간명사는 이 구조에 사용될 수 없지만 시구간을 표현하는 시간명사의 경우 일부는 가능하고 일부는 불가능하다. 예는 아래 (6)과 같다.

(3) a. 大过年的/大过节的/大节日的/大中秋(节)的/大国庆(节)的
b. *大复活节的/*大感恩节的/*大七一的/*大妇女节的/*大儿童节的

(4) a. 大正月的/大初一的(1월에 한함) /大十五的(1월과 8월에 한함) / 大星期天的
b. *大三月的/*大初七的/*大十三的/*大星期三的

(5) a. 大夏天的/大冬天的/大冷天的/大热天的/大阴天的/大太阳天的
b. *大春天的/*大秋天的/*大暖和天的/*大凉快天的

(6) a. 大清早(早上, 早晨)的/大中午(晌午)的/大晚上的/大半夜的
b. *大上午的/*大下午的/*大傍晚(黄昏)的

상술한 '大 + 시간명사'가 성립하는 구조 중 일부는 마치 중요한 날인 듯 보이지만 전체적으로 보면 그렇지는 않다. 예를 들어 '大清早的'는 하루의 계획이 아침에 있기 때문에 '清早(이른 아침)'가 중요하다고 볼 수도 있겠지만, 그렇다면 '大中午的, 大晚上的, 大半夜的'라는 표현은 왜 가능한 것인가? '大夏天的, 大冬天的'는 가능한데 1년의 계획이 시작되는 '春天(봄)'은 왜 불가능한 것인가? 만약 '过年(새해), 国庆节(국경일)'와 같이 중요한 명절이 이 구조에 사용될 수 있다면 왜 동일 부류인 '建军节(건군제), 七一(7월 1일)'는 불가능한 것인가?

다른 각도에서 살펴보면 '大+시간명사'는 단독으로 사용되지 않고 늘 뒤에 후속절이 따른다는 사실을 발견할 수 있다. 후속절은 일반적으로 다음 두 가지 유형으로 분류된다. 첫째는 역접 표현으로 어떤 일을 할 것을 부정하는 말이다. 이는 직접부정과 반문부정을 포함하고 예는 아래 (7)과 같다. 두 번째 유형은 순접 표현으로 어떤 일을 할 것을 긍정하는 것이다. 직접긍정과 반문긍정을 포함하며 예는 아래 (8)과 같다.

(7) a_1. 大过年的, 别老忙工作了!
a_2. 大晚上的, 别往外跑了!
b_1. 大清早的, 你就出门了?
b_2. 大星期天的, 你还加班?

(8) a_1. 大冷天的, 就在家待着吧!
a_2. 大中午的, 找地方迷糊一会儿吧!
b_1. 大半夜的, 你还不睡觉?
b_2. 大星期天的, 还不带孩子去公园玩玩?

주목할 점은 이들 문장의 의미, 바로 어떤 일을 하는 것을 긍정하거나 부정하는 것을 바꾸어 말할 수 없는 경우가 많다. 앞서 예에서 동일한 '星期天(일요일)'이지만 '大星期天的, 你怎么还不去加班呢?(일요일인데 너는 왜 아직 출근하지 않니?)', '大星期天的, 别带孩子去公园玩了!(일요일인데 아이를 데리고 공원에 가지 말아라!)'라고 말하면 사람들이 이상하다고 느낄 것이다. 이는 '大 + 시간명사'의 성립 여부가 사실상 후속절에서 표현하는 해당 시간 안에 해야만 하거나 해서는 안 될 모종의 일과도 관련이 있음을 말한다.

이 현상은 매우 간단한 원리를 반영한다. '大 + 시간명사' 구조 자체로 보면 그 안의 시간명사는 중요하고 특수한 날을 표현하지 않으며, 종종 '过年, 冬至, 星期天, 冷天, 中午, 半夜'와 같이 일하지 않거나 일하기에 적합하지 않은(역으로 말해서 쉬어야 하거나 쉬기에 적합한) 시간을 표현한다. 이런 시간이 아니면 이 구조에 사용될 수 없다. 후속절을 보면 역시 무슨 중요하고 특수한 일을 하는 것이 아니다. 정리해 보면 모든 긍정적인 일은 주로 일하지 않거나 쉬는 것과 관련이 있는데 이는 '잠자기(睡觉), 쉬기(歇着), 집 밖에 나가지 않기(不出门)'류를 포함할 뿐 아니라 '집안일하기(干家务), 공원가기(去公园), 쇼핑하기(逛商店), 친척방문하기(走亲戚)'와 같이 광의적으로 휴식에 속하는 일도 포함한다. 반대로 모든 부정적인 일은 주로 일하거나 쉬지 않는 것과 관계가 있는데 '일하기(工作), 출근하기(上班), 막노동하기(干活儿)' 등을 포함할 뿐 아니라, 광의적으로 보아 '외출하기(出门), 밖에 돌아다니기(往外跑), 쓸데없는 일하기(瞎折腾), 잠자지 않기(不睡觉)' 등과 같이 쉬어야 하지만 쉬지 않는 일도 포함된다. 만약 이런 내용이 아니면 후속절을 구성할 수 없다. 이 구조의 기능은 일종의 사회심리를 반영하는데 바로 중국인의 노동이나 휴식에 대한 인식과 유관하다. 중국의 전통농업사회에 존재했던 해가 뜨면 일을 하고 해가 지면 쉬며, 봄에는 씨를 뿌리고 가을에 거두며 여름과 겨울에는 쉰다는 생각이 '大 + 시간명사' 구조 및 후속절의 성립 여부와 정확하게 대응한다. 간혹 사람들이 개인적인 휴식시간 앞에 '大'를 부가하는 경우가 있는데 이는 단지 이 시간을 소중하고 귀중하게 사용해야 함을 표현하기 위한 것일 뿐이며 이를 통해 이 시간에 무엇을 해야만 하고, 하지 말아야만 하는지의 대립을 해석하기는 어렵다.

이상의 분석을 통해 다음과 같은 인식을 가질 수 있다. 실제로 많은 언어 현상은 통사구조나 의미관계 등 형식 혹은 규칙의 각도에서 분석하거나 설명하기 어렵다. 이때 언어 현상의 배후에 있는 심리 활동의 특징이나 사회인지의 기초를 깊이 있게 파헤칠 필요가 있거나 혹은 반드시 그렇게 해야만 한다. 그래야 비로소 비교적 합리적인 설명을 얻을 수 있고 추상적으로 개괄된 규칙을 얻을 수 있다. 언어 인지 분석의 기능이 바로 이러한 것이다.

11.2 인지 이론의 기본 가설과 주요 목표

현대 언어학에서 언어 현상을 해석할 때 사용하는 방법으로 다음 두 가지를 들 수 있다. 하나는 형식 언어학 이론으로 형식화된 규칙 체계를 수립하고 언어구조의 내부로부터 해당 언어 현상에 대한 이해를 모색하는 것이다. 다른 하나는 인지 언어학 이론으로 주로 일련의 심리적 분석 수단을 제시하고 언어의 외부로부터 언어 현상의 해석을 시도하는 것이다. 만약 형식 언어학 이론이 언어학을 물리학에 비유하여 언어 구성의 규칙을 물질의 구성 규칙과 동일하게 보고 물질의 외부에서 해석을 찾을 필요가 없다고 보는 것이라면, 인지 언어학 이론은 언어학을 생물학과 유사한 것으로 보는데 이는 생물의 구성 부분과 구성 방식은 생물이 진화 과정에서 생존을 위해 형성된 것이며 기능과 대응하지 않는 것이 없기 때문이다. 이처럼 두 가지 방법의 기본 이론이 대립하기 때문에 인지 언어학 이론의 일부 기본 가설은 주로 형식 언어학 이론과 구별되는 측면에서 표현된다. 그 내용은 다음의 몇 가지 분야에서 정리할 수 있다.

첫째, 형식 언어학과 달리 인지 언어학은 인간의 언어 능력이 인간의 일반적인 인지 능력과 밀접한 관련이 있다고 본다. 영아는 호흡, 섭취, 배설을 통해 안과 밖이라는 대립 개념을 체험하고, 끊임없이 장난감을 집고 내려놓는 동작을 통해 통제함와 통제받음의 개념적 대립을 체험한다. 또한 사람들은 미녀에게 아름다운 얼굴을 가졌다고 칭찬하거나 조직 내에 새로운 얼굴이 많다는 표현을 하는데 이는 사람들이 일반적으로 다른 신체 부위가 아닌 얼굴에 대한 관찰에 의지하여 다른 사람을 평가하거나 식별하며 통상적으로 차림새나 화장만으로 판단하지 않기 때문이다. 또한 '我的父亲'이라고 말할 수 있지만 '我父亲'이라고 말할 수도 있다. 반면 '我的书桌'는 가능하지만 '*我书桌'는 불가능하다. 그 이유는 '父亲'과 '我'는 양도불가능한 관계로 언어 구조에 반영되는 두 단어의 관계가 매우 밀접하기 때문이다.

둘째, 형식 언어학과 달리 인지 언어학은 통사는 자립적이지 않으며, 다수의 언어 현상이 구조 분석만으로는 불충분하고 실제 어휘, 의미, 화용 등과 분리될 수 없는 관계라고 인식한다. 예를 들어 '你有钱吗?'라는 말은 통사적 각도에서 아무런 연구 가치가 없는 듯하고 의미도 매우 단순해 보인다. 그러나 실제로 이 말은 다양한 맥락에서 전혀 다른 의미를 지닌다. (돈이 없어서) 당신에게 돈을 빌리고 싶다는 의미를 표현할 때도 있고, (당신의 경제상황에 관심을 가지고) 당신에게 돈을 빌려주고 싶다는 의미를 표현할 때도 있으며, 심지어 (당신을 압박해서) 돈을 내놓으라는 의미를 가질 때도 있다. 이러한 의미는 어기, 어조, 강세 등 언어 현상과 관련 있을 뿐 아니라 맥락, 함축, 화행 등 다양한 요소와도 관련이 있다.

셋째, 형식 언어학과 달리 인지 언어학은 객관적 진리조건뿐 아니라 주관적 요소와 더 많은 관련성을 가진다. 이는 마치 아름다움에 대한 인간의 평가와 유사하다. 혹자는 아름다움이란 객관적으로 존재하는 것이라고 보고 그렇지 않다면 공인된 중국 4대 미녀 같은 개념이 어떻게 존재할 수 있겠는가라고 생각한다. 그러나 혹자는 아름다움이란 주관적인 판단이라고 본다. 그렇지 않다면 어떻게 '情人眼里出西施(사랑하는 사람 눈에는 모두 서시(중국 미인)로 보인다)'와 같은 말이 가능하겠는가! 인지 언어학은 언어 표현 자체에 많은 주관적 요소가 기능하며, 언어 현상에 대한 해석도 객관적 요소와 주관적 요소의 결합이어야 한다고 여긴다. 예를 들어 '我送一件毛衣给小李'와 '我送给小李一件毛衣'의 두 문장이 단지 구조의 변환일 뿐 의미는 변하지 않았다고 본다면 전형적인 객관적 의미 분석이 된다. 인지 언어학에서는 이 두 문장의 차이가 객관적 현실에 있는 것이 아니라 주관적 인식에 있다고 본다. 즉, 인간의 뇌에서 형성된 두 가지 다른 이미지로, 전자는 '스웨터(毛衣)'가 '나(我)'로부터 '小李'에게 전달되는 과정을 부각한 반면, 후자는 스웨터의 전달된 결과로 '小李'가 '스웨터(毛衣)'를 가지게 되었음을 부각한다. 다시 말해서 주관적인 분석 결과로 하나의 문장을 전혀 다르게 보게 된다.

넷째, 형식 언어학과 달리 인지 언어학은 언어의 각종 단위가 사람이 만든 다수의 범주처럼 비이산적(非离散性) 속성을 가지며 경계가 불분명하다고 본다. 형식 언어학은 언어의 모든 성분, 단어 분류, 성분 분류, 관계 분류에 있어서 이것이 아니면 저것이라고 여긴다. 즉, 명사는 동사가 아니며, 주어는 목적어가 아니고, 주술관계는 동목관계가 될 수 없다는 것이다. 그러나 인지 언어학에서는 한 범주의 내부 구성원 간에 절대적인 공통의 특징이 없으며 일정 부분의 유사성이 존재할 뿐이라서 마치 가족 구성원과 같다고 보는데 이러한 관점이 바로 '가족유사성' 개념이다. 예를 들어, 새의 범주에는 날개가 있음, 부리가 있음, 깃털이 있음, 날 수 있음 등의 특징이 상호 결합하는 데 모든 특징을 동시에 구비한 참새와 같이 전형적인 새가 있는가 하면, 네 가지 특징을 동시에 구비하지 못한 새도 있다. 예를 들어 타조는 날 수가 없고 펭귄은 날 수 없을 뿐 아니라 깃털도 없어서 전형적인 새가 아니다. 동사 중에서 타동사도 단번에 구분할 수 없으며 다양한 측면에서 동사가 타동성을 가지는지를 보아야 한다. 예를 들어 동작에 참여자가 존재하는지, 인위적이며 의지를 가졌는지, 동작이며 상태가 아닌지, 순간적이며 비지속적인지, 현실적이고 비허구적인지 등의 특징을 고려하여 이러한 특징이 많은 동사일수록 전형적인 타동사에 가깝다고 보아야 한다. 이러한 관점에 따라 중국어의 동사(구조) '撞(大楼)'은 전형적인 타동사로 '盖(大楼)'에 비해 타동성이 높을 뿐 아니라 '住(大楼)'에 비해서도 타동성이 훨씬 높다. 이 세 동사들은 모두 타동사이고 구조 역시 모두 동목구조이지만 이러한 차이는 존재한다.

마지막으로 형식 언어학과 달리 인지 언어학은 인간의 인지적 보편성을 인정하는 동시에 다른 민족 간의 인지 특징이 언어에 미치는 영향에 주의하고 있다. 예를 들어, 영어에서는 'She has married the wrong man(직역하면 '그녀는 문제 있는 남자와 결혼했다')'이라고 말할 수 있지만 중국어는 '她嫁错了人(그녀는 시집을 잘못 갔다)'이라고 말한다. 비록 인지 언어학은 미국의 인류언어학자인 워프(Whort)와 사피어(Sapir)가 제시한 언어상관론 가설처럼 언어 차이의 원인을 전적으로 문화적인 가치 체계 속에서 찾지는 않지만 적어도 인지적 측면에서 일부는 설명할 수 있다고 본다. 예를 들어, 중국어를 말하는 사람의 관념에서 보면 주어가 실수한 행위에 주안점을 두기 때문에 '女人错(嫁错)'와 같은 표현이 가능하다. 그러나 영어 화자의 관념에서는 주어가 시집가고 싶어하는 사람과 실제 시집간 사람과의 차이에 주안점을 두기 때문에 '男人错(错人)'라고 보는 것이다. 이 역시 영어와 중국어의 다른 통사 구조가 표현하는 민족적 특징이다.

상술한 인지 언어학의 이론적 가설 위에서 그 연구 목적은 다음 두 가지로 정리할 수 있다. 첫째는 인지성이고, 둘째는 개괄성이다. 인지 언어학자들은 인지의 개괄성을 통해서만 과학성을 유지할 수 있다고 여긴다. 아래에서는 몇 가지 간단한 예를 들어 인지성과 개괄성의 의미를 살펴보고자 한다.

유계와 무계는 인지 언어학 이론의 중요한 분석 원칙이다. 두 개념의 대립은 인류의 기본적인 인지 경험이다. 인간은 최초 자신의 신체로부터 무엇이 유계 사물인지 체득하게 된다. 사람은 호흡할 수 있고 음식물을 섭취하고 배설할 수 있는데, 이러한 기능은 인간의 신체가 하나의 용기임을 의미하며 용기는 안과 밖의 구별이 있다. 더 나아가 무계 사물의 내부는 모두 동질적이며 유계 사물의 내부는 이질적이다. 물은 무계 사물로 어떻게 잘라도 잘라낸 부분은 여전히 물이다. 반대로 탁자는 각기 다른 부분으로 구성된 유계 사물로 탁자에서 분할된 일부는 더 이상 탁자가 아니다. 이 역시 인간 경험의 일부다.

인지적인 유계와 무계의 대립은 언어 구조에도 반영된다. 예를 들어 명사, 동사, 형용사의 3대 실사의 특징에도 유사한 부분이 있다. 명사의 유계와 무계의 대립은 어법적으로 가산 명사와 불가산 명사의 대립에 반영되며, 양사(classifier)는 개체 양사와 비개체 양사의 대립으로 표현된다. 유계 사물은 개체이며 개체만이 셀 수 있다. 따라서 수량사의 수식을 받을 수 있는 모든 명사구는 유계 명사구로 '两条鱼, 四桶水, 好些人' 등이 그러하다. 민명사는 개체 사물을 지시할 수 없기 때문에 무계인데 '(抽)烟, (乘)车, (喝)水' 등을 예로 들 수 있다. 동사의 경우 유계 동작은 시간선상에서 기점과 종점을 가진다. '(把鱼)盛碗里'와 같은 동작은 담기 시작한 것이 동작의 기점이고 생선이 그릇에 놓인 것이 동작의 종점이다. 반대로 '盛(鱼)'이 표현하는 동작은 내부적인 종점이 없기 때문에 무계다. 형용사에 있어서 중국어 형용사가 대표하는 성질과 상태는 정도가 존재하기 때문에 무계다. '白'는 다양한 정도의 흰색을 개괄한 것으로 불확정적인 양의 폭을 대표한다. 반면 상태형용사 '雪白'는 정도에 있어서 유계인데 이는 '雪白'가 '白'라는 양의 폭에서 어떤 구간 혹은 한 점을 표시하기 때문이다.

상술한 유계와 무계의 대립은 (9)에 제시된 수량 명사에 관한 어법 현상을 전체적으로 설명할 수 있다. 바로 왜 일부 구조는 수량사가 있어야만 성립하고, 일부는 수량사가 없이도 성립하는지에 관한 문제다.

(9)		
	a_1. *盛碗里鱼	a_2. 盛碗里两条鱼
	b_1. *飞进来苍蝇	b_2. 飞进来一只苍蝇
	c_1. *捂了孩子痱子	c_2. 捂了孩子一身痱子
	d_1. *雪白衣服	d_2. 雪白一件衣服
	e_1. *干干净净衣服	e_2. 干干净净一件衣服
	f_1. *白一件衣服	f_2. 白衣服
	g_1. *干净一件衣服	g_2. 干净衣服

(9)의 좌측 열이 성립하지 않는 것은 유계 성분과 무계 성분이 부합하지 않기 때문이다. 예를 들어 유계 동작인 '盛碗里'는 무계 사물인 '鱼'에 부합하지 않는다. 유계적 성질인 '雪白'와 무계 사물인 '衣服'는 어울리지 않고, 무계적 성질인 '白'는 유계 사물인 '一件衣服'와 부합하지 않는다.

우측의 예는 모두 동작과 사물, 성질과 사물이 유계와 무계 측면에서 부합한다. 이렇게 인지 이론은 다른 품사로 구성된 병렬 구조에 개괄적인 해석을 제공한다. 사물은 공간상에서 유계와 무계의 대립이 존재하고, 동작 행위는 시간선상에서 유계와 무계의 대립이 존재하며, 성질 상태는 정도와 양에서 유계와 무계의 대립이 존재한다. 즉, 본래 공간 영역에만 나타나는 유계와 무계의 개념이 인간의 인지를 통해 시간 영역과 성질 상태 영역까지 응용된 것이다.

다음으로 심리학의 게슈탈드(gestalt) 이론에 따라 수립된 순서, 포용, 근접, 수량 등도 인지 이론의 중요한 분석 원칙이다. 게슈탈드의 의미는 전체가 부분의 합보다 크다는 것이다. 인지 이론은 언어에서 어떠한 하나의 구문은 심리적 게슈탈트라고 볼 수 있으며, 구문의 전체적인 의미를 파악해야만 통사 분석으로 설명할 수 없는 언어 현상을 해석할 수 있다고 본다. 즉, 구문의 전체 의미가 구성 성분의 의미에 의해 결정된다고 보기 보다는 구성 성분의 의미가 구문 전체 의미에 의해 결정된다고 보는 것이다. 중국어의 在자문과 给자문의 예를 들어 보자.

(10) a_1. 我在院子里种了几棵花。　　b_1. 我给张老师写了一封信。
　　a_2. 在院子里我种了几棵花。　　b_2. *给张老师我写了一封信。
　　a_3. 我种了几棵花在院子里。　　b_3. 我写了一封信给张老师。
　　a_4. 我种在院子里几棵花。　　b_4. 我写给张老师一封信。

(10)은 일반적으로 말하는 在자문과 给자문으로 평행적인 변환이 가능하지만, ($10b_2$)처럼 평행적으로 변환하지 못하는 경우도 있다. 과거 어법 분석에서는 给자문의 동사를 수여류와 비수여류, 부착류와 비부착류로 분류하였으나 이러한 방법은 개괄성이 부족하고 설득력도 약하다. 인지 이론에서는 이들 구조의 전체 의미를 각각 다음과 같이 묘사하고 있다.

(11) a_1. 모종의 장소에서 모종의 행위를 하다.

b_1. 모종의 수혜목표를 대상으로 모종의 전이 활동을 하다.

a_2. 모종의 장소에서 모종의 사건이 발생하다.

b_2. *모종의 수혜목표를 대상으로 모종의 사건이 발생하다.

a_3. 모종의 사물이 운동의 작용하에 모처에 도달하다(동작과 도달은 분리된 과정).

b_3. 수혜되는 사물이 전이과정을 거쳐 모종의 종점에 도달하다(전이와 도달은 분리된 과정).

a_4. 모종의 사물이 동작의 작용하에 모처에 도달하다(동작과 도달은 하나의 과정).

b_4. 수혜되는 사물이 전이과정을 거쳐 모종의 종점에 도달하다(전이와 도달은 하나의 과정).

이렇게 해야만 인지적인 순서원칙과 포용원칙으로 두 구문의 공통점과 차이점을 설명할 수 있다. '给X'가 동사 앞에 분포하는 경우(b_1식과 b_2식) 예정된 목표를 표시하지만, 동사 뒤에 분포하는 경우(b_3식과 b_4식) 도달한 종점을 표현한다. 순서원칙에 따라 목표는 행위 전에 먼저 설정되어야 하기 때문에 동사 앞에 분포하고, 종점은 동작 후에 도달하는 곳이기에 동사의 뒤에 분포한다. 동사와 '在X'의 상대적인 위치에 대하여 유사한 설명을 할 수 있다. 차이는 단지 동사 앞의 '在X'는 사건의 발생 장소를 나타낸다는 점이다. 그렇다면 왜 b_1식은 가능하지만 b_2는 일반적으로 사용하지 않는 것인가?('张老师'를 강조할 때는 예외) 그 차이는 전자는 '给张老师'가 '写了一封信'만을 포용하는 반면, 후자는 '给张老师'가 '我写了一封信'을 포용한다는 것이다. 포용원칙에 따르면 후자는 하나의 사건(모든 참여자를 포함)을 대표하지만, 전자는 하나의 동작만을 대표한다. 일반적으로 예정된 목표를 위해서는 어떤 동작을 할 수 있을 뿐 어떤 사건이 발생하지는 못한다. 이에 비해 a_1식과 a_2식은 모두 가능한데 이는 在자문의 전체 의미가 모종의 장소에서 모종의 행위를 하다와 모종의 장소에서 모종의 사건이 발생하다의 두 가지라서 모두 말이 통하기 때문이다.

이 외에도 근접원칙에 따라 在자문과 给자문의 또 다른 평행 관계를 설명할 수 있다. 바로 왜 어떤 동사 뒤에는 '了'를 부가할 수 없고 만약 부가하려 하면 '在/给' 뒤에만 부가할 수 있는가의 문제다. ($12a_1/b_1$)과 ($12a_2/b_2$)의 전체 의미는 모두 동작의 작용으로 사물이 어떤 종점에 도달하였음을 표현한다. 차이점이라면 인지적으로 ($12a_1/b_1$)의 동작과 도달은 두 개의 분리된 과정인 반면, ($12a_2/b_2$)의 동작과 도달은 하나의 과정이라는 점이다. 근접원칙에 따르면 동사와 '在/给'가 분리되었을 때는 두 개의 분리된 과정을 표시하는 반면, 하나로 묶여 있을 때는 단일한 하나의 과정을 대표한다.

(12) a_1. 我种了几棵花儿在院子里。　a_2. *我种了在院子里几棵花儿。
　a_3. 我种在了院子里几棵花儿。
　b_1. 我写了好几封信给张老师。　b_2. *我写了给张老师好几封信。
　b_3. 我写给了张老师好几封信。

상술한 구문간의 평행성은 다음 예의 대립을 통해서도 발견할 수 있다. (13a)는 '写'와 '给'가 떨어져 있어서 편지가 전달될 수 있는데 이는 '写—给'가 분리된 과정이기 때문이다. 반면 (13b)는 '写'와 '给'가 결합되어 있어서 편지가 전달될 수 없다. 이는 '写给'를 하나의 과정으로 보기 때문이다. 이는 왜 '了'가 '种在/写给' 뒤에만 부가되는지를 설명하는데 '种在'와 '写给'는 이미 긴밀하게 결합된 하나의 복합동사를 구성하기 때문이다.

(13) a. 他写一封信给我, 让我转交给你。
　b. *他写给我一封信, 让我转交给你。

在자문과 给자문이 가진 평행관계의 동일성과 차이점은 더 있는데 바로 수량원칙으로 설명할 수 있다. (14a)에서 '卖'는 전형적인 수여동사로 고유의 수여 의미를 지니며 정보 전달에서 수여 의미를 기본값(default value)으로 가진다. 따라서 '给'는 사실상 잉여성분이며 생략되어도 문제가 없다. 반면 '写'는 수여 의미를 기본값으로 가지지 않기 때문에 문장에 '给'가 출현해야만 한다. (14b)의 在자문도 유사한 설명이 가능하다. 부착 의미가 동사 의미의 기본값인지 여부를 보아야 한다. 만약 부착 의미가 동사 '放'의 기본값이라면 '在'는 출현할 필요가 없지만, 반대로 '写' 같이 기본값이 아닌 경우에는 '在'가 반드시 출현해야 한다. 이것은 수량원칙의 요구로 의미의 수량만큼 형식적 수량이 존재해야 함을 의미한다.

(14) a_1. 我写给张老师好几封信。　　a_2. 我卖(给)张老师一所房子。
　　b_1. 我写在黑板上几个字。　　b_2. 我放(在)桌子上一盆花。

11.3 언어의 은유와 환유 분석

은유(metaphor)는 보편적 인지 현상이자 언어 표현 현상이다. 다음에 나열된 토론에 관한 단어와 문장은 모두 전쟁과 관련된 개념을 사용하고 있다. 이는 사람들이 사실상 토론 중에 일어나는 모든 행위를 전쟁으로 보고 있음을 의미한다. 이처럼 한 영역의 개념이 다른 영역으로 투사되거나 하나의 인지역(근원역)이 다른 인지역(목표역)으로 투사되는 인지 방식을 은유라 한다.

(15) a. 论战/ 争论/ 论敌/ 抨击/ 打笔仗/ 理论战线/ 唇枪舌剑/ 同室操戈/ 大加挞伐/ 人身攻击/ 批评的武器
　　b. 他们在辩论中失败了/ 指挥汉奸文人围攻左翼作家/ 这几句话击中了要害/ 对他的论点提出挑战/ 以子之矛攻子之盾/ 我撤回对你的批评/ 抓住他的问题放大炮/ 中苏大辩论没有休战/ 批评的火药味愈来愈浓

구체적인 개념을 통해 추상적인 개념을 이해하는 것은 일반적인 인지 방식이다. 따라서 언어에서 사용되는 은유의 가장 대표적인 예는 비교적 구체적인 개념으로 다른 추상적인 개념을 은유하는 방식이다. 예를 들어, 인간이나 사물의 이동을 통해 추상적인 시간의 개념을 은유하는 경우로 '가슴 뛰는 시간이 도래했다(激动人心的时刻到来了)'라든지 '아름답던 시절이 이미 우리 곁에서 멀리 사라졌다(美好的日子已经离我们远去了)' 등의 예를 들 수 있다. 또한 상하고도(上下高度)의 변화로 추상적인 수량 개념을 은유하기도 한다. 예를 들어, '물가가 올랐다(物价上去了)', '다우존스지수가 바닥으로 떨어졌다(道琼斯指数跌到了谷底)' 등을 예로 들 수 있다. 모종의 추진력을 이용하여 현상을 만든 추상적인 원인을 은유하기도 한다. 예를 들어, '이 말이 나를 안절부절 못하게 만들었다(这一席话使我坐立不安)'라든지 '정국의 불안정이 주식시장을 요동치게 만들었다(政局不稳使股市动荡)' 등을 예로 들 수 있다. 이 밖에도 모종의 물건을 담는 용기를 이용하여 추상적인 범주 개념을 은유하기도 하는데 '이 범주가 포함하는 구성원(这个范畴所包含的成员)'과 같은 표현을 예로 들 수 있다. 또한 언어를 통한 정보와 감정의 교류와 같은 표현은 세 가지 은유와 관련되어 있다. '정보나 감정은 일종의 물건이다', '교류는 일종의 전달 과정이다', '정보 교류와 감정은 물건의 전달에 상응한다' 등은 전달은유로 통칭할 수 있다. 아래 예문은 이러한 은유를 사용한 예문이다.

(16) a. 这篇文章包含许多新观点。　　b. 这句话的含义很深。
　　 c. 字里行间充满了感情。　　　d. 我托他转给你这个信息。

다수의 언어현상이 은유를 통해 분석되거나 설명될 수 있다. 예를 들어 습관적인 표현의 이해와 분석은 종종 은유를 빌어 사용한다. 사람들이 극도의 분노를 표현하는 영어의 습관적 표현 'flip your lid', 'blow the stack', 'hit the ceiling'이나 중국어의 '怒发冲冠'을 이해하는 것은 분노는 용기에 봉쇄된 가열된 액체나 기체라는 은유와 관련된 이미지에 근거한 것이다. 합성어 역시 은유 형식을 통해 구성된 것으로 분석할 수 있다. 첫 번째 예로 조합식을 들 수 있는데 전체는 부분의 조합으로 구성된 것이기 때문에 합성어의 의미는 형태소 의미의 합과 같다는 생각이다. '大衣'가 '大+衣'와 같은 경우를 말한다. 다른 하나는 부가식(비계식)으로 단어를 구성하는 형태소는 마치 비계[1]와 같아서 집을 지은 뒤 비계를 철거하는 것과 같다고 보는 것이다. 예를 들어 '轮椅(휠체어)'의 전체 의미는 형태소의 총합보다 크기 때문에 '轮+椅'와 일치하지 않는 것과 같다. 또한 다의어가 하나의 의미 항목에서 다른 의미 항목으로 인신 되는 것도 은유를 통해 설명할 수 있다. 사람들은 건강한 신체라고 말할 뿐 아니라 건강한 피부, 건강한 운동 등의 표현을 사용한다. 건강의 핵심적인 의미 항목은 신체가 튼튼한 것이며 신체 건강의 결과는 좋은 피부이고 신체 건강을 위해 필요한 것이 좋은 운동이다. 후자는 사물을 사용한 결과와 원인으로 해당 사물을 은유한 것이다.

어법 구조에도 다수의 은유 현상이 포함되어 있다. 아래 (17a)와 같은 중국어 문장의 어순은 주로 시간순서도상성원칙에 부합한다. 즉, 먼저 발생한 동작은 어순상 앞에 분포하고 나중에 발생한 동작은 뒤에 분포한다는 것이다. (17b)의 영어 문장 어순은 변화가 없지만 위치를 모방한 도상성 원칙에 부합할 뿐 아니라 동사는 중개물(접합제나 중개인과 유사함)로서 두 개의 연결된 물체 사이에 분포한다.

(17) a_1. 小猴子在马背上跳。
a_2. 小猴子跳在马背上。
b_1. The little monkey jumped on the horseback. (小猴子在马背上跳。)
b_2. The little monkey jumped onto the horseback.(小猴子跳在马背上。)

1 역자주: 높은 곳에 공사를 할 수 있도록 임시로 설치한 가설물.

언어의 인지 분석에서 은유와 긴밀한 관계에 있는 것으로 환유(metonymy) 개념이 있다. 이 둘은 모두 개념 형성의 방식으로, 차이점이 있다면 은유는 두 인지 모형의 유사성에 중점이 둔 반면, 환유는 두 인지 범주의 상관성에 중점을 둔다. 동시에 은유와 환유의 두 인지 수단을 사용한 예도 다수 존재한다. 예를 들어 사람들은 종종 '얼굴색이 벌게지고 뜨거운 기운이 하늘을 찌른다(脸色通红、火气上升)'는 환유로 분노를 표현한다. 그러나 이러한 환유는 또한 '분노는 불이고, 신체는 감정을 담는 용기'라는 은유와 관련이 있다. 예로 '怒火中烧、强压怒火' 등을 들 수 있다. 그러나 종합적으로 볼 때 은유는 주로 이해의 수단이고 환유는 주로 사물을 대신 지시하는 수단이다. 다음은 환유를 통해 모종의 개념이나 사물을 지시한 전형적인 예이다.

(18) a. 壶开了。(주전자(壶)는 주전자 안의 물을 지시한다)
b. 我买了一台索尼。(소니(索尼)는 소니브랜드의 TV를 지시한다)
c. 白宫没有表态。(백악관(白宫)은 미국정부를 지시한다)
d. 我喜欢读鲁迅。(루쉰(鲁迅)은 루쉰의 책을 지시한다)
e. 一日不见, 如隔三秋。(가을(秋)은 1년을 지시한다)
f. 他又在敲键盘了。(키보드(敲键盘)는 컴퓨터 작업이나 게임을 지시한다)

환유 분석을 통해 앞서 5강과 6강에서 토론했던 '的자 구조(X的)의 '지시 전환(转指)'[2] 문제를 처리할 수 있다. '지시 전환'은 'X的' 구조를 이용하

2 역자주: '自指'와 '转指'의 개념은 최초 주더시(朱德熙)의 《自指与转指》(《方言》 1983년 제1기, 《朱德熙文集》 제3권)에서 제시되었다. 루젠밍(陆俭明)은 《八十年代中国语法研究》(98페이지)에서 말하기를 '自指'과 '转指'의 차이는 '自指'은 단순히 단어 성질의 전환으로 용언성 성분이 체언성으로 바뀌고 의미는 변함이 없는 것을 말한다. '转指'는 단어 성질의 전환뿐 아니라 의미도 변화는 경우를 말하는데 특히 행위 혹은 성질 자체가 행위 혹은 성질과 관련된 사물로 전환되는 경우를 말한다(출처: 百度百科).

여 사람이나 사물을 지시하는 경우를 말한다. 통사 분석의 각도에서 볼 때 만약 'X=VP'라면 'X的'의 '지시 전환'의 조건은 'X' 중에서 추출 가능한 주어와 목적어의 공범주 위치가 존재해야 한다는 점이다. 예는 아래와 같다.

(19) a. 开车的　(=人, X의 주어 공범주 추출)
b. 老张开的　(=车, X의 목적어 공범주 추출)
c. *他开车的　(=技术, X는 공범주가 존재하지 않음)
d. *他开车的　(=场地, X는 공범주가 존재하지 않음)

이후에 사람들은 이러한 주어와 목적어의 공범주 추출에 따라 수립된 'X的'의 지시 전환 원칙이 엄격하지 않다는 사실을 발견하였다. 예를 들어 맥락에 따라 (19c/d)와 같이 지시 전환이 불가능한 'X的'가 가능해지기 때문이다. 예는 아래와 같다.

(20) a. ——你在技校都学会了哪些技术? ——开车的, 修车的, 多着呢。
('开车的'는 '技术'을 지시)
b. 公园里有好几块场地, 孩子们开车的有篱笆围墙围着。
('孩子们开车的'는 '场地'를 지시)

사실 주어, 목적어 추출 원칙은 유효하지 않을 수 있다. 또한 맥락에만 의지해서는 'X的'의 '지시 전환' 규칙을 정확하게 이해하기 어렵다. 이는 일부 맥락에서 'X的'가 지시하는 중심어가 여전히 제약을 받기 때문이다. 우리는 손으로 가방을 가리키며 "이것은 사오왕의 것이다(这是小王的)."라고 말할 수 있지만, 가족모임에서 사오왕의 아빠를 손으로 가리키며 "이 사람은 사오왕의 것이다(*这是小王的)"라고 말하지는 않는다. 이는 'X的'의 '지시 전환' 상황의 복잡성을 보여 준다. 인지 이론은 'X的'의 지시 전환 규칙을 설명하기 위해 먼저 환유의 인지모형을 설립하는데 아래 (21)과 같다.

(21) a. 모종의 맥락에서 모종의 목적을 위해 목표개념 B를 지시할 필요가 있다.
b. 개념 A로 개념 B를 지시한다. A와 B는 반드시 동일한 인지적 틀 안에 존재한다.
c. 동일한 인지적 틀 안에서 A와 B는 밀접한 관계를 가지며, A의 활성화는 B의 활성화를 수반한다.
d. A가 B의 활성화를 수반해야 하며, A의 인지적 현저성은 B보다 높아야 한다.
e. 환유는 A와 B가 모종의 인지적 틀에서 가지는 상호 관계된 모형이다. 즉, A에서 B로의 함축관계를 말한다.

가장 명확한 예로 (21)의 의미를 설명하고자 한다. '壶开了(주전자가 끓었다)'는 '壶(주전자, 개념A)'를 이용하여 '水(물, 개념B)'을 지시하는 것으로, 주전자와 물이 용기-내용이라는 인지적 틀 안에서 밀접한 관련성을 가지고, 주전자라는 개념의 활성화는 부가적으로 물이라는 개념의 활성화를 촉진한다. 주전자의 인지적 현저성은 물보다 높다. 이는 주전자는 보이는 사물인데 반해 물은 보이지 않는 사물이며 물이 끓을 때 우리가 볼 수 있는 것은 물이 끓고 있는 모습이 아니라 주전자 주둥이에서 수증기가 나오고 뚜껑이 덜그덕거리는 모습이기 때문이다. 이것이 바로 환유의 일반적인 규칙이며 여기에서 가장 중요한 것이 바로 인지적 틀와 현저성의 작용이다.

먼저 인지적 틀이 'X的'의 지시 전환에 미치는 영향을 살펴보도록 하자. 인지적 틀은 인간이 경험에 근거하여 수립된 개념 간의 상대적으로 고정된 관계 모델로서, 용기-내용, 전체-부분, 행위자-동작-대상 등을 말한다. 이러한 인지적 틀이 있기에 'X的'의 지시 전환을 이해할 수 있다. 아래 예를 보자(좌측은 인지적 틀이고 우측은 실례다).

(22) a. 소유자—소유물(学生和书包, 小孩和玩具), 小王的(书包)

b. 사물—속성 (桌子和大小, 女孩和胖瘦), 苗条的(姑娘)

c. 경험자—행위/경험(宝宝哭, 他失败了), 老哭的(孩子)

d. 행위자—동작—대상/결과(老张开车, 小宝写字), 开车的(人), 小宝写的(字)

e. 행위자—동작—접수자—대상(玲玲送老师一束花), 玲玲送老师的(花)

f. 행위자—동작—종점—대상(老张把书放在箱子里), 老张放书的(箱子)

주관적인 심리 구조물인 인지적 틀은 객관적 실제보다 단순하다. 예를 들어 실제로 발생한 것은 그가 한밤중에 도로에서 빠르게 차를 몰았다(他深夜在公路上飞快地开车)지만 인지 주체인 사람은 이 광경을 행위자-동작-대상의 인지적 틀에서 귀납한다. 행위자 인간과 대상 차를 인지적 틀 안에 넣고 시간인 '한밤중', 장소인 '도로', 방식인 '빠르게'는 일반적으로 틀 안에 넣지 않는다. 이러한 인지 방법은 게슈탈트와 완벽하게 일치한다. 아래 그림을 보자.

(23)

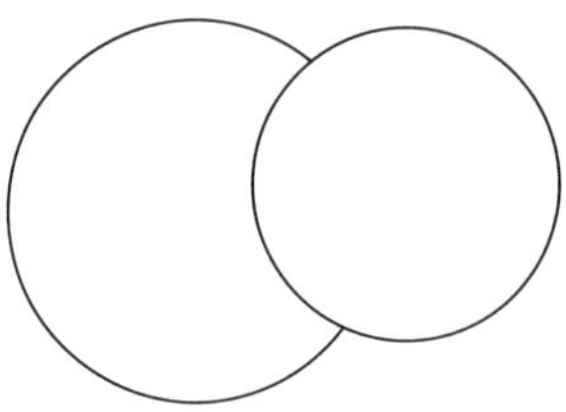

사람은 심리적으로 그림(23)을 한 원의 일부가 다른 원에 겹쳐진 것으로 인식한다. 비록 실제 겹쳐진 부분이 다른 형상일지라도 그렇게 인식된다. 이것은 바로 원의 형상이 완벽한 형상이고 게슈탈트이기 때문이다. 이는 또한 왜 '开车的'라는 표현을 듣거나 보게 되면 인지적 틀에 따라서 지시하는 성분이 행위자인 사람일 것이라고 추측하고 시간, 지점이나 방식이라고 생각하지 않는지를 설명해 준다. '人开车'가 하나의 게슈탈트이고

'深夜开车, 公路上开车, 飞快地开车' 등은 게슈탈트가 아니기 때문이다. 시간, 원인, 방식, 목적 등 환경적 성분은 일반적으로 인지적 틀 안에 존재하지 않고 지시 대상이 될 수 없다.

인지적 틀을 이용하여 'X的'의 지시를 분석하는 방식은 때로는 통사 분석보다 유리하다. 예를 들어 일부 'X的'가 수식하는 명사는 통사적 연결 성분이 아니지만 인지적 틀의 성분이라서 'X的'의 지시 대상이 되기 때문이다. 역으로 통사적 연결성분이 반드시 인지적 틀과 관련된 성분은 아니기 때문에 반드시 지시 전환할 수 있는 것은 아니다. (24a)에서 '伤口'는 '咬'의 목적어가 아니지만 행위자-동작-결과의 인지적 틀 안에 존재하기 때문에 지시할 수 있다. (24b)는 어떤 사람이 정통하다는 것은 늘 정통한 분야와 관련이 있지만 어떤 사람이 똑똑하다는 것은 반드시 어떤 분야와 관련이 있는 것은 아니다. 따라서 '他最在行的'는 '这些事'를 지시할 수 있지만 '他最精明的'는 '这些事'를 지시할 수 없다.

(24) a. 毒蛇咬的(伤口)
b$_1$. 这些事他最在行/他最在行的(事)
b$_2$. 这些事他最精明/ *他最精明的(事)

인지적 틀을 이용하는 것은 'X的'의 '지시 전환'을 분석할 때 동사와 관련짓는 부분에서 편리하게 사용된다. '切, 捆, 犁'와 같은 동사에 있어서 도구는 인지적 틀의 구성원이다. '放, 堆, 装'류 동사에 있어서 처소는 인지적 틀의 구성원이다. 이는 또한 (25)에서 'X的'의 지시 전환에 발생한 차이를 설명할 수 있다.

(25) a$_1$. 我捆书的(绳子) a$_2$. *我借书的(绳子)
b$_1$. 咱们堆化肥的(屋子) b$_2$. *他们卖化肥的(屋子)

어떤 개념 성분은 두 개의 인지적 틀에 공존할 수 있으며 두 개의 인지적 틀은 복합적 인지적 틀을 구성할 수 있다. (26a)에서 '老人'과 '头发'은 전체-부분의 인지적 틀에 속하고, '头发'와 '稀少'는 성질-속성의 인지적 틀에 속한다. 여기에서 '头发'는 두 개의 하위 틀을 연결하는 공유 성분이다. '老人'은 이러한 복합적 인지적 틀에 위치하기 때문에 'X的'에 의해 지시될 수 있다. (26c)는 수량-분배의 인지적 틀(两人一间)과 사물-수량의 인지적 틀(一间客房)을 포함하며, 수량 '一间'은 두 개의 하위 틀을 연결하는 공유성분이다. 따라서 복합적 인지적 틀에 위치한 '客房'은 'X的'가 지시할 수 있는 대상이다. 기타 예문의 상황도 유사하다.

(26) a. 头发稀少的(老人) b. 儿子考上大学的(家长)
c. 两个人合住一间的(客房) d. 九十块钱一桌的(酒席)

다음으로 현저성이 'X的'의 지시 전환에 미치는 영향을 살펴보자. A가 B를 환유할 때 A와 B는 동일한 인지적 틀에 존재해야 하는 것 외에도 A는 B보다 현저해야 한다. 현저한 것으로 덜 현저한 것을 환유하는 것이 일반 규칙이다. 통상적인 상황에서 '전체는 부분보다 현저하다(큰 것이 작은 것보다 현저하다)', '용기는 내용보다 현저하다(보이는 것이 안 보이는 것보다 현저하다)', '유생이 무생보다 현저하다(움직일 수 있는 것이 움직이지 못하는 것보다 현저하다)', '거리가 근접한 것이 먼 것보다 현저하다' 등의 원칙이 존재한다. 사물의 현저성은 인간의 주관적 요소와 관련이 있다. 사람이 의식적으로 주의력을 어떤 사물에 집중할 때 일반적으로 덜 현저한 사물도 현저한 사물로 변한다. 심리학에서 유명한 그림/배경을 바꾸는 실험이 그 증거이다. 아래 그림을 보자.

(27)

만약 주의력을 (27)의 흰 부분에 집중하면 화병이 보이고 검은 부분은 배경이 되며 그림은 배경보다 현저해진다. 만약 주의력을 검은 부분에 집중하면 그림과 배경이 바뀌어 마주한 두 사람의 두상이 보이고 하얀 부분은 배경이 된다. 현저성의 개념으로 중국어의 일부 'X的'의 지시 전환 규칙을 좀 더 설명할 수 있다.

첫째, 전체와 부분의 상대적 현저성을 보자. 일반적인 상황에서 전체는 부분보다 현저하다. '拿着锤子'는 실제로는 망치의 손잡이만을 잡고 있을 뿐이며, '铅笔折了'는 연필심이 부러졌을 뿐이다. 그러나 특수한 상황에서는 부분이 전체보다 현저해질 수도 있다. '找个帮手'라고 말할 때 '帮手'는 도움이 되는 사람을 말하며 '又在敲键盘'에서 '敲键盘'은 일하거나 게임하고 있음을 의미한다. 이들은 모두 현저한 것이 덜 현저한 것을 지시한다는 규칙을 준수하고 있다. 동작과 사물은 일종의 다소 추상적인 전체와 부분의 관계다. 동작의 개념은 늘 관련된 사물 개념을 포함하여 하나의 동작을 떠올리면 동시에 동작과 관련된 사물이 연상된다. 반대로 사물을 생각할 때 동작이 떠오르지 않을 수도 있다. 예를 들어 '驾驶'는 '人'과 '车'를 떠나 독립적으로 존재할 수 없지만, '人'과 '车'는 '驾驶'라는 동작을 떠나 독립적으로 존재할 수 있다. 따라서 '开车的'를 이용해서 차를 운전하는 사람을 지시하고 '他开的'를 이용해서 차를 지시하는 것은 전체가 부분을 지시하는 규칙에 부합한다. 반대로 명사만 출현할 경우 동작을 지시할 수 없다. 이 점도 왜 아래와 같은 'X的'의 지시 전환 상황이 차이를 보이는지를 설명할 수 있다.

(28) a_1. 词典的(封皮)　　　a_2. *词典的(出版)

b_1. 爸爸的(书桌)　　　b_2. *爸爸的(赞扬)

c_1. 建造的(桥梁)　　　c_2. *桥梁的(建造)

특별한 상황에서 부분도 전체보다 현저한 경우가 있는데 이러한 상황은 부분과 전체가 개념적으로 지배와 피지배의 관계에 있어야 한다. 아래 예를 보자.

(29) a_1. 他赞成的(意见)　　　　a_2. *他提出的(意见)

b_1. 他反对的(立场)　　　　b_2. *他采取的(立场)

c_1. 他否定的(结论)　　　　c_2. *他得出的(结论)

(30) a_1. 小王的(书包)　　　　a_2. *小王的(爸爸)

b_1. 塑料的(拖鞋)　　　　b_2. *塑料的(弹性)

c_1. 兔子的(窝儿)　　　　c_2. *兔子的(尾巴)

(29) 좌측 열의 '他赞成的(意见)' 등은 지시 전환이 성립되지만, 우측 열의 '*他提出的(意见)' 등은 제약을 받는다. '赞成'과 '提出'는 모두 동사이고 개념적으로 전체를 대표하며 '意见'은 전체의 부분이다. 그러나 '某人提出意见'이라는 인지적 틀에서 '提出'는 기본값이다. 설사 '提出'라는 단어가 생략되고 '他的意见'만 이야기되어도 '他提出的意见'으로 이해된다. 이러한 각도에서 볼 때 '他'와 '意见'은 지배 개념이고 '提出'는 피지배 개념이며 지배 개념은 피지배 개념보다 현저해야 한다. 바꿔 말해서 '他'와 '意见'이라는 두 사물의 개념은 '提出'라는 행위를 유발할 수 있지만 '赞成'을 유발할 수는 없다. 왜냐하면 '赞成'과 병렬관계인 것은 '反对, 补充' 등이기 때문이다.

둘째로 용기와 내용의 상대적 현저상을 보자. 일반적인 상황에서 용기는 내용보다 현저하다. 용기를 이용해서 내용을 환유하는 것은 때로는 환유의 사용으로 인식되지 않을 수도 있다. 예를 들어 '喝了三瓶'에서 마시는 것은 병 안의 술이다. '这本书再改一改'에서 수정하는 것은 책의 내용이다. 아래 우측 열의 예문은 지시 전환의 제약을 받는데 이는 용기가 내용을 환유하는 일반 규칙을 위배했기 때문이다.

(31) a_1. 经理的(外套)　　　　a_2. *经理的(身份)

b_1. 半年的(利息)　　　　b_2. *半年的(时间)

c_1. 灰姑娘的(裙子)　　　c_2. *灰姑娘的(故事)

(32) a_1. 托运的(行李)　　　a_2. *托运的(手续)

b_1. 买房的(个人)　　　b_2. *买房的(问题)

c_1. 访美的(人员)　　　c_2. *访美的(报告)

물론 특별한 상황에서 내용이 용기보다 현저한 경우도 있다. 바로 빈 술병을 회수할 때 '맥주(병)를 원하지 조미료(병)를 원하지 않는다(要啤酒的不要料酒的)'라고 말할 수 있는 것이 바로 이런 이유에서이다. 이때 내용은 용기를 환유한다. 또한 대화 쌍방이 어떤 용기를 이야기할 때 관심 있는 것이 용기의 내용물임을 이미 알고 있다면 용기는 인지적 틀에서 현저성이 상대적으로 낮아지고 내용물의 현저성은 상대적으로 높아진다.

(33) a. 说起电影, 老王爱看打仗的, 不爱看言情的。

b. 吆喝很多, 这是卖糖葫芦的, 还有卖果子的。

c. (在书店里买书)我要养花的, 不要养鸟的。

셋째, 영구적 속성과 임시적 속성의 상대적 현저성을 살펴보자. '형용사+的'의 지시 전환 원칙을 보면 과거에는 (34a/b) 좌측 열의 '白' 등 형용사는 구별성을 지닌다고 보았기에 'X的'는 지시가 전환될 수 있다고 본 반면, '雪白' 등 상태형용사는 묘사성을 가지기에 지시 전환이 불가능하다고 보았다. 또한 일부 학자들은 '상태형용사+的'는 반드시 '这/那'를 부가해야만 (34c/d)처럼 지시 전환이 가능하다고 말했다. 이것은 '白纸'가 종이 중에서 흰 종류를 지시하여 다른 종류와 구별되는 반면, 상태형용사는 직시성(deixis)이 부족하여 '这/那'를 부가해야만 지시 전환이 가능하다고 본 것이다.

(34) a_1. 白的(衬衫)　　　　　　　a_2. *雪白的(衬衫)

b_1. 干净的(衣服)　　　　　　　b_2. *干干净净的(衣服)

c. 那/这黄灿灿的(油菜花)　　　　d. 你别买那水叽叽的(东西)

그러나 구별성과 묘사성의 대립이나 지시과 직시의 대립을 사용해서는 'X的'의 지시 전환 규칙의 근원을 밝힐 수는 없다. 사실 여기에는 중요한 원인이 존재하는데 한 사물의 성질 상태로 해당 유형의 사물을 환유하는 경우, 성질 상태는 반드시 영구적인 것이어야 하며 임시적이면 안 된다는 점이다. 만약 어떤 종이가 흰색이라는 영구적 속성을 가지면 자연스럽게 그 속성으로 이러한 종류의 종이를 지시할 수 있지만, 만약 종이의 색깔이 빛과 온도에 따라 변한다면 임시적인 색깔로 이러한 종이를 지시할 수 없다. 성질 상태는 반드시 영구적이어야만 직시성을 가지며, 묘사적인 것은 임시적 속성을 가진다. 성질 상태의 영구성과 현저성은 자연스러운 관계이다. 한 사물의 영구적인 성질 상태만이 인간의 두뇌에 해당 사물의 현저한 이미지를 형성할 수 있다. (34a/b)는 형용사(예를 들어 白)가 나타내는 성질 속성이 영구적인 반면, 상태형용사(예를 들어 雪白)가 표현하는 성질 속성은 임시적이기 때문에 지시 전환의 차이가 발생한 것이다. 상태형용사의 앞에 '这/那'가 부가되면 지시가 가능해지는 것은 지시사가 현저성을 높이는 기능을 하기 때문이다. 현저하지 않은 사물도 지시하여 다른 사람에게 보여 준다면 주의를 집중시키는 초점이 될 수 있기 때문이다.

넷째, 명사의 접근가능성으로 현저성을 살펴보자. 각기 다른 종류의 명사 간에는 고유한 현저성의 차이가 존재한다. 인간의 인지 과정에서 수립된 명사가 지시하는 심리적 관계의 난이도는 각기 다른데 이것을 명사의 접근가능성 등급이라고 한다. 어떤 사물은 비교적 현저하기 때문에 고유명사가 되는데 고유명사는 현저도가 보통명사보다 높다. 사람들은 고유명사를 사용하여 보통의 개념을 총괄(범지, 泛指)하곤 한다. 예를 들어 홍랑(红娘)을 이용하여 중매쟁이를 지시하고, 백락(伯乐)은 발명에 재능이 있는 사람을 지시하며, '동남 연안에 몇 개의 홍콩을 건설해야 한다(要在东南沿

海再造几个香港)'라고 표현할 수도 있다. 이는 '红娘, 伯乐, 香港'이 동류의 사람이나 사물 중에서 현저하기 때문이다. 현저한 개념은 지시 전환에 사용될 수는 있지만 지시 전환되기는 어렵다. 이것은 왜 (35) 우측 열의 예가 제약을 받는지와 관련이 있다.

(35) a_1. 中国的(河流)	a_2. *中国的(长江)
b_1. 琉璃瓦的(建筑)	b_2. *琉璃瓦的(天安门)
c_1. 北京的(老百姓)	c_2. *老百姓的(北京)

다섯 번째로 맥락의 현저함에 대한 통제성을 살펴보자. 맥락(상하문)의 기능 중 하나는 일반적으로 인지적 틀 안에 있지 않은 개념을 임시적으로 인지적 틀 안으로 가져옴으로서 그것을 'X的' 구조가 지시하는 대상이 되게 만드는 것이다. 앞서 (20a), 즉 아래의 (36a)에서 비록 기술은 일반적으로 '人开车'의 인지적 틀 안에 있지 않지만, 만약 현재 화제(Topic)가 기술이라면 기술은 임시적으로 인지적 틀에 포함될 수 있다. (36)의 다른 예에서 도구 역시 일반적으로 '看(书)'의 인지적 틀 안에 존재하지 않으며 장소도 '吃(东西)'의 인지적 틀 안에 있지 않고 '打(人)'의 틀 안에는 사람을 때린 대가인 돈은 존재하지 않는다. 그러나 '眼镜, 食堂, 买[以]打人'이 화제가 될 경우 상황은 달라진다.

(36) a. ——你在技校都学会了哪些技术?

——开车的, 修车的, 多着呢。

b. 把眼镜给我装包里, 看书的在桌上, 看黑板的在抽屉里。

c. 大食堂是工作人员用餐的, 小食堂是首长用餐的。

d. 王大栓: 打女学生的钱, 我不要!

小二德子: 换换, 这块是打男学生的, 行了吧? (≪茶馆≫)

11.4 언어의 이미지와 스키마 분석

인지 언어 분석에 중요한 개념이 있는데 바로 이미지와 스키마이다.

이미지(image)란 한 사물이나 형상이 식별과 이해 방식의 차이, 즉 부각되는 부분의 차이, 채택되는 시각의 차이, 추상화 정도의 차이 등으로 인해 다른 심리적인 인상을 형성하는 것이다. 앞서 말한 '我送一件毛衣给小李'와 '我送给小李一件毛衣'의 차이가 바로 각기 다른 이미지에 의한 것이다.

이미지는 윤곽(figure) 및 배경(ground) 개념과 관련이 있다. 이미지에서 두드러진 부분을 윤곽이라 하고 두드러지지 않은 부분을 배경이라고 부른다. 이러한 개념쌍은 앞서 제시한 게슈탈트 심리학의 유명한 꽃병과 얼굴의 시각실험에서 기원한 것으로 윤곽-배경의 전도라고 부른다. 윤곽과 배경은 전도될 수 있지만 일반적으로 윤곽은 매번 한 개만을 가질 수 있다. 즉, 꽃병을 보면 얼굴을 볼 수 없고 얼굴을 보면 꽃병을 볼 수 없다. 이러한 현상을 윤곽-배경의 분리라고 부른다. 사실상 일상 생활의 시각 경험 대부분이 윤곽-배경의 분리 상황이다. 아래 (37)의 좌측 그림은 책을 윤곽으로 하고 책상을 배경으로 한다. 우측 그림은 상공의 풍선을 윤곽으로 하고 지면의 집을 배경으로 한다.

(37)

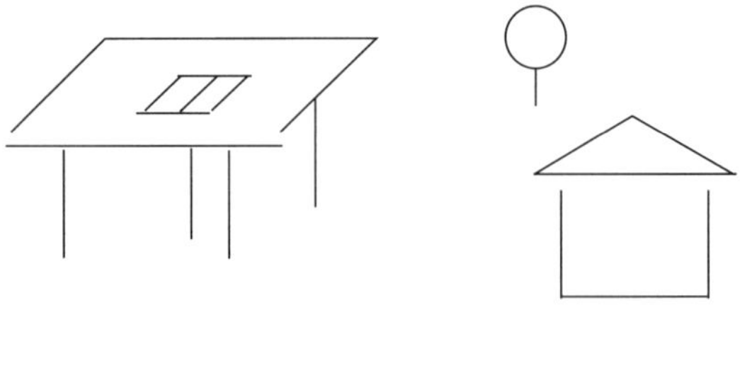

언어에서 이미지는 시각적 차이를 가진다. 예를 들어 '데이빗은 리리의 왼쪽에 앉아 있다(大伟坐在莉莉的左边)'라는 말은 중의성을 가진다. 좌우의 판단이 화자의 각도에서 볼 것인지, 데이빗의 각도에서 볼 것인지에 따라 달라지기 때문이다. 또 동일한 산봉우리와 강을 관찰하더라도 '산봉우리가 강을 내려 보고 있다(山峰俯视着江面)'라거나 '강이 산봉우리를 올려다보고 있다(江面仰望着山峰)'라고 말할 수 있다. 시각에 대하여 광의의 해석을 하면 화자의 입장과 기대 방향의 차이를 포함하는데, 서두에서 말한 '差一点儿' 구조에서 '我差一点儿没跟她结婚'이 중의성을 가지는 것을 예로 들 수 있다. 만약 내가 그녀와 결혼하고 싶다면 이 말의 뜻은 실제로 그녀와 결혼을 했다는 말이지만, 결혼을 원하지 않으면 실제로 결혼하지 못했음을 의미한다. 아래 (38)은 비록 잠시(一会儿) 기다린 것이지만 '就'를 사용하면 화자의 기대시간이 '一会儿'보다 길어지고 '才'를 사용하면 화자의 기대시간이 '一会儿'보다 짧아진다.

(38) a. 等了一会儿水就开了。　　b. 等了一会儿水才开了。

언어에서 이미지는 주사 방식의 차이가 존재한다. 복잡한 사건을 인식할 때 주사 방식의 차이는 다른 이미지를 형성할 수 있다. 주사 방식은 일괄 주사와 순차 주사로 구분된다. 일괄 주사는 한 사건의 각 부분을 각각 주사한 후 최종적으로 종합하여 하나의 전체적인 개념을 형성하는 것이다. 반면 순차 주사는 주사할 때 각기 다른 단계의 정보 차이에 주의하여 주사 진도에 따라 각 단계에 획득한 정보를 순차적으로 증가하는 것을 말한다. 아래 예를 보자.

(39) a. She **entered** the room. (她走进房间。)

b. **into** the room (进入房间)

c. **in** the room (在房间里)

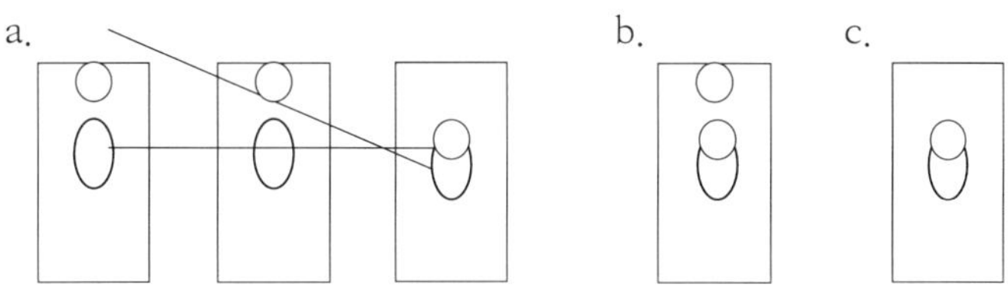

(39a)에서 동사 'enter(들어가다)'는 순차 주차로 시간선상에서 모든 단계의 발전 상황이 다르며 그 안에서 원으로 대표되는 그녀가 사각형으로 대표되는 방 안으로 점차 진입하게 된다. (39b)에서 전치사 'into'는 일괄 주사로 과정을 드러내지 않고 주사 결과만이 나타난다. 즉 각기 다른 단계의 종합이라 할 수 있다. (39c)에서 전치사 'in'은 일괄 주사로 주사가 반복적으로 진행되어도 매번 얻는 결과는 동일하다. 인지 이론은 다른 주사 방식을 이용하여 품사의 차이를 설명할 수 있다고 본다. 예를 들어 (39)는 동사와 전치사를 구분한다.

사실 스키마(schemas) 역시 이미지의 일종으로 사람과 외부 세계와의 일상적인 교류 과정에서 형성된 간단하고 기본적인 인지 구조를 말한다. 많은 언어 현상이 스키마를 통해 분석된다. 아래 (40)의 비대칭 원인도 윤곽-배경 스키마로 설명할 수 있다. A가 B의 옆에/위/가운데 있는 그림에서 A는 윤곽이고 B는 배경이다. 윤곽은 배경 위에서 부각되고 이로써 더 현저해진다. 좌측 문장은 모두 이 규칙에 부합한다. 모기는 움직이기 때문에 움직이지 못하는 못보다 현저하고, 섬은 집중되어 있기 때문에 분산된 호수보다 현저하다. 책은 집중되고 움직일 수도 있기 때문에 탁자보다 현저하다. 우측 예들은 이 규칙을 위반했기 때문에 듣기에 어색한 문장이 된다.

(40) a_1. 蚊子在那颗钉子旁边。　　a_2. ?钉子在那只蚊子旁边。
　　b_1. 小岛在湖的中央。　　b_2. ?湖在小岛的周围。
　　c_1. 书在桌子的上面。　　c_2. ?桌子在书的下面。

스키마가 동적일 수도 있다. 앞서 말한 처소방위 스키마인 '在……之上(……위에)'은 정적이지만 '气球在房子上方飞过(풍선이 집 위를 떠서 지나간다)'라고 표현하면 관련 스키마는 동적인 '在……之上经过(……위를 지나가다)'가 된다. 아래 그림을 보자.

(41) 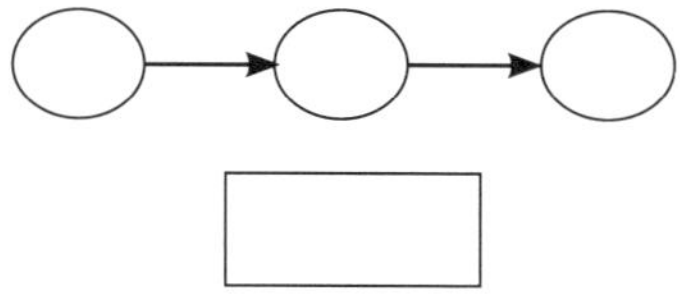

그림 (41)은 세 가지 관련 부분으로 구성된다. 첫째는 움직이는 윤곽으로 원으로 대표되는데 그림에서는 풍선이 된다. 둘째는 참조점인 배경으로 직사각형으로 대표되며 그림에서는 집이 된다. 끝으로 윤곽이 배경에 대해 운동하는 경로가 존재하는데 화살표를 가진 직선으로 표시된다. 그림에서 윤곽이 경로를 지나가는 과정의 세 가지 단계가 표시되었다. 미사일이 비행하는 경로를 탄도체의 궤적이라고 하기 때문에 스키마에서 윤곽은 탄도체, 배경은 지표라고 부를 수 있다. 탄도체-지표의 개념은 윤곽-배경의 구체적인 표현이다. 일부 학자들은 이 스키마의 기본 형식과 변형 형식으로 영어 전치사 'over'의 다의를 체계적으로 설명하였다.

(42) a. The plane flew over. (飞机从上飞过。)
b. Sam drove over the bridge. (山姆从桥上开车过去。)
c. The city clouded over. (城市上空乌云密布。)
d. The fence fell over. (篱笆倒了下来。)
e. Hang the picture over the chimney. (把相片挂在烟筒上方。)

(42a)에서 지표는 명확하게 드러나지 않지만 일반적으로 화자의 위치를 지표로 본다. (42b)에서 탄도체와 지표는 서로 접촉관계(차가 다리에 접해 있다)에 있다. (42c)에서 탄도체와 지표의 크기, 형상은 서로 유사하며 탄도체는 지표를 덮고 있다. (42d)에서 탄도체와 지표는 하나가 되는데 울타리의 꼭대기가 탄도체이고 아래로 무너지는 경로를 따라 이동하며 울타리 바닥은 참조점이 된다. (42e)에서 운동 경로는 수평이 아니며 아래에서 위로 이동하여 최종적으로 지표의 위쪽에 도달하게 된다.

언어의 스키마 분석은 또 당구공 모형(Billiardball model) 스키마와 무대 모형(Stage model) 스키마의 개념을 포함한다. 당구공 모형 스키마 분석은 주어를 부각하는 방법이다. 중국어에서 많은 성분, 예를 들어 행위자, 피행위자(피행위물), 도구, 경험자 등 명사는 문장에서 주어 역할을 할 수 있다. 인지 이론은 이러한 다양한 의미유형의 명사들도 인지의 원형 의미역이라고 본다. 의미역 간의 관계는 이산적이지 않으며 하나의 연속체를 형성한다. 언어구조에서 한 의미역을 선택하여 문장의 주어 역할을 맡기는 것은 마치 당구공을 치는 것과 같다. 공 하나 하나가 각각의 실체를 대표하고 하나의 공이 에너지를 가진 뒤 다른 공과 접촉할 때 그 에너지를 다른 공에 전달하게 되는 것이다. 좀 복잡한 상황은 두 번째 공이 세 번째 공에 부딪히는 것으로 이를 통해 동작의 연속체가 형성된다. 그림 (43)의 문장은 동작의 연속체가 존재한다. 동작이 행위자(小李), 도구(돌), 피행위물(창문)의 세 의미역과 관련되었을 때 어떤 의미역이 주어가 되는지는 연속체의 첫 번째 실체부터 마지막 실체까지의 순서에 따라 결정된다. 일반적으로 가장 현저성이 높은 행위자가 주어가 되고 피행위물이 목적어가 된다. 앞서 처소 방위 스키마에 변이형이 존재하는 것처럼 동작 연속체 스키마에도 각종 변이형이 존재한다. 따라서 행위자가 현저하지 않을 경우 도구가 주어로 선택될 수도 있고 도구도 현저하지 않을 경우 피행위물이 주어가 되기도 한다.

(43)

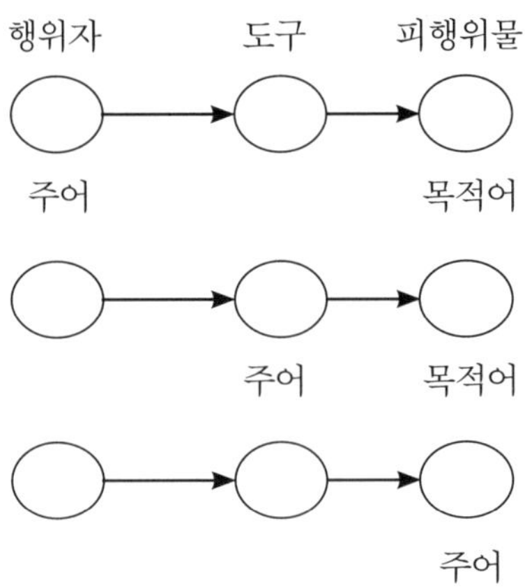

a. 小李用石块砸碎了窗户。

b. 石块砸碎了窗户。

c. 窗户砸碎了。

무대 모형 스키마 분석은 주어를 부각시키는 더 발전된 방법이다. 스키마를 하나의 무대라고 보면 행위자, 피행위물, 도구와 같이 무대 위에서 공연하는 원형 의미역 외에 시간, 장소 등 배경 의미역도 필요하다. 배경 의미역의 현저성은 일반적으로 원형 의미역보다 낮다. 그러나 같은 처소라도 때로는 원형 의미역이 되기도 하고 때로는 배경이 되기도 한다.

(44) a. 小李在巴黎学美术。　　　　b. 小李住在巴黎。

(45) a. Mary swam in the Channel.　　(玛丽在英吉利海峡中游泳。)
　　b. Mary swam across the Channel. (玛丽游过了英吉利海峡。)
　　c. Mary swam the Channel.　　(玛丽游英吉利海峡。)

상술한 (44)의 처소사 파리는 (44a)에서는 배경이지만, (44b)에서는 원형 의미역이 된다. (45)의 'the Channel'은 (45a)에서는 배경이지만, (45b)에서는 다소 부각된 배경으로 피행위물에 가깝고, (45c)에서는 이미 피행위물가 되었다. 이는 현저성이 상대적인 정도의 문제임을 보여 준다. 당구공 모형 스키마에서 행위자와 피행위자를 상대적으로 보면 행위자는 윤곽/탄도체이고 피행위자는 배경/지표가 된다. 무대 모형 스키마에서 의미역과 배경을 비교해 보면 의미역은 윤곽/탄도체이고 배경은 배경/지표이다. 배경 의미역(예를 들어 처소)은 특별히 부각될 때 주어가 될 수도 있는데 중국어의 '台上坐着主席团'와 같은 문장이 그러하다.

프레임(frames)은 비교적 구체적인 인지 모형 혹은 경험 스키마로 일반적으로 하나의 상황과 관련 있다. '偷(훔치다)'와 '抢(강탈하다)'의 예를 들어보자. 영어에서 'steal(偷, 훔치다)'와 'rob(抢, 강탈하다)'는 유의어로 문장을 구성할 때 세 개의 명사성분 즉, 훔치거나 강탈하는 자, 훔침을 당하거나 강탈당한 자, 훔침을 당하거나 강탈당한 물건과 관련이 있다. 'steal' 구문에서 훔침을 당한 물건은 간접목적어가 되고 훔침을 당한 사람은 전치사를 이용해 직접목적어로 표현되는 반면, 'rob'에서는 강탈당한 사람이 간접목적어이고 강탈당한 물건은 직접목적어가 된다. 중국어의 '偷'와 '抢' 구문에서는 훔침을 당하거나 강탈당한 사람 모두 간접목적어가 될 수도 있고 직접목적어가 될 수도 있으며, 훔침을 당하거나 강탈당한 물건 역시 간접목적어와 직접목적어가 모두 될 수 있다. 이를 비교해 보면 아래와 같다.

(46) a_1. Tom stole 50 dollars from Mary.
a_2. *Tom stole Mary of 50 dollars.
b_1. Tom robbed Mary of 50 dollars.
b_2. *Tom robbed 50dollars from Mary.

(47) a_1. 张三偷了李四50块钱。
a_2. 张三从李四那儿偷了50块钱。
b_1. 张三抢了李四50块钱。
b_2. 张三从李四那儿抢了50块钱。

그러나 더 많은 언어현상을 살펴보면 영어와 중국어의 'steal/偷'와 'rob/抢' 구문 역시 동일한 차이점을 가진다는 사실을 발견할 수 있다. 바로 'steal/偷'의 뒤에는 손실을 입은 사람만 출현할 수 없는 반면, 'rob/抢'은 그 반대다.

(48) a_1. *张三偷了李四。　　a_2. *张三把李四偷了。
a_3. 张三偷了50块钱。
b_1. 张三抢了李四。　　b_2. 张三把李四抢了。
b_3. ?张三抢了50块钱。

(49) a. *They stole the boy.　　(*他们偷了那个男孩。)
b. They robbed the boy.　　(他们抢了那个男孩。)

상술한 영어와 중국어 구문의 차이 및 영어, 중국어 자체의 차이에 대하여, 앞서 논한 결합가 분석을 이용해서 '偷, 抢'이 모두 3가 동사이고 세 개의 의미역, 즉 행위자(훔치거나 강탈하는 자), 피행위물(훔치거나 강탈당한 물건), 피해자(훔침이나 강탈당한 사람)와 관련이 있다고 본다면 이들 간의 차이를 설명할 방법이 없다. 그러나 인지문법의 관점에서 보면 사건 프레임 중 동사 의미는 몇 개의 의미역 및 어떤 종류의 의미역과 관련이 있는지를 포함할 뿐 아니라 관련 의미역의 현저성도 포함한다. 인지적으로 보면 훔치거나 강탈당한 사건에서 훔침이나 강탈당한 사람의 손실이 클수록 현저성이 높아지고 훔침이나 강탈당한 물건이 귀중할수록 현저성이 높아진다. '偷'와 '抢'은 행위자, 피행위물, 피해자와 관련이 있지만 의미역의 현저성은 차이를 보인다. 일반적인 상황에서 '偷'를 보면 훔치는 자와 훔침을 당한 물건은 현저한 의미역이고 피해자는 상대적으로 현저성이 낮다. '抢'은 강탈한 자와 강탈당한 자가 현저한 의미역이고 물건은 현저성이 낮다. 이러한 구별은 아래 예와 같다(진한 글씨체는 현저한 의미역을 말한다).

(50) a. 偷: [**훔친 자(행위자)** 훔침을 당한 자(피해자) **훔쳐진 물건(피행위물)**]
b. 抢: [**강탈한 자(행위자) 강탈당한 자(피해자)** 강탈당한 물건(피행위물)]

이러한 차이는 사실 인간 생활 경험의 일부다. 비록 모두 피해자이지만 강탈당한 피해는 훔침을 당한 피해보다 크다(법률적으로도 강도가 절도보다 심각한 범죄다). 한 사람이 지갑을 잃어버렸을 경우, 사람들은 우선 얼마를 잃었는지 묻는다. 그러나 강도를 당했다고 하면 다치지 않았는지를 먼저 묻는다. 이처럼 의미역의 현저성 차이를 이용하면 '偷'와 '抢' 구문의 차이를 설명할 수 있다. (46)의 영어 상황은 이렇게 설명할 수 있다. 현저성이 높은 의미역은 동사와의 관계가 밀접해서 동사와 거리가 근접한 간접목적어가 되고, 현저성이 낮은 의미역은 동사와의 관계가 덜 긴밀해서 동사와 거리가 먼 직접목적어가 된다. 이것의 인지적 근거는 가까운 물건이 먼 것보다 현저하다는 것으로 거리가 근접할수록 관계는 밀접하다. (48~49)의 중국어와 영어의 상황은 이렇게 설명할 수 있다. 현저성이 낮은 의미역은 숨길 수 있기 때문에 통사적인 표현 형식이 존재하지 않는다. 반면 현저성이 높은 의미역은 숨길 수 없기 때문에 통사적인 형식을 가져야 한다. 이것의 인지적 근거는 보이는 것이 안 보이는 것보다 현저하다는 규칙이다. 상술한 네 개의 예로 구성된 상황((46)을 포함)에 관해 앞서 제시한 두 규칙에 따라 더 추상적인 함축 관계를 설명할 수 있다. 어떤 언어에서 만약 현저성이 높은 의미역이 직접목적어가 될 수 있다면 현저성이 낮은 의미역도 직접목적어가 될 수 있지만 그 반대는 불가능하다. 한 언어에서 만약 현저성이 높은 의미역을 숨길 수 있다면 현저성이 낮은 의미역도 숨길 수 있지만 그 반대는 불가능하다. 영어와 중국어의 'steal(偷)'과 'rob(抢)'의 예를 종합해 보면 그 안의 대립이 이러한 규칙을 반영하고 있음을 알 수 있다.

주요참고문헌

崔希亮(2001)《语言理解与认知》, 北京语言文化大学出版社.

崔希亮(2002)〈认知语言学: 研究范围和研究方法〉,《语言教学与研究》第5期.

戴浩一(1987)〈以认知为基础的汉语功能语法〉,《功能主义与汉语语法》, 北京语言学院出版社.

屈承熹(1998)〈汉语功能语法刍议〉,《面临新世纪挑战的现代汉语语法研究》, 山东教育出版社.

沈家煊(1987)〈"差不多"和"差点儿"〉,《中国语文》第6期.

沈家煊(1993a)〈句法的象似性问题〉,《外语教学与研究》第1期.

沈家煊(1993b)〈语用否定考察〉,《中国语文》第5期.

沈家煊(1994a)〈"好不"不对称用法的语义和语用解释〉,《中国语文》第4期.

沈家煊(1994b)〈正负颠倒和语用等级〉,《语法研究和探索(7)》, 北京: 商务印书馆.

沈家煊(1995)〈"有界"和"无界"〉,《中国语文》第5期.

沈家煊(1998)《不对称和标记论》, 江西教育出版社.

沈家煊(1999)〈认知心理和语法研究〉,《语法研究入门》(吕叔湘 等 著), 商务印书馆.

沈家煊(2002)〈汉语认知语法研究〉, 第1届中国语言学暑期高级讲习班讲稿, 北京大学.

沈阳(1996)〈关于"大+时间词(的)"〉,《中国语文》第3期.

石毓智(2000)《语法的认知语义基础》, 江西教育出版社.

袁毓林(1998)《语言的认知研究和计算分析》, 北京大学出版社.

张伯江·方梅(1996)《汉语功能语法研究》, 江西教育出版社.

张敏(1998)《认知语言学与汉语名词短语》, 中国社会科学出版社.

张敏(2000)〈第二次认知革命与认知语法〉,《面临新世纪挑战的现代汉语语法研究》, 山东教育出版社.

赵艳芳(2001)《认知语言学概论》, 上海外语教育出版社.

朱德熙(1982)《语法讲义》, 商务印书馆.

朱德熙(1990)《语法丛稿》, 上海教育出版社.

제12강

화용론과 언어 운용 분석

12.1 언어의 용법과 화용상의 문법화

본 강에서 화용론과 언어 운용 분석에 대해서 논의하기에 앞서, 화용과 화용 분석이 무엇인지에 대해서 먼저 이야기해야 한다. 화용론(Pragmatics)의 개념은 모리스(Morris)가 1938년에 창안한 기호학에서 유래하였다. 기호는 물론 언어 기호도 포함한다. 그는 언어 기호에 대한 연구를 세 가지로 나누었다. 첫 번째는 언어 기호와 언어 기호 사이의 관계를 연구하는 통사론이다. 두 번째는 언어 기호와 언어 기호가 의미하는 사물 사이의 관계를 연구하는 의미론이다. 그리고 마지막 세 번째는 언어 기호와 언어 기호 사용자(해석자) 사이의 관계를 연구하는 화용론이다. 그러나 아직까지도 화용론의 정의와 범위에 대한 통일된 견해는 없다. 어떤 이는 언어 능력과 구별되는 언어 사용 문제를 전문적으로 연구하는 것이 화용론이라고 한다. 또 어떤 이는 언어 환경에서 문장의 중의성을 어떻게 해소시킬 것인가의 문제를 전문적으로 연구하는 것이 화용론이라고 한다. 또 누군가는 말의 함축을 전문적으로 연구하는 것이 화용론이라고 한다(화용론 = 의미론 — 진리치로서의 의미). 만약 위의 모든 문제를 화용론이라고 한다면 문장의 용법 문제가 넓은 의미의 화용론이다. 언어의 용법과 어법 구조의 관계, 다시 말해 화용상의 문법화(grammaticalization) 문제를 전문적으로 연구하는 것은 좁은 의미의 화용론이다. 본 강에서 논의하려는 화용론과 화용 분석은 문장의 용법 연구와 화용상의 문법화를 모두 포함한다.

그렇다면 문장의 용법 문제란 무엇일까? 현재 이에 대한 사람들의 견해가 다 같지는 않지만, 문장의 용법 연구는 다음의 세 가지 요소를 벗어날 수 없다. 첫째는 문장의 사용자, 즉 화자와 청자다. 둘째는 문장이 사용되는 환경인데 발화 장소, 대화에 참여하는 쌍방, 상하문 등을 포함한다. 셋째는 구체적인 언어 환경 속에서 생기는 문장의 의미다. 그래서 대체적으로 이 세 가지 관점에서 문장의 의미 연구에 중점을 둔다면 그것이 언어(문장)의 용법 문제다. 현재 이 방면의 연구는 주로 세 가지 문제에 집중되어 있다. 첫 번째는 지시사의 함의 문제다. 예를 들어 문장 속의 '我, 他, 明天, 这儿'과 같은 지시성 단어가 구체적으로 가리키는 사람이나 시간, 장소 등은 언어 환경에 의존해야만 확실하게 알 수 있는 지시 의미를 가지며 이것이 바로 문장의 용법 문제다. 두 번째는 대화 중의 특정한 함의의 추론 문제다. 예를 들어 부시 대통령이 유엔에서 이라크가 평화를 유지하려면 대규모 살상 무기를 전면적으로 폐기해야 한다고 발언하였다면 이 말에는 이라크 정부가 대규모의 살상 무기를 만들었다는 전제가 담겨 있다. 이러한 함의가 어떻게 대화에서 추론될 수 있는지에 관한 것도 언어의 용법 문제다. 세 번째는 화행과 언표 내적 힘의 문제이다. 예를 들어 '我还会回来的'라는 말은 경우에 따라 진술, 약속, 경고 등 다른 화행 또는 언표 내적 힘을 가질 수 있다. 이러한 화행이나 언표 내적 힘과 문장의 형식이 어떠한 관계에 있는가에 관한 것도 언어의 용법 문제다.

그렇다면 무엇이 화용상의 문법화 문제일까? 이는 언어의 용법과 어법 구조의 관계에 대한 문제다. 일반적으로 어법 구조 분석은 통사론 연구의 문제라고 생각한다. 하지만 화용론의 관점에서 보면 언어 구조의 기능 분석을 고수하는 일부 어법학자들은 어법 구조가 언어의 기능과 용법을 벗어나 독립적으로 존재할 수 없다고 주장한다. 어법 규칙은 화용 원칙의 제약을 받아야 하며 화용 원칙은 어법 구조에 대해 강한 해석력을 지닌다고 주장한다. 이러한 연구는 두 가지 방면에서 볼 수 있다. 하나는 어법 구조의 공시적 측면에서 보는 것으로 많은 어법 구조 현상이 화용 원칙으로 해석할 수 있거나 화용 원칙으로 해석되어야 한다는 것이다. 예를 들어 앞의 강에서 논의한 '差一点儿' 구문의 형식과 의미의 비대칭 현상은 어법 구조만으로는 분석할 수 없고, 심리적 기대의 차이라는 화용 원칙의 제약을 받는다. 화용 원칙으로 어떠한 어법 구조의 차이를 설명하는 것이 화용상의 문법화다. 다른 하나는 어법 구조의 통시적 측면에서 보는 것인데, 많은 어법 현상은 사실 문장의 용법이 최종적으로 정형화된 결과다. 다시 말해 특정한 용법이 오랜 세월에 걸쳐 대중들에게 사용되면서 응고되어 구조 규칙이 된 것이다. 가령 '在……下'는 본래 '窗下, 树下' 등의 경우와 같이 공간상의 방위 관계를 나타내었다. 하지만 후에 '在这种形势下, 在党的领导下, 在同志们的帮助下' 등과 같은 것들도 어떠한 화용 조건에 의해 이러한 구조의 틀에 들어가게 되었다. 이렇게 구체적인 공간 관계에서 추상적인 공간 관계로 확장 발전하는 것은 어법 구조상에서는 분석하기 어렵다. 하지만 심리 이미지 투영의 화용 원칙으로는 설명할 수가 있다. 화용 원칙으로 어떠한 어법 구조의 변천 현상을 설명하는 것도 화용상의 문법화이다.

12.2 인지역 연결과 지시 현상의 화용 분석

화용론이 관심을 갖는 지시 문제는 인칭, 시간, 장소 등 각 방면을 포함한다. 여기에서는 인칭대명사와 사람을 가리키는 명사의 지시 문제와 관련된 예를 몇 가지만 들어 보도록 하겠다.

먼저 '我是你的话……' 속 인칭대명사의 화용 분석을 보겠다. 일반적으로 인칭대명사 '我'와 '我自己'가 지시하는 대상은 동일 인물이다. 따라서 아래 (1a)에서 두 문장의 의미는 큰 차이가 없다. 하지만 (1b) 두 문장의 의미는 다르다. ($1b_1$)에 알맞은 언어 환경은 나는 네게 매우 미안한 일을 했지만, 너는 도량이 넓은 사람이어서 다른 사람에 대한 원한을 기억하지는 않는다는 것이다. 반면에 ($1b_2$)에 알맞은 언어 환경은 네가 남에게 미안한 일을 했지만, 너는 염치가 없는 사람이라서 자중할 줄 모른다는 것이다.

(1) a_1. 这件事不怪你, 怪我。 a_2. 这件事不怪你, 怪我自己。

b_1. 我是你的话, 我会恨我。 b_2. 我是你的话, 我会恨我自己。

이러한 대명사와 재귀대명사에 대한 용법은 제8강에서 논의한 결속 이론으로는 (1a)만 설명할 수 있고 (1b)는 설명할 수 없을 것이다. 하지만 화용 분석의 정신 공간(mental spaces) 이론을 채택하면, 이러한 인칭대명사의 복잡한 지시 현상을 비교적 잘 해석할 수 있다. 정신 공간은 인지역이라고도 할 수 있다. (1b)의 두 문장은 두 개의 인지역을 연결하고 투영하는 것과 관련된다. 구체적으로 얘기하면 사람이 인지하는 세계는 허와 실이 있는데 바로 현실의 영역과 허구의 영역이다. 현실의 영역에서 나는 나이고 너는 너이다. 하지만 허구의 영역에서는 내가 너가 된다. 세계는 허와 실로 구분되고 개인은 몸과 마음으로 구분된다. 몸은 개인의 신체를 가리키고 사회적 지위와 행위 경력을 포함한다. 마음은 개인의 감정과 의식, 판단과 염원을 가리킨다. 따라서 나는 나의 몸과 나의 마음으로 구별되고, 너 역시 너의 몸과 너의 마음으로 구별된다. 이에 따라 (1b)의 의미는 다음과 같이 해석할 수 있다. '我是你的话'는 하나의 허구 영역을 만든다. 동시에 현실 영역에서의 나의 마음과 허구 영역에서의 너의 몸 사이를 연결한다. 그 결과 허구 영역에서 나의 마음과 너의 몸이 짝을 이루는 너가 만들어진다. 다시 말해 이 허구 영역에서는 나의 마음(나의 사랑과 원한)이 너의 몸(너의 구체적인 행위)을 지배하고 있다.

(2)

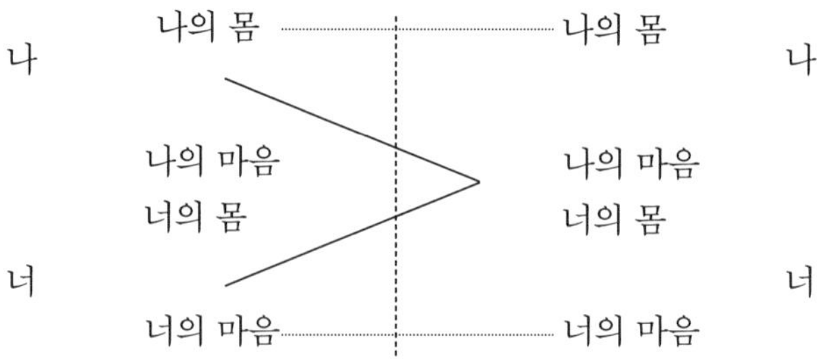

(2)에 따르면 $(1b_1)$의 허구 영역의 너(몸)는 도량이 좁은 나의 마음의 지배를 받기 때문에 나를 원망할 것이다. $(1b_2)$의 허구 영역의 너는 자중할 줄 아는 나의 마음의 지배를 받기 때문에 (나)너 자신을 원망할 것이다. 주의해야 할 점은 여기에서의 재귀대명사와 선행사 사이의 공시지 또는 결속 관계가 두 인지역 간의 연결이나 투영을 통해서 나타난다는 것이다. 문장의 의미적 표현은 인지적 구조(인지역 간의 투영을 포함)를 기반으로 하지 논리적 표현식이 만드는 것이 아니다. 사실 사람들의 사유, 행위, 언어는 심신의 분리라는 은유의 지배를 크게 받는다. 이러한 예는 일일이 다 열거할 수 없다. '身不由己, 不由自主, 情不自禁, 超越自我, 心不在焉, 失去自我, 跳出自我圈子'가 모두 그러하다. 몸과 마음은 분리되고 대응되는 두 개의 인지역으로서 양자 사이의 투영도 일반적인 은유 법칙에 따른다. 몸은 마음보다 구체적이고 마음은 몸보다 추상적이기 때문에 일반적으로 몸으로 마음을 비유한다. '这条腿都不是我自己的了'라는 말은 다리가 내 의지의 지배를 받지 않는다는 뜻으로, '我自己'가 나의 마음을 대신하는 환유이다.

'长辫子姑娘'과 같이 사람을 가리키는 명사의 지시 성질에 대한 화용 분석의 예를 하나 더 들어 보겠다. 아래의 예도 사람을 가리키는 성분의 지시 문제가 존재한다. 바로, '姑娘'과 '妹妹' 간의 공지시 관계를 어떻게 판단하느냐는 것이다.

(3) 照片中那个长辫子的姑娘是我那个剪短发的妹妹。

위에서 말한 인지역 이론에 따라 단어와 그것이 가리키는 것 사이의 관계는 연결 원칙(principle of access)의 지배를 받는다. 하나의 인지역 내의 어떠한 실체를 가리키는 단어(기폭어, igger)와 다른 인지역 내의 대응되는 실체를 가리키는 단어(목표어, target)가 두 인지역 사이에서 모종의 관계(유사하거나 관련된)만 가진다면 전자가 후자를 유발하거나 연결할 수 있다.

(4)

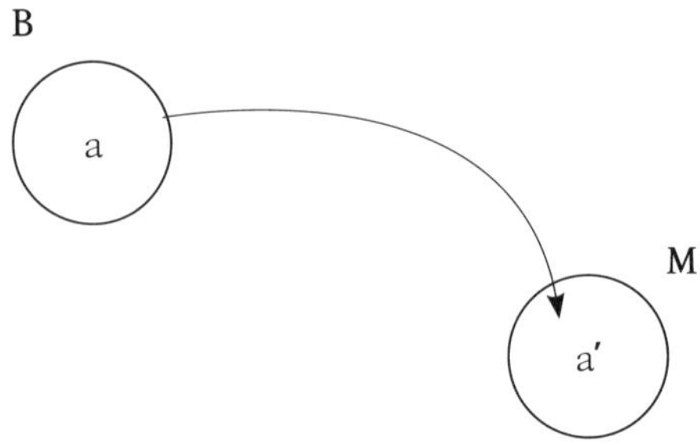

그림 (4)에는 인지역 B(기초 영역)와 관련되거나 비슷한 인지역 M(연결 영역)이 있다. B 영역에 있는 실체 a는 M 영역의 실체 a′에 대응되며 굽은 선으로 연결을 나타낸다. 이러한 연결 현상은 사실 사유와 언어에 있어 매우 일반적인 현상이다. 이렇게 (3)을 다시 보면 이 말이 나타내는 두 명사구의 동등관계는 반드시 두 개의 관련된 인지역, 즉 사진의 영역과 현실의 영역을 형성해야 한다. 사진의 영역에서 여자는 머리를 길게 땋았고 현실의 영역에서 여자는 단발머리다. 하지만 사진 속 여자와 현실 속 여자, 이 둘 사이에 많은 대응 관계가 존재하기 때문에 둘을 동일하게 볼 수 있다. 유사한 예가 아래에 있다.

(5) 在法国, 克林顿总统不会因为性丑闻而遇到麻烦。

이 말은 통상적으로는 프랑스의 정치, 언론, 대중 심리 등 현실적 상황에 관한 설명으로만 이해된다. 곧 프랑스의 대통령이 사생활을 조심하지 않으면 어떻게 될 것인가를 말하는 것이다. 하지만 이 말은 가령 미국의 클린턴 본인이 프랑스에서 사생활을 조심하지 않아도 문제가 되지 않을 것이라고 또 다르게 이해되는 것을 배제하지 않는다. 전자로 해석되는 경우, 두 인지역은 국가라는 추상적인 인지역에 속하는 프랑스와 미국이다. 미국 영역에서의 클린턴과 클린턴-르윈스키 스캔들 등의 실체는 모두 프랑스 영역에 대응되는 실체가 있고, 미국 영역에서의 일부 속성은 프랑스 영역에서의 실체에 투영된다(클린턴은 그가 맡은 직무 국가 원수가 투영된 것).

따라서 프랑스 원수에게 클린턴과 르윈스키와 같은 관계가 있어도 곤란하지 않을 것이라는 얘기다. 하지만 후자의 해석에 따르면, 직무뿐 아니라 클린턴 본인도 프랑스 영역에 투영된다.

이로써 사람을 가리키는 대명사나 명사가 지시하는 것이 불분명한 대부분의 경우는 사실 이러한 인지역의 연결 문제 때문이라는 것을 알 수 있다. 사람들의 지시에 대한 판단은 주로 서로 연결된 인지역에 근거하며, 독립적이고 추상적인 수학적 또는 논리적 도출 시스템에만 의존하지는 않는다.

12.3 대화의 원리와 대화의 함의에 대한 화용 분석

대화의 함의는 화용 분석에 있어서 중요한 내용이다. 대화의 함의는 대화상의 함축 의미와 대화상의 전제라는 두 가지 경우로 나눌 수 있는데, 모두 화용상의 대화의 협력 원리와 관련된다.

문장의 함축 의미 분석에 대해 먼저 논의해 보자. 대화상의 함축 의미(conversational implicature)는 보통의 경우 화자가 한 마디 말을 할 때 그중 한 단어의 상위 의미 또는 전체 의미를 내포하는 것을 의미한다. 예를 들어 '老郭有三个孩子'에 내포된 의미는 '老郭에게 아이가 있다'는 것이고 '他踢了小张的腿'에 내포된 의미는 '그가 小张을 발로 찼다(어떠한 사람을 발로 찼다)'는 것이다. 이것이 모두 함축 의미다.

하지만 구체적으로 얘기하면 이는 다시 함의(Entailment, 衍推义)와 함축(implication, 隐含义)으로 구분할 수 있다. 함의의 정의는 A가 참이면 B도 참인 모든 경우에 A는 의미적으로 B를 함의한다는 것이다. 다시 말해 A가 참이라면 B도 반드시 참이고, B가 거짓이라면 A도 반드시 거짓이다. 하지만 B가 참이라고 해서 A가 반드시 참인 것은 아니다. 이러한 정의에 따르면 아래의 B는 모두 A의 함의다. 즉 A는 B를 함의한다.

(6) a_1. 我要一匹白马。　　　　　b_1. 我要一匹马。

a_2. 小王跟小张结婚了。　　　　b_2. 小王结婚了。

위에서 말한 함의는 전형적인 논리적 추론의미로 문장에서 고유하고 안정적이며 변하지 않는 의미다. 반면에 함축이라고 하는 것은 순수한 논리적 추론을 통해 도출된 것이 아니다. 왜냐하면 이것은 문장에서 고유하며 안정적이고 변하지 않는 의미가 아니기 때문이다. 함축의 정의는 이러하다. A가 참이면 B는 일반적으로 참이다. 하지만 특수한 언어 환경에서는 거짓일 수도 있다. B가 거짓이어도 A는 엄밀히 말하면 참이라고 할 수 있다. 다만 화자가 B가 거짓임을 알면서도 A라고 말하는 것은 의사 소통의 협력 원리를 위반하는 것이다. '老郭有三个孩子'를 예로 들어 보겠다. '老郭有三个孩子'가 참이면 일반적으로 '老郭只有三个孩子'도 참이다. 하지만 다음과 같은 언어 환경에서는 달라진다. 정부가 최소한 세 명의 아이가 있는 집만이 생활 보조금을 받을 수 있다고 규정하였고, 老郭의 집에는 네 명의 아이가 있다. 이러한 상황에서 '老郭有三个孩子'라고 말한다면 함축인 '老郭只有三个孩子'는 더 이상 참이 되지 않는다. 반대로 老郭 집의 아이가 셋보다 많아 '老郭只有三个孩子'가 거짓인데 '老郭有三个孩子'가 여전히 참이라고 말한다면, 이는 화자가 대화상의 협력 원리 가운데 양의 격률을 위반하고 있는 것이다. 함축의 특징은 두 가지로 볼 수 있다. 하나는 제거 가능성이다. 즉 특정한 언어 환경에서 의미가 없어질 수 있다. 다른 하나는 추가 가능성으로 의미를 명확하게 보충할 수 있다. 이 두 가지는 모두 함의와는 다르다.

(7) a. 老郭有三个孩子, 其实还不止三个。

(함축이 제거되어도 의미의 모순이 생기지 않음)

b. *老郭有三个孩子, 其实没有孩子。

(함의가 제거되면 의미의 모순이 생김)

(8) a. 老郭有三个孩子, 只有三个。

(함축이 추가되어도 의미가 중복되지 않음)

b. ?老郭有三个孩子, 有孩子。

(함의가 추가되면 의미가 중복됨)

이는 함의와 함축의 차이를 보여 준다. 아래의 대화를 보자.

(9) 甲: 老郭有三个儿子?

乙: a. 是的, 他有四个儿子呢。

b. 不, 他有四个儿子。

(9)에서 乙은 모두 老郭에게 아들이 네 명이 있다고 대답하고 있다. 하지만 (乙a)는 긍정 형식 '是的'를 사용하여 대답하고, (乙b)는 부정 형식 '不'를 사용하여 대답하고 있다. 이것은 甲의 질문이 두 가지로 이해될 수 있기 때문이다. 하나는 老郭에게 최소한 세 명의 아들이 있느냐고 묻는 것으로 이해되는 것이다. (乙a)는 이러한 의미에 맞춰 대답하고 있다. 다른 하나는 老郭에게 단지 세 명의 아들이 있느냐고 묻는 것으로 이해되는 것이다. (乙b)는 이러한 의미에 대한 대답이다. 따라서 '老郭有三个儿子'에서 '三个'는 두 가지 뜻으로 이해된다고 할 수 있다. 첫 번째는 최소한 세 명이라는 뜻으로 '三个'의 하한 의미라고 할 수 있다. 하한 의미는 일종의 함의이다. 또 다른 뜻은 단지 세 명이라는 뜻으로 '三个'의 상한 의미라고 할 수 있다. 상한 의미는 함축이다. 그렇다면 '三(个)'에 중의성이 있다고 할 수 있을까? 당연히 아니다. 언어에서 수량이나 정도를 나타내는 대다수의 단어들이 모두 하한 의미와 상한 의미를 지닐 수 있는데, 이들을 모두 중의적인 단어라고 할 수는 없다. 예를 들어 날씨가 춥고 덥고의 정도를 나타내는 '暖和'와 어떠한 일을 할 수 있는지, 해야 하는지, 아니면 반드시 해야 하는지를 나타내는 '应该'는 모두 두 가지의 뜻이 있을 수 있다.

(10) 甲: 今天天气暖和吗?

乙: a. 是暖和, 还有点热呢。(적어도 따뜻하며 춥지는 않다는 의미를 긍정)

b. 不是暖和, 还有点热。(따뜻할 뿐 덥지는 않다는 의미를 부정)

(11) 甲: 我应该参加吗?

乙: a. 对, 你还必须参加。(적어도 그렇게 해야 한다는 의미를 긍정)

b. 不, 你是必须参加。(그렇게 해야 하는 것이지 반드시 그렇게 해야 하는 것은 아니다는 의미를 부정)

위의 예에서 언어에는 실제로 두 종류의 부정이 있다는 것을 발견할 수 있다. 하나는 일반적인 규칙에 부합하는 것에 대한 부정으로 일반 부정이라고 한다. 곧 수량이나 정도를 나타내는 단어의 하한 의미를 부정하는 것이다. 예를 들어 따뜻하지 않다라는 말이 비교적 춥다는 의미를 나타낼 때 여기에서는 따뜻하다의 하한 의미, 혹은 함의인 적어도 따뜻하다는 것을 부정한다. 또 다른 한 가지는 예외적인 규칙이 반영된 것에 대한 부정으로 특수 부정이라고 한다. 곧 수량이나 정도를 나타내는 단어의 상한 의미를 부정하는 것이다. 예를 들어 따뜻하지 않다가 덥다는 의미를 나타낼 때 여기에서는 따뜻하다의 상한 의미, 혹은 함축인 따뜻할 뿐이다를 부정한다. 아래 (12)의 쌍을 이루는 부정문에서 앞의 문장은 모두 일반 부정(함의를 부정)이고, 뒤의 문장은 모두 특수 부정(함축을 부정)이다.

(12) a_1. 这些话你会上不应该说。

a_2. 这些话你不是应该说而是必须说。

b_1. 她长得不漂亮。

b_2. 她长得不是漂亮而是绝顶漂亮。

c_1. 他不喜欢打麻将。

c_2. 他不是喜欢打麻将 —— 都走火入魔了。

d_1. 我不同意他出国。

d_2. 我不是同意而是竭力主张他出国。

e_1. 甲: (对我的能力)你是半信半疑?

e_2. 乙: 我不半信半疑 —— 我是完全怀疑。(相声≪歌与舞≫)

이러한 특수 부정 현상을 설명하기 위해서는 철학가 그라이스(Grice)가 제시한 대화격률(Maxim of Conversation)을 언급해야 한다. 이 화용 원리의 전체적인 의미는 대화의 참여자가 대화의 의도와 대화환경에 따라 서로 협력하는 태도를 취한다는 것이다. 협력의 방식은 다양하다. 구체적으로 말하면 다음 네 가지의 격률을 지켜야 한다.

질의 격률

진실을 말해야 하며 거짓이나 증거가 없는 것은 말하지 않는다.

양의 격률

제공하는 정보의 양은 적당해야 하며 많아서도 안 되고 적어서도 안 된다.

관련성의 격률

화제와 관련된 말을 해야 하며 화제와 무관한 말은 하지 않는다.

방식의 격률

명료하게 말해야 하며 간결하고 조리 있어야 한다.

일반적인 상황에서는 언제나 화자가 협력 원리를 준수할 뿐 아니라 청자도 화자가 협력 원리를 위반하지 않을 것이라고 믿는다. 그리고 화자도 청자가 그렇게 믿고 있다는 것을 알고 있다. 어떠한 말들은 표면적으로는 화자가 협력 원리를 위반한 것처럼 보이지만 실제로 화자는 이 원리를 이용해서 숨어 있는 뜻을 전달하려는 것이다. 예를 들어 설명하면 다음과 같다.

(13) 甲: 这家公司要找个打字员。

乙: 小李是大学毕业生。

(13)에서 乙의 말은 甲의 말과 관련이 없는 것처럼 보인다. 하지만 대화상의 협력 원리 가운데 관련성의 격률에 따르면 乙은 관련 없는 말을 할 리가 없다. 甲은 이 점을 믿고 있고 乙도 甲이 그것을 믿고 있다는 것을 안다. 따라서 乙이 이렇게 말을 한 것은 분명 小李는 타이피스트가 되기에 좋은 인재라는 함축의미를 전달하려는 것이다. 일반적인 상황에서 사람들이 하는 말은 언제나 대화상의 협력 원리에 부합해야 한다는 것을 알 수 있다.

이제 앞으로 돌아가 (9~12)의 상황을 다시 보자. 이러한 현상은 대화상의 협력 원리 가운데 양의 격률을 고려해야 한다. 사람들은 대화에서 항상 양의 격률에 따라 양과 관련된 의미를 전달한다. 양의 격률의 주요 내용은 화자가 제공하는 정보가 충분한 양이어야 한다는 것이다. 충분한 양은 양적 등급의 인식에 관한 것이다. 언어의 많은 동일 범주에 있는 구성원들은 모두 수량의 크기 또는 정도의 크기에 따라 배열할 수 있다. 즉 등급의 격차를 형성한다.

(14) 〈n, ……4, 3, 2, 1〉

a. 〈总是, 经常, 有时〉　b. 〈炎热, 暖和, 较冷〉

c. 〈全都, 许多, 有些〉　d. 〈肯定, 很可能, 也许〉

e. 〈必须, 应该, 可以〉　f. 〈主张, 同意, 考虑〉

(14)의 의미는 다음과 같다. 만약 발화가 큰 것에서 작은 것으로 배열된 양적 등급 〈X_1, X_2, X_3,……X_n〉과 관련이 있다면, X_2를 말할 때는 ~X_1이 함축되어 있고 X_3을 말할 때는 ~X_2와 ~X_1이 함축되어 있다. 차례로 유추

해 보면 X_n을 말하면 $\sim X_{n-1}$, $\sim X_{n-2,}$ ……$\sim X_1$이 함축되어 있는 것이다. 좀 더 쉽게 설명하면 양의 격률에서 충분한 양의 요구에 따라 일반적으로 양적 등급 서열에 있는 어느 한 항목에 대해서 얘기할 때, 그 항목의 왼쪽에 있는 더 크거나 더 강한 항목들은 성립되지 않는다는 의미를 추론할 수 있다. 예를 들어 '应该'는 필수가 아니라는 것을 나타내고, '暖和'는 무덥지 않다는 것을 나타내며, '同意'는 반대하는 것이 아니라는 것을 나타내고, '三个'는 최소 세 개를 나타내는 것과 같다. 이러한 의미들이 바로 하한 의미 또는 함의이다. 반대로 이러한 하한 의미를 나타내는 것이 아니라면, 제공하는 정보는 양이 부족하거나 비교적 특수하다고 할 수 있다. (9~12)의 모든 예 가운데 일반 부정은 문장에서 양적 등급을 지닌 단어의 하한 의미 또는 함의를 부정한다. 반면에 특수 부정(또는 화용 부정)은 양적 등급을 지닌 단어의 상한 의미 또는 함축을 부정한다. 여기서 수량과 정도를 나타내는 단어의 하한 의미는 고유의 함의이고 상한 의미는 양의 격률에 따라 추론해 낸 함축이라는 것을 알 수 있다. 따라서 언어에서 수량과 정도를 나타내는 단어를 모두 중의적이라고 할 필요는 없다. 다시 말해 언어의 부정에는 문장의 함의를 부정하는 일반 부정과 문장의 함축을 부정하는 특수 부정, 이렇게 두 가지가 있는 것이다. 이러한 비대칭 현상은 문장 용법의 규율, 좀 더 구체적으로 말하자면 대화 격률 가운데 양의 격률이 결정한다.

양의 격률을 위반하는 특수 부정은 형식에 일정한 제한이 있다. 예를 들어 영어에서 이러한 부정은 'dis-/im-/-less'와 같은 부정 접사로 나타낼 수 없고, 부정 조사 'not'을 사용해야 한다. 좀 더 자세히 관찰해 보면 영어에서 부정 접두사는 쌍을 이루는 단어의 조어력에서 비대칭성을 지닌다는 것을 발견하게 될 것이다.

(15) a_1. possible(可能): not possible impossible

a_2. necessary(需要): not necessary *innecessary

b_1. some(有些): not some none

b_2. all(全部):	not all	*nall
c_1. sometime(有时):	not sometimes	never
c_2. always(总是):	not always	*nalways
d_1. or(或):	not or	nor
d_2. and(和):	not and	*nand

(15)에서 쌍을 이루는 단어 가운데 어떤 것은 부정 접미사를 붙일 수 있고 어떤 것은 부정 접미사를 붙일 수 없다. 예를 들어 'not some'과 대응하는 단어는 'none'이지만 'not all'에는 대응되는 '*nall'이라는 단어는 없다. 그렇다면 무엇이 이러한 상황을 만드는 것일까? 사실 이것도 단어를 만드는 과정에서 화용적 양적 등급이 구현된 결과다. 구체적으로 말하면 잉여 규칙이 작용된 것이다. 즉, 하나의 개념이 대화상에서 양의 격률과 상술한 화용적 양적 등급에 따라 도출될 수 있다면 이 개념은 하나의 독립적인 단어(예를 들면 'nall')를 사용할 필요가 없다. 가령 'not all(전부는 아님)'의 의미는 'some(일부)'에서 도출할 수 있다. 반대로 'not some(일부가 아님)'의 의미는 'all(전부)'에서 도출할 수 없기 때문에 독립적인 단어(예를 들면 'none')로 나타낼 필요가 있다. 앞의 예들은 대화상 양의 격률과 단어의 화용적 양적 등급의 분석이 모두 일리가 있다는 것을 증명한다.

이제 문장의 전제 의미 분석에 대해 논의해 보자.

대화상의 전제(conversational presupposition)가 함축 의미와 다른 점은 다음과 같다. 함축 의미는 문장의 단언 범위 안에 포함되어 있는 문장의 기본 정보이고, 전제는 문장의 단언 범위 안에 있지 않고 보통 문장이 포함하고 있는 어떠한 배경 정보를 가리킨다.

(16) a_1. 他哥哥在北京上大学。　　a_2. 他哥哥在上学。
　　b_1. 他哥哥在北京上大学。　　b_2. 他有哥哥。

($16a_1/b_1$)은 모두 같은 말이다. 하지만 ($16a_2$)의 의미는 확언 범위 안

에 있으므로 일종의 내포된 의미이고, ($16b_2$)의 의미는 확언 범위 내에 있지 않고 배경 정보일 뿐이므로 전제다. 전제와 함축의 차이는 이렇게도 판단할 수 있다. 함축은 문장이 부정된 후에 의미가 존재하지 않거나 바뀌지만, 전제는 문장이 부정된 후에도 의미가 그대로 남아 있으며 변하지 않는다. 아래는 자주 보이는 몇 가지 전제(B는 A의 전제, 또는 A가 B를 전제하다)다.

(17) a_1. 张三的妻子病了 / 没有病。　　a_2. 张三有妻子。
　　b_1. 张三后悔 / 不后悔搞语言学。　　b_2. 张三搞了语言学。
　　c_1. 张三已停止 / 没有停止服药。　　c_2. 张三服过药。
　　d_1. 要出卖你的是 / 不是张三。　　d_2. 有人要出卖你。

전제를 정의하는 것도 그리 간단하지는 않다. 예를 들어 전제가 문장이 부정된 후에도 의미가 그대로 남아 있는 성질을 지녔다고 한다면, 아래 (18)과 같은 함의 관계로 전제를 정의할 수 있다.

(18)
A는 B를 전제한다 = A는 B를 함의한다
~A는 B를 함의하지 않는다

2치 논리에 따라 전제 B는 영원히 참이다. 하지만 실제로는 전제 B가 거짓인 상황도 있다. B가 거짓일 때 A는 제3의 값인 참도 아니고 거짓도 아닐(unknown) 수 있다. 따라서 여전히 전제를 의미론 안에 넣을 수 있다. 그러나 문제는 전제가 함축과 마찬가지로 특정한 언어 환경에서 뒤집힐 수 있는 특성(제거 가능성)을 가지고 있다는 것이다. 앞서 말한 바와 같이 내포된 의미 가운데 함의는 고정불변의 의미다. 만약 A가 B를 함의하면 A가 참인 경우에 B도 반드시 참이어야 한다. 하지만 A로 B를 전제할 때는 A가 참이라고 해서 B가 영원히 참인 것은 아니다. 일정한 상황에서 B는 거짓일 수도 있다(제거될 수 있음). 여기에는 몇 가지 상황을 포함한다. 첫 번째로 사람들의 상식과 전제가 모순될 때 전제는 더 이상 존재하지 않는다. 아래의 (19a)에서 A는 '张三'이 이후에 이혼했다는 B를 더 이상 전제하지 않는다. 죽은 사람은 이혼할 수 없다는 것을 누구나 알고 있기 때문이다. 두 번째로 상하문도 전제를 제거할 수 있다. 앞의 (17d)의 부정식이 아래 (19b)의 상하문에 출현하면 더 이상 B를 전제할 수 없다. 세 번째로 대화 쌍방의 공통 지식도 추정 의미를 제거할 수 있다. 아래 (19c)에서는 张三이 언어학을 했다는 전제 B가 더 이상 존재하지 않는다.

(19) a. 离婚之前张三死了。
  b. 你总以为有人要出卖你, 但其实谁也不想要出卖你。
  c. 张三才不后悔搞语言学呢(他搞的是文学)。

전제도 제거 가능성이 있다면 전제는 내포된 의미 중 하나인 함축과 같다고 말할 수 있을까? 꼭 그렇지는 않다. 먼저 전제와 함의가 같은 점은 문장에 추가하는 것이 불가능하다는 것이다. 추가 후에는 (20)처럼 의미가 중복되는 느낌이 있을 것이다. 다음으로 전제는 특수한 언어 환경에서는 제거될 수 있지만, 일반적인 상황에서 간단한 긍정문의 전제는 함축처럼 제거될 수 없다는 것도 인정해야 한다. 아래 (21)의 문장은 모두 의미적으로 앞뒤가 모순된다.

(20) a. ?张三的妻子病了, 张三已经结婚了。
  b. ?张三后悔搞语言学, 他搞的是语言学。

(21) a. *张三的妻子病了, 但张三没有结婚。
  b. *张三后悔搞语言学, 但张三没搞语言学。
  c. *张三已停止服药, 但张三没有服过药。
  d. *要出卖你的是张三, 但没有人要出卖你。

문장의 전제가 일반적으로 부정의 범위 안에 있지 않고 특수한 상황에서만 부정될 수 있기 때문에 전제의 부정은 함축의 부정과 마찬가지로 특수 부정이다. 아래는 전제를 부정한 예이다.

(22) a. 鲍小姐谈不上心和灵魂。她不是变心，因为她没有心。(钱锺书《围城》)

b. ……想了好久，决定写'牛天赐传'。为什么？不能说，说破就不灵了。内容？还是不能说，没想出来呢。(老舍《老舍幽默文集》)

c. [坐火车离开]上哪儿去呢？不，还不是上哪儿去的问题，而是哪里有火车呢？

이렇게 보면 전제는 함의와 함축 사이에 있는 것 같다. 문장에 추가할 수 없는 성질과 일반적인 경우에 제거가 불가능한 성질은 함의와 유사하다. 반면에 특수한 상황에서 제거 가능성이 있는 것과 특수 부정될 수 있다는 점은 또 함축과 유사하다. 전제의 이러한 양면성은 어떤 학자가 제시한 전제에 관한 정의에서 아주 현저하게 나타난다.

(23)

A는 B를 함의한다.

A는 B를 전제한다 =

~A는 대화 중에서 B를 함축한다.

과거에는 문장의 화용 의미에 대해서 논의할 때 그것이 문장의 고유 의미(함의)에 속한다고 말하거나 문장의 고유 의미에 속하지 않는다(함축)고 말했다. 이제는 어떠한 의미가 문장의 고유한 화용 의미인지 아닌지는 정도의 문제라고 말할 수 있을 것이다. 완전히 고유한 문장의 화용 의미와 완전히 비고유한 문장의 화용 의미 사이에는 광활한 중간 지대가 있다. 전제는 바로 이 중간 지대에 위치한다.

12.4 화행 이론과 화행 의미의 화용 분석

문장의 화용 분석에 있어 또 중요한 측면이 화행(language action)과 언표 내적 힘(Language force) 분석이다. 그렇다면 화행과 언표 내적 힘이란 무엇일까? 먼저 다음의 예를 보자.

(24) a. 张三打算马上动身。
b. 张三说服李四马上动身。
c. 张三答应李四马上动身。

논리적으로 말하면 (24)의 세 문장 모두 누가 '动身'하는지는 두 가지로 해석이 가능하다. 하지만 이해의 측면에서 보면 (24a)에서 '动身'하려는 사람은 '张三'이 틀림없고, (24b)에서 '动身'하려는 사람은 '李四'이지 '张三'이 아니다. (24c)에서 '动身'하려는 사람은 '李四'가 아닌 '张三'일 가능성이 크다. 이에 대해 형식 언어학에서는 근거리 원칙으로 설명하였다. 즉, 주요 동사 뒤에 나오는 종속절 동사의 드러나지 않는 주어(공주어)는 앞쪽으로 가장 가까운 거리에 있는 명사와 가리키는 대상이 동일해야 한다는 것이다. 이렇게 하면 (24a/b)에는 말이 통하는 것 같지만 (24c)에는 문제가 있다. '动身'하려는 사람은 거리가 가장 가까운 '李四'가 아니라, 멀리 떨어져 있는 '张三'일 가능성이 제일 크기 때문이다. 이러한 상황을 화용론 학자 설(Searle)이 제시한 화행 이론으로 분석하면 비교적 명확하게 해석할 수 있다. 이 이론에 따르면 (24a-c)의 각 문장은 모두 화자가 일정한 장소에서 한 언어 행위라고 생각할 수 있다. 이러한 언어 행위의 작용이나 숨은 뜻이 바로 언표 내적 힘이다. (24b)의 '说服'와 같은 동사가 나타내는 화행 또는 언표 내적 힘은 명령이다. 명령 행위의 선결 조건 중의 하나는 명령하는 사람이 상대방이 명령하는 동작을 실행할 수 있다고 믿는 것이다. 이 때문에 문장 구조상 명령을 수행할 수 있는 사람이 '动身'의 주어로 이해되고, 명령을 받은 사람은 또한 '说服'의 목적어로 이해될 수 있는 것이다. 그래서 (24b)와 같은 겸어문이 형성된다. 반면에 ‘答应’ 같은 동사가 나타내는 화행 또는 언표 내적 힘은 승낙이다. 이러한 행위의 선결 조건은 승낙하는 사람이 자기가 승낙하는 동작을 수행할 수 있다고 여기는 것이다. 따라서 (24c)에서 ‘动身’의 주어는 승낙하는 사람, 즉 대주어 ‘张三’이다. (24a)의 ‘打算’도 마찬가지로 유사한 해석이 가능하다. 이렇게 문장을 화행으로 보는 것, 그리고 화행이 달라지면 언표 내적 힘의 작용도 달라진다는 해석이 바로 화행 분석이다.

언어의 많은 현상들은 화행의 관점에서 분석할 수 있다. 그중 하나의 현상이 바로 지름길 함축(short-circuited conversational implicature)이다. 예를 들어 아래의 (25)는 문장의 함축 의미로 제안을 나타내는 예이다.

(25) a. Why didn't you read in bed? (为什么你不躺在床上看书?)
(질문/[간접]제안)
b. Why not read in bed? (为什么不躺在床上看书?) (제안)

(25a)와 (25b)의 뜻은 비슷하다. 하지만 화행으로 보면 또 다르다. (25a)의 직접적인 언표 내적 힘은 질문이고 간접적인 언표 내적 힘은 제안이다. (25b)도 의문문의 형식이지만 제안이라는 언표 내적 힘만 있을 뿐이다. 우리는 (25b)의 어법 형식이 고정적이라는 것에 주목해야 한다. 예를 들어 ‘why not’ 안에는 다른 성분을 삽입할 수가 없다. 물론 (25a) 의문문의 간접적인 언표 내적 힘인 제안을 이 문장의 함축 의미로 볼 수도 있다. 이는 일정한 화용 원리, 예를 들면 공손 원리나 완곡 원리에 따라 도출할 수 있다. 다른 사람에게 무엇을 하라고 제안하는 것은 종종 겸손하지 않은 감이 있다. 사람들이 제안을 하기 전에 흔히 ‘실례합니다(恕我冒昧)’라고 먼저 말하는 것도 그러한 이유다. 따라서 공손 또는 완곡한 표현을 고려해서 다른 사람에게 어떠한 일을 하라고 제안하기 전에, 상대방에게 그렇게 하지 않는 이유를 먼저 물어보는 것이 좋다. 예를 들어 다른 사람에게 누워서 책을 볼 것을 제안할 때는, 그에게 누워서 책을 보지 않는 이

유를 먼저 물어보는 것이 좋다. 따라서 의문문 (25a)에는 제안이라는 간접적인 언표 내적 힘이 있다. 이러한 함축 의미가 보편적으로 사용되고 반복적으로 사용된 결과 점차 고정되었고 청자가 (25a)와 같은 말을 들은 다음에는 단번에 제안이라고 바로 이해하게 되었다. 이것이 바로 지름길 함축(short-circuited conversational implicature)이다. 이러한 함축 의미가 한 층 더 굳어지면 원래의 문장 형식에 반작용을 일으킬 수 있기 때문에, (25b)와 같은 긴축 의문문 형식으로 따로 제안을 나타내게 되었다. 이 과정은 아래와 같이 나타낼 수 있다.

(26)
형식 a ----► 형식 b
고유 의미 a (함축(지름길 함축(고유 의미 b)))

화행 이론을 응용하여 복문의 의미 관계를 분석하는 예를 하나 더 들어 보자. 과거에는 복문의 의미 관계를 분석할 때 일반적으로 병렬 관계, 인과 관계, 전환 관계, 가설 관계 등으로 나누었다. 그러나 실제로 어떠한 통일된 의미 관계로는 해석하기가 어려운 복문이 많다.

(27) a. 张刚回来了, 因为他还爱小丽。
b. 张刚还爱小丽, 因为他回来了。
c. 晚上还开会吗, 因为礼堂有电影。

위의 (27)에서 세 개 복문의 접속사는 모두 '……因为……'이며 이들은 일반적으로 모두 인과 관계의 복문으로 본다. 하지만 (27a)와 (27b)에서는 '因为'의 뒤에 출현하는 원인은 서로 바뀌었다. 심지어 (27c)의 원인과 결과 사이에는 어떠한 관계가 있는지도 알 수 없다. 어떤 복문에서는 '因为' 뒷부분이 원인이라고 말하기 힘들고, 어떠한 복문에서는 '因为' 뒷부분이 원인이 아니라고 말하기 힘들다. 또 '因为'를 지니는 복문이 인과 관계를 나타내지 않을 수도 있다고 말하기도 힘들다. 이러한 상황, 특히 (27c)와 유사한 상황은 복문의 의미 관계 분석에 많은 문제와 당혹감을 준다.

당대의 화용론적 관점에 따르면 어떠한 문장의 화용적 성질은 행위, 지식, 화행, 이 세 가지 유형으로 나눌 수 있다. 또 어떠한 문장도 세 가지의 다른 인지(개념) 영역에 위치한다고 말할 수 있다. 이렇게 사람들이 하는 모든 말의 의미를 각각 이 세 가지 영역의 상황으로 이해하면 영역에 따라 문장은 다르게 이해될 것이다. 언어에서 이러한 상황을 가장 잘 설명할 수 있는 것이 정태 동사다. 정태 동사 '能'을 예로 들어 보겠다.

(28) a. 小王能说法语吗?

b. 我还能骗你吗?

c. 敏, 笔记能借我一阅!

(28a)의 '能'은 능력을 나타내며, 이것은 사람의 행위 동작과 직접적으로 관련되는 의미이므로 행위 영역의 표현에 속한다. (28b)의 '能'은 능력이 아닌 가능을 나타내며, 이것은 화자가 아는 것에 근거하여 추정하는 어떠한 가능성을 가리키므로 지식 영역의 표현에 속한다. (28c)의 '能'은 능력을 나타내지도 않고 가능을 나타내지도 않는다. 요구를 나타내는 일종의 언어 행위(문장에서 '能'에는 강세를 줄 수 없고, '请'으로 대체가 가능)로 화행 영역의 표현에 속한다. 물론 담화는 행위 영역으로서의 표현이 가장 기본적인 표현이므로 이것이 일반적으로 이해되는 의미다. 반면에 지식 영역과 화행 영역의 표현은 은유되거나 인신되어 나온 것이어서 후자의 뜻은 비교적 특수하고 단번에 쉽게 이해되지 않는다.

언어에는 실제로 화행 영역의 표현에서 전문적으로 사용되는 동사 무리가 있다. 가령 '我宣布散会'의 '宣布'는 발화와 함께 선포하는 행위를 한다. 유사한 예에는 '命名, 请求, 命令, 许诺' 등이 있다. 물론 언어에는 세 가지 영역에서의 의미가 모두 있는 동사도 일부 존재한다. 아래의 (29a)

에서의 '保证'은 달성을 보증한다는 뜻으로, 행위 영역의 표현에 속한다. (29b)의 '保证'은 긍정할 수 있다는 뜻으로, '我'가 아는 것에 근거해서 '他三周内完成任务'라는 명제가 참이라는 것을 추정하는 것이므로 지식 영역의 표현에 속한다. (29c)에서는 말을 하면서 '保证'이라는 화행을 하기 때문에 이는 화행 영역의 표현에 속한다.

(29) a. 他向我保证三周内完成任务。
b. 我保证他三周内完成任务。
c. 甲: 你必须三周内完成任务。
乙: 好, 我保证。

행위, 지식, 화행 세 영역의 분석은 복문의 의미 관계를 해석하는 데 도움이 될 뿐만 아니라 모든 복문의 여러 복잡한 의미 관계를 더욱 개괄적으로 설명할 수 있다. 앞으로 돌아가 (27)의 각 예문을 다시 보자. 그중 (27a)는 사리(事理) 상의 관계, 다시 말해 일반적으로 말하는 인과 관계를 설명하는 것으로 행위 영역의 복문에 속한다. (27b)는 (27a)의 인과 관계를 뒤바꾼 것 같지만 사실 여기에서는 '张刚回来了'가 '他还爱小丽'의 원인이 아니다. 화자는 '张刚回来了'라는 사실을 알고 있고 여기서 '他还爱小丽'라는 결론을 얻은 것이다. 이것은 사실에 근거한 일종의 주관적 추론으로 명백히 지식 영역의 복문이다. (27c)는 사리상의 관계가 아니며 추론도 아니다. 실제의 의미는 내가 당신에게 저녁에 회의를 하느냐고 묻는 것은 강당에서 영화를 상영하기 때문이라는 뜻이다. 다시 말해 강당에서 영화가 하는 것이 내가 당신에게 (저녁에 회의를 하느냐고) 묻는 이 화행의 이유인 것이다. 이는 화행 영역의 복문에 속한다.

위에서 논의한 세 개 영역에서 복문의 의미 관계는 같지 않다. 사실 다른 영역에 있는 복문은 형식에 있어서도 차이가 있다. 가령 (30)과 같이 행위 영역의 복문은 두 개의 절 사이에 '是'를 삽입할 수 있지만 다른 두 종류의 복문은 불가능하다. 영어에도 비슷한 경우가 있다. (31)처럼 행위 영역에서는 복문의 절과 절 사이에 쉼표를 넣을 수 있지만 다른 두 종류의 복문은 불가능하다. 이것은 행위 영역에서는 복문의 주절이 전체 문장이 공유하는 전제이고 상하문 자체가 서로 연결되어 있음을 보여 준다. 반면에 지식 영역과 언어 행위 영역에서는 복문의 주절이 화자가 말하는 주관적 추론과 화행을 나타내는 다른 절의 전제 조건일 뿐이므로 독립적이어야 하는 것이다.

(30) a. 张刚回来了是因为他还爱小丽。

b. *张刚还爱小丽是因为他回来了。

c. *晚上还开会吗是因为礼堂有电影。

(31) a. John came back because he still loves Mary.

b. *John still loves Mary because he came back.

c. *Should we have meeting tonight because there will be a movie in the hall.

행위, 지식, 화행 세 영역의 분석은 인과 관계의 복문을 제외한 나머지 유형의 복문에도 동일하게 적용된다. 예를 들어 (32)는 모두 가설 복문이고, (33)은 전환 복문이며, (34)는 조건 복문이지만 이 가운데 어떠한 의미 관계(특히 c 문장)는 종종 설명하기가 어렵다. 그러나 사실 행위, 지식, 화행의 세 영역에 넣어 분석하면 모두 쉽게 이해된다. (a) 문장은 모두 객관적 사리를 나타내는 행위 영역의 복문이고, (b) 문장은 화자의 주관적 추론을 나타내는 지식 영역의 복문이며, (c) 문장은 화자의 화행을 나타내는 화행 영역의 복문이다.

(32) 가설 복문:

a. 如果明天下雨, (那么)比赛就取消。

b. 如果比赛取消, (那么)昨天就下了雨。

c. 如果明天下雨, (那么)太阳就从西边出来了。

(33) 전환 복문:

a. 虽然他只有中专文凭, 但他没有小看自己。

b. 虽然他没有小看自己, 但他只有中专文凭。

c. 虽然你只有中专文凭, 但你为什么没小看自己。

(34) 조건 복문:

a./b. 只要我讲个故事, 你就会感兴趣。(행위 영역 또는 지식 영역의 복문)

c. 只要你感兴趣, 我就讲个故事。(화행 영역의 복문)

이러한 복문 가운데 가장 주목할 만한 것은 화행 영역의 복문이다. 어떻게 조금도 관련 없어 보이는 두 개의 문장이 가설, 전환, 조건 관계의 복문을 구성할 수 있는 것일까? 그것은 이러한 문장들이 나타내는 것이 객관적 사리나 주관적 추론이 아닌 화행이기 때문이다. 예를 들어 (32c)의 실제 의미는 '만약 내일 비가 오면(如果明天下雨), 나는 태양이 서쪽에서 솟았다(太阳就从西边出来了)라고 말할 것이다'이고 '상태 P는 내가 Q라고 주장하는 조건이다'가 논리적 관계다. (33c)의 실제 의미는 '비록 네가 전문대학 졸업장만 있지만(虽然你只有中专文凭), 그럼에도 나는 네가 왜 나를 무시하지 않았냐(你为什么没小看自己)라고 물을 것이다'이고 '비록 P라는 상황이 존재하지만 그래도 나는 Q라고 질문할 것이다'가 논리적 관계다. (34c)의 실제 의미는 '네가 흥미가 있어야만(只要你感兴趣) 나는 이야기할 것을(讲个故事)을 제안할 것이다'이고 'X가 적절한 제안이기만 하면 나는 X를 제안할 것이다'가 논리적 관계다. 이러한 복문이 나타내는 화행 또는 언표 내적 힘이 바로 발언, 질문, 제안이라는 것을 알 수 있다.

사실 많은 복문이 화행을 나타내기 때문에 화행 영역의 각도에서 설명이 가능하다. 예를 들어 아래 복문의 의미는 모두 '만약/기왕 P하면, 나는

Q를 (청유/단언/제안/환기)할 것이다'이다.

(35) a. 如果你不在意, 你家电话号码是多少? (청유를 나타냄)
b. 如果我没认错, 你就是著名记者陆勤芳同志吧? (단언을 나타냄)
c. 如果你喜欢旧家具, 那边就有一个旧货市场。 (제안을 나타냄)
d. 答案就在第三版上, 既然你想了半天也想不起来。(환기를 나타냄)

어떤 화행 영역의 복문 의미는 조금 돌려서 이해해야 하지만 그래도 여전히 화행의 일종이며 그렇지 않으면 전체 문장의 의미가 말이 되지 않는다. 예를 들면 아래와 같다.

(36) a. 虽然戏剧总是从序幕开始, 但是序幕还不是高潮。
b. 如果这是个问题的话, 这是最根本的问题。
c. 毛泽东不仅是个伟人, 而且是个人。

(36a)를 객관적 사리에 따라 분석하면 전환 관계가 존재하지 않지만, 화행 영역에 따라 분석하면 이 문장은 '비록 당신은 극은 서막부터 시작되었다(戏剧是从序幕开始的)'고 말했지만, 나는 '서막은 아직 클라이맥스가 아니다(序幕毕竟还不是高潮)라고 말할 것이다'로 이해할 수 있다. 이렇게 이해하면 그 속의 전환 관계가 뚜렷해진다. 이 문장의 함축 의미는 우리의 사업이 이미 새로운 페이지를 시작하였지만, 우리는 그렇다고 교만할 수 없다는 것으로 일깨움을 나타내는 화행이라고 할 수 있다. (36b/c)도 일반적인 논리적 추론 관계를 위반한다. '만약에 백마가 있다면 그것은 말이다(如果是匹白马, 那么是匹马)'라고만 말할 수 있고 '*만약에 말이 있다면 그것은 백마다(*如果是匹马, 那么是匹白马)'라고는 말할 수 없거나, '이것은 말일 뿐 아니라 천리마다(这不但是匹马, 而且是匹千里马)'라고만 할 수 있고 '*이것은 천리마일 뿐 아니라 말이다(*这不但是匹千里马, 而且是匹马)'라고는 할 수 없는 것과 같다. 그렇다면 (36b/c)는 어떻게 여전히 성립될 수 있을까? 이것

은 여기에서 나타내는 것이 객관적 사리나 명제 추론이 아니기 때문이다. 이러한 표현은 화행 영역에 넣어야만 허용된다. 예를 들어 (36b)의 의미는 만약(如果) 네가 이것이 문제(这是个问题)라고 말한다면, 나는 이것은 근본적인 문제(这是个根本问题)라고 지적할 것이고, (36c)의 의미는 만약(如果) 네가 마오쩌둥이 위대한 인물(毛泽东是个伟人)이라고 말을 한다면, 나는 그는 위대한 인물일 뿐 아니라 우선 한 사람의 개인이다(他不但是个伟人, 而且首先也是一个人)라고 지적할 것이다. 이들 복문은 단언이나 일깨움을 나타내는 언어 행위라고 생각할 수 있다.

상술한 화행 영역 복문의 특징을 좀 더 설명하거나 화행 행위 영역의 복문이 왜 형성되었는지를 설명하려면 화용상의 대화 격률을 언급해야 한다. 예를 들어 앞의 (34c)는 적합의 격률과 관련된다. 이 문장에서 '如果'의 뒷부분이 얘기하는 것은 사실 논리적 충분 조건이나 필요 조건이 아니며 참-거짓 관계와 관련되지도 않는다. 제안의 조건을 내세울 뿐이다. '你感兴趣'가 '只要'에서 끌어낸 '我讲个故事'의 조건이 되는 이유는, 제안의 조건이 제안하는 행위가 상대방에게 이로울 것을 요구하기 때문이다. 상대방에게 이롭지 않다면 적합하지 않다. '你感兴趣'는 내가 어떠한 일을 하도록 제안하는 것의 적합 조건인 것이다. 반면에 위의 (36b)는 양의 격률와 관련된다. 일반적으로 대화의 쌍방은 모두 충분한 양의 정보를 제공해야 한다. 하지만 청자가 '这是个问题'가 주는 정보의 양이 부족하다고 여기기 때문에, 만약 이것이 문제라면 나는 이것이 틀림없는 문제일 뿐만 아니라 근본적인 문제이기도 하다고 강조할 것이라고 보충 설명하는 것이 필요한 것이다.

12.5 문법화 이론과 화용상의 문법화 분석

많은 어법 구조의 차이에 있어서 화용적 해석의 원칙은 일종의 어법 구조 규칙이기도 하고, 또 많은 어법 구조 규칙은 실제로는 문장의 용법이 최종적으로 정형화된 결과이기도 하다. 즉, 특정 용법의 의미가 오랜 세월에 걸쳐 일반화된 후에 어법 구조 규칙으로 응고된 것이다. 본 절에서는 비교적 전형적인 화용상의 문법화 사례를 몇 가지 논해 보도록 하겠다.

먼저 극성어(polarity words)가 포함된 문장의 의미와 문법화 현상을 보겠다.

중국어에는 그 자체에는 보편적 의미가 없지만 일정한 구문을 구성한 후에는 보편적 의미를 지니는 어휘들이 있다. '一……不……', '一……一……', '再……也……', '最……也……', '连……也/都……' 등이 그러하다.

(37) a. 他一字不识。 (모든 글자를 모른다.)
b. 有一件交代一件。 (모든 일을 인계하다.)
c. 再大困难也能克服。 (모든 어려움을 극복할 수 있다.)
d. 最便宜的也买不起。 (모든 것을 살 수 없다.)
e. 连他的敌人也佩服他。(모든 사람들이 그에게 감탄한다.)
f. 连C也不懂转换语法。(아무도 변형 문법을 모른다.)

이러한 어휘들로 구성된 구문은 긍정문도 있고 부정문도 있다. 하지만 긍정문을 부정문으로 바꾸거나 부정문을 긍정문으로 바꾸면(긍부정 전도), 다음과 같이 세 가지의 이상한 상황이 생기게 된다.

(38) 문법에 맞지 않음(*로 표시)
a. 他一字不识。 / *他一字识。
b. 他一天不休息。 / *他一天休息。
c. 有一件交代一件。 / *有一件不交代一件。
d. 一天有一天的事情。 / *一天没有一天的事情。

(39) (원래의) 의미에 맞지 않음(#로 표시)
a. 再大的困难他也能克服。

#再大的困难他也不能克服。(周遍 의미가 없음)

b. 最便宜的我也买不起。

#最便宜的我也买得起。(周遍 의미가 없음)

c. 再贵的衣服穿在她身上也不好看。

#再贵的衣服穿在她身上也好看。(周遍 의미가 없음)

(40) 화용적으로 맞지 않음(?로 표시)

a. 连他的敌人也佩服他。

?连他的敌人也不佩服他。

b. 连看电影也不感兴趣。

?连看电影也感兴趣。

c. 就算你请我坐汽车去, 我也不去。

?就算你请我坐汽车去, 我也去。

(38)은 통사적 이상현상이다. '一字识, 一天休息, 一件不交代一件' 등은 의존 형태이지 자유 형태가 아니라서 단독으로는 문장이 될 수 없다. 설령 문장이 된다 하더라도 어떤 것은 '一字识, 一字不识', '一天工作, 一天休息'와 같이 대구(對句)일 때에만 가능하고, 이때는 보편적 의미(周遍意味)를 잃어버리고 만다. 또 어떤 것은 '我要是有一件不交代一件, 可以从重处罚我'와 같이 복문을 구성하는 절에서만 보편적 의미가 유지된다. (39)는 의미적 이상현상이다. '#' 부호를 넣은 문장은 보편적 의미를 잃어버렸을 뿐이다. 즉 원래의 의미에 맞지 않는 것일 뿐 통사적으로는 이상이 없으며 단독으로 문장이 될 수 있다. 예를 들어 '最便宜的我也买得起'는 내가 가장 싼 것을 살 수 있다는 말이지, 내가 모든 것을 살 수 있다는 말이 아니다. (40)은 화용적 이상현상이다. '?' 부호를 넣은 문장은 사람들이 통상적으로 받아들일 수 있는 예상에는 위배되지만, 이 문장들은 여전히 통사적으로 이상이 없으며 의미적으로도 보편적 의미를 지닐 수 있다. 가장 분명하게 드러나는 예는 영화를 보는 것이 가장 재미있는 일이라는 가

설을 영화를 보는 것이 가장 재미없는 일로 바꾸어 '连看电影也感兴趣'라고 말하면, 어떤 것에도 재미를 느낀다는 의미가 된다. 이러한 긍부정 전도로 인한 세 가지 이상 현상은 화용론의 양적 등급 모형 이론으로 통일된 해석을 할 수 있다. 중량을 예로 들어 보면 이러한 양적 등급 모형은 아래와 같이 나타낼 수 있다.

(41)
- m(가장 가벼움)
- x_2
- x_1
- M(가장 무거움)

(41)에서 M과 m은 각각 양적 등급상에서 가장 무겁고 가장 가벼운 양 극단이고 그 가운데에 있는 X_1은 X_2보다 무겁다. 이 양적 등급 모형에서는 다음과 같이 추론할 수 있다. X_1이 X_2보다 무거운 상황에서 어떠한 사람이 X_1을 들 수 있으면 X_2도 들 수 있다. 하지만 이것은 순수 논리적 추론이 아니다. 형상, 크기, 드는 순서 등의 원인으로 인해 X_2가 X_1보다 가볍더라도 X_1보다 오히려 들기 힘든 상황이 객관적으로 충분히 가능하기 때문이다. 인지 언어학의 관점에서 이야기하면 이러한 양적 등급 추론은 사람의 인지상의 모형을 대표하는데 일종의 사고 패턴이나 관례다. 이 양적 등급 모형에 따라 (37) 각 예의 보편적 의미를 추론해 낼 수 있다. (37)에 사용된 단어들이 실제로는 모두 양적 등급상의 m극이나 M극에 위치한다는 것에 주의하여야 한다. 다시 말해 가장 많은 양 M에 대한 긍정은 전체 양에 대한 긍정을 의미하고, 가장 적은 양에 대한 부정은 전체 양에 대한 부정을 의미한다. 구체적으로 말하면 '张三'이 가장 무거운 물건을 들 수 있다는 것은 '张三'이 모든 물건을 들 수 있다는 것을 의미하고, '张三'이 가장 가벼운 물건도 들 수 없다는 것은 '张三'이 어떠한 물건도 들 수 없다는 것을 의미한다. 문장이 긍정에서 부정으로 변하거나 부정에서 긍정으로 변하면, 양적 등급의 방향도 그에 맞게 바뀌어서 가장 많은 양 M과 가장

적은 양 m이 양적 등급상에서 자리를 바꾸어야 한다. 가령 '最便宜的也买不起'가 긍정문으로 바뀌면 '最便宜的'를 '最贵的'로 바꾸어야 한다. 그래서 '最贵的也买得起'라고 해야지만 원래의 보편적 의미가 유지될 수 있다. 만약 양적 등급의 방향을 바꾸지 않으면 통사적으로 맞지 않거나, (원래의) 의미에 부합하지 않거나, 화용적으로 맞지 않는 세 가지의 이상 결과가 나올 것이다.

이제 '好/好不A(A = 형용사)'의 구조 의미와 문법화 과정을 살펴보자.

뤼수샹(吕叔湘)은 '安分, 争气, 上算'과 같은 형용사는 '好'로 정도를 강화할 수 없고 '不'로 부정한 후에야 '好'로 정도를 강화할 수 있다고 하였다. 이러한 단어들의 의미적 특징은 연구할 만한 가치가 있다.

(42) a. *好安分 / 好不安分 b. *好争气 / 好不争气
c. *好讲理 / 好不讲理 d. *好公平 / 好不公平
e. *好知足 / 好不知足 f. *好上算 / 好不上算

하지만 '安分, 讲理' 등의 단어가 '好'로 정도를 강화할 수 없다는 것은 일반적인 용법에서 이야기했을 때라는 점을 먼저 설명해야 한다. 이들은 반어적 표현으로 사용될 수 있다. 사실 이 단어들이 '好'의 수식을 받을 때에는 반드시 반어적으로 이해하여야 한다. 예를 들어 '好安分'의 뜻은 '不安分'이고 '好讲理'의 뜻은 '不讲理'인 것이다. 반어법을 고려하기 전에 우선 '好/好不A'에서의 A(형용사)가 대부분 의미적으로는 특정 사회와 문화에서의 도덕 규범이나 행위 준칙을 나타낸다고 설명할 수 있다. 따라서 도의어(道义词)라고 할 수 있으며, 이러한 예에는 '安分, 争气, 讲理, 公平, 人道, 知足, 识相, 道德, 知趣, 晓理, 识时务, 识抬举, 通人情, 守妇道, 懂交情, 得人心' 등이 있다. 이 격식에 들어가는 형용사 중에는 '值得, 上算, 经济, 习惯' 등과 같이 도의어에 속하지 않는 것들도 있는데, 이들은 사회 활동에서의 행위 결과에 대한 사람들의 모종의 기대를 나타낸다. 이러한 단어들은 도의어와 함께 특정적이면서 사회성을 띤 긍정 의미의 어휘를 구성한다. 이러한 긍정 의미의 어휘는 부정 의미의 어휘와 대립을 이룬다. 모든 부정 의미의 어휘들은 '好'의 수식을 받을 수 있고, 일반적으로는 반어적으로 이해할 수 없다. 부정 의미의 어휘를 '不'로 부정한 뒤에 '好'로 수식하면 결과적으로 '好'와 '不'가 결합되어 의미가 '好'와 같은 정도강화부사 '好不'가 된다.

(43) a. 好不蛮横 = 好蛮横　　b. 好不糊涂 = 好糊涂
c. 好不狼狈 = 好狼狈　　d. 好不惭愧 = 好惭愧
e. 好不蹊跷 = 好蹊跷　　f. 好不邋遢 = 好邋遢

(43)의 예에서 나타난 이러한 특정 긍정의미 어휘(도의어)는 부정 의미의 어휘와 대립할 뿐 아니라 다른 성질의 긍정 의미의 어휘들과도 구별된다. 예를 들면 유쾌한 기분을 나타내는 어휘 '高兴, 自在, 痛快' 등과 번화한 정경을 나타내는 어휘 '热闹, 繁华, 兴旺' 등, 그리고 재능 및 신체상의 우수한 자질을 나타내는 어휘 '聪明, 伶俐, 漂亮' 등이 있다.

(44) a. 好不兴旺 = 好兴旺　　b. 好不高兴 = 好高兴
c. 好不自在 = 好自在　　d. 好不聪明 = 好聪明
e. 好不伶俐 = 好伶俐

(44)의 '好不'는 정도강화부사로 결합된 것이라 볼 수 있다. 하지만 이들 중 어떠한 표현은 아직 고정되지 않았다. 근대중국어에서 '好不聪明'은 대부분 부정의 의미를 나타내었고, '好不自在'에는 '好不—自在'(긍정)와 '好—不自在'(부정), 이렇게 두 가지 뜻이 있었다. 현대중국어에서 '好不高兴'과 '好不痛快'에는 긍정의 뜻과 부정의 뜻이 모두 있는 듯하다. 이것은 사회성을 지닌 긍정 의미의 어휘에는 명확한 경계 범위가 없고, 특히 행위 결과에 대한 사람들의 어떠한 기대를 나타내는 어휘는 다른 긍정 의미의 어휘와 분명한 경계선을 긋기가 어렵기 때문이다. 하지만 전반적으로 말

하면 '好'의 수식을 받았을 때와 '不'가 추가된 후 '好'의 수식을 받았을 때, 사회성을 띤 긍정 의미의 어휘들은 독자적으로 한 부류를 이루어 부정 의미의 어휘 및 일반 긍정 의미의 어휘와 대립을 이룬다. 요약하자면, 부정 의미의 형용사가 '好'나 '好不'의 수식을 받을 때는 그 의미에 대한 긍정을 나타낸다. 반대로 특정한 긍정 의미의 어휘(도의어)는 일반적으로 '好A'라고 말하지 않고 '好不A'라고 하며 이것은 A 의미에 대한 부정을 나타낸다.

위에서 말한 이러한 긍정 의미의 어휘들은 그 용법이 화용론의 공손 원리와 밀접하게 관련되어 있다. 도의어가 공손 원리에 특히 민감한 것은 자연스러운 것이다. 공손은 본질적으로 일종의 사회 규범이기 때문이다. 공손 원리라고 하는 것은 언어로 평가를 할 때, 나쁜 것에 대해서는 완곡하게 이야기하고 좋은 것에 대해서는 충분하게 이야기하는 것이다. 일반적으로 단점에 대한 비판은 상대방의 체면을 손상시키는 행위이므로 부정적 의미의 어휘를 직접적으로 사용하는 것은 좋지 않다. 그러므로 '不+상응하는 긍정 의미의 어휘'로 대신한다. 예를 들어 다른 사람에게 '蛮横, 放肆'라고 직접적으로 얘기해서는 안 되며 만약에 '不讲理, 不安分'이라고 말해야 한다면 완곡하게 해야 한다. 반대로 장점에 대한 긍정은 긍정 의미의 어휘를 직접적으로 사용해야지, '不+상응하는 부정 의미의 어휘'를 사용하는 것은 좋지 않다. 예를 들어 상대방이 합리적이거나 본분을 잘 지킨다면 그에 대해 '不蛮横, 不放肆'라고 말하는 것은 좋지 않다. 이러한 비대칭 현상은 아래와 같이 나타낼 수 있다.

(45)

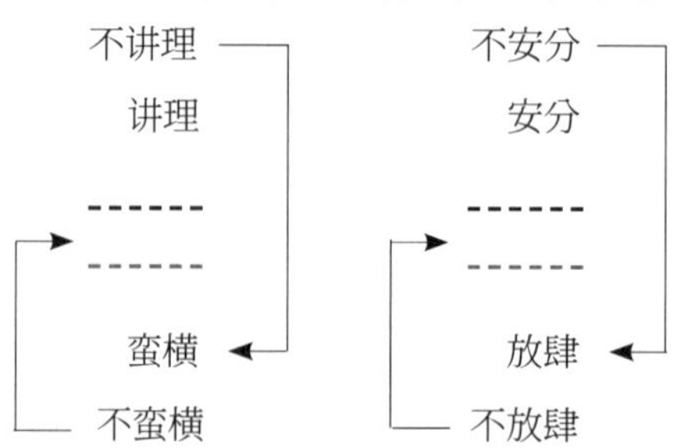

(45)에서 화살표가 나타내는 것은 다음과 같다. 긍정 의미인 '讲理, 安

分'을 부정하는 것에는 부정 의미 '蛮横, 放肆'가 내포되어 있고, 부정 의미 '蛮横, 放肆'를 부정하는 것에 내포된 의미는 긍정과 부정 사이에 낀 중성 의미라는 것이다. 공손 원리의 작용으로 인해 실제의 언어 사용에서는 '不讲理, 不安分'의 사용 빈도가 '不蛮横, 不放肆'의 사용 빈도보다 훨씬 높을 것이다. 그 결과 전자는 영어와 유사한 접두사 부정이 되고 '不'와 긍정 의미의 어휘 간 결합은 긴밀해졌다. 통사적 부정을 유지하는 후자의 경우 '不'와 부정적 의미의 어휘 간 결합은 비교적 느슨하다. 이 두 가지 구조의 앞에 정도 부사 '好'를 붙여 수식하면, 자연히 '好+不讲理'와 '好不+蛮横'의 구조적 차이를 야기하게 된다. 역사적으로 보면 '好不+蛮横'도 확실히 '好+不+蛮横'의 반어적 용법에서 발전되어 온 것이다. 이렇게 '好不讲理'와 '好不蛮横'의 구조와 의미 대립이 자연적으로 초래되었다.

(46) a. 不—讲理, 不—安分('不'는 부정 접두사에 해당)
　　　好—不讲理 (부정 의미)
　b. 不　蛮横, 不　放肆('不'는 통사적 부정사)
　　　好不—蛮横 (긍정 의미)

하지만 더 나아가 보면 공손 원리는 '好蛮横'과 '*好讲理'의 대립, 즉 '好讲理'가 왜 반어적으로 이해해야지만 성립되는지는 설명할 수가 없다. 마찬가지로 더 설명해야 할 것은 '好—不蛮横'은 반어적 표현이며 '好—不讲理'는 반어적 표현이 아닌 이유가 무엇이냐는 것이다. 일종의 수사적 수단으로서 반어법은 긍정적인 단어로 부정적인 의미를 나타내는데 자주 보이고 부정적인 단어로 긍정적인 의미를 나타내는 경우는 드물다. 우리는 흔히 '你真聪明'으로 '你真笨'을 표현하고, '你真讲理'로 '你蛮不讲理'를 표현하지만, '你真笨'으로 '你真聪明'을 나타내는 경우는 드물다. 이러한 비대칭은 '你真聪明 = 你真笨, 你真笨 ≠ 你真聪明'이라고 나타낼 수 있다. 일반 수사학 책에서는 반어를 긍정의 말을 부정적으로 말하거나 부정의 말을 긍정적으로 말하는 것이라고 정의하면서, 반어의 이러한 비대칭 현상을 언급하지는 않았다. 이러한 비대칭 현상을 지적한 것이 있더라도 이에 대해 해석을 하지는 않았다. 화용론의 관점에서 이 현상을 설명하려면 반어의 인용 이론을 채택해야 한다. 즉, 이러한 반어는 글자의 표면적 뜻에 따라 하나의 단어를 인용해서 그에 대해 어떠한(풍자적) 태도를 나타내는 것이다. 인용은 진술과 상대되는 말로 둘의 차이는 (47)을 보면 알 수 있다. (47a)에서 '他五点钟到'는 화자 자신의 진술이지만 (47b)에서는 화자가 小李의 말을 인용한 것이다.

(47) a. 我已通知小李来开会, 他五点钟到。他说是四点到, 但他总是迟到一小时。
b. 我已通知小李来开会, 他五点钟到。他总是迟到一小时, 所以他要六点才到。

어떠한 인용은 (48a)와 같은 메아리 인용인데 乙의 대답이 마치 甲이 한 말의 메아리 같다. 또 (48b)처럼 상대방이 분명하게 말하지 않은 뜻이 인용의 내용이 될 수도 있다. (48c/d)처럼 명언 경구도 자주 인용의 대상이 된다. 요컨대 인용의 의도는 어떠한 명제 내용을 전하는 것이 아니라, 이미 상대방의 말을 들었거나 알아들었다는 것을 나타내며 동시에 풍자적이고 동의하지 않는다는 태도를 나타낸다.

(48) a. 甲: 我从来不蛮不讲理。
乙: 你不蛮不讲理, 那还有谁是蛮不讲理的!
b. 甲: 这不是我的错。
乙: 那这是我的错啦, 你什么意思?
c. 尊老爱幼! 现在的年轻人才不管这一套呢。
d. 要我爱祖国, 可是谁爱我呀?

이러한 각도에서 '好蛮横'과 '*好讲理'의 대립을 설명하면 다음과 같다. '好蛮横'의 '好'는 진술성 정도강화부사이고 '蛮横'은 진술과 정도강화의 대상이다. 반면에 '*好讲理'의 '好'는 인용성 정도강화부사이고 '讲理'는 인용과 정도 강화의 대상이다. 부사 '好'가 반어적 표현에 사용될 때, 인용의 작용은 '好(一)个……'의 구문에서 더 분명하게 발견된다.

(49) a. 好个"友邦人士!" (鲁迅《'友邦惊诧'论》)

b. 你没有反映出生活的本质和主流, 你写的只是现象和支流罢了! ……好一个本质和主流! (王蒙《睁开眼睛面向生活》)

반어의 비대칭 용법은 다음과 같이 해석할 수 있다. 사람들이 말로 평가를 할 때, 특히 사람들의 사회적 행위를 평가할 때는 늘 문화적으로 정의된 행위 규범이나 도덕적 기준을 인용해야 하며, 행위 결과에 대한 정상적인 기대도 언급해야 한다. 이 때문에 어떤 사람이 행위 규범과 도덕적 기준을 분명히 위반하였거나 정상적인 기대가 허사가 되었을 때, 사람들은 자주 풍자적인 말투로 이러한 규범과 기준, 기대를 인용한다. 예를 들면 '你好讲理呀!', '这样做好值得呀!'라고 하는 것이다. 그래서 긍정 의미의 어휘 가운데 도의어와 정상적인 기대를 나타내는 어휘는 자주 인용의 대상이 된다. 반대로 부도덕하고 규범적이지 않으며 실망스러운 행위에 대한 비판은 언제나 어떠한 구체적인 사람이나 일에 초점이 맞춰진다. 따라서 부정적 의미의 어휘는 일반적으로 인용의 대상이 되지 않는다. 더 나아가 설명하면 '*好讲理'와 같은 어구에서 '好'는 인용성 정도강화부사이다. 이것이 인용하고 정도를 강화하는 대상은 도의를 나타내는 특수한 긍정 의미의 어휘와 행위 결과에 대한 정상적 기대를 나타내는 긍정 의미의 어휘로 제한된다. 이러한 긍정 의미의 어휘들은 의미적으로 다음과 같은 특징을 보인다. 만약 어떠한 사람이 이러한 긍정 의미 어휘가 나타내는 성질을 갖추지 않았다고 말을 한다면, 실제로 이는 그 사람에 대한 비판이다. 예를 들어 '某人不讲理或不安分'이라고 말한다면 이것은 그 사람을 비판하고 있는 것이다. 반면에 '他不高兴或不机灵'이라고 하는 말에는 비판의 뜻이 없거나 비판의 뜻이 약하다. 비록 '高兴'과 '机灵'이 긍정 의미의 어휘라고 할지라도 말이다. 현재 중국어 이외의 다른 언어에서 의미적으로 도의어라고 정의된 것에서 용법상에서 상응하는 특징을 찾을 수 있는지는 아직 모른다. 하지만 한 가지는 분명하다. 도의는 언제나 '应该'와 관련된다. 예를 들어 프랑스어 'devoir'은 ~해야 한다는 뜻을 나타내면서 도의상 해야 하는 일, 즉 의무, 책임이라는 뜻도 나타낸다. 중국어의 경우 '应该安分, 应该讲理, 应该识时务, 应该守妇道' 등과 같이 도의어의 앞에는 언제나 '应该'를 붙일 수 있다. 하지만 이것과 성질이 다른 긍정 의미의 어휘의 경우 그렇지 않다. 예를 들어 일반적으로는 '应该机灵'이라고 말하지 않고 '应该机灵一点儿'이라고 한다. 마찬가지로 '应该热闹'라고 하지 않고 '应该再热闹一些'라고 하며, '应该高兴'이라고 하지 않고 '这种场合应该高兴才对'라고 한다. 이는 도의적 기준은 언제나 상대적으로 안정적이며 변하지 않는 반면에, 이와 성질이 다른 긍정 의미 어휘는 언어 환경이 달라짐에 따라 다르게 이해될 수 있기 때문이다. 예를 들어 '热闹'는 변화한 정경을 나타내지만, 어떠한 사람은 조용한 상태를 좋아하며 누군가는 즐겁다고 느끼는 일이 다른 사람의 기분을 망치게 할 수도 있는 것이다. 반대로 도의어의 긍정 의미는 안정적이기 때문에 자주 인용의 대상이 된다. 이러한 분석으로부터 2음절 부사 '好不'의 형성이 실제 문법화 과정이라는 것을 알 수 있다. 다시 말해 화용 표현이 오랜 세월에 걸쳐 일반화된 후에 어법의 일부분으로 변하는 과정에서 '好不'가 만들어진 것이다. 다음과 같은 상황을 구상해 볼 수 있겠다.

(50) 甲: 你怎么这么蛮横!
乙: 我根本不蛮横。
甲: 你好"不蛮横"呀!

(50)에서 '好(不蛮横)'의 최초 용법은 인용성 부사로 '好'와 '不'의 연결이 처음에는 느슨한 편이었다는 것을 볼 수 있다. 하지만 상술한 용법이

빈번해진 뒤 '好不'가 점점 하나로 결합되면서 이 '好不'는 더 이상 인용성 부사가 아닌 진술성 부사로 바뀌었다. 이렇게 글자의 표면적 의미를 다시 실제 표현하려는 의미와 서로 일치시킨 것이다. 이러한 변화발전과정은 먼저 '不'로 부정 의미의 단어를 부정하는 것에서 시작하여 '好不'가 형성된 후에, '好不—热闹', '好不—高兴'처럼 (도의어 이외의) 다른 단어로 확장되었을 가능성이 매우 높다. 이렇게 순서를 설정하는 이유는 화용적 사용에 부합하지 않는 '好'는 일반적으로 긍정적인 어구에 사용되며, '不蛮横'은 분명 '不高兴, 不热闹'보다 도의상의 긍정어휘에 더 가깝기 때문이다.

주요참고문헌

程雨民(1983)〈格赖斯的"会话含义"与有关的讨论〉,《国外语言学》第1期.
段开成(1988)〈舍尔的言语行为理论〉,《外语教学与研究》第4期.
范开泰(1985)〈语用分析说略〉,《中国语文》第6期.
何兆熊(1989)《语用学概要》, 上海外语教育出版社.
何自然(1988)《语用学概论》, 湖南教育出版社.
胡壮麟(1980)〈语用学〉,《国外语言学》第3期.
廖秋忠(1992)《廖秋忠文集》, 北京语言学院出版社.
马庆株(1988)〈自主动词和非自主动词〉,《中国语言学报》第3期.
沈家煊(1990)〈语用学和语义学的分界〉,《外语教学与研究》第2期.
沈家煊(1994a)〈"好不"不对称用法的语义和语用解释〉,《中国语文》第4期.
沈家煊(1994b)〈"语法化"研究纵观〉,《外语教学与研究》第4期.
沈家煊(1995)〈正负颠倒和语用等级〉,《语法研究和探索(7)》, 商务印书馆.
沈家煊(1998)《不对称和标记论》, 江西教育出版社.
沈家煊(1999)〈语用和语法研究〉,《语法研究入门》(吕叔湘 等 著), 商务印书馆.
索振羽(2000)《语用学教程》, 北京大学出版社.
徐盛恒(1993)〈会话含意理论的新发展〉,《现代外语》第2期.
杨成凯(1994)〈语用学理论基础研究〉,《语用研究论集》, 北京语言学院出版社.
张伯江·方梅(1996)《汉语功能语法研究》, 江西教育出版社.

제13강

언어 유형론과 언어 유형 분석

13.1 언어의 특수성과 보편성

이번 강에서는 언어 유형론과 언어 유형 분석에 관해 이야기하고자 한다. 사실 언어 유형과 유형 연구란 한 언어와 다른 언어의 차이점과 공통점을 찾아내는 것이다. 이렇게 보면 언어 유형 연구는 실제적으로 다음 두 가지 경향으로 요약할 수 있다. 하나는 언어의 특수성, 즉 언어 간의 차이점을 중시하는 부류이고 다른 하나는 언어의 보편성, 즉 언어 간의 공통점을 중요시 여기는 부류다.

우선 특수성에 중점을 둔 언어 유형 연구에 관해 논하고자 한다. 어떤 언어가 하나의 언어로 불릴 수 있는 이유는 민족이나 역사적인 요인 외에도 해당 언어가 자신만의 특징을 지니기 때문이다. 그렇지 않다면 독립된 하나의 언어로 존재할 필요가 없다. 따라서 언어의 개별성 혹은 특수성은 객관적으로 존재하는 것이며 연구가 필요한 분야다.

세계에는 대략 3천여 종의 언어가 존재하며 이미 소멸하거나 새로 출현할 언어까지 포함하면 그 수는 헤아릴 수 없다. 절대 다수의 언어가 해당 언어를 사용하지 않는 민족이나 국가의 사람들에게는 오랜 시간 접촉하거나 학습하지 않으면 이해할 수 없거나 말할 수 없는 것일 것이다. 이것은 물론 이들 언어가 음운, 어휘, 통사, 의미 등 분야에서 차이가 있기 때문이다. 조사에 따르면 세계 각 언어들은 일부 분야에서 그 차이가 매우 명확한데 그중 어떤 특징은 사람들이 믿기 어려운 정도라 한다. 예를 들어 어떤 언어는 비음이 없고, 어떤 언어는 흡기음을 사용한다. 어떤 언어는 시간을 표현하는 단어나 접사가 하나도 없고, 어떤 언어는 수백 개의 단어로 각양각색의 나무를 표현하지만 나무라는 총칭의 단어가 없다. 브라질

북부의 350여 명이 사용하는 힉사코리나(Hixkaryana)라는 언어는 문장의 기본 구조가 목적어-동사-주어의 형식이다. 이 언어는 '我吃饭'을 '饭吃我'라고 말하는데 아마도 세계에서 이런 어순을 가진 유일한 언어일 것이다. 이러한 예들은 모두 매우 특수한 언어 현상이다.

언어 특수성의 각도에서 보면 인류 언어는 크고 작은 유형으로 분류할 수 있다. 그중에서 주요한 분류 결과가 바로 굴절어와 고립어, 혹은 종합형 언어와 분석형 언어의 분류다. 주로 단어의 형태 변화를 통해 각종 어법 의미를 표현하는 인구어족 언어는 굴절어와 종합형 언어에 속한다. 반면, 중국어는 형태 변화가 없는 고립어이며 분석형 언어다. 예를 들면 우리는 일반적으로 중국어 문법에 다음과 같은 주요 특징이 있다고 여긴다. 첫째, 중국어는 술어의 어형 변화로 시제, 상, 양태의 어법 의미를 표현하지 않으며 풍부한 조사('了, 着, 过')나 어기사('了, 的, 呢') 체계를 사용한다. 둘째, 중국어는 명사의 어형 변화를 통해 성, 수, 격의 어법 의미를 표현하지 않고 특수한 어순이나 허사를 이용한다. 셋째, 중국어의 각종 실사(명사, 동사, 형용사)는 모두 접미사 표지가 없다. 따라서 품사와 문장 성분 사이에 인구어와 같은 일대일 대응이 존재하지 않는다. 넷째, 중국어 문장 구조는 인구어족 언어처럼 모두 주술구조로 이루어진 것은 아니며 매우 유동적이어서 다양한 구가 문장이 될 수도 있다. 이러한 내용은 이 책의 1강에서 이야기한 바 있다.

어떤 사람들은 좀 더 광범위하고 추상적인 각도에서 중국어의 어법 특징을 정리하고자 한다. 예를 들어 혹자는 중국어는 형태 변화가 없을 뿐 아니라 심지어 인구어와 같은 통사 구조 규칙도 없으며 전적으로 단어 의미에 따라 구 구조와 문장 구조를 구성한다고 여긴다. 이것이 바로 소위 말하는 의합어법과 의미어법이다. 의합어법이란 중국어에서 일부 문장의 구조 관계는 형태구조적으로 드러나지 않고 의미의 조합을 통해서만 이해할 수 있다는 이론이다. 예를 들어 '鸡不吃了', '连校长都不认识'와 같은 중의문은 단어가 담당하는 논항 의미역에 따라 의미가 정해져야 하고, '下雨了, 不去公园' 같은 복문이 표현하는 '因为下雨了, 所以不去公园(인과관계)', '如果下雨了, 就不去公园(가설관계)', '只要下雨了, 就不去公园(조건관계)' 등의 의미 관계도 반드시 맥락이나 두 단문의 관계에 대한 이해에 따라 확정된다는 것이다. 이러한 각도에서 볼 때 의합은 중국어 문법의 두드러진 특징임에는 틀림없다. 의미어법은 중국어 통사 구조의 성질은 통상적으로 성분 간의 의미 관계에 의해 결정된다는 이론이다. 이 관점에 따르면 중국어 문장 구조는 주술문, 술목문 등의 유형이나 행위자 주어문, 피행위자 주어문 등과 같은 유형으로 분류할 것이 아니라, 자동문(自动句)과 사동문(使动句)의 두 기본 구조만으로 귀납할 수 있다고 한다. 중국어는 '中国队大胜韩国队(=中国队大胜, ≠韩国队大胜)'라고 말할 수 있을 뿐 아니라 '中国队大败韩国队(=韩国队大败, ≠中国队大败)'라고도 말할 수 있다. 두 문장의 동사와 명사의 의미 관계는 상반되는데 전자는 자동문이고 후자는 사동문이다. 이런 방식으로 중국어의 모든 문장 구조를 분석한다면 아마도 이 두 가지 기본 구조에 모두 포함시킬 수 있을 것이다. 예를 들어 把자문은 사동문에 귀속될 것이다. 이런 중국어 분석법은 중국어만의 특별한 의미 관계가 강조되는 문장 구성의 특징을 드러내기 위함이다.

물론 언어(특히 중국어)의 특수성을 강조한 연구 중에서 일부는 너무 과한 경향이 있다. 혹자는 중국어와 서양 언어의 차이를 민족주의적인 차원까지 끌고 가서 서양 언어는 형태를 중시하는 과학적인 언어인데 반해 중국어는 정신을 중시하는 인문적인 언어라고 말하기도 한다. 심지어 더 나아가 언어가 달라서 사유 방식과 세계를 인지하는 시각도 다르다고 주장한다. 이는 과거 서양학자들이 주장한 언어상관론의 관점과 유사하다. 중국 특색을 지닌 언어학을 수립해야 한다고 주장하는 사람들은 세상에 중국 특색의 수학, 중국 특색의 물리학이 존재한다고 말하는 것처럼 본래 국경이 없는 언어 과학을 억지로 분리하려 하는데 이는 당연히 설득력이 없다. 심지어 혹자는 중국어의 특수성 연구를 정치적으로 보기도 하는데 그야말로 이해할 수 없는 주장이다.

그러면 이어서 보편성에 기반한 언어 유형 연구에 대해서 이야기해 보자. 언어 유형 연구는 사실 언어의 공통성 혹은 보편성에 대한 연구가 더 중요하며 언어 유형 연구라 하면 일반적으로 이런 연구를 의미한다.

다른 언어들 간에 다른 개별성과 특수성이 존재하는 것은 당연하지만, 언어이기 때문에 공통성과 보편성이 존재하는 것도 당연한 사실이다. 중국 창장강(长江)의 물고기와 미국 미시시피강의 물고기를 비교하면 체형 특징, 생활 습관 등에서 일부 차이가 있겠지만 모두 물고기이기 때문에 물고기의 공통점을 가진다. 물고기와 돌멩이 간에는 어떤 공통점이 있을 수 없기에 당연히 각자가 무슨 특징을 지녔는지 이야기할 필요가 없다. 언어의 특수성과 보편성도 이같은 견해를 취해야 할 것이다. 초기에 일부 서양 학자들은 다음과 같은 인류 언어의 공통점을 10여 개 발견했다. 모든 언어는 사람이나 사물을 표시하는 명사, 동작 행위를 표현하는 동사, 성질 상태를 표현하는 형용사, 지시하는 대명사 등의 품사가 존재한다. 모든 언어의 문장 구조는 일정한 층차 규칙과 어순 규칙이 있다. 모든 언어는 시제, 상, 양태를 표시하는 어법 수단이 있다. 또한 일부 학자들은 언어학 연구 결과에 근거하여, 인류 언어의 일부 보편적 현상을 다음과 같이 열거하였다. 모든 언어의 어휘량은 증가할 수 있다. 모든 언어에서 소리와 의미의 결합방식은 임의적이다. 모든 언어에는 대략 유사한 품사가 존재한다. 모든 언어의 어법 규칙은 회귀성을 가진다. 후에 어떤 언어학 이론에서는 모든 언어가 명사, 동사, 대(명)사를 가지는 보편적 현상을 내용의 보편성이라 칭하고, 모든 언어가 일정한 구조 규칙을 가지는 보편적 현상을 형식의 보편성이라 불렀다. 또 이후 일부 학자들은 구체적인 몇 가지 보편적 규칙을 귀납하였는데, 절대 다수의 언어에서 기본 어순은 S-V-O(주술목)거나 S-O-V(주목술)라는 사실이다. 또 모든 언어에서 부치사 구조는 부치사가 전치하고 명사가 후치하는 P-N(전치사 사용) 형식이거나 명사가 전치하고 부치사가 후치하는 N-P(후치사 사용) 형식이라는 것이다. 하나의 언어 현상은 언어 비교의 각도에서 보면 그 언어만의 개별적인 특징으로 볼 수도 있을 것이다. 그러나 만약 범언어라는 큰 배경에서 보면 이는 고작해야 언어의 공통적 혹은 보편적 특징의 몇 가지 가능한 표현 중 하나에 불과하다. 앞서 말한 중국어의 일부 특징도 이렇게 보아야 한다. 실제로 줄곧 중국어의 특징으로 여겨진 것들이 시각을 바꾸어 보면 중국어만의 특징이 아니라 단지 중국어의 두드러진 성질에 불과할 수도 있다. 따라서 일부 학자들은 중국어 자체의 이론으로 중국어를 본다면 중국어의 특징을 발견할 수 있으리라 기대하지 말라거나, 언어 보편성에 대한 탐구를 포기하면 중국어의 특징을 밝혀내기는 어렵다고 말하는데 이러한 주장을 이해할 수 있다.

물론 언어의 공통성 및 보편성 연구도 극단적으로 가서는 안 될 것이다. 혹자는 다년간의 중국어 어법 연구가 사실상 모든 것이 모방과 답습의 길이었다고 말하기도 한다. 영어에 8대 품사가 있듯 중국어도 8대 품사가 있고, 영어에 술어의 형태 변화가 있으므로 중국어에도 형태 변화가 있으며 단지 그것이 '了, 着, 过'와 같은 광의의 형태일 뿐이라는 것이다. 영어에 명사의 형태 표지가 있듯 중국어에도 '子, 儿, 头'와 같은 접사가 있다는 주장들이다. 이런 방식으로 중국어와 다른 언어의 공통성과 보편성을 다루는 것이 아무 가치가 없다는 것은 명백한 사실이다. 뤼수샹(吕叔湘)은 중국어가 형태 변화를 가진다는 주장에 대해 설사 중국어에 형태 변화가 있다 하더라도 전면적이지 않고 전형적이지 않다고 말하며 이러한 방식을 비판하였다. 일부 학자들은 이를 비유하여 말하기를, 어떤 지역에서 흰 토끼를 발견하고 모든 토끼는 하얀색이라는 결론을 얻는 것과 같다고 하였다. 이는 만약 다른 지역에서 회색 토끼를 발견하였는데도 본래의 결론을 억지로 밀고 나가며 이건 토끼가 아니라 다른 동물이라고 말하거나 이 토끼는 겉은 회색이지만 심층적으로는 그래도 하얀색이라고 말하는 것과 같다. 언어 연구에서 이렇게 거짓을 증명할 수 없는 보편적 결론만 얻는다면 아마도 사람들은 그 결론을 신뢰하기 어려울 것이다. 언어의 특수성이 극단적이면 안되는 것과 같이 언어의 보편성 연구도 과도하게 진행되어서는 안될 것이다. 즉 언어의 모든 부분이 똑같아야만 보편성 연구인 것은 아니다. 언어의 개별적 특징에 대한 충분한 인식의 기초 위에서 언어의 공통성과 보편성 원칙을 찾아야만 비로소 진정한 가치를 지니게 되는 것이다.

13.2 느슨한 언어보편성과 엄격한 언어보편성

앞에서는 언어의 공통성과 보편성을 인정할 것인지와 이 문제에 어떻게 접근할 것인지에 관해 이야기했다. 언어의 공통성과 보편성을 인정할지라도 구체적으로 들어가서 이것을 어떻게 연구할 것인지는 또 다른 문제라 할 수 있다. 학자들은 언어의 보편성 연구를 다음 두 종류의 언어유형론 연구 추세로 귀납할 수 있다고 본다.

첫 번째는 느슨한 언어보편성 연구로 연구방법론적으로 볼 때 비교적이고 귀납적이며 기능적인 연구다. 소위 비교적이라는 것은 범언어적 비교를 통해 언어에서 발견 가능한 보편적 특성을 관찰하는 것이고, 귀납적이라는 것은 구체적인 언어 사실의 귀납을 통해 언어에서 발견 가능한 보편적 특성을 귀납하는 것이다. 기능적이라는 것은 언어의 기능, 용법을 통해 언어의 보편적 특성을 해석함을 강조한 것이다. 이는 주로 기능 언어학이나 인지 언어학에서 언어 보편성 연구를 할 때 사용하는 방법이라서 기능 인지 경향의 언어유형론이라 불린다. 이 이론은 언어 보편성의 존재를 인정하고 보편성 탐구에 대해 높은 이론적 흥미를 가지며 많은 범언어적 주장을 제시하는 것이다. 예를 들어 앞서 다룬 은유, 도상성 등 원칙이 바로 인지 언어학에서 제시한 각종 언어 현상에서 보편적으로 기능하는 심리적 기제다. 그러나 다른 한편으로 이 이론은 언어 보편적 원칙이 모종의 추세에 의한 것이지 어떤 규칙적 형식에 따라 출현한 것이 아니라고 보기 때문에 느슨하고 강제성을 지니지 않는다고 본다. 예를 들어 일부 인지언어학자들은 은유가 언어 구조와 표현 측면에서 가지는 보편적 기능을 탐구했지만, 언어마다 이 규칙을 실현하는 정도는 선택할 수 있다고 여긴다. 또 일부 인지언어학자들은 언어의 어법 현상을 도상성과 추상성이라는 두 가지 기본 원칙으로 귀결할 수 있다고 주장하지만, 언어마다 이 두 극단적 개념 사이에서 각기 다른 선택을 할 수 있으며 최종적으로는 소위 말하는 도상성 언어(중국어)나 추상성 언어(영어)를 형성할 수 있다고 여긴다. 이렇게 보면 언어 보편성인 도상성과 추상성이라는 두 갈래 길 중 어느 하나는 언어에 따라 존재하지 않을 수 있다. 그래서 기능 혹은 인지언어유형학은 인류 언어의 일부 보편적 규칙을 연구하는 동시에 언어가 이러한 보편적 규칙을 적용하는 과정에서 나타나는 개별적이며 선택적인 경향성을 발견하는 것을 더욱 중요하게 여긴다. 따라서 이러한 연구 경향은 보편적 원칙에서 개별적 경향을 발견하는 언어유형학 연구라고 말할 수 있다.

다른 한 종류는 엄격한 언어 보편성 연구로 연구방법론적으로 볼 때 궁극적이고 연역적이며 형식적인 연구다. 궁극적이란 하나 혹은 여러 종류의 언어에 대한 상세한 고찰을 통해 언어 보편적 특성을 발견하는 것이며, 연역적이란 언어규칙에 대한 연역을 통해 보편적 특성을 찾아내는 것이다. 형식적이란 구조 형식의 규칙을 통해 보편적 특성을 설명함을 강조하는 것이다. 이것은 주로 생성문법 이론(원리와 매개변인)이 언어 보편성 연구에서 취하는 방식이라서 형식적 경향의 언어유형론이라고 부를 수 있다. 이 이론하에서 모든 언어는 몇 가지 보편적 원칙의 제약을 받으며 언어 간의 차이는 이러한 보편적 원칙이 허락하는 범위 내에서만 존재할 수 있다. 다시 말해서 인류 언어에는 일부 본질적이고 핵심적이며 강제적인 원칙이 존재하고, 언어의 차이는 이러한 보편적인 핵심 원칙을 위배할 수 없을 뿐 아니라 비본질적이고 가변적인 것이라는 주장이다. 이러한 이론적 배경하에서 생성문법 이론은 인류 유전자에 최초 상태로 존재하는 보편적 어법 규칙이 있을 것이라 가정하고 이러한 보편적 규칙은 모든 언어에서 동일한 기능을 한다고 보는데 그 기능은 바로 한편으로 아동의 언어 습득을 도우며 다른 한편으로 개별 언어가 임의 형식을 채택하는 데 가능 범위를 규정하는 것이다. 언어 현상의 분석에 있어서 생성문법도 언어 보편적 원칙의 발견을 주요 목표로 한다. 예를 들어 앞서 토론한 바와 같이 각종 언어 구조는 반드시 'X′'구조 공식을 준수해야 하며 모든 언어는 성분 이동 제약이 존재하고 모든 언어 구조는 기본적으로 동일한 논항 구조를 가진다는 등의 원칙이 모두 생성문법 이론에서 제시한 언어 보편적 원칙이다. 생성문법 이론은 물론 언어의 모든 부분이 동일하다고 주장하지는 않으며 언어의 모든 구성 부분은 단지 통사적 혹은 의미적 원칙이나 규칙에 불과하다고 말하지 않는다. 그러나 각 언어의 다른 측면은 보편적 원칙의 제약하에서 나타나는 일부 매개변인에 불과하다고 보고 적어도 생성문법 연구에 있어서 때로 다른 언어의 개별적 특성에 대한 연구는 잠시 포기하거나 의식적으로 중요하게 여지기 않고 대신 언어의 핵심적인 보편성 원칙이 어떻게 구축되는지가 훨씬 더 중요하다고 본다. 따라서 이러한 연구 경향은 개별적 매개변인에서 보편적 원칙을 찾는 언어 유형론 연구라고 말할 수 있다.

앞서 서술한 언어 보편성 연구의 두 가지 상이한 경향은 마치 많은 부분에서 서로 대립하는 듯 보이고, 특히 방법론과 연구 목적이 매우 상이하지만 실제로 어느 것이 맞고 어느 것이 틀리거나 좋고 나쁨의 대립은 없다. 이 두 연구는 일반과학 연구가 허락한 방법과 범위 안에 존재할 뿐만 아니라 실제로 이를 통해 다른 언어 간의 공통점이나 차이점 가운데 보편성을 지닌 언어 규칙을 발견할 수도 있다. 아래에서는 중국어와 영어의 관계절의 예를 보도록 하자.

(1) a. Tom sent a message to Mary with a pigeon.

b. 张生用鸽子给莺莺送了个信儿。

a_1. The man who sent a message to Mary with a pigeon.

b_1. 用鸽子给莺莺送了个信儿的人。

a_2. The message which Tom sent to Mary with a pigeon.

b_2. 张生用鸽子给莺莺送的信儿。

a_3. The girl to whom Tom sent a message with a pigeon.

b_3. 张生用鸽子给她送了个信儿的姑娘。

a_4. The pigeon with which Tom sent a message to Mary.

b_4. 张生用它给莺莺送了个信儿的鸽子。

이상의 영어와 중국어 문장은 (1a/b)에서 주어 'Tom/张生'을 추출하거나 직접목적어 'a message/(一)个信儿'를 추출하거나 혹은 간접목적어

'Mary/莺莺'과 사격 논항 'a pigeon/鸽子'를 추출하여 구성한 관형절 예문이다. 즉, 문장 안의 모든 통사 성분이 추출되어 관형어의 수식을 받는 중심어가 될 수 있음을 말한다. 단지 영어는 이 네 종류의 통사 성분이 관형사 종속절로 바뀌는 과정에서 어떠한 형식적 제약도 나타나지 않은 반면, 중국어는 간접목적어 '姑娘(莺莺)'과 사격논항 '鸽子'를 추출할 때는 반드시 3인칭 대명사[1]'(她/它)'를 이용해서 피추출 성분을 조응(anaphor)시켜야 한다. 그렇지 않을 경우 비문법적인 문장이 된다.

(2) b_3. *张生用鸽子给送了个信儿的姑娘

b_4. *张生用给莺莺送了个信儿的鸽子

그러나 만약 중국어가 간접목적어나 사격논항을 추출하는 관형어 종속절(관계절)에서 일정한 제약이 존재함을 발견했다면 이는 중국어의 특징일 뿐 모든 언어가 그런 것은 아니다. 범언어적으로 보면 관형어 종속절의 구성에는 다음 네 가지 유형이 존재한다. 영어처럼 어떤 성분을 추출하든 영향을 받지 않는 언어, 타밀어처럼 사격논항을 추출할 때만 제약을 받는 언어, 페르시아어나 중국어처럼 간접목적어와 사격논항을 추출할 때 제약을 받는 언어, 끝으로 말라가시어와 같이 직접목적어, 간접목적어, 사격논항을 추출할 때 제약을 받는 유형이다. 물론 언어마다 제약을 받는 형식은 다르며 모두 대명사로 피추출 성분을 조응하지는 않지만 범언어적으로 관형어 종속절이 이 네 가지 유형을 벗어나는 경우는 없으며, 우리는 이를 통해 주어>직접목적어>간접목적어>사격논항의 위계를 구성할 수 있다. 위계는 보편적 원칙을 표현하는데 만약 위계의 어떤 항목이 추출될 때 제약을 받지 않으면 그 항목의 좌측에 있는 항목도 추출 시에 제약을 받지

1 역자주: 원문에는 1인칭 대명사로 표기되어 있으나 오류로 판단되어 3인칭 대명사로 수정하였다.

않음을 말한다. 다시 말해서 간접목적어 추출에 제약이 존재하지 않는데 직접목적어나 주어의 추출에서 제약을 받는 언어는 존재하지 않는다는 뜻이다. 이렇게 보면 각 언어의 개별적인 특징은 통일된 현상의 구체적인 표현에 불과하며 중국어도 결코 예외가 아니다. 앞서 이러한 현상과 규칙은 생성문법에서는 공범주 원칙이나 고도 제약 등의 연구에서 얻어 낸 결론이고, 인지문법에서는 도상성과 순서 등의 연구를 통해 얻어 낸 결론이다.

사실 이 책의 앞부분에서 토론한 대부분의 문제는 각기 다른 이론적 배경에서 진행된 유형학적 의미를 지닌 연구라 볼 수 있다. 단지 그중 일부는 논항 분석이나 공범주 원리, 이동 분석, 지시 분석 등에서 토론한 것처럼 형식에 치중한 언어유형론 연구이고, 일부는 인지 분석, 화용 분석 등에서 토론한 바와 같이 인지 기능에 치중한 언어유형론 연구다. 또한 의미자질 분석, 범주 분석 등에서 논한 것처럼 각기 다른 이론의 관련된 연구 결과와 유관한 것도 있다. 아래에서는 인지적 측면에 중점을 둔 언어유형론 연구와 형식적 측면을 강조한 언어유형론 연구의 각도에서 몇 가지 예를 들고자 한다. 어떤 문제는 둘 중 어느 한쪽에서 이야기하겠지만 그렇다고 이것이 반드시 하나의 이론만으로 해당 언어 현상을 연구해야 함을 의미하지는 않는다. 어떤 분석 결과를 논의할 때 그 밖의 다른 의견이 관련될 수도 있다.

13.3 기능과 용법: 인지 이론 관점의 언어유형론 연구

기능문법 및 인지문법 이론은 언어의 공통성과 보편성 연구를 중요하게 여겼으며 언어유형론 분야에서도 다수의 중요한 연구성과를 냈다. 아래에서는 중국어와 관련된 몇 가지 예를 들어 설명하고자 한다.

우선 주어와 목적어의 비대칭 현상에 관한 결혼난제(嫁娶难题)에 관해 이야기하고자 한다.

많은 사람들이 어법 연구에서 주어와 목적어가 추출(extraction)과 지시

(reference)에서 비대칭성을 드러내는 현상을 주의 깊게 보았을 것이다. 아래 예를 보자.

(3) a. Who do you think [John will meet *t*]? (你认为约翰要见谁?)
b. Who do you think [that John will meet *t*]? (你认为约翰要见谁?)

(4) a. Who do you think [*t* will win]? (你认为谁会赢?)
b. *Who do you think [that *t* will win]? (你认为谁会赢?)

(3-4)의 영어 문장에서 문두의 의문사 'who'는 목적절의 주어나 목적어 위치에서 추출되거나 이동한 것으로 보이고 '*t*'는 추출 전 해당 성분의 위치를 표시한다. 이를 통해 (3)에서 이동한 것은 목적절의 목적어로 절 앞의 보문사 'that'의 출현 여부는 목적절의 목적어 이동에 영향을 미치지 않음을 알 수 있다. 반면 (4)에서 이동한 성분은 목적절의 주어로 'that'이 없으면 이동에 문제가 없지만 'that'이 있으면 이동에 제약을 받는다. 생성문법 이론은 공범주 원칙(Empty Category Principle)으로 이러한 비대칭을 설명한다. 대략적인 의미는 목적절의 목적어는 실사(동사)의 지배를 받기 때문에(동사가 목적어를 지배한다) 'that' 같은 보문사의 장애가 있든 없든 자유롭게 이동할 수 있다. 반면 목적절의 주어는 동사 같은 실사의 지배(그러나 INFL[굴절성분]의 지배를 받는다)를 받지 않기 때문에 'that' 보문사가 없으면 구역을 넘어 이동할 수 있지만(공범주 보문사를 발판 삼아 지나간다) 'that'이 보문사 위치를 차지하고 있으면 이동의 제약을 받는다. 이것은 영어의 주어와 목적어가 문두로 이동할 때 나타나는 비대칭 현상이다.

이상의 내용이 주어와 목적어의 이동에서 나타나는 비대칭이라면 주어와 목적어의 지시(의미지향)에서 비대칭을 나타내는 경우도 있다. 아래 (5a)의 목적절에서 공주어는 주절의 주어 '张三'과 공지시한다. 그러나 (5b) 목적어절의 공목적어는 주절의 주어 '张三'과 공지시할 수 없고 문장 밖의 다른 사람을 지시해야만 한다. 이것 역시 중국어에서 주어와 목적어가 공범주일 때 지시에서 나타나는 비대칭 현상이다.

(5) a. 张三$_i$希望[e_i可以看见李四]。

(e는 출현하지 않는 종속절 주어, 즉 공주어이다)

b. *张三$_i$希望[李四可以看见e_i]。

(e는 출현하지 않는 종속절 목적어, 즉 공목적어이다)

생성문법 이론은 (3~5)와 같은 주어와 목적어의 비대칭 현상을 통사 구조의 형식이 결정한다고 본다. 즉, 공주어와 공목적어의 성질이 다르다는 것인데 공주어는 대명사의 성질을 지니고 공목적어는 지시어에 상응하기 때문에 이동과 의미지향의 상황이 같지 않다는 것이다. 그러나 후에 많은 사람들이 통사 형식이나 어법 내부적인 방법만으로 이러한 주어와 목적어의 비대칭 현상을 설명하는 것이 어렵다는 것을 발견하였고, 결과적으로 과연 주어와 목적어의 비대칭 현상을 어떻게 설명해야 하는가에 대한 논쟁이 일어났다. 그중에서 제법 재미있는 것이 바로 아래 예문의 토론인데 결혼난제라고 불러도 무방할 듯하다.

이 문제는 처음 생성문법학자 황정더(黄正德, Huang, 1984)가 제기했다. 그는 다음의 중국어 예문에서 주어와 목적어를 추출할 때 비대칭 현상이 발생한다고 보았다.

(6) a. 李小姐$_i$还找不到一个[e_i可以嫁e_j]的男人$_j$。

b. *李小姐$_i$还找不到一个[e_j可以娶e_i]的男人$_j$。

생성문법의 지배결속이론에 따르면 (6a)는 관형절의 목적어 '男人'을 추출하여 중심어로 삼았는데, 이는 (5a)와 유사하며 관형절의 공주어가 주절의 주어 '李小姐'의 지배(공지시)를 받은 결과다. 그러나 (6b)는 관형사절의 주어 '男人'을 추출하여 중심어로 삼았는데, 이는 (5b)의 상황과 유사하여 관형사절의 공목적어가 주어 '李小姐'의 지배(공지시)를 받은 결과로 문장이 성립하지 않는다. 그러나 곧바로 다른 학자(Xu, 1986)가 반례를 제시하였는데 (6)의 '可以嫁, 可以娶'를 (7)의 '肯嫁, 肯娶'로 교체하면 앞서 말한 주어와 목적어의 비대칭 현상이 반대가 된다는 것이다. 즉, 관형절의 주어 추출은 제약을 받지 않고(공목적어는 '李小姐'와 공지시할 수 있다) 관형절의 목적어 추출은 반대로 제약을 받는다(공주어는 '李小姐'와 공지시할 수 없다). 이렇게 보면 형식문법의 이론도 도전을 받게 된다.

(7) a. *李小姐$_i$还找不到一个[e$_i$肯嫁e$_j$]的男人$_j$。
  b. 李小姐$_i$还找不到一个[e$_j$肯娶e$_i$]的男人$_j$。

인지문법에서는 언어마다 주어와 목적어의 비대칭 현상이 존재하고 그 원인은 의미와 화용적 측면에서 나타나는 비대칭의 표현일 뿐이라고 여긴다. 즉, 주어와 목적어의 비대칭 현상은 본질적으로 의미상에서 행위자와 피행위자의 비대칭에 원인이 있다는 것이다. 선쟈쉬안(沈家煊, 1998)은 언어 유형 분류의 각도에서 이 문제를 다루었다. 설명의 편의를 위해 우선 비교적 간단한 예를 들어 보자.

(8) a. 李小姐$_i$还找不到一个[e$_i$喜欢e$_j$]的男人$_j$。
  b. 李小姐$_i$还找不到一个[e$_j$肯帮助e$_i$]的男人$_j$。

(8a)의 관형절 공주어는 주어인 '李小姐'의 지배를 받으며 둘은 공지시한다. (8b)의 관형절에서 공주어는 주어인 '李小姐'의 지배를 받지 않으며 둘은 공지시하지 않는다. 이것은 문장의 동사 '喜欢'과 '帮助'의 의미로 결정된다. '帮助'는 전형적인 동작동사로 주어는 행위자, 목적어는 피행위자다. 반면 '喜欢'은 심리동사로 주어는 행위자가 아닌 경험자(experiencer)가 된다. 심리동사는 양방향성을 지닌다. 'A喜欢B'는 A가 자신의 집중력을 B에게 쏟는 것으로 이 각도에서 보면 A는 행위자다. 그러나 다른 측면에서 보면 B는 A를 기쁘게 만들기 때문에 이 경우 A는 B의 피행위자다. 다

시 말해서 심리동사의 주어는 행위자인 동시에 피행위자의 두 속성을 모두 지닌다. 이렇게 보면 '喜欢'의 주어는 행위자성이 비교적 약한 반면, '帮助'의 주어는 행위자성이 강한 편이다. 따라서 공주어가 대주어의 지배를 받는지 여부는 공주어의 행위자성의 강약으로 결정된다고 말할 수 있다. (8b)의 공주어는 행위자성이 강하기 때문에 주어의 지배를 받지 않고, (8b)의 공주어는 행위자성이 약해서 주어의 지배를 받는 것이다.

그러면 결혼난제를 다시 한번 살펴보자. 앞서 (6)의 주어와 목적어의 비대칭은 행위자와 피행위자의 비대칭에 그 근원이 있다. 동사 '嫁'는 피동성을 지니고 '娶'는 주동성을 지니기 때문에 '宝玉娶了宝钗'라고 말할 수 있지만 '嫁'는 '宝钗嫁给了宝玉'와 같이 '嫁'의 대상 앞에 개사 '给'가 반드시 출현해야 한다. 또 '宝钗被宝玉娶了'는 문제가 없지만 '宝钗被薛姨妈嫁了'은 자연스럽지 않은데 이 모두가 '娶'의 주어는 행위자성이 강하고, '嫁'의 주어는 행위자성이 약함을 증명한다. 이것이 바로 (6)의 주어와 목적어가 지시에서 비대칭이 발생한 원인이다. 그렇다면 왜 (7)에서 '肯'으로 '可以'를 대체한 후에 주어와 목적어의 비대칭 현상이 전도된 것일까? 그것은 '肯'과 '可以'는 모두 정태동사이지만 대칭적이지 않기 때문이다. '肯'은 주관적인 바람의 의미인 반면, '可以'는 객관적인 부득이함을 의미한다. 예를 들어 '肯' 뒤에는 자주동사가 올 수 있고 비자주동사는 올 수 없어서 '肯干, 肯学'는 가능하지만 '*肯忘, *肯看见'이라고는 할 수 없다. 반면 '可以'는 뒤에 비자주동사가 올 수 있어서 '可以忘, 可以看见'이라고 말할 수 있다. 또한 '帮助的人'은 다른 사람을 돕는 사람을 지시할 수도 있고 도움을 받는 사람을 지시할 수도 있지만, '肯帮助的人'은 대부분 다른 사람을 돕는 사람을 지시하고, '可以帮助的人'은 대부분 도움을 받는 사람을 지시한다. 이는 '肯'은 주동의미를 지니고 '可以'는 피동의미를 지니기 때문에 이 둘의 주어와 목적어도 비대칭적일 수 있음을 보여 준다. 이를 통해 '肯'과 '可以'는 본래 술어동사의 정반값을 변화시켜서 (6a)의 '可以嫁'는 본래 역방향이지만 (7a)의 '肯嫁'로 바뀌면 정방향이 되고, (6b)의 '可以娶'는 본래 정방향이지만 (7b)[2]의 '肯娶'로 바뀌면 역방향이 됨을 알 수 있다. 이것은 왜 (6)과 (7)의 동일한 구조쌍에서 주어와 목적어의 비대칭 결과가 전도되는지를 설명한다.

(6)과 (7)의 주어와 목적어 비대칭 현상의 원인은 더 나아가 언어의 인지와 기능을 반영하는 유형학적 의미를 수반한 보편적 규칙으로 확장할 수 있다. 어떤 학자는(Xu, 1994)는 행위자, 피행위자, 기점, 목표와 같은 논항 의미역의 등급 차이를 통해 종속절의 공주어와 재귀대명사 등이 선행사를 확인하는 과정에서 발생하는 주어와 목적어의 비대칭 현상을 설명하고 있다. 예는 아래와 같다.

(9) a. 老王$_i$告诉小李[自己$_i$以前的想法错了]。

b. 这件事告诉小李$_i$ [自己$_i$以前的想法错了]。

(10) a. Bill bought for Susan$_i$ a large flashy car [P$_i$]to drive.

(比尔为苏珊$_i$买了一辆很招摇的大车[P$_i$]开。)

b. John$_i$ received from Susan a book [P$_i$] to read.

(约翰$_i$从苏珊处拿到一本书[P$_i$]读。)

(9a)의 '自己'는 주절 주어인 '老王'과 공지시하지만 동일한 구조인 (9b)의 '自己'는 이중목적어 중 간접목적어인 '小李'를 공지시한다. 두 번째 문장의 '小李'는 주어도 아닌데 왜 '自己'와 공지시하는 것인가? (9a)의 '老王'과 '小李'가 각각 동사 '告诉'의 행위자와 대상이고 행위자 논항의 등급이 대상 논항보다 높기 때문에 '自己'는 '老王'과 공지시하게 된 것이다. 그러나 (9b)에 출현한 명사 '这件事(객체)'와 '小李(대상)' 중에서는 대상의 논항 등급이 객체보다 높기 때문에 '自己'는 '小李'와만 공지시 할 수

2 역자주: 원문에는 (6b)로 되어 있으나 문상의미로 보아 (7b)로 수성함이 석설하여 수성하였다.

있다. (10)의 두 문장에서 동사인 'to drive(开)'와 'to read(读)'의 주어는 모두 출현하지 않았다. 즉 공주어다. 그러나 첫 번째 문장에서 '开车'의 주어는 'Susan(苏珊)'이고 두 번째 문장에서 '读书'의 주어는 'John(约翰)'이다. 그 원인 역시 목적을 나타내는 종속절의 공주어는 논항등급에서 최우선 선택이 목표이지 행위자나 기점이 아니기 때문이다. (10a)의 '比尔为苏珊买车'에서 '苏珊'이 바로 목표이고, (10b)의 '约翰从苏珊处拿'에서는 '约翰'이 바로 목표다. 이는 의미상의 논항 등급이 주어나 목적어의 비대칭 현상에서 보편적 해석의 기능을 하는 것이며, 결혼난제(嫁娶难题)에서 나타난 주어와 목적어의 비대칭 현상의 규칙과도 일치한다.

다음으로 구문투사와 중국어 이중목적어 구조의 유형 귀속에 관해 이야기해 보자.

중국어의 이중목적어 구조(3가 동사 구조)가 어떤 구조인지에 관해서는 지금까지 일치된 견해를 찾기 어렵다. 혹자는 이 구조를 10여 개의 유형으로 분류하였고, 혹자는 수여 의미의 3가 동사 구조만이('送, 卖, 给') 전형적인 이중목적어 구조이고 기타 소소한 분류는 진정한 이중목적어 구조라 볼 수 없다고 주장했다. 후자의 이유는 구조 유형적 측면에서 영어 등 다른 언어에는 수여 의미를 지닌 진짜 이중목적어 구조만 존재하며 중국어와 영어의 이러한 이중목적어 구조의 동사 유형과 구조 형식은 유사하기 때문이다.

(11) a_1. 老师送了我一件礼物。　　a_2. 老师送了一件礼物给我。
　　 b_1. John gave me a book.　　b_2. John gave a book to me.

(11)이 이중목적어 구조라는 점에는 이견이 없다. 그러나 중국어에서 기타 소수의 이중목적어 예문을 구조 유형학적으로 어디에 귀속시켜야 할지에 관해서는 의견의 합치를 보지 못했다. 그중에서 가장 쟁점이 되는 문장이 아래 (12)의 구조다.

(12) a. 买了他一所房子。　　　　b. 偷了我一张邮票。
　　c. 娶了他家一个闺女。　　d. 收了公司两百块钱。

(12)는 표면적으로 보면 (11)의 '送了我一件礼物'와 유사한데 바로 동사 뒤에 접수자(대상) 명사와 객체 명사가 각각 출현하고 있다. (11)과 가장 큰 차이점이라면 전체 구조 의미가 수여에 있지 않고 취득('买, 偷, 娶, 收'는 모두 취득의미 동사다)에 있다는 것뿐이다. 따라서 사람들은 이를 취득의미의 이중목적어 구조라고 부른다. (12)와 같은 이중목적어 구조의 유형 귀속에 관하여 현재까지는 두 가지 상반된 견해가 존재한다.

그중 하나는 통사적 처리에 편중하여 이 구조의 유형을 처리하는 방식으로 (12)를 단일 목적어 구조에 귀속시켜야 한다는 견해다. 그 이유는 다음 세 가지다. 첫째, (12)의 두 가지 목적어는 사실상 소유 관계로 중간에 '的'를 부가하여 '偷了我的一张邮票'와 같이 표현할 수 있다. 전형적인 이중목적어 구조의 목적어는 소유 관계가 아니기 때문에 '*送了我的一件礼物' 같이 말할 수 없거나 가능하다 해도 의미가 달라진다. 둘째, (12)는 전형적인 이중목적어 구조의 변환 형식을 가지지 못한다. (11)은 접수자 목적어(간접목적어)가 후치된 '送了一件礼物给我' 구조로 변환이 가능하며 把자문인 '把礼物送给了我'로도 변환이 가능하다. 그러나 (12)는 이러한 구조 변환 형식을 가지지 못해서 '*买了一所房子从他'나 '*把房子买了我'라고 말할 수 없다. 셋째, 다른 언어에는 대부분 이런 이중목적어 구조가 존재하지 않는다. 예를 들어 영어에서는 (12)와 같은 문장을 반드시 개사인 'from'을 사용해서 기점 명사를 도입해야 하며 이를 목적어로 삼을 수 없다. 이러한 견해는 구조 유형학적 각도에서 고려한 것으로 채택할 수 있는 방법은 구조 형식상에서 (12)를 이중목적어 구조에서 배제하는 것뿐이다. 이는 영어와 중국어를 포함한 이중목적어 구조 자체의 형식을 비교적 엄격하게 만들 뿐 아니라 전체 이중목적어 구조 체계가 비교적 완전한 면모를 유지하도록 만든다.

그러나 (12)는 많은 부분에서 일반적인 단일목적어 구조와 다소 차이를 보이고 모양도 이중목적어 구조와 유사한 듯 보인다. 따라서 언어의 기능 유형적 차원에서 이 구조의 유형을 고려한다면 이중목적어 구조에 귀속시키는 것이 낫다. 그렇다면 이 구조를 어떻게 이중목적어 구조에 귀속할 것이며, (12)가 이중목적어 구조와 유사하다는 것을 어떻게 설명할 것인가? 기능문법학자들은 (12)가 독립적인 이중목적어 구조가 아니라고 본다. 어쩌면 문장의 동사 자체가 본래 이중목적어 동사(3가 동사)가 아니라서 이러한 구조는 (11)과 같은 전형적인 이중목적어 구문의 구문투사 영향을 받거나 혹은 일부 2가 동사가 이중목적어 구문의 틀에 도입되어 형성된 것이라는 의견이다. 예를 들어 아래 (13) 좌측이 전형적인 수여 의미의 이중목적어 구조라면, 우측 예문의 동사는 본래 2가 동사인데 좌측의 구문 틀에 들어가 형성된 구조라 볼 수 있다. 즉 어휘적 차원에서 좌측 구조의 동사는 본래 이중목적어 동사(3가)이며 통사적 차원에서도 정상적인 이중목적어 구조를 실현했다면, 우측 동사는 본래 단일목적어 동사(2가)인데 통사적 차원에서 좌측 구문의 영향을 받아 이중목적어 구조로 실현된 것이다.

(13) a_1. 他扔我一个球。 a_2. 他吃我一个梨。
b_1. 他斟我一盅酒。 b_2. 他抽我一支烟。
c_1. 他搛我一块火腿。 c_2. 他占我一个房间。
d_1. 他介绍我一个朋友。 d_2. 他浪费我一个信封。

그렇다면 왜 취득 의미 동사가 수여 의미의 이중목적어 구문 틀에 들어갈 수 있는 것인가? 이는 취득 의미 동사도 의미적으로 세 개의 논항과 관련성이 있어야 하기 때문이다. 수여 의미 동사는 의미상 행위자(동작을 발생시킨 사람), 접수자(수여받는 사람), 객체(수여물)의 세 가지 성분이 필요하고, 취득 의미 동사 역시 행위자(동작을 발생시킨 사람), 수여자(출처 대상)과 객체(취득물)의 세 가지 성분이 필요하다. 비록 전자의 접수자와 객체는 상호 분리되고, 후자의 수여자와 객체는 상호 소유의 관계이지만 두 동사 모두 세 개의 논항과 관련성을 가지기 때문에 취득 의미 동사가 쉽게 수여 의미 동사의 구문 틀에 들어갈 수 있는 것이다. 더 나아가 취득 의미 동사와 수여 의미 동사 모두 내재적 일치성이 존재한다. 수여의 반대가 타인의 취득이고 취득의 반대가 타인의 수여이기 때문에 'A给予B某物'는 심층 의미 관계에서 'B取得A(的)某物''와 동일하다. 그렇다면 만약 수여 의미 이중목적어 구조의 간접목적어(사람 명사)가 의미적으로 수혜자라면 주어는 손실을 보는 자가 된다. 반대로 취득 의미 이중목적어 구조의 간접목적어(사람 명사)가 의미적으로 손실을 보는 자라면 주어는 수혜자가 된다. 두 구조의 A와 B 중 하나는 반드시 수혜자이고 하나는 손실을 보는 자가 된다. 이것이 취득 의미 동사가 이중목적어 구문의 틀에 들어갈 수 있는 이유다.

(14) a_1. 他卖我一辆旧车。　　a_2. 我买他一辆旧车。
b_1. 他借(借出)我一本书。　　b_2. 我借(借入)他一本书。

뿐만 아니라 사실 전형적인 수여 의미 이중목적어 구조 역시 반드시 주어(행위자)가 손실을 보는 자이고 간접목적어(접수자)가 수혜자가 아니며 이는 수여되는 것이 무엇인지에 달려 있다. 반대로 취득 의미 이중목적어 구조도 주어(행위자)가 반드시 수혜자이고 간접목적어가 반드시 손실을 보는 자는 아니며 이 역시 취득되는 것이 무엇인지에 달려 있다. 때로 두 종류의 이중목적어 구조에서 동사 혹은 구문 의미가 수여인지 취득인지 경계가 불분명한 경우가 있는 것은 말할 필요도 없다. 아래 예를 보자.

(15) a. 我一怒之下给他一耳光。　　b. 我随手就扔了他一砖头。
c. 后面司机按了他一喇叭。　　d. 学生贴了他一张大字报。

(16) a. 我表扬了一班五个人。　　b. 我纠正了他一个毛病。
c. 我处分了他一个学生。　　d. 我打碎了他四个杯子。

사실 이들 구조의 가장 큰 공통점은 행위자, 접수자/수여자, 객체의 세 가지 유사한 논항 명사를 포함한다는 점이다. 따라서 (12)와 유사한 예문을 모두 이중목적어 구문의 틀 안에서 각기 다른 사례로 보아 처리할 수 있다. 이러한 견해 역시 구조 유형학적 각도에서 고려한 것이며 채택한 방법이 구문 기능적 차원에서 (12) 구조를 이중목적어 구조에 포함시켰을 뿐이다. 이는 영어와 중국어를 포함한 이중목적어 구조의 일치된 구문 틀을 수립하는 데 도움이 될 뿐 아니라 전체 이중목적어 구조 체계도 완전한 면모를 유지하도록 만들 것이다.

13.4 원리와 매개변인: 형식문법 관점의 언어유형론 연구

언어의 공통성과 보편성 연구는 형식 언어학 이론의 주요 임무이자 목표이다. 그야말로 모든 형식 언어학 연구가 언어의 보편적 유형에 관한 연구라 할 수 있다. 아래에서는 중국어 연구의 몇 가지 예를 들어 보고자 한다.

중국어에 동사의 명물화 혹은 동사의 명사화 현상이 존재하는지 여부에 관해 이야기해 보자.

아래 (17)에 출현한 동사 '出版'과 '逃跑'의 두 가지 용법은 언어학자 뿐 아니라 일반인들도 다르다고 느낄 것이다. 앞 문장에서 술어로 사용될 때는 전형적인 동사지만 다음 문장에서 주어로 사용될 때는(수식구조의 중심어) 동사 같지 않을 뿐 아니라 심지어 명사 같은 느낌도 든다.

(17) a_1. 这本书出版了。

a_2. 这本书的出版(成了轰动全国的一件大事)。

b_1. 敌人逃跑了。

b_2. 敌人的逃跑(说明我军已取得决定性胜利)。

(17)의 '出版'과 '逃跑'가 동사인지 명사인지에 관해서는 언어학계에

다양한 견해가 존재하는데 대략 다음 세 가지로 귀납할 수 있다. 첫째, 중국어에서 동사는 주어와 목적어로 사용되면 순수한 명사로 변한다는 의견이다. 그 이유는 영어의 동사는 주어로 기능하면 명사로 변하기 때문에 중국어 동사가 주어나 목적어로 기능하는 것도 같은 상황으로 보아야 한다는 것이다. 이것이 가장 전형적인 동사의 명사화 관점이다. 둘째, 중국어의 동사는 주어나 목적어로 기능할지라도 여전히 동사라는 의견인데 그 이유는 중국어 동사는 본래 주어나 목적어로 사용될 수 있으며 동사가 주어나 목적어로 기능할 때 어떠한 형태 변화도 없기 때문이다. 이것은 중국어에 동사의 명사화가 존재하지 않는다는 관점이다. 이 둘 사이에 있는 중도적인 의견이 바로 (17)의 '出版'과 '逃跑'가 어떤 품사인지 간단히 결론 내릴 수 없다는 의견이다. 이러한 위치, 특히 주어와 목적어로 사용되고 수식구조(N的V)의 중심어로 기능하는 동사는 동사의 일부 속성을 보존하고 있는 듯('出版, 逃跑'가 주어로 사용될 때 명사 주어와 완전히 같지 않다)하며 동시에 명사의 일부 속성('出版, 逃跑'가 주어로 사용될 때 술어로 사용될 때와 완전히 같지 않다)도 가지는 듯 보인다. 따라서 주어와 목적어로 기능하는 이들 동사를 동사의 명물화라 부르며 혹은 명동사나 동명사라고 불러도 무방하다는 것이다. 최근 들어 형식 언어학에서는 이 문제를 중점적으로 다루었는데 그 이유 역시 보편적인 통사 의미 이론을 다양한 언어에 적용하기 위함이며 그중에는 당연히 중국어도 포함된다.

앞서 토론한 바와 같이 엄격한 통사 구조 체계를 수립하려면 먼저 동사의 기본 구조 형식을 수립해야 하고, 이 기본 구조 형식을 유도하는 시작점이 바로 동사가 문장 구조의 핵심성분으로서 기본 구조의 주어와 목적어를 할당한다는 것이다. 형식주의 이론의 정의에 따르면 이 핵심성분은 반드시 [+V]와 [-N]의 의미 자질을 가지며 할당받는 성분으로서 주어와 목적어는 반대로 [+N], [-V] 의미 자질을 가져야 한다. 다시 말해서 명사성 성분([+N]성분)과 비동사성 성분([-V]성분)만이 주어와 목적어로 기능할 수 있다는 것이다. 이러한 통사 처리 원칙이 보편성을 가지려면 모든 언어의 주어와 목적어가 [+N]이나 [-V]의 성분임을 증명할 필요가 있고 중국어도 당연히 이 원칙에 부합해야 한다.

그렇다면 이것을 어떻게 증명할 것인가? 먼저 영어에서 어떤 성분이 주어와 목적어로 사용되는지 살펴볼 수 있다. 영어의 명사성 성분은 분명히 [+N] 성분이고 당연히 주어와 목적어로 사용될 수 있다. 이 밖에 영어의 절(종속절)도 모두 보문사 'that'에 의해 도입되며 일반적으로 'CP구조'라 불리는데 이는 [+N]이거나 적어도 [-V] 성분으로 간주될 수 있다. 따라서 주어나 목적어로 기능할 수 있다. 이 밖에 영어의 부정사는 더 이상 굴절 능력을 가지지 않기 때문에 마찬가지로 [-V] 성분이고 따라서 주어나 목적어로 기능할 수 있다. 일반 문장의 'IP구조'는 [+V]이기 때문에 주어나 목적어로 기능할 수 없다.

(18) a_1. That John married Sue pleased his father.
(约翰娶了苏使他爸爸很高兴。)
a_2. *John married Sue pleased his father.
b_1. To smoke is not a good habit. (抽烟不是个好习惯。)
b_2. *People smoke is not a good habit.

영어에서 동사, 형용사([+V]성분)가 주어나 목적어로 기능하려면 반드시 [+N] 성분으로 바뀌어야 한다. 아래 (19a)에서 동사는 상응하는 명사형식(V-tion 형식)으로 변했고, (19b)에서 동사는 동명사(V-ing 형식)로 바뀌었으며, (19c)에서 형용사 앞에는 정관사(the A 형식)가 부가되었다. 이러한 변화는 [+V] 성분을 [+N]/[-V] 성분으로 변화시키는데 이는 주어와 목적어 성분의 통사 조건에 부합한다.

(19) a_1. The destruction of the city was carried out by the Nazi.
a_2. *Destory the city was carried out by the Nazi.
b_1. Brown's deftly painting his daughter is a delight to watch.
b_2. *Brown deftly paints his daughter is a delight to watch.

c_1. The red is pencil.

c_2. *Red is pencil.

이어서 중국어의 예를 살펴보자. 중국어의 명사성 성분도 [+N] 성분이며 당연히 주어와 목적어로 기능할 수 있다. 중국어 절(종속절)도 주어와 목적어로 기능할 수 있는데 이러한 종속절은 'that'과 같은 보문 성분이 없는 듯 보이지만 그래도 IP가 아닌 CP이다. 왜냐하면 일반적으로 조응하는 성분을 부가할 수 있기 때문인데 이는 주어와 목적어로 사용된 절이 [+N]의 자질을 가지거나 적어도 [-V]의 의미 자질을 가짐을 증명한다. 반대로 이러한 조응성분은 IP류, 즉 [+V]의 문장 구조 뒤에는 출현할 수 없다.

(20) a_1. [小王来]最合适。

a_2. [小王来][这]最合适。

a_3. 小王来。

a_4. *小王来这。

b_1. [他不犯错误]是不可能的。

b_2. [他不犯错误][那]是不可能的。

b_3. 他不犯错误。

b_4. *他不犯错误那。

중국어의 동사, 형용사([+V]성분)가 주어나 목적어로 기능하려면 사실상 [+N]나 [-V] 성분으로의 변화가 반드시 필요하다. 단지 변화의 방식이 영어와 다를 뿐인데 가장 중요한 형식이 바로 수식 구조의 중심어로 기능하는 것, 즉 'N的V' 형식을 구성하는 것이다. 사실상 이런 'N的V' 형식은 통사적 속성에서 NP에 상응하거나 혹은 주더시(朱德熙)의 견해에 따르면 전체 'N的V'가 체언성인 것이다. 이러한 변화는 [+V] 성분을 [-V]나 [+N]으로 변화시키는데 이는 주어와 목적어 성분의 통사 조건에도 부합한다. 앞서 (17)이 바로 이러한 상황이다. 만약 [+V]를 [-V]나 [+N] 성분으로 바꾼다면 이것은 동사의 명물화이며 이러한 의미에서 당연히 중국어에는 동사의 명물화 현상이 존재한다고 말할 수 있다. 다시 말하면 중국어에서 진정한 [+V] 성분은 주어나 목적어로 기능할 수 없다.

물론 중국어의 주어나 목적어 성분은 반드시 [-V]나 [+N] 성분이라고 하거나 동사의 명물화라고 말할 수 있지만 동사가 순수한 명사가 되었다는 식의 완전한 동사의 명사화를 주장할 수는 없다. 중국어에서 동사는 영어의 동사와 달리 상응하는 명사 형식이 없기 때문에 기껏해야 영어에서 동사를 동명사로 바꾼 그런 형식에 해당할 뿐이다. 즉 주어나 목적어로 기능하는 동사는 한편으로 부사의 수식을 받거나 시제, 상 성분을 부가하거나 목적어를 수반하는 등의 동사의 성질을 완전히 상실하지는 않았으며, 다른 한 편으로 명사나 대명사의 수식을 받을 수 있는 등의 명사의 성질을 일부 취득하였다고 말할 수 있다. 아래 예를 보자.

(21) a. [他的不来]是有道理的。
 b. [他们的翻译和研究新医学]并不比中国学者早。

앞서 중국어의 동사의 명물화 분석은 적어도 다음과 같은 결론을 얻을 수 있다. 어떤 언어든지 술어로 기능하는 성분과 주어나 목적어로 기능하는 성분 간에는 속성의 차이가 존재하며 이러한 차이는 공통성을 가진다. 바로 주어와 목적어 성분은 반드시 [+N] 혹은 [-V]의 의미 자질을 가져야 하며 이는 모든 언어에 적용되는 보편적 원칙이다. 그러나 어떤 언어가 이 원칙하에서 표현상의 차이를 보인다면, 예를 들어 영어의 동사는 주어나 목적어로 기능할 때 완전히 명사화되기도 하고 명물화되기도 하지만 중국어는 명물화만 가능할 뿐 완전한 명사화는 불가능하다면(혹은 단지 동사의 명사화 현상의 하위그룹 중 하나일 뿐이라면) 이것은 보편적 원칙하의 개별 매개 변인이고 이 점도 이 문제를 연구하는 유형학적 의미다.

이어서 중국어의 이동-종점 구조의 유형학적 귀속을 이야기해 보자.

앞서 10강에서 현대중국어의 'V + PP(到/在NP)' 구조 (22)를 다루었고 이중개사구(双层介词词组, PP)와 개사구의 복사 및 삭제라는 방법을 제시하였다. 아래 예를 보자.

(22) a_1. 请大家回到/*在座位上 (방향)
a_2. 把货物搬到/*在仓库里 (방향)
b_1. 小猴子跳到/在马背上 (방향)
b_2. 她把水泼到/在院子里 (방향)
c_1. 这些钱应该存到银行里 (방향)
c_2. 这些钱一直存在银行里 (존재)
c_3. 孩子被父母关到屋子里 (방향)
c_4. 孩子被父母关在屋子里 (존재)
d_1. 你不能总呆*到/在家里 (존재)
d_2. 你们可别病*到/在路上 (존재)

지금 논하고자 하는 것은 언어에 나타나는 이러한 이동-종점(motion-end) 구조의 유형 귀속에 관한 문제다. 이에 관해 국내외 문헌에서 상당한 토론과 논쟁이 있었다. Talmy(1985/2000)은 이동 틀 유형학(motion-framing typology)를 이용하여 언어를 위성형(부가어) 언어(satellite-framed, S형이라고 약칭)와 동사형 언어(verb-framed, V형이라고 약칭)의 두 부류로 분류하였다. S형 언어로는 영어가 대표적이며 통사 구조는 대략 'V+PP' 형식으로 이동의 방식과 방향이 동사와 전치사를 통해 표현된다. 예를 들어 동사 'float'는 이동 방식을 표현하고 전치사 'into'는 이동 방향을 표시한다. V형 언어로는 스페인어, 프랑스어, 일본어 등이 대표적이며 통사 구조는 대략적으로 'V+NP'로 이동 방식과 방향을 모두 어근 동사가 직접 표현한다. 예를 들어 '瓶子漂到某处'는 영어의 'enter' 같은 동사에 명사 형식을 부가하여 직접적으로 표현한다. 그러나 Slobin(2004)은 동등형 언어(equipollently-framed, E형으로 약칭)를 추가하고 태국어, 한국어 등 언어가 대표적인 언어라고 밝혔다. 그 통사 구조는 'V+VP' 형식으로 이동

방식과 방향이 '방식동사+방향동사'로 표현된다.

중국어의 이동-종점구조의 유형 귀속에 관한 문제는 줄곧 논쟁의 화두였으며 중국어의 방향보어 구문(V+방향동사)의 속성 처리에 관해서 다양한 의견이 제기되어 왔다. Slobin(2004)은 중국어를 E형 언어에 귀속했는데 그 이유는 중국어는 방향보어 구문을 통해 사건 이동을 표현하며 방향보어 구문에서 경로를 표현하는 방향동사는 술어동사와 지위가 대등하다(연동 복합 동사에 상응한다)는 것이다. 선자쉬안(沈家煊, 2003)도 중국어에서 보어로 사용되는 동사와 형용사가 엄격한 의미에서 폐쇄류가 아니며 보어의 대부분은 단독으로 술어동사로 기능할 수 있고 중국어는 핵심어와 부가어의 구분이 명확하지 않기 때문에 중국어에는 전형적인 부가어가 존재하지 않고 중국어는 전형적인 S형 언어도 아니라고 밝혔다.

그러나 우리가 보기에 중국어의 방향보어 구문을 이동-종점 구조의 유형에 포함시키는 것은 근본적으로 짝을 잘못 맞춘 것으로 보인다. 이유는 간단하다. 현대중국어에서 방향동사는 다양하고 절대 다수의 방향동사 뒤에 부가되는 성분은 처소사가 아니다(예를 들어 '敞开心扉, 挑起事端'과 같다). 설사 억지로 처소사를 부가한다 하더라도 방위사구가 아니고 방향 종점 혹은 존재 위치는 더더욱 표현할 수 없다(예를 들어 '搬出屋子, 卸下卡车, 走上讲台'와 같다). 더구나 방향보어 구문은 근본적으로 '到/在NP'와 동사 뒤에서 공기할 수 없다('*放上到屋子里, *住进在招待所里'와 같이 말할 수 없다). 즉 방향보어를 수반하는 동사도 이동 특징을 지니고 있음을 인정할지라도 방향보어 구문 전체를 이동-종점 구조와 함께 논하는 것은 적절하지 않음을 알 수 있다. 현대중국어에서 동사의 이동을 표현하는 진정한 방향 종점(DIR)과 존재 위치(LOC) 구조, 즉 진정한 이동-종점에 속하는 통사 형식은 사실 'V+到/在+NP' 구조뿐일 수 있으며 방향보어 구문은 여기에 포함해서는 안 될 것이다. 방향보어 구문은 이동(경로)하고만 관계가 있을 뿐 종점(방향/존재)을 표현하지는 못한다.

이렇게 중국어 'V+到/在NP' 구조의 통사 유형만을 보면 훨씬 간단해진다. Talmy(1985/2000)가 최초에 제시한 현대중국어는 고대의 V형 언어에서 S형 언어로 변화한 것이라는 주장은 'V+到/在NP' 구조만을 이야기 한 것일 것이다. 왜냐하면 이 구조도 동사 뒤 불변화사(小品词)를 통해 이동방향을 표현하고 어휘, 의미, 심지어 통사적으로 영어와 완벽하게 대응하기 때문이다. 그러나 좀 더 깊이 살펴보면 중국어 술어동사의 뒤에 '到NP/在NP'(이때는 마치 S형 언어의 V+PP와 유사하다)가 출현할 수도 있지만, 때로는 동사 뒤의 '到, 在'가 탈락하기도 한다(이때는 V형 언어의 'V+NP'와 유사하다). 따라서 중국어 'V+到/在NP' 구조는 S형 언어 및 V형 언어 모두와 내재적 공통성을 지니고 있으며 동일한 통사 유형의 다른 변이형으로 분석할 수 있다. Peyraube(2012)는 중국어의 'V+到/在NP' 구조에서 '到, 在'를 통시적으로 '동사(V)-개사(P)-탈락(Ø)'의 변화 과정이라고 보았다. 즉 중국어 술어동사 뒤의 '到, 在'가 사실은 'V=P=Ø' 과정 중의 한 단계로 볼 수 있다는 것이다. 설사 현재 각 언어의 공시적인 이동-종점 구조의 다양한 표현에서 술어동사 뒤의 종점 표지가 동사(V)-개사(P)-탈락(Ø)의 과정을 거친 것임을 긍정하거나 예측할 충분한 근거는 없다 할지라도 이론적으로 V=P=Ø를 증명하는 것은 어렵지 않다. 왜냐하면 어떤 언어든지 개사는 동사(혹은 [+V] 성분에 속함)에서 기원했으며 동사 뒤의 종점 표지(중국어의 '到, 在')는 먼저 기존의 동사에서 개사로 허화(虛化)된 후(그중에는 복합 개사로부터 허화되어 단일 개사로 변한 경우도 포함된다) 다시 함축되고 탈락되었으리라는 것은(단어 의미는 주요 동사에 흡수되고 형태는 주요 동사와 합병된다) 높은 가능성을 보이는 결과이기 때문이다.

주요참고문헌

陈平(1987)〈描写与解释〉,《外语教学与研究》第1期.

陈保亚(1999)《20世纪中国语言学方法论》, 山东教育出版社.

程工(1995)《题元原型角色与论元选择》,《国外语言学》第3期.

程工(1999)《语言共性论》, 上海外语教育出版社.

顾阳(1994)〈论元结构理论介绍〉,《国外语言学》第1期.

顾阳(1996)〈生成语法及词库中动词的一些特性〉,《国外语言学》第3期.

顾阳(1999)〈双宾语结构〉,《共性与个性: 汉语语言学中的争议》, 北京语言文化大学出版社.

胡裕树·范晓(1994)〈动词、形容词的"名物化"和"名词化"〉,《中国语文》第2期.

黄衍(1992)〈汉语的空范畴〉,《中国语文》第5期.

马庆株(1983)〈现代汉语的双宾语构造〉,《语言学论丛》第10辑, 商务印书馆.

马庆株(1988)〈自主动词和非自主动词〉,《中国语言学报》第3期.

李宇明(1996)〈领属关系和双宾句分析〉,《语言教学与研究》第3期.

刘丹青(1999)〈汉语歧义结构和语言类型〉,《中国语言学的新拓展》, 香港城市大学出版社.

李临定(1990)《现代汉语动词》, 中国社会科学出版社.

陆俭明(1989)〈十年来现代汉语语法研究的理论与方法管见〉,《国外语言学》第2期.

陆俭明(1993)《现代汉语句法论》, 商务印书馆.

陆俭明(1994)《八十年代中国语法研究》, 商务印书馆.

陆俭明(1997)〈关于语义指向分析〉,《中国语言学论丛》第1辑, 北京语言文化大学出版社.

陆俭明(2002)〈再谈"吃他一个苹果"一类结构的性质〉,《中国语文》第4期.

吕叔湘(1979)《汉语语法分析问题》, 商务印书馆.

吕叔湘(1986)〈汉语句法的灵活性〉,《中国语文》第1期.

邵敬敏(1990)《汉语语法学史稿》, 上海教育出版社.

邵敬敏·方经民(1991)《中国理论语言学史》, 华东师范大学出版社.

沈家煊(1998)《不对称和标记论》, 江西教育出版社.

沈家煊(2000a)〈句式和配价〉,《中国语文》第4期.

沈家煊(2000b)〈说"偷"和"抢"〉,《语言教学与研究》第1期.

沈家煊(2003)〈现代汉語"动补结构"的类型国考察〉,《世界汉语教国》65(3).*

* 역자주: 원서에 누락되었으나 보충함.

沈阳(1995)〈领属范畴及领属性名词短语的句法作用〉,《北京大学学报(哲社版)》第5期.

沈阳(2015)〈现代汉语"V+到/在NP"结构的句法构造和相关问题〉,《中国语文》第2期.

沈阳·何元建·顾阳(2001)《生成语法理论与汉语语法研究》, 黑龙江教育出版社.

石定栩(1998)〈话题句研究〉,《共性与个性》, 北京语言文化大学出版社.

石定栩(2002)《乔姆斯基的形式句法: 历史进程与最新理论》, 北京语言文化大学出版社.

徐烈炯(1988)《生成语法理论》, 上海外语教育出版社.

徐烈炯(1990/1995)《语义学》, 语文出版社.

徐烈炯(1991)〈汉语宾语从句中的空位主语〉,《中国语言文学研究的现代思考》, 复旦大学出版社.

徐烈炯(1992)〈汉语语义研究的空白地带〉,《中国语文》第5期.

徐烈炯(1994)〈与空语类有关的一些汉语语法现象〉,《中国语文》第5期.

徐烈炯(1999)《共性与个性: 汉语语言学中的争议》, 北京语言文化大学出版社.

徐烈炯·沈阳(1998)〈题元理论与汉语配价问题〉,《当代语言学》第3期.

徐杰(1999)〈"打碎了他四个杯子"与约束原则〉,《中国语文》第3期.

徐杰(2001)《普遍语法原则与汉语语法现象》, 北京大学出版社.

徐通锵(1996)〈语义句法刍议〉,《语言教学与研究》第3期.

徐通锵(1997)《语言论—语义型语言的结构原理和研究方法》, 东北师范大学出版社.

张伯江(1998)〈现代汉语的双及物结构式〉,《面临新世纪挑战的现代汉语语法研究》, 山东教育出版社.

张伯江·方梅(1996)《汉语功能语法研究》, 江西教育出版社.

张黎(2001)《汉语意合语法学纲要》, 日本中国书店.

张敏(1998)《认知语言学与汉语名词短语》, 中国社会科学出版社.

张宁(1998)〈汉语双宾语句结构分析〉,《面临新世纪挑战的现代汉语语法研究》, 山东教育出版社.

赵元任(1968)〈A Grammar of Spoken Chinese〉, 中译本《汉语口语语法》(吕叔湘 译), 商务印书馆 1979年;《中国话的文法》(丁新邦 译), 香港中文大学出版社 1980年.

朱德熙(1962)〈论句法结构〉,《中国语文》8—9月号.

朱德熙(1979)〈与动词"给"相关的句法问题〉,《方言》第2期.

朱德熙(1982)《语法讲义》, 商务印书馆.

朱德熙(1985)《语法答问》, 商务印书馆.

Comrie, B. (1981)《语言共性和语言类型》(沈家煊 译), 华夏出版社 1989年.

Greenberg, J. H. (1966) "Some Universals of Grammar with Particular to the Order of Meaningful Elements" (陆丙甫·陆致极 译),《国外语言学》1983年 第2期.

Huang, C. T. James (1984) "On the Distribution and Reference of Empty Pronouns," *Linguistic Inquiry* 15.

Slobin, D. I. (2004) "The Many Ways to Search for a Frog: Linguistic Typology and the Expression of Motion Events," in S. Stromqvist and L. Verhoeven (eds.), *Relating Events in Narrative: Typological and Contextual Perspectives*, Lawrence Erlbaum Associates, Mahwah, NJ., 219-257.

Peyraube, Alain (1994) "On the History of Chinese Locative Prepositions," *JCL* vol. 2.

Peyraube, Alain (2006) "Motion Events in Chinese: A Diachronic Study of Directional Complements," in M. Hickmann and S. Robert (eds.), 121-138.

Talmy, L. (1985) "Lexicalization Patterns: Semantic Structure in Lexical Forms," in T. Shopen (ed.), *Language Typology and Syntactic Description: Grammatical Categories and the Lexicon*, Cambridge University Press, Cambridge, 57-149.

Talmy, L. (2000) *Towards a Cognitive Semantics,* Vol. 1·2, Cambridge, Massachusetts: The MIT Press.

Xu, Liejiong (1985) "Towards a Lexical Thematic Theory of Control," *The Linguistic Review* 5.

Xu, Liejiong (1986) "Free Empty Categories," *Linguistic Inquiry* 17.

Xu, Liejiong (1994) "The Antecedent of *ziji*," *Journal of Chinese Linguistics* 22.

제14강

운율 이론과 구조 운율 분석

14.1 언어의 운율 현상과 운율의 어법 작용

운율 이론과 운율 분석이란 말 그대로 운율 조건을 통해서 관련 언어 현상을 연구하는 것이다. 운율은 말의 장단, 휴지, 강세, 리듬 등의 음성 형식으로 나타날 뿐만 아니라, 이러한 운율 현상도 단어의 조합과 문장 구조 등의 어법 형식에 영향을 미칠 수 있다. 단어와 문장 구조 형식에 대한 운율의 제약 조건을 찾아내어, 운율의 관점에서 단어와 문장의 구조 형식 및 구조 기제에 대해 해석하는 것이 바로 운율 이론과 운율 분석이다.

운율은 초분절적 특징이라고도 하기 때문에 매우 광범위한 언어학적 개념이다. 글자와 단어의 발음을 제외한 모든 말의 음성 표현이라고 할 수 있다. 혹은 연속된 말소리에서 음 길이, 음 높이, 음 세기 등의 초분절 음소로 만들어진 억양과 소리의 휴지 및 변화, 강세와 속도 등의 음성 변화 현상을 모두 운율이라고 할 수 있다. 넓은 의미의 운율 현상은 음운 변동, 운율 리듬, 시체(시의 체계) 율격, 이 세 가지를 포함한다. 음운 변동은 글자와 단어의 독음과 관계가 가장 직접적인 운율 현상으로 변음, 변조, 권설음화 등으로 나타난다. 운율 리듬은 말의 표현에 가장 뚜렷한 작용을 하는 운율 현상으로 휴지, 강세, 고저승강 등으로 나타난다. 시체 율격은 문학 양식과 관련성이 가장 깊은 운율 현상으로 음감, 뉘앙스, 율격 등으로 나타난다. 그러나 앞에서 언급했듯이 운율 이론, 혹은 운율 분석이 더욱 중요시하는 것은 운율이 어법(형태와 통사를 포함)에 미치는 작용이다. 이것이 바로 좁은 의미의 운율 현상이다. 본 절에서는 이와 관련된 다음 세 가지의 문제를 먼저 토론할 것이다. 첫째, 운율이 어법에 영향을 미치는지의 여부와 어법에 어떠한 영향을 미치는가에 대해 토론할 것이다. 둘째, 어법에 대한 운율의 발현 작용에 대해 이야기할 것이다. 셋째, 어법에 대한 운율의 제약 작용에 대해 논의할 것이다.

먼저 첫 번째 문제에 대해 이야기해 보겠다. 운율이 어법에 영향을 미칠까? 그렇다면 어법에 어떠한 영향을 미칠까?

운율이 어법에 영향을 미칠까? 운율이 어떠한 공통된 표현 형식을 지니고 있고 어떠한 공통된 의미를 나타내는 언어 현상이라면, 당연히 모두 어법에 영향을 미칠 것이다. 가령 운율 리듬에서 휴지는 서로 다른 단어 구조와 어법 구조를 구별할 수 있고, 강세는 구조의 유형과 구조의 정보를 나타낼 수 있으며, 상승과 하강은 문장의 어기 유형을 나타낼 수 있는 것 등이 그러하다. 음운 변동과 시체 율격도 어법적 작용이 없는 것은 아니다. 학자들은 어떠한 연독 성조의 변화들은 단어의 의미와 품사를 구별하고, 단어와 구를 구별하며, 서로 다른 통사 구조를 구별하는 데 영향을 미친다는 점에 주목하였다. 뤼수샹(吕叔湘)은 과거에 단양(丹阳) 방언을 연구할 때 글자가 단어에 들어가서 성조 변화를 일으키는지의 여부는 단어 구성 성분 사이의 어법과 의미 관계에 좌우됨을 발견하였다. 최근의 연구에서도 상하이(上海)어, 충칭(重庆)어에서 복합어와 수식구, 연합구는 뒷글자로만 성조 변화를 할 수 있고, 주술구, 동목구, 동보구는 뒷글자로 성조 변화를 하지 않는 연독 성조 변화 모형을 발견하였다. 쑤저우(苏州)어의 방언 자료는 만약 하나의 조합 형식이 상술한 두 가지 성조 변화 방식(강세 모형)을 겸할 수 있다면, 이 조합 형식은 단어일 수도 있고 구일 수도 있음을 입증해 준다.

그렇다면 운율은 어법에 어떠한 영향을 미칠까? 개괄적으로 말하면 운율이 어법에 미치는 작용 가운데 하나는 발현 작용이고 하나는 제약 작용이다. 어떠한 운율 형식은 어법 의미를 발현시키는 작용만 한다. 다시 말해 어법적으로 운율이 하는 역할은 바로 어법의 요구에 복종하는 것이다. 예를 들어 권설음화는 '天(하늘)'과 '天儿(기후)', '画(그리다)'와 '画儿(그림)'과 같이 단어의 의미와 품사를 구별하는 데 사용된다. 그리고 억양은 서로 다른 어기를 구별하는 데 사용된다. 낮은 톤(하강 음조)은 주로 진술, 명령, 감탄의 어기를 나타내며, 높은 톤(상승 음조)은 주로 의문의 어기를 나타내거나 서로 다른 복문 관계를 구별한다. 이것들은 모두 운율 형식이 어법 의미의 요구에 복종하거나 어떠한 어법 의미를 발현시키는 작용을 하는 것이다. 하지만 어법 구조를 제약하는 운율 형식도 있다. 다시 말해 이러한 운율 형식은 강제로 어법 구조를 변화시켜 운율의 요구에 부응시킬 수 있다. 가령 시체 율격이 어법 구조에 대해 어떠한 영향을 미치고 제약을 가하는지 생각하는 사람은 적다. 사실 시체 율격과 시체 어구가 현대 중국어 단어와 문장의 구조에 미치는 제약은 분명하다. 예를 들어 사람들은 줄곧 현대중국어에서 '把他打', '把你夸'와 같은 문장이 어떤 때는 비문인 것 같은데 어떤 때는 또 가능한(최소한 노래로 할 수는 있음) 것 같은 이유를 설명할 수 없었다. 사실 이러한 원인은 다음과 같다. 당(唐)나라 시기에 생겨나기 시작한 把자문은 모두 시가에서 출현하였는데 시와 사의 글자수와 율격에 제한을 받았다. 그중에서 동사는 단독으로 쓸 수가 있는데, 이후에 이러한 구문의 사용 범위가 점차 확대되어 술어 동사가 비로소 복잡해지기 시작하였다. 把자문의 두 가지 형식이 후에 모두 현대중국어로 이어져 비로소 합법적이면서 불법적으로 보이는 把자문이 병존하는 국면이 출현하게 된 것이다. 중국어 단어가 왜 1음절어 위주에서 2음절어 위주로 바뀌었는지, 중국어 단어에서 쌍으로 서로 대립되는 박자 형식이 어떻게 형성되었는지도 모두 시체 율격과 시체 어구의 특징과 관련이 있을 수 있다.

다음으로 두 번째 문제에 대해 이야기해 보겠다. 운율은 어법에 대해 어떠한 발현 작용을 할까? 어법에 대한 운율의 작용 가운데 하나는 어법에 대한 발현 작용이다. 이러한 작용은 대략 분절 작용, 성질 규정 작용, 그리고 부각 작용을 포함한다.

무엇이 어법에 대한 운율의 분절 작용일까? 연속된 말소리는 모두 선형적으로 배열되지만 말의 내부는 단어 구조, 문장 구조, 심지어 의미 구조까지도 모두 구조와 층차가 있다. 그렇다면 화자와 청자는 어떻게 선형적인 말 뒤의 구조 층차와 구조 관계를 구분하는 것일까? 혹은 어떻게 이러한 크고 작은 성분이나 단위를 분절하여 말의 의미를 표현하고 이해하는 것일까? 단어의 의미와 언어 환경을 제외하고는 주로 운율에 의거한다. 휴지, 경성 등과 같은 운율 조건이 통사 구조의 각 층에 모두 대응하지 않는다 해도, 적어도 중요한 어법 구조 층차와 의미 구조 관계에 있어서는 휴지와 경성 등의 운율 형식에 뚜렷한 분절 작용이 있다는 것을 발견해 낸 연구가 있다. 예를 들어 중국어는 '的, 地, 得'의 뒤에서, 그리고 개사 구조와 시간·장소 부사어의 뒤에서, 혹은 주어와 술어 사이, 동사와 목적어 사이에서 종종 가볍게 발음하는 휴지 또는 간헐적인 휴지가 필요하다. 중의적 의미가 있을 수 있는 구조 또한 때로는 휴지에 의존해야 한다. 예를 들어 '我们五个一组', '一个小学的老师', '浙江和苏州的部分地区'와 같은 구는 모두 두 가지의 의미가 있는데 구어에서는 서로 다른 위치의 휴지를 통해서만 분절할 수가 있다. 중의적 표현은 강세로도 분석할 수 있다. 가령 '消灭敌人的主力部队'는 두 가지 뜻과 두 가지 구조가 있다. 동목 구조에서는 '消灭'의 뒤에 휴지가 있어야 하고, 수식 구조에서는 '敌人的'의 뒤에 휴지가 있어야 한다. 이 밖에 전자의 경우 목적어에 강세를 주어 읽어야 하고, 후자의 경우 관형어에 강세를 주어 읽어야 한다. '穿好衣服'도 두 가지의 뜻과 구조가 있다. '穿好'의 뒤에 휴지가 있고 '好'가 가볍게 발음되면 '옷을 입다'라는 뜻이고 '穿好'는 동보 구조가 된다. 반면에 '穿'의 뒤에 휴지가 있고 '好'에 강세가 있으면 좋은 옷을 입다라는 뜻이고 '好衣服'는 수식 구조가 된다.

그렇다면 무엇이 어법에 대한 운율의 성질 규정 작용일까? 중국어에서 '大意'라는 단어는 형용사(부주의하다)일 수도 있고 명사(대략적인 뜻)일 수도 있다. 또 '炒鸡蛋'은 명사(요리의 명칭)일 수도 있고 동사구(음식을 볶다)일 수도 있다. '出租汽车'라는 구는 동목구일 수도 있고 수식구일 수도 있다. 그리고 '阿Q去美国'라는 문장은 진술이나 감탄을 나타낼 수도 있고 의문을 나타낼 수도 있다. 그렇다면 화자와 청자는 무엇으로 길이가 같고 형식이 같은 이러한 말들이 어떠한 단위인지, 또는 어떠한 관계인지 구분해 내는 것일까? 이러한 말의 의미를 어떻게 표현하고 이해하는 것일까? 이는 단어의 의미와 언어 환경에도 의거하지만 마찬가지로 운율을 벗어날 수가 없다. 단어와 구의 차이는 서로 다른 강세 변화 형식으로 나타난다는 것을 중국어의 많은 지역(예를 들면 获嘉, 连云港, 福州 등) 방언에서 입증할 수 있다. 가령 상하이(上海)어의 '刹车, 管家, 炒青菜, 兜圈子, 派用场(쓸모가 있다는 뜻), 讲闲话(나무라다는 뜻)'에서 앞이 강하고 뒤가 약하면 단어이고, 앞이 약하고 뒤가 강하면 구다. 구조 관계의 유형을 구별하는 주요 운율 수단도 강세다. 예를 들어 구의 구조 강세 규칙에 따르면 수식 구조의 강세 성분은 일반적으로 관형어이고 동목 구조의 강세 성분은 일반적으로 목적어다. '租汽车'와 '出租车'를 비교해 보면 이 점을 분명하게 느낄 수가 있다. 이 밖에 중국어 문장의 정의는 문말의 억양과 앞뒤의 휴지를 포괄하는데, 이것은 중국어의 구가 문장으로 실현되는 주요 표지다.

그렇다면 무엇이 어법에 대한 운율의 부각 작용일까? 앞서 말한 분절과 성질 규정에서 필요한 운율 조건은 고정적이어야 한다는 것이다. 즉 성조 변화를 해야 할 곳은 성조 변화를 하고, 경성으로 발음해야 할 곳은 경성으로 발음하고, 강세를 주어야 할 곳에는 강세를 주고, 휴지를 두어야 할 곳에는 휴지를 두어야 한다. 이것이 운율이 어법 의미와 어법 구조를 발현시키는 일반적인 형식이다. 하지만 일부 어법 의미나 어법 구조는 일부러 일반적 규칙에서 벗어나도록 만들어지기도 한다. 이 역시 운율적 수단에 의거해야 한다. 가령 '你今天怎么来呢'에서 '怎么'에 강세를 두면 어떻게 왔는지를 묻는 것이고, '来'에 강세를 두면 왜 왔는지를 묻는 것이다. '这本书是我借的'의 경우 강세는 일반적으로 술어 부분 '是我借的'나 동사 '借'에 있어야 하며, 한정 지시 성분 '这本书'와 인칭대명사 '我'는 모두 가볍게 읽어야 한다. 만약에 '这本书'에 강세를 주어 읽는다면 말이 다 끝나지 않은 느낌이 들 것이다. 적어도 뒤에 '那本书(是我买的)'라는 문장을 하나 더 넣어서 대조와 강조를 이루어야 한다. 마찬가지로 고의로 '我'에 강세를 주어 읽는다면 일반적인 진술은 더 이상 나타내지 않는다. 사실을 밝히고 다른 사람의 의견을 부정하는 의미가 생겨 '不是别人(买的)'라는 의미가 된다.

마지막으로 세 번째 문제에 대해 이야기해 보겠다. 운율은 어법에 대해 어떠한 제약 작용을 할까? 이것이 어법에 있어 더 중요한 운율의 작용이라고 해야 할 것이다. 이러한 작용은 주로 파괴 작용, 통제 작용, 그리고 개조 작용을 포함한다.

무엇이 어법에 대한 운율의 파괴 작용일까? 이는 운율이 단어와 문장 구조의 기존 형식을 교란시키는 것을 말한다. 가령 '一衣带水'의 본래 의미는 허리띠처럼 좁은 강(물)이다. 그런데 운율에 따라 '一衣/带水'로 읽어야 한다. 그래서 오늘날 많은 사람들이 여기서의 '衣'와 '带'가 무슨 관계이고, '带'는 도대체 무슨 뜻인지를 모르게 되었다. 기타 성어 '力不/从心, 万无/一失, 木已/成舟, 过犹/不及, 喜形/于色, 死有/余辜, 狐假/虎威' 등과 신조어 '贫下/中农, 人禽/流感, 黄浦/江畔, 共青/团员' 등도 이러한 경우이다. 또한 현대중국어에서 동목식 복합어인 '散步, 起早'는 종종 '散了会儿步, 起了个早'라고 분리해서 말할 수 있지만, '游泳, 小便'과 같은 비동목식 복합어 역시 '游了几次泳, 小了个便'이라고 말할 수 있는 이러한 특수한 통사 구조 역시 운율 조건 때문으로 해석할 수밖에 없다.

그렇다면 무엇이 어법에 대한 운율의 통제 작용일까? 이것은 운율이 일부 비합법적인 단어 구조나 문장 구조를 합법적인 구조로 바꾸거나, 합법적인 단어 구조나 문장 구조를 비합법적인 구조로 바꾸는 것을 말한다. 예를 들면 '三十而立'에서 '而'은 본래 접속사에 불과하지만 지금의 사람들은 '而立之年'이라고도 한다. '而立'는 결국 독립적인 단위가 되었고 심지어 사전에까지 수록되었다. '而立'는 어법적으로 맞지 않고 의미적으로도 통하지 않는데 어떻게 하나의 단어가 될 수 있었을까? 이는 바로 운율 조건이 그렇게 되게 한 것이다. 예를 더 들어 보면 '种植花草'라고 할 수도 있고 '种花草'도 합법적이다. 하지만 '*种植花'라고 말할 수는 없다. 이는 분명 이 구조가 어법에 맞지 않기 때문은 아니다. 동사는 '种' 또는 '种植'이고, 명사성 목적어는 '花' 또는 '花草'로 모두 같은 동목 구조이기 때문이다. 또한 이 구조가 의미에 맞지 않기 때문도 아니다. '种植花草'도 가능하고 '种花'도 가능하고 '种植鲜花, 种植棉花'도 모두 가능하기 때문이다. 어떤 꽃이든 다 '种植'과 결합할 수 있지만 유독 '种植花'만 안 된다. 비록 이 구조가 어법과 의미상으로는 모두 비합법적이라고 할 만한 것은 없으나 이는 여전히 잘못된 문장이다. 사실 이것은 중국어가 운율상으로 [2(음절)+1(음절)]형의 동목 구조를 허용하지 않기 때문이다.

그렇다면 무엇이 어법에 대한 운율의 개조 작용일까? 이것은 운율이 문장 구조에서 어떠한 성분들의 위치나 성질을 변화시키고, 심지어 새로운 형식을 출현시키는 것을 가리킨다. 가령 상고 중국어에서는 의문대명사가 목적어일 때 일반적으로 [何V]의 형식과 같이 동사의 앞에 출현하였다. 한나라에 와서야 의문대명사가 후치하는 [V何] 형식이 나타나기 시작하였다. 이러한 변천은 틀림없이 문장의 핵심 강세가 뒤쪽으로 이동하고, 2음절 의문대명사가 출현함에 따라 생겨난 것이다. 또 상고 중국어에서 개사구(PP)의 위치는 동사의 앞과 뒤가 모두 가능했다. 예를 들어 '易之以羊'과 '以羊易之', 이 두 가지의 구조가《맹자(孟子)》에 함께 보인다. 하지만 한나라 시기에 와서 개사구가 동사의 뒤에 출현하는 현상이 갈수록 적어졌다. 이것은 문장의 핵심 강세가 뒤로 이동함에 따라 문장에서 부가 성분인 개사구는 앞으로 이동할 수밖에 없게 되었기 때문이다. 또한 한나라 시기부터 중국어는 두 개의 동사 구조로 구성된 연동문 $[[V_1NP][V_2NP]]$에서 앞의 동사 V_1이 점차 개사로 허화되기 시작하였다. 중국어의 개사는 일반적으로 동사에서 유래한다는 것은 모두가 알고 있다. 중국어의 동사가 개사로 변화한 원인은 언제나 다음 세 가지의 특징을 지닌다. 첫 번째 특징은 시대적으로 보면 대규모의 변천은 주로 한나라 이후에 발생하였으며 그 이전이 아니라는 것이다. 두 번째 특징은 위치적으로 보면 일반적으로 개사는 모두 동사로부터 유래하여 [V NP]에서 [P NP]로 바뀌었으며 그 반대가 아니라는 것이다. 세 번째 특징은 방향적으로 보면 모두 연동문 $[[V_1NP][V_2NP]]$에서 뒤의 동사가 아닌 앞의 동사 V_1에서 유래하였다는 것이다. 이러한 문제들에 대한 가장 자연스럽고 합리적인 해석은 한나라 이후에 문장의 핵심 강세가 뒤로 이동하였다는 점을 들 수 있다. 연동문 $[[VP_1][VP_2]]$에서 VP_1을 주요 동사 구조 VP_2 앞의 비초점 위치에 고정시켰기 때문에, 앞의 동사 구조 V_1은 비교적 쉽게 개사로 허화될 수 있었다. 위에서 언급한 중국어 문장 구조 형식의 세 가지 변화는 다음과 같다. 하나는 의문사 전치 구조[WH V]가 의문사 후치 구조[V WH]로 바뀐 것이다. 다른 하나는 개사구 후치 구조[VP PP]가 개사구 전치 구조[PP VP]로 바뀐 것이다. 또 다른 하나는 연동문에서 앞의 동목 구조[V NP](VP)가 동목 구조에서 앞쪽의 개사-목적어 구조[P NP](VP)로 바뀐 것이다. 결론적으로는 모두 운율이 촉발한 어법 구조의 변천 현상이다.

14.2 단어의 운율 현상과 운율 형태론에 관한 연구

운율 이론이나 운율 어법은 운율 형태론과 운율 통사론이라는 두 가지 측면을 포함한다. 본 절에서는 먼저 형태와 관련된 운율학의 원리를 논의하고 단어 구조에 영향을 미치며 제약을 가하는 운율 현상에 대한 연구를 이야기하려 한다.

우선 운율 형태론의 상대적 강세 원칙과 음보 단핵 법칙을 소개하겠다.

이전의 음성학 및 어법학에서 이야기한 강세는 대부분 단순히 언어의 한 부분에서 무엇이 약 성분이고 무엇이 강 성분인지를 찾는 것에 지나지 않았다. 그렇다면 도대체 무엇을 약이라 하고 무엇을 강이라 할까? 어떻게 약과 강을 정의할까? 이 문제에 대해선 시종 정설이 없었다. 적어도 음성학적으로 진폭이 얼마에 달해야 음이 강하다 할 수 있고, 진폭이 얼마나 작아져야 음이 약하다 할 수 있는지 확정하기는 어렵다. 리버만(Liberman, 1975/1977) 이후에야 사람들은 운율 가운데 강세에 대해 상대적 강세 원칙, 음보 이분 원칙, 음보 단핵 법칙과 같은 새로운 인식을 갖게 되었다.

무엇이 운율의 상대적 강세 원칙일까? 언어에서 약과 강은 결코 음성학적인 진폭의 개념이 아니며 상호 독립적인 두 가지 현상이 아니며 상대적이고 상호 의존적일 뿐이다. 음성에서 약이 없으면 강도 없고, 강이 없으면 약도 논할 수가 없다. 약은 강에 의해 표현되며 반대로 강 역시 약을 통해 실현되어야 한다. 이것이 바로 운율의 상대적 강세 원칙(relative prominence principle)이다. 이에 근거한 기본적인 추론은 운율적으로 약이나 강이 독자적으로 있을 수는 없다는 것이다. 따라서 아래의 (1)이 나타내는 약과 강의 형식은 모두 비합법적이다(운율의 강세 원칙에 맞지 않는다). 같은 이치로 만약 쌍을 이룬 두 성분이 모두 약이거나 모두 강이라면, 이러한 상황도 존재할 수가 없으므로 (2) 역시 비합법적인 강세 형식이 된다.

```
(1)   *Z    *Y        (2) *Z          *Y
       |     |            /\          /\
      약    강          약 약        강 강
```

상대적 강세 원칙에 따라 쌍으로 출현하는 두 성분 가운데 약한 성분은 다른 비교적 강한 것보다 약할 뿐이며, 반대로 강한 성분은 다른 비교적 약한 것보다 강할 뿐이다. 이렇게 하면 유일하게 합법적인 강세 형식은 아래의 (3)과 같이 '약+강'이거나 '강+약'이 된다. 즉 앞이 약하고 뒤가 강하든 아니면 앞이 강하고 뒤가 약하든, 하나가 약이면 다른 하나는 강이어야 하고 하나가 강이면 다른 하나는 약이어야 한다.

```
(3)      Z           Y
        /\          /\
      약 강        강 약
```

그렇다면 무엇이 운율의 음보 이분 원칙과 음보 단핵 법칙일까? 만약 강세가 운율 중에서 가장 기본적인 형식이고 또 강세가 상호 의존적이고 동시에 존재해야 한다고 한다면, 자연스럽게 다음과 같은 또 하나의 결론을 도출해낼 수 있다. 바로 운율의 가장 기본적인 형식은 강세 성분의 결합체라는 것이다. 운율학 이론에서 일반적으로 이러한 결합체는 운율 가운데 가장 작은 독립적 단위, 즉 음보(foot)로 간주한다. 하나의 음보에 최소한 한 개의 약 성분과 한 개의 강 성분이 포함되어 있어야 한다는 것은

명백하다. 이것이 바로 음보 이분 원칙(foot binarity)이다.

(4) 음보 이분 원칙: 하나의 음보는 최소 A와 B, 두 개의 성분으로 구성되어야 하는데 A와 B 가운데 하나는 약 성분이고 하나는 강 성분이다.

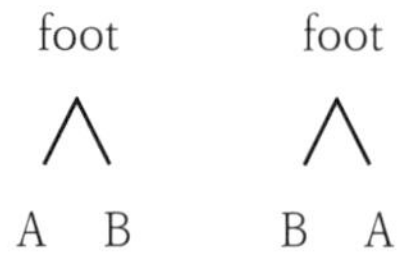

위의 상대적 강세 원칙과 음보 이분 원칙으로부터 다음과 같은 또 다른 추론을 할 수 있다. 바로 하나의 음보에 최소한, 그리고 최대한 하나의 강음이 있어야 한다는 것이다. 최소한이라고 하는 것은 음보의 두 성분 중 하나가 강음이 아니라면 약음은 있을 수 없기 때문이다. 최대한이라고 하는 것은 한 음보가 두 개의 강음을 포함하는 경우는 있을 수 없기 때문이다. 만약 하나의 음성 부분에서 두 개의 강음이 꼭 필요하다면, 상대적 강세 원칙과 음보 이분 원칙에 따라 이 두 개의 강음은 자연히 두 개의 음보를 구성할 것이다. 그리고 제각기 저마다의 약음으로 이를 지탱할 것이다. 이러한 추론에 따라 음보 가운데 강의 성분을 해당 음보의 핵심으로 삼는다면 음보 단핵 법칙을 세울 수가 있다.

(5) 음보 단핵 법칙: 하나의 음보는 최소 A와 B, 두 개의 성분으로 구성되어야 하는데 A와 B 가운데 최소한 하나, 그리고 최대한 하나는 강음이다. 또한 강음은 음보의 핵심이어야 한다.

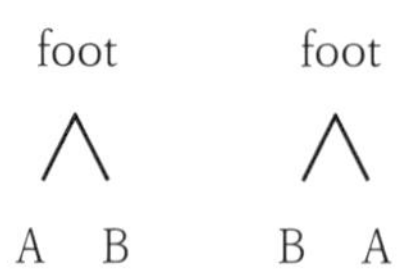

다음으로 음절의 길이, 단어의 허실이 음보와 어떠한 관련이 있는지를 논의할 것이다. 음절의 길이는 음보와 관련이 있을까? 음보 이분 원칙에 따르면 하나의 음보는 최소한 두 개의 성분으로 구성되어야 하는데, 중국어 음보의 구성 성분은 음절이다. 그렇다면 질문을 하나 해 보겠다. 중국어의 음절에는 최소 하나의 음소, 최대 네 개의 음소가 있다. 그렇다면 음절의 길이는 운율상의 약 또는 강과 관계가 있을까? 만약 상대적 강세를 견지한다면 음절의 길이와 음보를 구성하는 성분의 강세 사이에는 대응 관계가 없어야 한다. 이론적으로 말하면 홀로 떨어져 있는 단음절과 홀로 떨어져 있는 장음절은 모두, 다른 음절과 서로 비교하지 않으면 길이에 상관없이 상대적으로 약해 보이거나 상대적으로 강해 보일 수 없기 때문이다. 예를 들어 사람들은 '天(tiān)'의 음절이 길고 '塌(tā)'의 음절이 짧다고 해서 결코 이 둘의 강세가 다르다고 느끼지 않는다.

만약 중국어의 음보가 음절로 구성된다면 상대적 강세와 음보 이분 등의 운율 원칙에 근거하여 중국어의 음보는 적어도 2음절이어야 한다. 더 나아가 만약 중국어의 음보가 2음절이어야 한다면, 중국어에서의 2음절 형식은 그 구성이 단어이든 구이든 반드시 가장 기본적인 운율 단위가 될 것이다. 이것이 바로 운율어다. 2음절이 중국어 운율에 미치는 영향은 대단하다. 예를 들어 '*大养猪'라고는 말할 수 없고 반드시 '大养其猪'라고 해야 하는데, 이때 '其'는 어법과 의미상으로는 불필요하다. 이것의 주요 역할은 '大养'과 '其猪'가 각기 2음절 음보를 이루게 하는 데 있다. 물론 음보는 두 개가 넘는 음절도 포함할 수가 있다. 음보는 강약의 결합이니 음보의 내부가 두 음절이라면 왼쪽이 강(앞쪽이 강)하거나 오른쪽이 강(뒤쪽이 강)한 것이 이론상 모두 가능하다. 하지만 하나의 음보가 세 개의 음절로 이루어져 있다면, 좌우(앞뒤)가 불균등한 상황이 생길 수가 있다. 이때 음보 중 강세의 귀속은 임의로 뒤바꿀 수 없으며 1+2분지의 제약을 받는다. 이것이 바로 1+2분지 강세 규칙이다. 이 규칙의 의미는 다음과 같다. 한 음보 구조에서 음보가 이분된 후에 한쪽이 계속해서 나누어질 수 있다면, 그쪽이 2분지이다. 그런데 이 음보는 1분지가 약하고 2분지가 강하며

2분지 쪽이 비교적 무겁다. 이 규칙은 (6)과 같이 정의할 수 있다.

(6) 1+2분지 강세 규칙: 하나의 음보가 세 개의 음절 x, y, z를 포함한다면, 이 음보의 강세는 두 개의 음절(xy 또는 yz)을 포함하는 분지에 있다.

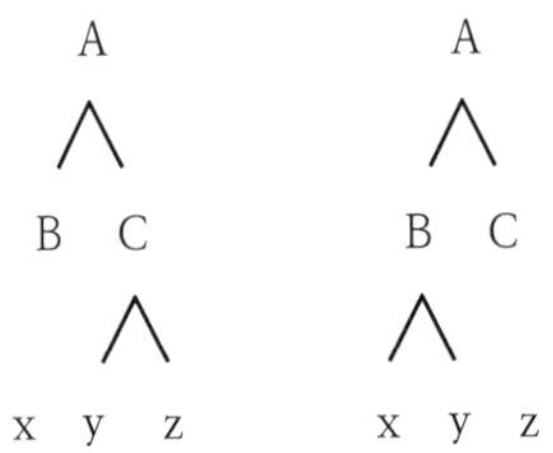

그렇다면 단어의 허실은 음보와 관련이 있을까? 앞에서 중국어의 한 음보는 약 부분과 강 부분을 반드시 포함해야 한다고 하였다. 하지만 언어(중국어만은 아니다) 가운데 일부 단어는 태생적으로 약해서 어떠한 위치에 출현하더라도(어떠한 위치는 고정적이다) 영영 강세를 지닐 수가 없다. 이러한 약 성질은 운율 규칙에 의해 결정되는 것이 아니라 그들 자신의 어법 및 의미 성질에 의해 결정된다. 이러한 약 성질의 것이 바로 실사와 대립되는 허사다. 허사는 운율상 일반적으로 강세를 지니지 않으며 어떤 것은 심지어 경성어라고 표현된다. 따라서 운율적으로 보이지 않는 성분이라고 할 수 있다. 그것들에 음성 형식이 있더라도 결코 강세를 띨 수 없다는 뜻이다. 예를 들어 '我刚看完了这本书'에서의 '了' 역시 영영 강세를 지닐 수가 없다. 대체로 중국어에서 운율적으로 보이지 않는 성분에 포함되는 것에는 주로 다음의 몇 가지 유형이 있다.

첫째는 조사다. 동태조사 '了, 着, 过'와 구조조사 '的, 地, 得', 그리고 어기조사 '吗, 呢, 吧' 등이 있다. 이 단어들은 현대중국어에서 모두 경성어이므로 절대로 강세를 지닐 수가 없다.

(7) a. 他的孩子正吃着饭呢。 b. 今天他吃了两碗面条。
c. 我们今天吃得太饱了。

둘째는 조동사다. 중국어에서 이러한 조동사에는 '能, 肯, 要, 会, 得(děi), 可以, 应该' 등이 있다. 이 단어들도 일반적으로 강세를 받지 않는다. 가령 '谁说他不可以去, 他'可以!'와 같은 대조문에서처럼 강세를 주어 읽을 수 있는 경우도 있지만, 이것은 일종의 특수한 강조 강세다. 예를 들면 다음과 같다.

(8) a. 他一顿饭就能吃三斤涮羊肉。 b. 他病了, 我明天得去看看他。
c. 骆驼可以好几星期不吃东西。 d. 只要肯下功夫就一定能学会。

셋째는 부정사다. 현대중국어의 부정사에는 '不'와 '没(有)'가 있다. 이 단어들도 일반적으로 강세를 주어 발음하지 않는다. 위에서 조동사는 일반적으로 강세를 두지 않는다고 하였다. 그런데 만약 부정사와 조동사에 모두 강세를 두지 않는다면 그것들이 연결되었을 때 '不要'가 '别'가 되고, '不用'이 '甭'이 되는 합음 현상이 발생하는 것은 예상되는 일이다.

넷째는 지시대명사다. 주로 '他, 你, 这个, 那些' 등이 있다. 대명사 역시 일반적으로 강세를 받지 않는다. 다만 대조적인 어구에서는 강조 강세를 둘 수 있다. 가령 아래의 (9b)에서는 반드시 '她'에 강세를 두어 읽어야 하지만 이때 문장의 의미는 너 (혹은 다른 사람)이 아니라는 것을 대조하여 강조한다.

(9) a. 我很喜欢她。 b. 我很喜欢**她**(不是你)。

다섯째는 개사다. 중국어의 개사에는 '在, 从, 对, 把'와 같은 단어들이 있다. 개사의 역할은 주로 시간, 장소, 대상, 방식, 도구 등의 명사를 이끌어 내서 개사구를 구성하고 부사어를 충당하는 것이다. 일부는 개사구를 구성하고 동사의 뒤에 출현하여 보어가 될 수도 있다. 어느 경우든 개사는 일반적으로 강세를 주어 읽지 않는다.

(10) a. 我在家休息。 b. 我从中国来。 c. 我跟他借钱。

d_1. 他把书放在了桌子上。 d_2. *他把书放了在桌子上。

개사에 강세를 두지 않는 성질은 개사의 점착성을 나타내는 (10d)에서 더욱 잘 보인다. 예를 들어 '放在'는 '了'로 쪼개질 수가 없는데 이는 '在'가 이미 '放'에 붙어 있다는 것을 의미한다. 점착 성분은 일반적으로 가볍게 발음한다. 그런데 어떤 개사에는 강세를 둘 수 있을 것 같다. 가령 (10a) '我在家休息'에서의 '在'는 강세를 주어 읽을 수가 없지만, '我在家'라고 말한다면 여기서의 '在'에는 강세를 줄 수가 있다. 하지만 이 경우의 '在'는 더 이상 개사가 아니라 동사다.

여섯째는 한정 지시 성분이다. 한정 지시 성분과 지시 대명사의 공통점은 문장에서 이미 알고 있는 정보를 나타낸다는 것이다. 이미 알고 있는 구정보는 강세의 대상이 아니다. 예를 들어 아래 (11)에서 비한정 지시 성분인 '一场电影'은 신정보이기 때문에 강세를 주어 읽어야 한다. 반면에 '那个老师'는 구정보이기 때문에 강세를 주어 읽지 않는다.

(11) a. 我昨天看了**一场电影**。 b. 我并不认识那个老师。

일곱째는 어법적 공범주다. 예를 들어 아래의 (12)에서 乙이 좋아하는 것(목적어)은 문장 속에 외현되지 않은 공범주 대명사다. 어법적 공범주는 진짜 보이지 않는 성분이다.

(12) 甲: 我特别喜欢这本书。

乙: 我也喜欢_______。

언어에는 이와 같이 가볍게 발음해야 하는 단어 성분들이 존재하기 때문에, 운율 체계의 규칙을 처리할 때는 보이지 않는 성분과 대부분 실사로 충당되는 보이는 성분을 구분해야 한다. 보이는 성분은 운율의 상대적 강세 원칙과 음보 이분 원칙, 그리고 음보 단핵 법칙에 따라 음보를 구성해야 한다. 하지만 보이지 않는 성분은 영원히 약 성분이기 때문에 그 자체로는 독립적인 음보를 구성할 수가 없으며, 또한 보이지 않는 성분은 영원히 강세를 지니지 않기 때문에 음보의 핵심을 충당할 수도 없다. 그렇다면 보이지 않는 성분은 또 다른 강한 보이는 성분에 의존하여 음보를 구성해야 한다. 이러한 보이지 않는 성분들은 기생한 후에 구성하는 것이 구이든 문장이든 '吃的, 去吗, 要去, 不看, 把他' 등과 같은 음보를 구성해야만 생존할 수가 있다. 이런 의미에서 운율 강세와 음보 구성에 관한 앞의 원칙은 허사라는 보이지 않는 성분에도 동일하게 적용된다.

14.3 문장의 운율 현상과 운율 통사론에 관한 연구

앞서 말했다시피 언어에는 언제나 운율적으로 약한 보이지 않는 성분들이 있는데, 이들은 운율적으로 강한 보이는 성분들에 의탁해야만 음보를 구성할 수 있다. 보이지 않는 성분이 기생하는 성분은 반드시 구나 문장 속의 성분이기 때문에, 이렇게 얘기한다면 실제로는 단어의 운율 층위를 벗어나 구와 문장의 운율 층위로 들어가게 된다. 본 절에서는 통사와 유관한 운율학의 원리와 구와 문장에 영향을 미치고 제약을 가하는 운율 현상에 대한 연구를 논의하려 한다.

먼저 알아야 할 것은 구와 문장의 핵 강세 현상이다. 구에는 구조 강세가 있는데 이 강세는 자연적으로 수반되는 것이며 출현 위치에도 규칙이 있어 예측이 가능하다. 가령 주술 구조에서는 보통 술어에 강세를 주어 읽어야 하고, 수식 구조에서는 부사어와 관형어에 강세를 주어 읽어야 하며, 동목 구조에서는 일반적으로 목적어에 강세를 주어 읽어야 하는 것 등이 그러하다. 그래서 구조 강세는 운율학에서 리듬 강세 또는 표준 강세라고도 한다. 구조 강세는 구 성분의 각도에서 강세를 정의하는 것이지 전체 문장에서 강세를 살펴보는 것이 아니다. 후자는 핵 강세(Nuclear Stress)라는 다른 개념을 사용해야 한다.

그렇다면 핵 강세란 무엇일까? 하나의 문장은 서로 다른 언어 환경에서, 그리고 특수한 의미를 나타내기 위해 강세의 위치가 달라질 수 있다. 아래를 보면 '我喜欢语言学'라는 문장은 같지만 강세의 위치가 다르다.

(13) a_1. 甲: 谁喜欢语言学? a_2. 乙: **我**喜欢语言学。
b_1. 甲: 你喜欢什么(专业)? b_2. 乙: 我喜欢**语言学**。
c_1. 甲: 你喜欢不喜欢语言学? c_2. 乙: 我**喜欢**语言学。
d_1. 甲: 你怎么来考研究生了? d_2. 乙: 我喜欢**语言学**。

(13) 가운데 앞의 세 문장에서 乙의 대답은 모두 서로 다른 국부 성분(예를 들면 의문사의문문에서 '谁, 什么(专业)', 정반 의문문에서 'V不V')에 대한 것이다. 따라서 문장의 어떠한 특정 성분에 강세를 주어 읽게 되는데 이것이 강조 강세다. 그리고 (13d)가 바로 핵 강세다. 즉, 문장의 개별 성분을 강조하는 경우를 배제시켰을 때 문장 자체가 갖는 강세 형식이 바로 핵 강세다. 다른 한편으로는 특정 의문사나 의문 형식의 질의에 대답하는 경우가 아닌 경우 문장 자체가 갖는 강세 형식이 바로 핵 강세다. 이러한 강세는 모두 문장의 마지막에 있기 때문에 어떤 사람은 핵 강세를 자연(일반) 강세(Default Stress)라고 부르기도 한다. 이와 같은 강세는 가장 일반적인 상황에서 문장이 드러내는 강세 형식이자 문말의 위치에 출현하는 강세 형식이라는 뜻이다.

핵 강세의 두드러진 특징은 바로 뒤쪽이 무겁다는 것이다. 뒤쪽이 무겁다는 것은 문장의 마지막에 놓인 성분이 길거나 복잡하다는 뜻이다. 베하겔(Behaghel, 1909)은 큰 정보 후치 법칙(Das Gesetz der wachsenden Glieder)이라고 하였으며, 쿼크(Quirk, 1972)는 말미 무게 원칙(Principle of endweight)이라고 하였다. 모두 구와 문장에서 길거나 복잡한 성분은 일반적으로 뒤로 간다는 뜻이다. 여기서 말하는 무겁다는 것이 운율상의 강세를 가리키는지는 아직 명확하지 않다. 리버만(Liberman, 1975/1977)은 진일보하여 뒤쪽이 무겁다는 것을 운율 어법상의 표현으로 핵 강세 규칙(Principle of Nuclear Stress)이라 요약하였다. 이 규칙은 (14)와 같이 나타낼 수 있다.

(14) 핵 강세 규칙: ……$[X\ Y]_P$에서 만약 P가 구나 문장이라면 강세는 X보다 Y에 놓인다.

(14)는 뒤쪽 무게 원칙이 운율상에서 실현되는 것에 대한 일종의 형식화된 설명이다. [X Y]는 어떠한 단락에서 마지막 구인데 이 구에서 뒤쪽 성분인 Y는 앞쪽 성분인 X보다 강해야 한다. 이 규칙은 기존의 여러 뒤쪽 무게 원칙(성분이 강하거나 음성이 강함)을 총괄한 것일 뿐만 아니라 문장에서 핵 강세가 실현되는 구체적인 범위, 즉 마지막 구의 구조도 명확하게 설명한다. 운율학의 다른 원리들은 모두 이 기본 규칙에 기초한 것이라고 할 수 있다.

핵 강세는 인류 언어의 보편적인 규칙이다. 아래 (15)의 몇몇 영어 문장을 예로 들어 설명해 보겠다. 만약 문장의 뒷부분에 두 개의 성분이 있다면, 때로는 일반적인 통사 규칙을 파괴하더라도 그중 비교적 무거운(길거나 복잡한) 성분이 후치되어야 한다. 그렇지 않으면 문장은 성립하지 않거나 그다지 좋지 않은 문장이 된다.

(15) a_1. I love her **deeply**.

a_2. *I love deeply her.

b_1. Please pick up **the book I bought yesterday**.

b_2. *Please pick the book I bought yesterday up.

c_1. They give a natural chemical **to patients who have suffered heart attacks.**

c_2. ? They give patients who have suffered heart attacks a natural chemical.

위는 영어의 예이지만 사실 중국어도 예외일 수 없다. 선진 중국어에서 개사구 '以NP'는 동사의 앞뒤에 모두 출현할 수가 있었다. 마건충(馬建忠)은《마씨문통(馬氏文通)》에서 '附之以韩魏之家' 등의 구절을 예로 들며, 개사구 [以NP]가 목적어의 뒤에 출현하는 조건을 설명하였다. 첫 번째 조건은 목적어가 대명사일 때이고, 두 번째 조건은 개사구가 비교적 길 때이다. 다시 말해 [VP PP]와 [PP VP], 두 가지 선택 가운데 결정적 작용을 하는 것은 출현하는 두 NP의 길이이다. 만약 개사구의 NP가 짧고 동목 구조의 NP가 길다면(명사나 명사구), 개사구는 동사의 앞에 놓인다. 반대로 개사구의 NP가 길고 동목 구조의 NP가 짧다면(대명사), 개사구는 동사의 뒤에 놓인다. 이러한 분석은 길고 무거운 성분을 마지막에 두어야 한다는 핵 강세 규칙에 부합한다.

문장에서 핵 강세의 두드러진 특징은 뒤쪽 무게다. 즉 핵 강세는 문말에 출현한다. 이 점은 언어유형론적 관점에서 보아도 이상하지 않다. 중국어는 SVO 유형의 언어이고, O(목적어)는 의미상 전체 문장의 신정보(즉 전체 문장의 초점)이며 문말에 위치한다. 따라서 당연히 핵 강세의 위치가 된다. 그렇다면 중국어 문장의 말미는 문장에서 마지막 단어를 말하는 것일까, 아니면 문장에서 마지막 어법 성분을 말하는 것일까? 이는 간단해 보여도 실은 더 논의가 필요하다.

영어도 SVO 유형의 언어이기 때문에 중국어와 마찬가지로 핵 강세의 위치는 문말이 된다. 앞에서 언급한 핵 강세 규칙은 기본적으로 영어에 적용되는 것이다. 왜냐하면 영어의 강세 할당 처리는 어느 구조라도 쌍을 이루는 통사-운율 성분 단위를 오른쪽에서 왼쪽으로 순차적으로 만들 수 있고 각각의 단위에 속한 두 개의 성분 가운데 늘 왼쪽 성분이 약하고 오른쪽 성분이 강하며, 전체적으로는 마지막 한 쌍이 제일 강하기 때문이다.

(16) He sold the book to Mary. (그는 그 책을 메리에게 팔았다.)

1단계: He sold the book [to Mary].

2단계: He sold [the book [to Mary]].

3단계: He [sold [the book [to Mary]]].

4단계: [He [sold [the book [to Mary]]]].

중국어도 구조 유형상으로 SVO 언어이므로 핵 강세 또한 문말에 위치한다. 하지만 이 문말의 개념은 영어와 큰 차이가 있는 듯하다. 중국어에서 어떠한 성분이 문말 성분이 될 수 있는지를 확정할 명확한 형식적 규칙이 없기 때문이다. 먼저 중국어의 문말에는 어기조사가 올 수 있는데 영어에는 이러한 것이 없다. (17)에서 '书了, 雨呢, 北京吗'는 한 단위가 아닐 뿐더러 진정한 문말로서의 '了, 呢, 吗'는 더욱 강세를 받을 자격이 없다.

(17) a. 我看完这本书了。

b. 外面正下着雨呢。

c. 你打算去北京吗?

그렇다면 중국어 문말에서 어기조사를 배제할 수 있을까? 그럼 남은 성분은 문말이 되지 않을까? 사실 이 문제는 결코 그렇게 간단하지 않다. 왜냐하면 어기조사 외에도, 중국어 문장의 말미에는 강세를 받을 수 없는 또 다른 성분이 있을 수 있기 때문이다. 거꾸로 어떠한 문말 성분은 강세를 받아들일 수는 있지만 이러한 문장은 또 말이 안 된다.

(18) a. 你**吃**呀你。 b. 我想写**封信**给他。

c. *他看了两部电影三**天**。

게다가 더 큰 문제는 만약 문말에서 가볍게 발음되는 성분을 모두 배제해 버린다면 실제로는 문말 강세의 엄격한 정의를 이미 벗어난다는 데 있다. 이로써 중국어와 영어의 문말이 같지 않음을 알 수 있다. 적어도 영어와 같은 전형적인 문말 강세 유형의 언어처럼, 마지막 성분을 기점으로 하여 형성된 구를 기초로 강세 할당을 진행해서는 안 된다. 다시 말해서 영어는 어떠한 문말 성분을 중심으로 하여 형성된 구(phrase)가 강세 영역(domain)이 되지만, 중국어는 그렇지 않다. 그렇다면 영어와 중국어의 핵 강세는 모두 문말에 있는데 두 언어의 이러한 뒤쪽 강세는 도대체 무엇이 다른 걸까? 아래의 예에서 아주 분명하게 볼 수 있을 것이다.

(19) a_1. 他放(在)桌子上一本书。

a_2. He put a book on the table.

b_1. ?他放(在)一张新桌子上三本语言学的书。

b_2. He put three linguistic books on a new table.

c_1. ??他放(在)三张桌子上三本语言学的书。

c_2. He put three linguistic books on three tables.

(19)의 중국어 문장에서 첫 번째 문장은 당연히 문제가 없다. 두 번째 문장은 물음표를 찍어야 한다. 세 번째 문장은 읽기가 매우 까다로워 받아들일 수가 없다. 그러나 이에 대응되는 영어 문장은 모두 자연스럽다. 그 원인을 따져 보면 다음과 같다. (19a)의 '桌子上'은 한정 지시일 수 있다. 만일 한정 지시 성분이라면 가볍게 발음해야 하고 '一本书'에 강세를 주어야 한다. 하나는 약하고 하나는 강하기 때문에 문장에는 문제가 없다. (19b)에서는 '三本语言学的书'에 강세를 주어야 하며 '一张新桌子'도 가볍게 발음하기가 어렵다. 하지만 두 곳에 다 강세가 있으면 문장은 쉽게 받아들여지지 않는다. (19c)에서의 두 성분 역시 모두 강세를 주어 발음해야 하기 때문에 중국말 같지가 않다. 이러한 영중 비교를 통해 다음과 같은 사실을 발견할 수가 있다. 중국어는 동사의 뒤에 강세 성분이 두 개가 있는 것을 허용하지 않지만 영어에는 이러한 제약이 없다. 이것은 사람들이 통상적으로 느끼는 중국어의 뒤쪽 강세 혹은 마지막이 제일 강한 형상

이 실제로는 동사를 중심으로 형성되며, 동사에 의해 결정되기까지 한다는 것을 설명해 준다. 이렇게 중국어는 문말의 어떠한 성분을 중심으로 그 강세 영역이 설정될 수가 없고, 동사를 중심으로 핵 강세 영역이 만들어질 수밖에 없다. 중국어의 뒤쪽 강세라는 표현은 틀리지 않지만, 이때 뒤쪽은 주요 동사에 의해 설정되는 강세 영역의 뒤쪽인 것이다. 동사를 중심으로 강세 영역이 설정되는 것은 한족의 동사 중심 언어 심리에 의거한 것일 뿐만 아니라, 동사 중심의 여러 가지 통사적 특징에 근거한 것이기도 하다. 더욱 중요한 것은 고대중국어가 지금의 모습으로 발전한 것도 바로 동사 중심의 결과라는 것이다.

그렇다면 중국어는 어떻게 동사를 통해 핵 강세의 할당을 실현시킬까? 물론 $[X\ Y]_P$에서 만약 P가 구나 문장이라면 강세는 X보다 Y에 놓인다는 핵 강세 규칙의 공식도 지켜야 한다. X와 Y, 두 개를 임의의 운율 성분으로 설정했을 때, 만약 X와 Y가 문장의 마지막 운율 단위/영역을 구성한다면 전체 문장의 주요 강세는 Y라는 성분으로 할당되어야 한다. 즉, 모든 SVO 유형의 언어에서 문장의 핵 강세는 문장의 맨 마지막에 있는 운율 영역 내에 놓여야 한다. 이 점은 영어와 중국어가 일치한다. 하지만 이 규칙은 어떻게 X와 Y를 확정하는지는 설명해 내지 못했다. 연구에 따르면 운율 구조는 통사 구조와 같을 필요는 없지만 통사 구조에 의해 실현되어야 한다. 이렇게 보면 영어의 핵 강세 할당과 중국어의 핵 강세 할당의 가장 큰 차이는 상술한 일반 공식에서 'P(XP)'라는 구나 문장 구조의 'X'가 다르기 때문에 'Y'도 다르다는 데 있다. 다음은 각각 영어와 중국어의 핵 강세 할당 규칙을 보여 준다.

(20) 영어의 핵 강세 할당 규칙

XP(NP, VP, PP, …)

⋀

약　　강

$[\cdots X \quad Y]_S$

(21) 중국어의 핵 강세 할당 규칙

XP(VP)

/\

약　　강

$[\cdots X \quad Y]_S$

(20~21)이 나타내는 영어와 중국어의 핵 강세 할당 규칙은 다음과 같은 두 가지 차이점이 있다. 하나는 XP의 성질 차이이다. 영어의 XP는 문말에 위치한 구 구조(명사구 NP, 동사구 VP, 전치사구 PP)다. 또 다른 하나는 X와 Y의 성질 차이이다. 영어의 X와 Y는 구를 이루는 두 가지 성분을 나타내는데 강세가 X보다 Y에 놓인다는 것에 따라 Y는 영어 문장의 핵 강세가 된다. 반면에 중국어의 'XP'는 동사구 VP만 될 수 있으며 그 외에 다른 구일 수는 없다. 또 X는 동사(V)이어야 하며 동시에 Y는 동사가 지배하는 논항 명사(NP)이어야 한다. 이 X(V)와 Y(NP)는 문장에서 마지막 운율 영역을 구성하는데, X(V)가 왼쪽에서 오른쪽으로 핵 강세를 해당 영역의 마지막 성분인 Y(NP)로 할당한다. 이렇게 해야 Y는 중국어 문장의 핵 강세라는 같은 결론에 도달할 수 있다.

위에서 말한 차이에 따라 중국어 문장의 핵 강세 성분, 즉 문말 성분을 확정하기 위해서는 다음과 같은 세 가지 일을 해야 한다. 첫 번째는 문장에서 마지막 동사구인 VP(XP)를 찾아야 한다. 두 번째는 마지막 동사구의 주요 동사 V(X)를 찾아야 한다. 마지막으로 세 번째는 해당 동사구에서 동사의 지배를 받는 명사성분 NP(Y)를 찾아야 한다. 아래의 예를 보자.

(22) a. 阿Q想买**毛衣**。　　b. 阿Q买**毛衣**了。　　c. 阿Q**走**了。

(22a)에서 마지막 동사 구조의 주요 동사는 '买'이므로 '买'가 X가 되고 동사 '买'가 지배하는 논항 명사인 '毛衣'가 Y가 된다. 그리고 전체 동사구 '买毛衣'는 문장의 마지막 운율 단위인 XP([X Y])가 된다. 규칙에 따라

문장의 핵 강세는 마지막 운율 단위에서 마지막 성분인 '毛衣'에 놓인다. 이것은 물론 가장 일반적인 상황을 보여 주는 것이다. 문말에 어기조사가 있는 경우에는 (22b)와 같이 '了'가 문장의 마지막에 출현했다 하더라도, Y의 정의에 부합하지 않기 때문에(동사가 지배하는 논항 명사가 아님) Y는 여전히 '毛衣'이다. 만일 동사가 자동사라면 (22c)와 같이 공식 [X Y]에서 Y는 공석이 된다. '了' 역시 Y가 될 수 없기 때문에 핵 강세는 X인 '走'에 놓일 수밖에 없다.

그렇다면 상술한 중국어 핵 강세 할당 규칙으로 앞의 (18)에 나타내는 각 문장들의 차이를 어떻게 설명할 수 있을까? 이치는 간단하다. 문장의 마지막 동사 구조에 동사(V)의 지배를 받는 논항 명사(NP)가 있다면, 이 NP는 당연히 강세를 받을 수 있을 뿐만 아니라 반드시 강세를 받아야 한다. 하지만 중국어는 핵 강세 할당 규칙을 시행하는 데 있어 기본적인 요구도 필요하다. 바로, 문장의 마지막 동사 구조에서 동사의 지배를 받는 논항 명사가 하나를 초과하면, 오직 한 개의 명사만이 강세를 받아 Y가 될 수 있다는 것이다. 우리는 중국어 동사 뒤에 동사의 지배를 받는 논항 명사가 두 개 출현할 수 있는 유일한 구조가 이중목적어 구조이며, (19)가 바로 이중목적어 구조라는 것을 안다. 이러한 상황에서는 반드시 하나의 목적어만이 핵 강세를 받는 성분인 Y가 될 수 있는데, 일반적인 상황에서는 마지막 목적어가 Y가 되어야 한다. 강세 성분은 적어도 안 되고 많아도 안 된다. 또한 강세 성분은 앞쪽 목적어이어서도 안 된다. 이것이 바로 (19)의 문장들이 받아들여질 수 있는 정도에 차이가 나는 원인, 특히 (19a)가 (19b/c)보다 더 나은 운율상의 원인이자, 운율 규칙이 통사 구조에 영향을 미치고 제약을 가하는 결과이기도 하다.

14.4 중국어 운율 규칙의 수정과 운율 충돌의 조정

앞에서는 상대적 강세 원칙, 음보 이분 원칙, 음보 단핵 법칙, 그리고 핵심 강세 할당 규칙과 같은 운율 체계의 각종 규칙에 대해 알아보았다. 이러한 운율의 규칙과 운율의 요구는 결국 구와 문장에서 실현되어야 한다. 우리는 구와 문장이 주로 통사 규칙에 의해 생성된다는 것을 알고 있다. 또한 구와 문장의 운율 구조에 있어 운율 방면의 많은 규칙과 개입이 있을 뿐만 아니라, 운율 규칙과 통사 규칙 간의 상호 작용도 있다는 것을 알고 있다. 이렇게 많은 규칙들이 함께 작동하면 분명 모순과 충돌이 생길 것이다. 그렇다면 다음 두 가지 문제를 더 연구해야 한다. 하나는 운율의 규칙이 어떻게 적절하게 변통되느냐 하는 것이고, 다른 하나는 운율의 충돌이 어떻게 조정되느냐 하는 것이다.

우선 운율 규칙의 변칙 매개 변인에 대해 이야기해 보겠다.

만약 하나의 구나 문장이 운율상의 요구와 어법상의 요구를 모두 만족시킬 수 있다면 당연히 누이 좋고 매부 좋은 일이고, 이 구나 문장은 두말할 것 없이 당당하게 합격일 것이다. 그러나 여러 가지 측면의 규칙과 요구가 하나의 구 또는 문장에서 실현될 때 접촉이 있으면 마찰이 생길 수 있다. 심지어 이 규칙과 저 규칙이 물과 불처럼 서로 대립하는 상황이 발생할 수도 있다. 이러한 모순된 대립 현상을 운율적 충돌(Prosodic Conflict)이라고 한다. 운율이 충돌하는 상황에서 가령 규칙 갑과 규칙 을이 충돌한다면 두 가지 결과가 있을 수 있다. 첫 번째 결과는 공멸로 둘 중 어떤 규칙을 위배하든 결국 이러한 구조 형식은 모두 도태되는 것이다. 두 번째 결과는 평화롭게 공생하는 것으로 규칙 갑과 규칙 을을 적절하게 수정하거나 엄격하게 정의함으로써 영향을 미치는 범위를 확정하면, 어떠한 규칙을 위배하는 것처럼 보이는 구조 형식도 살아남을 수 있게 된다.

동사구(VP)에 대한 강세 할당이 바로 대표적인 예이다. 앞의 핵 강세 규칙 (14)에 따르면 중국어에서는 아래 (23)과 같은 VP 강세 구조가 반드시 있게 된다.

(23)

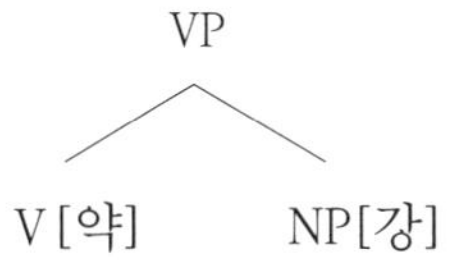

(23)은 VP 가운데 V가 핵 강세를 NP로 할당했을 때 이 NP는 V보다 강하다는 것을 보여 준다. 하지만 운율 구조는 핵 강세 규칙에 의해서만 결정되는 것은 아니다. 다른 운율의 규칙이 개입하기도 한다. 가령 2분지 강세 규칙은 다음과 같이 규정한다. 하나의 운율 단위가 2분된 후에 그것을 구성하는 두 부분 가운데 만약 한쪽 부분에 또 분지가 있다면, 분지가 있는 부분은 분지가 없는 부분보다 강하다. 이렇게 VP의 두 성분 가운데 2분지항이 있으면 다음과 같은 두 가지 상황이 발생한다. V가 1분지항(X)이고 NP가 2분지항(YZ)이라면 핵 강세 규칙과 2분지 강세 규칙이 서로 잘 부합한다. 결과는 순조롭고 문장도 말하는 데 문제가 없을 것이다. 하지만 V가 2분지항(XY)이고 NP가 1분지항(Z)이라면 핵 강세 규칙과 2분지 강세 규칙이 서로 부딪치고 모순된다. 핵 강세 규칙에 따르면 NP에 강세가 있어야 하고, 2분지 강세 규칙에 따르면 NP가 가볍게 발음되어야 한다. 반대로 핵 강세 규칙에 따르면 V는 가볍게 발음되어야 하고, 2분지 강세 규칙에 따르면 V에 강세를 주어야 한다. 일반적으로 두 개 혹은 두 개 이상의 운율 규칙에 모순이 발생했을 때, 통상적인 상황에서는 알맞은 구조가 형성될 수 없고 도태되어야 한다. 이것이 바로 운율 충돌의 결과다. 예를 들어 중국어에는 [[X Y] Z]의 구조 형식이 이러한 결말을 만나게 되는 경우가 적지 않다. 그중에서 가장 대표적인 것이 '*把他打'와 같은 把자문 구조와 '*被他杀'와 같은 被자문 구조다. 이러한 구나 문장은 사실 통사적으로나 의미적으로는 모두 아무런 문제가 없다. 하지만 구어에서는 이렇게 말할 수 없거나 이렇게 말을 하면 어색한데, 그것은 동사가 마지막 1분지에 걸려 있어 운율 충돌의 결과를 초래하였기 때문이다. 앞에서 언급한 적 있는 '*种植树'와 같은 문장이 통사와 의미적으로는 모두 표준적인데 비문인 이유도 사실은 이 때문이다. 고대중국어에서 '*何罪有'라고는 할 수 없

다. 아무 역할도 하지 않는 '之'를 넣어서 '何罪之有'라고 해야만 성립하는데 이것 역시 같은 상황이다.

하지만 앞에서도 이야기했듯이 두 개 혹은 두 개 이상의 운율 규칙이 모순될 때 관련 규칙을 적절하게 수정할 수도 있다. 가령 중국어의 [[X Y] Z] 구조 형식은 운율 충돌의 원칙에 따라 도태되어야 하지만, 이러한 구나 문장이 조금도 어색하다고 느끼지 않고 아주 편하게 말할 수 있는 경우도 많다.

(24)

만약 운율적 충돌이 있는 '把他打, 被他杀'와 같은 [[X Y] Z] 구조 형식은 도태되어야 하고 '跟我走, 拿刀切'와 같은 [[X Y] Z] 구조 형식은 존재해야 한다면, 기존의 규칙을 수정하는 것이 유일한 방법이다. 핵 강세 규칙과 2분지 강세 규칙 모두 [[X Y] Z]에서 X, Y, Z가 서로 어떠한 통사적 관계에 있는지에 대해서는 명확하게 규정하지 않았기 때문이다. '把他打, 被他杀'와 '跟我走, 拿刀切' 모두 개사구가 부사어인 구조이지만, 구어에서는 비문인 '把他打, 被他杀'에서는 '他'가 동사 '打, 杀'의 논항 명사이고 구어에서 가능한 '跟我走, 拿刀切'에서는 '我, 刀'가 동사 '走, 切'의 논항 명사가 아니다. '向前看, 在家睡'도 같은 경우다. 두 구조가 통사적으로 같지 않다는 것을 알 수가 있다. 간단히 말해서 앞의 구조는 통사 구조의 기본 성분(즉 동사와 논항 성분) 자체로 구성된 기초 구조의 변화 형식이고, 뒤의 구조는 통사 구조의 부가 성분(수식 성분)이 붙어서 구성된 부가 구조의 변화 형식이다. 이 두 구조의 차이는 매우 중요한데, 운율과 통사의 상호 작용 속에서 기초 구조와 부가 구조는 완전히 다르게 나타내기 때문이다. 독일어에서 이 점을 볼 수가 있다.

(25) a. Peter hat ein Buch gelesen.
(피터는 책 한 권을 읽었다.)
b. Peter hat an einem kleinen Tisch gearbeitet.
(피터는 작은 책상에서 일했다.)

독일어는 SOV 유형의 언어이기 때문이 독일어의 동목 구조에서 핵 강세는 동사의 앞에 있는 목적어에 떨어진다. 예를 들어 (25a)의 '책 한 권을 읽었다'에서 강세는 목적어 명사 'ein Buch'(책 한 권)에 있다. 그러나 (25b)에서 수식어인 '작은 책상에서'처럼 목적어 성분이 동사가 지배하는 성분이 아니라면, 동사의 앞에 출현하더라도 핵 강세는 그것을 도외시하고 강세는 여전히 동사 'gearbeitet(일하다)'에 놓인다. 이것은 문장에서 핵 강세의 할당이 논항 성분과 수식 성분에 대해 완전히 다른 방법을 채택한다는 것을 보여 준다. 이러한 상황을 중국어의 핵 강세 할당 규칙에 대입한다면 핵 강세는 기초 구조의 기본 성분에 대해서만 엄격한 규정을 두고, 부가 구조에서의 수식 성분은 외면한다고 할 수 있다. 바로 이러한 이유 때문에 중국어의 핵 강세 할당 규칙은 아래 (26)의 [[X Y] Z] 구조만 도태시키고, (27)의 [[X Y] Z] 구조는 간섭하지 않는 것이다.

(26)
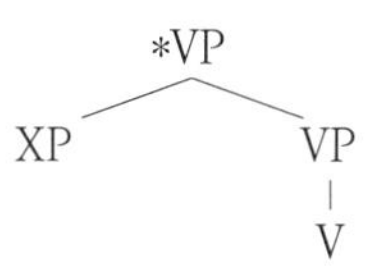

把 他 打
种 植 树
何 罪 有

(27)
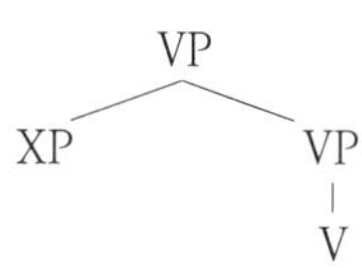

跟 我 来
电 影 院
慢 慢 走

핵 강세가 기초 구조만 통제한다면 부가 구조에 붙는 수식 성분에는 강세 표현이 없을까? 여기에는 두 가지 상황이 있다. 수식어가 단지 부가 성분일 뿐인 첫 번째 상황에서는 당연히 기초 구조의 핵 강세를 따른다. 가령 '他不想跟我走'에서는 '走'의 강세가 가장 강하고 수식어인 '跟我'에는 강세를 줄 필요가 없다. 수식어가 특수한 초점 성분인 두 번째 상황에서는 초점 강세 형식이 있을 수 있다. 예를 들어 '他在家里工作'에서 수식어인 '家里'는 강조와 대조의 상황에서 강세를 줄 수도 있다. 이것은 기초 구조의 핵 강세 형식과 부가 성분의 초점 강세 형식이 다른 방면의 운율 현상이라는 것을 보여 준다. 핵 강세 규칙은 기본 구조의 통사 성분에 대해서만 작용한다.

중국어에는 운율 규칙이 충돌하는 또 다른 상황이 있다. 때로는 어떠한 운율 규칙에 위배되는 것처럼 보이지만, 구어에서는 그렇게 말하는 것이 가능한 문장 뒤에는 분명 더 구체적인 어떤 규칙이 작용하고 있다. 예를 들면 아래와 같다.

(28) a. 给他**书**。　　b. 给他一**本书**。
　　c. 给张三一**本书**。　　d. 给我女朋友一**本书**。

(28)은 앞에서 말한 이중목적어 구조다. 그럼 이 문장들은 왜 비문이 아닐까? '동+목1'을 하나의 복잡한 동사로 간주하더라도 그 내부는 2분지로 보이는데 2분지 강세 규칙에는 위배되지 않는다는 것에 주의할 필요가 있다. 대명사 '他'와 한정 지시 성분 '张三', 혹은 '我女朋友'는 모두 운율상으로 강세를 받을 수 없는 보이지 않는 성분이다. 따라서 이러한 '동목+목적어'는 더 이상 2분지 구조의 성질을 지니지 않으며 뒤쪽의 목적어에게 강세를 줄 수가 있는 것이다. '동목+목적어'라는 복잡한 동사구에서 목적어는 운율상의 보이지 않는 성분이 아닐 때, 즉 일반 명사(특히 수량명 구조)일 때에만 이분지 강세 규칙을 위반하여 운율적 충돌을 발생시킬 수가 있다. 사실 이것이야말로 앞의 문장 (18b/c)가 성립되기 어려운 진짜 이유이

다. 중국어의 이중목적어 구조에서 간접목적어는 일반적으로 인칭대명사 혹은 한정 지시 명사여야 하는 것도 같은 이치다.

마지막으로 운율 충돌의 조정 전략에 대해 이야기해 보겠다.

운율 규칙 사이에 충돌이 발생했을 때의 결과에 대해 앞에서 두 가지를 이야기하였다. 하나는 운율 규칙을 위배하는 구나 문장 구조를 도태시키는 것이고, 다른 하나는 운율 규칙을 보충하고 수정하여 해석하는 것이다. 하지만 이것들은 모두 운율 규칙의 측면에서 운율 규칙의 충돌을 해결하는 것이다. 사실 운율적 충돌에 대처하는 더 간단한 방법이 있다. 그것은 바로 운율 규칙의 제재를 구조적으로 피하거나 형상적으로 말하자면 제3자를 개입시키는 것이다. 이 또한 운율 규칙을 위배할 수 있는 구나 문장 구조를 살릴 수 있는 방법이다. 대체로 중국어가 운율을 조정하는 방법에는 아래의 몇 가지가 있다.

첫 번째는 성분 복제다. 성분 복제는 구나 문장 중의 어떠한 성분을 다시 한번 말하는 것인데 이것은 운율 구조를 바꿀 수가 있다.

(29) a_1. *打电话三次 → a_2. 打电话打(了)三次

b_1. *把地擦 → b_2. 把地擦擦

(29a_1)의 '*打电话三次'는 비문이다. 동사의 뒤에 강세를 받을 수 있는 명사성 성분이 두 개가 되는 것이 허용되지 않기 때문이다. (29a_2)처럼 '打电话打(了)三次'로 바꾸면 문제가 없다. 이렇게 통사적으로 동사를 복제하여 한 마디를 두 마디로 나누는 방법은, 사실 앞서 언급한 하나의 동사 두 개의 명사에서 발생하는 운율 충돌 문제를 해결하기 위해서, 어쩔 수 없이 두 개의 동사 두 개의 명사 구조로 바꾸는 것이다. 심지어 현대중국어에서 이러한 동사 복사 구조는 운율적 조정의 필요를 충족시키기 위해서 발전했다고도 말할 수 있다. (29b_1)의 '*把地擦'도 운율적으로 충돌하는데 (29b_2)처럼 '把地擦擦'로 바꾸면 가능해진다. 동사 중첩도 성분 복제가 된다. 이것은 동사 구조가 앞쪽 2분지 뒤쪽 1분지일 때의 운율적 충돌을 없

앨 수 있다. 어법 연구에 있어 현대중국어에 중첩 동사의 把자문이 어떻게 생겨났는지를 설명할 방법이 줄곧 없었다. 그런데 지금은 사실 이것도 운율적 조정의 결과이며, 적어도 운율적 조정이 하나의 주요한 원인이라고 설명할 수 있을 듯하다.

두 번째는 성분 삭제다. 성분 삭제는 구나 문장에서 운율적 충돌을 일으키는 성분을 삭제하여 새로운 운율 구조를 형성하는 것이다.

(30) a_1. *种植树 → a_2. 种树/植树

b_1. *阅读书/报 → b_2. 读书/阅报

c_1. *选择课/校 → c_2. 选课/择校

(30)의 좌측 예문은 모두 운율적으로 충돌하는 구조다. 삭제의 방법으로 이러한 구조를 규칙에 부합하는 운율 구조로 만들 수 있다. 가령 우측 예문의 경우 강세를 2분했을 때 두 부분이 모두 단음절어다. 그러면 자연히 2분지 강세 규칙에 위배되지 않을 것이며 핵 강세 할당 규칙도 준수하게 될 것이다.

세 번째는 성분 부가다. 성분 부가는 성분 복제와 같은 작용을 하는데, 차이가 있다면 복제는 기존의 구조와 동일한 성분을 첨가하는 것이고 부가는 다른 성분을 첨가하는 것이다.

(31) a_1. *把眼瞪 → a_2. 把眼一瞪

b_1. *被领导批 → b_2. 被领导批评(了)

c_1. *选择课/校 → c_2. 选择课程/选择学校

d_1. *种植树/花 → d_2. 种植树木/种植花草

(31)에서 우측의 예는 단어 성분을 첨가함으로써 원래 조건에 맞지 않았던 운율 형식을 바꾸어 운율적 충돌을 상쇄하였다. 이상의 삭제와 부가 현상은 어쩌면 현대중국어에서 2음절어가 갈수록 많아지는 이유와 단어

의 성분을 둘씩 조합해야 하는 이유를 설명할 수 있을 것이다. 이에 대해 일반적으로 말하는 2음절어가 단음인 동음어와 단음인 다의어로 구분할 수 있다는 사실 외에도 운율적 조정도 틀림없이 중요한 원인 중 하나일 것이다.

네 번째는 성분 이동이다. 성분 이동은 통사적으로 가장 많이 사용되는 형식일 뿐만 아니라 운율적 조정에도 가장 효과적인 수단이다.

(32) a_1. *他打了电话三次。 → a_2. 电话他打了三次。
b_1. *他学了中文三年。 → b_2. 中文他学了三年。

성분 이동은 사실 전체 복제에 전체 삭제를 더한 것이다. (32)에서 우측의 예는 '电话(복제)他打了___(삭제)三次'라고 볼 수 있다. 물론 동사의 뒤에 운율적으로 충돌하는 두 개의 명사 중 하나인 '电话'가 '[电话[他打了__(흔적)三次]]'와 같이 문장의 앞으로 이동한 것이라고 간단히 이야기할 수도 있다. 통사론적으로 이러한 이동은 목적어의 화제화라고 한다. 화제화는 화제를 두드러지게 하는 것 외에도 운율적 충돌을 완화시키기는 작용을 한다.

다섯 번째는 성분 합병이다. 성분 합병은 본래 분리되어 있던 두 개의 성분을 하나의 성분으로 합병하는 것인데, 이렇게 함으로써 운율 형식이나 핵 강세의 할당을 바꿀 수가 있다.

(33) a_1. *我把书放了在桌子上。 → a_2. 我把书放在了桌子上。
b_1. *我把衣服挂了到墙上。 → b_2. 我把衣服挂到了墙上。
c_1. *汽车开了到北京。 → c_2. 汽车开到了北京。

일반적인 통사 구조의 분석에 따르면 (33)에서의 '在桌子上, 到墙上, 到北京'은 모두 개사구 [P NP]이어야 한다. 이들은 대체로 동사의 뒤에서 보어가 되기 때문에 개사 P와 목적어 NP 사이에는 다른 성분을 삽입할 수가 없다. 그러나 (33)은 현대중국어의 상황이 이와는 정반대라는 것을 보여 준다. 만약 시태 조사 '了'를 넣어야 한다면 동사의 뒤에 부가할 수가 없기 때문에, (33)에서 좌측의 예문은 모두 성립되지 않는다. 하지만 개사의 뒤, 즉 개사와 목적어의 사이에는 부가할 수가 있기 때문에 우측의 예문은 모두 성립된다. 이것은 'V+P'를 하나의 동사(즉 '在, 到'는 동사의 접미사)로 보는 것이다. 그러나 통사적으로 '放在, 挂到, 开到'를 하나의 단어 형식으로 간주해야 할 이유는 없다. 실제로 이러한 것들이 전형적인 단어도 아니다. 이러한 이상한 현상이 나타날 수 있는 이유에 대한 유일하면서도 합리적인 해석은 바로 그것이 운율적 조정의 결과라는 것이다. 개사 P가 앞으로 붙어 동사 V와 한 단어로 합쳐지지 않는다면, 개사구 [P NP] 가운데 NP는 강세를 얻지 못하고 운율적 충돌을 일으킬 것이다. 개사가 동사에 합병되면 자연히 구조의 운율적 형식을 바꿀 수 있고, 목적어 NP도 자연스럽게 동사에 의해 강세 할당을 받을 수가 있게 된다.

위와 같은 경우들은 구와 문장 구조에 대해 어떠한 조정을 진행함으로써 운율 규칙에 위배되는 것들을 운율 규칙에 부합하는 구조로 바꿀 수 있음을 보여 준다. 이는 언어 체계 내부에서 일어나는 자기 조정의 한 방식으로 보아야 한다. 물론 조정을 거친 구와 문장은 형식적으로 변화가 있을 뿐만 아니라, 의미적으로도 원래의 구조와 완전히 같을 수는 없다. 이것은 어법적으로 주-동-목 문장을 사용하는 것과 把자문이나 被자문을 사용하는 것이 비록 의미가 완전히 같지는 않지만, 결국은 밀접한 관계가 있는 것과 같다. 운율적 형식의 조정도 이와 같다. 언어의 구나 문장은 운율적 충돌로 인해서 고사되기보다는 가능한 형식으로 바뀌어 살아남는 것이 더 낫다. 이때 약간의 의미를 희생하는 것은 불가피할 뿐만 아니라 결코 아쉽지도 않을 것이다.

주요참고문헌

董秀芳(1998)〈述补带宾句式中的韵律制约〉,《语言研究》第1期.

董秀芳(2004)《汉语的词库与词法》, 北京大学出版社.

冯胜利(1997)《汉语的韵律、词法和句法》, 北京大学出版社.

冯胜利(1998)〈论汉语的自然音步〉,《中国语文》第1期.

冯胜利(2000)《汉语韵律句法学》, 上海教育出版社.

冯胜利(2001a)〈论汉语"词"的多维性〉,《当代语言学》第3期.

冯胜利(2001b)〈从韵律看汉语"词、语"分流之大界〉,《中国语文》第1期.

冯胜利(2002)〈韵律构词与韵律句法之间的交互作用〉,《中国语文》第6期.

顾阳·沈阳(2001)〈汉语合成复合词的构造过程〉,《中国语文》第2期.

黄正德·李艳惠·李亚非(2012)《汉语句法学》(张和友 译), 国际图书出版公司.

林焘(1962)〈现代汉语轻音和句法结构的关系〉,《中国语文》第7期.

刘丹青(1993)〈汉语形态的节律制约〉,《南京师大学报》第1期.

陆丙甫(1989)〈结构、节奏、松紧、轻重在汉语中的相互作用〉,《汉语学习》第3期.

吕叔湘(1963)〈现代汉语单双音节初探〉,《中国语文》第1期.

潘文国(2004)《汉语的构词法研究》, 华东师范大学出版社.

石毓智(1995)〈论汉语的大音节结构〉,《中国语文》第3期.

王洪君(1994)〈从字和字组看词和短语〉,《中国语文》第2期.

王洪君(2001)〈音节单双、音域展敛与语法结构类型和成分次序〉,《当代语言学》第4期.

吴敏洁·朱宏达(2001)《汉语节律学》, 语文出版社.

叶军(2001)《汉语语句韵律的语法功能》, 华东师范大学出版社.

Behaghel, Otto (1909) "Zur Kritik Von Meister Eckhart," *Beiträge zur Geschichte der deutschen Sprache und Literatur(PBB) 1909*, Tübingen: Niemeyer.*

Huang, C.-T. James (1984) "Phrase Structure, Lexical Integrity, and Chinese Compounds," *Journal of Chinese linguistics Teacher's Association* 19.

Liberman, M. (1975) *The Intonational System of English*, Cambridge, MA: MIT Doctoral dissertation.*

Liberman, A. M. and A. Prince (1977) "On Stress and Linguistic Rhythm," *Linguistic Inquiry* 8, 249-336.*

Quirk, Randolph (1972) *A Grammar of Contemporary English*, [London]: Longman.*

Zhang, Hongming (1992) "Topics in Chinese Phrasal Phonology," Ph. D Dissertatio.

*역자주: 원서에 누락되어 보충함.

제15강

최신 이론과 관련 구조 분석

15.1 제도 이론과 중국어 통사구조의 계층

본 책의 앞부분에서 소개한 공범주, 성분 이동, 결속 이론 등은 모두 형식 언어학 이론(생성문법 이론)의 중요한 내용이다. 생성문법 이론은 최근 몇 년 사이에도 많은 발전이 있었는데, 지금 가장 눈에 띄는 것은 제도 이론(Cartographic Approach)이다. 이 이론은 중국어 연구에서도 이미 중요한 성과를 많이 거두었다.

제도 이론은 형식 언어학 이론이 최근에 제시한 이론으로, 자연 언어 문장과 구의 기능 구조도를 상세하게 묘사하는 이론 계열의 통칭이다. 초기 생성문법 이론하에서 문장 구조는 보문구(Complementizer Phrase, CP), 굴절구(Inflectional Phrase, IP), 동사구(Verb Phrase, VP), 이 세 개의 계층으로 설명되어 왔다. 이에 대한 공식은 '$_{CP}$[……$_{IP}$[……$_{VP}$[……]]]'이다. 여기서 논항 구조와 관련된 성분(대개 문장의 주어, 목적어 등과 같은 통사 성분)은 VP층에 나타나고, 시태 등과 관련된 성분(영어의 '-s/-ed/be-ing/will' 등과 같은 굴절 형식 및 중국어 '了, 着, 过, 正在' 등과 같은 시태 조사 성분)은 이보다 높은 IP층에서 나타난다. 그리고 표지어 및 문장의 한정/비한정과 관련된 성분(영어의 'that'과 같이 문장을 표지하는 성분 및 중국어의 '的, 了, 吗, 呢'와 같은 어기 성분)은 더 높은 CP층에서 나타난다. 이렇게 서로 다른 통사 성분이 서로 다른 계층에서 통합되고 검증되며, 결과적으로 이상적인 문장 구조가 생성된다.

그러나 후에 이 통사 구조 계층 가운데 CP층이 지나치게 약해 보인다는 것을 발견했다. 예를 들어 이 구조를 투영하면 아래의 (1)을 생성할 수가 없다. 즉, CP층은 특정한 어법 의미를 가진 많은 성분의 통사적 지위를 다 커버할 수 없고 이러한 성분들의 지위조차도 만들어 내지 않았다. 예는 아래 밑줄 친 부분과 같다.

(1) He had seen something truly evil prisoners being ritually raped, tortured and mutiliated. He prayed *that atrocities like those, never again would he witness*.

이 때문에 문법학자 Rizzi(1997) 등은 문장의 좌측 외연(left periphery), 즉 많은 통사 정보를 포함하는 VP의 왼쪽 구조층에 대한 분석을 고려하기 시작했고 CP 분해(CP spit) 가설을 제시하였다. 문장 종류(Force), 화제(Topic), 초점(Focous), 한정성(Finiteness) 등 서로 다른 기능의 핵심이 CP부터 IP층까지 분포되어 있으며 그것들은 모두 문장의 좌측 자리를 차지하고 있다. 또 이것들은 여러 번 출현할 수도 있다('*'로 표기). 가령 CP층의 공식은 CP: ForceP>TopP*>FocP>(TopP*)>FinP이다. 이에 따라 (1)의 밑줄 친 부분을 다시 분석해 보겠다. 'that'은 절이 평서문임을 표지하며 Force의 핵심으로 구현된다. 'atrocities like those'는 동사 'witness'의 목적어이면서 화제화되었기 때문에 Top의 지시어 위치로 격상되었다. 부정적 부사구인 'never again'은 초점화 전치되어 'would' 조사를 초점 핵심 Foc의 위치로 도치(auxiliary inversion)시켰다. 이렇게 (1)에서 기울임꼴로 표시된 부분을 (2)의 형식으로 분석할 수 있다. 이렇게 하면 어감에 맞는 어순과 구조를 생성할 수 있을 뿐만 아니라, 해당하는 각 부분도 합당한 화제, 초점의 의미를 얻을 수 있다.

CP 분해는 다양한 성분들이 좌측 외연으로 옮겨 간 후의 위치 안배 문제를 해결하였다. 그리하여 어기, 화제, 초점 등과 같은 의미와 화용 성분들에게 통사적 위치를 부여하였다. 이는 생성문법 이론이 견지해 온 통사 자립성의 정신을 유지시키는 한편, 형식문법 이론이 의미와 화용 등의 현상에 대해 무력해 보이지 않게 한다. CP 분해 가설은 해석력이 강하기 때문에 후에 문법 학자가 IP(굴절층), VP(동사층), DP(Determiner Phrase, 한정구

(2)

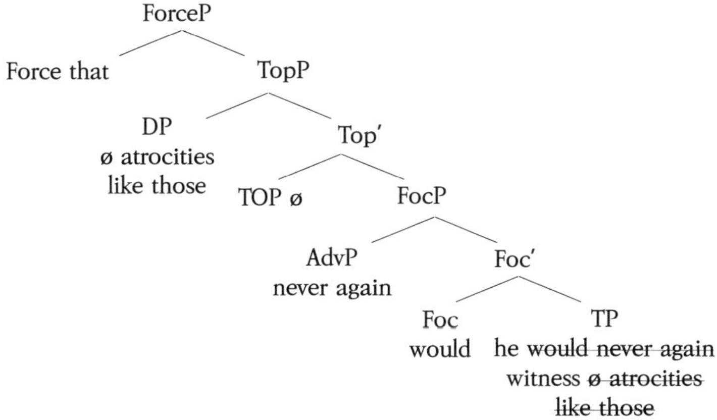

층)에 대해서도 모두 분해하였는데 여기에는 유명한 외곽 동사구(VP Shell) 이론과 경동사(light verb) 이론이 포함된다. 이러한 일련의 작업은 정교하게 묘사된 언어 구조도에 대한 공통의 관심을 실현하였고 이로써 제도 이론이라 통칭되었다. 아래의 (3)이 바로 비교적 완전한 통사 구조 분해도다 (편폭의 제한으로 수형도로 나타내지 않음).

(3) a. Split IP: AgrSP > TP > NegP > AgrIOP > AgrDOP > AspP
굴절구 분해: 주어일치구> 시제구> 부정구> 간접목적어일치구> 직접목적어일치구> 시태구

b. Split VP: vP > VP
동사구 분해: (기능) 경동사구> (어휘) 동사구

c. Split DP: DP > (NumP) > (ClP) > NP
한정구 분해: 한정구 > 수사구 > 양사구 > 명사구

중국어의 화제와 초점, 나아가 하위 화제(차화제)는 모두 분포가 넓은 편인데 제도 이론은 이것을 비교적 잘 설명할 수 있다. 먼저 간단한 예(4)를 보자. 기본 구조 (4b)와 비교해 보면 (4a)의 '鸡'와 '白菜'는 모두 기본

논항 위치에 있지 않다. 이것은 이전의 단층 CP 구조에서는 분석하기가 쉽지 않았다. 단일 핵심인 CP에는 하나의 지시어 위치만 있어 '鸡'와 '白菜', 두 성분을 동시에 수용할 수가 없기 때문이다. 제도 이론에 의거하면 '鸡'와 '白菜'가 각각 화제화와 초점화를 경험하여 (4c)와 같이 화제 핵심 Top와 초점 핵심 Foc의 위치로 올라갔다고 볼 수 있는데 이는 어감과 어순에 맞는 구조다. 같은 이치로 (5a)와 같이 '白菜'가 화제이고 '鸡'가 초점이어도 여전히 유사한 기제에 따라 (5c)가 쉽게 생성된다.

(4) a. 鸡(啊), 白菜不吃了(谷子还吃)　(← b. 鸡不吃白菜了)

c. $_{TopP}$[鸡 Top $_{FocP}$[白菜 Foc……$_{vP}$[t 不吃 t]]]

(5) a. 白菜(啊), 鸡不吃了(鸭还吃)　(← b. 鸡不吃白菜了)

c. $_{TopP}$[白菜 Top $_{FocP}$[鸡 Foc……$_{vP}$[t 不吃 t]]]

이상은 CP 분해의 관점에서 화제와 초점을 고찰한 것이다. Belletti(2004)는 화제와 초점이 CP층뿐만 아니라 IP 아래와 VP 위의 구역에도 출현할 수 있다는 것을 발견하였다. 이는 IP> TopP*> FocP> (TopP*)> Vp로 나타낸다. 여기서 영감을 받아 Paul(2005), Del Gobbo & Badan(2007) 등은 중국어 CP와 IP층의 분해에 대해 상세히 탐구하였고, 선행 연구의 기초 위에서 예 (6)과 같이 서열을 더 정교하게 배열한 학자도 있었다.

(6) a. CP > 관련성 화제(相关性话题) > 표준 화제(常规话题) > 개사구 화제 > 확인 초점(认定焦点) > '连'자 초점 > IP

b. IP > 내 표준 화제(内常规话题) / 관련성 화제(相关性话题) > 확인 초점(认定焦点) > '连'자 초점 > VP

화제에 대한 이전의 연구는 아래 (7a)와 (7b) 사이, 그리고 (8a)와

(8b) 사이에 나타나는 대립 양상을 잘 설명해 내지 못했다. 반면에 제도 이론을 응용하면 중국어 화제 내의 하위분류에 대해 보다 세밀한 분해를 할 수 있다. 예를 들어 일반적인 표준 화제 외에도 관련성 화제(dangling topic)가 존재하는데, 이것은 문장의 빈 성분이나 복제 대명사와는 전혀 무관하다. (8)과 (9)를 통해 관련성 화제('花')가 어순에서 표준 화제 '玫瑰花'와 개사구 화제 '从这家花店'보다 선행하고, 표준 화제('张三')는 개사구 화제('在这家花店')보다 선행하는 경향이 있다는 것을 발견할 수 있다. 이는 (6a)의 예측에 부합한다.

(7) a. 花, 玫瑰花$_i$, 我最喜欢t_i。

b. *玫瑰花$_i$, 花, 我最喜欢t_i。

(8) a. 花, 从这家花店$_i$, 你一定能t_i买到最美的玫瑰花。

b. *从这家花店$_i$, 花, 你一定能t_i买到最美的玫瑰花。

(9) a. 张三$_i$啊, 在这家花店$_j$, 我t_j碰见过t_i很多次。

b. *在这家花店$_j$, 张三啊, 我t_j碰见过t_i很多次。

CP층에는 화제층 외에도 서로 다른 초점층이 존재한다. 쉬례중(徐烈炯, 2002), 차이웨이텐(蔡维天, 2004) 등은 모두 중국어의 '是' 뒤에 출현하는 성분을 확인 초점(认定焦点)이라 하였다. 아래 (10)과 (11)은 확인 초점이 화제의 서열중에서 서열이 비교적 낮은 개사구 화제보다도 서열이 더 낮지만 '连'자 초점보다는 높다는 것을 보여 준다. 또한 (6a)의 예측에 부합한다.

(10) a. 在桌子上, 是什么东西$_i$, 玛丽最想放t_it?

b. *是什么东西$_i$, 在桌子上, 玛丽最想放t_it?

(11) a. 是谁$_i$, 连休息日, 老师都能在学校看到t_i?

b. *连休息日, 是谁$_i$, 老师都能在学校看到t_i?

(10)과 (11)에서는 화제와 초점이 모두 문장의 논리적 주어 앞에 위치하는데 이는 그것들이 IP보다 서열이 높은 성분임을 보여 준다. 그러나 논리적 주어보다 낮은 화제도 있는데, 가령 문장에서 대용어가 있는 아래 (12b)의 경우 IP보다 높은 화제 (12a)와 다른 형태를 보인다. 이는 이들의 통사 구조가 다르다는 것을 보여 준다. IP보다 낮은 이러한 종류의 화제를 내 표준 화제라고 할 수 있다.

(12) a_1. 玫瑰花$_i$, 她很喜欢它$_i$。

a_2. *她玫瑰花$_i$很喜欢它$_i$。

b_1. 张三$_i$, 她很讨厌这个傻子$_i$。

b_2. *她张三$_i$很讨厌这个傻子$_i$。

아래의 (13)은 내 표준 화제 '这本书'가 확인 초점 '谁'보다 선행해야 한다는 것을 나타내고, (14)는 관련성 화제 '英语'가 확인 초점 '多少分'보다 선행한다는 것을 보여 준다. 반면에 (15)는 IP 내의 초점에 대해 확인 초점이 '连'자 초점보다 선행해야 한다는 것을 나타낸다.

(13) a. 李四这本书$_j$是谁$_i$不会给$t_i t_j$?

b. *李四是谁$_i$, 这本书$_j$不会给$t_i t_j$?

(14) a. 期末考试, 李四英语是多少分都没拿到?

b. *期末考试, 李四是多少分英语都没拿到?

(15) a. 张三是哪本书$_j$连玛丽都不愿意给t_j?

b. *张三连玛丽是哪本书$_j$都不愿意给t_j?

제도 이론은 화제와 초점을 세밀하게 분석할 수 있는 것 외에도 중국어 어기사의 어순 분포를 설명할 수 있다. 주더시(朱德熙, 1982)는 어기사를 세 그룹으로 나누었는데 첫 번째 그룹은 시태를 나타내며 '了, 呢$_1$, 来着'를 포함한다. 두 번째 그룹은 의문이나 명령을 나타내는 부류로 '呢$_2$, 吗, 吧$_1$, 吧$_2$'를 포함한다. 세 번째 그룹은 화자의 태도나 감정을 나타내며 '啊, 呕, 欸, 嘿, 呢$_3$, 罢了'를 포함한다. 주더시는 이 세 가지 유형이 함께 나타날 때 엄격하게 순서를 준수한다고 여겼다. 즉 아래와 같이 첫 번째 그룹이 맨 앞에 놓이고 두 번째 그룹이 그 다음에 놓이며 세 번째 그룹이 맨 뒤에 놓인다는 것이다.

(16) a. 下雨了吗? | 你把它吃了吧$_2$! (1+2)
b. 不早啦(=了+啊)! | 还小呢$_1$嘿! (1+3)
c. 走啵(=吧$_2$+呕)! | 好好说呗(=吧$_1$+欸)! (2+3)
d. 已经有了婆家了呗(=吧$_1$+欸)! (1+2+3)

제도 이론으로 (16)을 다시 보면, 주더시가 제시한 세 가지 유형의 어기사가 서로 다른 제도계층에 있다고 생각할 수 있다. 이렇게 낮은 것부터 높은 것까지 세 개 계층의 어기 핵(Mood)이 있다고 생각할 수 있는데, 그 계층 서열은 IP < $Mood_1$ < $Mood_2$ < $Mood_3$과 같다. 층차가 가장 낮은 어기사인 $Mood_1$은 IP 가까이에 있으며 의미상으로도 시태와 비슷한 논리적 의미를 나타낸다. 층차가 가장 높은 어기사인 $Mood_3$은 주관성이 비교적 강한 태도와 감정을 나타낸다. $Mood_3$은 선형 어순에서 종종 전체 문장의 가장 끝에 위치하는데 그것이 미치는 범위는 전체 문장이 된다.

(17) a. $Mood_1$: 了, 呢$_1$, 来着
b. $Mood_2$: 吗, 呢$_2$, 吧$_1$, 吧$_2$
c. $Mood_3$: 啊, 呕, 欸, 嘿, 呢$_3$, 罢了

만약 (18)처럼 실제의 어구가 (17)의 어기 서열을 위반한다면 문장의 합법성은 매우 낮아질 것이며 심지어는 문장이 전혀 성립되지 않게 된다. 이것은 중국어의 어기사 분포가 제도계층에 부합한다는 것을 보여 준다.

(18) a. *下雨吗了? | *你把它吃吧$_2$了! (Mood$_1$ > Mood$_2$)
b. *不早啊了! | *还小嘿呢$_1$! (Mood$_1$ > Mood$_3$)
c. *走呕吧$_2$! | *好好说欸吧$_1$! (Mood$_2$ > Mood$_3$)

위에서 논의한 것들은 대부분 CP나 IP 등의 어느 한 계층에서만 나타나는 서열 현상이다. 하지만 언어에는 각각 다른 계층에 위치하여 다르게 해석할 수 있는 성분들도 있는데 이 또한 제도 이론으로 비교적 쉽게 처리할 수 있다. 차이웨이텐(蔡维天, 2007)은 의문 부사어인 '怎么'가 양태 조사의 앞과 뒤에서 각기 다른 의미를 나타낸다는 것을 발견했다. (19)처럼 '可以'의 앞에서는 원인만 물을 수 있고 방법은 물을 수 없다. 반면에 (20)처럼 '可以'의 뒤에서는 방법만 물을 수 있고 원인은 물을 수가 없다. (#은 원래 문장의 의미와 맞지 않음을 나타낸다.)

(19) 阿Q怎么可以离开?
a. #阿Q可以凭借什么方式离开?
b. 是什么因素造成阿Q可以离开?

(20) 阿Q可以怎么离开?
a. 阿Q可以凭借什么方式离开?
b. #是什么因素造成阿Q可以离开?

'怎么'는 (21)과 (22)에서와 같이 양화 부사의 앞과 뒤에서도 해석에 있어서 위와 유사한 차이를 보인다. 또한 (23)처럼 부정사 '没'의 앞에 출현할 때에도 원인을 묻는 것이지 방법을 묻는 것이 아니다. 하지만 '没'의 뒤에 출현하면 원인과 방법을 모두 물을 수가 없다. 이것은 적어도 두 개의 이질적인 '怎么'가 존재한다고 믿을 만한 이유가 된다. 원인을 묻는 '怎么'는 통사적 위치가 높아 양태 조사와 양화 부사가 지배하는 영역의 밖, 즉 문장 층위의 부사어(sentential adverbial)의 위치에 출현한다. 도구, 방법, 경로를 묻는 '怎么'는 동사구 층위의 부사어(VP- adverbial)에 속한다. 이들의 서열은 간단하게 '怎么원인> IP> 怎么방법> VP'로 나타낼 수 있다.

(21) 阿Q怎么很少洗车?

a. #阿Q很少凭借什么方式洗车?

b. 是什么因素造成阿Q很少洗车?

(22) 阿Q很少怎么洗车?

a. 阿Q很少凭借什么方式洗车?

b. #是什么因素造成阿Q很少洗车?

(23) 阿Q怎么没洗车呢?

a. *阿Q没凭借什么方式洗车呢?

b. 是什么因素造成阿Q没洗车呢?

의문사보다는 중국어 양태사(modal)의 용법이 더 복잡하다. 차이웨이텐(蔡维天, 2010)은 '要' 등의 단어를 예로 들며 문법화 정도의 차이로 인해 양태사들이 동적양태 조동사(dynamic modals), 의무양태 조동사(deontic modals), 인식양태 조동사(epistemic modals) 등 다른 용법을 가지게 되었다고 말하였다. 아래 (24a)의 '要'와 같이 목적어를 직접 수반하면 주요 동사이다. (24b)에서의 '要'는 뒤에 VP가 이어져 주어의 염원을 나타내므로 동적양태 조동사라 할 수 있다. (24c/d)의 '要'는 VP와 연결되어 각각 주어의 의무와 어떠한 필요의 필연성을 나타내므로 의무양태 조동사로 귀납될 수 있다. (24e)의 '要'는 가까운 장래를 나타내는 미래 조동사다.

(24) a. 阿Q要这本书。 (염원을 나타내는 동사)

b. 阿Q要买这本书。 (염원을 나타내는 조동사)

c. 犯人每晚九点要上床睡觉。 (의무를 나타내는 조동사)

d. 人每天要喝水。 (필요를 나타내는 조동사)

e. 天要下雨了。 (가까운 장래를 나타내는 조동사)

연구는 양태성이 중국어의 통사 구조에서 제도계층의 양상을 띠어 품사가 실사에서 허사로, 분포 역시 낮은 층차에서 높은 층차로 발전한다는 것을 증명하였다. 즉 '要'는 어휘 범주에서 기능 범주로 발달하였고, 개체의 속성(염원, 능력)에서 중간 단계(의무나 요구, 습관적 경향)를 거쳐 사건의 속성(비실현)으로 발전하였다. 이에 대한 증거 중 하나는 '要'와 양태 부사 '一定'이 함께 출현하는 문장의 해석에서 찾을 수 있다. (25a/b)와 같이 '一定'이 필연성을 나타내면('一定^{E}'), 그 뒤의 '要'는 비실현으로 해석할 수도 있고('要^{E}') 의무로 해석할 수도 있다('要^{D}'). 반면에 (25c/d)에서처럼 '一定'이 의무를 나타낼 때('一定^{D}'), 뒤에 출현하는 '要'는 의무로만 해석할 수 있을 뿐 비실현으로 해석할 수는 없다.

(25) a. 火车一定^{E}(是)要^{E}开了, 才会一直鸣汽笛。 (要^{E}≈快要)

b. 火车一定^{E}(是)要^{D}开了, 才会一直鸣汽笛。 (要^{D}≈必须)

c. 火车一定^{D}要^{E}开了, 我们得依照时间表发车。(要^{E}≈快要)

d. 火车一定^{D}要^{D}开了, 我们得依照时间表发车。(要^{D}[1]≈必须)

다음 (26)의 예는 인식양태 조동사가 의무, 동적양태 조동사에 비해 선형 순서에서 절대적 우위를 차지한다는 것을 보여 준다. 형식 문법의 관점에서 보면 곧 인식양태 조동사의 구조적 위치가 의무나 동적양태 조동사

1 역자주: 원문에는 'E'로 되어 있으나 'D'의 오타로 보임.

보다 더 높다는 것을 의미한다. (26)의 대칭성 술어 테스트에서는 단지 인식양태 조동사(26b)만이 논항을 바꾼 뒤 함축 관계가 변하지 않는다. 의무와 동적양태 조동사(26c/d)의 경우 모두 원래의 의미가 바뀌게 되는데, 이것은 인식양태 조동사의 관할 계층이 대칭성 술어의 논항 쌍보다 높음을 의미한다. 즉 인식양태 조동사의 위치가 IP보다 높다고 할 수 있다.

(26) a. 阿Q跟小D很像 → 小D跟阿Q很像 (대칭 관계)
　　b. 阿Q可能跟小D很像 → 小D可能跟阿Q很像 (인식양태 조동사)
　　c. 阿Q必须跟小D很像 → 小D必须跟阿Q很像 (의무양태 조동사)
　　d. 阿Q想跟小D很像 → 小D想跟阿Q很像 (동적양태 조동사)

한편 의무양태 조동사와 동적양태 조동사가 내주어나 외주어와 함께 출현하는 경우 삼자는 합법성과 해석에 있어서 뚜렷한 차이를 보인다. '有'와 연용되는 외주어는 일반적으로 (27a)와 같이 특정적이고 내주어는 (27b)와 같이 불특정적이다. 그러나 동적양태 조동사는 (28a)처럼 앞쪽으로 외주어를 연결할 수는 있지만 (28b)처럼 내주어와 연용할 수는 없다.

(27) a. 这次有两个人必须要来。 (외주어> 의무양태 조동사: 특정)
　　b. 这次必须要有两个人来。 (의무양태 조동사> 내주어: 불특정)

(28) a. 这次有两个人敢 / 肯来。 (외주어> 동적양태 조동사: 특정)
　　b. *这次敢 / 肯有两个人来。 (*동적양태 조동사> 내주어: 불특정)

위의 예문들은 통사 구조에서 의무양태 조동사가 내주어보다 높고(즉 vP보다 높음), 동적양태 조동사는 VP의 주변부에 있음을 보여 준다. 이에 따라 세 가지 양상어의 계층을 CP > 인식양태 조동사 > IP > 의무양태 조동사> vP > 동적양태 조동사 > VP로 간단하게 형상화할 수 있다. 차이웨이톈(蔡维天, 2010)은 또 인식양태 조동사가 위치한 CP층에는 여전히 평가성 부사, 담화적 조응소(logophor) 등과 같은 화자 중심(speaker-oriented)의 성분이 자리하고 있다고 지적했다. 이것은 화자 주어의 현실 세계에 대한 인지와 밀접한 관련이 있다. 의무양태 조동사가 있는 IP층은 통사적 주어를 중심으로 하며, 양상 기준은 그것이 처한 사건의 환경 조건(예: 윤리, 법률, 습성, 물질의 성질 등)에서 비롯된다. 동적양태 조동사가 있는 어휘층은 주어의 주체적 의식에 의해서 통제되기 때문에 내주어 아래에 위치해야 한다. 이러한 높을수록 허화된 통사적 분포는 주관화의 인지 경로와도 상응하여, 문법화 이론에 하나의 새로운 관점을 제공할 수도 있다.

요약하자면 제도 이론은 자연 언어 각 구의 계층 내에 풍부한 기능 범주가 존재하고 있다는 기본 가설에 기초하고 있다. 그리고 이러한 기능 범주 간의 배열 법칙에 착안하여 각 기능 범주가 서로 조합 및 배열되어 만들어진 제도 계층을 그려 내고, 서로 다른 언어가 기능 계층상에서 보이는 공통점에 대한 해석을 모색한다. 위의 예들을 통해 제도 이론이 중국어의 많은 사실들을 비교적 설득력 있게 보여 준다는 것을 알 수 있다. 물론 현재 학계에서도 제도 이론에 대한 의문이 존재한다. 예를 들면 이 이론의 연구는 통사 구조에 존재하는 많은 기능 범주와 통사적 위치를 인정하는데 이것은 최소주의의 경제적 원칙에 위배될 수 있다. 따라서 조작성이 강한 기준을 강구하여 기능 범주를 제한하는 것도 매우 필요하다.

15.2 구문 문법 이론과 중국어 특수 구문의 성질

구문 문법 이론(Construction Grammar)은 1990년대 이후에 점차 형성된 새로운 어법 분석 이론이다. 이 이론은 틀 의미론에서 출발하였으며, 처음으로 구문 이론을 체계적으로 논술한 전문 저서는 골드버그(Goldberg, 1995)의 *Constructions: A Construction Grammar Approach to Argument Structure*이다. 구문 문법 이론은 인지언어학 이론의 가장 새로운 진보 중 하나로 볼 수 있다. 이 이론은 현재 중국어 어법 연구, 특히 언어(모국어와 제2언어) 습득 연구에서 널리 응용되고 있다.

그렇다면 구문이란 무엇일까? 골드버그(Goldberg, 1995)의 원문에서는 어느 언어 구조라도 그 형식이나 기능의 어떠한 방면이 그것의 구성 성분이나 이미 존재하는 다른 구조로부터 완전히 예측되지 않는 것이라면 하나의 구문으로 간주되어야 한다고 하였다. 구문 문법 이론의 기본 원칙은 다음 다섯 가지로 귀납할 수 있다.

첫째, 구문은 형식과 의미의 결합체이며 언어의 기본 단위이다.

둘째, 구문 자체는 독립적인 의미를 나타낼 수 있다.

셋째, 구문은 구성 성분이나 기존의 다른 구조로부터 유추할 수 없다. 즉 예측 불가능성(unpredictability)을 갖는다.

넷째, 구문은 생산성을 지니지만 변환성은 지니지 않는다.

다섯째, 모종의 구문은 어느 한 언어에만 속하지만, 범언어적 비교는 가능하다.

구문론자는 이 이론이 개괄적이라는 것을 증명하기 위해 다음과 같은 테스트를 진행한 적이 있다. 먼저 4개의 동사 'throw, get, slice, take'를 선택해서 이 4개의 동사로 가능한 문장 16개를 만들었다. 그다음 모든 문장을 섞고 피험자 스스로 문장을 분류하도록 하였는데, 그 결과 문장을 구문별로 분류한 사람이 동사별로 분류한 사람보다 많았다. 이러한 결과는 구문이 문장 전체의 의미를 예측하는 더 좋은 요소일 수 있다(Goldberg, 2006)는 것을 증명한다. 또한 사람의 언어 습득도 개별 단어나 개별 형태소로 습득하는 것이 아닌, 구문 전체로 습득하는 경향이 더 강한 것 같다.

위에서 말한 구문 문법 이론의 분석 방법과 분석 결과는 중국어의 일부 특수 구문 분석에 특히 효과적이다. 먼저 간단한 예를 하나 보자. 아래의 (29)에서는 전통 어법에 따라 주-술-목(또는 구조 어법에 따라 [주술[/동목]]), 또는 결합가 어법이나 논항 이론에 따라 행위자-동작-대상으로 분석하였다.

(29) 张三　　吃了　　一碗饭

주어　　술어　　목적어
행위자　동작　　대상

아래의 (30)은 비슷한 문장으로 보이지만 주-술-목이나 행위자-동작-대상으로는 분석할 수가 없다. 주어(행위자)와 목적어(대상)는 상호 도치가 가능하다고 분석해야 한다(이에 따라 주어-목적어 도치문이라고 부르기도 함). 주어-목적어 도치 분석은 그 자체로 억지스럽게 보일 뿐만 아니라, 두 문장(특히 (30b))의 의미는 모국어가 중국어가 아닌 사람들이 더욱 이해하기가 어렵다.

(30) a_1. 十个人能吃一锅饭。　　a_2. 一锅饭能吃十个人。
b_1. 十个人吃不了一锅饭。　　b_2. 一锅饭吃不了十个人。

구문 문법 이론의 각도에서 보면 (30)의 모든 문장은 다음의 이유로 같은 구문이다. 첫째, 내부 의미 관계가 수용량-수용방식-피수용량으로 모두 같다. 둘째, 나타내는 어법 의미가 'X량이 Y량을 수용한다'로 같다(이 점은 부정식 (30b)에서 더 뚜렷하게 보임). 셋째, 품사의 배열도 수량명사구$_1$-동사구-수량명사구$_2$로 모두 같다. 이 구문에서 동사성 성분의 앞뒤는 반드시 모두 '수사+양사+명사'구가 출현해야 한다. 앞의 것은 수용량을, 뒤의 것은 피수용량을 나타내고 동사는 수용방식을 나타내며, 긍정식은 동사나 '能/可以+동사'이고 부정식은 '동사+不了'이다. 즉 (30)은 모두 현대중국어의 수량 관계 구문에 속한다. 하지만 (30)과 같은 수량 관계 구문 문장과 앞의 (29)와 같은 동작 사건 구문 문장은 현저히 다르다. 두 구조식의 차이는 주로 다음과 같은 두 가지로 나타난다. 첫째, 수량 관계 구문의 문두에 오는 성분은 반드시 '수사+양사+명사'구로 수량사를 포함해야 한다. 동작 사건 구문의 문두에 오는 성분은 반드시 수량 성분을 포함해야 하는 것은 아니다. 둘째, 수량 관계 구문의 문장은 (30)처럼 문두와 문미의 두 성분이 자리를 바꾸어도 내부 의미 관계가 변하지 않는다. 동작 사건 구문의 문장은 (29)처럼 문두와 문미의 두 성분이 자리를 바꿀 수 없고, 자리를 바꾸면 문장이 성립되지 않는다.

한 가지 예를 더 보자. 아래 (31a)의 두 문장에서 술어는 모두 '高'이다. '高'는 형용사 혹은 상태 동사라고 하는데, 본래는 ($31a_1$)처럼 하나의 논항만을 가질 수 있다. 그러나 ($31a_2$)에서는 '高'가 세 개의 논항 명사 '张三, 李四, 一个头'와 연관된다. 유사한 예로 (31b)에서 술어 동사 '喝'는 원래 ($31b_1$)처럼 2개의 논항만을 가질 수 있는데 ($31b_2$)에서는 논항 명사 '小李'가 하나 더 추가되었다. 어떠한 학자들은 이에 대해 '高'가 1가 동사에서 3가 동사로 변하고, '喝'가 2가 동사에서 3가 동사로 바뀐 것이라고 설명한다. 즉 모두 동사의 논항 증가 또는 결합가의 변화 현상이라는 것이다. 문제는 이러한 형용사와 동사들이 논항 증가와 결합가의 변화가 가능한 이유에 대해서 명확하게 설명해 내지 못했다는 데 있다.

(31) a_1. 张三高。　　a_2. 张三高李四一个头。
　　b_1. 张华喝了一杯咖啡。　　b_2. 张华喝了小李一杯咖啡。

하지만 구문 문법 이론에 따르면 (31a)와 (31b) 두 그룹의 좌우에 있는 문장은 같은 구문이 아니며 오른쪽 문장은 특수한 구문이다. 따라서 이러한 구문은 통상적인 주-술-목 또는 행위자-동작-대상으로는 분석할 수 없고 모두 특정한 구문 의미를 가진다. 예를 들어 ($31a_2$)는 일종의 성질/상태 비교문이고, ($31b_2$)는 취득 수혜문이다. 언어에서의 실사성 성분 간의 의미 구조 관계는 다중성을 지닌다. 즉 어떠한 동사와 형용사의 신분, 가령 (31)에서 '高'와 '喝'의 성질은 구문이 달라지면 바뀔 수 있다. 따라서 (31) 좌우의 구문은 동일한 동사와 일부 동일한 명사를 포함하지만, 그 구문 분석에서는 주-술-(목) 또는 행위자-동작-(대상)의 관계가 이미 그렇게 중요하지 않다. '비교항A+성질/상태의미동사+비교항B+비교결과'야말로 ($31a_2$) 구문에서 더욱 두드러지는 의미 구조 관계이며, '수혜자+취득의미동사+손실자+취득물'이야말로 ($31b_2$) 구문에서 더욱 두드러지는 의미 구조 관계다.

구문 문법 이론은 구문에서 단어 간의 관계에 대하여 다중적인 관점을 가지고 있으며, 심리학과 인지과학의 전체가 부분의 합보다 크다는 게슈탈트(gestalt) 원리에도 부합한다. 그러므로 구문 분석은 단기 기억들에 기초한 청크(Chunk) 분석과도 상통한다. 청크 분석의 핵심 내용은 이렇다. 뇌가 언어를 사용하여 부호화와 해독을 진행하는 데 있어, 최대 7 덩어리 정도(±7)를 수용할 수 있으며, 관심 범위는 4 덩어리 정도(±4)다. 이렇게 하면 청킹을 거쳐 이루어진 어구는 표면적으로는 약간의 형태소나 약간의 단어가 조합된 것으로 보이지만, 실제 구성단위는 청크인 것이다. 청크는 인간의 정보 처리 능력의 실제 운용 단위다. 예를 들어 중국어의 존재문은 다음과 같다.

(32) a. 院子里挂着一盏灯笼。　　b. 院子里停着一辆汽车。
　　c. 院子里长着两棵枣树。　　d. 院子里住着一位老人。

(33)

	A	B	C
a.	桌子上	放着	一束玫瑰花。
b.	爸爸昨天从王府井买来的红木桌子上	放着	一束妈妈刚从院子里摘下的玫瑰花。
	(존재 장소)	(존재 방식)	(존재물)

위의 (32)와 (33)은 모두 현대중국어의 존재문이다. 이러한 문장들은 동사 뒤의 명사가 각각 동사의 대상, 주체, 행위자로 보이는 것과 관계없이, 또 문장을 구성하는 각 부분의 길이와 관계없이 모두 A, B, C 세 개의 부분, 즉 존재 장소, 존재 방식, 존재물로 분석되어야 한다. 이 세 개의 부분이 바로 존재 구문을 구성하는 세 개의 청크다. 이러한 청크의 조합에서 동사는 더 이상 동작 행위의 의미를 부각시키지 않고 존재 방식의 의미를 부각시킨다. 사람과 사물을 가리키는 명사도 기존의 행위자, 대상 등과 같

은 논항 역할이 아닌 존재물(사람)과 같은 구문 역할을 부각시킨다. 동시에 전체 구조는 존재라는 구문 의미를 부각시키고 있다.

구문이 주로 단어 간의 다중적 의미 관계에 의해 재결합된 특수 구문에 대한 것이라면 이러한 특수 구문은 어떻게 생겨났을까? 인지언어학자 래내커(Langacker, 1987)가 제시한 사용 기반 이론(usage-based theory)과 기능문법학자 호퍼(Hopper, 1987)가 제시한 창발 문법(Emergent Grammar)은 모두 어법이 용법보다 먼저가 아니며, 용법이 어법보다 먼저라는 생각에 기반한다. 골드버그(Goldberg, 1995)도 기본 문장 유형에 대응하는 구문은 인간의 경험과 유관한 기본 사건 유형을 이러한 구문의 중심 의미로 부호화한다고 생각했다. 이를 통해 구문은 언어의 여러 가지 변이 현상에 의해 만들어졌을 가능성이 매우 높다는 것을 알 수 있다. 즉 의사소통 과정에서 각종 요인으로 인해 출현하는 많은 비전형적이고 비정상적이며 사용상 언어 환경의 제한을 받는 문장들은 다시 빈번한 사용과정을 거쳐 일반화되고, 결국에는 고착화되어 구문이 형성되는 것이다. 현재 중국어 학계에는 구문의 형성 과정에 대한 다음과 같은 두 가지 가설이 있다.

첫 번째 가설은 안에서 밖으로의 작동 가설인데 화자의 각도에서 어떻게 구문이 만들어지는지를 보는 것이다. 이것은 'V来V去' 구문을 예로 들 수 있다.

(34) a. 喝来喝去还是龙井茶对我的口味。
b. 挑来挑去还是那条红裙子最好看。
c. 住来住去还是觉得住乡下最舒服。
d. 听来听去我还是最喜欢《梁祝》。
e. 穿来穿去还是那件衣服穿着舒服。
f. 吃来吃去还是黄瓜馅儿的饺子好吃。
g. 选来选去没有一个姑娘合老太太心意的。

(34)에서 '吃来吃去' 등과 같은 구조는 엄격하게 말하면 어법에 맞지

않는다. '走来走去, 搬来搬去' 등처럼 본래 이동류 동사만이 '来, 去'와 같은 방향 보어를 수반할 수 있기 때문이다. 따라서 '吃来吃去'와 같은 용법은 다음과 같은 형성 과정을 거쳤다고 가정할 수 있다. i. 객관적 사건이나 사물 사이에 객관적으로 존재하는 관계 → ii. 감각 기관에 의해 감지되어 직감 이미지를 형성하거나 직접 감지 → iii. 인지역 내에서 이미지 도식을 추상적으로 형성 → iv. 이미지 도식에서 구체적인 개념적 틀 형성 → v. 해당 개념적 틀을 가장 잘 나타내는 구체적인 구문에 개념적 틀을 투영 → vi. 이러한 새로운 구문이 여러 번 반복적으로 운용되어 더 추상적으로 개괄되고 결과적으로 안정적인 의미적 틀과 새로운 어법 구문이 형성. 따라서 '吃来吃去……'와 같은 문장은 '走来走去'와 같은 기존의 어법 구문이 은유를 통해 변이가 일어나면서 점차 진화해 온 일종의 수사 구문이라고 할 수 있다. 이러한 특수 용법이 일반화되어 사람들이 많이 사용하고 널리 보급되면 결국에는 빈번한 사용 속에서 차츰차츰 고착화되어 비로소 'V来V去+VP'라는 새로운 어법 구문이 만들어지는 것이다. 이 새로운 구문의 의미도 더 이상 이동 운동을 나타내지 않고 행위 동작이 미칠 수 있는 여러 가지 것들 중에서 동작이 반복되거나 주관적으로 '어떤 사물이 비교적/가장 마음에 든다'고 여기거나 주관적으로 '어느 것도 마음에 들지 않는다'고 여기는 구문 의미를 부각시킨다.

두 번째 가설은 밖에서 안으로의 작동 가설인데 청자의 각도에서 어떻게 구문이 만들어지는지를 보는 것이다. 이것은 새로운 유형의 피동문 구문을 예로 들 수 있다.

(35) a. 被逮捕　被杀害　被推翻　被批评
　　b. 被捐款　被自杀　被幸福　被小康

'他被杀害了'나 '他被捐款了'와 같은 문장이 청자의 인지역에 들어갔을 때는 검증을 받게 된다. 검증 결과는 다음 두 가지 상황뿐이다. 첫 번째 상황은 이 문장이 인지역에 저장된 여러 규칙에 부합하는 경우다. 예를 들어 '他被杀害了'는 '被+타동사'의 규칙에 부합하므로 통과되고 받아들여진다. 두 번째 상황은 이 문장이 인지역에 저장된 여러 규칙에 완전히 부합하지 않는 경우다. 예를 들어 '他被捐款了'는 '被+자동사'다. 이에 따라 데이터의 검색과 처리가 시작되고 여러 가지 초보적인 이미지 도식을 형성하여 다음과 같이 다르게 이해하게 된다. (a) 기부를 원하지 않는 누군가가 권유를 받거나 강요를 받아서 기부하였다. (b) 그는 기부하지 않았는데 다른 사람이 그의 명의를 도용하여 기부하였다. (c) 그는 기부하지 않았는데 기부하였다고 소문이 났다. (d) 그는 기부하지 않았는데 통계적으로 기부한 것으로 되었다. (e) 그는 기부를 하였지만 다른 사람이 알게 하고 싶지는 않았다. 하지만 누군가가 진실을 말해 버렸다. 이상의 각종 개념 구조에 상응하는 각각의 이미지 도식 간의 관계는 다양한 모듈 형식으로 조작하도록 구상할 수 있다. 그리고 가공 형성 과정에서 다양한 문맥과 사회적 언어 환경의 영향을 받아 더 높은 단계의 추상적 표상 체계를 형성할 수 있다. 즉 새로운 구문 형식 '被捐款'이 될 수 있다. 마지막으로 일반화의 과정을 거치고 새로운 단어가 이 새 구문에 들어오는 것이 수용된다(예: '被自杀, 被就业, 被小康, 被幸福' 등). 그 결과 '被X'라는 안정적인 새 어법 구문이 형성되는데, 이 구문은 '被杀害, 被批评'과는 다르며 '인성되고, 강요되고, 어떠한 일을 당한다'는 구문 의미를 갖는다.

구문은 새로운 통사 연구의 발상이다. 그러나 최소한 다음 두 가지는 분명히 해야 한다. 첫 번째는 이 분석 방법은 다른 분석 방법의 보조적 수단일 뿐이라는 것이다. 두 번째는 이 분석 방법에도 보조적 수단으로서 다른 분석 방법이 필요하다는 것이다.

전자의 관점에서 보면 구문 분석은 주-술-목이나 행위자-동작-대상 등의 전통적인 통사 분석법을 완전히 대체할 수 없다. 이러한 통사 분석법에 필요한 보충 수단일 뿐이다. 다시 말해 일반적인 통사 분석 수단으로는 분석하기가 쉽지 않은 특수한 구문에만 구문 분석을 사용하는 것이 효과적이다. 앞서 말한 바와 같이, 이러한 분석은 외국인을 위한 중국어 교육에 있어 특수한 구문에 대한 분석 효과가 전통적인 분석보다 더 우수하다. 또한 컴퓨터 정보 처리에서 구문 분석을 보상 규칙으로 삼는다면, 특수한 구문의 통사 구조와 의미 특성을 이해하는 데도 중요한 역할을 할 수 있다.

후자의 관점에서 보면 구문 분석은 다른 모든 이론과 마찬가지로 혼자서 모든 것을 해결할 수는 없다. 그 작용과 적용 범위도 무한 확대될 수 없다. 이 이론과 실천에는 모두 어떠한 한계와 결함이 있을 뿐만 아니라, 분석 결과에도 상당히 큰 불확실성이 있다. 예를 들어 앞의 (32)에서 존재 구문이라고 언급한 예들은 아래 (36)의 문장과 똑같이 생겼지만, 둘의 의미 관계와 구문 의미는 절대로 같지 않다. 이때 다른 보조적 분석 수단을 추가하여 동사의 부류나 서로 다른 변환 조건으로 (36)을 분화시킬 필요가 있다. 다시 말해 (32)를 존재 구문이라고 하더라도 (32)와 (36)이 어떻게 다른지, 왜 다른지에 대해 더 구체적으로 설명할 필요가 있다.

(36) a. 院子里养着一只狼狗。　　b. 院子里飞着一只苍蝇。
　　c. 院子里藏着一个小偷。　　d. 院子里飘着一股香气。

15.3 정보구조 이론과 중국어 문장 표현의 특징

정보구조 이론(Information Structures Theory)은 오래 된 이론이면서 동시에 최근에 다시 주목받기 시작한 최신 이론이다. 정보구조 이론이 다시 주목받게 된 이유는 이 이론을 이용하면 기존의 방법으로 해결할 수 없었던 많은 구조 분석의 문제점을 설명할 수 있기 때문이다. 따라서 정보구조 이론은 구태의연한 옛 노래가 아니고 새롭게 리메이크된 최신곡이라 할 수 있다.

사람들은 대화를 할 때 늘 한 문장, 한 문장씩 말한다. 통사 구조의 각도에서 보면 문장은 최대 단위이고 그 밑으로 구, 단어가 존재한다. 발화 표현의 각도에서 보면 문장은 기본 단위이고 그 위로 단락과 텍스트가 존재한다. 정보 전달의 기본단위인 Theme-Rheme(테마—레마) 구조는 필연적으로 문장에 의존해야 한다. 뤼수샹(吕叔湘)은 문장보다 큰 단위는 모두 동태적 단위이고 구, 단어, 형태소는 정태적 단위라고 지적했다. 문장은 정태적 단위로도 볼 수 있고 동시에 동태적 단위로도 볼 수 있다. 따라서 정태적 단위의 문장은 언어의 문장이라 할 수 있고, 동태적 단위의 문장은 발화의 문장이라고 할 수 있다. 언어의 문장은 의미가 있지만 정보를 전달하지는 않으며, 발화의 문장만이 대화 과정에서 일정한 정보를 전달한다.

문장의 의미와 문장이 전달하는 정보는 전혀 다른 개념이다. 예를 들어 '你有钱吗?'라는 문장을 랑그(langue)의 문장으로 보면, 화자가 청자에게 돈이 있는지를 묻는 매우 명확한 의미를 가진다. 그러나 파롤(parole)의 문장으로서 전달하는 정보는 맥락에 따라 달라진다. 어떤 경우에는 화자가 청자에게 돈을 빌리려 하는 것일 수도 있고, 어쩌면 화자가 청자에게 자신에게 돈을 빌릴 필요가 있는지를 묻고자 하는 것일 수도 있다. 혹은 화자가 반문의 형태로 청자에게 어떤 물건을 사지 말라고 하거나, 돈을 써야 하는 어떤 일을 하지 말라고 권하는 것일 수도 있다. 어쩌면 강도가 하는 말(밤이나 인적이 드문 곳에서 누군가 당신에게 갑자기 이렇게 묻는다면)일 수도 있고, 그 외에도 다양한 해석이 가능하다. 또 지금 8시가 되었다는 말은 랑그의 문장으로 보면 발화시에 이미 8시가 되었다는 명확한 의미를 가진다. 그러나 파롤의 문장으로 보면 담화 환경에 따라 전달하는 정보가 다를 수 있고 이론적으로 보면 무슨 의미를 전달하려는 것인지 구체적으로 말하기 어렵거나 말할 수 없을 만큼 많을 수도 있다. 빨리 일어날 것을 재촉하는 것일 수도 있고, 출근을 재촉하는 것일 수도 있다. 식당에서 식사를 재촉하거나, 회의 시작을 재촉하거나, 영화가 빨리 상영하기를 재촉하는 말일 수도 있다. 다른 사람에게 빨리 기차에 타라는 의미일 수도 있고, 빨리 상점 문을 열라고 재촉하는 말일 수도 있다. 다른 사람이 제 시간에 도착하지 않았음을 원망하는 말일 수도 있고, 지각하게 되어 깜짝 놀라서 하는 말일 수도 있다. 이를 통해 랑그의 문장은 그 의미가 정확하지만 파롤의 문장은 전달하는 정보가 비확정적이고 가변적이며 맥락에 따라 달라짐을 알 수 있다. 이 책의 앞부분에서 토론했던 함축, 언표 내적 힘 혹은 화용 의미 등은 사실 랑그 차원의 의미가 아니라 파롤의 문장이 전달하는 정보에 속한다.

파롤의 문장도 구조가 존재하는데 이것이 바로 문장의 정보구조다. 정보구조의 구성 형식에 관해서는 현재까지 기본적으로 이분법을 채택하고 있다. 문장의 정보구조는 두 개의 부분으로 구성되어 있으며 단지 표현상의 차이만 존재할 뿐이다. 테마—레마(Theme-Rheme)라 하기도 하고, 화제-진술, 화제-초점이라고 하기도 한다. 또한 기지정보(구정보)-미지정보(신정보)라고도 한다. 홀리데이(Halliday, 1985), 장보장·팡메이(张伯江·方梅, 1996)를 위시한 다수의 학자들은 모두 테마—레마라는 표현을 이용해서 문장의 정보구조를 묘사하였고 다른 분류는 참고로 삼았다. 그중에서 테마는 다시 몇 종류로 분류되는데 첫째는 화제 테마로 발화시의 화제를 말하며 예는 (37)과 같다. 다른 하나는 의사소통 테마로 화자의 어기와 태도를 표시하고 예는 (38)과 같다. 또 다른 하나는 텍스트 테마로 주로 연결 기능을 하며 예는 아래 (39)와 같다.

(37) a. 我们女人呐就是倔。
b. 那场大火啊, 幸亏消防队来得快!

(38) a. 最好啊, 谁也别欠谁的情。
b. 我觉得吧, 你特有才气!
c. 不如啊, 开个会商量商量。

(39) a. 其实呀, 他并不傻。
b. 一上这小楼啊, 特舒心!

문장의 정보구조가 어법 연구의 새로운 시각이 되기 위해서는 정보구조의 기본 특징을 이해해야만 한다. 현재 중국어의 문장정보구조는 주로 다음의 기본 구성원칙을 따른다.

원칙1: 완전한 문장의 정보구조는 반드시 기지정보와 미지정보를 포함하며 화제-진술의 기능을 가진다. 예를 들어 (40a)의 '张三', (40b)의 '你看的书'는 화제로서 기지정보에 속하고 (40a)의 '去上海了'와 (40b)의 '也借给我看看'은 진술로서 화제에 관해 진술하며 미지정보에 속한다.

(40) a. 张三/去上海了。

b. 你看的那本书/也借给我看看。

원칙2: 미지정보 성분은 기지정보 성분의 뒤에 위치하며 정보구조의 일반초점(자연초점)이 된다. 미지정보 성분이 만약 기지정보 성분보다 앞쪽에 위치하려면 표지가 필요하다. 어떤 경우는 (41)처럼 대비강세(비자연 강세)를 표지로 하고, 어떤 경우에는 (42)처럼 어휘적 수단(초점연산자, focus operator)을 표지로 사용하며, 또 어떤 경우는 (43)처럼 문장 어순의 도치를 표지로 삼기도 한다.

(41) a. ′萧云昨天在王府井花两千元买了件大衣。

b. 萧云′昨天在王府井花两千元买了件大衣。

c. 萧云昨天在′王府井花两千元买了件大衣。

(42) a. 是′萧云昨天在王府井花两千元买了件大衣。

b. 萧云是′昨天在王府井花两千元买了件大衣。

c. 萧云昨天是在′王府井花两千元买了件大衣。

(43) a. 怎么啦, 你? | 早走啦, 他们都! | 他们下棋呢, 在。

b. 他回来了, 我听说。| 再试一次, 我想。| 春节不回家了, 我准备。

원칙3: 핵심 동사 뒤에 다수의 정보 단위가 출현하면 정보의 미지 정도가 높은 단위가 낮은 단위의 뒤에 출현한다. (44a)에서 '三回[2]'는 화자에게 있어 미지의 정도가 '小红'보다 크다. 따라서 (44a_1)은 쉽게 받아들여진다. (44b)에서는 '三年'과 '外国学生'은 모두 미지정보로 청자에게는 '外国学生'의 미지의 정도가 '三年'보다 크기 때문에 (44b_1)이 쉽게 받아들여진다.

(44) a_1. 我教了小红三回。 a_2. *我教了三回小红。

b_1. 我教了三年外国学生。 b_2. *我教了外国学生三年。

원칙4: 핵심 동사 앞에 다수의 정보단위가 출현하면 화제를 제외한 나머지 정보 중에서 기지의 정도가 큰 정보가 작은 정보보다 앞서 출현한다. (45)에서 '汪萍'은 사람을 지시하는 명사이고 '昨天'의 대비항은 '今天'뿐이며 '超市'의 대비항은 다수이기 때문에 기지 정도의 크기로 보면 '汪萍 > 昨天 > 超市'의 관계가 형성된다.

(45) a_1. 汪萍昨天在超市买了一件上装

a_2. *汪萍在超市昨天买了一件上装。

b_1. 昨天汪萍在超市买了一件上装。

b_2. ?昨天在超市汪萍买了一件上装。

c_1. 在超市汪萍昨天买了一件上装。

c_2. ?在超市昨天汪萍买了一件上装。

원칙5: 문장의 정보구조에서 기지정보 외에 만약 전경(前景)정보로 기능하는 또 다른 배경정보가 있다면 배경정보는 전경정보보다 앞서 출현하거나 혹은 시간순서원칙에 따라 배열된다.

2 역자주: 원문에는 '三年'으로 되어 있으나 해당 예문 검토결과 '三回'가 맞는 것으로 보임.

(46) a_1. 你们吃了晚饭看电影。 (‘吃了晚饭’은 배경정보다)

a_2. 你们看了电影吃晚饭。 (‘看了电影’은 배경정보다)

b_1. 他昨天骑车去体育馆了。 (‘骑车’는 배경정보다)

b_2. 他昨天去体育馆骑车了。 (‘去体育馆’은 배경정보다)

원칙6: 문답 대화문의 정보구조에서 그 정보 초점과 의문문의 의문점은 문장정보구조에서 위치가 반드시 일치한다. 여기에는 의문사의문문의 의문사뿐 아니라 선택의문문과 반복의문문 형식도 포함된다.

(47) a. 问: 谁告诉你的? 答: 姐姐告诉我的。

b. 问: 你想吃什么? 答: 我想吃饺子。

c. 问: 她什么时候走的? 答: 他昨天走的。

d. 问: 你昨天在哪里碰到他的? 答: 我昨天在学校图书馆碰到他的。

e. 问: 是小敏还是小红考上了北京大学? 答: 是小红考上了北京大学。

f. 问: 你准备明天去上海还是后天去上海? 答: 我准备后天去上海。

g. 问: 你去不去上海? 答: 我去。

원칙7: 문장의 정보구조에서 전경정보로 기능하는 배경정보 성분(또 다른 성분 앞에 위치한 성분)이 동목구조라면 목적어 성분의 길이는 제약을 받는다(너무 길면 안 된다).

(48) a_1. 我去看电影。 (‘电影’ 앞에 긴 수식어를 부가할 수 있다)

a_2. 我看电影去。 (‘电影’ 앞에 긴 수식어를 부가할 수 없다)

b_1. 你买点年货带回去。(‘年货’를 긴 명사성 성분으로 교체할 수 없다)

b_2. 我想上街买点年货。(‘年货’를 긴 명사성 성분으로 교체할 수 있다)

원칙8: 진술문 정보구조에서 화자가 전달하는 신정보는 그 정보량이 청자가 해당 정보에 대해 알고 있는 정보량보다 커야 한다. 아래의 (49)에서 '你很冷, 你很伤心'은 청자의 감각 정도를 나타내기 때문에 화자의 정보량이 청자인 '你'보다 적을 수밖에 없다. 따라서 이 경우에는 진술문이 성립하기 어렵다.

(49) a_1. 我很冷。　　a_2. 他很冷。　　a_3. *你很冷。

　　b_1. 我很伤心。　　b_2. 她很伤心。　　b_3. *你很伤心。

정보구조의 특징과 원칙을 이해하면 기존에 원인을 설명하지 못했던 통사 구조 현상들을 정보구조의 각도에서 설명할 수 있다. 아래에서 몇 가지 예를 들어 보고자 한다. 우선 'X是X(了)'가 양보전환복문에서 선행절에 위치한 예를 보자.

(50) a. 甲: 那衣服漂亮, 买吧。　　乙: 漂亮是漂亮, 就是太贵了。

　　b. 甲: 小芳这孩子真聪明。　　乙: 聪明是聪明, 就是太贪玩儿了。

　　c. 甲: 那文章看了吗?　　乙: 看是看了, 但我没有看懂。

　　d. 甲: 昨天去庙会玩儿了吧?　　乙: 去是去了, 可是一看人太多, 我就回来了。

모두 'X是X(了)'가 양보를 표현한다는 사실을 인정하지만 왜 이 절이 양보의 의미를 가질 수 있는지에 관해서는 분명한 설명을 제시하지 못했다. 그러나 정보구조 이론은 이에 대한 근거를 제시하였다. 'X是X(了)' 절에서 앞쪽의 'X'는 화제로 구정보를 표현한다. 정보구조의 요구에 따르면 'X'('漂亮')가 화제로 기능하면 뒤쪽의 진술은 신정보를 제공해야 한다. 그러나 'X是X(了)'에서 뒤쪽의 'X'가 제공하는 정보는 신정보가 아니고 화제에서 말한 내용의 반복일 뿐이다. 정보 전달의 각도에서 보면 이것은 제자리 걸음이며 이러한 제자리 걸음이 바로 양보 의미다.

이어서 어순이 전도된 문장의 예를 보도록 하자. 아래 (51)은 '都'를 포함한 중의문이다. 《现代汉语八百词》에서는 '都'를 분석하며 (51a)는 '他们全走了'로 이해할 수 있고 문장의 강세는 '都'에 있다고 보았다. 이때 '都'는 일반적으로 전체를 총괄하는 범위부사로 본다. (51b)는 '他们已经走了'로 이해할 수 있는데 강세는 '走'에 있고 이때 '都'를 일부 학자들은 기실현을 나타내는 시간부사로 보았다. (51c)는 '甚至连他们也走了'로 이해할 수 있는데 이때 문장의 강세는 '他们'에 있고 '都'는 양화연산자(operator)라고 보았다.

(51) 他们都走了。

a. 他们′都$_1$走了。 (≌他们全走了)

b. 他们都$_{2'}$走了。 (≌他们已经走了)

c.′ 他们都$_3$走了。 (≌甚至连他们也走了)

주목할 점은 '已经'에 해당하는 시간부사 '都'(51b)는 위치를 바꿀 수 있지만 나머지 두 문장의 '都'는 위치를 바꿀 수 없다는 점이다.

(52) a′ *他们走了,′都$_1$。

b′. 他们′走了, 都$_2$。

c′. *′他们走了, 都$_3$。

이러한 현상의 원인은 정보구조 이론을 통해 쉽게 설명할 수 있다. (51a)의 '都[全]'는 초점 연산자로 강세가 필요하다. 반면 (51b)의 '都[已经]'는 초점 연산자가 아니기 때문에 경성으로 읽어야 한다. 정보구조의 특징에 따르면 문장에서 초점 성분은 위치를 이동할 수 없으며 비초점 성분만 이동이 가능하다. 또한 어순이 바뀐 문장에서 후치 성분은 반드시 경성으로 읽어야 하기 때문에 이 역시 (51a) '都'의 위치 변동을 허가하지 않는다. (51c)의 '都'는 경성으로 읽히기는 하지만 전체 문장의 초점이 '他

们'에 있고 '走了'는 초점성분이 아니다. 또한 어순이 전도된 문장에서 후치 성분 앞의 부분은 반드시 초점성분일 것이 요구된다. 따라서 이 문장의 '都'는 비록 경성으로 읽히지만 위치를 이동할 수 없다.

아래에서는 把자문의 오류 현상을 설명하고자 한다. 마전(马真, 2008)은 (53a)의 오류 예문을 제시하며 독립적으로 볼 때 단락의 모든 문장은 문제가 없는 듯하지만, 상하 맥락의 관계에서 보면 단락에서 把자문이 적절하게 사용되지 못했다고 지적했다. 해당 단락에서 콜론 뒤의 부분은 홍수가 지나간 후의 황량한 풍경을 구체적으로 묘사하고 있다. 따라서 앞 문장의 의미에 따라 피해 당했음을 묘사하는 被자문을 사용해야 한다. 그러나 다수 문장이 把자문을 사용하였기에 전후 문장이 연결되지 못하거나 조화를 이루지 못했다. 따라서 이 문장은 (53b)와 같이 수정해야만 한다.

(53) a. *洪水是退了, 但是眼前是一片不好的景象: 洪水把村舍的房屋冲倒了一大半, 把猪、鸡、羊都淹死了, 空气里充满了难闻的臭味儿: 洪水也把成堆的木材几乎都冲光了……

b. 洪水是退了, 但是眼前是一片不好的景象: 村舍的房屋被洪水冲倒了一大半, 猪、鸡、羊都被淹死了, 空气里充满了难闻的臭味儿: 成堆的木材也几乎都被洪水冲光了……

그렇다면 왜 (53a)에서 把자문을 사용하면 앞뒤 문장이 조화롭지 않고 被자문으로 고쳐야만 하는 것일까? 정보구조의 각도에서 보면 단락의 앞쪽 문장은 눈앞이 비참한 광경을 이야기하고 있고, 후속 문장은 홍수 이후의 황량한 풍경을 구체적으로 묘사하고 있기에 홍수를 화제로 사용할 수 없고 홍수의 피해를 입은 사물을 화제로 삼아야 한다. 被자문을 사용하면 홍수 피해를 입은 사물이 화제가 될 뿐 아니라 불운을 당했다는 의미를 더 강조할 수 있다.

끝으로 정보구조의 각도에서 중국어의 把자문을 다시 검토해 볼 수 있다.

그간 把자문의 구조와 기능 해석에 있어서 처치-이동, 처치-변화, 사역, 승인, 여의치 않음 등 다양한 설명이 많았지만 일치된 의견은 없었다. 특히 중국어 교육에서 把자문은 교사와 학생들로 하여금 좌절감을 느끼게 만드는 구문이었다. 이 문제의 근원은 어디에 있는 것일까? 기존의 把자문 연구와 교육에서는 다음과 같은 문제를 고려하거나 인식하지 못했다. 바로 처치, 사역, 승인 등의 의미가 把자문만의 전용이 아니고 다른 다수의 구문들도 이러한 기능을 가지고 있다는 점이다. 즉 다수의 주술술어문, 피행위자(受事)주어문, 给자문, 被자문 등이 모두 把자문의 의미를 표현할 수 있는데 왜 어떤 경우에는 반드시 把자문만을 사용해야 하는 것일까?

지금부터 정보구조의 각도에서 먼저 把자문과 다른 구문의 차이를 비교해 보고 이를 통해 把자문이 정보 전달에서 가지는 특징을 알아보고자 한다. 처치 의미의 把자문, 혹은 把자문의 처치 의미를 예로 들어 보자. 처치 의미를 분석해 보면 把자문이 다음의 네 가지 모듈(역할)을 포함하고 있음을 알 수 있다. '姐姐把衣服洗干净了'라는 문장에서 '姐姐'는 처치자이고 '衣服'는 처치대상이며 '洗'는 처치방식이고 '干净了'는 처치결과다. 때로는 처치방식과 처치결과가 하나로 결합하기도 하는데 '把衣服洗了'에서 '洗了'는 처치방식과 처치결과를 동시에 포함한다. 그러나 앞서 지적한 바와 같이 把자문을 제외하고 다른 구문도 처치 의미를 표현할 수 있다.

(54) a. 姐姐洗干净了所有的衣服。 (주동목 구문)
b. 所有的衣服姐姐都洗干净了。 (주술술어문)
c. 所有的衣服都给姐姐洗干净了。 (给자문)
d. 所有的衣服都被姐姐洗干净了。 (被자문)
e. 所有的衣服都洗干净了。 (피행위자 주어문)
f. 姐姐把所有的衣服都洗干净了。 (把자문)

(54)의 6개 구문은 기본 의미가 유사하고 각기 다른 정도의 처치 의미를 표현한다. 그러나 정보구조의 각도에서 보면 각 문장이 전달하는 정보

는 같지 않다. (54a)는 '姐姐'를 화제로 하고 '衣服'를 초점으로 하여 '姐姐洗干净了衣服'라는 사실을 객관적으로 서술하고 있다. (54b)는 '衣服'를 화제로 하고 '洗干净了'를 초점으로 한다. (54c)는 사실을 진술하는 것 외에 개사 '给'를 통해 '洗干衣服'라는 행위를 한 사람은 '姐姐'이고 다른 사람이 아님을 표현한다. (54d)는 개사 '被'를 통해 여의치 않은 상황을 당했다는 의미를 부가하였으며 '姐姐洗衣服'는 화자가 원하는 바가 아니라는 의미를 포함한다. (54e)는 누가 옷을 빨았는지에 관심이 없고 주관적 색채도 없으며 단지 '衣服都洗干净了'라는 사실만을 진술하고 있다. (54f)가 바로 把자문으로 정보전달의 각도에서 (54a)와 마찬가지로 '姐姐'가 화제임을 나타내지만 초점이 다르고 (54b/c/d/e)와 같이 '洗干净了'를 초점으로 하지만 화제가 다르다. 다시 말해서 把자문의 정보구조적 특징은 동사의 행위자(처치자)를 화제로 하고 처치 및 그 결과를 초점으로 한다.

정보구조의 요구에 따르면 '姐姐'는 화제로서 문두에 출현해야 하고 '洗干净了'는 정보 초점으로 문미에 분포해야 한다. 이 경우 동작 처치의 대상(술어동사의 피행위물 '衣服')이 반드시 문장에 출현해야만 한다면 유일한 분포가능한 위치는 문장의 중간, 즉 화제와 초점의 사이이다. 문장의 중간이라는 위치는 두 가지를 가리킬 수 있다. 하나는 주어(화제)의 뒤에 있는 소주어(차화제)의 위치로 '姐姐(所有的衣服)都洗干净了'와 같다. 그러나 이런 상황은 다음의 두 가지 제약이 존재한다. 하나는 대주어(화제)와 삽입된 소주어(차화제)는 임시적인 소유관계가 형성되어서는 안 되며, 둘째로 문장에 삽입된 소주어 성분은 너무 길어서는 안 된다는 것이다.

(55) a. 姐姐衣服洗干净了。　　b. 老张眼镜打破了。
c. 小明苹果吃完了。　　d. 汪萍咖啡已经喝完了。
e. 王教授试卷已经批改完了。　　f. *姐姐大家的衣服洗干净了。

(56) a. 姐姐衣服都洗干净了。
b. 姐姐棉布的衣服都洗干净了。

c. *姐姐棉布的、脏得不像话的衣服都洗干净了。

d. *姐姐全是油腻脏得不像话的棉布衣服都洗干净了。

앞서 (55)의 예는 처치대상(피행위물)이 문장 중간(화제와 초점 사이)에 삽입될 때 대주어와 소유 관계를 형성할 가능성을 지니고 있음을 증명한다(그러나 이것은 분명히 문장의 본래 의미는 아니다). 역으로 만약 두 명사 간의 소유 관계가 실현되지 않으면(55f와 같이) 문장은 성립하지 않는다. (56)의 예는 대주어와 명사 간의 소유관계를 고려하지 않을지라도 문장에(화제와 초점 사이) 삽입된 처치 대상이 또한 너무 길어서는 안 되며, 길수록 수용 가능성이 적어진다는 사실을 보여 준다(예: 56c/d).

만약 처치대상(피행위물) 명사를 화제와 초점 사이에 삽입해야만 한다면 상술한 두 가지 제약을 극복해야만 한다. 그것이 가능한 위치가 하나인데 바로 '把'를 통해 처치대상을 도입하게 된다. '把'의 기능은 자유롭게 처치대상(피행위물)을 화제와 초점 사이에 도입하는 것이며 이때 처치대상과 화제가 본래 소유 관계인지 여부나 처치대상 명사의 길이는 상관이 없다.

(57) a. 姐姐把衣服都洗干净了。

b. 姐姐把大家的衣服都洗干净了。

c. 姐姐把棉布的、脏得不像话的衣服都洗干净了。

d. 姐姐把大家的全是油腻、脏得不像话的棉布衣服都洗干净了。

정보구조의 각도에서 把자문이 전달하는 기능은 이뿐만이 아니다. 把자문은 처치의 결과를 부각할 수 있는데 바로 강한 영향성과 처치의 주관적 인정이다. 아래 예를 보자.

(58) a_1. 去年张三骗了李四, 李四给骗惨了, 这我哪能不记得?

a_2. 去年张三骗了李四, 李四没有受骗, 这我哪能不记得?

b_1. 去年张三把李四骗了, 李四给骗惨了, 这我哪能不记得?(把자문)

b_2. *去年张三把李四骗了, 李四没有受骗, 这我哪能不记得?(把자문)

c_1. 张三用力砸了那铁锁, 门当然就给砸开了。

c_2. 张三用力砸了那铁锁, 可是门没给砸开。

d_1. 张三用力把那铁锁砸了, 门当然就给砸开了。 (把자문)

d_2. *张三用力把那铁锁砸了, 可是门没给砸开。 (把자문)

먼저 앞의 두 예문을 보자. ($58a_1$)은 주-술-목 형식의 구문으로 张三이 李四에게 사기를 친 사실만을 객관적으로 서술하고 李四가 사기를 당했는지에 대해서는 명확하게 서술하지 않고 있다. 따라서 문장 뒤에 다시 '李四给骗惨了'가 이어질 수도 있고 '而李四没有受骗'이 이어질 수도 있다. ($58b_1$)은 把자문을 이용해서 李四가 사기를 당한 결과를 부각한다. 따라서 뒤에 '李四给骗惨了'만 출현할 수 있지 '没受骗'은 출현할 수 없다. 다음 예문을 보자. ($58c_1$)은 주-술-목 형식의 구문으로 '张三用力砸那铁锁'라는 사실만을 객관적으로 서술하고 있지 문이 열렸는지 여부는 설명하지 않고 있어 후속절로 '门当然就给砸开了'와 '可是门没给砸开'이 모두 출현할 수 있다. 그러나 ($58c_2$)는 把자문을 이용해서 '张三砸开了门'이라는 결과를 부각하고 있어서 후속절로 '门当然就给砸开了'는 올 수 있지만 '没砸开'는 올 수 없다.

이상의 세밀한 분석을 통해 다음과 같은 결론을 얻을 수 있다. 문장의 정보구조적 측면에서 처치 의미의 把자문은 다음의 세 가지 특징을 지닌다. 첫째, 처치자를 화제로 하며 둘째, 처치결과를 정보 초점으로 삼고 셋째, 개사인 '把'를 이용해 처치대상을 제한없이 문장에 도입하는 동시에 처치의 강한 영향성과 처치에 대한 화자의 주관적 인정을 표시함으로써 처치결과를 부각한다는 것이다. 이는 대화 중에 때로 把자문을 반드시 사용해야만 하는 원인인 동시에 왜 사람들이 把자문이 강한 처치의 느낌을 가진다고 생각하는지에 대한 원인이 된다.

물론 정보구조 이론과 문장의 정보구조가 통사 분석에서 가지는 역할에서 현재까지도 분명하게 밝혀지지 않은 부분이 많다. 예를 들어 무엇이 정보구조이며 충분한 정보량을 가진 정보구조와 최저 정보량의 정보구조가 존재하는지 등이다. 또한 정보구조의 구성 성분이 무엇인지, 만약 이분법을 사용한다면 어떤 부분에서 분할해야 하는지, 표면적 정보구조와 내면적 정보구조가 존재하는지 등의 문제다. 또한 정보구조가 정보량, 정보정도와 정보 초점 등의 개념에 관련되는지, 예를 들어 초점은 어떤 종류가 있으며, 어떤 형식적 특징이 존재하고, 신정보(자연초점)를 나타내는지 아니면 구정보(화제초점)를 나타내는지 등의 문제도 존재한다. 또 만약 하나의 정보구조 안에 다수의 초점이 존재한다면 초점이라고 볼 수 있는지, 한 정보구조 안에 다수의 화제가 있으면 그것은 화제로 볼 수 있는지 등의 문제도 존재한다. 이상의 문제는 정보구조가 여전히 심도 있는 연구를 필요로 하는 미지의 땅이며 정보구조 이론 역시 여러 기능을 지닌 보석이라는 사실을 말해 준다. 앞으로 우리가 해야 할 일도, 할 수 있는 일도 많다.

주요참고문헌

蔡维天(2004)〈谈"只"与"连"的形式语义〉,《中国语文》第2期.

蔡维天(2007)〈重温"为什么问怎么样, 怎么样问为什么"〉,《中国语文》第3期.

蔡维天(2010)〈谈汉语模态词的分布与诠释之对应关系〉,《中国语文》第3期.

方梅(2005)〈篇章语法与汉语研究〉,《语言学前沿与汉语研究》, 上海教育出版社.

刘大为(2010)〈从语法构式到修辞构式〉,《当代修辞学》第3-4期.

刘丹青(2008)〈话题理论与汉语句法研究〉,《当代语言学理论和汉语研究》, 商务印书馆.

刘润清(1995)《西方语言学流派》, 外语教学与研究出版社.

陆丙甫(1993)《核心推导语法》, 上海教育出版社.

陆丙甫(2008)〈直系成分分析法: 论结构分析中确保成分完整性的问题〉,《中国语文》第2期.

陆俭明(1981)〈汉语口语句法里的易位现象〉,《中国语文》第1期.

陆俭明(1986)〈周遍性主语句及其他〉,《中国语文》第3期.

陆俭明(1987)〈试论句子意义的组成〉,《语言研究论丛》第4辑.

陆俭明(2006)〈句法语义接口问题〉,《外国语》第3期.

陆俭明(2008a)〈构式语法理论的价值与局限〉,《南京师范大学文学院学报》第1期.

陆俭明(2008b)〈词语之间语义结构关系的多重性〉,《汉藏语学报》总第4期.

陆俭明(2009)〈构式 - 语块 - 汉语教学〉,《多位视野下的汉语教学》, 广西师范大学出版社.

陆俭明(2010)〈从构式看语块〉,《中国语言学》第四辑.

陆俭明(2011)〈再论构式语块分析法〉,《语言研究》第31卷 第2期.

陆俭明(2016)〈从语法构式到修辞构式再到语法构式〉,《当代修辞学》第1期.

吕叔湘(1946)〈从主语、宾语的分别谈国语句子的分析〉,《吕叔湘文集》, 商务印书馆 1990年.

吕叔湘(1979)《汉语语法分析问题》, 商务印书馆.

吕叔湘(1980)《现代汉语八百词》, 商务印书馆.

马真(1983)〈说"反而"〉,《中国语文》第3期.

马真(2008)〈在汉语教学中要重视词语使用的语义背景〉,《中华文化传播任务与方法》, 上海人民出版社.

彭家法(2013)〈"句法结构制图工程"研究进展及相关讨论〉,《外国语》第4期.

屈承熹(2003)〈话题的表达形式与语用关系〉,《话题与焦点新论》, 上海教育出版社.

沈家煊(1989)〈"判断语词"的语义强度〉,《中国语文》第1期.

沈家煊(1998)〈语用法的语法化〉,《福建外语》第2期.

沈家煊(2002)〈如何处置"处置式": 论把字句的主观性〉,《中国语文》第5期.

施春宏(2013)〈新"被"字式的生成机制、语义理解及语用效应〉,《当代修辞学》第1期.

苏丹洁(2010)〈试析"构式－语块"教学法: 以存现句教学实验为例〉,《汉语学习》第2期.

苏丹洁(2011)〈构式语块教学法的实质: 以兼语句教学及实验为例〉,《语言教学与研究》第2期.

温锁林(1999)〈汉语句子的信息安排及其句法后果〉,《汉语法特点面面观》, 北京语言文化大学出版社.

文炼(1984)〈关于句子的意义和内容〉,《语文研究》第1期.

萧国政(2001)〈句子信息结构与汉语语法实体成活〉,《世界汉语教学》第4期.

徐烈炯(2002)〈汉语是话题概念结构化语言吗〉,《中国语文》第2期.

徐烈炯·刘丹青(1998)《话题的结构与功能》, 上海教育出版社.

徐烈炯·刘丹青(2003)《话题与焦点新论》, 上海教育出版社.

张伯江(2000)〈论"把"字句的句式语义〉,《语言研究》第1期.

张伯江(2005)〈功能语法与汉语研究〉,《语言学前沿与汉语研究》, 上海教育出版社.

张伯江·方梅(1996)《汉语功能语法研究》, 江西教育出版社.

张旺熹(2009)〈连字句序位框架及其对条件成分的映射〉,《汉语句法结构隐性量探微》, 北京语言大学出版社.

张谊生(2003)〈范围副词"都"的选择限制〉,《中国语文》第5期.

张志恒(2013)〈从制图理论探索汉语话题与焦点的分布〉,《现代外语》第1期.

朱德熙(1982)《语法讲义》, 商务印书馆.

朱敏(2012)〈人称和陈述语气〉,《汉语人称与语气选择性研究》, 世界图书出版公司.

Belletti, A. (2004) "Aspects of the Low IP Area," in L. Rizzi (ed.), *The Structure of CP and IP*, New York & Oxford: Oxford University Press.

Chomsky, N. (1968) *Language and Mind*, New York: Harcourt, Brace & World.

Chomsky, N. (1986) *Knowledge of Language: Its Nature, Origin and Use*, New York: Praeger.

Croft, William A. (2001) *Radical Construction Grammar: Syntactic Theory in Typo-logical Perspective*, Oxford: Oxford University Press.

Del Gobbo, F. & L. Badan (2007) *On the Left Periphery of Chinese*, Presented at 15th IACL & 19th NACCL. New York: Columbia University.

Goldberg, Adele E. (1995) *Constructions: A Construction Grammar Approach to Argument Structure*, University of Chicago Press.*

Goldberg, Adele E. (2006) *Constructions at Work: The Nature of Generalization in Language*, Oxford: OUP.*

Halliday M. A. K. (1985) *An Introduction to Functional Grammar*, London: Edward Amold, Lambrecht.

Hopper, Paul J. (1987) "Emergent Grammar," *Berkeley Linguistics Society* 13.

Langacker, Ronald (1987) *Foundations of Cognitive Grammar* Vol. 1, Stanford: Stanford University Press.

Knud, L. (1994) *Information Structure and Sentence Form: Topic, Focus and the Mental Representations of Discourse Referents*, Cambridge: Cambridge University Press.

Paul, W. (2005) "Low IP and Left Periphery in Mandarin Chinese," *Recherches Linguistiques de Vincennes* 33.

Rizzi, L. (1997) "The Fine Structure of the Left Periphery," in L. Haegeman (ed.), *Elements of Grammar*, Amsterdam: Kluwer.

*역자주: 원서에 누락되어서 보충함.

찾아보기

저자 소개

루젠밍(陆俭明)

현 북경대학 교수, 중국 국가어문사업위원회자문위원 및 홍콩대학 등 저명 대학의 명예교수
국제중국어학회(国际汉语学会) 회장, 세계중국어교육학회(世界汉语教学学会) 회장 역임
연구실적으로 《汉语语法语义研究新探索(중국어문법의미 연구의 새로운 탐구)》(商务印书馆, 2010), 〈汉语句法分析方法的嬗变(중국어 통사론 분석방법의 변천)〉(《中国语文》, 1992) 등 다수 논문과 저서가 있음

선양(沈阳)

화동사범대학 학사, 석사, 북경대학 박사
북경대학 및 난징대학 교수 역임
연구실적으로 〈名词短语的多重移位形式及把字句的构造过程与语义解释(명사구의 다중 이동형식 및 '把'자문의 구조과정과 의미해석)〉(《中国语文》, 1997), 〈现代汉语空语类研究(현대중국어 공범주 연구)〉(山东教育出版社, 1994) 등 다수의 논문과 저서가 있음

역자 소개

김기석

현 상하이외국어대학 동방어학부 한국어학과 교수
옌볜대학 한어학부 학사 및 석사
옌볜대학 조문학부 박사
연구실적으로 〈朝鲜对音文献浅论(조선대음문헌개설)〉(《民族语文》, 1999. 1), 〈첨단음 문제와 조선대음 문헌(尖团音问题与朝鲜对音文献)〉(《中国语文》, 2001. 5) 등 다수의 논문 및 저서가 있음

박정구

현 서울대학교 인문대학 중어중문학과 교수
서울대학교 중어중문학과 학사 및 석사
타이완 국립칭화대학 언어학연구소 박사
연구실적으로 〈언어유형론적 관점에서 본 중국어 방언의 결과상/진행상 표지의 변이유형과 발진기제〉(《중어중문학》, 2019), 〈从类型学视角看汉语形容词谓语句的信息结构(유형론적 관점에서 본 중국어 형용사술어문의 정보구조)〉(《中国语文》, 2016) 등 다수의 논문 및 저서가 있음

김현철

현 연세대학교 문과대학 중어중문학과 교수
연세대학교 문과대학 중어중문학과 학사, 석사, 박사
연구실적으로 〈Imagined homogeneity: Identity and geopolitical and geoeconomic influences in the linguistic landscape of Seoul(상상적 동질성: 서울시 언어 경관의 정체성과 지정학적, 경제적 영향)〉(*LINGUA*, 2020), 〈焦点敏感算子"就"和"才"互换性的多重对应分析(초점 민감연산자 '就'와 '才'의 호환성의 다중대응 분석)〉(《语言教学与研究》, 2022) 등 다수의 논문 및 저서가 있음